国家社科基金
后期资助项目
GUOJIA SHEKE JIJIN HOUQI ZIZHU XIANGMU

术语革命

中国近代经济学主要术语的形成

Terminology Revolution:
The Formation of Main Terminologies of
Modern Chinese Economics

孙大权 著

社会科学文献出版社
SOCIAL SCIENCES ACADEMIC PRESS (CHINA)

图书在版编目（CIP）数据

术语革命：中国近代经济学主要术语的形成／孙大
权著. -- 北京：社会科学文献出版社，2023.11（2025.1重印）
国家社科基金后期资助项目
ISBN 978 - 7 - 5228 - 2659 - 2

Ⅰ.①术…　Ⅱ.①孙…　Ⅲ.①经济学 - 名词术语 - 研
究 - 中国 - 近代　Ⅳ.①F092.6

中国国家版本馆 CIP 数据核字（2023）第 200231 号

国家社科基金后期资助项目

术语革命：中国近代经济学主要术语的形成

著　　者／孙大权

出 版 人／冀祥德
责任编辑／陈凤玲
文稿编辑／许文文
责任印制／王京美

出　　版／社会科学文献出版社·经济与管理分社（010）59367226
　　　　　地址：北京市北三环中路甲29号院华龙大厦　邮编：100029
　　　　　网址：www.ssap.com.cn
发　　行／社会科学文献出版社（010）59367028
印　　装／唐山玺诚印务有限公司

规　　格／开　本：787mm×1092mm　1/16
　　　　　印　张：40　字　数：632千字
版　　次／2023年11月第1版　2025年1月第2次印刷
书　　号／ISBN 978 - 7 - 5228 - 2659 - 2
定　　价／198.00元

读者服务电话：4008918866

国家社科基金后期资助项目
出版说明

　　后期资助项目是国家社科基金设立的一类重要项目，旨在鼓励广大社科研究者潜心治学，支持基础研究多出优秀成果。它是经过严格评审，从接近完成的科研成果中遴选立项的。为扩大后期资助项目的影响，更好地推动学术发展，促进成果转化，全国哲学社会科学工作办公室按照"统一设计、统一标识、统一版式、形成系列"的总体要求，组织出版国家社科基金后期资助项目成果。

全国哲学社会科学工作办公室

专家推荐

今天经济学界、媒体界乃至普通民众所使用和谈论的经济学大类（包括管理学、金融学、财政学、会计学等）的理论及其术语，都是自晚清、民初乃至现在从西方各国不断引入的。这些经济学的术语是怎么从以拉丁语为祖先的均质欧洲语（Standard Average European）的各种语言中转译到中文中来的？这些均质欧洲语的拼音或拼写文字中的概念是如何翻译成以"方块字"或"形声字"为特征的汉语语言文字的？恐怕今天大多数教和学经济学大类学科的人知之甚少，或只是一知半解。

复旦大学经济学院的孙大权教授，经过十年的潜心研究，终于把近代以来从西方世界引入的各门各派经济学（包括马克思主义经济学）的主要术语之来源、转译、生成、演变，乃至今天变成人们日常用语的过程，进行了严谨和详细的历史追溯和考证，让人们清楚地认识到今天人们所写和所说的汉语经济学术语原来是这样形成的。本书学术功力深厚，历史考据完整详细，覆盖范围全面且独到，确实是每一个教和学经济学的教师和学生乃至在各行各业从事经济活动的人士都应该认真读一遍的思想史专著。至少，有兴趣的读者应该读一遍经济学总论的主要术语部分以及自己所在经济学专业的术语在汉语中的生成与演变史一章。

因此，笔者强力推荐国人认真阅读一下这部学术专著。

——韦森（国家哲学社会科学一级教授、复旦大学经济学教授）

术语（Terminology）是特定学科领域中用来表示特有的规定意义的专门用语。在学术发展进程尤其是学术转型过程中，术语在诸多要素中可以视为最为活跃、最为敏感的"晴雨表"。中国经济学从传统向近代转化的重要时期，经济学领域出现若干新含义、新表述、新术语，值得尽力梳理总结和深入分析研究。

作者长年潜心治学，在前人研究的基础上，选取132例主要经济术语进行分门别类的研究阐述，为迄今最为全面的研究工作，对于推动中国经济史学研究具有重要意义。

——叶坦（北京大学经济学院讲席教授）

新名词中，"经济"是受到批评最多的一个。梁启超说"惟经济二字，袭用日本，终觉不安"，"窃以为必当更求新名"。但是"经济"最终在汉语中站住了脚，与经济相关的一大批词语也一同蜂拥而至。

大权教授的新著对这段历史做了迄今为止最详尽的考探。今日谈"经世济民"者，不可不读是书。

——沈国威（日本关西大学教授）

目　录

第一章 导论：术语革命与中国近代经济 知识、思想及语言的革命

在 1896—1933 年的 37 年间，中国集中出现了上万个经济学新名词，这些新名词与异质的西方经济社会产生的经济学术语完成了对接，中国近代经济学发生了从传统经济思想术语到近代经济学术语的巨变；与名词术语巨变相伴随的是中国经济知识体系出现了由传统到近代的巨大转型。近代经济学术语与中国传统经济思想术语相比，从形式到内容都发生了断裂性的根本变革，它是一场实实在在的"术语革命"。中国近代经济学术语革命是怎样发生的？它对中国经济学发展产生了怎样的影响？这是本书关注的主题。经济学术语是建立经济学科大厦的材料，中国近代经济学术语的形成又是经济思想古今巨变、中西交汇的接点和密码。厘清这一接点和密码，对于更好地认识这些术语本身的含义，更好地认识中国近现代经济学发展史，以及研究经济史、语言史、中外文化交流史等都具有重要的学术价值。

一 中国经济学术语的古今巨变是怎样发生的？

中国传统经济思想在相对独立和封闭的社会经济环境中形成了独特的术语体系，如权、衡、均、平、俭、调、澄、轻重、本末、义利、兼并、均输、平准、贸迁、食货、泉布、通施、称提、司命、大同、小康、节用、薄敛、富国、富民、理财、养民、荒政、抑兼并等。① 它们与我们今天在经济思想中使用的经济、金融、财政、货币、银行、会计、统计、国际贸易以及生产、交易、分配、消费等术语完全不同。大致在 20 世纪 20 年代后，大部分传统经济术语成为历史陈迹，近代新生成的名词成为政府官员、经济学家、社会大众日常使用的语言工具。

---

① 陈绍闻、叶世昌等：《关于中国经济思想史研究的若干问题》，《上海社会科学院学术季刊》1985 年第 3 期；姚家华、孙引：《中国经济思想简史》，上海三联书店，1995 年，第 7 页。

从数量上观察，传统经济思想术语以几十几百计，到近代术语革命后，经济学术语则以千万计，1933 年 11 月，柯柏年等合编《经济学辞典》是中国第一部经济学专业辞典，该辞典收录常见的经济学词语 1087 条。[①] 1934 年 2 月，何士芳编《英汉经济辞典》查询了 1000 多册经济译籍，收录了约 14000 条英汉经济译名，这是近代收录词条最多的经济学辞典。[②] 1935 年 10 月，陈稼轩编《实用商业辞典》收录商业、经济、财政等名词 1 万条。[③] 1937 年 4 月，张一凡、潘文安主编《财政金融大辞典》收录财政金融术语 1 万余条。1937 年 6 月，周宪文主编《经济学辞典》收词 6000 余条。以上几种近代经济辞典收录的名词绝大部分为新的经济学术语。近代新词生成的重要途径是一些关键词作为母词产生大量的合成词，如，"经济"一词，在何士芳编《英汉经济辞典》中收录了其组成的合成词 56 个，如经济学、经济人、经济制度、经济政策、经济史、经济自由等。[④] 传统"经济"一词不但含义与今义迥然不同，而且其合成词只有经济文章、经济学问、经济才、经济匡时、经济特科等几个名词。

从内容上观察，传统经济术语是适应农业社会而产生，如理财、养民、义利、均输、平准、兼并等词，近代经济术语主要是适应西学东渐和向近代工商经济转型而产生，其含义已经发生了根本变化。外国输入了社会主义、资本主义、合作社等中国社会没有的新概念；近代中国社会产生了保险、银行、工业化等新范畴。有些近代经济术语构词发音与传统名词相同，但其含义往往发生根本变化，这就是旧瓶装新酒。如"经济"，古义接近"政治"，今义演变为关于物质财富的活动。如"生产"，古义为生孩子，今义为物品产出。

1910 年，梁启超指出："今世界之学术，什九非前代所有，其表示思想之术语则并此思想亦为前代人所未尝梦见者，比比然也。"[⑤] 1986

① 柯柏年、吴念慈、王慎名合编《经济学辞典》，南强书局，1933 年，《编辑凡例》第 1 页。
② 何士芳编《英汉经济辞典》，商务印书馆，1934 年，《例言》第 7 页。
③ 陈稼轩编《实用商业辞典》，商务印书馆，1935 年，《例言》第 1 页。
④ 何士芳编《英汉经济辞典》，商务印书馆，1934 年，第 67—68 页。
⑤ 沧江（梁启超）为民质《论翻译名义》写的编者前言，《国风报》第 1 卷第 29 期，1910 年。

年，胡寄窗指出："在名词术语的运用方面，古代与近代的差别就更为显著。绝大多数的同类经济事物其古代与近代的名词术语就大不相同。"[①] 当代也有学者观察到：1902 年严复译《原富》中地租译为"租"，工资译为"庸"，利润译为"赢"，资本译为"母财"，经济学译为"计学"，等等。而仅仅过了几年，梁启超却使用财政、财政学、国债、公债、预算等我们今天习见的经济术语了，"由古老的中国型经济论述到近代的经济分析，是极大的转折和飞跃"。[②]

以上事实说明，延续了 3000 多年的传统经济术语在近代发生了实实在在的巨变。那么，这一巨变是怎样发生的？它的影响和意义是什么？这是本书关注的问题之一。

二 异质的中西经济学术语是怎样完成对接的？

中国传统经济术语系统产生于中国独特的汉语语言文化体系，适应中国传统的农业社会，西方近代经济学术语系统产生于西方的文化语言体系，适应西方资本主义的工商业社会，这两种术语系统存在两种"异质"，一是中西文化语言的异质，一是古今社会发展阶段的异质，这两种异质术语要完成对接，其难度超乎想象。中国近代长期存在对西方经济术语的误译，译名混乱，造成这一现象的原因除两种异质术语对接难度极大这一客观因素之外，还有三个方面的原因。一是翻译人员分为中国人、来华西方人、日本人，在三个群体内部，又分为不同的小群体，如中国人可分为留学生与本国毕业者，留学生又分为留日学生、留美学生、留欧学生等，他们的教育背景不同，翻译风格亦难求一致。二是翻译途径分为从西文翻译与从日文翻译，西文又分英文、德文、法文等。三是翻译方式分为音译与意译。翻译人员、翻译途径、翻译方式的不同使得译名很难统一，说到底，每一个翻译者有每一个翻译者的译法。就是同一译者在同一本书里有时也难以统一。比如，严复译《原富》将 Bank 译为版克、钞店、钞商，在注释和按语里提到"英国官银行""官库银

---

① 胡寄窗：《中国经济思想史研究的方法论歧见》，《学术月刊》1986 年第 3 期。
② 邹进文：《近代中国经济学的发展：以留学生博士论文为中心的考察》，中国人民大学出版社，2016 年，第 675 页。

行"，正文里却使用"英伦版克"。①

关于经济学译名的混乱，民国经济学家何廉认为这是他 20 世纪二三十年代在南开大学经济学教学中遇到的大难题，"就连经济学中最普通的术语，比如象效用、供给与需求，不仅各大学之间名词不同，各门课程以及教科书之间名词也是五花八门的"。② 1934 年 2 月，马寅初指出：经济学名词，"或以音译，或以意译，往往同一西名而中名多至数十，学者病之"。③ 比如，经济学就有富国策、富国养民策、理财学、计学、生计学、财政学等十几个译名。

研究中国经济学史的美国学者特雷斯考特也发出疑问。"因为长期存在的术语问题，不清楚中国读者能从翻译中懂得多少。但是他们很多人却努力想办法介绍西方经济观念，并且事实上努力的很多人并不是来自在西方留学者。"④

从上述论述可知，多种异质的中西经济学术语译名很难完成对接，译名对接与统一是中国近代经济学发展过程中的基础性难题。然而，事实上，西方近代经济学术语体系在近代不但全面输入中国，而且完成了本土化，尤其是马克思主义政治经济学还对中国经济社会的发展产生了革命性的影响。那么，这一过程是怎样发生的？中国人是怎样将上万个经济学译名完成中西对译的？译名是如何统一的？这是本书关注的问题之二。

三　术语革命与中国近代经济知识、经济思想的革命

前已指出，中国近代出现了成千上万个与传统经济术语不同的新词，又实现了成千上万个中西译名的对接。那么，中国近代出现的众多新的经济术语能否称为"术语革命"呢？这需要我们进一步追寻这些新旧不同术语是否代表不同的知识体系、理论体系。

恩格斯在《资本论》第一卷的英文版序言中指出："一门科学提出

---

① 〔英〕亚当·斯密：《原富》（上册），严复译，商务印书馆，1981 年，第 85、37、243、183、242、262 页。

② 《何廉回忆录》，朱佑慈等译，中国文史出版社，1988 年，第 63 页。

③ 马寅初：《序一》，何士芳编《英汉经济辞典》，商务印书馆，1934 年。

④ Paul B. Trescott, *Jingji Xue*, *The History of the Introduction of Western Economic Ideas into China, 1850 - 1950*, Hong Kong：The Chinese University Press, 2007, p. 6.

的每一种新见解，都包含着这门科学的术语的革命。"恩格斯又在《资本论》第二卷的序言中指出：马克思提出了剩余价值、劳动力、不变资本、可变资本等新术语，重新解释了商品、货币、劳动等传统政治经济学术语，"这种事实必定要使全部经济学发生革命，并且把理解全部资本主义生产的钥匙交给那个知道怎样使用它的人"。① 根据恩格斯的指示，经济学术语革命与经济学科革命是相互联系的，经济学新术语以及对旧术语的新解释带来整个经济学科的革命，这种术语变革就是术语革命。按照科学史家托马斯·库恩的理论，就是要追问这些新术语的产生是常规科学发展的知识积累，还是科学革命阶段的"范式转换"。②

　　依据中国经济思想研究者胡寄窗、赵靖、叶世昌、马伯煌、孙引等人以及笔者本人的研究，中国传统经济术语构成的知识、思想体系如图1-1所示。

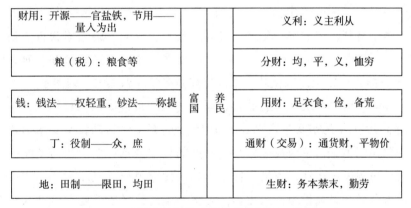

图1-1　中国传统经济术语构成的知识、思想体系

　　富国、养民为传统经济思想的核心，富国由左边地、丁、钱、粮、财用组成，其含义是如何增加国库收入；养民由右边生财、通财、用财、分财、义利构成，其含义是如何供养民生。富国是主流，养民是支流，养民的目的在于富国。富国养民即"国计民生"。这一体系的构建综合了中国前辈经济思想史学者的成果。从1911年陈焕章著《孔门理财学》，1927年李权时著《中国经济思想小史》，1936年唐庆增著《中国经济思

---

① 马克思：《资本论》，人民出版社，1975年，第一卷第34页，第二卷第21页。
② 〔美〕托马斯·库恩：《科学革命的结构》，金吾伦等译，北京大学出版社，2012年，第79页。

想史》，到 1962 年胡寄窗著《中国经济思想史》，他们均以近代西方经济学生产、交易、消费、分配的术语体系整理叙述中国传统经济思想。1978 年叶世昌等著《中国经济思想简史》却使用中国传统固有的术语叙述经济思想，1986 年赵靖著《中国古代经济思想史讲话》明确主张"不能把研究西方经济思想史的模式机械地套用于中国古代"，提出土地——租赋是中国古代经济思想的核心。① 1993 年马伯煌主编《中国经济政策思想史》主张"国家财政是中国经济政策思想的轴心"。② 1995 年姚家华、孙引著《中国经济思想简史》主张秦汉以后的传统经济思想的主要内容为地、丁、钱、粮问题。③ 1998 年赵靖著《经济学志》主张"富国之学是传统经济思想主要的理论形式"。④ 图 1 - 1 中的左边即采纳了赵靖、马伯煌等人的观点，代表中国传统经济思想的主流是以富国库（财政）为中心。另外，唐庆增、胡寄窗等人以现代经济学术语体系整理传统经济思想，发现了中国传统与世界（西方）经济思想可资比较的一面，本书将其使用的现代生产、交易、消费、分配术语还原为古人使用的生财、通财、用财、分财，并将其归为养民类。经过综合和整理，图 1 - 1 可能是比较全面地反映了中国传统固有经济思想体系的图示。

　　1896—1919 年是中国近代经济学术语集中形成时期，这期间，中国经历了 1911 年的辛亥革命和始于 1915 年的新文化运动，辛亥革命建立了中华民国，它是中国数千年政治制度的根本变革；新文化运动是一次伟大的思想解放运动，统治中国数千年的儒家思想受到了根本打击，同时西方各种新思想纷纷传入中国。经济学术语的形成伴随着这两次革命运动，新的术语构成了新的知识和思想体系（见图 1 - 2）。

　　图 1 - 2 的术语全部为近代经济学术语，其中"经济学"一般指非马克思主义经济学的西方经济学，"新经济学"一般指马克思主义经济学。"商学"有时包括交通学、领事学等，和"应用经济学"不完全相同，"财政学"的学科属性横跨经济学与政治学，"农业经济学""工业经济学"又分别属于农学、工学。图 1 - 2 体系主要根据民国时期高等学校的

---

① 赵靖：《中国古代经济思想史讲话》，人民出版社，1986 年，第 15—18 页。
② 马伯煌主编《中国经济政策思想史》，云南人民出版社，1993 年，第 867 页。
③ 姚家华、孙引：《中国经济思想简史》，上海三联书店，1995 年，第 5 页。
④ 赵靖：《经济学志》，上海人民出版社，1998 年，第 22 页。

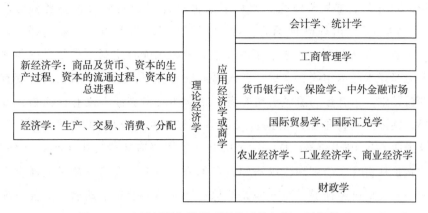

图 1 - 2 中国近代经济学术语构成的知识、思想体系

经济学专业和商科的银行学、保险学、国际贸易学等专业知识体系整理而成。

对比图 1 - 1、图 1 - 2 可知，这两种体系的经济学术语几乎完全不同。近代术语系统所指思想的中心是"富国裕民"、经济增长、最大多数人的最大幸福，这与中国传统经济思想以王朝财政为中心的"富国养民"迥然不同。因此，中国近代出现的成千上万个新的经济术语不是一般的知识积累，而是代表了一种思想范式的巨大变化，是典型的术语革命。

那么，与经济学术语革命相伴随的中国近代经济知识、思想革命是如何完成的？它有哪些特点？这是本书关注的问题之三。

四　术语革命与中国近代经济语言革命

1901—1902 年，严复译亚当·斯密著《原富》出版，短期内销售近万册，且出现七八种盗版书，销路广，读者多。[①] 1931 年，商务印书馆为重印严复译著，特在"严译名著丛刊例言"中指出："严先生之译名，为力求典雅故，多为读者所不能明了，且与近日流行之译名不尽同，本丛刊在每册之末，均附有译名对照表，一面将原文列出，一面将近日流行之名词，附列于后，使读者易于明了。"[②] 就《原富》而言，同一本译

---

① 参见皮后锋《严复评传》（下），南京大学出版社，2011 年，第 439 页。
② 〔英〕亚当·斯密：《原富》，严复译，商务印书馆，1981 年，"严译名著丛刊例言"。

作，30 年后，如果不附列严复译名与流行译名的对照表，读者就可能"不易明了"，出现阅读困难。1931—1932 年，郭大力、王亚南译，亚当·斯密著《国富论》上、下卷在上海神州国光社出版。严复译本与郭大力等译本底本相同，掌握现代汉语的读者去阅读这两本书，其难度有本质差别。笔者作为思想史研究者，阅读郭大力等译本没有任何语言障碍，阅读严复译本必须借助古汉语辞典和商务印书馆的"原编者注"。这说明，从 1901 年至 1931 年的 30 年，中国语言环境发生了根本变化，这就是从古代汉语到现代汉语的语言革命。那么，这场革命是怎样发生的呢？我们已经知道，在五四新文化运动期间，发生了胡适、陈独秀等人领导的"白话文运动"（白话文革命），中国流行的书面语言发生了由文言文到白话文的变革。严复译本是文言文书写，郭大力等译本是现代白话文书写，这解释了这两个译本阅读难度不同的一个方面的原因。我们看到，与严复译本同时出现的文言文著作，如梁启超的论著、留日学生的论著，今天阅读起来同样没有难度。这说明，近代的语言革命还有另外的原因。从严复译著重印需要"译名对照表"，以及严复译名与郭大力等的译名属于不同体系出发，笔者推测，近代发生的术语革命是从古代汉语到现代汉语的语言革命的重要原因。

到 1933 年，中国近代经济学科新增 1.4 万个术语，这些术语由专业语言传播，扩展成为官方语言、媒体语言、大众语言，从书面语变成了口语。它改变了中国经济语言，当经济、生产、交换、消费、分配、价格等来自日语的经济学术语变为大众语言时，这实际上就是一场经济语言的革命。

经济语言在现代各种汉语中是非常重要的一门，因为它涉及的是人们的物质生产与生活。但经济学只是近代百科新学科中的一科，假如经济学中有成百上千个术语进入现代汉语，那么，就可能有成千上万个百科新知识术语进入现代汉语，这些现代汉语主要来自西洋，路过日本，与中国古代汉语的传统词语已经有根本不同，近代的术语革命造成了古代汉语与现代汉语的语言鸿沟，也促进了现代汉语的形成。五四时期的"白话文运动"使大众通俗语言进入知识分子使用的书面语言，丰富了书面语言，这是"言文一致"变革的一个方面；"言文一致"变革的另一方面，就是知识分子使用的书面语言（百科术语）进入大众的通俗语言（口语），丰富了大众语言。术语革命就是造成后一种"言文一致"的语言变革的直接原因。只有厘清近代各种学科术语革命的历史，才能解释中国近代语言的革命以及现代汉语的形成。

中国古代经济语言与中国近代产生的现代经济语言是否存在巨变？这种变化是怎样发生的？进而，中国古代汉语词汇到现代汉语词汇是否出现了巨大的裂变？这个裂变又是怎样发生的？经济学科术语革命与语言革命，以及各学科的术语革命与语言革命（现代汉语形成）的关系如何？这是本书关注的问题之四。

五　中国近代经济学术语革命的研究现状与方法

（一）研究现状

在经济学界，中国经济思想史研究者首先关注了"经济""经济学"译名的形成，1979年，李竞能在《论清末西方资产阶级经济学的传入中国》一文的注释中，叙述了"经济"一词的古义演变、"经济学"一词的今义形成，指出今义"经济学"源自日语，当时经济学、理财学、计学、生计学等译法相持不下，孙中山在辛亥革命后肯定了"经济学"这一译法，从此"经济学"译名确定下来。[1] 1980年，赵靖在《经济学译名的由来》一文中，对李竞能文中所提问题进行了深入考证，观点大致相同，补充了资料，指出孙中山在1912年《社会主义之派别与方法》的演讲中肯定了"经济学"译名，从此"经济学"成为通用译名。[2] 1984年，胡寄窗在《中国近代经济思想史大纲》一书的注释中，叙述了"经济学"名称在中国近代的使用经过，其观点与李竞能、赵靖有所不同，强调日语的影响和约定俗成，不提孙中山的影响，且认为辛亥革命后"经济学"译名仍未统一。[3] 1990年，叶世昌在《经济学译名源流考》一文中认为，1888年的《西学略述：经济》已经使用今义"经济"，1891年张之洞已经使用今义"经济学"，对今义"经济""经济学"源自日语提出质疑，同时仍然肯定孙中山对"经济学"译名统一的重要作

① 李竞能：《论清末西方资产阶级经济学的传入中国》，《经济研究》1979年第2期。
② 赵靖：《经济学译名的由来》，《教学与研究》1980年第2期。
③ 胡寄窗：《中国近代经济思想史大纲》，中国社会科学出版社，1984年，第9页。

用。① 1997 年，汪丁丁在《"经济"原考》一文中认为，从中国"经济学"的来源考察，它有双重含义——经义之学和利益之学。② 同年，叶坦在《"经济"补考》一文中考证了现代"经济"的中国古代汉语起源和日文、西文起源。③ 1998 年，叶坦在《"中国经济学"寻根》一文中，继续深入追溯了"经济"一词的中西文起源。④ 2008 年，谈敏著《回溯历史：马克思主义经济学在中国的传播前史》一书涉及了马克思主义经济学的术语形成问题，并以 20 页的篇幅论述了"经济学译名的起源及其演变"。⑤ 2016 年，邹进文在《近代中国经济学的发展：以留学生博士论文为中心的考察》一书中强调了研究近代经济学新术语的重要性，并专节论述了"经济""经济学"译名的形成。⑥ 除"经济""经济学"二词外，学术界还研究了金融、银行、财政、资本等词的形成，本书在每个术语的个案研究中会提及。

　　在历史学界，日本学者实藤惠秀、美国学者任达，以及中国学者冯天瑜、桑兵、方维规等致力研究日本对中国的影响以及中国近代知识与制度转型，也涉及中国近代经济学术语的形成。在专著方面，1983 年，日本学者实藤惠秀著《中国人留学日本史》（日文 1960 年初版，1970 年修订版）被译成中文，该书列出了来自日语的现代汉语 844 词，其中经济学术语 96 词，并具体讨论了经济、金融、银行等词的形成。⑦ 1998 年，美国学者任达著《新政革命与日本：中国，1898—1912》指出清末新政是一场关于知识与体制转型的革命，强调从日本输入了大量现代词语，促进了中国的现代化。⑧ 2004 年，冯天瑜著《新语探源：中西日文

① 叶世昌：《经济学译名源流考》，《复旦学报》（社会科学版）1990 年第 5 期。
② 汪丁丁：《"经济"原考》，《读书》1997 年第 2 期。
③ 叶坦：《"经济"补考》，《读书》1997 年第 11 期。
④ 叶坦：《"中国经济学"寻根》，《中国社会科学》1998 年第 4 期。
⑤ 谈敏：《回溯历史：马克思主义经济学在中国的传播前史》（上），上海财经大学出版社，2008 年，第 494、417—436 页。
⑥ 邹进文：《近代中国经济学的发展：以留学生博士论文为中心的考察》，中国人民大学出版社，2016 年，第 674—689 页。
⑦ 〔日〕实藤惠秀：《中国人留学日本史》，谭汝谦等译，生活·读书·新知三联书店，1983 年，第 285、293、327—335 页。
⑧ 〔美〕任达：《新政革命与日本：中国，1898—1912》，李仲贤译，江苏人民出版社，1998 年，第 136、215 页。

化互动与近代汉字术语生成》综合述评了历史学界、语言学界对中国新术语的研究成果，并具体论述了经济、封建等词的误植。[①] 2008 年，周振鹤著《逸言殊语》论述了保险、经济、封建等词的起源。[②] 2009 年，金观涛、刘青峰著《观念史研究：中国现代重要政治术语的形成》一书对社会主义、经济、生产力等经济术语的形成进行了专题研究，该书由高超群整理的附录二《百个现代政治术语词意汇编》叙述了经济（生计、平准、计学）、社会主义（集产主义）、共产主义、技术、生产力、竞争等 6 个经济学术语的形成。[③] 2013 年，桑兵等著《近代中国的知识与制度转型》一书，论述了由概念、学科、教育、文化构成的知识与由财政、邮政、官制构成的制度的转型，[④] 该书对研究中国近代经济学新术语形成的背景很有帮助，但具体涉及本课题者较少。2016 年，冯天瑜等著《近代汉字术语的生成演变与中西日文化的互动研究》一书是对近代新术语形成的总体研究，自然也包括经济术语的形成，它在两个地方专门研究了经济术语，一是第五章"清末民初汉文西书"中的经济术语，二是第九章"政治、经济术语"论述了银行、商务、资本、市场、经济等 5 词的形成。[⑤] 2018 年，孙江主编《亚洲概念史研究》1—4 卷出版，其中第 1 卷发表了陈力卫《词源（二则）》，第 4 卷发表了徐天娜《近代中国的"资本家"——以其概念的生成、演变为中心》，[⑥] 二文涉及社会主义、共产主义、资本家 3 个经济学术语的形成。在论文方面有：2003 年，方维规《"经济"译名溯源考——是"政治"还是"经济"》；2005—2006 年，冯天瑜《"经济"辨析》（上、下）；2008 年，方维规《"经济"译名钩沉及相关概念之厘正》；同年，黄克武《新名词之战：

① 冯天瑜：《新语探源：中西日文化互动与近代汉字术语生成》，中华书局，2004 年，第573、579 页。
② 周振鹤：《逸言殊语》（增订版），上海人民出版社，2008 年。
③ 金观涛、刘青峰：《观念史研究：中国现代重要政治术语的形成》，法律出版社，2009年，第 490—491 页。
④ 桑兵等：《近代中国的知识与制度转型》，经济科学出版社，2013 年。
⑤ 冯天瑜等：《近代汉字术语的生成演变与中西日文化的互动研究》，经济科学出版社，2016 年，第 136—142、316 页。
⑥ 陈力卫：《词源（二则）》，孙江主编《亚洲概念史研究》（第一卷），商务印书馆，2018 年，第 195 页；徐天娜：《近代中国的"资本家"——以其概念的生成、演变为中心》，孙江主编《亚洲概念史研究》（第四卷），商务印书馆，2018 年，第 49 页。

清末严复译语与和制汉语的竞赛》；等等。①

　　在语言学界，1958 年，王立达《现代汉语中从日语借用的词汇》一文对现代汉语中的日语借词进行了系统研究，列出了 65 个经济术语的日语借词。② 1958 年，高名凯、刘正埮著《现代汉语外来词研究》列出了 459 个日语借词，其中经济学术语有 39 词。③ 1984 年，刘正埮等编《汉语外来语词典》一书共标出日语借词 887 条，其中经济类日语借词共 76 词。④ 1997 年，〔意〕马西尼著，黄河清译《现代汉语词汇的形成——十九世纪汉语外来词研究》（英文 1993 年版）出版，该书从中国 19 世纪出版的 50 本著作中找到了 500 个汉语新词，其中经济术语新词 30 个。⑤ 2002 年，旅美学者刘禾著，宋伟杰等译《跨语际实践》（英文 1995 版）出版，该书 7 个附录列出了中国近代出现的源自日语、英语、法语、德语、俄语的外来词。⑥ 2003 年，〔德〕李博著，赵倩等译《汉语中的马克思主义术语的起源与作用》（德文 1978 年版）出版，该书研究了 44 个（组）中国马克思主义术语的起源，其中涉及马克思主义政治经济学的有价值、剩余价值等词。⑦ 2010 年 2 月，沈国威著《近代中日词汇交流研究：汉字新词的创制、容受与共享》出版，该书研究了近代日本和中国创制新词的不同途径，中日之间语言和词汇如何交流、共享，其中特别考辨了严复译"计学"一词的流变，⑧ 该书对研究中日词汇交流史具

① 方维规：《"经济"译名溯源考——是"政治"还是"经济"》，《中国社会科学》2003 年第 3 期；冯天瑜：《"经济"辨析》（上、下），《湖北经济学院学报》2005 年第 6 期，2006 年第 1 期；方维规：《"经济"译名钩沉及相关概念之厘正》，《学术月刊》2008 年第 6 期；黄克武：《新名词之战：清末严复译语与和制汉语的竞赛》，《"中央研究院"近代史研究所集刊》第 62 期，2008 年。

② 王立达：《现代汉语中从日语借用的词汇》，《中国语文》总第 68 期，1958 年 2 月。

③ 高名凯、刘正埮：《现代汉语外来词研究》，文字改革出版社，1958 年，第 82—98 页。

④ 刘正埮等编《汉语外来语词典》，上海辞书出版社，1984 年。参见章一鸣、卢柏林《〈汉语外来语词典〉中的日语借词考察》（《电大教学》1995 年第 5 期）一文中归纳出经济类日语借词。

⑤ 〔意〕马西尼：《现代汉语词汇的形成——十九世纪汉语外来词研究》，黄河清译，汉语大辞典出版社，1997 年，第 188—274 页。

⑥ 刘禾：《跨语际实践》，宋伟杰等译，生活·读书·新知三联书店，2014 年，第 296—374 页。

⑦ 〔德〕李博：《汉语中的马克思主义术语的起源与作用》，赵倩等译，中国社会科学出版社，2003 年。

⑧ 沈国威：《近代中日词汇交流研究：汉字新词的创制、容受与共享》，中华书局，2010 年。

有基础性、典范性意义。2010 年 10 月，黄河清编著《近现代辞源》收录了 9500 多个近代新词，其中不少为经济类新词，[①] 该书提供了书证，它为本课题研究提供了可对比的基础性资料。2014 年，宋子然主编《100 年汉语新词新语大辞典（1912 年—2011 年）》（上、中、下卷）出版，该书上卷内容为 1912—1949 年的新词新语，[②] 该书既然限定在 1912 年后，就没有追溯许多词语的源头，但它对观察新词在 1912 年后的使用情况仍有参考价值。2019 年，史有为主编《新华外来词词典》收录了 3000 余个可能的日源语词，其中，经济类日语借词约 250 个，该书吸收了以前外来词词典的成果，是该类书籍的最新创获。[③] 同年，沈国威著《一名之立 句月踟蹰：严复译词研究》和《汉语近代二字词研究：语言接触与汉语的近代演化》、陈力卫著《东往东来：近代中日之间的语词概念》，也有涉及近代经济术语的内容。[④] 2020 年，黄河清又编著规模更大的《近现代汉语辞源》；[⑤] 朱京伟著《近代中日词汇交流的轨迹：清末报纸中的日语借词》涉及了 68 个经济类术语。[⑥] 在论文方面有：黄立波、朱志瑜《严复译〈原富〉中经济术语译名的平行语料库考察》，刘瑾玉《一项概念史角度的考察：economy 汉译名与中国古代经济词汇的对接》，[⑦] 等等。

综上所述，经济学、历史学、语言学三个学科在中国近代经济学术语的形成方面都有大量成果，这些成果为本书的完成奠定了基础，尤其是沈国威、冯天瑜、黄河清、史有为等人的成果对本书帮助较大。另外，

---

① 黄河清编著《近现代辞源》，上海辞书出版社，2010 年。
② 宋子然主编《100 年汉语新词新语大辞典（1912 年—2011 年）》（上、中、下卷），上海辞书出版社，2014 年。
③ 史有为主编《新华外来词词典》，商务印书馆，2019 年。
④ 沈国威：《一名之立 句月踟蹰：严复译词研究》，社会科学文献出版社，2019 年；沈国威：《汉语近代二字词研究：语言接触与汉语的近代演化》，华东师范大学出版社，2019 年；陈力卫：《东往东来：近代中日之间的语词概念》，社会科学文献出版社，2019 年。
⑤ 黄河清编著《近现代汉语辞源》，上海辞书出版社，2020 年。
⑥ 朱京伟：《近代中日词汇交流的轨迹：清末报纸中的日语借词》，商务印书馆，2020 年，第 518—532 页。
⑦ 黄立波、朱志瑜：《严复译〈原富〉中经济术语译名的平行语料库考察》，《外语教学》2016 年第 4 期；刘瑾玉：《一项概念史角度的考察：economy 汉译名与中国古代经济词汇的对接》，《东方翻译》2019 年第 1 期。

现有研究都没有以经济学术语群体的形成为研究专题。经济学界集中于经济、银行、金融等几个词语的研究。历史学界侧重于知识与制度转型，涉及面广，没有集中研究经济学术语，研究深入者仍然只有经济、封建等几个词语。语言学界注重现代汉语的起源，尤其注重日语对现代汉语的影响，所编字典指出了上百个经济学术语的来源，但它们并没有对每一个词语穷原竟委，未论及新词诞生前是何词指代某事、新词诞生后如何战胜竞争词、词义如何变化等，语言学者偏于总体论述，对于具体词语往往难以深入辨析，难免出现辞源认识错误。深入辨析的经济术语仍然不多，只有李博论述了 10 多个马克思主义经济学术语。另外，近代语言材料浩繁，每一个作者使用的材料均有其局限性，上述学者关于经济学术语的形成研究均没有系统使用影响中国近代经济学发展的教科书、主要论文、经济辞典等文献。本书与既有研究主要的不同点是：（1）既研究 132 个主要经济学术语，又扩展研究整个近代经济学术语的来龙去脉，与现有研究（除李博外）集中于"经济"等几个词语不同；（2）以教科书、经济辞典、经济论文等经济学发展史中的文献材料为主，特别是大量对比使用中文经济学教科书和所译自的日文教科书，旁及报刊等材料；（3）问题意识不同，关心的是术语革命与经济知识的转型。

（二）研究方法·

本书内容跨越经济学、历史学、语言学，因此，在研究方法上将学科史与概念史方法相结合。（1）采用经济学的问题意识，依据近代经济学概念体系选择 132 个主要术语作为个案研究对象，关注重点在古今经济知识与经济思想之变。又采用历史学的文献考证法、历史语义学（概念史）法，语言学的词汇史研究法。（2）将术语形成与社会变迁、学科发展结合起来研究。（3）将中文术语与其译自的英文原本、日语原本对比研究，以追根溯源。（4）在史料上，以教科书、经济辞典、经济论文等经济学发展史中的重要文献材料为主，旁及报刊、汉外辞典等材料。五、提出了"日语术语借词"概念，并将其应用贯穿于全书中。词语可分为普通词语与学科术语，日语借词也可以分为日语普通借词与日语术语借词，"日语术语借词"是指中国人从日语学术著作中借取的汉字词术语，它有单义性、科学性、定义性等术语特点，一般情况下它已经完成西文对译。使用"日语术语借词"概念可以准确界定中国近代各种学科借用日语汉字词的实质，就是借用日语的术语。

本书研究了 132 个中国近代经济学主要术语的形成，又在整体上研究了三个阶段经济学术语形成特点，揭示了近代经济学术语形成的过程、规律及影响，阐释了术语形成研究成果在经济思想史研究中和语言史研究中的应用，以及对当代建设中国特色经济学话语体系的启示。全书共十一章，第一章提出问题和说明方法。第二至八章为个案研究，研究 132 个主要术语的形成。第九、十章为总体研究，研究近代经济学术语整体的发展过程、发生机制和产生的影响。第十一章为结语，总结本书的发现与结论，将术语研究成果进行学术和思想应用。

汪丁丁在论及经济学者"食洋不化"时指出："殊不知这'化西入中'的工作多么艰难，以致必须从原初的语言开始'化'，才可能发掘出由文化差异所造成的学术传统的分殊。界定了'分殊'才有可能'融合'。"① 这就指出了只有搞清楚中西最初对接时的差别，才能融汇中西。本书以近代经济学术语形成为研究对象，就是要从源头上搞清"古今中西"经济知识与思想的连接点和密码。

依据恩格斯"一门科学提出的每一种新见解，都包含着这门科学的术语的革命"的指示，我们可以从近代经济学的术语革命去认识新产生的中国近代经济学的每一种新见解，可以从研究术语革命的途径去深入认识近代经济知识、思想的革命。

---

① 汪丁丁：《"经济"原考》，《读书》1997 年第 2 期。

第二章　经济学总论主要术语的形成

经济学总论的主要术语是指经济学各个分支学科都通用的最基础、最常用的术语，主要是经济学原理里的术语。本章按照经济学总论或经济学原理的概念体系选择了 47 个词进行个案研究。为什么选择这 47 个词作为基本术语呢？第一，经济、经济学为经济学最基本的术语，无须说明。第二，生产、交易、分配、消费是经济行为的四个构成部分，也是经济学原理教科书的四个组成部分。第三，生产部分，土地、劳动、资本、企业是生产的四个要素，资本又包括固定资本与流动资本，技术、资源、成本、公司也是生产进步的重要因素。第四，交易与消费部分，供给、需求、价值、价格、效用均是交易与消费过程的必备术语。第五，分配部分，地租、工资、利息、利润则是分配的四个组成部分，而地主、劳动者、农民、资本家、企业家则是分配的主体。第六，产业部分，工业、商业、农业是传统的主要产业，贸易是商业的不同表述，城市是产业集中的地方。轻工业、重工业虽然只是工业的构成部分，但中国近现代长期流行"农、轻、重"产业分类法，因此，轻工业、重工业也是重要术语。第七，经济制度部分，市场、竞争、自由竞争、垄断是市场运行的不同方式，政府、政策、制度则是政治方面对经济的影响，公平、效率是评判制度的标准。总之，以上 47 词是经济学最基本、最重要的术语。

第一节　"经济""经济学"术语的形成

"经济"（Economy）、"经济学"（Political Economy）是中国近代经济学史最重要的术语和范畴，也是被众多学者研究得最充分的名词。①本书的特点是，将"经济""经济学"作为"日语术语借词"纳入中国近代经济学发展史进行详细研究。

---

① 相关研究成果参见本书导论研究现状的说明。

中国古代"经"字本义为织物的纵线，与"纬"对应，作为动词，有"治理"的含义；"济"字本义为渡河，引申为救济等义，同时，"济"又通"齐"，有整齐调和的意思，二字均出现于先秦。"经济"构成词语在《晋书》（唐代，644—646 年成书）中已经出现，其含义是：（1）经世济民的学问；（2）经邦济世的才干。①

一　中国在 19 世纪翻译 Economy、Political Economy 的各种译名

19 世纪，西方的经济学向中国输入是以在华外国人为主体，中国人还没有主动引进西方经济学。中国经济学发展还处于萌芽阶段。

（一）经济学著作里的译名

1839 年，郭实腊编著《制国之用大略》（*Outline of Political Economy*）在新加坡刊行，共 24 页。"该作品论及一个完善的政治体系所需要的根本原则，共 8 卷，关于：供养国民，货币，税收，国家支出，军事，教育，财富的来源，以及问题解答。"② 这是用中文刊印的最早的一部政治经济学简明读本，"制国之用"为 Political Economy 的第一个中文译名。

1847 年，美国传教士布朗（又名鲍留云，S. R. Brown，1810—1880）在香港自己刊行《致富新书》，该书可能是西方经济学的编译著作，简单介绍了交易、价格等经济学原理，③ "致富新书"可能是 Political Economy 的又一译名。

1876 年，丁韪良主持的京师同文馆开设了"富国策"课程，这是西方经济学首次进入中国高等学堂。1880 年，汪凤藻将 *Manual of Political Economy* 译为《富国策》，书中指出："富国策所论述者，乃生财、用财、货殖、交易之道。"又说："独是富国策者，理财之书也，所讲求者，生

---

① 罗竹风主编《汉语大词典》，上海辞书出版社，2011 年，第九卷第 859、869 页，第六卷第 190 页。

② 张晓编著《近代汉译西学书目提要（明末至 1919）》，北京大学出版社，2012 年，第 190 页；〔英〕伟烈亚力：《基督教新教传教士在华名录》，赵康英译，天津人民出版社，2013 年，第 74 页。因流传极少，未见原著，此书依据的英文原本和主要内容均无从知晓。

③ 《论百工交易》《论物贵重》《论市价》，〔美〕鲍留云：《致富新书》，1847 年著者自刊，香港飞鹅山书院藏版，1997 年香港影印本；转引自李丹《新教传教士与西方经济知识在华传播（1800—1860）》，《福建师范大学学报》（哲学社会科学版）2011 年第 1 期。

财用财、贸迁交易之道耳。"① 该书是中国近代第一部系统的经济学原理著作。丁韪良、汪凤藻所译的"富国策"是中国近代影响最大的 Political Economy 译名之一。

1885 年，傅兰雅译《佐治刍言》出版，该书原著为 *Political Economy for Use in Schools and for Private Instruction*，1852 年于英国爱丁堡出版。② 傅兰雅将书名中的 Political Economy 译为"佐治"，在书中，又将 Political Economy 译为"理财"与"财用"，另外，《佐治刍言》将 Economy 音译为"伊哥挪谜"。③

1886 年，艾约瑟译《富国养民策》的英文原著为 *Primer of Political Economy*，艾约瑟将 Political Economy 译为"富国养民策"和"富国养民学"。④

1886 年，艾约瑟《西学略述》将西学分为训蒙、方言、教会、文学、理学、史学、格致、经济、工艺、游览等十篇，其中"经济"篇包括：富国、租赋、英征麦税始末、英征百货税则、富民、国债、钱制、河防、海防、法国经济始末、意国经济始末、筑路、船制、火车铁路、户口。艾约瑟这里的"经济"与中国传统意义上的"经济"相比，已经包括了更多的财政、货币、经济思想等现代"经济"内容，但还不是现代"经济"，因为这里还没有出现"政治"一词或其同义词，"经济"里还有河防、海防、筑路、船制、火车铁路、户口等非现代"经济"所指内容。1892 年，艾约瑟《赋税原理新谈》指出："有德国书院之经济学教习名撒斯者……近又著有《经济原》一书。"又说："凡征诸赋税不宜问以理学，皆须准诸经济学家。""今德国之论诸赋税者分有二家，一本经济学家言，一本格致学家言也。"⑤ 而德国宰相俾斯麦就是"经济学

---

① 〔英〕法思德：《富国策》卷一，汪凤藻译，京师同文馆，1880 年，第一章第 1 页，第五章第 17 页。Henry Fawcett, *Manual of Political Economy*, London: Macmillan and Co., 1876, pp. 2, 7。

② 关于该书的英文作者，特雷斯考特认为是约翰·伯顿（John Hill Burton, 1809—1881），英国历史和经济学家。参见 Paul B. Trescott, *Jingji Xue: The History of the Introduction of Western Economic Ideas into China, 1850–1950*, Hong Kong: The Chinese University Press, 2007, p. 24。

③ 〔英〕傅兰雅译《佐治刍言》，上海书店出版社，2002 年，第 56—57 页。

④ 〔英〕哲分斯：《富国养民策》，〔英〕艾约瑟译，总税务司署，1886 年，第一章第一节，第六章第三十九节。

⑤ 〔英〕艾约瑟：《赋税原理新谈》，《万国公报》（月刊）第 41 期，1892 年。

家"。艾约瑟此文既提到"经济",又提到"经济学(家)",从全文分析,这里的"经济学"大致是指德国的"国家学"或"国家经济学"。综上,艾约瑟所使用的"经济(学)"已经不是中国传统意义上的"经济(学)",已经接近从日本传到中国的现代"经济(学)",但还不能等同于现代"经济(学)"。

(二) 汉外辞典中的译名

19 世纪汉外辞典中 Economy、Political Economy 译名参见表 2-1。

表 2-1　19 世纪汉外辞典中 Economy、Political Economy 译名

时间	作者	字典	Economy 译名	Political Economy 译名
1822	马礼逊 (R. Morrison)	华英字典 6	节用、节俭	(无)
1844	卫三畏 (S. W. Williams)	英华韵府历阶	节用、节俭	(无)
1847	麦都思 (W. H. Medhurst)	英华字典 (第 1 卷)	节俭、搏节、节用、 俭用、俭约、节度	治国之法、国政之事
1868	罗存德 (R. W. Lobscheid)	英华字典 (第 3 卷)	治家者、治家之道;节度、 节用者;法、法度、制度	治国之道、治国之法
1872	卢公明 (R. J. Doolittle)	英华萃林韵府 (第 1 卷)	节用、节俭	国政之事、治国之法
1875	邝其照	字典集成	节俭、节用	(无)
1899	邝其照	华英字典集成	治家之道、节俭、节用	治国之法

资料来源:〔英〕马礼逊:《华英字典6》(影印版),大象出版社,2008年,第136页;〔美〕卫三畏:《英华韵府历阶》,澳门香山书院,1844年,第81页;〔英〕麦都思:《英华字典》(第1卷),1847年,墨海书馆,第478页;R. W. Lobscheid, *English and Chinese Dictionary: With the Punti and Mandarin Pronunciation: Part Ⅲ*, Hong Kong, 1868, p. 703;〔美〕卢公明编《英华萃林韵府》(第1卷),中国福州,1872年,第157页;邝其照编《字典集成》(影印版),商务印书馆,2016年,第165页;邝其照编《华英字典集成》,香港《循环日报》承印,1899年,第118页。

从表 2-1 可知,汉外字典几乎统一将 Economy 译为"节用""节俭",将 Political Economy 译为"治国之法""国政之事"。

(三) 非经济学著作中的译名

光绪三年(1877)二月二十日,中国驻英国公使郭嵩焘在日记中记载:"曰奇温斯(英国人名),善言经济之学,洋语曰波里地科尔。"① 文

---

① 郭嵩焘:《伦敦与巴黎日记》,岳麓书社,1984年,第150页。

中的奇温斯，有可能是杰文斯（又译哲分斯，Jevons，1835—1882），洋语"波里地科尔"即 Political，郭嵩焘将 Political 译为"经济之学"，这个英语词组不全，他实际所指既可能是 Political Science（政治学），也可能是 Political Economy（经济学），结合"奇温斯"可能是"杰文斯"，郭嵩焘将"经济之学"对译 Political Economy 的可能性较大。

光绪三年（1877）二月十五日，中国驻英国公使郭嵩焘会见来英国访问的日本大藏大臣井上馨，问其所读何书。① 郭嵩焘的副使刘锡鸿记载："正使叩以查考英之税课当看何书？并以书名《威罗士疴弗呢顺士》者为答（威罗士者丰也，疴弗呢顺士者国也，书言丰裕其国之道，故名）。此书系挨登思蔑士所著，难于翻译，非习英文者不能阅。据马格里言，不如《播犁地家尔伊哥那密》（书名，刓蔑尔所著）较易译看。"② "威罗士疴弗呢顺士"就是 Wealth of Nations，"播犁地家尔伊哥那密"就是 Political Economy，刘锡鸿明确地将 Political Economy 音译为"播犁地家尔伊哥那密"。

光绪四年（1878）七月初一日，郭嵩焘在日记中记载，研究万国公法的学者有"阿敦斯密斯（创立理财学问，于英国最有名）"。③ 郭嵩焘认为亚当·斯密创立的"理财学问"，应是指 Political Economy。综上所述，在 1877—1878 年，中国驻英使臣郭嵩焘、刘锡鸿分别将 Political Economy 译为"经济之学"、"理财学问"以及"播犁地家尔伊哥那密"，郭嵩焘的翻译已经接近日译的"经济学""理财学"，说明同处汉字文化圈的中日两国有可能分别对外来新学科进行大致相同的翻译。只是郭嵩焘译名藏在日记中，不大可能产生什么影响。

1896 年，严复在所译《天演论》的按语中首创"计学"一词，④ 严复说："英国计学（即理财之学）家马尔达有言，万类生生，各用几何级数。"这里将"计学"解释为"理财之学"。严复又指出："欧洲富强之效，识者皆归功于计学，计学者，首于亚丹·斯密氏者也。"从这里可

① 郭嵩焘：《伦敦与巴黎日记》，岳麓书社，1984 年，第 145—146 页。
② 刘锡鸿：《英轺私记》，湖南人民出版社，1981 年，第 120 页。
③ 郭嵩焘：《伦敦与巴黎日记》，岳麓书社，1984 年，第 676 页。
④ 严复 1895 年译《天演论》正文完稿，即有刊本流出，1896 年加写按语，1898 年正式出版。参见孙应祥《严复年谱》，福建人民出版社，2014 年，第 79、119 页。

知，计学就是亚当·斯密创立的"经济学"。严复还将"计学"与"理财"结合论述，"如英国平税一事，明计学者持之盖久，然卒莫能行，坐其理太深，而国民抵死不悟故也。后议者以理财启蒙诸书，颁令乡塾习之，至道光间，遂阻力去而其令大行，通国蒙其利矣"。又说："理财计学为近世最有功生民之学。"① 从严复上面论述可知，他创立的"计学"一词就是指西方的"经济学"，同时，他又提出了理财之学、理财、理财计学等近似词语。

另外，一些中国人希望学习西方的"商学""银学"。1880 年，郑观应在介绍西方学校制度时指出："通商院则以数学、银学、文字三者为宗。"② 这里的"银学"可能是指"货币银行学"，也可能是指"商业经济学"。1898 年，张之洞《劝学篇》大致以西学中的"财赋"指理论经济学，以"商学"指应用经济学。③ 郑观应、张之洞本身对西方经济学一知半解，他们更不可能写出英文原文。因此，我们对其"银学""商学"的意思都只能做一个大致的判断。

上述三种途径的各种译名各有特点，经济学论著中富国策、富国养民策、佐治、理财等译名均体现了 Political Economy 这一学科的某些重要内容，"富国策"产生了重要影响。但这一渠道的译名并没有在汉外辞典出版时列入中西译名对比。汉外辞典明确将 Economy 译为"节用""节俭"，将 Political Economy 译为"治国之法""国政之事"。但这一渠道并未对中国经济学的发展产生实际影响。严复、郑观应、张之洞等对西方新学的称谓没有出现在经济学著作里，其影响在当时有限，但后来严复译了《原富》，张之洞参与制定了中国的新教育制度，他们均对中国经济学发展产生了重要影响。

与日本传入的"经济""经济学"译名相比，中国 19 世纪的所有 Economy、Political Economy 的译名，或仅仅译其中一词，或所译两词的词根没有任何关系，完全是两个词，如汉外辞典中的"节俭"与"治国

---

① 〔英〕赫胥黎：《天演论》，严复译，光绪二十七年（1901）富文书局印。《清末民初文献丛刊》影印，朝华出版社，2017 年，第 48、78、103、243 页。

② 夏东元编《郑观应集·救时揭要：外八种》（上），中华书局，2013 年，第 111 页。

③ 张之洞：《劝学篇》，吴剑杰编《中国近代思想家文库：张之洞卷》，中国人民大学出版社，2014 年，第 315、319 页。

之法"两词看不出构词方面的任何关系。再者，论著中的译名和辞典中的译名没有联系，各用各的。

二　19 世纪末日语"经济（学）""理财学"等词传入中国

（一）日本对 Economy、Political Economy 的译名

日本《大百科事典》指出："经济一辞，实由中国输入。中国初用是语，见诸《文中子·礼乐篇》。"[1] 1862 年，日本堀达之助编《英和对译袖珍辞典》首次将 Economist 译为"经济家"，将 Political Economy 译为"经济学"。1867 年，神田孝平将英国 W. Ellis 著 *Outlines of Social Economy* 译为《经济小学》。1873 年，林正明将英国 Millicent Fawcett 著 *Political Economy for Beginners* 译为《经济学入门》。日本在以"经济"译 Economy、"经济学"译 Political Economy 的同时，又以"理财学""富国学"等词译 Political Economy。1881 年，《哲学字汇》将 Political Economy 译为"理财学"，将 Economics 译为"家政""理财学"。[2] 1886 年，文部省编辑局将 Marshall 夫妇合著 *The Economics of Industry* 译为《劝业理财学》，[3] 从 19 世纪 60 年代至 20 世纪初，"经济学""理财学""富国学"等多种经济学译名在日本长期并行。[4] 但以"经济学"为日本主流译名，从日本国立国会图书馆近代文献网站检索，1872—1909 年"经济学"检索出 394 条，1878—1909 年"理财学"检索出 22 条，"富国学"检索出 0 条。

（二）日本"经济""经济学"传入中国

1888 年，顾厚琨《日本新政考》提到《东京经济杂志》，又提到高等商业学校要开设"经济"课程。[5]

1892 年 5 月 12 日，《申报》刊文报道日本东京开水产大会，"当日松方首相亦有谕，饬人送至，其略曰：水产之繁殖为谋富国最要之一科，

---

① 转引自崔亮《"经济学"之比较语言观》，《经济学报》第 2 期，1941 年，第 10 页。

② 和田垣謙三ら編『哲學字彙』東京大学三学部、1881、28、68 頁。

③ 文部省編輯局『勧業理財学』（上下）文部省編輯局、1886。

④ 冯天瑜：《"经济"辨析（下）》，《湖北经济学院学报》2006 年第 1 期。

⑤ 顾厚琨：《日本新政考》，慎记书庄，1888 年，卷一《新闻考》第 14 页，卷二《学校总论》第 5 页。

决不可忽。我邦水产输出由来已久，惟清国为我水产贩卖之最妙地场，维新以来，其额渐次进增，当初每年仅得银圆六十万枚内外，迄今已增至四百万枚之多，且以供欧美之需决亦不少。斯水产之进步，实国家经济上之庆贺，又彼此邦交亲密效力之处毫不涉疑"。① 这里的"经济上"为日语词，其含义与现代的"经济上"相同。1894 年 3 月 22 日，《申报》的《东报译登》刊文："明治二十五年岁杪，查得通国新闻纸及杂志合共七百九十二种，内论说时事者二百二十八种，专记法律政事及经济者十一种，阐明宗教者六十九种……官令报二十六种。"②

1895 年，黄遵宪编《日本国志》指出，日本"凡学校皆有规则。其教科之书必经文部省查验。现今小学需用者，共一百七十四种……以地理书、史略为最多，其他则物理书（动物植物学之类），性理书（修身行善之类），经济学（言治生理财之法）"。③ 黄遵宪在此将日语词"经济学"与中国传统表述"治生理财之法"进行了对接，它是中国近代首个对现代"经济学"的解释。

1896 年，古城贞吉在《时务报》发表译自《东京经济杂志》的《日本名士论经济学》，文章指出："日本名士田口论经济学（中国所谓富国养民策也）曰：世人讲经济学，有两种谬见，一为交易说，一为社会论。……故初习经济学者，当先排斥交易利益优者而损失劣者之谬说。"又说："近时讲经济学有称历代史学派者。"④ 古城贞吉对"经济学"所加注释——"中国所谓富国养民策也"将中国近代出现的"富国策""富国养民策"与日本的"经济学"进行了对接。这也是对日语词"经济学"的第二个解释。全文主题是日本自由主义经济学家田口卯吉对德国历史学派的谬见进行的批评，且五次出现"经济学"，这与前述黄遵宪附带提及"经济学"意义不同，该文是一篇从日本输入"经济学"名称和经济学思想的重要文章。

1897 年，康有为《日本书目志》列举了 100 种日本经济学书籍，其中书名有"经济"者 50 种，有"经济学"者 18 种。这是对日本"经济

---

① 《水产》，《申报》1892 年 5 月 12 日，第 2 版。
② 《东报译登》，《申报》1894 年 3 月 22 日，第 2 版。
③ 陈铮编《黄遵宪全集》（下），中华书局，2005 年，第 1421 页。
④ 〔日〕古城贞吉译《日本名士论经济学》，《时务报》第 14 册，1896 年。

学"书籍的集中罗列。康有为对此指出："《春秋》经世，先王之志，凡《六经》皆经济书也。……泰西从政者，非从经济学出不得任官，理财富国，尤为经济之要。"① 说明康有为此时还不太清楚日本"经济""经济学"的确切含义，他仍是使用中国古义理解"经济"。同年 10 月 28 日，《申报》刊文指出，日本商务学堂第二年课程"曰商务算学，曰会计法，曰各国出产，曰商务舆地，曰商务史鉴，曰富国策，曰律例，曰英文，曰交易经济，曰体操，曰演武"。② 这里的"交易经济"可能是指"商业经济学"。

1898 年，康有为《日本变政考》提到：日本熊本国权党的政纲有"贸易宜斥为一己经济之主义，执利国之义"。③ 该年，中文刊物标明译自日本《东京经济杂志》《日本经济新报》《经济报》《经济新报》《经济杂志》《日本经济杂志》《东洋经济新报》等经济刊物的文章有22 篇。④

1899 年 9 月 15 日，《湖北商务报》第 15 册刊登译自日文的《中日经济关系》，文章指出："中日两国经济关系有一层深密之方法，无他，在使国民益奋发勉励，往来中国，与中国企业家（谋营商业者）及商人相结托耳。政府亦须进为其指导也。日本资本家、起业家能奋发与中国人提携，计划银行与其他各种事业，密结不解之亲交，以巩固经济关系基础。"⑤ 1899 年 11 月 20 日，天游居士（唐才常）在《亚东时报》第17 号发表《日人实心保华论》，指出与英美传教士向中国输入西学不同，"若大日本志士所欲饷遗于中国者，则专以政治学、经济学、哲学、社会学为汲汲，而又于中国二千年余年之教宗，毫无窒碍"。⑥

（三）日本"理财学""富国学"传入中国

"理财"为中国传统词语。中国在近代曾以"理财学问""理财""理财之学"等词表示经济学，但没有使用"理财学"这一固定术语。

---

① 《康有为全集》（三），上海古籍出版社，1992 年，第 764—771 页。
② 《论中国宜设商务学堂》，《申报》1897 年 10 月 28 日，第 1 版。
③ 康有为：《日本变政考》，中国人民大学出版社，2011 年，第 279 页。
④ 谈敏：《回溯历史：马克思主义经济学在中国的传播前史》（上册），上海财经大学出版社，2008 年，第 430 页。
⑤ 《中日经济关系》，《湖北商务报》第 15 册，1899 年 9 月 15 日。
⑥ 天游居士（唐才常）：《日人实心保华论》，《亚东时报》第 17 号，1899 年 11 月 20 日。

1888 年，顾厚琨《日本新政考》提到东京高等学校文学专业要开设"理财"课程。① 这里的"理财"是一种新课程的名称，与中国传统"理财"已经有重要的不同。

1895 年，黄遵宪编《日本国志》介绍了东京大学设置法学、理学、文学三学部，文学部分为两科，一科是"哲学（谓讲明道义）、政治学及理财学科"，另一科是"和汉文学科"。② 前已指出，傅兰雅在《佐治刍言》中曾将"理财"对应英语"经济学"，又认为理财是一门学问，接近将"经济学"翻译成"理财学"，但他还没有正式使用"理财学"这一概念。黄遵宪从日文引进的"理财学"可能是在中文里的首次出现。

1896 年，古城贞吉在《时务报》中提到英国反对保护关税的"理财家泰斗阿达摸斯密斯"，③ 这里用"理财家"表示"经济学家"。1897 年，古城贞吉在《时务报》中提到"法国理财学家""理财学定理"，并发表了《理财学会演说》。④ 同年，古城贞吉在《农学报》上发表《日本农科大学章程》，提到日本农科开设有"理财学""农家理财法"等课程。⑤ 从 19 世纪 60 年代至 20 世纪初，"经济学""理财学""富国学"等多种经济学译名在日本长期并行，古城贞吉在《时务报》中将这些名词引入中国，他更多使用"理财学"这个中、日接近的术语。

1897 年，《南洋公学章程》指出："环海各帮，与我同文同教，而能善学西人，日起有功者，莫若日本。中国兴学，宜取法于东，阶级略同，途轨径捷。……大学分法理文三部……文部又分哲学、政治理财学、和汉文学三科。""今公学课程，皆拟参酌东法试办。"公学学生应翻译"理财商学诸书"，法学洋教习的职责是"凡政治、理财、商税诸学皆统焉"。⑥《南洋公学章程》介绍日本大学的"理财学"科目与前述黄遵宪编《日本国志》的叙述相似，且明确指出了模仿日本"理财学"学科而

---

① 顾厚琨：《日本新政考》，慎记书庄，1888 年，卷二《学校总论》第 5 页。
② 陈铮编《黄遵宪全集》（下），中华书局，2005 年，第 1412 页。
③ 〔日〕古城贞吉译《论英德贸易》，《时务报》第 12 册，1896 年。
④ 〔日〕古城贞吉译《论丁口税》《理财学会演说》《列国争议美国新海关税法》，《时务报》第 18、30、45 册，1897 年。
⑤ 〔日〕古城贞吉译《日本农科大学章程》，《农学报》第 13 期，1897 年。
⑥ 《南洋公学章程》，《集成报》第 12 册，1897 年，第 5—6 页。

开设"理财"课程。

另外，1897 年古城贞吉在《时务报》第 18 册还提到"富国学者""富国学家"。① 1897 年 8 月 8 日，梁启超在《〈史记·货殖列传〉今义》里提到"西士讲富国学""西人言富国学者""言理财之学者"。②

三 "经济学""理财学""计学"等词在语义方面的竞争

从戊戌变法到清末新政，中国知识界开始主动学习和引进西方经济学，对 Political Economy，丁韪良、严复等有"富国策""计学"等译名，日本又传入"经济学""理财学"等译名，那么，到底应该选择何种中文词才符合西文原意？中国有正名的传统，名正则言顺，孔子说"必也正名乎"，在 20 世纪初，正名是引进一门新学科必须解决的大事。在这种背景下，梁启超、严复等人对各种经济译名的含义、词形是否恰当进行了讨论。

（一）1902—1903 年《新民丛报》的讨论

1902 年 2 月 8 日，梁启超在《新民丛报》的《绍介新著：〈原富〉》中指出，亚当·斯密为政术理财学之鼻祖，对政术理财学的注解是："英文 Political Economy，中国未有此名词。日本人译为经济学，实属不安，严氏欲译为计学，然亦未赅括。姑就原文政治与计算两意，拟为此名，以质大雅。"③ 梁启超介绍的《原富》是 1901 年 5 月刊行的非完整版，他还没有看到严复为《原富》写的《译事例言》和严复对亚当·斯密"计学为足民富国之学"界说的批评。梁启超在此针对的是 Political Economy 的中文译名，因此认为严复只译了 Economy 为"计算"之"计"，而没有译出 Political，"计学"未概括该词的全意。

3 月 10 日，针对梁启超将 Political Economy 译为"政术理财学"，东京爱读生向《新民丛报》去信探讨，认为政术理财学"比之日本所译经济学、严氏所译计学，虽似稍确稍赅，然用四字之名，未免太冗，称述往往不便，如日本书中有所谓经济界、经济社会、经济问题等文，以计

---

① 〔日〕古城贞吉译《论地税》，《时务报》第 18 册，1897 年。
② 梁启超：《〈史记·货殖列传〉今义》，《时务报》第 35 册，1897 年 8 月 8 日。
③ 《绍介新著：〈原富〉》，《新民丛报》第 1 号，1902 年 2 月 8 日。

字易之固不通，以政术理财字易之亦不通也"。东京爱读生在此认识到，日本译西文的"经济""经济学"分别是母词与加后缀而成的衍生词，而中国人将 Economy 译为"节俭"，将 Political Economy 译为"富国策"，这两个词之间看不出任何联系。同时又认识到严复的"单字词"和梁启超的"四字词"均不适合作一个学科名称。东京爱读生希望梁启超从中国几千部古籍中寻找适当的译词。梁启超承认"政术理财学之名，冗而不适"。他进而从中国古典文献中寻求新译词，班固有《食货志》，"食货二字，颇赅此学之材料，然但有其客体，不有其主体"。也就是说，中国的"食货"二字适合该学的内容，但它只是一个名词，而没有含有主体的动词，故不适合。《管子》的"轻重"意含管理经济的手段，"然其语不通用，骤出之乱人耳目，殆未可也"。"货殖"二字接近 Political Economy，但"货殖则偏于私富，不含政术之意，亦非尽当"。最后，梁启超建议将 Political Economy 译为"平准学"。[①]梁启超所讨论的食货、轻重、货殖、平准四词均为中国古代经济思想的关键词，但每一个词去对译 Political Economy 确实难以完全合意。

　　5 月 8 日，针对梁启超等认为严复的"计学"只译了 Economy 为"计算"之"计"，而没有译出 Political，严复在《新民丛报》中回应道："计学之名，乃从 Economics 字祖义着想，犹名学之名，从 Logos 字祖义着想。此科最新之作，多称 Economics 而删 Political 字面。又见中国古有计相计偕，以及通行之国计、家计、生计诸名词。窃以谓欲立一名，其深阔于原名相副者，舍计莫从。正名定议之事，非亲治其学通澈首尾者，其甘苦必未由共知，乍见其名，未有不指为不通者也。计学之理，如日用饮食，不可暂离，而其成专科之学，则当二百年而已。故其理虽中国所旧有，而其学则中国所本无，无庸讳也。……即如执事今易平准之名，然平准决不足以当此学。盖平准者，乃西京一令，因以名官职，敛贱粜贵，犹均输常平诸政制。计学之书，所论者果在此乎？殆不然矣。故吾重思之，以为此学名义苟欲适俗，则莫若径用理财，若患义界不清，必求雅驯，而用之处处无扞格者，则仆计学之名，似尚有一日之长，要之

　　①　东京爱读生等：《问答（一）》，《新民丛报》第 3 号，1902 年 3 月 10 日。

后来人当自知所去取耳。"① 严复在此以研究西方 Economics 多年的权威自居，为其所立"计学"之名辩护。他还指出两点，一是中国古代有计学之理，而无计学，从古代难以找到一个合适的词去对译 Economics；二是"理财学"是仅次于计学的替代译名。在同刊同期，梁启超发表《生计学（即平准学）学说沿革小史》，他在该文"例言"中指出："兹学之名，今尚未定，本编向用平准二字，似未安。而严氏定为计学，又嫌其于复用名词，颇有不便，或有谓当用生计二字，今姑用之，以俟后人。"② 这是梁启超"生计学"取名的由来。梁启超将其"生计学"看成严复"计学"的衍生词，实际上这二词含义大不相同，"计学"之"计"是动词，"生计学"之"生计"是名词。

5 月 22 日，针对严复的"计学"、梁启超的"生计学"，驹场红柳生在《新民丛报》中指出："经济学原名 Political Economy，直译之为政治节用学，迨 Morsbotl 氏而始名为 Economics，日本人译之为经济学，不求其理而骤观之，则经济似与政治混而无别，夫经者含政治之义，济者寓泉流之旨，其与斯学本义已极相符。日本当时之定为此名，盖已斟酌审慎而无遗义者矣。"驹场红柳生将日译"经济学"的"经"字解释为政治，"济"字解释为泉流，这是对"经济"新词从字形导出的新解释，这个新解释对应的英文是 Political Economy，而不是 Economics。驹场红柳生在此对中文"经济学"译名进行了首次辩护。驹场红柳生接着又批评了严复的"计学"和梁启超的"生计学"，他说："Statistics 者亦财政之中而独立一学者，日本人则译为统计学，又曰计学。……今若竟从严氏之名，则不知此后而欲译 Statistics，其又将以何者而易之？贵报第七号又名之曰生计学，虽生计二字，其较严氏为稍善，然终嫌范围太小，而不能以政治理财之意包括于其中。"驹场红柳生认识到了"计学"除是单字词不便组成复合词外，又容易与"统计学"相混的缺点。而"生计学"含义太狭窄，没有包括政治理财之意。因此，他建议用"财政学"翻译 Political Economy。③ 梁启超赞同驹场红柳生对"计学"的批

---

① 严复：《与〈新民丛报〉论所译〈原富〉书》，《新民丛报》第 7 号，1902 年 5 月 8 日。
② 中国之新民（梁启超）：《生计学（即平准学）学说沿革小史》，《新民丛报》第 7 号，1902 年 5 月 8 日。
③ 驹场红柳生等：《问答（七）》，《新民丛报》第 8 号，1902 年 5 月 22 日。

评，却不同意他对日译"经济学"的辩护，且反对其"财政学"译名。他说："惟经济二字，袭用日本，终觉不安，以此名中国太通行，易混学者之目，而谓其确切当于西文原义，鄙意究未敢附和也。……财政者，不过经济学之一部分耳……财政学决不可用也。"梁启超最后还批评了严复认为勉强可以用"理财"的观点。他说："此等专用名词，万不可以动词冠其上，若用理财，则其用之于复杂名词时，窒碍亦滋多矣。故鄙见仍欲存生计二字，以待后贤也。日本所译诸学之名，多可仍用，惟经济学、社会学二者，窃以为必当更求新名。"① 梁启超主张"专用名词，万不可以动词冠其上"，以此衡量，则严复的"计学"、日本的"经济"均不适合作为学科名。此后历史演变的事实证明，当今流行的"经济学""管理学"等学科名称均有动词冠其上。

7 月 5 日，无锡孙开圻参与《新民丛报》关于 Political Economy 译名的讨论，他说："Political Economy 又有译为财政学，财政二字，较之日本所译经济学，严氏所译计学，贵撰述所译之平准学、生计学，似稍切实赅括。然尚嫌范围太小，不能以政治理财之意包括其中。"因此，他主张用"国计学"作为 Political Economy 的译名，以此去完善和替代"财政学"。孙开圻讨论的是 Political Economy 的译名，因此他认为经济学、计学、生计学均不合适。梁启超回答说："经济不专属诸国，国计只能赅括财政，不能及其他。至如所谓'个人经济''家事经济'者，皆经济学中一部分，以国计统之，似不合论理。严氏专用一计字，正以其可兼国计、家计等而言耳，本报微嫌其单词，不便于用，故易以生计，不得已也。"② 梁启超实际上是认为严复以"计学"译 Economics 在词义方面是准确的，只是在表达上单字词不适合其他用途，因而改为"生计学"。因此，孙开圻与梁启超讨论的并不是同一个问题。不过，就算是翻译 Political Economy，梁启超的批评也是有道理的，该学科的主要内容除"国计"外，还应包括"民生"。

7 月 19 日，针对梁启超等认为"计学"之"计"为单字词，不便表达日语经济问题、经济社会、经济世界、经济革命等语，严复回信指出：

---

① 驹场红柳生等：《问答（七）》，《新民丛报》第 8 号，1902 年 5 月 22 日。
② 孙开圻等：《问答（十二）》，《新民丛报》第 11 号，1902 年 7 月 5 日。

"以鄙意言之，则单字双字各有所宜。譬如 Economics 一宗，其见于行文者，或为名物，或为区别。自当随地斟酌，不必株守计学二字也。此如化学有时可谓物质，几何有时可翻形学，则计学有时自可称财政，可言食货，可言国计，但求名之可言，而人有以喻足矣。中国九流，有以一字称家，有以二字称家，未闻行文者遂以此窘也。Economic Laws 何不可称计学公例？Economic Problems 何不可云食货问题？即若 Economic Revolution 亦何不可言货殖变革乎？故窃以谓非所患，在临译之剪裁已耳。"[①]严复的意思是，Economics 译为"计学"，Economic 并不译为"计（的）"，而是根据文章内容可以译为财政、食货、国计、计学、货殖等词。这里出现了两个问题，首先，严复并不是将名词 Economy、形容词 Economic、Economy 的衍生词 Economics 译成同一词根，比如日译"经济"（名词）、"经济的"（形容词）、"经济学"（经济衍生词）为同一词根"经济"，梁启超译"生计""生计的""生计学"为同一词根"生计"，前述东京爱读生已经发现这个问题，严复将此译为三个词根不同词，极不经济。其次，Economic 一词，严复可以根据情况译为 5 个以上的词语，一词多义，既不简明，又造成使用和理解的混乱。严复提倡翻译要"信、达、雅"，这个原则可能适合文学作品，科学文献还需要加上一条译名"统一"原则，严复译《原富》随处可见"一词多义""多词同义"等现象，译名混乱是严复译名被淘汰的主要原因。

1903 年 2 月 11 日，针对严复将 Right 译为"民职或民直"之说，《新民丛报》的《学界时评》栏目编者指出："名也者，不过一记号。使人习之而能解云尔。苟实难得其确译者，则无宁因之。如日本所通行之'社会''经济'等字，虽沿用之亦未甚为病也。"[②] 该文主旨是反对译名盲从日本，同时又反对严复一味从中国古籍中寻找译名，主张难得其确译者可以用日本译名，这与梁启超主张"惟经济学、社会学二者必当更求新名"不同。

综上所述，在 1902—1903 年，梁启超、严复等 6 人参与了《新民丛报》7 期的讨论。讨论的主要问题如下。（1）新学科的西文名是 Political

---

① 严复：《尊疑先生复简》，《新民丛报》第 12 号，1902 年 7 月 19 日。

② 《翻译与爱国心之关系》，《新民丛报》第 25 号，1903 年 2 月 11 日，第 3—4 页。

Economy，还是 Economics？东京爱读生、驹场红柳生、孙开圻以及看到严复回信之前的梁启超研讨的是 Political Economy 如何译成中文。严复在1902 年 5 月初给梁启超的回信中指出"此科最新之作，多称 Economics 而删 Political 字面"，严复的"计学"和梁启超的"生计学"均本严复所谓此科最新之名 Economics 而译。① （2）翻译西文学科名是直译该名称还是要结合学科内容重新定名，也就是直译还是意译？关于 Political Economy，梁启超译为"政术理财学"，驹场红柳生译为"财政学"，孙开圻译为"国计学"，"政术""政""国"对译 Political，"理财""财""计"对译 Economy，三个译名均是直译。严复主张结合西方学科内容发展进行意译，对于意译学科的研究目的还是手段方法，严复反对以"富国足民"这一研究目的定名，他主张用"计（算计、计较、计划）"这一贯穿该学科始终的研究手段和方法作为学科名。（3）学科名以单字词、双字词还是四字词为恰当？与此问题直接相关者，即：学科名词的词根构成新的复合词是否通顺？学科名词与该词的名词、形容词的词根是否统一？严复的"计学"为单字词，梁启超的"政术理财学"为四字词，东京爱读生发现，日本的经济界、经济社会、经济问题用"计"和"政术理财"替代"经济"后均不通。梁启超很快接受此意见，并以此反对严复的"计学"。前已指出，严复固执己见，他认为 Economics 译为"计学"，Economic 并不译为"计（的）"，而是根据文章内容可以译为财政、食货、国计、计学、货殖等词。这就会造成一词多义和使用混乱。（4）学科名与其他学科名是否相似或重复？驹场红柳生发现，严复的"计学"容易和 Statistics 的译名"统计学"或"计学"相混，他又提到，日本人译为"经济学"，经济似与政治混而无别。梁启超批评驹场红柳生的"财政学"与日本研究国家收支的"财政学"相混。（5）能否对"经济"二字进行新解以替代中国通行的"经世济民"的"经济"？驹场红柳生认为，"夫经者含政治之义，济者寓泉流之旨，其与斯学本义已极相符"。这就是通过新解"经济"二字为"经济学"译名辩护。而梁启

---

① 梁启超在《生计学学说沿革小史》中叙述亚里士多德学说时，将"生计学"注译为 Economics，在叙述亚当·斯密学说时，又将"生计学"注译为 Political Economy。这可理解为梁启超叙述的是西文本身的变化。梁启超：《饮冰室合集·文集》（第 5 册），中华书局，1989 年，总第 1041、1061 页。

超认为："经济二字，袭用日本，终觉不安，以此名中国太通行，易混学者之目，而谓其确切当于西文原义，鄙意究未敢附和也。"梁启超看到"经济学"译名的"经济"与中国"经世济民"的"经济"相差太大，容易造成使用混乱。（6）如果中国找不到合适译名，是否可以直接用日本译名？《新民丛报》的《学界时评》栏目编者主张，通过自创、比较，如果发现译名不如日本的通行译名，可以用日本的"经济""社会"等词。中国最后实际上走了这条路。

（二）严复在《原富》中对"经济"译名的讨论

1902 年 11 月，严复译《原富》完整版出版，该书在两处讨论了 Economics 的译名问题。

首先，严复在《原富》的《译事例言》中指出："计学，西名叶科诺密，本希腊语。叶科此言家，诺密为聂摩之转，此言治、言计，则其义始于治家。引而申之，为凡料量经纪搏节出纳之事；扩而充之，为邦国天下生食为用之经。盖其训之所苞至众，故日本译之以经济，中国译之以理财。顾必求吻合，则经济既嫌太廓，而理财又为过狭。自我作故，乃以计学当之。"① 严复的"计学"所对译的西文是 Economics（叶科诺密），而不是 Political Economy。因此，他认为从西文字义本身出发，"经济既嫌太廓，而理财又为过狭"。

其次，严复针对亚当·斯密"计学为足民富国之学"的界说，批评道："盖斯密氏所标，聊用明旨，本非界说正门，其所以为浑侻者，以嫌其与经济全学相混。（日本已谓计学为经济学矣）英儒宾德门经济界说，谓其术所以求最大之福，福最众之人。如用斯密氏之义，则足民一语必合德行、风俗、智力、制度、宗教、数者而言其说始备。顾计学所有事者，实不外财富消长而已，故曰浑也。又，足民富国者，本学之祈向，而所探论论证者，财之理与相生相养之致也。而斯密氏独标所求，不言所学，故曰侻也。"严复从两个方面批评亚当·斯密"足民富国"的"计学（经济学）"定义。一为浑，即含义不明，仅"足民"就包括德行、风俗、智力、制度、宗教等多方面内容，而经济学实际却只研究财富消长；一为侻，即含义太简易，因"足民富国"是经济学研究的目

---

① 〔英〕亚当·斯密：《原富》，严复译，商务印书馆，1981 年，《译事例言》第 7 页。

的，其含义没有包括研究内容和达到这一目的的办法，即"独标所求，不言所学"。① 严复批评亚当·斯密定义的"浑"，实际上是批评了"经济学"译名所含内容太杂，同时也说明，"经济学"这一译名与亚当·斯密的定义比较契合。严复批评亚当·斯密定义的"倪"，实际上批评了富国策、富国学、富国养民学、足民策、富民策等译名，这些译名的共同点是只看到了这门学科的研究目的，而没有看到它的研究内容和办法。

严复又解释了译为"计学"不译为"理财"的缘由，他说："盖学与术异，学者考自然之理，立必然之例，术者据既知之理，求可成之功。学主知，术主行。计学，学也，理财，术也。术之名必不可以译学，一也。财之生分理积，皆计学所讨论，非理之一言所能尽，二也。且理财已成陈言，人云理财，多主国用，意偏于国，不关在民，三也。吾闻古之司农称为计相，守令报最（疑为'簿'）亦曰上计。然则一群之财消息盈虚，皆为计事，此计学之名所由立也。"② 严复批评"理财学"译名的前两条理由并不充分，理财也可以成学，财之生分理积，可以用"管理财富"贯穿始终。第三条论述的"理财"习惯上近似于"财政"，这是"理财"译名难以成立的关键。

总之，严复认识到西方经济学通过马歇尔、杰文斯的最新发展，已经"为微积曲线之可推，而其理乃益密"。他进而批评亚当·斯密将经济学看成"足民富国"之学是过时的，再进而批评将 Economics 译为"经济全学"是错误的。可见，严复已经站在新古典经济学的立场批评 Political Economy 名称，严复的"计学"之名扩展为"计量学""计效学"，这实际上已经抓住了新古典经济学的本质。而当时中国倾向于接受的是亚当·斯密的 Political Economy。

（三）经济学论著对"经济"译名的解释

1902 年 6 月 23 日，田尻稻次郎《经济学大意》指出："经济学所说，当人类团结而为社会，所生于其相互间之对象关系之学问也。又约言之，经济学，从对象上面所说经国济民之原理者也。"③ 这一"经济

---

① 〔英〕亚当·斯密：《原富》，严复译，商务印书馆，1981 年，第 347—348 页。
② 〔英〕亚当·斯密：《原富》，严复译，商务印书馆，1981 年，第 348 页。
③ 〔日〕田尻稻次郎：《经济学大意》，〔日〕吉见谨三郎译，东京专修学校，1902 年，第 1 页。

学"定义，将"经济"古义"经国济民"与近代经济学结合起来，经济学就是阐述在物质财富方面经国济民的原理的学科。

1902 年 12 月 14 日，和田垣谦三《经济教科书》将"经济"定义为："经纪万物而济度日用，或劳心，或劳力，以计画而作为之，名之曰经济。"① 此定义为日本学者将"经济"的传统意义与新译名进行的东西合璧式的解释，也可能是日本为何选择和流行"经济"译名的原因之一。

1902 年 12 月，《翻译世界》译载田岛锦治著《最新经济学》指出："所谓经济者，谓生人所以求得货物而用之以充其欲望之端秩序的活动及其状态也。质言之，则关于货物之生产交易分配及消费一切之事业也。""经济之名，英语为 Economy，由希腊语之 Oikos Nomos 而来，Oikos 者，家也，Nomos 者，法也，故此语源，谓之家法，即治一家之方法也。又此名词，于今日方言，有节用之意，而经济学者，则取其学术上所用之义，如本文所述是也。"这里追溯了"经济"的西语源头，说明了汉字"经济"一词为经济学者的学术用法。田岛锦治又指出，德国历史学派罗雪尔主张英国的"经济学"改名为"国民经济学，一名政治经济学者"。"所谓经济学者，英语 Political Economy，即政治经济之谓。……Political Economy 之语，始用之者为西历千六百十五年所刊额亚底尔氏之书……嗣后英法学者，多遵行之。然近日德国学者，恒用国民经济及社会经济之语，皆不外我辈今日所谓经济学也。然从右之名词，不免有混学问于实际之弊。顷者英人马赛尔（Marshall）欲主张用 Economics 以为经济学之定名。德人滑克奈（Wagner）氏主张用社会经济学之名词，不佞私见，以为与用国民经济学之名，诚不如用社会经济学之名。何则？经济之学，今日渐出国民之小范围，而进于世界之大范围也。"② 田岛锦治在此讨论了马歇尔等人主张 Political Economy 改名为 Economics，而德国历史学派又主张改名为"国民经济学""政治经济学""社会经济学"，他本人赞成改名为"社会经济学"。

1903 年 2 月 7 日，作新社编译《最新经济学》指出："所谓经济二

---

① 〔日〕和田垣谦三：《经济教科书》，广智书局翻译出版，1902 年，第一编第 1 页。
② 〔日〕田岛锦治：《最新经济学》，《翻译世界》第 2 期，1902 年 12 月，第 44、46、54—55 页。

字，自古有之，然加一学字，而适用于英语 Political Economy 者，则由挽近为始。日本学者，每以经济二字为俭约之义，苟欲俭约，则必修身齐家而后可，故此语中又含有事物秩序之字，如云彼为经济家，此为经济主义等是也。英语 Economy 亦含有整顿秩序之意。此本于希腊语之 Oikos Nomos 二字，Oikos 者，译云家也，Nomos 者，译云法则也，Economy 者，云齐家之法则，即齐家之术也。后世冠以 Political 之语，乃越一家之范围，而用于府、县、村、市，又越过府、县、村、市之范围，而用于国家及公共团体，是由小而大者也。夫中国所谓经济之语，则由广而狭，观于经营、经度、经纪等语，莫不含有整顿秩序之意，济字亦有流通恢助之义，故二字连用，适当英语 Economy 之语。在秦之时，以经济二字为治国平天下之术，凡富国强兵之道，无不赅焉。自泰西文物输入日本以来，日本学者，遂执此语为研究理财之学，又一转而为治一家生计之术。中国沿而用之，故曰，中国所谓经济者，由广而至狭也。"① 这段论述指出了日本"经济"二字为俭约之意，引申为秩序之意，与英文 Economy 相合；中国的"经"字组成的经营、经度、经纪等词含有整顿秩序之意，"济"字有流通恢助之意，经济二字连用，与英语 Economy 相合。中日两国的"经济"一词与英语 Economy 相合，Political Economy 译为"经济学"就自然而然了。这里对西文、日文、中文"经济"（Economy）的含义进行了细致的对比，结论为"经济"是一恰当译名。这种对"经济"译名的辩护源自日本，此段议论与日本金井延著《社会经济学》（1902 年东京版，1908 年上海版）相同。

1903 年 2 月 25 日，王宰善编《普通经济学教科书》指出："经济者，含有经国济民之意也。人有欲望，而欲满足之，因劳其精神与肉体，以所得供其使用者，可称之为经济的计划。……其国民为公共生计，而所营经济的计划，可称之为国民经济，又称私经济。国家离于国民，谋维持其生存发达，其所营经济的计划，可称之为国家经济，又称公经济。""经济学者，研究人类及国家，对于物之关系之学问也。"② 上述定义强调了国家、国民是经济学研究中的主体和目的，恰与中国传统的经

---

① 作新社编译《最新经济学》，作新社，1903 年，第 23—24 页。
② 王宰善编《普通经济学教科书》，开明书店，1903 年，第 15、17 页。

国济民之意相合。梁启超、严复均认为中国传统的"经济"与日本使用的"近代经济学"的"经济"意义相差太大。王宰善使用的德国历史学派的经济学定义，就将旧义"经济"和新义"经济学"进行了符合逻辑的统一解释。

1903 年 2 月 27 日，王璟芳指出："经济二字之原文，英语为 Economy，从希腊语之 Oikos Nomos 二字而出，Oikos 者，家屋或地宅之意，Nomos 者，法则也，谓治家之法则。……后日于 Economy 之上，冠之以 Political 之字。Political 者，国及市府之意，旁通其意于治理，遂至适用于一村一乡，一市一县，一府一省一国各种团体理财之政。吾国字训，经字作名辞解，法也，常也；作动词解，有治理之意。济，齐也。二字连用，殆本于经国济民，用之自秦始，包含富国强兵之事，为治国平天下之手段，意义辽阔，不专属于政治理财。近今用之，无稍变焉（如近日文章经济、经济特科等语）。日本用吾华文字之国也，始亦以经济为治国平天下之术，如太宰纯所著《经济录》，与吾国治平略等书相伯仲。训至今日，所谓经济者一身一家，皆可适用。其意为俭约、为计算，于国为理财之政。西文由小推之大，日文由大通之小，变迁不同，意义尚可吻合。故日本径以经济二字，译英语之 Political Economy。"[1] 王璟芳这段议论与前述作新社编译《最新经济学》对"经济"一词的考证内容相似，它们的主要内容均源自日本金井延著《社会经济学》（1902 年东京版，1908 年上海版）。但王璟芳认识到了只有日文的"经济"与 Economy 吻合，但中文"经济"意义辽阔，不专属于政治理财，至今未变，这就很难与西文 Economy 吻合。王璟芳将"经"字解释为治理，将"济"字解释为齐，与作新社所论也不相同。王璟芳为日文"经济学"对译 Political Economy 进行了解释和说明。

1905 年，王璟芳笔译，山崎觉次郎讲述《经济学》指出："旧日所谓经济者，范围极广……匪特政治、法律为所包含，即教育伦理等学，亦属其范围之内矣。方诸今日之所谓经济学，殊失广泛，故有欲以理财二字代之者，不知仅言理财，意义又失于偏狭，且与财政学易致混同，似此两者相较，均归无当，惟前者袭用既久，闻者耳熟，与其妄易新名，

---

[1]　王璟芳：《普通经济学》，《湖北学生界》第 2 期，1903 年 2 月 27 日。

难的其当，仍不若沿用旧名之为愈也。"① 山崎觉次郎看到了"经济"古今词义的巨大差别，不过又认为"理财"缺陷更大，无法取代"经济"，这从另一角度解释了为什么要使用"经济学"译名。

1908 年 4 月 1 日，陈家瓒译述，金井延著《社会经济学》由上海群益书社出版。该书日文原著《社会经济学》于 1902 年 9 月由东京金港堂出版。《社会经济学》对西文、日文、中文"经济"（Economy）的来源、演变进行了细致的考证，前述作新社与王璟芳对于"经济"译名的论述与金井延的考证内容大同小异，考虑到《社会经济学》日文原版更早出版，王璟芳等还是留日的学生，他们袭用金井延著作的可能性较大。重复内容不再赘述，这里指出金井延的结论，他说中文"经字大率用为动词而有治之之义，用为名词则指治道之常则，而于其中包含有一致和合，整理秩序等之意义者也。其解'济'字，谓与齐通，与定词等字同义，结局亦与'经'字无异，然以二字连用为经济者，则与西洋语之 Economize 相当"。② 金井延还批评了"理财学"译名，他说："第一，此名词我国向来本未尝使用，至近年始出现于世，其语意既甚不明，则世人多不能了知其真义。第二，理财之熟语，其意义似稍狭隘，恰如指称所谓财政者略同。"金井延进一步解释说："理财学之名，距今二十余年前，始使用之。""理财学者，实不过如今之财政学云。"③ 金井延对理财学的批评中，第二点认为其容易与"财政学"相混，这与中国严复等人的看法相同；第一点认为"理财学"是新名词，不如"经济（学）"这个从古沿用至今的名词更容易让人理解，这与中国人的认识恰恰相反，"理财"在北宋以后成为常用词，《富国策》的卷一为"生财"，卷二为"用财"，而在中国"经济"含义更像政治，以"理财学"译 Political Economy 比"经济学"在中国更容易理解为研究财富的学问。这反映了中、日之间对"理财学""经济学"的理解有同有异。根据金井延的观点，中文、日文用"经济"对译西文 Economy 名正言顺，并无古今错位、词形与词义相脱节的缺陷。

上述 7 种论著解释了中文"经济""经济学"为什么与西文 Econo-

---

① 〔日〕山崎觉次郎讲述《经济学》，王璟芳笔译，东京法政大学，1905 年，第 1—2 页。

② 〔日〕金井延：《社会经济学》，陈家瓒译述，群益书社，1908 年，第 183 页。

③ 〔日〕金井延：《社会经济学》，陈家瓒译述，群益书社，1908 年，第 192—193 页。

my、Political Economy 意义相合，这些解释角度不同，其共同点是站在古典政治经济学立场和德国历史学派国民经济学立场，而不是像严复那样站在新古典经济学立场。它说明，中文"经济""经济学"并非中西误植、古今脱节的术语，而是一个恰当的译词。

四　"经济学""计学""理财学"等词的使用竞争

一个词语的生存竞争包括这个词语本身的含义、词形是否恰当，还包括词语的创立者、使用者背后的语言影响力的竞争。Political Economy 的中文译名众多，但真正产生影响力、能够与日语词"经济学"进行生存竞争的词不多，主要有"富国策""理财学""计学""生计学"等词。

（一）富国策、富国学

在 19 世纪，丁韪良、汪凤藻所创译的"富国策"是 Political Economy 的影响最大的中文译名。"富国养民策""富国学"均可看作"富国策"译名的系列词。京师同文馆和传教士开办的学校均开设了"富国策"课程。在 19 世纪末到 20 世纪初，随着日语词"经济学""理财学"和严复"计学"等译名的出现，"富国策"的影响急速衰落，其原因大致是，"富国策"之"策"字本身为误译，没有译为"学"；光谈"富国"而无"富民"，意义缺少重要部分；严复批评其"富国"仅仅是这门科学的目的之一，而不是这门科学本身；中国人开始主动引进西方经济学后，懂西学的东西洋留学生登上历史舞台，传教士的影响很快衰落。

20 世纪初，与"富国策"类似的"富国学"译名仍产生了一定影响。1902 年，陈乾生（陈独秀）的《富国学问答》由商务印书馆出版。1907 年，该书成为"学部审定宣讲用书"，[①] 并标明是"小学教育用书"。

（二）理财学

前已指出，在 19 世纪末，日本的"理财学"概念传入中国，中国的南洋公学明确提出模仿日本的"理财学"，开设理财课程。因"理财学"符合中国传统"理财"观念，该词得到了迅速推广。1900 年，美国人卫理、华人王汝骐合译，英国人司坦离·遮风司（今译斯坦利·杰文斯）

---

① 《商务印书馆发行各种新书》，《申报》1907 年 3 月 6 日，第 12 版。

著《工业与国政相关论》大量使用"理财学"一词，书中提到穆勒的"理财学"，又提到"工业理财学"（意指"劳动经济学"）。① 这就是将 Political Economy 译为"理财学"。1901 年 1 月至 10 月，《译书汇编》连载李士德（F. List，今译李斯特）《理财学》（今译《政治经济学的国民体系》）4 期。② 可见，这里的"理财学"也是指 Political Economy。

1902 年 8 月 15 日，清政府颁布《钦定学堂章程》，规定高等学堂的第 12 门课程为"理财学"，外国教习授。又规定大学堂政科的第 12 门课程为"理财学"。大学堂的仕学馆第一学年到第三学年都要学习"理财学"，而每年的"理财学"内容不同，即第一年通论，第二年国税、公产、理财学史，第三年银行、保险、统计学。③ 此处规定的"理财学"课程，从内容分析，就是指 Political Economy。"理财学"成为清政府规定的课程名称，也就成为清政府规定的 Political Economy 译名。

1902 年有五部书名为"理财学"的著作出版。1902 年 10 月 4 日，嵇镜译，天野为之著《理财学纲要》出版，该书在日本东京印刷，由上海文明编译印书局发行，全书约 4 万字。同年 11 月 25 日，杨廷栋著《理财学教科书》出版。④ 同年，王季点译，田尻稻次郎著《理财学精义》由商务印书馆出版。⑤ 作新社编译《商工理财学》由作新社刊行。以上四部均为编译自日文的著作。另外，谢卫楼（D. Z. Sheffield）编译《理财学》由上海美华书馆出版。底本为美国洼克（F. A. Walker，今译沃克）著《政治经济学》（*Political Economy*，1883）。⑥

1903 年 1 月 10 日，《申报》刊载京师大学堂教习名单，其中有"理财学（教）习日本经济科博士杉雄（荣）三郎"。⑦ 说明在 1903 年京师大学堂已经开始实施具体的"理财学"课程教育。

---

① 〔英〕司坦离·遮风司：《工业与国政相关论》（下卷），〔美〕卫理、王汝骐合译，江南制造局，1900 年，第 6、13、41 页。

② 〔德〕李士德：《理财学》，《译书汇编》第 2、3、4、8 期，1901 年。

③ 舒新城编《中国近代教育史料》（中），人民教育出版社，1961 年，第 540、552、556 页。

④ 杨廷栋：《理财学教科书》，作新社，1902 年。

⑤ 《晚清新学书目提要》，第 264 页。

⑥ 吴义雄：《谢卫楼与晚清西学输入》，《中山大学学报》（社会科学版）2007 年第 5 期，第 43—51 页。

⑦ 《京师大学堂各教习衔名单》，《申报》1903 年 1 月 10 日，第 2 版。

1903 年又有两部"理财学"课本出版。1903 年 5 月 21 日，吴启孙译，日本天野为之著《理财学讲义》出版，该书为"日本早稻田大学讲义丛译"之一。吴启孙兼任发行者。同年，颜惠庆译，美国华克撰《理财学课本》由上海商务印书馆出版。

1904 年 1 月，清政府颁布经张之洞等人修订的《奏定学堂章程》。其中，《奏定中学堂章程》规定中学堂第十科为"法制及理财"，内容为："当就法制及理财所关之事宜，教以国民生活所必须之知识，据现在之法律制度讲明其大概，及国家财政、民间财用之要略。"《奏定高等学堂章程》规定第一类学科（预备入文法类大学）的第九门课程为"理财学"。[①]《奏定大学堂章程》规定政法科大学政治学门必须学习全国人民财用学（日本名理财学及经济学）、各国理财史（日本名为经济史）、各国理财学术史（日本名为经济学史）等课程。[②]《奏定学堂章程》规定了中学堂、高等学堂、大学堂的"理财学"教育，这就进一步明确了官方认可"理财学"译名。不过，在大学教育方面，该章程又创立了一个新名词"全国人民财用学"，又说这就是"日本名理财学及经济学"，这实际上体现了官方并不满意"理财学"名称，同时，又将"理财学"与"经济学"均看成日语名词。这就为官方改革"理财学"名称留下了可能性。

1907 年 2 月 2 日，清廷批准实行的《京师法政学堂章程》规定预科需要开设"理财原论"课程，正科需要开设"理财学"课程。[③] 同年春，商务印书馆编译所编译"实业学校教科书"《商业理财学》由上海商务印书馆出版。1907 年 4 月，法国戈利著《理财新义》由上海商务印书馆出版，该书分为论钱币、赊贷、汇兑三卷。[④]

1911 年 2 月 15 日，《申报》报道，学部考核初级师范学堂和中学堂教员需要考核"理财学""理财通论"等课程。[⑤]

综上所述，20 世纪最初 10 年，清政府规定了中学堂、高等学堂、

[①] 舒新城编《中国近代教育史料》（中），人民教育出版社，1961 年，第 511、568 页。

[②] 舒新城编《中国近代教育史料》（中），人民教育出版社，1961 年，第 585—586 页。

[③] 朱有瓛主编《中国近代学制史料》（第二辑下册），华东师范大学出版社，1989 年，第 481—482 页。

[④]《谢赠〈理财新义〉》，《申报》1907 年 4 月 11 日，第 20 版。

[⑤]《学部检定初级师范学堂中学堂教员章程》，《申报》1911 年 2 月 15 日，第 26 版。

大学堂名为"理财学"的课程教育,"理财学"成为官方认可的 Political Economy 中文译名,以"理财学"名义出版的教科书有 8 种,以"理财"命名的经济学著作有 1 种。京师大学堂等学校也具体实施了"理财学"教育。因此,20 世纪初,"理财学"成为"经济学"译名最强有力的竞争者。

(三) 计学

1896 年,严复在所译《天演论》的按语中首创"计学"一词。1897 年,张元济等人在北京创立通艺学堂,设文学门(相当于文科)和艺术门(相当于理科),文学门课程有:舆地志、泰西近史、名学(辨学)、计学(理财学)、公法学等。通艺学堂得到了严复的协助,"通艺"二字是严复取的,严复还介绍他的侄儿到该校任教,[①] 他自己也到该校讲学多次,考订功课,讲明学术。[②] 从严复与该校的紧密关系可推知,计学(理财学)课程和名称可能就是来自严复的建议。1898 年戊戌政变,张元济被革职,该校停办。[③]

1901—1902 年,严复译《原富》出版,严复的"计学"得到了广泛传播。前已指出,《新民丛报》还专门进行了"计学"等译词的讨论,梁启超赞同"计学"之意,不赞同其使用单字词,于是另外创立了"生计学"一词,由此可见,严复"计学"一词对学术界的影响。1907 年 10 月,在社会革命与社会改良的论战中,革命派太邱斥责梁启超"摭拾计学(包经济学、财政学而言)一二端,以自文其陋",[④] 这里将"计学"含义扩充为既包括经济学,又包括财政学的新含义。

1903 年,陈昌绪译,美国兰德克略原本《计学平议》由南洋公学出版,该书实际为美国克拉克·伦特(Edward Clark Lunt)原著,日本持地六三郎译为日文《经济学评论》(1890 年),陈昌绪从日文转译而成。

1906 年,奚若译述,美国罗林(J. L. Laughlin)著《计学》(*The El-*

---

① 陈学恂主编《中国近代教育史教学参考资料》(上册),人民教育出版社,1986 年,第 385—388 页。

② 马勇:《严复学术思想评传》,北京图书馆出版社,2001 年,第 96—97 页。

③ 陈学恂主编《中国近代教育史教学参考资料》(上册),人民教育出版社,1986 年,第 385—388 页。

④ 太邱:《斥〈新民丛报〉土地国有之谬》,《民报》第 17 号,1907 年 10 月,第 61 页。

ements of Political Economy）由商务印书馆出版，该书书名标有"中学教科书"，书内每页旁又标示"计学教科书"。①

1908 年 12 月，王寿昌译述，法国博乐克著《计学浅训》由商务印书馆出版。该书采用问答式，为少年读者而写。②

1904 年，清政府户部在其办公地前门户部署设立"计学馆"，以培养户部官员的理财学识。同年，"户部计学馆考试货币学题目如下：问币制必先定本位，其要安在？"。③ 这说明计学馆所教育的内容与户部管理的财政、货币等项高度相关。

1905 年 4 月 15 日，《申报》刊载《京师各学堂一览表》，关于"计学馆"各项内容是：校名——计学馆；课程——理财；开学——甲辰（1904）冬月；学额——无定；经理人——户部堂官；地址——前门户部署。④ 说明计学馆是与京师大学堂等学校并列的在北京的经济学专门教育机构。1905 年 5 月 19 日，《申报》报道："新授奉天将军赵次珊……拟将户部计学馆东文教习土宰善调赴奉省政府，已然其议矣。"⑤ 说明计学馆聘请了日本教习教授经济学。

1909 年 2 月 20 日，《申报》报道："度支部财政学堂将次开办，闻其内容分正科、专科、豫科，其入正科肄业者为本部司员，专科、豫科则招考举贡生监。至该学各科教员均系由泽尚书聘定计学馆教员充当，惟总教员已由北洋聘定。"⑥

1909 年 3 月 5 日，度支部会奏设立"财政学堂"，其属于普通高等教育性质，所开设的课程有"理财通论""理财史""理财学史"。⑦ 显然，此时度支部已经放弃了"计学"名称。1909 年 8 月 7 日，《申报》报道："度支部所设之计学馆原为造就该部人才起见，现泽尚书因财政学堂业已设立，计学馆似属赘疣，拟俟该馆学员此次毕业发榜后即行裁撤。

---

① 〔美〕罗林：《计学》，奚若译述，商务印书馆，1906 年。
② 《商务印书馆〈计学浅训〉广告》，《申报》1908 年 12 月 19 日，第 15 版。
③ 《畿辅近事：计学试题》，《北洋官报》第 539 期，1904 年。
④ 《京师各学堂一览表》，《申报》1905 年 4 月 15 日，第 4 版。
⑤ 《赵军帅议带日俄译员》，《申报》1905 年 5 月 19 日，第 3 版。
⑥ 《京师近事》，《申报》1909 年 2 月 20 日，第 6 版。
⑦ 朱有瓛主编《中国近代学制史料》（第二辑下册），华东师范大学出版社，1989 年，第 558、560—561 页。

以省经费。"①

　　计学馆从 1904 年开办到 1909 年结束，它是户部以及度支部培养官员经济学识的重要机构。"计学馆"这个机构的存在是严复"计学"产生广泛影响的重要证据。它最后被"财政学堂"取代，说明"计学"一词后来被度支部弃用。

　　"计学"在清末逐渐被弃用，其原因除该词本身为单字词，不便组成复合词外，还有音节相近的"统计学"在清末逐渐受到重视。1903年，钮永建等译，日本横山雅男原著的《统计学讲义》，由时中书局出版，② 该书是中国近代第一部统计学著作。1904 年 1 月，清政府又颁布经张之洞等人修订的《奏定大学堂章程》，规定商科大学的银行及保险学门、贸易及贩运学门，以及政法科大学政治学门必须开设"全国土地民物统计学（日本名为统计学）"。③ 光绪三十三年（1907）九月十六日，清政府宪政编查馆奏奉谕旨通饬："各省设立调查局，分统计、法制两科。并饬各省督抚将军都统暨各司道、府厅、州县、协镇、海关盐粮茶道衙门及各处局所，均设立统计处。此为中国公然实行统计之权舆。于是各省皆遵旨设立调查局、统计处。"④

（四）生计学

　　1902 年，梁启超因赞同严复"计学"之意，不赞同其使用单字词，于是另外创立了"生计学"一词。梁启超"生计学"最集中的使用体现在他的《生计学学说沿革小史》（1903）一书中。在清末，"生计学"一词主要由梁启超使用。1909 年，广学会曾刊行管鹤立译《生计学》（*Commercial Education*），不过这里的"生计学"是指商业教育。

　　在清末，梁启超创立的"生计学"一词影响不大，到民国时期，"生计学"一词却产生了重要影响。1920 年 4 月至 1924 年 6 月，马君武用四年多时间翻译了〔奥〕菲里波维奇（E. Von Philippovich，1858—1917）《国民生计政策》，共六部，1401 页，1921 年 3 月至 1925 年 3 月由上海中华书局先后出版。马君武这套包括农业、工业、商业、交通、

---

① 《京师近事》，《申报》1909 年 8 月 7 日，第 5 版。
② 参见〔日〕横山雅男《统计通论》，孟森译，商务印书馆，1908 年，第 42 页。
③ 舒新城编《中国近代教育史料》（中），人民教育出版社，1961 年，第 585、620—621 页。
④ 涂景瑜编《统计学讲义》，《北洋法政学报》第 142 期，1910 年，第 19 页。

救贫政策的系列德文译著产生了重要影响。这套书始终使用"生计""生计学"表示"经济""经济学"。1930 年 11 月，马君武著《中国历代生计政策批评》由上海中华书局出版，书中仍使用"生计"表示"经济"，该书是中国经济史的重要著作。另外，孙中山《实业计划》（1921）中文版里也提到："建筑愈多，价值愈廉，是为生计学定律。生计学唯一之危险，为生产过多，一切大规模之生产皆受此种阻碍。"这里出现的"生计学"也是马君武据孙中山英文版《实业计划》所译，非孙中山本人所用。①

除马君武外，1921 年 7 月，高一涵译，小林丑三郎著《经济思潮史》，由北京大学新知书社出版。全书以"生计"表示"经济"。

（五）经济、经济学

1. 以"经济""经济学"命名的著作出版

1901 年，清政府实施"新政"，中国进入主动引进经济学的新时期。以日语词"经济""经济学"为名的著作开始大量输入中国。

1901 年 5 月至 6 月，《农学报》第 140—143 期连载《农业经济篇》，该译著为日本今关常次郎原著，日本吉田森太郎译。同年，《农学报》刊行了《农业经济篇》的单行本。《农业经济篇》是中国第一部以现代"经济"命名的著作。1901 年 5 月至 1902 年 2 月，《湖北商务报》连载该刊聘请日本人翻译的清水泰吉著《商业经济学》全本，② 这是中国引进的第一部以"经济学"命名的书籍。

1902 年 6 月 23 日，日本法学博士田尻稻次郎著，日本吉见谨三郎译《经济学大意》（版权页又称《汉译经济学大意》）由东京专修学校在日本东京出版。1902 年 12 月 14 日，日本和田垣谦三著《经济教科书》由上海广智书局出版。

1903 年 2 月 7 日，作新社编译《最新经济学》出版。2 月 25 日，王宰善编《普通经济学教科书》出版，该书在日本东京印刷，上海发行。6 月，商务印书馆译述，日本持地六三郎著《经济通论》出版。同年，

---

① 《孙中山全集》（第六卷），中华书局，2011 年，第 249、385 页。
② 〔日〕清水泰吉：《商业经济学》，《湖北商务报》第 73—97 期，1901 年 5 月至 1902 年 2 月。

范迪吉等译清水泰吉著《商业经济学》、池袋秀太郎著《经济泛论》、横井时敬等著《农业经济论》作为"普通百科全书"由会文学社出版。1903 年，日本野口保一郎著《经济地理学大纲》由上海平凡书局出版；时中书局译，日本普通教育研究会编纂《经济纲要一卷》由上海时中书局出版；桥本海关译《经济教科书》由江楚编译官书局出版。①

1904 年 1 月，日本杉荣三郎编《京师大学堂经济学讲义初编：经济学通论》由上海商务印书馆出版。同年 9 月，日本杉荣三郎编《京师大学堂经济学讲义二编：经济学各论·货币学》由上海商务印书馆出版。②杉荣三郎为日本法学士，于 1902—1908 年在京师大学堂讲授经济学。③

1905 年 4 月 4 日，日本葛冈信虎讲授，湖北师范生编《法制经济学》在日本印刷，由湖北学务处发行。9 月 3 日，易奉乾编译，金井延原著的《经济学》（又名《经济学奥付》）在日本东京并木活版所印刷，作为"法政粹编第十二种"；该书又作为"法政丛编第十三种"由湖北法政编辑社发行。同年，王璟芳笔译，山崎觉次郎讲述《经济学》出版；直隶速成师范生笔记，日本葛冈信虎讲述《经济学讲义》由直隶学务处发行。

1906 年 4 月 24 日，江苏师范生编译，日本高桥晖讲授的《经济学大意》在日本东京印刷，由江苏省宁属与苏属学务处出版。同年，郭开文、张春涛译，日本林松次郎著《法制经济要论》由东京博信堂出版。1906 年，比利时耶密尔罗貌礼原著，英国亚忽勒孛烈尔英译，日本牧上耕平日译，林祐光汉译《经济学粹》，由金陵江楚编译官书局石印；铃木虎雄译，杨度补译，日本松崎藏之助著《经济学要义》由日本东京东亚公司出版；王绍增编译，山崎觉次郎讲述《经济学讲义》在日本印刷，由清国留学生会馆与天津北洋官书局发行。④

1907 年，罗超编《纯正经济学》为"政法述义"第七种，由政法学

---

① 参见赵靖《经济学译名的由来》，《教学与研究》1980 年第 2 期，第 79 页。
② 京师大学堂讲义未标明出版时间。1904 年 1 月 14 日，《申报》第 4 版刊载京师大学堂讲义初编出版广告；同年 9 月 18 日，《申报》第 7 版刊载京师大学堂讲义二编出版广告。说明初编于 1904 年 1 月出版，二编在同年 9 月出版。
③ 参见王学珍等编《北京大学史料》（第一卷 1898—1911），北京大学出版社，1993 年，第 311 页。
④ 参见叶坦《"中国经济学"寻根》，《中国社会科学》1998 年第 4 期，第 67 页。

社出版。同年，罗超编《应用经济学》，为"政法述义"第八种，由政法学社出版。1907 年，日本东京东亚公司发行《经济学教科书》。① 1907 年，赵嵩编《商业银行学汇编》第五册《经济学》由日本东京商业编辑社出版。1907 年，张春涛、郭开文译，清水澄著《法律经济辞典》由东京奎文馆出版，1909 年又由上海群益书社出版。《高等小学经济学教科书》由上海文明书局发行。②《经济学教科书释义》由上海均益图书公司编辑出版。③

1908 年 4 月 1 日，陈家瓒译述，日本金井延著《社会经济学》，由上海群益书社出版。6 月，何燏时、汪兆铭译，日本法学博士口木户水宽人等原著《法制经济通论》由上海商务印书馆出版。10 月 16 日，李佐庭译，日本小林丑三郎著《经济学》（又名《经济学原论》），作为丙午社编辑出版的"法政讲义"之一，由上海群益书社发行。11 月，青浦朱宝绥译、美国麦喀梵（S. M. Mcvane）著《经济原论》（*Working Principles of Political Economy*，1890），由上海中国图书公司编译发行，作者序言指出，此书"适合中学课本之用"。

1909 年 11 月，王我臧译，田边庆弥著《汉译日本法律经济辞典》由上海商务印书馆出版。

1910 年 4 月，王我臧译，盐谷廉、坂口直马著《经济学各论》由上海商务印书馆出版。④ 9 月 18 日，何福麟编译，日本东亚同文会编纂《中国经济全书》由经济学会编译发行，日本东京九段印刷所印，商务印书馆经售。12 月，熊崇煦、章勤士译，美国黎查德迪·伊利著《经济学概论》由上海商务印书馆出版。

1911 年 4 月，熊元楷、熊元襄编《京师法律学堂笔记：经济学》由安徽法学社刊印出版；孙铖编译，日本农业教育协会原著《农业经济及法规教科书》由新学会社出版。

上列 41 种著作，以"经济学"命名者 26 种，以"经济"命名者 15 种。译自日文原著者 32 种，译自英文原著者 1 种，中国人自编者 8 种；

---

① 参见《时务实用各种新版书籍》，《申报》1907 年 12 月 7 日，第 14 版。
② 《文明书局发行书目》，《申报》1907 年 7 月 25 日，第 13 版。
③ 《均益图书公司》，《申报》1907 年 7 月 12 日，第 1 版。
④ 〔日〕盐谷廉、坂口直马：《经济学各论》，王我臧译，商务印书馆，1910 年。

译者为日本汉学家者 5 种,在日本印刷和发行者 7 种。中国人自编 8 种中,有 7 种编译自日文,只有《京师法律学堂笔记:经济学》可能是中国人主讲。由日本学者汉译日本著作在日本出版发行者有 5—7 种,说明除留日学生这个主体外,还有一支重要力量主动向中国输入"经济学",就是日本学者和日本商人。中国人编译经济学类书籍主要作为商学、法政、师范专业的配套教材,近代的经济学教育是需求经济学著作的主要力量。

2. 中国人在论著中使用现代"经济""经济学"

1897 年 6 月 10 日,梁启超在《变法通议·论学校·译书》中指出:"华商之不敌洋商也,洋商有学,而华商无学也。彼中富国学之书(日本名为经济书),皆合地球万国之民情物产,而盈虚消息之。"① 梁启超首次在论及中国问题的文章中提到日本的"经济书"。

1899 年 4 月 1 日,梁启超在《论学日本文之益》中说:"日本自维新三十年来,广求知识于寰宇,其所著有用之书不下数千种,而尤详于政治学,资生学(即理财学,日本谓之经济学)。"② 梁启超在此又将日本"经济学"与"理财学"进行了对接。6 月 28 日,梁启超在《论中国人种之将来》中指出:"十九世纪,为政治上竞争革命之时代。二十世纪,为经济上竞争之时代。此有识者之公言也。而经济上竞争之大权,实握于劳力工人之手。近年以来,同盟罢工之案,络绎不绝,各国之经济界,屡受牵动。"又说:"商务者,经济竞争之眼目也。"梁启超在文首注明:"篇中因仿效日本文体,故多委蛇沓复之病。"③ 9 月 5 日,梁启超在《论中国与欧洲国体异同》中提到:"经济世界之竞争,月异而岁不同。"④ 10 月 25 日,他又在《论近世国民竞争之大势及中国前途》中指出,今日欧美诸国之竞争,"非属于政治之事,而属于经济(用日本名,今译之为资生)之事"。⑤ 梁启超大致在 1902 年又使用"生计"等词代替"经济",但这并不影响他是中国最早使用现代"经济"者。

---

① 梁启超:《变法通议·论学校·译书》,《时务报》第 29 册,1897 年 6 月 10 日。
② 梁启超:《饮冰室合集·文集》(第 2 册),中华书局,1989 年,总第 362 页。
③ 梁启超:《饮冰室合集·文集》(第 2 册),中华书局,1989 年,总第 257—258 页。
④ 梁启超:《饮冰室合集·文集》(第 2 册),中华书局,1989 年,总第 349 页。
⑤ 梁启超:《饮冰室合集·文集》(第 2 册),中华书局,1989 年,总第 341 页。

1901 年 5 月 10 日，张謇在《申报》发表的《变法评议》中指出："其未译之各国政治、文学、吏法、经济学、伦理学、博物学、教育、农工商业诸史，与夫日本法科、理科、文科、工科、农科、医科各专家学业之书，另由译书馆随时译成，送馆备课。"① 张謇在此使用的"经济学"与"政治""吏法"等相区别，它已经是现代"经济学"的含义。

1903 年，"经济研究生"在《浙江潮》（东京）杂志的"经济专栏"发表《经济问题、财政问题》，该文研究了"经济问题"与"财政问题"的关系，认为政治家不应偏向经济问题与财政问题某一方面。这篇文章从署名到专栏名到文章标题、内容，全是现代"经济"。②

1904 年，《警钟日报》发表《论中国古代经济学》，文章认为中国古代管子、商鞅等人的思想为中国古代的经济学。③ 这是使用现代"经济学"一词论述中国古代经济思想的案例。

1905 年 3 月 1 日，《申报》记者发表《中国经济问题》，指出："工业盛，则农商交受其益而国富，工业疲，则农商交受其害而国贫。亚丹·斯密有言，国家之贫富，视庸率之高下，庸率之高下，视工业之盛衰，此可谓经济学之至理也已。""故中国非奖励工业，能自造物品，则虽农业日振兴，商务日推广，仍不过生料之出口稍兴旺，要无救于经济之困难者也。"④ 该文利用现代经济学理，认识到要解决中国经济困难，必须发展现代机器工业。这篇文章使用现代"经济""经济学"概念抓住了中国经济问题的核心。

1905 年 10 月 20 日，孙中山在《〈民报〉发刊词》中指出："经济问题继政治问题之后，则民生主义跃跃然动，二十世纪不得不为民生主义之擅场时代也。"⑤ 在 1905—1907 年孙中山革命派与梁启超改良派的争论中，双方均使用"经济""经济学"。

1906 年 4 月，《商务官报章程》指出："本报照商部奏定章程开办，隶属商部，名曰商务官报。……本报体例酌定如左：一论说，以经济学

---

① 《张季直殿撰謇变法平议》，《申报》1901 年 5 月 10 日，第 3 版。
② 经济研究生：《经济问题、财政问题》，《浙江潮》（东京）第 6 期，1903 年。
③ 《论中国古代经济学》，《警钟日报》甲辰十一月初一日；转引自《东方杂志》第 2 卷第 1 号，1905 年 2 月。
④ 《中国经济问题》，《申报》1905 年 3 月 1 日，第 2 版。
⑤ 《〈民报〉发刊词》，《孙中山全集》（第一卷），中华书局，2011 年，第 288 页。

理为基础，而参以实际应用之方法，此为发挥本报主义之地。"① 《商务官报》为商部官方报，它的论说文章要以"经济学理"为基础，说明清政府商部已经认可现代"经济学理"。

3. 中国设立"经济学"课程和专业

1905 年，外务部、刑部官员会奏设立法律学堂，其章程规定需要开设"经济通论"课程，以取代 1904 年《大学堂章程》法律门需要开设的"全国人民财用学"。② 1906 年 7 月 11 日，直隶总督袁世凯奏拟定《直隶法政学堂章程》，其奏章提到："与夫宪法、经济等诸学皆当采东西之长，以收甄采之效。"章程在开设课程方面规定：预科应开设"经济原论"，正科应开设"应用经济学"。而《直隶法政学堂章程》是清廷批准的要求各省开办法政学堂参酌的章程。③ 其中，浙江、贵州、湖南、四川、新疆、两江等法政学堂均参照、模仿《直隶法政学堂章程》。④ 这些地方的法政学堂均开设了"经济原论"和"应用经济学"课程。

1906 年 12 月 31 日，《江苏教育总会附设法政讲习所广告》：该校要开设"经济学""财政学"等课程。⑤

1908 年，京师大学堂译学馆毕业考试题名称有："国家理财学题""纯正经济学题""商业经济学题"。⑥ 1902 年京师大学堂设计的理财学课程，到毕业考试时，名称已经变为"纯正经济学"和"商业经济学"。

1910 年 8 月 23 日，《申报》刊载《出洋毕业生请设经济学堂》："湖北留日毕业生蒋羲明因现在中国经济困难，特具禀学司，请设国民经济学堂，以造就理财人才。如学款难筹，则在法政学堂内添设经济一科。高泽畲学使，核其所陈国民经济消长之理与中国国民经济困难之故，究

---

① 《商务官报章程》，《商务官报》1906 年第 1 期；又见《申报》1906 年 4 月 15 日，第 17 版。

② 朱有瓛主编《中国近代学制史料》（第二辑下册），华东师范大学出版社，1989 年，第 469—471 页。

③ 朱有瓛主编《中国近代学制史料》（第二辑下册），华东师范大学出版社，1989 年，第 476—479 页。

④ 朱有瓛主编《中国近代学制史料》（第二辑下册），华东师范大学出版社，1989 年，第 499—502 页。

⑤ 《江苏教育总会附设法政讲习所广告》，《申报》1906 年 12 月 31 日，第 5 版。

⑥ 王学珍等编《北京大学史料》（第一卷 1898—1911），北京大学出版社，1993 年，第 276 页。

委寻源，深中奥窍。设立国民经济学堂，讲求国民生活以为裕财之本，亦颇有见。惟现在民力艰难，财源殆尽，强制征收以为设学，则势有所不能。查法政学堂所设学科一切均遵部章，法律与政治分门，原系正科功课，现设别科，系为急造法政人才起见，用意不同，学科自不能强为剖析，但其中可否分立经济一科，应候移请法政学堂斟酌情形，核议办理。当已批示该生知照矣。"① 湖北省学政官员同意在法政学堂的别科内斟酌情形设立"经济"一科。

1910 年 12 月 20 日，清政府学部奏《改定法政学堂章程》指出："现值筹备宪政，期限甚迫，凡官吏绅民，均非具有法政知识，不足以资应用。从前所定法政学堂章程，其应修改者，约有三端，一、曰课程。……二、曰年限。……三、曰分科。旧章正科仅分法律、政治二门，而财政、经济等学科，仅为政治门所兼修，并未专设。现在中国财政亟需整理，自非专门设立经济一门，不足以造就此项人才，此应改者三。"又指出："度支部设立之财政学堂，其宗旨实与此项章程正科之经济门相同，嗣后该学堂添招新班一切办法，应令分别按照正科之法律门及经济门办理，以归一律。"章程规定的"经济门课程表"里含有"经济"字样的课程有：经济学原理、经济政策（商业、农业）、经济统计、外国经济史、中国经济史及近代通商事略。② 这是中国政府首次决定在全国开设"经济"专业，它是中国经济学发展史的划时代事件。"经济"成为一个学科专业的名称，这也意味着"经济（学）"一词开始了制度化历程，它标志着官方认定"经济学"成为学科正式名称，"理财学""计学"等名词与"经济学"在课程名、专业名方面的竞争中已经失败。

五　传统"经济"一词到现代"经济"术语的转变

从日本传入的现代"经济（学）"一词，除遇到前述"理财学""计学""生计学""富国学"等词的竞争外，还遇到中国"经济（学）"的旧义的竞争。在"经济"这个旧瓶子里，到底装新酒还是旧酒，其竞争程度并不亚于"经济"一词同其他词语的竞争。现代"经济"一词形

① 《出洋毕业生请设经济学堂》，《申报》1910 年 8 月 23 日，第 12 版。
② 朱有瓛主编《中国近代学制史料》（第二辑下册），华东师范大学出版社，1989 年，第492—493、496 页。

成过程比"财政""金融"等词复杂，关键就是源于该词既有外部竞争，又有内部竞争。

中国古代的"经济""经济之学"到近代经过张之洞等人的重新使用，其含义产生了重要变化。1891 年，张之洞创建两湖书院时指出，书院"分经学、史学、理学、文学、算学、经济学六门，延请分教六人，专门训课"。① 张之洞在此没有解释"经济学"所学内容，但这里的六门之学与中国传统"经、史、子、集"的四部之学显然不同，"算学""经济学"在四部之外。另外，这里的"经济学"与现代"经济学"一词是形同意不同。1898 年，张之洞在《劝学篇》"变科举"中论道："第一场试以中国史事、本朝政治论五道，此为中学经济。……二场试以时务策五道，专问五洲各国之政，专门之艺。政如各国地理、官制、学校、财赋、兵制、商务等类。艺如格致、制造、声、光、化、电等类，此为西学经济。"② 张之洞所说中学经济、西学经济就解释了他前面提到的"经济学"的内容。1901 年 8 月 29 日，清政府颁布改革科举令，完全采纳了张之洞在《劝学篇》中提出的"变科举"方案，清廷的上谕指出："着自明年为始，嗣后乡、会试头场，试中国政治史事论五篇，二场试各国政治艺策学五道，三场试'四书'义二篇，'五经'义一篇。……以上一切考试，凡'四书''五经'义，均不准用八股文程式，策论均应切实敷成，不得仍前空衍剽窃。"③ 这里的头场、二场考试内容，就是张之洞《劝学篇》所说的中学经济、西学经济。此处的"经济学"是近代出现的"半新半旧"的"经济学"。

中国已经使用了 1000 多年的旧义"经济"和张之洞等人提出的半新半旧"经济"是怎样被现代"经济"取代的？这是一个学术难题。本书企图通过检索《申报》数据库"经济"新旧义的出现、演变情况，发现其演变特点，分析演变原因。

1872—1899 年，《申报》中共检索到"经济"1564 次，剔除误检"调经济阴"30 次，实际得 1534 次，除以 26 年，平均每年 59 次。

---

① 《咨南北学院调两湖书院肄业生》，《张文襄公全集》卷九七，中国书店，1990 年。
② 张之洞：《劝学篇》，吴剑杰编《中国近代思想家文库：张之洞卷》，中国人民大学出版社，2014 年，第 315 页。
③ 朱寿朋编《光绪朝东华录》，张静虚等校点，中华书局，1958 年，总第 4697 页。

1872—1899 年《申报》中"经济"的主要含义分类出现次数如下：

文章经济—131，留心经济—104，经济文章—55，经济学问—50，经济之学—49，经济才—49，讲求经济—46，经济特科—36，经济之才—29，经济实学—27。

以上 10 种主要含义共出现 576 次，占"经济"出现总数的 37.55%，大致代表了旧义经济的主要用法。这些用法又可分为三大类。（1）文章经济、经济文章、经济之才、经济才，是指与提笔作文不同的治国理政才干。（2）留心经济、讲求经济、经济学问、经济之学、经济实学，是指与修身养性不同的经世济民的学问。（3）经济特科，是指清末科举考试的一个科目。

1900 年至 1911 年，是新旧"经济"的转换时期。下面逐年分析《申报》"经济"一词的变化。

1900 年，《申报》中共检索到"经济"203 次，剔除误检"调经济阴"72 次，实际得 131 次，以下各年均剔除误检"经济"，不再一一说明。《申报》中"经济"的主要含义分类出现次数如下：

经济学问—47，经济之学—32，留心经济者—13，经济文章—4。

以上"经济"的主要含义分类说明，1900 年《申报》延续了 1872—1899 年该报的"经济"用法，"经济"完全是"旧义"。

1901 年，《申报》中共检索到"经济"506 次，"经济"的主要含义分类出现次数如下：

经济特科—135，讲求经济—122，究心经济—94，《皇朝经济文（新）编》—61，《经济学溉集成》—21，经济之学—11，《经济学史》—8，经济学问—2，经济文章—1，经济学（新义）—1。

1901 年清末新政，清政府宣布重新举办"经济特科"考试，"经济特科"成为该年热词。另外，清政府又颁布改革科举制度令，考试形式是废八股用策论，考试内容是以张之洞提出的中学经济、西学经济为主。因此，与经济特科考试和新科举考试有关的《皇朝经济文（新）编》《经济学溉集成》成为热卖书籍。1901 年 7 月 29 日，《申报》刊发《新出皇朝经济文新编》广告："钦奉明诏举行经济特科，以求人才，士大夫宜如何力求实学，是编专以讲求经济为宗旨，例分廿五门，凡名卿之奏疏与夫硕儒之论说杂著，其有关于内政外交，足供朝廷敷布之资，莫不旁搜博采。"① 显然，这部以"经济"命名的新书是为经济特科考试服务的书籍。

1901 年 11 月 21 日，《申报》刊发的《经济学溉集成》广告指出，该书分为"文学、地舆、内政、外交、理财、经武、考工、格物、通论、杂箸，凡十类，方今朝廷志明振兴，诏令废八股，试策论，有志之士，争自研求新学。为家修廷献之资"。② 可见，这部以"经济学"命名的书籍，其内容就是张之洞提出的中学经济、西学经济，其就是为新科举考试服务的考试用书。

1901 年《申报》出现了《经济学史》广告 8 次，该书无内容介绍，从该年的大背景经济特科考试和新科举考试内容中学经济、西学经济分析，加上梁启超在 1902 年写作《生计学（即平准学）学说沿革小史》时认为中国尚无西方的"经济学史"，《经济学史》里的"经济学"是旧义"经济学"可能性大。该年张謇提到日本的"经济学"，③ 这是唯一提到的一次新义"经济学"。

1902 年，《申报》中共检索到"经济"788 次，"经济"的主要含义分类出现次数如下：

经济实学—240，讲求经济—128，经济时务—74，经济特科—74，《经济通考》—54，留心经济者—51，经济策论—42，《皇朝经济文（新）编》—33，经济学（旧义）—31，政治经济—16，学问经济—14。

以上主要含义共计 757 次，除部分重复者外，以上 11 种"经济"基本上涵盖了该年《申报》出现的"经济"。1902 年的"经济"仍然是围绕经济特科和新科举考试而出现。该年未检索到明确的"经济"新义。

"经济学"（旧义）共出现 31 次，包括两个内容。（1）张之洞的古义"经济学"。《四书五经义汇钞》广告说："南皮张制军有云，治史学而不先经学，其史学为无本，治经济学而不通经学，其经济亦不足信。"④ 此处的"经济学"是中国古代传统"经济学"。（2）李佳白半新半旧的"经济学科"。1902 年 12 月 22 日，《申报》刊载《尚贤堂之功课

---

① 《新出皇朝经济文新编》，《申报》1901 年 7 月 29 日，第 4 版。

② 《题经济学溉集成》，《申报》1901 年 11 月 21 日，第 3 版。

③ 《张季直殿撰謇变法平议》，《申报》1901 年 5 月 10 日，第 3 版。

④ 《四书五经义汇钞》，《申报》1902 年 12 月 17 日，第 17 版。

章程》指出："功课分两大纲：曰经济学，如万国公法、宪法律例、政治兴衰之比较、富国策、中外交涉、中外条约、大清律例为一门；万国通鉴、各国地理、中国纲鉴、英美德法俄日史书为一门。约以三年毕业。一曰超等英文学。"[①] 尚贤堂为美国传教士李佳白（G. Reid, 1857—1927）在上海创立，开设经济学和高等英文学两大科（专业），经济学科下开设课程包括政治、法律、历史、地理，还有"富国策"（经济学）。可见，李佳白的"经济学"与中国古代的"经济之学"（没有外国知识）和日语的"经济学"（没有政治、法律、历史）均不相同。

"政治经济"共出现 16 次。通常认为"政治经济"合在一起时，"经济"已经与政治相区别，一般是指"经济"的新义。1902 年 3 月 20日，《申报》刊载《广智新学书局发兑政治经济翻译实学书籍》广告："自科举改章以来，有志功名之士，无不以购置新书为简拣揣摩之用，本局不惜巨资，广为搜罗，凡中西书籍之有关于政治、艺学、经学、史学者咸采择无遗。"[②] 从"政治经济翻译实学"以及该书局为新科举服务等内容分析，这里的"经济"仍是指旧义。

1903 年，《申报》中共检索到"经济"573 次，"经济"的主要含义分类出现次数如下。

《中外经济政治会考》—88，经济特科—74，《经济新论》—73，《皇朝经济文新编》—48，讲求经济—41，留心经济—39，《时务经济通考》—36，经济时务—30，经济学（旧义）—34，《经济文府》—21，《普通经济策论》—18，《经济一新》—3，经济科（旧义）4，经济科（新义）—1。

1903 年，清政府举办经济特科考试，该年《申报》出现的"经济"完全围绕经济特科和新科举考试而来，单考试用书广告即出现 287 次。通过《中外经济政治会考》等 7 种旧义"经济"书名，可以了解传统经济的用途。该年因"经济特科"的冲击，《申报》检索到"经济"的新义极少。1903 年 1 月 10 日，《申报》提到"理财学（教）习日本经济科博士杉雄（荣）三郎"。[③]

---

① 《尚贤堂之功课章程》，《申报》1902 年 12 月 22 日，第 3 版。
② 《广智新学书局发兑政治经济翻译实学书籍》，《申报》1902 年 3 月 20 日，第 6 版。
③ 《京师大学堂各教习衔名单》，《申报》1903 年 1 月 10 日，第 2 版。

1903 年 8 月 18 日，《新编经济一新》广告指出：“自明诏屡下科举改章，士林之中，揣摩风气，弃八股词章，专从事于策论，一时坊间所出，非拉杂抄撮，即改头换面，儒林购此，贻误良深。是编为储君同庄所辑，或出自手笔，或采自名家，语意新颖，才思横溢，分内政、外交、教育、理财、法律五门，仿经济特科之例，标其名曰经济一新，士子得此投时必利。”①

1903 年是中国的大考之年，该年是“经济特科”的考试年，又是癸卯科乡试（举人考试）和癸卯补行辛丑、壬寅恩正并科会试（进士考试）之年。② 乡试、会试均采用新的考试内容和形式。会试第二场的第三题为：“各国商会银行皆财政之大端，预算决算又合制用古法，其所以能行之故，必有本原，试参酌中国商贾官民情形，以期推行无阻。”③

1904 年，《申报》中共检索到“经济”90 次，“经济”的主要含义分类出现次数如下。

旧义“经济”：《中外经济时务通考》—21，《普通经济策论》—5，讲求经济实学—5，经济特科—3，留心经济—2，经济学（旧义）—1。

新义“经济”：曰经济（讲义）—18，《经济通论》—10，经济学（新义）—8，经济、哲学—5，欧洲经济界—1。

1904 年是新旧“经济”转换的关键时期，旧义“经济”37 次，新义“经济”42 次，新义“经济”超过了旧义“经济”。该年，《中外经济时务通考》《普通经济策论》《经济通论》这三部书广告共出现36 次。

1904 年《申报》“经济”一词数量急剧下降，与本年没有了经济特科考试和乡试高度相关。考试用书减少，人们也不再议论经济时务。

1905 年，《申报》中共检索到“经济”80 次，“经济”的主要含义分类出现次数如下。

旧义“经济”：经济科—18，经济文章—7，经济特科—4，经济匡时—1，经济才能—1。

新义“经济”：经济之（困难、出入、问题、竞争、特权、困苦、

---

① 《新编经济一新》，《申报》1903 年 8 月 18 日，第 4 版。
② 商衍鎏：《清代科举考试述录》，生活·读书·新知三联书店，1958 年，第 66、145 页。
③ 《会试第二场题》，《申报》1903 年 4 月 13 日，第 1 版。

困乏）—7，经济界—6，经济问题—5，经济上—5，经济部（干事员）—5，经济困难—2，经济竞争—1，经济政策—1，经济主义—1，经济不敷—1。

1905 年，旧义"经济"共 31 次，新义"经济"共 34 次。该年新义"经济"的复合词开始大量出现，由"经济"构成的复合词超过 10 个。

1906 年，《申报》中共检索到"经济"192 次，"经济"的主要含义分类出现次数如下。

旧义"经济"：经济科—31，学问经济—9，负经济才者—12。

新义"经济"：经济界—19，帝国经济主义—16，经济学—14，经济困难—13，法制经济—12，经济之（发达、效用、权、竞争、一部、全体、要术）—10，经济上—7，经济问题—6，经济竞争—5，经济部（干事）—5，经济政策—2，经济机关—2，经济贸易—1，货币经济—1，经济国粹主义—1，经济发达—1，经济范围—1。

1906 年，旧义"经济"共 52 次，新义"经济"共 116 次，新义"经济"大量超过旧义"经济"，其构成的复合词超过 20 个。

1907 年，《申报》中共检索到"经济"445 次，"经济"的主要含义分类出现次数如下。

旧义"经济"：经济文章—99，经济科—28，经济才—9，经济特科—2，学问经济—1。

新义"经济"：经济学—77，经济之（方针、恐慌、发达、大势、生产、程度、进步、状况、现状、影响、发展、目的、计划、损益）—32，经济界—27，经济困难—20，经济恐慌—19，经济上—17，《经济通论》—12，经济问题—9，政治经济（学校、科）—9，经济社会—8，经济部（长、干事）—7，经济政策—5，《经济纲要》—5，《法制经济要论》—5，农业经济—4，经济家—4，国民经济—3，经济竞争—3，经济情形—3，经济团体—2，经济进步—1，经济发达—1，经济性质—1，经济艰难—1，经济活泼—1。

旧义"经济"共 139 次，新义"经济"共 276 次。新义"经济"构成的复合词超过 30 个。"经济学"出现 77 次，主要是因为《经济学教科书释义》和《高等小学经济学教科书》二书的大量广告。

1908 年，《申报》中共检索到"经济"303 次，按"经济"复合词分类检索，旧义"经济"有：经济文章—27，经济科—23，经济特科—3。旧义"经济"共 53 次。新义"经济"有：经济困难—34，经济学—20，经济之（程度、战争、责任、发达、状况）—17，经济界—16，经济恐慌—16，等等。新义"经济"共 220 次。

1908 年 6 月 26 日，《申报》刊载《尚贤堂招考新生广告》，指出："本堂开办有年，分三大科：一曰法政科，即向日经济科所改设，由美儒李佳白先生讲授；一曰国粹科，意在尊孔爱国，由钱塘姚菊坡太史主任；一曰英文专修科。"[1] 说明李佳白的"经济学科"在新"经济学"的冲击下，被迫改为"法政科"。

1909 年，《申报》中共检索到"经济"291 次，按"经济"复合词分类检索，旧义"经济"有：经济乏术—7，经济文章—3，经济学术—3，经济特科—2。旧义"经济"共 15 次。新义"经济"有：经济困难—45，经济之（匮乏、发达、收入）—27，经济学—19，《法制经济通论》—17，等等。新义"经济"共 193 次。1909 年，新义"经济"出现次数已经是旧义"经济"的近 13 倍。

1910 年，《申报》中共检索到"经济"344 次，按"经济"复合词分类检索，旧义"经济"有：文章经济—14，经济特科—2，经济乏术—1。旧义"经济"共 17 次。新义"经济"有：经济之（关系、发达、势力、市场、责任等）—42，经济困难—40，经济界—39，等等。新义"经济"共 249 次。

1911 年，《申报》中共检索到"经济"382 次，分类检索，旧义"经济"有：经济文章—1，文章经济—1。旧义"经济"共 2 次。新义"经济"有：经济困难—47，经济之（关系、组织、势力、基础等）—31，经济问题—25，经济学—20，等等。新义"经济"共 235 次。1911 年，新义"经济"出现次数是旧义"经济"的 117.5 倍，新义"经济"几乎完全取代了旧义"经济"。

六 民国初年"经济""经济学"成为通用术语

民国成立后，1912 年 1 月 19 日，民国教育部公布《普通教育暂行

---

[1] 《尚贤堂招考新生广告》，《申报》1908 年 6 月 26 日，第 6 版。

课程标准》，规定中学校、师范学校的科目均有"法制经济"，[①] 同年 12 月，民国教育部公布《中学校令施行规则》《师范学校规程》，指出：中学校开设法制经济科目的要旨"在养成公民观念及生活上必须之知识。法制经济宜授以现行之法规及经济之大要"。[②] 这是对 1904 年清朝政府规定中学堂需要开设"法制理财"科目在名称上的重大改变。民国教育部的这项规定，使"经济学"教育成为普通国民教育的一部分。1913 年 8 月，民国教育部审定贺绍章编《经济大要》为"中学校共和国教科书"，1914 年 10 月，教育部审定胡祖同编《经济概要》为"中学校及师范学校用"教科书。[③] 贺绍章编《经济大要》到 1924 年时发行达 22 版，胡祖同编《经济概要》到 1928 年时发行达 15 版。它们是民国初年影响最大的中学经济学教科书。这两本民国教育部审定的教科书的广泛使用对"经济"一词的统一起了重要作用。

1912 年 12 月，民国教育部公布的农业、工业、商业、药学、外国语等专门学校的规程均规定了"经济学"课程，农业专门学校的农学科、林学科、水产科等专业均需要开设"经济学"课程，工业专门学校的土木科、机械科、造船科等专业均需要开设"工业经济"，商业专门学校需要开设"经济学"，药学专门学校需要开设"工业经济"，外国语专门学校的英语、法语、德语、俄语、日语等专业均需要开设"经济学"。[④]

1912 年 11 月民国教育部公布法政专门学校规程令，规定："法政专门学校分为三科：一、法律科，二、政治科，三、经济科。前项政治、经济二科不分设者，得别设政治经济科。"[⑤] 法政专门学校的专业设置实际上延续了清末法政学堂的专业设置。1913 年 1 月民国教育部又公布大

---

① 朱有瓛主编《中国近代学制史料》（第三辑上册），华东师范大学出版社，1990 年，第 4—5 页。

② 朱有瓛主编《中国近代学制史料》（第三辑上册），华东师范大学出版社，1990 年，第 353 页。

③ 贺绍章编《经济大要》，商务印书馆，1913 年；胡祖同编《经济概要》，商务印书馆，1914 年。

④ 朱有瓛主编《中国近代学制史料》（第三辑上册），华东师范大学出版社，1990 年，第 658—672 页。

⑤ 中国第二历史档案馆编《中华民国史档案资料汇编》（第三辑 教育），江苏古籍出版社，1991 年，第 111 页。

学规程，规定大学"法科分为法律学、政治学、经济学三门"，法科经济学门共 26 门课程，其中，以"经济"命名的课程有：（1）经济学，（2）经济学史，（3）经济史，（4）经济地理。① 这些规定，使经济学专业明确地从政治学等学科独立出来，标志着中国的经济学教育进入一个新阶段。

1913 年暑假后，北京大学新招分科学生入学。法科招法律、政治、经济各一班。② 北京大学新招一班经济专业学生，这是中国最早的一批大学经济专业学生。1919 年北京大学废门改系，有了经济系的设置。③ 1918 年民国教育部公布全国经济学专门教育的情况为，北京大学 4 个班 94 人，北京私立中国大学 1 个班 19 人，武昌私立中华大学 1 个班 28 人，北京、奉天、吉林等地的法政专门学校也设有经济科。④ 1919 年戴乐仁等创建燕京大学经济学系。

综上所述，在 1912—1913 年，民国教育部将中学、师范学校、农业与商业等专门学校的"经济学"课程，法政专门学校、大学法科的"经济科（门）"专业均统一命名为"经济学"。这是民国初年"经济学"成为通用术语的基本原因。中学、师范学校、各种专门学校必须开设"经济学"课程，这影响到全国各地成千上万的学生。大学开设"经济学专业"更是会对"经济学"一词推广产生持续深远的影响。北京大学经济学门教授马寅初成为全国著名"经济学家"，其传播经济学知识的《马寅初演讲集》（第一、第二、第三集，1923—1926 年）在全国产生了广泛的影响。北京大学经济学门第一届本科毕业生刘秉麟编述的《经济学原理》（1919）产生了广泛影响。大学经济学教学机构不断"生产"以"经济学"命名的教师、学生、论著等。

民国教育部将全国各种学校的"经济学"专业和"经济学"课程统一命名为"经济学"，这比日本"经济学"专业名称统一还要彻底，在 1920 年，日本东京大学"理财科"才被"经济学部"取代。在 20 世纪

---

① 舒新城编《中国近代教育史料》（中），人民教育出版社，1961 年，第 652 页。
② 萧超然主编《北京大学校史》，北京大学出版社，1981 年，第 35 页。
③ 萧超然主编《北京大学校史》，北京大学出版社，1981 年，第 43 页。
④ 中国第二历史档案馆编《中华民国史档案资料汇编》（第三辑 教育），江苏古籍出版社，1991 年，第 176—183 页。

30 年代，庆应大学"经济学部"还称为"理财学部"。①

1912 年 10 月，孙中山指出："按经济学，本滥觞于我国。管子者，经济家也，兴盐鱼之利，治齐而致富强，特当时无经济学之名词，且无条理，故未能成为科学。厥后经济之原理，成为有统系之学说，或以富国学名，或以理财学名，皆不足以赅其义，惟经济二字，似稍近之。"② 孙中山将"经济"等同于或解释为"治齐"，为"经济学"译名从词义方面辩护。

1915 年，《辞源》解释"经济"为："一、谓经世济民也，《宋史·王安石传》：以文章节行高一世，而尤以道德经济为己任。二、日本谓人类利用财货以满其欲望为经济，有经济学、经济政策等。又为俭约节制之意，故称浪费为不经济。"其解释"经济学"为："旧称之经济学，赅政治、法律等言之，范围至广。近时则谓研究货物之性质，生产、交换、分配、消费及满足人类之欲望，支配方法等。英语称为 Economics or Political Economy。"③

1920 年 5 月 1 日，《新潮》杂志主编、北京大学文科学生罗家伦指出："一个名词，在一个时代有一个时代的意义，不必事事反诸往古。譬如 Economics 一名，中文作'经济学'，但中文'经济'二字的原意，是作'经邦济世'的解释（如开'经济特科'之类），和所谓 Economics 的原意差多了。然而现在'经济学'这个名词用惯之后，大家说起来就知道是 Economics；没有钱用了，还知道说'经济困难'；而提起'依康老密''计学''生计学'种种名词来，反令人不易了解。"④

1928 年，李权时在《消费论》中指出："在我国文字里，'经济'两个字，本含有'经国济民'的意思，所以'经济学'三个字，就我国固有的字义讲，也着实有英文'政治经济学'的意义。西学东渐，有一个中国人，就把英文 Political Economy 译为'经济学'。日本人见之，遂大赞赏，于是经济学这个名词遂通行于扶桑三岛。中日与日俄二战役之

① 冯天瑜等：《近代汉字术语的生成演变与中西日文化互动研究》，经济科学出版社，2016 年，第 331—332 页。
② 《在上海中国社会党的演说》，《孙中山全集》第二卷，中华书局，2011 年，第 510 页。
③ 陆尔奎主编《辞源》，商务印书馆，1915 年，末第 71—72 页。
④ 《通信：志希覆熊子真》，《新潮》第 2 卷第 4 号，1920 年 5 月 1 日，第 838—839 页。

后，国人震日本维新之名，乃相率负笈东瀛，因之‘经济学’这个名词亦随留东学生而流入中土，固不知其最初之译此名者为一中国人也。除掉经济学这个名词之外，亦有人主张用‘生计学’、‘谋生学’、‘货殖学’、‘食货学’、‘计学’、‘计然学’及‘民生学’者，而尤以‘生计学’‘民生学’两个名词为高唱入云。然而‘经济学’三字已深入人们脑海之中，人们对之有一定之观念，我们又何必多事纷更呢？所以我以为不如仍用经济学这个名词之为妙。"①

七　"经济学"对译的英文是 Economics 还是 Political Economy？

19 世纪末，西方经济学界逐渐以 Economics（经济学）取代 Political Economy（政治经济学）作为学科名称。1875 年，麦克劳德（Macleod）提议将"政治经济学"改称"经济学"；1890 年，马歇尔《经济学》对传播这一新名称起了重要作用。② 西方经济学的变化，影响到了中日两国对"经济学"的定名。

1881 年，《哲学字汇》将 Political Economy 译为"理财学"，将 Economics 译为"家政，理财学"。③ 这里还没有将二词进行区别翻译。1886 年，文部省编辑局将 Marshall 夫妇合著 *The Economics of Industry* 译为《劝业理财学》，④ 这里以"理财学"译 Economics。1889 年，日本赤坂龟次郎将麦克劳德 *Economics of Beginners* 译为《麻氏财理学》，赤坂龟次郎主张将 Political Economy 译为"经济学"，"为以政治上之关系论富之名称"。将 Economics 译为"财理学"，"则无关政治，只能富者也"。⑤ "理"作为名词为法则之意，所谓"财理学"，就是关于财富法则的学问，类似于"生理学""法理学""物理学"。赤坂龟次郎主张将二词区别翻译，这是日本对西方 Political Economy 改名的反应。1902 年，神田乃武等编《新译英和辞典》将 Political Economy 译为"经济学，理财

① 李权时：《消费论》，东南书店，1928 年，第 2—3 页。
② 参见〔英〕约翰·伊特韦尔等编《新帕尔格雷夫经济学大辞典》（第三卷），经济科学出版社，1996 年，第 968—969 页。
③ 和田垣谦三ら编『哲學字彙』东京大学三学部、1881、28、68 页。
④ 文部省编辑局『勧業理財学』（上下）文部省编辑局、1886。
⑤ 转引自冯天瑜等《近代汉字术语的生成演变与中西日文化互动研究》，经济科学出版社，2016 年，第 332—333 页。

学"，没有 Economics 一词。① 1912 年，井上哲次郎等编《英独佛和哲学字汇》将 Political Economy 译为"经济学，理财学"，将 Economics 译为"家政，理财学，经济学"。②《英独佛和哲学字汇》（1912）大致代表了日本学术界在 20 世纪初的主流用法，即以"经济学"为 Political Economy 的第一译名，以"理财学"为 Economics 的第一译名。

本书已经说明，在 19 世纪，不管是经济学论著与非经济学论著，还是汉外字典，"富国策""富国养民策""治国之法""国政之事"等词对译者均是 Political Economy，而不是 Economics。严复在 1896 年创译"计学"，但是，他在 1902 年前并没有说明该词译自何词。

1902 年 5 月 8 日，严复在《新民丛报》上指出，计学"此科最新之作，多称 Economics 而删 Political 字面"。③ 严复是中国第一个企图直接对译 Economics 作为新学科之名者。他的"计学"对译的英文应是 Economics，而不是 Political Economy。但他在 1902 年 11 月出版的《原富》中，同样以"计学"译亚当·斯密原文 Political Economy。④ 可见，严复以"计学"译 Economics 是指新学科的定名，严复又以"计学"译 Political Economy 是指他译的《原富》。严复以西方新学科名为 Economics 这一新看法并未得到广泛认同。在 1902 年《新民丛报》关于"经济学"译名的讨论中，东京爱读生、驹场红柳生、无锡孙开圻以及看到严复回信之前的梁启超，他们研讨的均是 Political Economy 如何译成中文。

在 20 世纪初传入中国的译自日文的经济学原理著作中，绝大部分著作均没有标注"经济""经济学"译自哪一个西文。1903 年 2 月 7 日，作新社编译《最新经济学》指出："所谓经济二字，自古有之，然加一学字，而适用于英语 Political Economy 者，则由挽近为始。"⑤ 1903 年 2 月 27 日，王璟芳指出："日本径以经济二字，译英语之 Political Econo-

---

① 神田乃武ら编『新譯英和辞典』三省堂、1902、322 頁。
② 井上哲次郎ら著『英獨佛和哲學字彙』丸善株式会社、1912、41、116 頁。
③ 严复：《与〈新民丛报〉论所译〈原富〉书》，《新民丛报》第 7 号，1902 年 5 月 8 日。
④ 〔英〕亚当·斯密：《原富》，严复译，商务印书馆，1981 年，第 539 页；〔英〕亚当·斯密：《国富论》（英文），上海世界图书出版公司，2010 年，第 485 页。
⑤ 作新社编译《最新经济学》，作新社，1903 年，第 23 页。

my。"① 1908 年 4 月 1 日，陈家瓒译述，日本金井延著《社会经济学》也用"经济学"对译 Political Economy。②

在译自英文的著作中，1902 年，谢卫楼（D. Z. Sheffield）编译《理财学》译自 F. A. Walker, *Political Economy*, 1883。③ 1906 年，奚若译述，美国罗林（J. L. Laughlin）著《计学》译自 *The Elements of Political Economy*。④

1910 年 12 月，熊崇煦、章勤士译，美国黎查德迪·伊利著《经济学概论》译自 R. T. Ely, *Outline of Economics*, 1893。该书明确注译了多个"经济学"构成的复合词，比如经济（Economy）、经济学（Economics）、私经济学（Private Economics）、公经济学（Public Economics）、经济政策学（Economics Politics）。⑤

综上所述，在 19 世纪至 20 世纪初"经济学"译名的形成过程中，中国的大部分论著均将 Political Economy 看成该学科的正式名称。以"富国策""经济学""理财学"等词对译之。只有少部分著作以"计学""经济学"去对译 Economics。

从表 2-2 可知，在 20 世纪初，多个译名对应一个英文词语，反映了这个时期译名的多元和不统一。1907 年《商务书馆英华新字典》将"经济学"作为 Political Economy 的第一译名，将"计学"作为 Economics 的第一译名，反映了日译"经济学"与严复译"计学"的区别。《新译英汉辞典》中没有 Economics 一词，说明此时该词还不流行。1916 年，赫美玲《官话》将 Political Economy 与 Economics 等同，反映了此时这二词可以互换。《中华英汉商业辞典》将"经济学"对译 Economics，将"政治经济学"对译 Political Economy，说明此时"经济学"与 Economics 才形成对译关系。

---

① 王璟芳：《普通经济学》，《湖北学生界》第 2 期，1903 年 2 月 27 日。
② 〔日〕金井延：《社会经济学》，陈家瓒译述，群益书社，1908 年，第 181 页。
③ 参见吴义雄《谢卫楼与晚清西学输入》，《中山大学学报》（社会科学版）2007 年第 5 期，第 43—51 页。
④ 〔美〕罗林：《计学》，奚若译述，商务印书馆，1906 年。
⑤ 〔美〕黎查德迪·伊利：《经济学概论》，熊崇煦、章勤士译，商务印书馆，1910 年，第一编第 98—99 页。

表 2 - 2　20 世纪初汉外辞典 Economy、Political Economy、Economics 译名

时间	Economy	Political Economy	Economics	辞典
1907	家政，理财，法度，节用	经济学，理财学，计学	计学，经济学，理财学，节俭之道	《商务书馆英华新字典》
1908	家政；节用；布置；制度、秩序；经济、理财	理财学	理财学，经济学	颜惠庆《英华大辞典》
1908	节俭，节用；经济，理财；少劳费之事；家政；天则，法度	经济学，理财学	（无）	《新译英汉辞典》
1916	家政（新）、家务、家计，节用（部定）	与 Economics 相同	富国策，经济学（新），理财学（新），计学（部定），国计，民生主义（新），生计主义（Theory of Economics）	赫美玲《官话》
1921	经济	政治经济学	经济学	《中华英汉商业辞典》

资料来源：商务印书馆编《商务书馆英华新字典》，商务印书馆，1907 年，第 167 页；颜惠庆：《英华大辞典》，商务印书馆，1908 年，第 717—718 页；《新译英汉辞典》，群益书社，1908 年，第 308 页；〔德〕赫美玲《官话》，The Presbyterian Mission Press，上海，1916 年，第 438、1709 页；李天注编《中华英汉商业辞典》，中华书局，1921 年，第 56、116 页。

　　总之，最初"经济学"对译 Political Economy，其后，"经济学"既可以对译 Political Economy，也可以对译 Economics，再其后，"经济学"只对译 Economics，Political Economy 就需要用新词语"政治经济学"对译。

　　从表 2 - 3 可知，Economy、Political Economy、Economics 与中文是一一对译关系，说明此时期"经济学"译名已经初步统一。Economics 与"经济学"已经固定对译，Political Economy 主要译为"政治经济学"，同时也可以译为"经济学"。

表 2 - 3　经济学辞典 Economy、Political Economy、Economics 译名列表

时间	Economy	Political Economy	Economics	辞典
1929	（无）	政治经济学	经济学	《新术语辞典》
1933	（无）	政治经济学	经济学	柯柏年等合编《经济学辞典》
1934	经济	经济学	经济学	《英汉经济辞典》

续表

时间	Economy	Political Economy	Economics	辞典
1935	经济	政治经济学	经济学	《实用商业辞典》
1937.4	（无）	（无）	经济学	《财政金融大辞典》
1937.6	经济	政治经济学	经济学	周宪文主编《经济学辞典》
1945	经济	经济学	经济学	《经济学名词（教育部公布）》

资料来源：吴念慈、柯柏年、王慎名编《新术语辞典》，南强书局，1929 年，第 241、390 页；柯柏年、吴念慈、王慎名合编《经济学辞典》，南强书局，1933 年，第 360、495 页；何士芳编《英汉经济辞典》，商务印书馆，1934 年，第 68、149 页；陈稼轩编《实用商业辞典》，商务印书馆，1935 年，第 383、888、890 页；张一凡、潘文安主编《财政金融大辞典》，世界书局，1937 年，第 1218 页；周宪文主编《经济学辞典》，中华书局，1937 年，第 318、776、771 页；国立编译馆编订《经济学名词（教育部公布）》，正中书局，1945 年，第 15、37 页。

"经济学"最早对译的是 Political Economy，"经济学"本身含有"政治＋理财"之意，这种"经济学"符合中国"经世济民""经邦济世"的传统，这是中国人接受"经济学"译名的重要原因，也说明中国的"经济学"接受的是古典政治经济学和德国的国民经济学，而不是严复提出的以新古典经济学为特征的"计学"。

八　结论

中国确立 Political Economy 译名的过程，记录和反映了中国在清末的经济学发展史。19 世纪末，日语名词"经济学"传入中国后，面临"富国策""理财学""计学""生计学"等词的竞争，同时，"经济""经济学"还面临传统旧义"经济""经济学"的竞争。它们的竞争包括两个方面，一种是语义方面的竞争，一种是语言使用者的影响力的竞争。官方确立"经济学"课程和专业命名的竞争是焦点。"经济""经济的"构成的大量复合词及其在中国的广泛使用是"经济学"一词战胜其他译名的关键。

关于"政治经济学"译名的形成，1902 年 12 月，《翻译世界》译载田岛锦治著《最新经济学》指出，德国历史学派罗雪尔主张英法流行的"经济学"改名为"国民经济学，一名政治经济学"。[①] 田岛这里将"政治经济学"等同于"国民经济学"。1902 年 12 月 27 日，无逸《经济学

---

① 〔日〕田岛锦治：《最新经济学》，《翻译世界》第 2 期，1902 年 12 月，第 54 页。

之范围及分类说》指出，研究私人经济行为者为私人经济学，"由私人而推之，本一人之需要以充之一国，本家族之幸福，以普之同种，则有社会经济学焉（Social Economy），一名国民经济学（National Economy），务以国民之共同生计为主。……由私人而对观之，则有国家经济学焉，一名政治经济学（Political Economy），其岁入也，与私人之生产似，其岁出也，与私人之消费似"。① 这里的"政治经济学"是指"国家经济学和财政学"。

在整个民国时期，一般以"政治经济学"译 Political Economy，就是指一般的经济学，并不是特指马克思主义政治经济学，当时的马克思主义经济学或称经济学，或称政治经济学，或称新经济学。以"政治经济学"特指马克思主义经济学是新中国成立以后产生的词义变迁，它的对应词是"西方经济学"。

关于"理论经济学""应用经济学"的形成，无逸《经济学之范围及分类说》指出："泰西经济学者，分纯正经济学、应用经济学为二，彼所谓纯正经济学者，理论之经济学也。"②

1902 年 12 月 30 日，《翻译世界》刊载的田岛锦治著《最新经济学》指出："德国大家滑克奈（瓦格纳）氏经济学之分类法如左：第一，一般之理论经济学，第一卷基础观念，第二卷一般经济并个人经济之法则。第二，个别或应用经济学，第一卷运输及交通之机关，第二卷关于农工商业之政策。第三，财政学。"③

1914 年 10 月，民国教育部审定胡祖同编《经济概要》将经济学分为二类，"曰纯正经济学（Pure Economics），曰应用经济学（Applied Economics）"。④

1919 年 7 月，刘秉麟编《经济学原理》指出："此种科学，近世经济学家类别为二派，（一）纯粹经济学（Pure Political Economics），又曰理论经济学（Abstract Economics），系研究经济范围内之天然因果。……（二）社会经济学（Social Economics），系研究社会上各种组织，以期日

① 无逸：《经济学之范围及分类说》，《译书汇编》第 10 期，1902 年 12 月，第 49 页。
② 无逸：《经济学之范围及分类说》，《译书汇编》第 10 期，1902 年 12 月，第 52 页。
③ 〔日〕田岛锦治：《最新经济学》，《翻译世界》第 2 期，1902 年 12 月，第 56 页。
④ 胡祖同编《经济概要》，商务印书馆，1914 年，第 3 页。

进于昌明，其性质与伦理法律相近。"①

1941 年，国民政府教育部组织 32 位专家审定：Applied Economics 译为"应用经济学"；Pure Political Economy 译为"纯理经济学"。② 可见，在民国时期，"应用经济学"一词已经统一与形成，但"理论经济学"一词却长期没有统一。

第二节　"生产"等术语的形成

生产是最重要的经济活动，生产类术语也就是经济学最基础最常用的术语。本节依次叙述了"生产"，生产要素"土地""劳动""资本""企业""技术""资源"，与生产高度相关的"成本""固定资本""流动资本""公司"，共 11 个术语的形成。

一　生产（Production）

中国古代以"生""生财"等词意指现代的"生产"，儒家经典《大学》指出："生财有大道，生之者众，食之者寡，为之者疾，用之者舒，则财恒足矣。"③ 这里的"生财""生"就是意指生产。中国古代的"生产"一词是指"谋生之业"和"生孩子"二义，没有现代"生产"所指创造物质产品之意。④

在 19 世纪，现代意义的"生产"在中国已经出现，但它没有成为经济学术语。

1822 年，马礼逊《华英字典 6》将 Produce 译为"生，生出来"。⑤ 1866—1869 年，罗存德编《英华字典》将 Produce 译为"生产"等词。⑥ 1868 年，邝其照编《字典集成》将 Produce 译为"生产，出，生"，将 Production 译为"土产"。同时，邝其照又将 Procreate 译为"生产，生

① 刘秉麟编《经济学原理》，商务印书馆，1919 年，第 2 页。
② 国立编译馆编订《经济学名词（教育部公布）》，正中书局，1945 年，第 2、40 页。
③ 孟子等：《四书五经》，中华书局，2009 年，第 49 页。
④ 何九盈等主编《辞源》（第三版），商务印书馆，2015 年，第 2782 页。
⑤ 〔英〕马礼逊《华英字典 6》（影印版），大象出版社，2008 年，第 338—339 页。
⑥ R. W. Lobscheid, *English and Chinese Dictionary*: *With the Punti and Mandarin Pronunciation*: *Part II*, Hong Kong, 1867, p. 1378.

养"，这里的"生产"又是指传统的"生孩子"。1875 年，邝其照新编
《字典集成》将 Produce 译为"出产，出，生"，将 Production 译为"土
产，出产之物"，将 Procreate 译为"生产，生养"。① 邝其照将 Produce
改译为"出产"，可能与他将 Procreate 译为"生产，生养"有关，他为
了避免二词相同，改用了"出产"二字。以上事例说明，在 19 世纪的汉
英字典中，罗存德、邝其照所译的"生产"已经是现代"生产"，这可
能是中国最早出现的现代"生产"一词。

　　1888 年 1 月 1 日，《申报》刊登《论西货近日消流甚广》，文中说：
"至海禁大开，而通商之局成矣，自泰西诸国东来，西国之物日见其消
流，而于中土之所生产，中国之所制造，日形其壅滞，此亦足以损民而
病国。"② 这里的"生产"是指物质产品的生产，而不是生孩子，它已经
是现代"生产"，但《申报》很少使用这种"生产"，绝大部分"生产"
仍是指生孩子。

　　上述在汉英字典和《申报》中出现的现代"生产"在中国并未成为经
济学术语。1880 年，汪凤藻译《富国策》将 Production 译为"生财"，且
译有"生财之功""不生财之功"，以指称现代汉语的生产劳动和非生产劳
动；译有"生财之消耗""不生财之消耗"，指称生产性消费、非生产性消
费；译有"生财之道"，指称生产规律；将 Production Power 译为"滋生之
力"。③ 1885 年，傅兰雅译《佐治刍言》有"成物之工""不成物之工"，
指称生产劳动、非生产劳动。以"成物"译 Production，代表"生产"。④
1886 年，艾约瑟译《富国养民策》的第三章为"生财"，采用"生财"
指代"生产"。⑤

　　19 世纪末至 20 世纪初，日本经济学术语"生产"传入中国。

　　日本明治时期，现代"生产"一词逐步形成。福泽谕吉曾将《经济
学》分为四部分：第一制产，第二交易，第三配分，第四耗费。⑥ 以

---

① 邝其照编《字典集成》（影印版），商务印书馆，2016 年，第 80、197 页。
② 《论西货近日消流甚广》，《申报》1888 年 1 月 1 日，第 1 版。
③ 〔英〕法思德：《富国策》卷一，汪凤藻译，京师同文馆，1880 年，第 1、4、16 页。
④ 〔英〕傅兰雅译《佐治刍言》，上海书店出版社，2002 年，第 80—81 页。
⑤ 〔英〕哲分斯：《富国养民策》，〔英〕艾约瑟译，总税务司署，1886 年，第三章"生财"。
⑥ 转引自冯天瑜等《近代汉字术语的生成演变与中西日文化互动研究》，经济科学出版
　 社，2016 年，第 328 页。

"制产"指代后来的"生产"。1874年，日本《百科全书·经济论》第三章为"产生"，① "产生"就是后来的"生产"。1876年，《经济学讲义》使用"生财"指代"生产"。② 同年，《理财原论：一名经济学》第5卷为"生产"，③ "生产"一词成为"经济学"一个重要部分的名称。大致在19世纪80年代，日本经济学术语"生产"逐步形成。

1896年后，日本汉字词"生产"传入中国。1896年8月29日，古城贞吉在《时务报》发表译自日文的《美国共和党宣论新政》，共和党在文中指责合众党政策失误，"实业因此折阅，或导入外国货物于吾美市场，而令本国生产货品日见减色"。又说："刻下事情及生产情形，要惟在保护美国之劳工及工业耳。"还提到："美国人财资生产为其（土耳其）所蹂躏。"④ 该文三次提到"生产"，这可能是日语"生产"一词首次传到中国。1897年，古城贞吉译《欧美诸国生产货物之资》在《时务报》发表。⑤

20世纪初，随着清政府"新政"诏令的颁布，各种日译经济学著作大量传入中国。1902年6月23日，汉译田尻稻次郎著《经济学大意》一书第二章为"生产"，田尻稻次郎解释生产是："新产出货物，新发明于在来（未来）货物利用之道。……而充人类需要之方法也。"⑥ 这可能是中文第一个关于"生产"的解释。1902年11月25日，杨廷栋著《理财学教科书》出版，⑦ 该书分为总论、生产、用财、交易四篇。其后，以"生产论"为一编或一章的日译著作还有：和田垣谦三著《经济教科书》（1902）；作新社编译自日文的《最新经济学》（1903）；王宰善编《普通经济学教科书》（1903）；吴启孙译，日本天野为之著《理财学讲义》（1903）；持地六三郎著《经济通论》（1903）；杉荣三郎编《京师大学堂经济学讲义》（1904）；易奉乾编译，金井延原著的《经济学》

① 『百科全書·経済論』文部省、1874。

② ボアソナード述『経済学講義』（第壱号）、法制局蔵版、1876、10頁。

③ 史官本局訳述『理財原論：一名経済学』、1876。

④ 〔日〕古城贞吉译《美国共和党宣论新政》，《时务报》第3册，1896年8月29日。

⑤ 〔日〕古城贞吉译《欧美诸国生产货物之资》，《时务报》第42册，1897年。

⑥ 〔日〕田尻稻次郎：《经济学大意》，〔日〕吉见谨三郎译，东京专修学校，1902年，第14页。

⑦ 杨廷栋：《理财学教科书》，作新社，1902年。

（1905）；江苏师范生编译，日本高桥晖讲授的《经济学大意》（1906）；罗超编《纯正经济学》（1907）；陈家瓒译述，金井延著《社会经济学》（1908）；李佐庭译，小林丑三郎原著《经济学》（1908）；杨廷栋编《经济学》（1908）；熊崇煦、章勤士译，美国黎查德迪·伊利著《经济学概论》（1910）；等等。上列 15 种经济学原理著作均将"生产论"作为重要的一部分，"生产"也就成了这些著作里最常用的词语之一，它们是"生产"一词在中国传播的最集中和最重要的途径。除此之外，大量的其他日译本经济学论著以及非经济学的包罗万象的其他日译著作里均有大量的"生产"，它们对"生产"一词的传播也起了重要作用。

20 世纪初，术语"生产"在中国初步形成。

20 世纪初，日语词"生产"传入中国后，中国有部分学者并不认同"生产"，而是继续使用"生财"，或企图用其他词语代替"生产"。1902年，严复在所译《原富》里指出："功分则人力之收效益多，收效益多，则生财之能事愈大。"这里以"生财"指代"生产"。又提到"能生之功，不生之功"，[①] 这里以"生"指代"生产"。同年，谢卫楼编译《理财学》、嵇镜译《理财学纲要》均以"生财"指代"生产"，1902 年，王季点译，田尻稻次郎著《理财学精义》以"生殖"指代"生产"。[②]1903 年夏，汪荣宝、叶澜编《新尔雅·释计》第二篇为释"生财"。1905年 4 月 4 日日本葛冈信虎讲授、湖北师范生编《法制经济学》，1908 年朱宝绶译、美国麦喀梵著《经济原论》，1911 年熊元楷、熊元襄编《京师法律学堂笔记：经济学》，这三部书均以"生财"指代"生产"。1919年，顾兆熊在《马克思学说》中以"出产"代替"生产"，他说"'出产'（Production）（日人译作'生产'）"，并使用了出产人、出产法、出产力、出产工具、出产条件、出产事业、出产集中论等由"出产"构成的复合词。[③] 以上所列 9 种文献均用"生财""出产"等词语替代"生产"，说明直到 1919 年"生产"一词还没有完全统一。

同时，中国人开始主动接受和使用"生产"一词。1899 年 6 月 28日，梁启超在《论中国人种之将来》中指出："分利之人（即执高等事

---

① 〔英〕亚当·斯密：《原富》，严复译，商务印书馆，1981 年，第 7、272 页。

② 周振鹤编《营业书目》，上海书店出版社，2005 年，第 324 页。

③ 顾兆熊：《马克思学说》，《新青年》第 6 卷第 5 号，1919 年 9 月，第 453—463 页。

业者）愈多，而生产之人（即任劳力者）愈少。"① 其后，梁启超又在《论生利分利》（1902）、《生计学（即平准学）学说沿革小史》（1902）、《二十世纪之巨灵托辣斯》（1903）等论著中大量使用"生产"一词。因其在思想界的巨大影响力，他的使用对该词的推广起了重要作用。中华民国成立后，1913 年 8 月，教育部审定贺绍章编《经济大要》为"中学校共和国教科书"，1914 年 10 月，教育部审定胡祖同编《经济概要》为"中学校及师范学校用"教科书，两书均使用"生产"一词。② 贺绍章编《经济大要》到 1924 年时发行达 22 版，它是民国初年影响最大的中学经济学教科书。这两本教育部审定的教科书的广泛使用对"生产"一词的统一起了重要作用。1915 年，面向社会大众的《辞源》将"生产"列为词条，并将"生产"作为"经济学名词"列为第一义项，将"俗亦谓生子曰生产"列为第二义项。③ 将传统生孩子的"生产"称为"俗谓"，说明现代"生产"已经成为大众接受的词语。以上事例说明，1913—1915年，"生产"在中国已经成为主流用法，标志着术语"生产"基本形成。

从日语引进的"生产"是如何对接英文的呢？1907 年，《商务书馆英华新字典》将 Production 译为"生产，制作"，将 Producer 译为"生产者，制造者，育者"。④ 1908 年，杨廷栋编《经济学》用"生产"对译 Production。⑤ 1910 年，熊崇煦等译《经济学概论》对"生产"和"生产"组成的一批复合词进行了对译，如生产（Production）、大生产（Production on a Large Scale）、小生产（Production on a Small Scale）、生产之要素（the Factors of Production）、生产费（Cost of Production）、生产之限界（Margin of Production）、生产组合（Production Cooperation）、生产剩余（Residual Product）、生产力（Productivity）、生产手段（Means of Production）。⑥ 以上事例说明，在 20 世纪初，"生产"与 Production 已经

---

① 梁启超：《饮冰室合集·文集》（第 2 册），中华书局，1989 年，总第 257 页。
② 贺绍章编《经济大要》，商务印书馆，1913 年；胡祖同编《经济概要》，商务印书馆，1914 年。
③ 陆尔奎主编《辞源》，商务印书馆，1915 年，午第 54 页。
④ 商务印书馆编《商务书馆英华新字典》，商务印书馆，1907 年，第 403 页。
⑤ 杨廷栋编《经济学》，中国图书公司，1908 年，第 6 页。
⑥ 〔美〕黎查德迪·伊利：《经济学概论》，熊崇煦、章勤士译，商务印书馆，1910 年，第一编第 100 页，第二编第 10、14、63、160—161 页。

完成了对接。

综上所述，中国古代以"生财"等词意指"生产"。在 19 世纪，中国本土产生了现代意义的"生产"，但它没有成为经济学术语。19 世纪末至 20 世纪初，日本经济学术语"生产"在中国广泛传播，经过和中国本土"生财""出产"等词的竞争，以 1915 年《辞源》将现代意义"生产"列为词条为标志，经济学术语"生产"一词在中国已经基本形成。

二　土地（Land）

"土地"为中国传统词语，意思是指田地，土壤。《周礼·地官·司徒》提到"乃经土地而井牧其田野"。① 中国古代以"地""田"等词意指土地。

在 19 世纪，中国本土没有形成经济学术语"土地"（Land）。

1822 年，马礼逊《华英字典 6》将 Land 译为"地，田地"。② 1868 年和 1875 年，邝其照两次编《字典集成》，均将 Land 译为"地，田"。③

1880 年，汪凤藻译《富国策》将 Land 主要译为"田"，有时又译为"地，地利"。④ 1886 年，艾约瑟译《富国养民策》第十章为"论地并租地诸事"，他将"地、操作、资本"作为生产三要素，以"地"指代"土地"。⑤ 1899 年，马林摘编、李玉书译《足民策》也使用"地"指代"土地"。⑥

1902 年，严复译《原富》使用"地，业场"译英文 Land。⑦

19 世纪末至 20 世纪初，日本经济学术语"土地"（Land）传入中国。

---

① 何九盈等主编《辞源》（第三版），商务印书馆，2015 年，第 802 页。

② 〔英〕马礼逊：《华英字典 6》（影印版），大象出版社，2008 年，第 246 页。

③ 邝其照编《字典集成》（影印版），商务印书馆，2016 年，第 65、183 页。

④ 〔英〕法思德：《富国策》卷二，汪凤藻译，京师同文馆，1880 年，第三章第 7 页。Henry Fawcett, *Manual of Political Economy*, London：Macmillan and Co.，1876, pp. 115 – 116.

⑤ 〔英〕哲分斯：《富国养民策》，〔英〕艾约瑟译，总税务司署，1886 年，第十章第六十四节。

⑥ 〔加拿大〕马林摘编《足民策》，李玉书译，广学会，1899 年，第 1—2 页。

⑦ 〔英〕亚当·斯密：《原富》，严复译，商务印书馆，1981 年，第 139—140、94—95 页。〔英〕亚当·斯密：《国富论》（英文），上海世界图书出版公司，2010 年，第 105 页。

1873 年，日本林正明译述《经济入门》第一卷第一章为"土地"。①
大致在 19 世纪 70 年代，"土地"成为日本经济学术语。

1898 年，康有为编《日本书目志》在"政治门"中提到《土地收用法解释》一书，又在"农业门"里提到《土地改良论》一书。② 日语术语"土地"由此传入中国。

20 世纪初，使用"土地"作为术语的汉译日文经济学著作大量传入中国，如日本田尻稻次郎著《经济学大意》（1902）、和田垣谦三著《经济教科书》（1902）、作新社编译《最新经济学》（1903）、王宰善编《普通经济学教科书》（1903）等。

受日本影响，中国人在 20 世纪初开始使用术语"土地"。1902 年 10 月，梁启超在《论生利分利》中指出："生计家言财之所自出者有三，一曰土地，二曰资本，三曰劳力。三者相需而货乃成。顾同一土地也，在野蛮民族之手则为石田，在文明民族之手则为奇货。其故何也，文明人能利用资本劳力以扩充之，而野蛮人不能也。"③ 梁启超在此将"土地"作为经济学的专门术语。

1913—1914 年，民国教育部审定贺绍章编《经济大要》、胡祖同编《经济概要》为中学教科书，它们均以"土地"为一章的名称，《经济概要》将"土地"注译为 Land。④ 以此为标志，中国近代经济学完成了以"土地"取代"地""田"成为经济学专业术语的过程。

关于"土地"与英文的对接，除上述《经济概要》（1914）外，1908 年，《新译英汉辞典》将 Land 对译为"土地"等词。⑤ 1910 年，熊崇煦、章勤士译，黎查德迪·伊利著《经济学概论》将"土地"对译为 Land。⑥ 1941 年，教育部组织 32 位专家审定：Land 对译为"土地"。⑦

---

① 林正明訳述『経済入門』求知堂、1873。
② 《康有为全集》（增订本）（第三集），中国人民大学出版社，2020 年，第 333、364 页。
③ 梁启超：《饮冰室合集·专集》（第 3 册），中华书局，1989 年，总第 5063 页。
④ 贺绍章编《经济大要》，商务印书馆，1913 年；胡祖同编《经济概要》，商务印书馆，1914 年，第 38 页。
⑤ 《新译英汉辞典》，群益书社，1908 年，第 532 页。
⑥ 〔美〕黎查德迪·伊利：《经济学概论》，熊崇煦、章勤士译，商务印书馆，1910 年，第二编第 15 页。
⑦ 国立编译馆编订《经济学名词（教育部公布）》，正中书局，1945 年，第 26 页。

综上所述，中国传统上有"土地"一词，但常用单字词"地""田"意指土地，在 19 世纪末至 20 世纪初，来华传教士与中国士人仍然使用"地""田"等词对译 Land，受日本经济学术语"土地"（Land）影响，中国在 1914 年形成了经济学术语"土地"（Land）。因此，从经济学术语形成角度分析，"土地"为日语术语借词。

三 劳动、劳力（Labour）

中国古代以"功""人功""功力"等词意指今天的"劳动"。中国古代"劳动"一词是"操作活动，劳驾"等意，《庄子·让王》提到"春耕种，形足以劳动"；古代"劳力"的含义是"劳动体力"，《孟子·滕文公》提到："或劳心，或劳力，劳心者治人，劳力者治于人。"①

19 世纪末至 20 世纪初，中国以功力、功、人功、人工、工业等词译 Labour。

1822 年，马礼逊《华英字典 6》将 Labour 译为"做工度日，效劳，辛苦"。② 1868 年和 1875 年，邝其照两次编《字典集成》，均将 Labour 译为"劳苦，做工"。③

1880 年，汪凤藻译《富国策》将 Labour 译为"人功，功"。④ 1885 年，傅兰雅译《佐治刍言》使用"人工"一词指代"劳动"。⑤ 1886 年，艾约瑟译《富国养民策》以"工作，操作"指代"劳动"。⑥ 1900 年，卫理、王汝骈合译《工业与国政相关论》的原著为英国杰文斯《国家对劳工的关系》（W. S. Jevons, *The State in Relation to Labour*, 1882），《工业与国政相关论》以"工业"译 Labour，这里的"工业"不是现代汉语的"工业"，而是"工人职业"，即"劳工"之意，该书以"工业"指

---

① 何九盈等主编《辞源》（第三版），商务印书馆，2015 年，第 515—516 页。

② 〔英〕马礼逊：《华英字典 6》（影印版），大象出版社，2008 年，第 245 页。

③ 邝其照编《字典集成》（影印版），商务印书馆，2016 年，第 65、183 页。

④ 〔英〕法思德：《富国策》，汪凤藻译，京师同文馆，1880 年，卷一第三章第 4 章；卷二第四、七章第 13—14、34 页。Henry Fawcett, *Manual of Political Economy*, London: Macmillan and Co., 1876, pp. 13 – 14, 134 – 135.

⑤ 〔英〕傅兰雅译《佐治刍言》，上海书店出版社，2002 年，第 83、96—97 页。

⑥ 〔英〕哲分斯：《富国养民策》，〔英〕艾约瑟译，总税务司署，1886 年，第三章第十八、三十二节，第七章第四十三、四十四节。

代"劳动，劳工"。① 《工业与国政相关论》是传入中国的第一部劳工问题专著。1902 年，严复译《原富》以"功力"译 Labour，② 全书使用"功力"达 65 处，③ 同时，《原富》的部乙篇三为《论人功有生利与不生利》，以"功"意指"劳动"。④

19 世纪末至 20 世纪初，日本经济学术语"劳动""劳力"（Labour）传入中国。

1877 年，日本《初学经济论》第八、九章标题中均出现了"劳动"一词，⑤ 同年，《经济学阶梯》卷一第二章为"论劳力"，⑥ 说明此时"劳动""劳力"已经成为日本经济学术语。日本"劳动""劳力"同时传入中国，直接造成中国学术界对 Labour 的中文译名长期无法统一。

20 世纪初，传入中国的日译经济学著作使用"劳力"一词意指生产三要素之一的有：今关常次郎著《农业经济篇》（1901）；田尻稻次郎著，吉见谨三郎译《经济学大意》（1902）；稽镜译，天野为之著《理财学纲要》（1902）；杨廷栋著《理财学教科书》（1902）；和田垣谦三著《经济教科书》（1902）；王宰善编《普通经济学教科书》（1903）；吴启孙译，天野为之著《理财学讲义》（1903）；持地六三郎著《经济通论》（1903）；杉荣三郎编《京师大学堂经济学讲义》（1904）；江苏师范生编译，高桥皞讲授《经济学大意》（1906）；罗超编《纯正经济学》（1907）；陈家瓒译述，金井延著《社会经济学》（1908）；李佐庭译，小林丑三郎著《经济学》（1905）；杨廷栋编《经济学》（1908）；熊崇煦、章勤士译，黎查德迪·伊利著《经济学概论》（1910）；等等。上列 15 种均为译自或编译自日文的著作，另外，奚若译，罗林著《计学》（1906）也使用"劳力"。

20 世纪初，使用"劳动"一词意指生产要素之一的经济学著作仅有作新社编译《最新经济学》（1903）。可见在 20 世纪初，日语词"劳力"

① 〔英〕司坦离·遮风司：《工业与国政相关论》（上卷），〔美〕卫理、王汝骑合译，江南制造局，1900 年，第一章第 1、2 页。
② 〔英〕亚当·斯密：《原富》，严复译，商务印书馆，1981 年，第 23 页。
③ 翰文民国书库检索结果。
④ 〔英〕亚当·斯密：《原富》，严复译，商务印书馆，1981 年，第 272 页。
⑤ 『初学経済論·卷一』雁金屋清吉、1877 年、19 頁。
⑥ 『経済学阶梯·卷 1』懸車堂、1877 年、7 頁。

比"劳动"等在经济学原理著作中更常用。

使用日本经济学术语"劳动""劳力"（Labour）的论著大量传入中国后，中国仍然有许多著作以"人工""人力"等词指代"劳动"。例如，1902 年，谢卫楼编译《理财学》使用"人工"指代"劳动"。熊元楷、熊元襄编《京师法律学堂笔记：经济学》（1911）使用"人力"指代"劳动"。[①] 1913 年 8 月，民国教育部审定贺绍章编《经济大要》为"中学校共和国教科书"，该书以"劳役"指代"劳动"。"劳役"一词在中国和日本均指强制性劳动，如为国服劳役、劳役地租、监狱里的劳役等。贺绍章以"劳役"替代"劳力""劳动"为误用。[②]

1914 年 10 月，民国教育部审定胡祖同编《经济概要》为"中学校及师范学校用"教科书，该书使用"劳动"（Labour）一词。[③] 以此为标志，经济学术语"劳动""劳力"（Labour）在中国基本形成。

其后，对"劳动""劳力"的使用，影响较大的近代经济学原理著作仍然长期无法统一。1919 年，刘秉麟编《经济学原理》使用"人工"指代"劳动"；[④] 1928 年，赵兰坪编《经济学》使用"劳动"；[⑤] 1935 年，吴世瑞著《经济学原理》使用"劳力"；[⑥] 1937 年，巫宝三、杜俊东编译《经济学概论》使用"劳力"；[⑦] 1943 年，赵兰坪编著《经济学》使用"劳动"；[⑧] 1946 年，朱伯康著《经济学纲要》使用"劳动"；1947 年，马寅初著《经济学概论》使用"劳力"。[⑨] 马克思主义经济学原理著作大多使用"劳动"。如沈志远著《新经济学大纲》（1935）上篇第一编为"劳动价值论"，使用"劳动"一词。[⑩] 总之，"劳动""劳力"二词在 20 世纪初从日本传入中国后，中国近代 50 年均没有对使用哪一个词指代生产要素之一达成共识。

---

① 熊元楷、熊元襄编《京师法律学堂笔记：经济学》，上海人民出版社，2013 年，第 18 页。
② 贺绍章编《经济大要》，商务印书馆，1913 年，第 22 页。
③ 胡祖同编《经济概要》，商务印书馆，1914 年，第 42 页。
④ 刘秉麟编《经济学原理》，商务印书馆，1919 年，第 29 页。
⑤ 赵兰坪编《经济学》，商务印书馆，1928 年，第 48 页。
⑥ 吴世瑞：《经济学原理》，商务印书馆，1935 年，第 106 页。
⑦ 巫宝三、杜俊东编译《经济学概论》，商务印书馆，1937 年，第 25 页。
⑧ 赵兰坪编著《经济学》，正中书局，1943 年，第 84 页。
⑨ 《马寅初全集》（第十一卷），浙江人民出版社，1999 年，第 351 页。
⑩ 沈志远：《新经济学大纲》，生活书店，1935 年，第 33 页。

1938 年，《辞海》将"劳力"解释为"劳动体力也"，将"劳动"解释为"为生产或营利所为之肉体的精神的活动总称劳动"。① 这里将"劳力""劳动"的含义进行了区分，"劳力"用古义，"劳动"用经济学的新义，这是一种有利于形成专用名词"劳动"的恰当用法。

关于"劳动""劳力"与 Labour 的对接。1908 年，《新译英汉辞典》将 Labour 译为勤劳、劳力、劳动、工作等词。② 1910 年，熊崇煦、章勤士译，黎查德迪·伊利著《经济学概论》将"劳动""劳动者"均对译为 Labour。③ 1941 年，民国教育部组织 32 位专家审定："Labor；Labour"译为"劳工；劳动"，Labor Power 译为"劳动力"，这里从对译的英文角度将"劳动"与"劳动力"进行了区分。④

综上所述，中国古代以"功""人功""功力"等词意指今天的"劳动"，从 19 世纪初到 20 世纪初，中国本土的经济学著作和汉外辞典仍然使用"功""人功""功力"等词对译 Labour。19 世纪末至 20 世纪初，日本经济学术语"劳动""劳力"（Labour）传入中国，这种两词对应一义的多义术语在中国近代长期并行，尽管中国学术界对这种现象进行了规范和区分，但直到新中国成立前仍然没有形成单义的"劳动"（Labour）术语。

四 资本（Capital）

"资本"为中国传统词语，意思是经营工商业的本钱，宋代文献中有"资本耗折殆尽"的表述。⑤

1822 年，马礼逊《华英字典 6》将 Capital 译为"本钱"等词。1868年和 1875 年，邝其照两次编《字典集成》，均将 Capital 译为"做生意之本钱"。⑥

1880 年，汪凤藻译《富国策》卷一第四章为"论资本"，原著英文为

---

① 舒新城等主编《辞海》戊种，中华书局，1938 年，子集第 429 页。

② 《新译英汉辞典》，群益社，1908 年，第 529 页。

③ 〔美〕黎查德迪·伊利：《经济学概论》，熊崇煦、章勤士译，商务印书馆，1910 年，第二编第 3、130 页。

④ 国立编译馆编订《经济学名词（教育部公布）》，正中书局，1945 年，第 26 页。

⑤ 罗竹风主编《汉语大词典》（第十卷），上海辞书出版社，2011 年，第 220 页。

⑥ 邝其照编《字典集成》（影印版），商务印书馆，2016 年，第 34、148 页。

"of Capital"，该书指出："资本之要，与人功地利并重。……邦国之资本，亦节用之余，用以滋生物力以益其富者而已。"又说："何谓资本？资本者，无一定之物，凡积蓄于素以为生财之本者皆是也。"① 这是中国近代第一个对"资本"概念的解释。在《富国策》全书中，汪凤藻均将 Capital 译为"资本"，"资本"由此成为《富国策》最常用的词语之一。

1885 年，傅兰雅译《佐治刍言》第二十四章为"论资本"，书中指出："一国中无论何人得有资本，皆于众人有益。乃有谓国中多富户，穷民易致受累者，非也。""凡有资本人，国家应设立良法，加意保护。若常以捐事相累，又听百姓滋扰，则有资本者必难久居本国。"② 这是中国近代第一部明确为"资本"辩护的著作，"资本"是该书的常用词。

1886 年，艾约瑟在《西学略述》中指出：人民致富的方法有四种，一为"分工作"，二为"裕资本，资本既裕，佣人自多"，三为"广贸易"，四为"运货宜速、运费宜省"。③ 1886 年，艾约瑟译《富国养民策》第五章为"资本"，第九章为"资本操作联合之诸情形"。该书对"资本"的定义为："所谓资本也，即余等人用已得之财赖以多生财者也。"④ 这是中国近代第二个对"资本"的定义。《富国养民策》两章论及"资本"，"资本"成为该书的常用词。

1900 年，卫理、王汝骖合译《工业与国政相关论》也大量使用"资本"一词。⑤

上列五种著作是中国本土在 19 世纪出现的主要经济学著作，其中有三种著作专章论述"资本"，"资本"成为这些著作的主要和常用经济学术语。这说明，"资本"为中国近代本土自发产生的经济学术语，与日本经济学术语的影响无关。

---

① 〔英〕法思德：《富国策》卷一，汪凤藻译，京师同文馆，1880 年，第四章第 6—7 页；Henry Fawcett, *Manual of Political Economy*, London: Macmillan and Co. , 1876, pp. 17 - 18。

② 〔英〕傅兰雅译《佐治刍言》，上海书店出版社，2002 年，第 101 页。

③ 〔英〕艾约瑟：《西学略述》卷八《经济·富民》，1886 年。

④ 〔英〕哲分斯：《富国养民策》，〔英〕艾约瑟译，总税务司署，1886 年，第五章第三十三节，第九章。

⑤ 〔英〕司坦离·遮风司：《工业与国政相关论》（下卷），〔美〕卫理、王汝骖合译，江南制造局，1900 年。第四章第 5—8 页。

1877 年，日本《经济学阶梯》卷一以"财本"指代"资本"。[①] 1881 年，《经济考征》使用"资本"为主要术语。[②] 1882 年，以"资本"为主要术语的汪凤藻译《富国策》在日本刊行，可能对日本使用"资本"有推动作用。这说明，日本在近代经济学早期著作中并没有使用"资本"作为术语，在 19 世纪 80 年代初，中国使用"资本"的经济学著作传到了日本，中日两国的经济学著作差不多同时使用"资本"作为经济学术语。

19 世纪末 20 世纪初，日译经济学著作大量输入中国，这些著作几乎每本均使用"资本"，因"资本"一词也是中国早期经济学译著所使用，"资本"一词在 20 世纪初得到了广泛传播。在这个过程中，1902 年，严复译《原富》却将 Capital 译为"母财"；[③] 同年，梁启超在《生计学（即平准学）学说沿革小史》等文中使用"母财"；[④] 1907 年，《商业理财学》也使用"母财"指代"资本"。[⑤]"母财"成为"资本"的主要竞争词。

中华民国成立后，1913—1914 年，民国教育部审定贺绍章编《经济大要》、胡祖同编《经济概要》为"中学校教科书"，两书均使用"资本"一词作为章节名，《经济概要》还将"资本"注译为 Capital。[⑥] 1915 年，《辞源》列有"资本"词条，解释为："以金钱或财产，经营事业，凡有利益可收取者，皆称为资本。"[⑦] 以上事例说明，民国初年，"资本"一词在中国基本形成。

关于"资本"与 Capital 的对译，1907 年，《商务书馆英华新字典》将 Capital 译为"资本"等词。[⑧] 1908 年，《新译英汉辞典》将 Capital 译为"资本"等词。[⑨] 1910 年，熊崇煦、章勤士译，黎查德迪·伊利著

① 『経済学階梯・巻 1』懸車堂、1877 年、18 頁。

② 駒井重格述『経済考征』専修学校、1881、516 頁。

③ 〔英〕亚当·斯密：《原富》，严复译，商务印书馆，1981 年，第 42、231 页。

④ 梁启超：《饮冰室合集·文集》（第 5 册），中华书局，1989 年，总第 1068 页。注：该文集中所用文章名为《生计学学说沿革小史》，后同。

⑤ 商务印书馆编译所编译《商业理财学》，商务印书馆，1907 年，第 36 页。

⑥ 贺绍章编《经济大要》，商务印书馆，1913 年；胡祖同编《经济概要》，商务印书馆，1914 年。

⑦ 陆尔奎主编《辞源》，商务印书馆，1915 年，酉第 96 页。

⑧ 商务印书馆编《商务书馆英华新字典》，商务印书馆，1907 年，第 72 页。

⑨ 《新译英汉辞典》，群益书社，1908 年，第 144 页。

《经济学概论》将"资本"对译为 Capital。[①] 1941 年，教育部组织 32 位专家审定：Capital 译为"资本"。[②]

综上所述，"资本"为中国传统用词，其与 Capital 意义相近，在 19世纪 80 年代，成为中国经济学著作中的主要术语，同时，还将"资本"这一术语传到了日本，可能对日本正在形成的术语"资本"产生了影响。在 1914 年左右，经济学术语"资本"（Capital）在中国基本形成。从术语"资本"（Capital）的形成史可知，"资本"不管是普通词语还是学术词语均来自中国，而不是当今有些学者认为的是一个日语借词。[③]

五　企业（Enterprise）

中国古代没有"企业"一词。"企"为"踮起脚跟，期盼"之意。

1822 年，马礼逊《华英字典 6》将 Enterprising 译为"敢做险事的，好难的，不畏艰难的"。[④] 没有 Enterprise 一词。1868 年，邝其照编《字典集成》将 Enterprise 译为"作为"，将 Enterprising 译为"敢作敢为"。1875 年，邝其照又将 Enterprise 译为"作为，始首试做"。[⑤]

中国近代早期出现的几本经济学译著，如 1880 年的《富国策》、1885 年的《佐治刍言》、1886 年的《富国养民策》，均没有出现指代"企业"的词语。

19 世纪末 20 世纪初，"企业"一词从日本传入中国。

1899 年 9 月 15 日，《湖北商务报》刊登的译自日文的《中日经济关系》提到，日本要"与中国企业家（谋营商业者）及商人相结托耳"。[⑥] 这里提到"企业家"，也可以说提到了"企业"。

1901 年，《湖北商务报》刊登日译文章《德国人在重庆企业计划》，

---

① 〔美〕黎查德迪·伊利：《经济学概论》，熊崇煦、章勤士译，商务印书馆，1910 年，第二编第 14 页。
② 国立编译馆编订《经济学名词（教育部公布）》，正中书局，1945 年，第 6 页。
③ 参见刘正埮等编《汉语外来语词典》，上海辞书出版社，1984 年，第 409 页；曹龙虎《近代"Capital/资本"译名问题考略》，《江苏社会科学》2016 年第 4 期。
④ 〔英〕马礼逊：《华英字典 6》（影印版），大象出版社，2008 年，第 142 页。
⑤ 邝其照编《字典集成》（影印版），商务印书馆，2016 年，第 50、167 页。
⑥ 《中日经济关系》，《湖北商务报》第 15 册，1899 年 9 月 15 日。

叙述了日本重庆领事馆报告的一个德国公司计划在重庆开店的情况。①

1901 年，《商业经济学》里指出，原始社会"人智之程度颇低，不但不能制使自然力，并未知蓄资本企图事业也"。② 这里的"企图事业"可能是"企业"的简称，我们也可以把它认作"企业"的简称。

1902 年，《湖北商务报》刊登的《商业经济学》指出，经济危机的第一个症候是"企业心过度，射幸（投机）热心激亢"。③ 1902 年，《译书汇编》刊载的小林丑三郎著《日本财政之过去及现在》指出："于十一年，政府因殖产企业之故，发行企业公债千二百五十万圆，以充筑港运输等事业费。"④ 1903 年 2 月，作新社编译《最新经济学》在"生产论"和"分配论"部分均有专门章节论述"企业"。⑤

1904 年，日本杉荣三郎编《京师大学堂经济学讲义》将"企业"定义为：生产要质有自然、劳力、资本三项，"结合此等之要质，以从事于生产交易之上，即谓之企业"。⑥ 这是从生产要素的结合者方面去定义企业。1909 年，日本田边庆弥原著，王我臧译《汉译日本法律经济辞典》列有"企业"词条，其释义为："称冒险之生产业，曰企业。"⑦

大致从 1905 年开始，中国人开始使用"企业"一词。1905 年 10 月 30 日，《申报》一记者在论述江苏省招股赎回铁路举办权时指出："白圭之治生也，趋时若鸷鸟猛兽之。时乎时乎一去不返，吾愿吾资本家，速动其企业心也。"⑧ 就是希望江苏省商民踊跃入股，以公司股本赎回被外国人控制的铁路举办权。这里的"企业心"就是企业家精神，文中将这一新名词与古代白圭"治生"联系起来，说明了古今思想的继承和名词的演变关系。1905 年，《新民丛报》发表《论托辣斯之利害》第三章《伴于独占的大企业托辣斯之利害》。⑨ 1907 年 3—5 月，梁启超针对革命

---

① 《德国人在重庆企业计划》，《湖北商务报》1901 年第 79 期。
② 〔日〕清水泰吉：《商业经济学》，《湖北商务报》1901 年第 79 期，第 22 页。
③ 〔日〕清水泰吉：《商业经济学》，《湖北商务报》1902 年第 97 期，第 85 页。
④ 〔日〕小林丑三郎：《日本财政之过去及现在》，王宰善译，《译书汇编》1902 年第 8 期，第 17 页。
⑤ 作新社编译《最新经济学》，作新社，1903 年，第 108—109 页。
⑥ 〔日〕杉荣三郎编《京师大学堂经济学讲义》，商务印书馆，1904 年，第 5、10 页。
⑦ 〔日〕田边庆弥：《汉译日本法律经济辞典》，王我臧译，商务印书馆，1909 年，第 26 页。
⑧ 《申报》1905 年 10 月 30 日，第 2 版。
⑨ 《新民丛报》第 3 卷第 21 号，1905 年。

派胡汉民等主张国家成为大地主、大资本家，否认企业家的作用等观点，为"企业""企业家"的地位和作用进行了辩护。他指出："'企业'者何也，'企业家'自以其成算冒险而结合诸种生产力，以赢得利润为目的，以主导经济行为之经济的组织也。"① "企业"成为梁启超此文的常用词。

日语词"企业"在中国的流传过程中，遇到了起业、营业、创业等词的竞争。1902 年 6 月，《经济学大意》指出："营业所得，所酬营业者之放债与其劳力及危险之报酬也。"② "营业""营业者"为日文原文，它们分别指代"企业""企业家"。同年 12 月，《经济教科书》指出："生产之人，以自己之计算，专任生产全部之责，若负其一部，而集取生产之要素，整理之，指挥之者，称此经济曰起业，称此生产之人，曰起业者。"③ 这里以"起业""起业者"指代"企业""企业家"。1903 年 2 月，王宰善编《普通经济学教科书》指出："夫创业者，以生产之目的，行自己之计划，结合各种生产之要素之谓也，故凡从事于此者，皆谓之创业家云。"④ 王宰善以"创业""创业家"译日文"企业""企业家"，这一译法强调了企业和企业家开创事业的特质，是比较贴切的。同年，《新尔雅》就采纳了"创业""创业家"这一新译法。⑤ 1911 年，熊元楷、熊元襄编《京师法律学堂笔记：经济学》以"营业""营业家"指代"企业""企业家"。⑥ 以上事实说明，直到清朝灭亡的 1911 年，"企业"一词仍然没有统一。

中华民国成立后，1913—1914 年，民国教育部审定贺绍章编《经济大要》、胡祖同编《经济概要》为"中学校教科书"，两书均使用"企业"一词。《经济概要》还将"企业"注译为 Enterprise，⑦ 这对"企业"的统一起到了重要作用。1915 年，《辞源》列有"企业"词条，并释义

① 梁启超：《驳某报之土地国有论》，《饮冰室合集·文集》（第 6 册），中华书局，1989 年，总第 1625—1626 页。注释：该文名义出版日期为 1906 年 11 月，实际延期出版。
② 〔日〕田尻稻次郎：《经济学大意》，〔日〕吉见谨三郎译，东京专修学校，1902 年，第 41 页。
③ 〔日〕和田垣谦三：《经济教科书》，广智书局翻译出版，1902 年，第二编第 11 页。
④ 王宰善编《普通经济学教科书》，开明书店，1903 年，第 38 页。
⑤ 汪荣宝、叶澜编《新尔雅》，民权社，1903 年，第 41、43 页。
⑥ 熊元楷、熊元襄编《京师法律学堂笔记：经济学》，上海人民出版社，2013 年，第 37 页。
⑦ 贺绍章编《经济大要》，商务印书馆，1913 年，第 28 页；胡祖同编《经济概要》，商务印书馆，1914 年，第 68 页。

为："凡经营之事业，以生产营利为目的者，日本谓之企业。分大小二种，大企业，役使多数之人，而企业家自为指挥监督者，小企业，则企业家兼任工作者。"①《辞源》将"企业"列入词条，说明"企业"一词由经济学术语进而演变成了社会普通名词。至此，"企业"一词在中国已经基本形成。

关于"企业"与 Enterprise 的对译。1908 年，《新译英汉辞典》将 Enterprise 译为"企业，危险事业；企业心，冒险心"，将 Enterprising 译为"富企业心"等词。② 1910 年，熊崇煦等译《经济学概论》将"私企业"注译为 Private Enterprise。③ 1910 年，梁启超在《敬告国中之谈实业者》里指出："企业二字乃生计学上一术语，译德文 Unternehmung，法文之 Entreprise，英人虽最长于企业，然学问上此观念不甚明了，故无确当之语。"④ 梁启超在此将"企业"与法文、德文进行了对译。1929 年，《新术语辞典》列有"企业"词条，并将其注译为 Enterprise，⑤ "企业"与 Enterprise 互译由此进入了专业的术语辞典。1937 年 6 月，周宪文主编《经济学辞典》将"企业"对译为"〔英〕Enterprise，〔德〕Unternehmumg，〔法〕Entreprise"。⑥

1941 年，民国教育部组织 32 位专家审定：Enterprise 译为"企业"。⑦

综上所述，中国传统社会没有"企业"一词，19 世纪末 20 世纪初，"企业"一词由日本传入中国，其在中国流传过程中，梁启超等人主动使用它，但它也遇到了起业、营业、创业等词的竞争，在 1914 年左右，"企业"一词在中国基本形成。

六 技术（Technique，Technical）

中国古代有"技术"一词，其含义是"技艺，法术"。《史记·货殖

① 陆尔奎主编《辞源》，商务印书馆，1915 年，子第 167 页。
② 《新译英汉辞典》，群益社，1908 年，第 324 页。
③ 〔美〕黎查德迪·伊利：《经济学概论》，熊崇煦、章勤士译，商务印书馆，1910 年，第二编第 1、32 页。
④ 梁启超：《饮冰室合集·文集》（第 7 册），中华书局，1989 年，总第 2009 页。
⑤ 吴念慈、柯柏年、王慎名编《新术语辞典》，南强书局，1929 年，第 28 页。
⑥ 周宪文主编《经济学辞典》，中华书局，1937 年，第 183 页。
⑦ 国立编译馆编订《经济学名词（教育部公布）》，正中书局，1945 年，第 16 页。

列传》提到："医方诸食技术之人，焦神极能，为重糈也。"①

1822 年，马礼逊《华英字典 6》将 Technical 译为"智慧"。② 1868 年和 1875 年，邝其照两次编的《字典集成》均无 Technical 相关词语。③

1873 年 9 月 29 日，《申报》报道，美国人被误伤后，"急呼友人来救，即行舆还轮船，赶为医治，乃伤处竟在要穴，为医士技术所不能奏功，逾日夜而命已毙矣"。④ 1878 年 2 月 22 日，《申报》刊载的《论技巧》一文指出："可知圣人之道贵乎中庸，而凡技术智能之事，则目为小道，君子不学焉。"⑤《申报》在此提到"医士技术""技术智能之事"，说明"技术"一词在近代仍是被社会广泛使用的普通词语。

但在近代早期经济学著作中，"技术"还没有被作为术语使用。1886 年，艾约瑟译《富国养民策》以"技艺"指代"技术"。⑥ 1893 年，李提摩太在《万国公报》（月刊）第 52 期发表《论生利分利之别》，文中提到"利宜广增新法以生"，"新法"指称"新技术"，这里以"法"指代"技术"。1902 年，严复所译《原富》中，以"技术"一词译英文 Art。⑦

19 世纪末期，日语术语"技术"一词输入中国，1884 年，姚文栋编译《日本地理兵要》提到日本"聘荷兰学士学航海、造船、测量诸技术"。1889 年，傅云龙《游历日本图经》提到"技术官"。⑧ 在传入中国的经济学著作中，1901 年，《理财学》提到，比利时、法国的新教徒受到迫害，投奔英国，"英国因是增无数技术之民"。⑨ 1903 年，作新社编译《最新经济学》写道："分业有三种，一曰技术分业，二曰职业分业，三曰国际分业。"⑩ 至此，日语经济学术语"技术"传到了中国。

---

① 罗竹风主编《汉语大词典》（第六卷），上海辞书出版社，2011 年，第 359 页。
② 〔英〕马礼逊《华英字典 6》（影印版），大象出版社，2008 年，第 427 页。
③ 邝其照编《字典集成》（影印版），商务印书馆，2016 年，第 95、213 页。
④ 《花旗人在九江游猎被华人误杀》，《申报》1873 年 9 月 29 日，第 2 版。
⑤ 《论技巧》，《申报》1878 年 2 月 22 日，第 1 版。
⑥ 〔英〕哲分斯：《富国养民策》，〔英〕艾约瑟译，总税务司署，1886 年，第三章第三十二节。
⑦ 〔英〕亚当·斯密：《原富》，严复译，商务印书馆，1981 年，第 456 页；〔英〕亚当·斯密：《国富论》（英文），上海世界图书出版公司，2010 年，第 410 页。
⑧ 转引自黄河清编著《近现代辞源》，上海辞书出版社，2010 年，第 364 页。
⑨ 〔德〕李士德：《理财学》，《译书汇编》第 4 期，1901 年，第 32 页。
⑩ 作新社编译《最新经济学》，作新社，1903 年，第 86 页。

1903 年，梁启超在《二十世纪之巨灵托辣斯》中指出："托辣斯可以交换智识，奖励技术，为全社会之利益也。"① 说明中国人在经济学著作中开始使用术语"技术"。

1913 年 8 月，民国教育部审定贺绍章编《经济大要》提到"技术的劳役分业"，工资"因技术之精否而差"。② 1914 年 10 月，民国教育部审定胡祖同编《经济概要》提到："技术分业"，"社会进化，技术臻美，资本主义日趋于昌隆"。③ 两本官方指定的教科书均使用术语"技术"，这标志着现代经济学术语"技术"一词已经形成。

关于"技术"的解释。1915 年 10 月，《辞源》列有"技术"一词，其释义为："专门之艺事也。《汉书》：'汉兴有仓公，今其技术晻昧。'"④《辞源》的这一解释，说明"技术"为中国传统词语。同年 12 月，马凌甫译，日本津村秀松著《国民经济学原论》专章论述了"技术"，并解释说："技术（Technique）者，使吾人人类之意思完全实现之术也。如医术、美术、建筑术、造船术、制造术等凡百技艺，无一不网罗于其内。惟兹所欲论者，非此广义之技术，乃狭义之技术，即于广义技术内，特就直接关于经济（如生产交易等）之技术，言之而已。"⑤ 津村秀松将"技术"分为广义和狭义，《辞源》的解释只是广义的"技术"，还不是经济学的术语，津村秀松的狭义"技术"就是特指影响经济增长的技术。

1929 年 11 月，吴念慈等编《新术语辞典》列有"技术独占"（Technical Monopoly）一词，其释义为"基于优秀的技术而为职业上的独占"。⑥

关于"技术"与英文的对接，1907 年，《商务书馆英华新字典》将 Technics 译为"技艺，学术"，将 Technology 译为"工艺学，艺术学，专门实业学"，⑦ 译文中没有出现"技术"一词。1908 年，编译自日文的《新译英汉辞典》将 Technics 译为"技术，艺术；学语，术语"，将 Tech-

① 梁启超：《饮冰室合集·文集》（第 5 册），中华书局，1989 年，总第 1258 页。
② 贺绍章编《经济大要》，商务印书馆，1913 年，第 25、61 页。
③ 胡祖同编《经济概要》，商务印书馆，1914 年，第 49、76 页。
④ 陆尔奎主编《辞源》，商务印书馆，1915 年，卯第 88 页。
⑤ 津村秀松：《国民经济学原论》，马凌甫译，群益书社，1915 年，第 249 页。
⑥ 吴念慈、柯柏年、王慎名编《新术语辞典》，南强书局，1929 年，第 229 页。
⑦ 商务印书馆编《商务书馆英华新字典》，商务印书馆，1907 年，第 502 页。

nique 译为 "技，技术"，将 Technology 译为 "工艺学"。① "技术" 与英文完成了对接。1934 年，何士芳编《英汉经济辞典》将 Technique 译为 "技术"。② 1941 年，民国教育部组织 32 位专家审定：Technical Division of Labor 译为 "技术分工"，Technical Monopoly 译为 "技术独占，技术专利"，Technocracy 译为 "技术管理"，Technological Unemployment 译为 "技术失业"，Technology of Production 译为 "生产技术"。③ 这里，虽没有 "技术" 一词，但译出了由 "技术" 构成的 5 个复合词。

综上所述，中国古代有 "技术" 一词，其含义 "技艺" 与 "技术" 的现代含义相似，这种用法在近代报刊语言中仍然在使用。但传统的 "技术" 没有演变成经济学术语 "技术"，19 世纪末 20 世纪初，日本经济学术语 "技术" 一词传入中国，梁启超等人首先使用它，在 1914 年左右，中国经济学术语 "技术"（Technique）形成，经济学术语 "技术" 为日语术语借词。

七　资源（Resource）

中国传统上无 "资源" 一词。在 19 世纪的近代汉外辞典中也没有 "资源"（Resource）一词。

日本在 19 世纪末已经产生 "资源" 一词。④ 1900 年 12 月至 1903 年 4 月日本出版的《译书汇编》曾出现 "资源" 一词，⑤ 这可能是该词最早出现的书证。但 "资源" 在汉语中的推广使用比较缓慢，近代早期经济学译著以日语术语借词 "资力" 指代 "资源"。1905 年，作新社编译《政法类典·经济之部——财政学》有 "资力课税说"。⑥ 1909 年，日本田边庆弥著，王我臧译《汉译日本法律经济辞典》列有 "资力" 词条，其释义为 "谓资产上之力也，即有对他人履行义务之财产也"。⑦

---

① 《新译英汉辞典》，群益书社，1908 年，第 947 页。
② 何士芳编《英汉经济辞典》，商务印书馆，1934 年，第 200 页。
③ 国立编译馆编订《经济学名词（教育部公布）》，正中书局，1945 年，第 48 页。
④ 史有为主编《新华外来词典》，商务印书馆，2019 年，第 1429 页。
⑤ 参见朱京伟《近代中日词汇交流的轨迹：清末报纸中的日语借词》，商务印书馆，2020 年，第 237 页。
⑥ 作新社编译《政法类典·经济之部——财政学》，1905 年，第 298—310 页。
⑦ 〔日〕田边庆弥：《汉译日本法律经济辞典》，王我臧译，商务印书馆，1909 年，第 118 页。

1918 年 5 月 20 日，《时报》报道，日本政友会总干事认为"中国之资源富厚"。① 同年 5 月 27 日，《民国日报》报道，据 26 日东京来电、旧金山来电，威尔逊总统提议"以和平的手段援助俄国而保存西伯利亚之资源"。② 这两个较早提到"资源"的中文文献都与日本语言有关，说明"资源"为日语术语借词。1919 年 9 月 21 日，《申报》提到，"巨哥斯拉夫国"如果"天然之资源不足"，则建国难以成功，但其国有煤铁等"丰富之资源"，建国前途不可限量。③ 这是《申报》第一次提到"资源"。1923 年，瞿秋白在《帝国主义侵略中国之各种方式》一文中提到"世界资源之增殖所必不可缺"。④ 1925 年，《中外经济周刊》第 108 期发表《中国之动力资源》一文，"资源"由此进入经济论文的题名之中。

1931 年"九一八事变"前后，日本抢夺中国东北资源的行动，使"资源"成为中国报刊的热词。1935 年，南京国民政府成立"资源委员会"，"资源"成为重要经济机构名称关键词，这对推动"资源"的广泛使用有重要作用。1936 年，著名经济学家董时进接连发表《中国应讲求资源保存》⑤《中国天然资源损害的危险及其挽救办法》⑥《资源保存与民族复兴》⑦ 三文，"资源"成为董时进提出的"保存资源"思想的标识性概念。至此，经济学术语"资源"（Resource）一词基本形成。

关于"资源"与英文的对接，1934 年，何士芳编《英汉经济辞典》将 Resources 译为"财源，资产，资力"。⑧ 可见到 20 世纪 30 年代在经济学辞典里，Resources 还没有完成与"资源"的对译。1935 年，李登辉等主编《实用英汉字典》将 Resources 译为"资源，财富"，⑨ 在英汉字典里完成了"资源"的英汉对译。1941 年，民国教育部组织 32 位专家审定：Resources 译为"资力，资产，资源"。⑩

① 《日本政友会总干事床次氏语本社》，《时报》1918 年 5 月 20 日，第 3 版。
② 《共同通信社电》，《民国日报》1918 年 5 月 27 日，第 2 版。
③ 《巨哥斯拉夫新国志》，《申报》1919 年 9 月 21 日，第 18 版。
④ 瞿秋白：《帝国主义侵略中国之各种方式》，《前锋》第 1 卷第 1 期，1923 年。
⑤ 董时进：《中国应讲求资源保存》，《大公报》（上海），1936 年 7 月 27 日，第 4 版。
⑥ 董时进：《中国天然资源损害的危险及其挽救办法》，《科学》第 20 卷第 10 期，1936 年。
⑦ 董时进：《资源保存与民族复兴》，《新中华》第 4 卷第 20 期，1936 年。
⑧ 何士芳编《英汉经济辞典》，商务印书馆，1934 年，第 169 页。
⑨ 李登辉等主编《实用英汉字典》，商务印书馆，1935 年，第 1204 页。
⑩ 国立编译馆编订《经济学名词（教育部公布）》，正中书局，1945 年，第 43 页。

综上所述，"资源"（Resources）一词为中国古代所无，在 20 世纪初，它从日本传入中国，但"资源"一词在中国近代传播缓慢，直到 20 世纪 30 年代，南京国民政府成立"资源委员会"，"资源"一词在中国才得到了广泛传播。1936 年，董时进以"资源"为核心概念提出了"保存资源"思想，标志着经济学术语"资源"在中国形成。

八　成本（Cost）

"成本"一词意指生产产品的费用，它在包世臣（1775—1855）的文章中就已经出现。①

1822 年，马礼逊《华英字典 6》将 Cost 译为"使费，费用；本银"。②1875 年，邝其照编《字典集成》将 Cost 译为"价，价值，使费；本钱"。③19 世纪的汉外字典中没有将"成本"与 Cost 互译。

1878 年，唐廷枢在《万国公报》（周刊）刊载《通盘核算开平煤铁成本总论》，文中写道："各国有每吨成本银六钱七钱者，有一两有零者。"④这里的成本就是总费用。1898 年，张之洞在《劝学篇》外篇《农工商学》中指出："其精于商术者，则商先谋之，工后作之：先察知何器利用，何货易销，何物宜变新式，何法可轻成本，何国喜用何物，何术可与他国争胜，然后命工师思新法，创新器，以供商之取求，是商为主工为使也。"张之洞在此也将"成本"指代费用。可见现代意义的"成本"一词是中国近代普通用词中的常用词。

1880 年，《富国策》出现了"成本"，但不是现代意义的"成本"，书中指出，国家确定企业工资后，使资本家无利可图，"则将贷其本于异国，而国以内成本顿减，事业顿衰"。又说："今该行成本不下二万五千镑，而一年所贸易，且十倍于此。"⑤这里的"成本"均指资本、本钱，不是"费用"的意思。汪凤藻将 Cost 译为"费"，书中说："密氏谓：利息视功费而定，功费之重轻，所因以为变易者有三。人功之利钝，一也；

---

①　参见罗竹风主编《汉语大词典》（第五卷），上海辞书出版社，2011 年，第 194 页。

②　〔英〕马礼逊：《华英字典 6》（影印版），大象出版社，2008 年，第 92 页。

③　邝其照编《字典集成》（影印版），商务印书馆，2016 年，第 156 页。

④　唐廷枢：《通盘核算开平煤铁成本总论》，《万国公报》（周刊）第 475 期，1878 年。

⑤　〔英〕法思德：《富国策》卷二，汪凤藻译，京师同文馆，1880 年，第 34、44 页。

工价之大小，二也；粮食之贵贱，三也。三者并重，如体积之于长广高也。"这里的"功费"对应的原文是 Cost of Labour。[①] 可见汪凤藻还没有将现代"成本"一词经济学术语化。

1901 年 1 月至 10 月，《译书汇编》连载转译自日文的《理财学》，指出："然亚当·斯密及戎巴戢塞之说曰：国用之盈绌，视物价之贵贱，而物价之贵贱，又视成本之轻重，然则英国所用之绵绢等布，欲其价廉而物美，莫若取之印度，今乃自费巨资以制造之，致价昂而物劣，以视他国之因利乘便，愚莫甚矣。"[②] 从全段意思分析，这里的"成本"就是指商品费用之意。这可能是中国最早使用"成本"作为经济学术语者。1902—1903 年，《湖北商务报》译日本法学博士田尻稻次郎《银行论》，书中指出："生产者所发汇票，其金额由生产成本定之。"[③] 这里的"生产成本"可能是在中国第一次出现。1902 年，嵇镜译，天野为之著《理财学纲要》提到了"节约成本"。[④] 以上例子说明，中国人一开始就使用中国普通常用词语"成本"翻译日文"生产费"等词。

1902 年，严复译《原富》一书中多次使用"成本"，其含义与"成本"的今义相同。但它并不是对译 Cost，而是意译英文句子。[⑤] 1906 年，奚若译述，美国罗林著《计学》多处使用"成本"。[⑥] 这两个例子说明，中国人使用现代"成本"翻译英美经济学著作。

1884 年，日本《哲学字汇》（改订版）译 Cost 为"费用"，[⑦] 在经济学原理著作中，译 Cost of Production 为"生产费"，[⑧] 其后，日本又译 Cost 为"原价"，[⑨] 这些译名均先后传到中国。

---

① 〔英〕法思德：《富国策》卷二，汪凤藻译，京师同文馆，1880 年，第 27 页；Henry Fawcett, *Manual of Political Economy*, London：Macmillan and Co. , 1876, p.170。

② 〔德〕李士德：《理财学》，《译书汇编》第 8 期，1901 年，第 35 页。

③ 〔日〕田尻稻次郎：《银行论》，《湖北商务报》第 117 期，1902 年，第三章第 4 页。

④ 〔日〕天野为之：《理财学纲要》，嵇镜译，文明书局，1902 年，第 62 页。

⑤ 黄立波、朱志瑜：《严复译〈原富〉中经济术语译名的平行语料库考察》，《外语教学》2016 年第 4 期，第 88 页；〔英〕亚当·斯密：《原富》，严复译，商务印书馆，1981 年，第 93 页；〔英〕亚当·斯密：《国富论》（英文），上海世界图书出版公司，2010 年，第 63 页。

⑥ 〔美〕罗林：《计学》，奚若译述，商务印书馆，1906 年，第 122—123 页。

⑦ 井上哲次郎编「哲学字彙」（改订版）、東洋館、1884、27 頁。

⑧ 叶元龙：《劳动价值论之研究》，《东方杂志》第 19 卷第 9 号，1922 年 5 月，第 34 页。

⑨ 周宪文主编《经济学辞典》，中华书局，1937 年，第 258 页。

在 20 世纪初，经济学著作使用"成本"一词翻译 Cost 者较少，大多以"费""生产费"指代"成本""生产成本"。如，和田垣谦三著《经济教科书》（1902）；作新社编译《最新经济学》（1903）；王宰善著《普通经济学教科书》（1903）；持地六三郎著《经济通论》（1903）；李佐庭译，日本小林丑三郎著《经济学》（1908）；熊崇煦、章勤士译，黎查德迪·伊利著《经济学概论》（1910）；等等。翻译 Cost 的中文名词五花八门，没有完成 Cost 与"成本"的对接。1907 年，《商务书馆英华新字典》将 Cost 译为"价钱，价值，费用，损，痛苦"。[1] 1908 年，《新译英汉辞典》将 Cost 译为"价，价格；费用，入费；损亡，苦痛"。[2] 这两个英汉辞典对 Cost 的翻译几乎相同，且均没有"成本"一词。1910 年，熊崇煦、章勤士译，黎查德迪·伊利著《经济学概论》将"生产费"注译为 Cost of Production，[3] 以"费"译 Cost。

1913 年 8 月，民国教育部审定贺绍章编《经济大要》为"中学校共和国教科书"，1914 年 10 月，民国教育部审定胡祖同编《经济概要》为"中学校及师范学校用"教科书，两书均使用"生产费"译 Cost of Production。[4] 1915 年，马凌甫译，日本津村秀松著《国民经济学原论》同样使用"生产费"译 Cost of Production。[5]

1919 年 7 月，刘秉麟编《经济学原理》将"成本"作为该书主要经济学术语，他说："由卖价之内，除去成本，其余谓之利。成本之所包，有工人之工庸，与资本家之息，此为人所习知，至地租，是否成本之一部分，按照英儒之言，成本贵，始有地租，非有地租，成本贵，故地租非成本一部分。"[6] 这段话六次提到"成本"。该书是中国近代第一部以"成本"为主要经济学术语的经济学原理著作。它到 1928 年发行达 9 版，为 20 世纪 20 年代中国影响最大的经济学原理书籍之一，该书对"成本"

① 商务印书馆编《商务书馆英华新字典》，商务印书馆，1907 年，第 118 页。
② 《新译英汉辞典》，群益书社，1908 年，第 218 页。
③ 〔美〕黎查德迪·伊利：《经济学概论》，熊崇煦、章勤士译，商务印书馆，1910 年，第二编第 63 页。
④ 贺绍章《经济大要》，商务印书馆，1913 年，第 37 页；胡祖同编《经济概要》，商务印书馆，1914 年，第 88 页。
⑤ 〔日〕津村秀松：《国民经济学原论》，马凌甫译，群益书社，1915 年，第 404 页。
⑥ 刘秉麟编《经济学原理》，商务印书馆，1919 年，第 171 页。

一词的推广使用起了重要作用。1920 年 11—12 月，马寅初在上海中国公
学演讲时，多次提到"成本"一词。1922 年 12 月，马寅初在《何谓经
济》的演讲中，使用"成本"来解释"经济"，他首先解释了"成本会
计"的重要性，指出"成本会计"即英文 Cost Accounting，成本第一类
为"Prime Cost，原料品及人工之成本属焉"。依据企业的成本和收益的
原理，马寅初指出："经济之主旨在以最小之消费（Cost）获得最大之效
果（Result），西文 Economy 一字常与 Efficiency 并用，表示一面省钱，
一面须有效果。""以最小之成本，得最大之效果，此之谓合乎经济。"①
马寅初在此将"成本"与英文 Cost 对接，他以"成本"解释了经济学最
重要的词语"经济"，由此凸显了"成本"在经济学中的地位和作用。
因马寅初是中国近代权威经济学家，他的演讲和著作对"成本"一词的
推广起了重要作用。1922 年 5 月 10 日，叶元龙在《劳动价值论之研究》
中指出："夫劳动价值论原为成本说（Cost of Production）之一部分。（日
译为生产费，照字直译太笨。）"② 叶元龙在此将"成本"与 Cost 联系起
来，同时批评了日译"生产费"太笨。

　　1921 年 8 月 5 日，《申报》刊登《上海商科大学章程摘要》，提到会
计学系课程有：公司会计、官厅会计、会计原理、商业统计学、稽核学、
解析几何、投资会计、会计问题、初等微分、银行会计、成本会计、商
法铁道会计、高等会计、公司理财、国际汇兑会计。③"成本会计"已经
成为会计学的一门分支学科。1924 年 3 月，杨肇遇编译《成本会计概
要》，书中用地面成本、动力成本、机械成本分别注译英文 Floor Cost、
Power Cost、Machine Cost。④"成本"与英文 Cost 进行了对接。中国近代
"成本会计"学科的形成对"成本"一词成为经济学术语起了重要作用。

　　在刘秉麟、马寅初等新一代经济学家的提倡和"成本会计"学科的
推动下，使用"成本"译 Cost 的论著逐渐增多。1928 年，李权时编《经
济学 ABC》使用"成本"。⑤ 1929 年，萧纯锦编《经济学》以"成本"

① 《马寅初演讲集》，商务印书馆，1923 年，第 35、44—45、273—277 页。
② 叶元龙：《劳动价值论之研究》，《东方杂志》第 19 卷第 9 号，1922 年 5 月，第 34 页。
③ 《上海商科大学章程摘要》，《申报》1921 年 8 月 5 日，第 15 版。
④ 杨肇遇编译《成本会计概要》，商务印书馆，1924 年，第 48、51 页。
⑤ 李权时编《经济学 ABC》，世界书局，1928 年，第 83 页。

译 Cost。① 1935 年，吴世瑞著《经济学原理》在"供求律"一章中论及渐增成本、递减成本、恒常成本、联合成本。② 1937 年，巫宝三、杜俊东编译《经济学概论》第十四章为"生产成本"，论述了递减成本、递增成本、不变成本、平均成本、边际成本等问题。③ 1947 年，马寅初著《经济学概论》在价值论、消费论、生产论等部分均论及"成本"问题。④ 1948 年，潘源来著《经济学原理》第八、九章分别为"生产成本"和"自由竞争下之生产成本及平衡"。⑤

在 20 世纪二三十年代"成本"一词逐渐兴起的时候，Cost 的其他译名仍然在增多。1923 年 9 月，王建祖译述，法国基特（今译季特，C. Gide）、里斯脱（今译李士特，C. Rist）著《经济学史》以"生产原价"译 Cost of Production。⑥ 1925 年，臧启芳译《经济思想史》将 Cost 译为"原费"，臧启芳还反对将 Cost 译为"费用"，认为"费用"应对译 Expense。他建议："最好是将 Cost 译为'费'字，然于行文上往往不便利，今于'费'字上冠一'原'字，是表示生产原来之所费之意。"⑦ 可见，臧启芳还没有将"成本"一词纳入翻译 Cost 的比较选择对象。1927年，陈长蘅负责的"中国经济学社名词委员会"审定：Cost 译为"费，实费"，Marginal Cost 译为"末费"，Opportunity Cost 译为"易物费"，Cost of Production 译为"生产费"。⑧"中国经济学社"由英美派主流经济学家组成，可见，"成本"一词也没有纳入这些经济学家选择范围。1934 年，何士芳编《英汉经济辞典》收录了 Cost 的流行译名费用、成本、原费、价目、原价。⑨ 这大致反映了当时的实际情况。

在经济学辞典里，也反映出 Cost 中文译名的不统一。1933 年，柯柏年等合编《经济学辞典》列出了"生产费"（Cost of Production）和"原

---

① 萧纯锦编《经济学》，商务印书馆，1929 年，第 110 页。
② 吴世瑞：《经济学原理》，商务印书馆，1935 年，第 302—332 页。
③ 巫宝三、杜俊东编译《经济学概论》，商务印书馆，1937 年，第 260 页。
④ 马寅初：《经济学概论》，商务印书馆，1947 年，第 10、107、172 页。
⑤ 潘源来：《经济学原理》，国立湖南大学出版组，1948 年，第 89、100 页。
⑥ 〔法〕基特、里斯脱：《经济学史》，王建祖译述，商务印书馆，1923 年，第 42 页。
⑦ 〔美〕韩讷：《经济思想史》，臧启芳译，商务印书馆，1925 年，"名词商榷"第 5 页。
⑧ 《经济名词》，《中国经济学社社刊》第 1 期，1927 年 2 月，第 6 页。
⑨ 何士芳编《英汉经济辞典》，商务印书馆，1934 年，第 48 页。

价"（Cost Price）两个词条，该辞典以"费"和"原价"翻译 Cost，使用的是日本译名。① 1935 年，陈稼轩编《实用商业辞典》既列了"成本""成本会计"词条，又列了"原价"（Cost）词条，它将"成本"解释为"商品购入之原价之谓"。② 1937 年 4 月，张一凡、潘文安主编《财政金融大辞典》列入了"成本会计"词条。③ 1937 年 6 月，周宪文主编《经济学辞典》将"成本"释义为："〔英〕Cost，〔德〕Kosten，〔法〕Frais，原价。企业为取得某种财产而支付之代价，谓之成本。"④

针对经济学界译名的混乱，1939 年国立编译馆拟定《经济学名词》（初审本）寄给专家审议，会计学家潘序伦对有关会计学类的名词提出了意见。《经济学名词》（初审本）拟定 Cost 译为"成本；费用"，潘序伦等拟定 Cost 译为"成本"，增加 Expense，译为"费用"。⑤ 1941 年，民国教育部组织 32 位专家开会审定：Cost 译为"成本"，Expense 译为"费用"。⑥ 可见，会计学家潘序伦的意见得到了专家会议的采纳，"成本"由此成为对译 Cost 的专用名词。

综上所述，在 19 世纪，现代意指费用的"成本"在中国近代已经成为普通常用词语，但它没有成为与 Cost 互译的翻译词语。在 20 世纪初，中国学人开始以"成本"翻译日文的"生产费"和英文的 Cost，"成本"成为经济学术语；同时，日文费、生产费、原价等词传入中国，在民国初年，日语术语借词"生产费"一度成为中国经济学界的主要术语。1919 年后，在刘秉麟、马寅初等新一代经济学家的提倡和"成本会计"学科的推动下，使用"成本"译 Cost 的论著逐渐成为主流，"成本"（Cost）一词初步形成。但日语术语借词费、生产费等词仍然长期存在，各用法直到 1941 年才逐渐统一。

九 固定资本（Fixed Capital）、流动资本（Circulating Capital）

"固定资本""流动资本"为"资本"的派生词，不但中国古代没有

---

① 柯柏年、吴念慈、王慎名合编《经济学辞典》，南强书局，1933 年，第 434、222 页。

② 陈稼轩编《实用商业辞典》，商务印书馆，1935 年，第 317、514 页。

③ 张一凡、潘文安主编《财政金融大辞典》，世界书局，1937 年，第 427 页。

④ 周宪文主编《经济学辞典》，中华书局，1937 年，第 258 页。

⑤ 《潘序伦文集》，立信会计出版社，2008 年，第 405—406 页。

⑥ 国立编译馆编订《经济学名词（教育部公布）》，正中书局，1945 年，第 11、17 页。

二词，近代的一般汉外字典也没有二词。"资本"为中国近代本土产生，但"固定资本""流动资本"却为日语术语借词。

1880年，《富国策》将 Fixed Capital、Circulating Capital 译为"运本""恒本"，书中指出："资本有二，曰运本，曰恒本。""运本之用主乎暂，其利可以立得，恒本之用持乎久，其利必以渐收。"① 1886年，《富国养民策》使用"定而不移之资本"指代"固定资本"，使用"流行不息之资本"指代"流动资本"。② 1901年严复译《原富》将 Fixed Capital、Circulating Capital 译为"常住母财""循环母财"，书中说："母财亦分二物：一曰常住母财，一曰循环母财。"③ 以上三种译法后来均被从日本输入的"固定资本""流动资本"取代。

1901年，日本法学士织田一《国债论》指出："凡资本，有固定资本与流动资本之别，如器械用具，资本家所操以作事，用重价购置之者，为固定资本；如以所置器械营业，而得人之薪工者，为流动资本。"④ 同年，日本今关常次郎著《农业经济篇》指出："资本二，曰固定资本，曰流通资本。固定资本，专用之于生产术，其形体性状，不因用之而遽变……流通资本，一经供用，则化为生产物，其价值及形质，全然消失。"⑤

日本"固定资本""流动资本"传入中国后，1906年，奚若译述，美国罗林著《计学》使用"固定母财""流动（行）母财"，⑥ 试图将严复译"常住母财"和日译"固定资本"结合起来。但奚若的这种译法没有得到学界认可，而大量日译经济学著作却将"流动资本""固定资本"二词进行了广泛传播。

1910年，熊崇煦、章勤士译，黎查德迪·伊利著《经济学概论》将

① 〔英〕法思德：《富国策》卷一，汪凤藻译，京师同文馆，1880年，第15页；Henry Fawcett, *Manual of Political Economy*, London：Macmillan and Co., 1876, pp. 43 – 44。

② 〔英〕哲分斯：《富国养民策》，〔英〕艾约瑟译，总税务司署，1886年，第五章第三十四节。

③ 〔英〕亚当·斯密：《原富》，严复译，商务印书馆，1981年，第231页；〔英〕亚当·斯密：《国富论》（英文），上海世界图书出版公司，2010年，第201页。

④ 〔日〕织田一：《国债论》，《译林》第2期，1901年，第8页。

⑤ 〔日〕今关常次郎：《农业经济篇》，〔日〕吉田森太郎译，《农学报》第140期，1901年，第6页。

⑥ 〔美〕罗林：《计学》，奚若译述，商务印书馆，1906年，目录和第49页。

"固定资本与流通资本"注译为 Fixed and Circulating Capital。① 从此，中文"固定资本""流通资本"与英文完成了对接。

中华民国成立后，1913 年 8 月，民国教育部审定贺绍章编《经济大要》为"中学校共和国教科书"。1914 年 10 月，民国教育部审定胡祖同编《经济概要》为"中学校及师范学校用"教科书。这两本书均使用"固定资本""流动资本"。② 从此，从日本输入的"固定资本""流动（通）资本"这一对词语及其含义基本被固定下来，沿用至今。

综上所述，"资本"为中国近代本土产生的经济学术语，但"资本"的派生词"固定资本""流动资本"为日语术语借词。到 1914 年，术语"固定资本"（Fixed Capital）、"流动资本"（Circulating Capital）在中国基本形成。

十　公司（Company，Corporation）

中国古代无"公司"一词，"公司"为近代中西接触中产生的新词。

1815 年，马礼逊《华英字典 1》列有汉语"公司"一词，并解释说，这个概念是由欧洲商业公司如英吉利公司提供。③ 1822 年，马礼逊《华英字典 6》将 Company 译为"公司"，列举了荷兰国"公司"，又说英国公司有时被称为"公班衙"。④

1840 年，郭实腊编《贸易通志》专门有一节论"公司"，书中指出："商贾数人相合，结群兼作生意，谓之公司也。各人出钱以为公本，其得失一齐均分。……公司之力大也，赴汤蹈火，利多损重，自然之理也。"⑤ 这是中国近代第一个对"公司"的解释。

1842 年，魏源在《海国图志·筹海篇四》中指出："西洋互市广东者十余国，皆散商，无公司，惟英吉利有之。公司者，数十商辏资营运，出则通力合作，归则计本均分，其局大而联。……以中国比例，公司如

---

①　〔美〕黎查德迪·伊利：《经济学概论》，熊崇煦、章勤士译，商务印书馆，1910 年，第二编第 25 页。

②　贺绍章编《经济大要》，商务印书馆，1913 年；胡祖同编《经济概要》，商务印书馆，1914 年。

③　〔英〕马礼逊：《华英字典 1》（影印版），大象出版社，2008 年，第 354 页。

④　〔英〕马礼逊：《华英字典 6》（影印版），大象出版社，2008 年，第 78 页。

⑤　〔德〕郭实腊编《贸易通志》，1840 年，第 8 页。

广东十三家洋行，而散商则如各省赴粤之客货也。"① 魏源此处对公司的定义参考了前述郭实腊的议论，他将英国"公司"与中国"十三行"相比，说明他还没有明白现代股份公司制度的本质。魏源议论"公司"，是"公司"一词本土化和广泛传播的重要阶梯。1872年，《申报》创刊，从《申报》数据库检索可知，该年就出现"公司"875次。1872—1900年，"公司"共出现31553次。"公司"是《申报》的常用词。

1888年，李鸿章指出："夫公司者，公集股本，合司其事，出入帐目，公同查看，是以谓之公司。"② 李鸿章将"公"与"司"分别解释，认识到了现代公司制度的本质。1896年，陈炽在《续富国策·商书·纠集公司说》中指出："归总者，公司也，总则制人，散则制于人，所谓长袖善舞，多财善贾者。"又指出："夫公司者，秉至公而司其事之谓也。"③ 陈炽指出了公司的两大特点，并对"公""司"二字进行了新的解释，强调了秉公治理之意。

1902年，严复译《原富》以"公司"译 Company，④ "公司"成为《原富》里的常用词。"公司"（Company）由此成为经济学术语。

日本以"会社"译 Company。⑤ 19世纪末至20世纪初，日译著作将日语词"会社"大量输入中国。1898年，日译著作《农业保险论》里提到"保险会社"。⑥ 1909年，《汉译日本法律经济辞典》列有会社、合资会社、株式社会（会社）词条。⑦ 1910年12月20日，清政府学部规定在法政学堂内新增"经济门"的课程，有"商法：手形、会社"。⑧ 中国官方规定的课程里有"会社"，反映了日语词"会社"的广泛影响。

---

① 参见赵靖、易梦虹主编《中国近代经济思想资料选辑》（上册），中华书局，1982年，第136—137页。

② 《李文忠公全集·海军函稿》卷三《议铁路驳恩相徐尚书原函》。

③ 赵树贵、曾丽雅编《陈炽集》，中华书局，1997年，第234—235页。

④ 〔英〕亚当·斯密：《原富》，严复译，商务印书馆，1981年，第603—604页；〔英〕亚当·斯密：《国富论》（英文），上海世界图书出版公司，2010年，第544—545页。

⑤ 刘正运等编《日英汉经济辞典》，工人出版社，1987年，第100页。

⑥ 〔日〕吉井东一：《农业保险论》，〔日〕山本宪译，《农学报》第42期，1898年。

⑦ 〔日〕田边庆弥：《汉译日本法律经济辞典》，王我臧译，商务印书馆，1909年，第114、74、30页。

⑧ 朱有瓛主编《中国近代学制史料》（第二辑下册），华东师范大学出版社，1989年，第498页。

1904 年 1 月 21 日，清政府颁布《公司律》，同年 5 月 2 日，又颁布《公司注册试办章程》。这两个关于"公司"的法律的颁布，是"公司"一词战胜日语词"会社"一词的关键。1915 年，《辞源》列有"公司"一词，其释义为"以商行为为业而设立之团体"，分为无限公司、两合公司、股份有限公司、股份两合公司四种。① 说明"公司"一词已经成为广泛使用的普通词语。

关于"公司"与英文的对译，前已指出，1822 年马礼逊就完成了"公司"与 Company 的对译。1868 年，邝其照编《字典集成》将 Company 译为"群队，公会，公司"。② 1907 年，《商务书馆英华新字典》将 Company 译为"会社，公司，商会"等词；将 Corporation 译为"团体，组合，总会，公司"。③ 1908 年，《新译英汉辞典》将 Company 译为"会，社"，无"公司"；将 Corporation 译为"团体，会社，社团，公司，组合公司法人"。④《新译英汉辞典》为译自日文的辞典，它没有将 Company 译为"公司"，说明此时"公司"与西文对译还没有成为共识。

1914 年 10 月，民国教育部审定胡祖同编《经济概要》提到"股份有限公司 Joint-stock Company（日本称为株式会社）"。⑤ 胡祖同在此将"公司"的中、英、日三种文字进行了对接。

1941 年，民国教育部组织 32 位专家审定：Corporation 译为"公司"，Corporation Bond 译为"公司债券"，Corporation Income Tax 译为"公司所得税"，Corporation Loan 译为"公司债"，Corporation Stock 译为"公司股份"，Corporation Tax 译为"公司税"，Company 译为"公司"。⑥

综上所述，"公司"为中国与西方经济接触后自发产生的新词，在 19 世纪初已经成为翻译词语和普通词语，在 19 世纪末 20 世纪初，又成为经济学术语。

---

① 陆尔奎主编《辞源》，商务印书馆，1915 年，子第 279 页。
② 邝其照编《字典集成》（影印版），商务印书馆，2016 年，第 38 页。
③ 商务印书馆编《商务书馆英华新字典》，商务印书馆，1907 年，第 100、117 页。
④《新译英汉辞典》，群益书社，1908 年，第 216 页。
⑤ 胡祖同编《经济概要》，商务印书馆，1914 年，第 77 页。
⑥ 国立编译馆编订《经济学名词（教育部公布）》，正中书局，1945 年，第 11、9 页。

第三节 "交易"等术语的形成

本节考察了交易、供给、需求、价格、价值五个术语的形成，它们属于经济学里交易类主要术语。

一 交易、交换（Exchange）

"交易"为中国传统词语，《周易·系辞下》提到："日中为市，致天下之民，聚天下之货，交易而退，各得其所。"[①]"交换"也是中国传统词语，其意思是各自把自己的给对方，《水浒传》第八十八回提到："俺明日取小将军来到阵前，两相交换。"[②] 交易是指货物、钱货交换，交换除货物交换外，还包括人与人的交换，因此，作为经济学术语，"交易"比"交换"更恰当。

（一）19 世纪，中国已经形成经济学术语"交易、交换"（Exchange）

1822 年，马礼逊《华英字典 6》将 Exchange 译为"换，交换"。[③] 1868 年和 1875 年，邝其照两次编的《字典集成》均将 Exchange 译为"交换，兑换"。[④]

1840 年，郭实腊编《贸易通志》有一节为"交易大略"。[⑤] 1880 年，汪凤藻译《富国策》第三卷为"论交易"，对译英文 Exchange。[⑥] 1885 年，傅兰雅译《佐治刍言》第二十五章为"论贸易之利"，这里以"贸易"指代"交易"。[⑦] 1886 年，艾约瑟译《富国养民策》第十一章为"论交易"，第十二章为"金银钱钞交易"。[⑧] 1897 年，傅兰雅口译、徐家宝笔述，英国法拉著《国政贸易相关书》里指出"或将英国之货与别

---

① 孟子等：《四书五经》，中华书局，2009 年，第 543 页。
② 罗竹风主编《汉语大词典》（第二卷），上海辞书出版社，2011 年，第 334 页。
③ 〔英〕马礼逊：《华英字典 6》（影印版），大象出版社，2008 年，第 153 页。
④ 邝其照编《字典集成》（影印版），商务印书馆，2016 年，第 51、168 页。
⑤ 〔德〕郭实腊编《贸易通志》卷一，1840 年。
⑥ 〔英〕法思德：《富国策》卷三，汪凤藻译，京师同文馆，1880 年，第 1 页。
⑦ 〔英〕傅兰雅译《佐治刍言》，上海书店出版社，2002 年，第 106 页。
⑧ 〔英〕哲分斯：《富国养民策》，〔英〕艾约瑟译，总税务司署，1886 年，第十一、十二章。

国之生货交换"。① 1899 年,马林摘编,李玉书译《足民策》指出:"工价之所取者在于材,而材质所生者由于地,本不过助工生材,办交换之事耳,故有工即可作本,非有本始可作工。"②

总之,在 19 世纪末日语名词影响中国语言之前,来华传教士和中国士人合作翻译的经济学著作已经多次使用"交易""交换"(Exchange),术语"交易""交换"是中国近代本土在传统语言基础上自然发展的产物,不是日语影响的结果。

(二)19 世纪末 20 世纪初,日语经济学术语"交换"(Exchange)传入中国

在明治时期,日本同时使用"交易"和"交换"作为经济学术语。1873 年,《英氏经济论》使用"交易"一词。③ 1876 年,《理财原论:一名经济学》第四卷为"交易"。④ 1873 年,林正明译述《经济入门》卷二第二篇为"财货的交换"。⑤ 从日本国立图书馆数据库检索可知,日本近代使用"交换"的次数远超"交易",大致可以认为,从 19 世纪 80年代开始,日本经济学界同时使用"交换""交易",而以使用"交换"一词为主,这种使用特点也传到了中国。

19 世纪八九十年代,日语词"交换"零星传入中国。⑥ 20 世纪初,汉译日文经济学著作大量使用"交换",1901 年《财政四纲》即有"交换之媒介""交换货币"等。⑦ 其后,"交换"一词作为一编或一章的名称在经济学原理著作里出现,这些著作有:和田垣谦三著《经济教科书》(1902);王宰善编《普通经济学教科书》(1903);江苏师范生编译,日本高桥晖讲授《经济学大意》(1906);罗超编《纯正经济学》(1907);李佐庭译,日本小林丑三郎著《经济学》(1908);熊崇煦、章勤士译,黎查德迪·伊利著《经济学概论》(1910);等等。

---

① 〔英〕法拉:《国政贸易相关书》卷下,〔英〕傅兰雅口译、徐家宝笔述,江南制造局,1897 年,第 16 页。

② 〔加拿大〕马林摘编《足民策》,李玉书译,广学会,1899 年,第 17 页。

③ 小幡篤次郎訳『英氏経済論』、1873、4 頁。

④ 史官本局訳述『理財原論:一名経済学』、1876。

⑤ 林正明訳『経済入門·巻 2』求知堂、1873。

⑥ 黄河清编著《近现代辞源》,上海辞书出版社,2010 年,第 383 页。

⑦ 钱恂编译《财政四纲》,在日本自刊,1901 年,"货币"第 30、45 页。

与此同时，"交易"一词作为一编或一章的名称也出现在汉译日文经济学著作里，如今关常次郎著《农业经济篇》（1901）；嵇镜译，天野为之著《理财学纲要》（1902）；持地六三郎著《经济通论》（1903）；杉荣三郎编《京师大学堂经济学讲义》（1904）；等等。

以上事例说明，中日两国几乎同时形成经济学术语"交易""交换"二词，日本经济学术语更多地使用"交换"，这可能对中国"交换"一词的推广起了作用，但这种作用不大（详后）。

（三）中国近代经济学界以使用术语"交易"（Exchange）为主

在 20 世纪初，1902 年严复译《原富》以"交易"译 Exchange，[①]全书以"交易"为常用词。其他使用"交易"的著作还有：谢卫楼编译《理财学》（1902）；汪荣宝、叶澜编《新尔雅·释计》（1903）；朱宝绶译，美国麦喀梵著《经济原论》（1908）；熊元楷、熊元襄编《京师法律学堂笔记：经济学》（1911）；等等。

中华民国成立后，1913 年 8 月，民国教育部审定贺绍章编《经济大要》为"中学校共和国教科书"，1914 年 10 月，民国教育部审定胡祖同编《经济概要》为"中学校及师范学校用"教科书，两书均使用"交易"一词。[②] 1915 年，《辞源》列有"交易"词条，解释为："互换也，故谓买卖曰交易。"[③] 无"交换"一词。1941 年，民国教育部组织 32 位专家审定：Exchange 译为"交易所，汇兑，交易，兑换"，Exchange Value 译为"交易价值"。[④] 说明民国时期"交易"一词在经济学界占主流地位。

另外，民国学术界使用"交换"一词者也不乏其人，赵兰坪、马寅初的经济学教科书使用"交换"一词。1938 年，《辞海》将"交换"与 Exchange 对译，并解释说"依经济的方法而为财货之授受也"，也列有"交易"词条，将其第二义项解释为"原意为以物易物，后通称贸易曰

---

① 〔英〕亚当·斯密：《原富》，严复译，商务印书馆，1981 年，第 10、22 页。
② 贺绍章编《经济大要》，商务印书馆，1913 年；胡祖同编《经济概要》，商务印书馆，1914 年。
③ 陆尔奎主编《辞源》，商务印书馆，1915 年，子第 141 页。
④ 国立编译馆编订《经济学名词（教育部公布）》，正中书局，1945 年，第 16 页。

交易"。① 显然，《辞海》以"交换"为专业经济学术语。

1933 年，柯柏年等合编《经济学辞典》指出"交易（也名交换）"。② 1937 年，周宪文主编《经济学辞典》指出，交易为"互换或交换之谓"。③ 可见他们均认为"交易"与"交换"异名同义，可以互换。同时，何士芳却将"交易"与"交换"对译不同的英文词语，他将 Exchange 译为"（1）交换；汇兑。（2）交易所；兑换"。将 Transaction 译为"交易；买卖"。④ 似乎认为"交易"与"交换"应有区别。

综上所述，"交易""交换"均为中国传统用词，在 19 世纪中西语言接触中，中国在传统语言基础之上自然形成了经济学术语"交易""交换"（Exchange），日本以使用术语"交换"（Exchange）为主的用法对中国影响不大，中国近代虽然同时使用"交易"与"交换"，但以使用"交易"（Exchange）为主。

二 供给（Supply）、需求（Demand）

中国传统"供给"一词在先秦时期就已经出现，《管子·地图》："论功劳，行赏罚，不敢蔽贤有私，行用财货，供给军之求索。""供给"的含义是以物资、钱财等给人而供其所需，⑤ 这与经济学术语"供给"含义类似。中国传统"需求"的含义是"索取，求索"，例如，"监守者不得越例需求"，"买办搜索宝玩，需求珍异，民不堪命"，⑥ 其大致意思是主观索求某物，与经济学术语"需求"相差较大。

1822 年，马礼逊《华英字典 6》将 Supply Food 译为"供食"，将 Demand 译为"问取，讨取"。⑦ 1868 年和 1875 年，邝其照两次编的《字典集成》均将 Supply 译为"给，供给，赈济，陪补"，将 Demand 译为"寻问，问讨，讨索"。⑧ 邝其照在此已经将 Supply 译为"供给"。

---

① 舒新城等主编《辞海》戊种，中华书局，1938 年，子集第 165—166 页。
② 柯柏年、吴念慈、王慎名合编《经济学辞典》，南强书局，1933 年，第 35 页。
③ 周宪文主编《经济学辞典》，中华书局，1937 年，第 171 页。
④ 何士芳编《英汉经济辞典》，商务印书馆，1934 年，第 73、205 页。
⑤ 罗竹风主编《汉语大词典》（第一卷），上海辞书出版社，2011 年，第 1323 页。
⑥ 罗竹风主编《汉语大词典》（第十一卷），上海辞书出版社，2011 年，第 689 页。
⑦ 〔英〕马礼逊：《华英字典 6》（影印版），大象出版社，2008 年，第 419、113 页。
⑧ 邝其照编《字典集成》（影印版），商务印书馆，2016 年，第 94、43、211、160 页。

1880 年，汪凤藻译《富国策》将 Supply、Demand 译为"应""求"，书中说："盖下于一千九百金，则愿购者多，则应不副求；过于二千金，则无人过问，而求不副应。由此推之，吾得而断之曰，凡物之价，必定于应求相副之一数焉。"① 这里的"应不副求"就是指"供不应求"，"应求"就是指"供求"。1886 年，艾约瑟译《富国养民策》出现了"供给"与"需用"二词的对应，书中在论"应求"时指出："应知人需用者为何物耳。……即迎时为之造作转运供给其用。"在论货物价值时，又指出："价值之为大为小，均在乎交易时，能使购买者欲得之货数，等于供应者欲供之货数也。"② 这里使用"购买者"和"供应者"指代"需求"和"供给"，"供给"和"需用"二词还没有运用到交易论中。1900 年，卫理、王汝骃合译《工业与国政相关论》使用了"供给"与"讨求"指代"供给"与"需求"。③

大致在 19 世纪 70 年代，"需要""供给"成为日本经济学术语。1877 年，日本《初学经济论》第六章标题中出现了"需要与供给"，该章论述了"需要"与"供给"两方面决定了物价高低。④

20 世纪初，日本的经济学术语"需要""供给"传入中国。1900 年，田冈佐代治译的《商工地理学》指出，商工地理学是"研究国际分业之实相，详论列国间之需要、供给，生产、消费之程度，及其输运之方法如何，以比较研究列国商工业之形势"。⑤ 1901 年，清水泰吉《商业经济学》指出："市场者，谓商品集散部面，即商品离生产者之手，归于消费者之手间，所存在之处，由需要供给与其余关系，昂低物价。"⑥ 1903 年，日本持地六三郎著《经济通论》卷三第二章为"需要与供给"，第三章为"需要供给之法则"。该书指出："需要，谓以某物品为某价值

① 〔英〕法思德：《富国策》卷三，汪凤藻译，京师同文馆，1880 年，第 5 页；Henry Fawcett, *Manual of Political Economy*, London: Macmillan and Co., 1876, pp. 324 – 325。
② 〔英〕哲分斯：《富国养民策》，〔英〕艾约瑟译，总税务司署，1886 年，第三章第十二节，第十一章第七十三节。
③ 〔英〕司坦离·遮风司：《工业与国政相关论》（下卷），〔美〕卫理、王汝骃合译，江南制造局，1900 年，第四章第 3 页。
④ 『初学経済論・巻一』雁金屋清吉、1877 年、15 頁。
⑤ 〔日〕田冈佐代治译《商工地理学》，《江南商务报》第 3 期，1900 年，第 2 页。
⑥ 〔日〕清水泰吉：《商业经济学》，《湖北商务报》第 96 期，1901 年，第 74—75 页。

而欲购之愿望也";"供给,谓以某价值能购买之物品之分量也"。① "需要、供给"成为该书的主要术语。在 20 世纪初,日译经济学著作大多有"需要、供给"这一对术语。

在日本经济学术语对中国产生影响后,1902 年,严复译《原富》以"供""求"译 Supply、Demand,又将"供"与"求"二词简称为"供求"一词,如"供求相剂""供求自趋于平"等。② 同年,上海广智书局译《经济教科书》也使用"供""求",并指出:"何谓求,人之有所需而购商品也;何谓供,应人之所需而造商品也。"③ 嵇镜译,天野为之著《理财学纲要》(1902)采纳了严复所使用的"供求",同时,嵇镜又将其发展演变为"供给""需求"二词,书中指出:"货币价值之低昂,其关乎供求相剂之理者,与他物初无二致。然所谓供求之数,究以何为标准乎? 盖货币供给之数,即市场应用货币之数也;其需求之数,与全市流通商品之量同。"④ 该段文字中前面两次提到"供求",显然受到了严复的影响,后面的"供给""需求"二词可以说是严复"供""求"二字再增加二字而形成。当然,嵇镜使用的"供给""需求"也可以说是日语"需要""供给"二词的一字之修改。嵇镜译《理财学纲要》还使用了"推测他人之需求而供给之""供过于求""求过于供"等语。⑤ 总之,嵇镜译《理财学纲要》首次使用了经济学术语"需求",这一用法延续至今。

中华民国成立后,1913 年 8 月,民国教育部审定贺绍章编《经济大要》为"中学校共和国教科书",1914 年 10 月,民国教育部审定胡祖同编《经济概要》为"中学校及师范学校用"教科书,两书均使用"需要""供给"二词。⑥ 胡祖同编《经济概要》指出:"货财之价格,何由

---

① 〔日〕持地六三郎:《经济通论》卷三,商务印书馆,1903 年,第 2—4 页。
② 〔英〕亚当·斯密:《原富》,严复译,商务印书馆,1981 年,第 50—51 页;〔英〕亚当·斯密:《国富论》(英文),上海世界图书出版公司,2010 年,第 38—39 页。
③ 〔日〕和田垣谦三:《经济教科书》,广智书局翻译出版,1902 年,第三编第 2 页。
④ 〔日〕天野为之:《理财学纲要》,嵇镜译,文明书局,1902 年,第 32 页。
⑤ 〔日〕天野为之:《理财学纲要》,嵇镜译,文明书局,1902 年,第 59 页。
⑥ 贺绍章编《经济大要》,商务印书馆,1913 年;胡祖同编《经济概要》,商务印书馆,1914 年。

定？定于需要（Demand，或名求）、供给（Supply，或名供）之关系。"①
这一句话体现了中、日、英三种语言所表示的一个经济学术语的关系，
英语 Demand and Supply，日本译为"需要与供给"，中国译为"供与
求"。1915 年，《辞源》解释"供求"为"供以供人用，求以供己用，
本经济学之语，亦译为供给需要"，又解释"供给"为"经济上对需要
而称之语，即携货入市场供需要者之求也"。②《辞源》将"供求""供
给"列为词条，说明它们已经成为社会普通词语。到民国初年，严复译
"供求"一词已经基本统一，但此时"需要与供给（或供给与需要）"这
一日语还处于主流用法，没有演变成并统一于"供给需求"。

在 20 世纪二三十年代，南开大学何廉感觉到："就连经济学中最普
通的术语，比如像效用、供给与需求，不仅各大学之间名词不同，各门
课程以及教科书之间名词也是五花八门的。"③ 在民国时期，主要的经济
学原理著作使用的 Demand and Supply 的不同译名如下。（1）使用"供，
求"者，主要有刘秉麟编《经济学原理》（1919），李权时编《经济学
ABC》（1928）。（2）使用"需要与供给"者，主要有赵兰坪编《经济
学》（1928），刘秉麟编《经济学》（1928），巫宝三、杜俊东编译《经
济学概论》（1937），赵兰坪编著《经济学》（1943），潘源来著《经济
学原理》（1948）。（3）使用"供给与需求"者，主要有吴世瑞著《经
济学原理》（1935），朱伯康著《经济学纲要》（1946），马寅初著《经
济学概论》（1947）。在 20 世纪上半期，Demand and Supply 的中文译名
始终没有统一。

关于"供给""需求"与英文的对译。1907 年，《商务书馆英华新
字典》将 Supply 译为"供给，补物，需，所助者"，将 Demand 译为
"索取，催讨，消流，趋时"。④ 1908 年，《新译英汉辞典》将 Supply 译
为"供给，备办"，将 Demand 译为"要求，请求；需要"。⑤ 这两个英
汉辞典均将 Supply 译为"供给"，但均未将 Demand 译为"需求"。1910

---

① 胡祖同编《经济概要》，商务印书馆，1914 年，第 86 页。
② 陆尔奎主编《辞源》，商务印书馆，1915 年，子部 194—195 页。
③ 《何廉回忆录》，朱佑慈等译，中国文史出版社，1988 年，第 63 页。
④ 商务印书馆编《商务书馆英华新字典》，商务印书馆，1907 年，第 494、137 页。
⑤ 《新译英汉辞典》，群益社社，1908 年，第 928、256 页。

年，熊崇煦、章勤士译，黎查德迪·伊利著《经济学概论》将"供给"对译为 Supply，没有出现 Demand。[①] 1941 年，民国教育部组织 32 位专家审定：Supply 译为"供给"，Demand 译为"需求"，Demand and Supply Theory of Wages 译为"工资供求说"。[②] 实际上是将 Demand and Supply 译为"供求"。

尽管日文"需要与供给"与中国译名"供给与需求"仅有一字之差，但它们的简称和组成的复合词却相差甚大，Demand and Supply，中国称为"供求"，日本称为"需给"。Supply and Demand Relations，中国称为"供求关系"，日本称为"需给关系"。Supply-demand Balance，中国称为"供求平衡"，日本称为"需给均衡"。[③] 中文"需要"与"需求"不统一，它们的众多重要的派生词语也就无法统一，比如，潘源来著作中出现的是"需要弹性""需要曲线""需要表""有效需要"，而马寅初著作里却是"需求弹性""需求曲线""需求表""有效需求"。这些现象不利于中国经济学的发展。"需求"彻底取代"需要"是在新中国成立后，现在中国经济学著作里已经没有"需要与供给"这一译名了。

综上所述，中国传统有"供给""需求"二词，其中，"供给"一词与术语"供给"相差不大，而"需求"一词却与经济学术语"需求"相差较大。近代以来，中国自然形成了经济学术语"供给"（Supply）、"需求"（Demand）、"供求"，19 世纪末 20 世纪初，日语术语"供给"（Supply）、"需要"（Demand）传入中国，"供给"（Supply）为中、日两国的共同用法，在 1914 年就基本形成。中国产生的"需求"（Demand）与日本传入的"需要"（Demand）在中国近代一直无法统一，直到新中国成立后，"需求"（Demand）一词才成为唯一的专名。

三　价格（Price）、价值（Value）

中国古代"价"的含义就是指价格、钱款，"价直"指款额、价格，

---

① 〔美〕黎查德迪·伊利：《经济学概论》，熊崇煦、章勤士译，商务印书馆，1910 年，第二编第 59 页。

② 国立编译馆编订《经济学名词（教育部公布）》，正中书局，1945 年，第 47、12 页。

③ 刘正运等编《日英汉经济辞典》，工人出版社，1987 年，第 465 页。

"价值"一词也是指价格。① 中国古代没有"价格"一词。

中国古代有"价值"一词，其指的是价格。②

1822 年，马礼逊《华英字典 6》将 Price 译为"价，价钱"。③ 1868 年和 1875 年，邝其照两次编的《字典集成》均将 Price 译为"价钱，价银，售价，价"，将 Value 译为"值的价，价钱"。④

1880 年，汪凤藻译《富国策》卷三第一章为"论价值之别"，其原著英文为 On Value and Price，汪凤藻以"价"译 Price，以"值"译 Value，这与上述马礼逊的译法相同。书中指出："所谓值者，以两物相较而言"，"所谓价者，乃专以一物较金银钱币而言"。⑤ 1886 年，艾约瑟译《富国养民策》指出："盖物于用时有利益，于交易时有价值，价值极廉之物，亦有时大有利益耳。" 又指出："价值之为大为小，均在乎交易时，能使购买者欲得之货数，等于供应者欲供之货数也。"⑥ 这里使用的"价值"与"价格"含义相同，艾约瑟译《富国养民策》未将"价值"与"价格"区分开来。

关于日本如何翻译 Value、Price，日本经济学家津村秀松在 20 世纪初指出："Value，Price 日本颇无一定译语，有译 Value 为价值、价直，甚有以价格译之者，有译 Price 为价格、代价、物价、价额、估价、相场、诸色、值段、直段价、卖价、卖值等语者。然通观大体，译 Value 以'价值'，译 Price 以'价格'者居多。"⑦ 在 19 世纪末 20 世纪初，传入中国的日译经济学术语，大致仍是译 Value 以"价值"，译 Price 以"价格"者居多。

19 世纪末 20 世纪初，日语术语"价格"以及 Price 的其他译名传入中国。

---

① 罗竹风主编《汉语大词典》（第一卷），上海辞书出版社，2011 年，第 1690 页。
② 罗竹风主编《汉语大词典》（第一卷），上海辞书出版社，2011 年，第 1690 页。
③ 〔英〕马礼逊：《华英字典 6》（影印版），大象出版社，2008 年，第 335 页。
④ 邝其照编《字典集成》（影印版），商务印书馆，2016 年，第 79、197 页。
⑤ 〔英〕法思德：《富国策》卷三，汪凤藻译，京师同文馆，1880 年，第 1—2 页；Henry Fawcett, *Manual of Political Economy*, London：Macmillan and Co.，1876，pp. 315 – 316。
⑥ 〔英〕哲分斯：《富国养民策》，〔英〕艾约瑟译，总税务司署，1886 年，第十一章第七十、七十三节。
⑦ 〔日〕津村秀松：《国民经济学原论》，马凌甫译，群益书社，1915 年，第 390 页。

1888 年，顾厚琨《日本新政考》指出："货币有本位钱、定位钱之别，日本铜货币即定位钱。政府为人民便，一圆以下铜货之授受为补助货币，故其所含地金价不及货币表面价格。"[①] 这可能是日语"价格"一词首次传到中国。1889 年，傅云龙在《游历日本图经》中提到日本丝的"相场价格"。[②] 1897 年，日本藤田丰八在《农学报》发表译作《制茶价格之比较》，叙述了日本横滨近两年茶叶价格的变化。[③] 1898 年，传入中国的第一部日译经济学著作《农业保险论》指出，海上保险要载明"货物品类，货主符号价格，然后订约"。[④] 这是"价格"一词首次出现在中国经济学译著中。1899 年，《日本商律》指出："财产总目所记财产债权，其当时价格亦须附记之。"[⑤] 1900 年，《商工地理学》指出："贸易货物，则用货币定其价格。"[⑥] 1901 年，《农业经济篇》指出："价格，可与彼物交易之物之量曰价格，交易之实际不用货物而用金银。""价值，货物益人大小轻重之程度，曰价值"，包括：（1）用价，（2）交易价，（3）生产价。[⑦] 这是中国近代第一个对"价值"的解释，也是第一次将"价格"与"价值"进行了明确区分。1903 年 2 月 25 日，王宰善编《普通经济学教科书》指出："价值者，物之满足人类欲望之度数也。"[⑧] 这是中国近代第二个对"价值"的解释。

1903 年 2 月 22 日，赵必振译，福井准造著《近世社会主义》指出："马陆科斯之'价格论'，以价格之分离为始。彼论价格分离之道，分'使用价格'及'交换价格'二种。……而交换价格者……其间必有一种共通之要素，其要素者，即人间之劳动力是也。"[⑨] 同年，持地六三郎

---

① 顾厚琨：《日本新政考》，慎记书庄，1888 年，《货币考》第 16 页。
② 傅云龙：《游历日本图经》，上海古籍出版社，2003 年，第 272 页。
③ 〔日〕藤田丰八译《制茶价格之比较》，《农学报》第 17 期，1897 年，第 7 页。
④ 〔日〕吉井东一：《农业保险论》，〔日〕山本宪译，《农学报》第 43 期，1898 年，第 2 页。
⑤ 〔日〕河瀨仪太郎译《日本商律》，《湖北商务报》第 3 期，1899 年，第 12 页。
⑥ 〔日〕田冈佐代治译《商工地理学》，《江南商务报》第 14 期，1900 年，第 24 页。
⑦ 〔日〕今关常次郎：《农业经济篇》，〔日〕吉田森太郎译，《农学报》第 140 期，1901 年，第 3 页。
⑧ 王宰善编《普通经济学教科书》，开明书店，1903 年，第 12—13 页。
⑨ 参见姜义华编《社会主义学说在中国的初期传播》，复旦大学出版社，1984 年，第 156 页。

著《经济通论》指出："财之价格，乃对其效用，而人类定以高下，即所谓价值也。"① 以上两种译自日本的文献均以"价格"等同于"价值"，反映了当时部分日译著作以"价格"译 Value。

20 世纪初，中国人开始使用"价格"一词，1902 年，梁启超在《生计学（即平准学）学说沿革小史》中指出："斯密论物之价格分为二种，一曰利用价格（物每有利用甚宏，生事所不可无，而不可以相易，空气水土是已），二曰交易价格（物有利权甚大，而利用盖微，珠玑宝石是已）。夫物苟不可以相易，则其价格盖可勿论，故专论交易价格。"② 梁启超在此没有区分"价格"与"价值"。1903 年 3 月 28 日，《申报》刊载《再录江西农工商局简明章程》，指出："土货日销，价格日起，则农业愈兴，工艺愈盛。"③

日文"价格""价值"传入中国后，中国部分学者并不认同，而是企图以新词替代之。1902 年，严复在《原富》的译者注中指出："物与物相易为值，与泉币相易为价。"④ 也就是说，严复以"值"译 Value，以"价"译 Price，这与前述汪凤藻在《富国策》中的译法相同。同年，嵇镜译，天野为之著《理财学纲要》使用"物值"指代"价值"，使用"物价"指代"价格"。⑤ 1911 年，熊元楷、熊元襄编《京师法律学堂笔记：经济学》同样使用"物值""物价"。⑥

由于日译术语以整个体系传入中国，"价值""价格"是其体系的重要一环，加上本土替代"价值"的"值""物值"等词的不足，中华民国成立后，1913—1914 年，民国教育部审定贺绍章编《经济大要》、胡祖同编《经济概要》为"中学校教科书"，这两本书均使用"价值""价格"。⑦ 在 1914 年左右，经济学术语"价格""价值"在中国基本形成。

1915 年，《辞源》解释"价值"为"物价也"，又说："近经济学家

---

① 〔日〕持地六三郎：《经济通论》卷二，商务印书馆，1903 年，第 11 页。
② 梁启超：《饮冰室合集·文集》（第 5 册），中华书局，1989 年，总第 1063 页。
③ 《再录江西农工商局简明章程》，《申报》1903 年 3 月 28 日，第 2 版。
④ 〔英〕亚当·斯密：《原富》，严复译，商务印书馆，1981 年，第 23 页。
⑤ 〔日〕天野为之：《理财学纲要》，嵇镜译，文明书局，1902 年，第 31 页。
⑥ 熊元楷、熊元襄编《京师法律学堂笔记：经济学》，上海人民出版社，2013 年，第 18 页。
⑦ 贺绍章编《经济大要》，商务印书馆，1913 年；胡祖同编《经济概要》，商务印书馆，1914 年。

阐析入微，分为主观价值、客观价值，又有使用价值与交换价值之别。"
《辞源》解释"价格"为："物之交换价值，用它物数量表示之者，经济
学上谓之价格。近世以货币为易中，故言价格，恒以货币为准，如米之
价格，每石若干元是也。"①《辞源》将"价值""价格"列为词条，并
特别指明它们是经济学术语，说明二词逐渐走向大众化和本土化。不过
从其释义分析，《辞源》编者并没有完全清楚经济学上"价值"与"价
格"的区别。所谓"价值，物价也"，这实际上是"价值"的古义，与
今义经济学上"价值"完全不同。

在"价格"一词基本形成后，主要经济原理著作大多沿用"价格"
这一用法。但还有少数著作不认同日语词"价格"。1925 年，臧启芳在
其所译的《经济思想史》中主张，Price 应译为"价"或"物价"，Value
应译为"值"或"物值"，他说："昔严几道译《原富》，即以'价'字
译 Price，以'值'字译 Value，最为精当。近国人多沿用日本名词译
Price 为'价格'，译 Value 为'价值'，译者实不敢赞同。'价格'一辞
在我国最不通用，'价值'一辞则又举价与值而并言之，混淆孰甚?"②
臧启芳实际上是主张将汪凤藻（或严复）和嵇镜的译法共同使用，以反
对日本输入的"价格""价值"二词。他批评使用日本输入的"价格"
"价值"是有道理的，但他主张"价""值"与"物价""物值"共用却
更有问题。首先，这不符合使用一个名词表达一个意思的专用名词用法。
其次，如果使用"价""值"，它们是单字词，不适合明确限定一个术
语；如果使用"物价""物值"，其含义限定在"物品"的价与值，就排
除了非物品的价与值。因此，"价格""价值"尽管不是中国传统用法，
也有可能造成混淆，但它们却比臧启芳主张的"价""值"与"物价"
"物值"共用更适合作专用名词。臧启芳这一主张并未得到学术界的响
应，只有萧纯锦编《经济学》（1929）等少数著作仍然使用汪凤藻、
严复所译的"价""值"。③

关于"价值""价格"与英文的对接。1907 年，《商务书馆英华新
字典》将 Price 译为"价钱，价银，价值"，将 Value 译为"价，价值，

---

① 陆尔奎主编《辞源》，商务印书馆，1915 年，子第 234 页。
② 〔美〕韩讷：《经济思想史》，臧启芳译，商务印书馆，1925 年，"名词商榷"第 8—9 页。
③ 萧纯锦编《经济学》，商务印书馆，1929 年，第 19 页。

价钱，重要"。① 1908 年，《新译英汉辞典》将 Price 译为"价，价格，价值"，将 Value 译为"价值，价格"。② 这两个英汉辞典均没有将 Price 与 Value 的中文含义区别开来。1910 年，熊崇煦、章勤士译，黎查德迪·伊利著《经济学概论》将"价值"注译为 Value，将"价格"注译为 Price，③ 由此完成了"价值"（Value）与"价格"（Price）的中英文对译。1941 年，民国教育部组织 32 位专家审定：Price 译为"价格"，Value 译为"价值"。④

综上所述，中国古代以"价"意指"价格"，没有"价格"一词，19 世纪末 20 世纪初，日语"价格"一词传入中国，它在与中国本土产生的"价""物价"等词的竞争中，获得了胜利。1914 年，"价格"（Price）一词基本形成。另外，在"价格"一词形成和传播过程中，"价格"与"价值"却出现长期混乱使用的情况。

中国古代有"价值"一词，其意指的是价格。在 19 世纪的中国经济学著作中，没有形成术语"价值"（Value）。19 世纪末至 20 世纪初，日语术语"价值"（Value）大量传入中国，中国学者严复等人群起反对日语术语"价值"，由于日译术语以整个体系传入中国，"价值""价格"是其体系的重要一环，加上本土替代"价值"的"值""物值"等词的不足，日语术语"价值"取得了胜利。在 1914 年左右，经济学术语"价值"（Value）在中国基本形成。

第四节 "消费"等术语的形成

本节叙述了消费、效用两个术语的形成。

一 消费（Consumption）

中国传统有"消费"一词，意指耗费物资、财富。《宋书·徐爰传》：

---

① 商务印书馆编《商务书馆英华新字典》，商务印书馆，1907 年，第 400、536 页。
② 《新译英汉辞典》，群益书社，1908 年，第 721、1016 页。
③ 〔美〕黎查德迪·伊利：《经济学概论》，熊崇煦、章勤士译，商务印书馆，1910 年，第二编第 39 页。
④ 国立编译馆编订《经济学名词（教育部公布）》，正中书局，1945 年，第 37、52 页。

"比岁戎成，仓库多虚，先事聚众，则消费粮粟；敌至仓卒，又无以相应。"① 中国古代以"用财""消耗"等词意指现代意义的"消费"。

1822 年，马礼逊《华英字典 6》将 Consumption 译为"消流"。② 1868 年和 1875 年，邝其照两次编的《字典集成》均将 Consumption 译为"渐消至尽，消流"。③

1880 年，汪凤藻译《富国策》指出："生财不生财之分，有益无益之别也，人功既有此别也，而货物之消耗亦如之。……故有有益之消耗，有无益之消耗。"④ 消耗对译的英文词是 Consumption。⑤ 1886 年，艾约瑟译《富国养民策》的第二章第十四节为"论人于销化中之误视"，第十五节为"论人蓄财不销费之误视"。⑥ 从文中内容分析，这里的"销化""销费"均指现代"消费"。1893 年，李提摩太在《论生利分利之别》中指出："如人用财以保其身，备他日用以作生利之事，则用财即生利也；若用财为娱乐起见，即尽属分利之事；其养他人而作生利之事者，亦生利法也；至或用财以购雕文刻镂、锦绣纂组与夫西人所饮香槟酒之类，此特为华丽欢笑起见，则分利矣。"⑦ 这里以"用财"一词指现代"消费"。

日本明治时期，现代"消费"一词逐步形成。福泽谕吉曾将"经济学"分为四部分：第一制产，第二交易，第三配分，第四耗费。⑧ 这里的"耗费"就是指"消费"。1874 年，日本《百科全书·经济论》第二章为"消费"，⑨"消费"一词由此逐步形成。

1899 年 6 月 28 日，梁启超在《论中国人种之将来》中指出："于是资本家与消费者，与劳力者，皆受其病。"这里的"消费者"可能是首

① 何九盈等主编《辞源》（第三版），商务印书馆，2015 年，第 2379 页。
② 〔英〕马礼逊：《华英字典 6》（影印版），大象出版社，2008 年，第 86 页。
③ 邝其照编《字典集成》（影印版），商务印书馆，2016 年，第 39、155 页。
④ 〔英〕法思德：《富国策》卷一，汪凤藻译，京师同文馆，1880 年，第 6 页。
⑤ Henry Fawcett, *Manual of Political Economy*, London. Macmillan and Co., 1876, p. 16.
⑥ 〔英〕哲分斯：《富国养民策》，〔英〕艾约瑟译，总税务司署，1886 年，第二章第十四、十五节。
⑦ 〔英〕李提摩太：《论生利分利之别》，《万国公报》（月刊）第 52 期，1893 年。
⑧ 转引自冯天瑜等《近代汉字术语的生成演变与中西日文化互动研究》，经济科学出版社，2016 年，第 328 页。
⑨ 『百科全書·経済論』文部省、1874。

次在中文里出现。梁启超在文首注明"篇中因仿效日本文体，故多委蛇沓复之病"。①旅日的梁启超使用"消费"一词受日语影响的可能性大。

1900年，《江南商务报》发表日本田冈佐代治译《商工地理学》，指出该书"研究国际分业之实相，详论列国间之需要供给、生产消费之程度，及其输运之方法如何，以比较研究列国商工业之形势"。② 1901年后，大量日译经济学著作传到中国，以"消费"为一编或一章名称的经济学原理著作有：今关常次郎著《农业经济篇》（1901）；田尻稻次郎著，吉见谨三郎译《经济学大意》（1902）；王季点译，田尻稻次郎著《理财学精义》（1902）；和田垣谦三著《经济教科书》（1902）；作新社编译《最新经济学》（1903）；王宰善编《普通经济学教科书》（1903）；吴启孙译，天野为之著《理财学讲义》（1903）；持地六三郎著《经济通论》（1903）；杉荣三郎编《京师大学堂经济学讲义》（1904）；江苏师范生编译，高桥皞讲授《经济学大意》（1906）；罗超编《纯正经济学》（1907）；陈家瓒译述，金井延著《社会经济学》（1908）；杨廷栋编《经济学》（1908）；何福麟编译《中国经济全书》（1910）；熊崇煦、章勤士译，黎查德迪·伊利著《经济学概论》（1910）；等等。以上15种著作以"消费"为篇章名称。

在20世纪初，"消费"一词遇到"用财""消耗"等替代词的竞争。1902年，严复在《原富》的按语中提到："计学者，所以穷生财、分财、用财之理也。"③以"用财"指代消费。同年，嵇镜译，天野为之著《理财学纲要》第四编为"用财"，杨廷栋著《理财学教科书》第三篇第五章为"耗费"，谢卫楼编译《理财学》第四卷为"论用财"。1903年，汪荣宝、叶澜编《新尔雅·释计》第五篇为"释用财"。1906年，奚若译述，罗林著《计学》第三章为"求与消耗"。1911年，熊元楷、熊元襄编《京师法律学堂笔记：经济学》第五编为"用财"。总之，"用财""耗费""消耗"，以及前述"消流""销化""销费"等词均是日语术语借词"消费"一词的竞争者。"用财（消费）"因同"生财（生产）"相对应，上列六种著作有四种使用"用财"，"用财"成为"消费"一词的

<hr>

① 梁启超：《饮冰室合集·文集》（第2册），中华书局，1989年，总第257页。
② 〔日〕田冈佐代治译《商工地理学》，《江南商务报》第3期，1900年，第2页。
③ 〔英〕亚当·斯密：《原富》，严复译，商务印书馆，1981年，第347页。

有力竞争者。

中华民国成立后，1913—1914 年，民国教育部审定贺绍章编《经济大要》、胡祖同编《经济概要》为"中学校教科书"，两书均使用"消费"一词作为篇名。① 1915 年，《辞源》列有"消费"词条，解释为："使用财物而消耗之也。"② 说明"消费"一词已经由经济学术语发展为大众使用的普通词语。1914 年左右，"消费"一词基本形成。

不过，1933 年，唐庆增编著《经济学概论》仍使用"消耗"译 Consumption。③

关于"消费"与英文的对接，20 世纪初，"消费"与英文完成了对接。1908 年，编译自日文的《新译英汉辞典》将 Consumption 译为"消费"等词，将 Consumer 译为"消费者"。④ 1910 年，熊崇煦、章勤士译，黎查德迪·伊利著《经济学概论》将消费对译为 Consumption。⑤ 1941 年，民国教育部组织 32 位专家审定：Consumption 译为"消费"。⑥

综上所述，"消费"为中国传统词语，不过含义与现代"消费"不同，古代以"用财"等词意指现代"消费"。中国近代本土以"用财""耗费""消耗""消流""销化""销费"等词意指"消费"（Consumption），这些词语在与传入中国的日语术语借词"消费"（Consumption）的竞争中，均败下阵来。1914 年左右，中国经济学术语"消费"（Consumption）基本形成。

二　效用（Utility）

中国古代"效用"的含义是"效劳，发挥作用"，这与现代意义的"效用"意指"功效，作用"不同。⑦

---

① 贺绍章编《经济大要》，商务印书馆，1913 年；胡祖同编《经济概要》，商务印书馆，1914 年。
② 陆尔奎主编《辞源》，商务印书馆，1915 年，子第 141 页。
③ 唐庆增编著《经济学概论》，世界书局，1933 年，第 35 页。
④ 《新译英汉辞典》，群益社，1908 年，第 207 页。
⑤ 〔美〕黎查德迪·伊利：《经济学概论》，熊崇煦、章勤士译，商务印书馆，1910 年，第一编第 100 页。
⑥ 国立编译馆编订《经济学名词（教育部公布）》，正中书局，1945 年，第 10 页。
⑦ 罗竹风主编《汉语大词典》（第五卷），上海辞书出版社，2011 年，第 440 页。

1822 年，马礼逊《华英字典 6》中没有 Utility。① 1868 年，邝其照编《字典集成》将 Utility 译为"便益，裨益"。1875 年，邝其照新编《字典集成》将 Utility 译为"利益，裨益，有用"。②

1880 年，汪凤藻译《富国策》指出："一物之值，恒兼二端而定，曰有用，曰难得。"以"有用"翻译英文 Utility。③ 1886 年，艾约瑟译《富国养民策》将"西虐"（西尼尔）财富的三要素翻译为"迭更主人、多寡有限、财于人有用"，④ 蔡受百对这三种要素的翻译为：可转移性、供给有定限、效用。⑤《富国养民策》主张的是杰文斯的主观效用价值论，全书常用的"有用"一词实际上是指代"效用"。

日本很早就出现了"效用"一词，但使用它去翻译 Utility 却经历了很长时间。1884 年，日本《哲学字汇》（改订版）译 Utility 为"功利，利用"，⑥ 大致在 19 世纪 90 年代，日本出现了经济学术语"限界效用"。⑦

1901 年，《湖北商务报》译载的《商业经济学》里出现了"效用"，文中指出："经济之宗旨，在以最少损出（本钱），收得最多效益。彼农业与工业主，由自然力及劳动力全其经济作用，而商业自殊其途，由资本（多用流动的资本）之效用，遂其经济作用者，故其效益较明确易计算。"⑧ 同年底，顾学成译日著《经济通论》提到"财之价格者，由其效用"。⑨ 1902 年，《湖北商务报》译载田尻稻次郎《银行论》的第一章第一款为"银行效用"。⑩ 同年 12 月，《翻译世界》译载田岛锦治著《最新经济学》的第一章第三节为"效用及价格"，田岛锦治指出："所谓货物之效用者何也，谓乎货物之性质，有适宜于人类之欲望者也。"该书使用了"全部效用、各部效用、最终之效用、限界的效用、最少效用"等由

① 〔英〕马礼逊：《华英字典 6》（影印版），大象出版社，2008 年，第 452 页。
② 邝其照编《字典集成》（影印版），商务印书馆，2016 年，第 100、218 页。
③ 〔英〕法思德：《富国策》卷三，汪凤藻译，京师同文馆，1880 年，第 4 页；Henry Fawcett, *Manual of Political Economy*, London: Macmillan and Co., 1876, p. 323.
④ 〔英〕哲分斯：《富国养民策》，〔英〕艾约瑟，总税务司署，1886 年，第一章第八节。
⑤ 〔英〕西尼尔：《政治经济学大纲》，蔡受百译，商务印书馆，2012 年，第 9—12 页。
⑥ 〔日〕井上哲次郎等编《哲学字汇》（改订版），东洋馆，1884 年，第 27 页。
⑦ 田岛锦治『最近の経済論』有斐阁，1897。
⑧ 〔日〕清水泰吉：《商业经济学》，《湖北商务报》第 73 期，1901 年，第 2 页。
⑨ 〔日〕持地六三郎：《经济通论》，顾学成译，《南洋七日报》第 15 期，1901 年。
⑩ 〔日〕田尻稻次郎：《银行论》，《湖北商务报》第 115 期，1902 年，第 1—2 页。

"效用"组成的复合词，[①] 1903 年，《汉声》登载《普通经济学》有一节
"论效用 Wtility"，[②] 这里试图将"效用"与英文对译，可惜将英文 Utility
印错或写错。从 1903 年起，日译术语"效用"开始大量传入中国。例
如，作新社编译《最新经济学》（1903）；持地六三郎著《经济通论》
（1903）；李佐庭译，小林丑三郎著《经济学》（1908）；陈家瓒译述，金
井延著《社会经济学》（1908）；等等。这些著作均大量使用"效用"。
1909 年，日本田边庆弥著，王我臧译《汉译日本法律经济辞典》列有
"效用"词条，释义为："财之适于满足人类欲望之度，曰效用。"[③]

中华民国成立后，1914 年 10 月，教育部审定胡祖同编《经济概要》
为"中学校及师范学校用"教科书。胡祖同分析了效用（Utility）、部分
效用（Partial Utility）、全部效用（Total Utility）的区别，他指出："一财
之最初之部分效用为最大，一财之最后效用为最小，即效用渐减之法则
（Law of Diminshing Utility），而一财之最后之部分效用，则曰界限效用
（Marginal Utility）。"[④] 1915 年，《辞源》列有"效用"词条，其释义为：
（1）效力致用；（2）"事物之功效亦曰效用"。这里的第一义项为传统
"效用"的含义，第二义项则是现代含义，[⑤] 说明经济学术语"效用"已
经成为普通词语。1914 年左右，"效用"（Utility）一词初步形成。

其后，民国流行的经济学原理教科书大多使用"效用"译 Utility。
例如，赵兰坪编《经济学》（1928）；李权时编《经济学 ABC》（1928）；
刘秉麟编《经济学》（1928）；吴世瑞著《经济学原理》（1935）；巫宝三、
杜俊东编译《经济学概论》（1937）；马寅初著《经济学概论》（1947）；
等等。

"效用"传入中国后，中国学者试图以"有用"等词替代，1903 年，
汪荣宝、叶澜编《新尔雅·释计》指出："军国之所需，生事之所仰，
与夫足以供嗜好悦耳目者，谓之有用。"[⑥] 这里以"有用"代表"效用"。

①　〔日〕田岛锦治：《最新经济学》，《翻译世界》第 1 期，1902 年，第 11、18 页。
②　《普通经济学》，《汉声》（《湖北学生界》改名）第 6 期，1903 年，第 4 页。
③　〔日〕田边庆弥：《汉译日本法律经济辞典》，王我臧译，商务印书馆，1909 年，第 46 页。
④　贺绍章编《经济大要》，商务印书馆，1913 年；胡祖同编《经济概要》，商务印书馆，
　　1914 年。
⑤　陆尔奎主编《辞源》，商务印书馆，1915 年，卯第 161 页。
⑥　汪荣宝、叶澜编《新尔雅》，民权社，1903 年，第 37 页。

1906 年，奚若译述，美国罗林著《计学》以"物德"指称"效用"，书中说："人于物产之欲望，有多寡之不同，要各因是物之品性而消长，惟羊有毛，剪之髳（纺）之，织而成布，以其性暖，有御寒之功能，若是者谓之物德。"又以"总德"指称"总效用"，以"末德"指称"边际效用"。① 1914 年 8 月，宋任译述《傅克思氏经济学》指出："财物满足吾人欲望之性质，是为功用。"以"功用"指称"效用"。② 1920 年，陶乐勤译，法国季特著《协力主义政治经济学》以"利益"指称"效用"，以"终极利益"指称"边际效用"。③ 1929 年，萧纯锦编《经济学》以"用"译 Utility。④

同时，日译著作也使用"利用"等词意指"效用"。1908 年，编译自日文的《新译英汉辞典》将 Utility 译为"利用，利益，功利"。⑤ 1910 年，熊崇煦、章勤士汉译日文《经济学概论》将"最终利用说"注译为 the Theory of Final Utility，将"限界利用说"注译为 the Theory of Marginal Utility，实际上以"利用"译 Utility。书中也出现了"效用"一词，不过没有标明英文注释。⑥

在 20 世纪二三十年代，南开大学何廉感觉到："就连经济学中最普通的术语，比如像效用、供给与需求，不仅各大学之间名词不同，各门课程以及教科书之间名词也是五花八门的。"⑦ 1934 年，何士芳编《英汉经济辞典》收录的 Utility 的流行译名有"有用，利用，效用，实利"。⑧ "效用"仅排第三。

关于"效用"与英文的对译。前已指出，1914 年胡祖同编《经济概要》，1934 年何士芳编《英汉经济辞典》二书均完成了"效用"与 Utility 的对译。1941 年，民国教育部组织 32 位专家审定：Utility 译为

① 〔美〕罗林：《计学》，奚若译述，商务印书馆，1906 年，第 14、16—17 页。
② 宋任译述《傅克思氏经济学》，泰东书局，1914 年，第 76 页。
③ 〔法〕季特：《协力主义政治经济学》，陶乐勤译，泰东书局，1920 年，第 46、51 页。
④ 萧纯锦编《经济学》，商务印书馆，1929 年，第 21 页。
⑤ 《新译英汉辞典》，群益书社，1908 年，第 1014 页。
⑥ 〔美〕黎查德迪·伊利：《经济学概论》，熊崇煦、章勤士译，商务印书馆，1910 年，第四编第 22 页，第二编第 180—181 页。
⑦ 《何廉回忆录》，朱佑慈等译，中国文史出版社，1988 年，第 63 页。
⑧ 何士芳编《英汉经济辞典》，商务印书馆，1934 年，第 211 页。

"效用"，Utility Theory of Value 译为"效用价值说"，Utility Value 译为"效用价值"。①

综上所述，中国古代有"效用"一词，但不是现代意义的"效用"。19 世纪末 20 世纪初，日语术语借词"效用"（Utility）传入中国，它在与中国本土产生的有用、利用、物德、用等词的竞争中取得了胜利。大致在 1914 年，"效用"（Utility）一词初步形成。

第五节 "分配"等术语的形成

本节叙述了表述分配主体的 5 个术语——地主、劳动者、农民、资本家、企业家，以及表述分配对象的 4 个术语——地租、工资、利息、利润，加上"分配"共 10 个术语的形成。

一 分配（Distribution）

中国传统"分配"一词意思是"分别支配"，《后汉书·光武帝纪》："悉将降人分配诸将，众遂数十万。"② 这与现代意义"分配"不同。中国古代以"分财"等词意指"分配"。

1822 年，马礼逊《华英字典 6》将 Distribute 译为"分，分派，分施"。③ 1868 年和 1875 年，邝其照两次编的《字典集成》均将 Distribute 译为"分送，分派，派开"。④

1880 年，汪凤藻译《富国策》的第二卷为"论用财"，指出："大抵生财之道天定之，用财之道人定之。""分财之类有三，地主所得曰地租，庸工所得曰工价，业户所得曰利息。"⑤ "用财"对译的英文词是 Distribution，"分财"对译的英文词是 Distribute。⑥ 1886 年，艾约瑟译《富国养民策》的第六章为"财分于各主"，并指出："欲论者分财事，即言分

① 国立编译馆编订《经济学名词（教育部公布）》，正中书局，1945 年，第 51 页。
② 参见舒新城等主编《辞海》戌种，中华书局，1938 年，子集第 378 页。
③ 〔英〕马礼逊：《华英字典 6》（影印版），大象出版社，2008 年，第 126 页。
④ 邝其照编《字典集成》（影印版），商务印书馆，2016 年，第 46、163 页。
⑤ 〔英〕法思德：《富国策》卷二，汪凤藻译，京师同文馆，1880 年，第 2、21 页。
⑥ Henry Fawcett, *Manual of Political Economy*, London：Macmillan and Co., 1876, pp. 99, 157.

财与工人，与地主，与资本主，与国家也。"① 以 "分财" 意指 "分配"。

在日本，大致在 19 世纪 70 年代，"分配" 成为经济学的主要术语。1873 年，林正明译述《经济入门》卷二第三篇为 "财货的分配"。② 1874 年，日本《百科全书·经济论》第五章为 "分配"。③

20 世纪初，日语术语借词 "分配"（Distribution）传入中国。1901 年，钱恂编译《财政四纲》、今关常次郎著《农业经济篇》有 "分配" 一词。④

以 "分配" 为一编或一章名称的经济学原理著作有：田尻稻次郎著，吉见谨三郎译《经济学大意》（1902）；和田垣谦三著《经济教科书》（1902）；作新社编译《最新经济学》（1903）；王宰善编《普通经济学教科书》（1903）；持地六三郎著《经济通论》（1903）；杉荣三郎编《京师大学堂经济学讲义》（1904）；易奉乾编译，金井延著《经济学》（1905）；江苏师范生编译，高桥皞讲授《经济学大意》（1906）；罗超编《纯正经济学》（1907）；陈家瓒译述，金井延著《社会经济学》（1908）；李佐庭译，小林丑三郎著《经济学》（1908）；杨廷栋编《经济学》（1908）；熊崇煦、章勤士译，黎查德迪·伊利著《经济学概论》（1910）。以上 13 种著作以 "分配" 为篇章名称。

在 20 世纪初，"分配" 一词遇到 "析分" 等替代词的竞争。1902 年，严复在《原富》的按语中提到："计学者，所以穷生财、分财、用财之理也。"⑤ 以 "分财" 指代 "分配"。同年，嵇镜译，天野为之著《理财学纲要》第二编为 "析分"；杨廷栋著《理财学教科书》第三篇第一章为 "分财"；王季点译，田尻稻次郎著《理财学精义》第三篇为 "分布"；谢卫楼编译《理财学》第三卷为 "论分财"。1903 年，吴启孙译，天野为之著《理财学讲义》第二卷为 "析分论"；汪荣宝、叶澜编《新尔雅·释计》第三篇为 "释析分"。1906 年，奚若译，罗林著《计学》第十八章为 "析分问题"。1911 年，熊元楷、熊元襄编《京师法律

① 〔英〕哲分斯：《富国养民策》，〔英〕艾约瑟译，总税务司署，1886 年，第六章第三十八节。
② 林正明訳『経济入門·巻 2』求知堂、1873。
③ 『百科全書·経済論』文部省、1874。
④ 钱恂编译《财政四纲》，在日本自刊，1901 年，"货币" 第 47 页；〔日〕今关常次郎：《农业经济篇》，〔日〕吉田森太郎译，《农学报》第 140 期，1901 年，第 10—11 页。
⑤ 〔英〕亚当·斯密：《原富》，严复译，商务印书馆，1981 年，第 347 页。

学堂笔记：经济学》第四编为"析分"。上列 9 种著作均没有使用"分配"一词，"析分""分财""分布"，以及前述 19 世纪使用的"分派""用财"等词成为"分配"一词的竞争者，上述经济原理著作中有5种采用"析分"一词，它是"分配"一词的主要竞争者。

中华民国成立后，1913—1914 年，民国教育部审定贺绍章编《经济大要》、胡祖同编《经济概要》为"中学校教科书"，两书均使用"分配"一词作为篇名。① 民国初年，"分配"一词基本形成。

1938 年，《辞海》列有"分配"词条，并解释为："经济学名词，谓以生产所得之结果分布于参加生产之各人也。"② 说明此时"分配"已经成为普通词语。

20 世纪初，"分配"与英文完成了对接。1907 年，《商务书馆英华新字典》将 Distribution 译为"派，分配"。③ 1908 年，《新译英汉辞典》将 Distribution 译为"分配，配赋"。④ 1910 年，熊崇煦、章勤士译，黎查德迪·伊利著《经济学概论》将"分配"对译为 Distribution。⑤ 1941 年，民国教育部组织 32 位专家审定：Distribution 译为"分配"。⑥

综上所述，中国古代的"分配"与现代"分配"含义不同，20 世纪初，日语经济学术语借词"分配"（Distribution）传入中国，在其传播过程中，遇到了中国本土产生的"分财、析分、分派、分布、用财"等词的竞争，最终日语术语借词"分配"取得了胜利。在 1914 年左右，中国经济学术语"分配"（Distribution）基本形成。

二　地主（Landlord）

中国古代"地主"一词有"当地的主人，田地的主人"等意，⑦ 这

---

① 贺绍章编《经济大要》，商务印书馆，1913 年；胡祖同编《经济概要》，商务印书馆，1914 年。
② 舒新城等主编《辞海》戊种，中华书局，1938 年，子集第 378 页。
③ 商务印书馆编《商务书馆英华新字典》，商务印书馆，1907 年，第 155 页。
④ 《新译英汉辞典》，群益书社，1908 年，第 285 页。
⑤ 〔美〕黎查德迪·伊利：《经济学概论》，熊崇煦、章勤士译，商务印书馆，1910 年，第一编 100 页。
⑥ 国立编译馆编订《经济学名词（教育部公布）》，正中书局，1945 年，第 13 页。
⑦ 罗竹风主编《汉语大词典》（第二卷），上海辞书出版社，2011 年，第 1021 页。

与现代"地主"含义相同。

1822 年，马礼逊《华英字典 6》将 Landlord 译为"屋主，酒店主，田主"。① 1875 年，邝其照编《字典集成》将 Land-owner 译为"地主"，将 Landlord 译为"田主，屋主，业主，酒店主人"。②

1880 年，汪凤藻译《富国策》指出："分财之类有三，地主所得曰地租，庸工所得曰工价，业户所得曰利息。"又说："地主与佃户有维系固结之势。"这里的"地主"，英文原文为 Landlord。③ 1885 年，傅兰雅译《佐治刍言》使用"地主"一词。④ 1886 年，艾约瑟译《富国养民策》第十章第六十五节为"务农人自为地主"，⑤ 这里的"地主"与现代经济学"地主"含义相同。1899 年，马林摘编，李玉书译《足民策》也使用"地主"。⑥ 1902 年，严复所译《原富》中，以"地主"译英文 Landlord。⑦

日本在中世纪已经形成"地主"一词，⑧ 大致在 19 世纪 80 年代，"地主"一词成为日本经济学术语。19 世纪末 20 世纪初，日译经济学著作将经济学术语"地主"（Landlord）传入中国。因"地主"一词为中日经济学界所共同使用，以 1902 年严复用"地主"译英文 Landlord 为标志，经济学术语"地主"（Landlord）一词基本形成。

关于"地主"与英文的对译，1907 年，《商务书馆英华新字典》将 Landlord 译为"实业主，房地主，寓主"，还没有将 Landholder 对译为"地主"。⑨ 1908 年，《新译英汉辞典》将 Landholder、Landlord、Land-owner 均对译为"地主"。⑩ 1941 年，民国教育部组织 32 位专家审定：

---

① 〔英〕马礼逊：《华英字典 6》（影印版），大象出版社，2008 年，第 246 页。
② 邝其照编《字典集成》（影印版），商务印书馆，2016 年，第 183 页。
③ 〔英〕法思德：《富国策》卷二，汪凤藻译，京师同文馆，1880 年，第 21、6 页；Henry Fawcett, *Manual of Political Economy*, London: Macmillan and Co., 1876, p. 115。
④ 〔英〕傅兰雅译《佐治刍言》，上海书店出版社，2002 年，第 84—85 页。
⑤ 〔英〕哲分斯：《富国养民策》，〔英〕艾约瑟译，总税务司署，1886 年，第十章第六十五节。
⑥ 〔加拿大〕马林摘编《足民策》，李玉书译，广学会，1899 年，第 24 页。
⑦ 〔英〕亚当·斯密：《原富》，严复译，商务印书馆，1981 年，第 44 页；〔英〕亚当·斯密：《国富论》（英文），上海世界图书出版公司，2010 年，第 33 页。
⑧ 〔德〕李博：《汉语中的马克思主义术语的起源与作用》，赵倩等译，中国社会科学出版社，2003 年，第 213 页。
⑨ 商务印书馆编《商务书馆英华新字典》，商务印书馆，1907 年，第 294 页。
⑩ 《新译英汉辞典》，群益书社，1908 年，第 532 页。

Landlord、Landowner 对译为“地主”，Landholder 译为“土地占有人”。[①]

综上所述，中国古代“地主”与现代“地主”含义相同，在 19 世纪，中日两国均产生了经济学术语“地主”（Landlord），在 1902 年，中国经济学术语“地主”（Landlord）一词基本形成。

三　劳动者、工人（Labourer）

“工人”一词为中国传统词语，多指手工业劳动者。[②] 进入近代后，“工人”自发地演变为经济学术语。“劳动者”是日本经济学术语“劳动”的派生词，20 世纪初传到了中国。“劳动者”“工人”（Labourer）两词在近代中国并行不悖。

1822 年，马礼逊《华英字典 6》将 Labourer 译为“小工，帮工”。[③] 1868 年和 1875 年，邝其照两次编的《字典集成》均将 Labourer 译为“小工，工人”。[④]

1880 年，汪凤藻译《富国策》将 Labourer 译为“佃工，佣工，工人，工民”。[⑤] 1885 年，傅兰雅译《佐治刍言》使用“工人”指代“劳动者”。[⑥] 1886 年，艾约瑟译《富国养民策》以“工人”和“操作人”指代“劳动者”。[⑦] 1900 年，卫理、王汝骋合译《工业与国政相关论》的原著为 W. S. Jevons, *The State in Relation to Labour*, 1882。《工业与国政相关论》以“工人”指代“劳动者”。[⑧] 1902 年，严复所译《原富》中，以“劳力者”译英文 Labourer。[⑨]

---

① 国立编译馆编订《经济学名词（教育部公布）》，正中书局，1945 年，第 26—27 页。

② 何九盈等主编《辞源》（第三版），商务印书馆，2015 年，第 1280 页。

③ 〔英〕马礼逊：《华英字典 6》（影印版），大象出版社，2008 年，第 245 页。

④ 邝其照编《字典集成》（影印版），商务印书馆，2016 年，第 65、183 页。

⑤ 〔英〕法思德：《富国策》，汪凤藻译，京师同文馆，1880 年，卷一第三章，第 4 页；卷二第四、七章，第 13—14、34 页；Henry Fawcett, *Manual of Political Economy*, London: Macmillan and Co., 1876, pp. 13 - 14, 134 - 135。

⑥ 〔英〕傅兰雅译《佐治刍言》，上海书店出版社，2002 年，第 83、96—97 页。

⑦ 〔英〕哲分斯：《富国养民策》，〔英〕艾约瑟译，总税务司署，1886 年，第三章第十八、三十二节，第七章第四十三、四十四节。

⑧ 〔英〕司坦离·遮风司：《工业与国政相关论》（上卷），〔美〕卫理、王汝骋合译，江南制造局，1900 年，第一章第 1—2 页。

⑨ 〔英〕亚当·斯密：《原富》，严复译，商务印书馆，1981 年，第 57 页；〔英〕亚当·斯密：《国富论》（英文），上海世界图书出版公司，2010 年，第 44 页。

从上述事例可知，邝其照在 1868 年就将 Labourer 译为"工人"。其后，汪凤藻、傅兰雅、艾约瑟等均使用"工人"一词。

20 世纪初，日译经济学术语"劳动者"（Labourer）输入中国后，"工人"很少被作为经济学术语。

1900 年，《清议报》出现了"劳动者"一词。① 1901 年，《商业经济学》指出："物价腾贵，则自勃兴事业，然其劳动者工银薪水不即增加，故多数中级以下消费者却不能免困难也。"② 同年，《财政四纲》也出现"劳动者"。③ 1902 年，嵇镜译，天野为之著《理财学纲要》出现了"劳动者"。④ 同年，和田垣谦三著《经济教科书》指出："用干涉之政策以保护劳动者。"⑤ 1903 年，作新社编译《最新经济学》出现了"雇佣劳动者"一词。⑥ 1915 年，《辞源》列有"劳动者"词条，⑦ 说明"劳动者"已经成为中国社会的普通词语。

1919 年，刘秉麟编《经济学原理》使用"工人"指代"劳动者"。⑧ 1928 年，李权时编《经济学 ABC》以"工人"分配所得为工资，以对应地主所得为地租。⑨ "工人"再次成为经济学主要术语。

1907 年，《商务书馆英华新字典》将 Labourer 译为"工人，工作者"。⑩ 1908 年，《新译英汉辞典》将 Labourer 译为"劳动者，力作者，估工者，农夫"。⑪ 1910 年，熊崇煦、章勤士译，黎查德迪·伊利著《经济学概论》将"劳动者"对译为 Labour。⑫ 1941 年，民国教育部组织 32

---

① 《中国人种侵略世界》，《清议报》第 40 册，1900 年；转引自黄河清编著《近现代辞源》，上海辞书出版社，2010 年，第 465 页。

② 〔日〕清水泰吉《商业经济学》，《湖北商务报》第 96 期，1901 年，第 83 页。

③ 钱恂编译《财政四纲》，在日本自刊，1901 年，"货币"第 48 页，"国债"第 33 页。

④ 〔日〕天野为之：《理财学纲要》，嵇镜译，文明书局，1902 年，第 22、58 页。

⑤ 〔日〕和田垣谦三：《经济教科书》，广智书局翻译出版，1902 年，第四编第 5 页。

⑥ 作新社编译《最新经济学》，作新社，1903 年，第 206 页。

⑦ 陆尔奎主编《辞源》，商务印书馆，1915 年，子第 351 页。

⑧ 刘秉麟编《经济学原理》，商务印书馆，1919 年，第 138—139 页。

⑨ 李权时编《经济学 ABC》，世界书局，1928 年，第 104—105 页。

⑩ 商务印书馆编《商务书馆英华新字典》，商务印书馆，1907 年，第 292 页。

⑪ 《新译英汉辞典》，群益社，1908 年，第 529 页。

⑫ 〔美〕黎查德迪·伊利：《经济学概论》，熊崇煦、章勤士译，商务印书馆，1910 年，第二编第 3、130 页。

位专家审定：Laborer 译为"工人"。[1]

综上所述，"工人"一词为中国传统词语，"劳动者"是日本经济学术语"劳动"的派生词，"劳动者""工人"（Labourer）两词在近代中国在竞争中并行。民国教育部组织 32 位专家审定 Labourer 译为"工人"，似乎"工人"取得了胜利，但因"劳动"一词的流行，派生词"劳动者"也跟着取得了最后的胜利。《经济学名词（2020）》审定以"劳动者"（Labourer）为当今经济学术语。[2]

四　农民（Peasant，Farmer）

中国古代有"农民"一词，其含义指"务农的人"。《穀梁传·成公元年》："古者有四民。有士民，有商民，有农民，有工民。"[3]

1840 年，郭实腊编《贸易通志》一书指出："农民当丰收之年，仓箱充实，本可积蓄，乃酬酢往来，率多浮费，遂至空虚。"[4] 1844 年，包世臣在《齐民四术》一书中指出："近者农民之苦剧矣。为其上者，莫不以渔夺牟侵为务，则以不知稼穑之艰难，而各急子孙之计故也。"[5] 1868 年 9 月 18 日，《上海新报》报道，当金陵出现水灾险情时，"农夫齐集设法救援，有未到者，鸣锣以催之，及各村农民皆集周围巡视，约数千人"。[6] 从《申报》数据库检索可知：1872 年，《申报》中出现"农民"11 次；1872—1882 年，《申报》中出现"农民"369 次；1872—1894 年，《申报》中出现"农民"1078 次。可见，在日语影响中国之前，"农民"已经成为《申报》的常用词。

1880 年，汪凤藻译《富国策》提到，印度田地皆属国家，"或殷实之户，先租得官田，而后转租于农民"。这里以"农民"对译英文 Peasant。[7]

---

[1]　国立编译馆编订《经济学名词（教育部公布）》，正中书局，1945 年，第 26 页。

[2]　经济学名词审定委员会编《经济学名词（2020）》，科学出版社，2020 年，第 1 页。

[3]　参见罗竹风主编《汉语大词典》（第十卷），上海辞书出版社，2011 年，第 6 页。

[4]　〔德〕郭实腊编《贸易通志》，1840 年，第 1 页。

[5]　参见赵靖、易梦虹主编《中国近代经济思想资料选辑》（上册），中华书局，1982 年，第 24 页。

[6]　《中外新闻》，《上海新报》1868 年 9 月 18 日，第 2 版。

[7]　〔英〕法思德：《富国策》卷二，汪凤藻译，京师同文馆，1880 年，第 4 页；Henry Fawcett, *Manual of Political Economy*, London: Macmillan and Co., 1876, p. 110。

由此，"农民"一词成为经济学术语。

1902 年，严复所译《原富》中，以"农，农人"译英文 Farmer。①

19 世纪末 20 世纪初，日本"农民"一词传入中国，1897 年，古城贞吉在《中国拟留意农业》一文中提到："盖中国政府，先设一农场，以示典型于农民也。"②

1902 年，梁启超在《生计学（即平准学）学说沿革小史》中多次使用"农民"，他提到"农民之负担""耕治土地之农民""法国农民"等。③ 这是中国学者在经济学著作里使用"农民"。

1905 年 1 月 26 日，《警钟日报》时评《请看俄国之工人》提到："俄国之民党，其进化亦有后先，由农民之革命，进而为工民之革命。"又提到中国近事：开封等地蜂起抗官，"此农民革命之渐也"。④ "农民"由此进入了革命文献。

关于"农民"与英文的对译，1929 年 6 月，高希圣、郭真等编《社会科学大辞典》列有"农民"（Farmer）词条，其释义为"是指耕作者的"。⑤ 这里以"农民"译 Farmer。1929 年 11 月，吴念慈等编《新术语辞典》列有"农民组合"（Peasants' Union）、"农民国际"（Peasants' International）、"农民运动"（Peasants' Movement）、"农民阶级"（Peasantry）四词。⑥ 该辞典以"农民"对译 Peasant。1941 年，民国教育部组织 32 位专家审定：将 Farmer 译为"农夫，企业农人"，将 Farmer's Rent 译为"农业农人租金"，将 Peasant Proprietor 译为"小农地主"，将 Peasant Proprietorship 译为"小农地主制"，将 Peasant Rent 译为"小农地租"。⑦ 这里将 Farmer 译为"农夫"，将 Peasant 译为"小农"。可见，到 20 世纪 40 年代，"农民"与英文 Peasant 仍然没有完成互译，经济学术语"农民"（Peasant）没有最后

① 〔英〕亚当·斯密：《原富》，严复译，商务印书馆，1981 年，第 413、45 页；〔英〕亚当·斯密：《国富论》（英文），上海世界图书出版公司，2010 年，第 368、34 页。

② 〔日〕古城贞吉译《中国拟留意农业》，《时务报》第 39 册，1897 年。

③ 梁启超：《饮冰室合集·文集》（第 5 册），中华书局，1989 年，总第 1058—1059 页。

④ 参见姜义华编《社会主义学说在中国的初期传播》，复旦大学出版社，1984 年，第 341 页。

⑤ 高希圣、郭真等编《社会科学大辞典》，世界书局，1929 年，第 669 页。

⑥ 吴念慈、柯柏年、王慎名编《新术语辞典》，南强书局，1929 年，第 475—476 页。

⑦ 国立编译馆编订《经济学名词（教育部公布）》，正中书局，1945 年，第 18 页。

形成。2020 年，"经济学名词审定委员会"审定："农民工"译 Migrant Worker，无"农民"一词。① 经济学术语"农民"（Peasant）退出了当代经济学舞台。

综上所述，"农民"为中国古代词语，进入近代后，"农民"仍然是中国的常用普通词语，在 19 世纪，中国与日本均形成了经济学术语"农民"（Peasant），但"农民"与英文 Peasant 长时期没有完成互译，以至于它逐步退出了经济学舞台。德国李博认为："汉语术语'农民'是从日本借来的。"② 从上述郭实腊、包世臣、《申报》、汪凤藻、梁启超、《警钟日报》等使用"农民"分析，"农民"一词不但是中国古代、近代的普通词语，而且作为术语也是中国近代自发演变的产物，李博这一论断不成立。

五 资本家（Capitalist）

前已指出，术语"资本"为中国近代本土产生，与日语无关。但"资本家"一词却是一个日语借词。

在 19 世纪，中国经济学著作里以"业主""资本主"等词指代"资本家"。

1880 年，汪凤藻译《富国策》指出："分财之类有三，地主所得曰地租，庸工所得曰工价，业户所得曰利息。利息因资本而生。""资本给自富户，谓之业主，人功给自贫民，谓之佣工。"③ 这里以"业户""业主"指代"资本家"。1885 年，傅兰雅译《佐治刍言》以"有资本人"指称"资本家"。④ 1886 年，艾约瑟译《富国养民策》第六章第四十一节为"资本主分得之财为利银"，⑤ 这里以"资本主"指代"资本家"。

19 世纪末 20 世纪初，日语术语"资本家"传到了中国。

1897 年，日本古城贞吉在《时务报》的译文中指出，保护劳工负伤

---

① 经济学名词审定委员会编《经济学名词》，科学出版社，2020 年，第 198 页。

② 〔德〕李博：《汉语中的马克思主义术语的起源与作用》，赵倩等译，中国社会科学出版社，2003 年，第 205 页。

③ 〔英〕法思德：《富国策》，汪凤藻译，京师同文馆，1880 年，卷二第五章，第 21 页，卷三第九章，第 43 页。

④ 〔英〕傅兰雅译《佐治刍言》，上海书店出版社，2002 年，第 101—102 页。

⑤ 〔英〕哲分斯：《富国养民策》，〔英〕艾约瑟译，总税务司署，1886 年，第六章第四十一节。

法无法在元老院通过，因"资本家为该院议员多矣"。① 1899 年 6 月 28 日，梁启超在《论中国人种之将来》中指出："近年以来，同盟罢工之案，络绎不绝。各国之经济界，屡受牵动，资本家深患之。""于是资本家与消费者，与劳力者，皆受其病。"② 旅日的梁启超使用"资本家"一词受日语影响的可能性大。1900 年，卫理、王汝骈合译《工业与国政相关论》指出："但欲将所生出来之货财细细分派，使地主、资本家、管事人、工人各得应得之分数，又属最难之事。"③ "资本家"在这里与地主、工人对应，是典型的经济学术语。王汝骈也可能受日语影响，因他在序文里赞赏了日译西文著作的精确。1901 年，钱恂编译自日文的《财政四纲》也使用了"资本家"一词。④ 其后，日译经济学原理著作大多出现了"资本家"一词。

1902 年 11 月，幸德秋水著宣传社会主义的《广长舌》传入中国，文中指出："欧美之资本家，不得独炫其经济。"⑤ 在社会主义著作里出现了"资本家"。1903 年，赵必振译《近世社会主义》里，"资本家"成为常用词。⑥ 社会主义著作对"资本家"的传播起了重要作用。

中华民国成立后，1913—1914 年，民国教育部审定贺绍章编《经济大要》、胡祖同编《经济概要》为"中学校教科书"，两书均使用"资本主"一词作为术语。⑦ 说明此时"资本家"一词仍然没有形成。

1915 年，《辞源》列有"资本家"词条，并释义为："有财力足以供生产之用者。"⑧ 1919 年 7 月，刘秉麟编《经济学原理》以"资本家"为术语。⑨ 至此，经济学术语"资本家"基本形成。

---

① 〔日〕古城贞吉译《法儒辩论国政》，《时务报》第 22 册，1897 年。
② 梁启超：《饮冰室合集·文集》（第 2 册），中华书局，1989 年，总第 257 页。
③ 〔英〕司坦离·遮风司：《工业与国政相关论》（下卷），〔美〕卫理、王汝骈合译，江南制造局，1900 年，第四章第 3 页。
④ 钱恂编译《财政四纲》，在日本自刊，1901 年，"货币"第 45 页。
⑤ 参见姜义华编《社会主义学说在中国的初期传播》，复旦大学出版社，1984 年，第 53 页。
⑥ 参见姜义华编《社会主义学说在中国的初期传播》，复旦大学出版社，1984 年，第 84、85 页。
⑦ 贺绍章编《经济大要》，商务印书馆，1913 年；胡祖同编《经济概要》，商务印书馆，1914 年。
⑧ 陆尔奎主编《辞源》，商务印书馆，1915 年，西第 97 页。
⑨ 刘秉麟编《经济学原理》，商务印书馆，1919 年，第 169 页。

关于"资本家"与 Capitalist 的对译，1907 年，《商务书馆英华新字典》将 Capitalist 译为"财东，资本家"。① 1908 年，《新译英汉辞典》将 Capitalist 译为"资本主"。② 1941 年，民国教育部组织 32 位专家审定：Capitalist 译为"资本家"。③

综上所述，"资本家"一词为日语术语借词，在 1919 年左右，经济学术语"资本家"（Capitalist）在中国基本形成。

六　企业家（Enterpriser，Entrepreneur）

中国古代没有"企业"一词，也就没有"企业家"一词。

中国近代早期出现的几本经济学译著，如 1880 年的《富国策》、1885 年的《佐治刍言》、1886 年的《富国养民策》，均没有出现指代"企业家"的词语。1900 年，卫理、王汝骐合译《工业与国政相关论》指出："应得之财，如租钱、余利、利息、工钱等，皆需从售货之值而来也。但欲将所生出来之货财细细分派，使地主、资本家、管事人、工人各得应得之分数，又属最难之事。"④ 分析可知，"管事人"得"余利"，"管事人"就是指"企业家"。

19 世纪末 20 世纪初，"企业家"一词从日本传入中国。

1899 年 9 月 15 日，《湖北商务报》刊登译自日文的《中日经济关系》指出："中日两国经济关系有一层深密之方法，无他，在使国民益奋发勉励，往来中国，与中国企业家（谋营商业者）及商人相结托耳。……日本资本家、起业家能奋发与中国人提携，计划银行与其他各种事业。"⑤ 这里提到了"企业家"，并解释为"谋营商业者"，同时又提到"企业家"的同义词"起业家"。

1903 年 1 月，无逸在《生产论》中论述"劳力者"时指出，有偏于智力上的劳力者，有偏于体力上的劳力者，"有企业家之劳力，整理各种生产之要素，监督工场之夫役，体力上之劳与智力上之劳等，而含有道

---

① 商务印书馆编《商务书馆英华新字典》，商务印书馆，1907 年，第 72 页。
② 《新译英汉辞典》，群益书社，1908 年，第 144 页。
③ 国立编译馆编订《经济学名词（教育部公布）》，正中书局，1945 年，第 6 页。
④ 〔英〕司坦离·遮风司：《工业与国政相关论》（下卷），〔美〕卫理、王汝骐合译，江南制造局，1900 年，第四章第 3 页。
⑤ 《中日经济关系》，《湖北商务报》第 15 册，1899 年 9 月 15 日。

德上之原子焉"。① 这里对企业家的作用和劳动特点做出了解释。

1906 年 4 月 24 日，江苏师范生编译，日本高桥瑫讲授的《经济学大意》指出："往者资本家即企业家，现今所谓企业家者，全借资本家之财而营事业，故企业家与资本家区为二途。"② 高桥瑫将"企业家"与"资本家"进行了明确区分。1909 年，日本田边庆弥著，王我臧译《汉译日本法律经济辞典》列有"企业"词条，其释义为："称冒险之生产业，曰企业。称负担此生产业之危险者，曰企业者。"③

大致从 1905 年开始，中国人使用"企业家"一词。1905 年 12 月 6 日，《申报》报道企业家捐产兴学时指出："四明叶氏为大企业家，产业号称千万，前年遗命，以十万创兴澄衷学堂，后人缵成其志，捐银几至二十万。"④ 1907 年 3—5 月，梁启超针对革命派胡汉民等主张国家成为大地主、大资本家，否认企业家的作用等观点，为"企业家"的地位和作用进行了辩护。他指出："'企业'者何也，'企业家'自以其成算冒险而结合诸种生产力，以赢得利润为目的，以主导经济行为之经济的组织也。"企业家冒险以求利润，地租、利息、工资三者都经企业家之手发给，有余部分才是企业家的盈余，损失由企业家承担。"彼三阶级之所得，常立于安全之地位；企业家之所得，常立于危险之地位。"企业家是"国民经济之中坚"。⑤ "企业家"成为梁启超此文的常用词。

日语词"企业家"在中国的流传过程中，遇到了"起业家""营业家""创业家"等词的竞争。1901 年，《农业经济篇》以"起业者""营业者"指代"企业家"。⑥ 1902 年 6 月，《经济学大意》指出："营业所得，所酬营业者之放债与其劳力及危险之报酬也。"⑦ "营业""营业者"

---

① 无逸：《生产论》，《译书汇编》第 2 卷第 11 期，1903 年 1 月，第 41 页。
② 〔日〕高桥瑫讲授《经济学大意》，江苏师范生编译，江苏宁属、苏属学务处发行，1906 年，第 46 页。
③ 〔日〕田边庆弥：《汉译日本法律经济辞典》，王我臧译，商务印书馆，1909 年，第 26 页。
④ 《观川沙杨氏捐产兴学有感》，《申报》1905 年 12 月 6 日，第 2 版。
⑤ 梁启超：《驳某报之土地国有论》，《饮冰室合集·文集》（第 6 册），中华书局，1989 年，总第 1625—1626 页。注释：该文名义出版日期为 1906 年 11 月，实际延期出版。
⑥ 〔日〕今关常次郎：《农业经济篇》，〔日〕吉田森太郎译，《农学报》第 140 期，1901 年，第 10—11 页。
⑦ 〔日〕田尻稻次郎：《经济学大意》，〔日〕吉见谨三郎译，东京专修学校，1902 年，第 41 页。

为日文原文，它们分别指代"企业""企业家"。同年12月，《经济教科书》指出："生产之人，以自己之计算，专任生产全部之责，若负其一部，而集取生产之要素，整理之，指挥之者，称此经济曰起业，称此生产之人，曰起业者。"[①] 这里以"起业""起业者"指代"企业""企业家"。1903年，《经济通论》以"起业""起业家"指代"企业""企业家"。[②] 1903年2月，《普通经济学教科书》指出："夫创业者，以生产之目的，行自己之计划，结合各种生产之要素之谓也，故凡从事于此者，皆谓之创业家云。"[③] 王宰善以"创业""创业家"译日文"企业""企业家"，这一译名强调了企业和企业家开创事业的特质，是比较贴切的译名。同年，《新尔雅》就采纳了"创业""创业家"这一新译法。[④] 1905年4月，《法制经济学》指出："经营家，又曰企业家。"[⑤] 1907年，《商业理财学》以"庸主""主计""主计者"指称"企业家"。[⑥] 1911年，熊元楷、熊元襄编《京师法律学堂笔记：经济学》以"营业家"代替"企业家"。[⑦] 以上事实说明，直到清朝灭亡的1911年，"企业家"一词仍然没有统一。

除上述"起业家""营业家""创业家"等词与"企业家"构词明显不同外，还有大量文献使用构词类似的"企业者"指代"企业家"，1907年3月6日，民意（胡汉民）《告非难民生主义者》就使用"企业者"指代"企业家"。[⑧]

中华民国成立后，1913—1914年，民国教育部审定贺绍章编《经济大要》、胡祖同编《经济概要》为"中学校教科书"，两书均使用"企业""企业家"。[⑨] 这对"企业"的统一起到了重要作用。1915年，《辞源》将"企业"释义为："凡经营之事业，以生产营利为目的者，日本谓

① 〔日〕和田垣谦三：《经济教科书》，广智书局翻译出版，1902年，第二编第11页。
② 〔日〕持地六三郎：《经济通论》卷二，商务印书馆，1903年，第22、24页。
③ 王宰善编《普通经济学教科书》，开明书店，1903年，第38页。
④ 汪荣宝、叶澜编《新尔雅》，民权社，1903年，第41、43页。
⑤ 〔日〕葛冈信虎讲授，湖北师范生编《法制经济学》，湖北学务处发行，1905年，第48页。
⑥ 《商业理财学》，商务印书馆，1907年，第68—69页。
⑦ 熊元楷、熊元襄编《京师法律学堂笔记：经济学》，上海人民出版社，2013年，第37页。
⑧ 民意（胡汉民）：《告非难民生主义者》，《民报》第12号，1907年3月6日，第82页。
⑨ 贺绍章编《经济大要》，商务印书馆，1913年；胡祖同编《经济概要》，商务印书馆，1914年。

之企业。分大小二种，大企业，役使多数之人，而企业家自为指挥监督者，小企业，则企业家兼任工作者。"① 《辞源》在解释"企业"时附带解释了"企业家"，说明"企业家"此时已经成为普通词语。总之，在1914年左右，经济学术语"企业家"（Entrepreneur）在中国基本形成。

关于"企业家"与英文的互译。1910年，熊崇煦、章勤士译，黎查德迪·伊利著《经济学概论》将"企业家"注译为 Entrepreneur。② 1929年，《新术语辞典》将"企业家"注译为 Entrepreneur。③ 说明"企业家"与英文在术语辞典里完成了互译。④ 1937年6月，周宪文主编《经济学辞典》将"企业家"对译为"〔英〕Enterpriser，〔德〕Unternehmer，〔法〕Entrepreneur"。⑤ 1941年，民国教育部组织32位专家审定：Enterpriser 译为"企业家"，Entrepreneur-capitalist 译为"企业资本家"。⑥

综上所述，中国古代没有"企业家"一词，19世纪末至20世纪初，日语术语"企业家"传入中国，在其传播过程中，虽然遇到了"起业家""营业家""创业家"等词的竞争，但它最终取得了胜利，1914年左右，经济学术语"企业家"（Enterpriser，Entrepreneur）在中国基本形成。

七　地租（Land Rent）

"地租"为中国传统词语，在古代，它有二义。（1）国家征收的土地税。《新唐书·魏征传》："修洛阳宫，劳人也；收地租，厚敛也。"（2）土地占有者依靠土地所有权获得的收入。唐代王绩《独坐》："有客谈名理，无人索地租。"⑦

1822年，马礼逊《华英字典6》将 Rent 译为"租银，租价；赁"。⑧ 1868年和1875年，邝其照两次编的《字典集成》均将 Rent 译为"租

---

① 陆尔奎主编《辞源》，商务印书馆，1915年，子第167页。
② 〔美〕黎查德迪·伊利：《经济学概论》，熊崇煦、章勤士译，商务印书馆，1910年，第二编第1、32页。
③ 吴念慈、柯柏年、王慎名编《新术语辞典》，南强书局，1929年，第28页。
④ 张一凡、潘文安主编《财政金融大辞典》，世界书局，1937年，第427页。
⑤ 周宪文主编《经济学辞典》，中华书局，1937年，第183页。
⑥ 国立编译馆编订《经济学名词（教育部公布）》，正中书局，1945年，第16页。
⑦ 罗竹风主编《汉语大词典》（第二卷），上海辞书出版社，2011年，第1027页。
⑧ 〔英〕马礼逊：《华英字典6》（影印版），大象出版社，2008年，第360页。

银；赁，租赁，批赁"。①

1880 年，汪凤藻译《富国策》卷二第三章为"论地租角逐之道"，原著英文为 Rents as Determined by Competition，这里将 Rent 译为"地租"。② 该书详细介绍了李嘉图地租理论，"地租"成为该书主要术语。1885 年，傅兰雅译《佐治刍言》在介绍李嘉图地租理论时说："因各国人数渐多，不能不多种田地以资口粮，故地租必贵。"③ 1886 年，艾约瑟译《富国养民策》指出："地主分得之财为地租。"④ 1899 年，马林摘编，李玉书译《足民策》第五章为"论地租归公之益"。⑤ 从以上的叙述可知，在 19 世纪末，汪凤藻首译"地租"，傅兰雅、艾约瑟、李玉书等相继沿用了"地租"这一术语。

日本也有"地租"一词，其含义是国家征收的土地税，这与中国古代"地租"的第一义相同。日本使用"地代"一词专指地主所收取的土地使用费。19 世纪末 20 世纪初，传到中国的日译经济学著作对"地代"的使用分两种情况。（1）继续使用日语词"地代"。例如，和田垣谦三著《经济教科书》（1902）；持地六三郎著《经济通论》（1903）；杉荣三郎编《京师大学堂经济学讲义》（1904）；葛冈信虎讲授，湖北师范生编《法制经济学》（1905）；易奉乾编译，金井延著《经济学》（1906）；江苏师范生编译，高桥晔讲授《经济学大意》（1906）；罗超编《纯正经济学》（1907）；陈家瓒译述，金井延著《社会经济学》（1908）；李佐庭译，小林丑三郎著《经济学》（1908）；熊崇煦、章勤士译，黎查德迪·伊利著《经济学概论》（1910）。（2）使用"地租"翻译"地代"。例如，杨廷栋著《理财学教科书》（1902）；作新社编译《最新经济学》（1903）；王宰善编《普通经济学教科书》（1903）；杨廷栋编《经济学》（1908）；熊元楷、熊元襄编《京师法律学堂笔记：经济学》（1911）。10 本日译经济原理著作使用"地代"，5 本日译经济原理著作使用"地租"，

①　邝其照编《字典集成》（影印版），商务印书馆，2016 年，第 84、201 页。

②　〔英〕法思德：《富国策》卷二，汪凤藻译，京师同文馆，1880 年，第三章第 6—11 页；Henry Fawcett, *Manual of Political Economy*, London：Macmillan and Co.，1876，p. 115。

③　〔英〕傅兰雅译《佐治刍言》，上海书店出版社，2002 年，第 70 页。

④　〔英〕哲分斯：《富国养民策》，〔英〕艾约瑟译，总税务司署，1886 年，第六章第四十节。

⑤　〔加拿大〕马林摘编《足民策》，李玉书译，广学会，1899 年，第 24 页。

可见"地代"一词的影响超过"地租"。另外，今关常次郎著，吉田森太郎译《农业经济篇》（1901）以"地租"代表土地税，以"借地费"指代"地租"。田尻稻次郎著，吉见谨三郎译《经济学大意》（1902）以"承佃金"指代"地租"。

1902年，严复译《原富》以"租"译 Rent。[①]其后，嵇镜译，天野为之著《理财学纲要》（1902），汪荣宝、叶澜编《新尔雅·释计》（1903）也以"租"指代"地租"。

中华民国成立后，1913—1914年，民国教育部审定贺绍章编《经济大要》、胡祖同编《经济概要》为"中学校教科书"，两书均使用"地租"一词。[②]这对"地租"战胜"地代""租"等词起了重要作用，"地租"一词在此时基本完成了统一。其后，刘秉麟、赵兰坪、李权时、吴世瑞、巫宝三、马寅初等均使用"地租"。

随着经济学术语"地租"的形成，"地租"在现代汉语中的含义也发生了重大变化。1907年，清水澄著，张春涛等译《法律经济辞典》；1909年，田边庆弥著，王我臧译《汉译日本法律经济辞典》，这两本汉译辞典均将"地租"解释为国家征收的土地税。[③]1915年的《辞源》解释"地租"为"土地之租税也"。[④]这是中国传统"地租"的第一义，且与日本近代的"地租"意义相同。1929年，《新术语辞典》将"地租"释义为给予地主出让土地的报偿。[⑤]说明这种含义的"地租"是新名词。1938年，《辞海》解释"地租"为："一、（Rent）因使用他人农地而给付之报酬，曰地租。二、（Land Tax）对于土地收益之课税，如田赋，即地租之一种。"[⑥]通过半个世纪的变迁，中国传统"地租"两种含义的地位发生了改变。《现代汉语词典》（1978）解释"地租"时就只有"依靠土

① 〔英〕亚当·斯密：《原富》，严复译，商务印书馆，1981年，第138页；〔英〕亚当·斯密：《国富论》（英文），上海世界图书出版公司，2010年，第105页。

② 贺绍章编《经济大要》，商务印书馆，1913年；胡祖同编《经济概要》，商务印书馆，1914年。

③ 〔日〕清水澄：《法律经济辞典》，张春涛、郭开文译，王沛点校，上海人民出版社，2014年，第88页；〔日〕田边庆弥：《汉译日本法律经济辞典》，王我臧译，商务印书馆，1909年，第31页。

④ 陆尔奎主编《辞源》，商务印书馆，1915年，丑第142页。

⑤ 吴念慈、柯柏年、王慎名编《新术语辞典》，南强书局，1929年，第142页。

⑥ 舒新城等主编《辞海》戊种，中华书局，1938年，丑集第162页。

地所有权获得的收入"这一种含义了。①

"地租"与英文 Land Rent 的对译经历了漫长过程。1907 年,《商务书馆英华新字典》将 Rent 译为"租银,地租",将 Land Tax 译为"地税"。② 1910 年,熊崇煦、章勤士译,黎查德迪·伊利著《经济学概论》将"地代"对译为 Rent。③ 1941 年,民国教育部组织 32 位专家审定:Rent 译为"租金",Rent of Land 译为"地租",Land Rent 译为"地租",Land Tax 译为"土地税"。④

综上所述,"地租"为中国古代词语,在 19 世纪,中国的经济学著作已经形成了术语"地租"(Rent),同时日语术语"地代"(Rent)等词也传入中国,经过词语的竞争,中国本土形成的术语"地租"(Rent)取得了胜利,在 1914 年,经济学术语"地租"(Rent)基本形成。到 1941 年,"地租"与英文 Land Rent 完成了互译。

八　工资（Wage）

中国古代没有"工资"一词,在宋代,出现了"工价"一词,意指工人所获得的"工资"。⑤

1822 年,马礼逊《华英字典 6》将 Wages 译为"工钱,人工"。⑥ 1868 年,邝其照编《字典集成》将 Wages 译为"工钱,劳金,日工钱",1875 年,邝其照又将 Wages 译为"工钱,日工钱,辛金"。⑦

1880 年,汪凤藻译《富国策》卷二第四章为"论工价",原著英文为 On Wages,这里将 Wages 译为"工价"。⑧ 1885 年,傅兰雅译《佐治刍言》指出:"凡做工之人所得工资,即归本人享用,此为自然之理。

---

① 《现代汉语词典》,商务印书馆,1978 年,第 234 页。

② 商务印书馆编《商务书馆英华新字典》,商务印书馆,1907 年,第 428、294 页。

③ 〔美〕黎查德迪·伊利:《经济学概论》,熊崇煦、章勤士译,商务印书馆,1910 年,第二编第 29—30 页。

④ 国立编译馆编订《经济学名词（教育部公布）》,正中书局,1945 年,第 42、26 页。

⑤ 何九盈等主编《辞源》(第三版),商务印书馆,2015 年,第 1281 页。

⑥ 〔英〕马礼逊:《华英字典 6》(影印版),大象出版社,2008 年,第 460 页。

⑦ 邝其照编《字典集成》(影印版),商务印书馆,2016 年,第 102、219 页。

⑧ 〔英〕法思德:《富国策》卷二,汪凤藻译,京师同文馆,1880 年,第 11 页;Henry Fawcett, *Manual of Political Economy*, London:Macmillan and Co. , 1876, p. 131。

如所得工资不能归本人享用，则工人必不肯做工，国中遂失工艺之利矣。"① 这是中国近代经济学著作中首次将"工资"作为经济学术语。同时，该书又使用"工价"指代"工资"。1886 年，艾约瑟译《富国养民策》指出："操作人分得之财为工价。"② 1899 年，马林摘编、李玉书译《足民策》指出："工价之所取者在于材，而材质所生者由于地。"③《足民策》也使用"工价"。1900 年，卫理、王汝骈合译《工业与国政相关论》指出："应得之财，如租钱、余利、利息、工钱等，皆需从售货之值而来也。但欲将所生出来之货财细细分派，使地主、资本家、管事人、工人各得应得之分数，又属最难之事。"④ 分析可知，这里以"工钱"指称"工资"。总之，在日本经济学术语影响中国之前，中国已经有"工价""工资""工钱"等术语对译 Wages。

在 19 世纪末 20 世纪初，日本学术界使用多个名词翻译 Wages，如"劳银""赁银""给料"等词，这些术语传入中国后，加上中国本土使用的"工价""工资""工钱"等术语，造成 Wages 的中文译名异常混乱，长期无法统一。在几乎一本书一种译法的情况下，大致可看出四种倾向。（1）使用汪凤藻（工价）、傅兰雅（工资）、卫理和王汝骈（工钱）这几个中国早期经济学家的译名。（2）使用日文"劳银""赁银""给料"等词。（3）使用严复译《原富》创造的"庸"。（4）译者在上述三种用法之外的创译。

关于使用"工资"译名，1901 年，《财政四纲》的"国债"部分出现"工资"。⑤ 1903 年，王宰善编《普通经济学教科书》第四编第五章为"工资"，王宰善指出："工资者，使用劳力之报酬也。"⑥ 这是中国近代第一个对"工资"的解释。"工资"成为该书的常用术语。

关于使用日文"劳银""赁银""给料"等词指称"工资"，1902

---

① 〔英〕傅兰雅译《佐治刍言》，上海书店出版社，2002 年，第 66 页。
② 〔英〕哲分斯：《富国养民策》，〔英〕艾约瑟译，总税务司署，1886 年，第六章第三十九节。
③ 〔加拿大〕马林摘编《足民策》，李玉书译，广学会，1899 年，第 17 页。
④ 〔英〕司坦离·遮风司：《工业与国政相关论》（下卷），〔美〕卫理、王汝骈合译，江南制造局，1900 年，第四章第 3 页。
⑤ 钱恂编译《财政四纲》，在日本自刊，1901 年，"国债"第 9 页。
⑥ 王宰善编《普通经济学教科书》，开明书店，1903 年，第 104 页。

年，吴启孙译，天野为之著《理财学讲义》使用"给料"。① 1903 年，持地六三郎著《经济通论》卷四第三章为"论赁银"，"赁银"就是指代"工资"。② 1908 年，《社会经济学》同时使用"劳银""赁银"。③ 1909 年，王我臧译，田边庆弥著《汉译日本法律经济辞典》列有"给料"词条。④

关于使用严复创译的"庸"，⑤ 1902 年，嵇镜译《理财学纲要》第二编第一章为"庸"，⑥ "庸"即严复所译的指代"工资"的名词。1906 年，奚若译，美国罗林著《计学》第二十章为"庸"。⑦ 1908 年，朱宝绶译，美国麦喀梵著《经济原论》也以"庸"指称"工资"。

关于译者在上述三种用法外的创译，例如，1902 年，田尻稻次郎著，吉见谨三郎译《经济学大意》以"力钱"译日文"劳银"。⑧ 1905 年，作新社编译《最新经济学》以"劳金"译日文"给料"。⑨ 1911 年，熊元楷、熊元襄编《京师法律学堂笔记：经济学》以"工庸"指代"工资"，⑩ 这是在严复译"庸"基础上加一"工"字。

中华民国成立后，1913—1914 年，民国教育部审定贺绍章编《经济大要》、胡祖同编《经济概要》为"中学校教科书"，两书均使用"劳银"一词。⑪ 这里恐怕是想用日文"劳银"一词统一 Wages 的各种中文译名。

1925 年，臧启芳主张将 Wages 译为"工资"，以替代"工钱"、"赁银"（日本译）、"庸"（严复译）等词，他指出"'工钱'与'赁银'皆

---

① 〔日〕天野为之：《理财学讲义》，吴启孙译，文明书局，1903 年，第 207 页。
② 〔日〕持地六三郎：《经济通论》卷四，商务印书馆，1903 年，第 6 页。
③ 〔日〕金井延：《社会经济学》，陈家瓒译述，群益社，1908 年，"译例"第 5 页。
④ 〔日〕田边庆弥：《汉译日本法律经济辞典》，王我臧译，商务印书馆，1909 年，第 106 页。
⑤ 〔英〕亚当·斯密：《原富》，严复译，商务印书馆，1981 年，第 57 页。
⑥ 〔日〕天野为之：《理财学纲要》，嵇镜译，文明书局，1902 年，第 19 页。
⑦ 〔美〕罗林：《计学》，奚若译述，商务印书馆，1906 年，第 167 页。
⑧ 〔日〕田尻稻次郎：《经济学大意》，〔日〕吉见谨三郎译，东京专修学校，1902 年，第 41 页。
⑨ 作新社编译《最新经济学》，作新社，1905 年，第 206 页。
⑩ 熊元楷、熊元襄编《京师法律学堂笔记：经济学》，上海人民出版社，2013 年，第 135 页。
⑪ 贺绍章编《经济大要》，商务印书馆，1913 年；胡祖同编《经济概要》，商务印书馆，1914 年。

显有以货币报酬劳力之意，实则劳力所得之报酬不常限于货币"，如"谷米工资"，而"庸"字太古老，不适合今日。① 臧启芳这一主张确有见地，"资"字本有"财物，钱财"之意，它取代"钱""银"，既能表示货币工资，又能表示实物工资。另外，"工人"一词逐渐取代"劳动者"成为主要经济学术语，"工人"获得"工资"，这也是"工资"取代"劳银""赁银"等词的原因。直到 1928 年，赵兰坪编《经济学》、李权时编《经济学 ABC》、刘秉麟编《经济学》三种流行的经济学原理著作同时采用"工资"，"工资"一词才基本完成了统一。1929 年，《新术语辞典》将"工资"列为词条，说明此时"工资"还是新术语。②

"工资"与英文完成对译经历了相当长时期。1907 年，《商务书馆英华新字典》将 Wages 译为"工银，工钱，劳金，雇工，赏，修金"。③1908 年，《新译英汉辞典》将 Wages 译为"赁，赁银，给金，工钱，报酬"。④ 1910 年，熊崇煦、章勤士译，黎查德迪·伊利著《经济学概论》将"赁银"对译为 Wages。以上三种译法均未完成"工资"与 Wages 的对译。⑤ 1928 年，刘秉麟编《经济学》将"工资"对译为 Wages，⑥ 1929年，《新术语辞典》将"工资"注译为 Wage，⑦ 完成了"工资"与英文的对译。1941 年，民国教育部组织 32 位专家审定：Wage 译为"工资"，Wage Bill 译为"工资单"，Wage Level 译为"工资水准"，Wage System 译为"工资制度"，Wage Fund 译为"工资基金"，等等。共有 18 个由"工资"构成的复合词。⑧

综上所述，中国古代没有"工资"一词，1885 年，傅兰雅首创经济学术语"工资"（Wage），同时，中国也出现了工价、工钱、庸、工庸等词，日语劳银、赁银、给料等词也相继传入中国，在新术语的长期竞争中，

---

① 〔美〕韩讷：《经济思想史》，臧启芳译，商务印书馆，1925 年，"名词商榷"第 12 页。
② 吴念慈、柯柏年、王慎名编《新术语辞典》，南强书局，1929 年，第 177 页。
③ 商务印书馆编《商务书馆英华新字典》，商务印书馆，1907 年，第 545 页。
④ 《新译英汉辞典》，群益书社，1908 年，第 1033 页。
⑤ 〔美〕黎查德迪·伊利：《经济学概论》，熊崇煦、章勤士译，商务印书馆，1910 年，第二编第 123 页。
⑥ 刘秉麟编《经济学》，商务印书馆，1928 年，第 207 页。
⑦ 吴念慈、柯柏年、王慎名编《新术语辞典》，南强书局，1929 年，第 177 页。
⑧ 国立编译馆编订《经济学名词（教育部公布）》，正中书局，1945 年，第 52 页。

"工资"（Wage）取得了胜利，1928年，经济学术语"工资"基本形成。

九　利息（Interest）

"利息"为中国古代用词，它有两种含义：（1）收益，收入；（2）把钱出贷所收取的子金。"利息"的第二种含义在唐代就已经产生。唐朝颜师古注《汉书·谷永传》"至为人起责，分利受谢"时提到："言富贾有钱，假托其名，代之为主，放与它人，以取利息而共分之，或受报谢，别取财物。"[①] 此为现代"利息"一词的传统起源。

1815年，马礼逊《华英字典1》将"利息"译为"Profit on Trade, or Interest on Money"。此处将中文"利息"对译英文 Profit（利润、利益）和 Interest（利息）二词。[②] 马礼逊对中国传统"利息"一词的两种含义均进行了英译。1819年，马礼逊《华英字典4》将"利息"译为"Interest on Money"。[③] 马礼逊只选取了传统"利息"一词的第二种含义进行英译，"利息"一词向专有名词迈进了重要的一步。1822年，马礼逊《华英字典6》将 Interest—on Money Lent 译为"利息、利钱"。[④] 也就是说，1815—1822年，马礼逊《华英字典》完成了中文"利息"与英文 Interest 的互译。1868年、1875年，邝其照两次编的《字典集成》均将Interest 译为"利息，放银的利钱"。[⑤]

1880年，中国第一部经济学理论著作《富国策》的第二卷第五章为"论利息"，它的英文原文为 Profits，可见，《富国策》未区分"利息"与"利润"。1886年，艾约瑟译《富国养民策》第六章第四十一节为"资本主分得之财为利银"。[⑥] 第六章第四十二节为"论利息"，论述了各国借银生息一年百分之几各不相同。这样，该书就将资本主所得称为"利银"（利润），借银生息称为"利息"，这就将利息的子息与利润两个含义进行了剥离和区别，其含义已经与现代一致。1896年，中国第一部

---

① 何九盈等主编《辞源》（第三版），商务印书馆，2015年，第472页。
② 〔英〕马礼逊：《华英字典1》（影印版），大象出版社，2008年，第229页。
③ 〔英〕马礼逊：《华英字典4》（影印版），大象出版社，2008年，第521页。
④ 〔英〕马礼逊：《华英字典6》（影印版），大象出版社，2008年，第233页。
⑤ 邝其照编《字典集成》（影印版），商务印书馆，2016年，第63、181页。
⑥ 〔英〕哲分斯：《富国养民策》，〔英〕艾约瑟译，总税务司署，1886年，第六章第四十一节。

货币银行学著作《保富述要》的第十二章为"论利息"，"利息"原文为Interest。

甲午中日战争后，日文经济学术语开始传入中国，在日语中，代表"利息"含义的有三词：利息、利子、金利。也就是说，"利息"同样为日语汉字词。1898 年，中国第一部译自日文的经济学著作《农业保险论》提到"公司资金所生利息尽付与股主"，[①] 此处使用了日语"利息"一词。1903 年，中国第一部解释近代西方新术语的辞典《新尔雅》使用"利息"一词。[②]。

"利息"一词在现代术语化过程中，遇到了"利子""息"等词的竞争。"利子"为日语汉字词，与"利息"含义相同。1899 年 6 月 18 日，《湖北商务报》第 6 期发表《读大清银行创立章程》，该文译自日文，两处使用"利子"。1899 年 6 月 28 日，《湖北商务报》第 7 期发表《议减预托银行之金银利息》，该文译自日文，文中 5 处使用"利子"，两处使用"金利子"，而标题中用的是"利息"。1900 年，《江南商务报》发表日本田冈佐代治译《商务教程》的第六篇为"利子"，该书提到："利子或称利息，或称金利。"[③] 1902 年，和田垣谦三著《经济教科书》有一章为"利子"，并指出："利子，于使用资本，而报其功者，称曰利子，于使用货币，而报其功者，称曰利息。二者名虽近，而其实稍异。"[④] 1910 年 12 月，熊崇煦、章勤士译，美国黎查德迪·伊利著《经济学概论》有一章为"利子及利润"。1915 年《辞源》列有"利子"词条，释义为："谓由母财所得之利也。"[⑤] 1901—1902 年，严复译《原富》以单字词"息"译 Interest。[⑥] 1907 年，《商业理财学》学习严复，也以"息"译 Interest。[⑦] 日语汉字词"利子"一词直到现在仍然有人使用，而严复的

① 〔日〕吉井东一：《农业保险论》，〔日〕山本宪译，《农学报》第 44 期，1898 年，第8 页。

② 汪荣宝、叶澜编《新尔雅》，民权社，1903 年，第 42 页。

③ 〔日〕田冈佐代治译《商务教程》，《江南商务报》第 26 期，1900 年，第 47 页。

④ 〔日〕和田垣谦三：《经济教科书》，广智书局翻译出版，1902 年，第四编第 3 页。

⑤ 陆尔奎主编《辞源》，商务印书馆，1915 年，子字 323 页。

⑥ 〔英〕亚当·斯密：《原富》，严复译，商务印书馆，1981 年，第 83 页；〔英〕亚当·斯密：《国富论》（英文），上海世界图书出版公司，2010 年，第 62 页。

⑦ 商务印书馆编译《商业理财学》，商务印书馆，1907 年，第 79 页。

单音词"息"因不适合作专业术语，很快被淘汰。

1913 年 8 月，民国教育部审定的中学教科书《经济大要》（贺绍章编）有一章为"利息"。1914 年 10 月，民国教育部审定的中学校和师范学校经济学教材《经济概要》（胡祖同编）有一章为"利息"，并将其注译为 Interest。[①] 1915 年，《辞源》列有"利息"词条，并解释其为："以钱借人，所得之报酬曰利息。"[②] 说明"利息"一词已经成为普通词语。总之，在 1914 年左右，经济学术语"利息"（Interest）一词基本形成。

关于"利息"与英文的对译，前已指出，1815—1822 年，马礼逊《华英字典》完成了中文"利息"与英文 Interest 的互译。然而，双语字典完成互译，不能认为经济学术语的形成。在经济学著作中，1910 年 12 月，熊崇煦、章勤士译，美国伊利著《经济学概论》却将"利子"译为 Interest。[③] 1914 年，胡祖同编《经济概要》将"利息"译为 Interest。[④] 1933 年，中国第一部经济学专业辞典《经济学辞典》将"利息"对译为 Interest。[⑤] 1941 年，何廉等 32 位经济学家审定：Interest 译为"利息"[⑥]。

综上所述，"利息"一词来自中国传统，它在成为经济学术语过程中，遇到了"利子""息"等词语的竞争，大致在 1914 年教育部审定的中学校和师范学校经济学教材《经济概要》（胡祖同编）将"利息"译为 Interest 时，经济学术语"利息"一词形成。为什么中国传统词语"利息"能够成为现代经济学的主要术语呢？主要原因如下。（1）中国传统"利息"一词与现代"利息"一词含义基本一致。（2）马礼逊《华英字典》在 1822 年就完成了中文"利息"与英文 Interest 的互译，这为后来翻译者提供了重要的参考标准。（3）日语也有"利息"一词，大量的日本汉学家、中国留日学生等日文经济学著作翻译者，使用"利息"而不是"利子"等其他日语词。

---

① 胡祖同编《经济概要》，商务印书馆，1914 年，第 151 页。
② 陆尔奎主编《辞源》，商务印书馆，1915 年，子第 323 页。
③ 〔美〕黎查德迪·伊利：《经济学概论》，熊崇煦、章勤士译，商务印书馆，1910 年，第 155 页。
④ 胡祖同编《经济概要》，商务印书馆，1914 年，第 151 页。
⑤ 柯柏年、吴念慈、王慎名合编《经济学辞典》，南强书局，1933 年。
⑥ 国立编译馆编订《经济学名词（教育部公布）》，正中书局，1945 年，第 24 页。

十　利润（Profit）

中国古代"利润"一词是指"盈利，利益"，在汉代就已经出现。[①]

1822年，马礼逊《华英字典 6》将 Profit 译为"利钱，利息"。[②] 1868年，邝其照编《字典集成》将 Profit 译为"所赚之利钱"，1875年，邝其照又将 Profit 译为"所赚之利钱，利钱"。[③]

1880年，中国第一部经济学理论著作《富国策》的卷二第五章为"论利息"，它的英文原文为 Profits，[④] 因原著并没有将"资本家"和"企业家"分开，故《富国策》未区分"利息"与"利润"。1885年，傅兰雅译《佐治刍言》以"有资本人"（企业家）获得"利息"指代企业家得"利润"。[⑤] 1886年，艾约瑟译《富国养民策》指出："资本主分得之财为利银"。[⑥] 这里以"资本主"指代"企业家"，以"利银"意指"利润"。1900年，卫理、王汝骕合译《工业与国政相关论》指出："应得之财，如租钱、余利、利息、工钱等，皆需从售货之值而来也。但欲将所生出来之货财细细分派，使地主、资本家、管事人、工人各得应得之分数，又属最难之事。"[⑦] 结合书中其他论述分析可知，"资本家"获得"利息"，"管事人"获得"余利"。总之，在日本经济学术语影响中国之前，中国学术界以"利息""利银""余利"等术语对译 Profit，没有使用"利润"。

19世纪末，日本经济学术语"利润"传到中国。1898年，吉井东一著，山本宪译《农业保险论》指出："生命保险公司利润，谓扣除与死者遗族及被保人契约期满者金额若干，公司营业间所须费额若干，所充

---

①　罗竹风主编《汉语大词典》（第二卷），上海辞书出版社，2011年，第640页。

②　〔英〕马礼逊：《华英字典 6》（影印版），大象出版社，2008年，第339页。

③　邝其照编《字典集成》（影印版），商务印书馆，2016年，第80、198页。

④　〔英〕法思德：《富国策》卷二，汪凤藻译，京师同文馆，1880年，第五章第21页；Henry Fawcett, *Manual of Political Economy*, London：Macmillan and Co., 1876, p. 157.

⑤　〔英〕傅兰雅译《佐治刍言》，上海书店出版社，2002年，第102页。

⑥　〔英〕哲分斯：《富国养民策》，〔英〕艾约瑟译，总税务司署，1886年，第六章第四十一节。

⑦　〔英〕司坦离·遮风司：《工业与国政相关论》（下卷），〔美〕卫理、王汝骕合译，江南制造局，1900年，第四章第3页。

保险常备金额若干，贮积金若干之外，所余金是也。"① 这里的"利润"是指公司的盈利，这可能是中国近代首次出现该词。1901 年，《财政四纲》中出现了"利润"。② 1902 年，和田垣谦三著《经济教科书》第四编第五章为"利润"，和田垣谦三指出："利润者，谓起业之人所得之报酬也。" 它包括起业家的赁金（工资）和所冒危险的报酬。③ 这可能是中国近代第一个对"利润"的解释。1903 年，持地六三郎著《经济通论》卷四第五章为"论利润"。1910 年，熊崇煦、章勤士译，美国黎查德迪·伊利著《经济学概论》第二编第三部第五章为"利润分配及组合"。

日语词"利润"在中国的传播过程中，遇到了"赢""赢利""利益"等词的竞争。1902 年，严复译《原富》以"赢"和"赢利"译 Profits。④ 同年，嵇镜译，天野为之著《理财学纲要》第二编第二章为"赢"，嵇镜采纳了严复译名，以"赢"代称"利润"。⑤ 1903 年，汪荣宝、叶澜编《新尔雅》解释"赢"为"出资本者所得，谓之赢"。⑥ 同年，吴启孙译，天野为之著《理财学讲义》有一章为"论赢利"，吴启孙以"赢利"代表"利润"。⑦ 1903 年，作新社编译《最新经济学》第三编第五章为"企业利益或利润"，⑧ 这里将"利益"和"利润"二词看成含义相同。

中华民国成立后，1913—1914 年，民国教育部审定贺绍章编《经济大要》、胡祖同编《经济概要》为"中学校教科书"，两书均使用"利润"作为一章的名称，《经济概要》还将"利润"注译为 Profit。⑨ 至此，经济学术语"利润"一词基本形成。

---

① 〔日〕吉井东一：《农业保险论》，〔日〕山本宪译，《农学报》第 44 期，1898 年，第 8 页。
② 钱恂编译《财政四纲》，在日本自刊，1901 年，"国债"第 22 页。
③ 〔日〕和田垣谦三：《经济教科书》，广智书局翻译出版，1902 年，第四编第 5 页。
④ 〔英〕亚当·斯密：《原富》，严复译，商务印书馆，1981 年，第 42、81 页；〔英〕亚当·斯密：《国富论》（英文），上海世界图书出版公司，2010 年，第 61 页。
⑤ 〔日〕天野为之：《理财学纲要》，嵇镜译，文明书局，1902 年，第 24 页。
⑥ 汪荣宝、叶澜编《新尔雅》，民权社，1903 年，第 42 页。
⑦ 〔日〕天野为之：《理财学讲义》，吴启孙译，文明书局，1903 年，第 81 页。
⑧ 作新社编译《最新经济学》，作新社，1903 年，第 203 页。
⑨ 贺绍章编《经济大要》，商务印书馆，1913 年；胡祖同编《经济概要》，商务印书馆，1914 年，第 153 页。

1915 年，《辞源》解释 "利润" 为："一、分润之意，《北史》：'亲姻皆求利润。' 二、日本于营业所得除费用外之利益谓之利润。"① 《辞源》将 "利润" 新义看成日本词语。1925 年，臧启芳主张将 Profit 译为 "赢益"，他认为日语词 "利润" 容易与 "利息" 想混，而 "'赢益' 二字显有经营获利之意，又不与 '利息' 想混"，让人一见即知是企业家而非资本家的报酬。② 臧启芳主张的 "赢益" 从词义的准确性上看应是优于 "利润"，不过一词的流行不仅要看它是否准确达意，还要看其语言影响力。1938 年，《辞海》指出，利润 "一称赢益或赢利"。这里指出了 "利润" 的替代词 "赢益" 或 "赢利"，却没有说明 "利润" 来自日本，③ 此时的 "利润" 已经本土化了。

"利润" 与英文完成对译经历了相当长时期。1907 年，《商务书馆英华新字典》将 Profit 译为 "利息，利益，益"。④ 1908 年，《新译英汉辞典》将 Profits 译为 "利，利得，利益，利分"。⑤ 这两个英汉辞典均没有出现 "利润"。1910 年，熊崇煦、章勤士译，黎查德迪·伊利著《经济学概论》将 "利润" 对译为 Profit。⑥ 1941 年，民国教育部组织 32 位专家审定：Profit 译为 "利润；利益"。⑦ 这里审定了 "利润" 和 "利益" 均可以对译 Profit。

综上所述，中国古代有 "利润" 一词，但其含义与现代 "利润" 不同。在 19 世纪，中国学术界以 "利息" "利银" "余利" 等术语对译 Profit。19 世纪末，日本经济学术语 "利润"（Profit）传到中国，在其传播过程中，遇到了中国本土 "赢" "赢利" "利益" 等词的竞争，日语词 "利润" 最后胜出。在 1914 年左右，中国经济学术语 "利润"（Profit）基本形成。

---

① 陆尔奎主编《辞源》，商务印书馆，1915 年，子第 323 页。
② 〔美〕韩讷：《经济思想史》，臧启芳译，商务印书馆，1925 年，"名词商榷" 第 9—10 页。
③ 舒新城等主编《辞海》戊种，中华书局，1938 年，子集第 390—391 页。
④ 商务印书馆编《商务书馆英华新字典》，商务印书馆，1907 年，第 403 页。
⑤ 《新译英汉辞典》，群益书社，1908 年，第 726 页。
⑥ 〔美〕黎查德迪·伊利：《经济学概论》，熊崇煦、章勤士译，商务印书馆，1910 年，第二编第 29—30 页。
⑦ 国立编译馆编订《经济学名词（教育部公布）》，正中书局，1945 年，第 39 页。

第六节 "产业"等术语的形成

本节论述产业类主要术语的形成，包括产业、工业、轻工业、重工业、农业、商业、贸易、城市，共8个术语的形成。

一 产业（Industry）

中国古代"产业"一词的含义有二：（1）私人财产，如田地、房屋、作坊等；（2）生产事业，《史记·苏秦列传》："周人之俗，治产业，力工商，逐十二以为务。"① 这里的"产业"就是指生产事业，这一含义与今义"产业"基本相同。

1822年，马礼逊《华英字典6》将Industry译为"勤俭"。② 1866—1869年，罗存德编《英华字典》将Industry译为"百工，百艺"。③ 1868年和1875年，邝其照两次编的《字典集成》均将Industrious译为"敏捷、勤力、尽心"，无Industry一词。④

1880年，汪凤藻译《富国策》指出："自国法大定，革封建之制，创一统之朝，人皆克保其身家，安据其产业，而地主租户始以市道相交。"⑤ 这里的"产业"是指私人财产。1885年，傅兰雅译《佐治刍言》第十六、十七、十八章的标题分别为"论保护产业""论保护产业所生之利""论平分产业之弊"。⑥ 该书里的"产业"也是指私人财产。以上二书均以"产业"指财产，它是中国传统"产业"的第一义。1885年，《申报》刊载有"产业"一词的文献148篇，其含义均是"财产"之意，⑦ 说明"产业"指代"财产"是中国近代的通常用法。

1902年，严复所译《原富》中，以"百工""工"等词译英文 In-

---

① 参见何九盈等主编《辞源》（第三版），商务印书馆，2015年，第2785页。
② 〔英〕马礼逊：《华英字典6》（影印版），大象出版社，2008年，第228页。
③ R. W. Lobscheid, *English and Chinese Dictionary：With the Punti and Mandarin Pronunciation：Part I*, Hong Kong, 1866, p. 1017.
④ 邝其照编《字典集成》（影印版），商务印书馆，2016年，第62、180页。
⑤ 〔英〕法思德：《富国策》卷二，汪凤藻译，京师同文馆，1880年，第三章第6页。
⑥ 〔英〕傅兰雅译《佐治刍言》，上海书店出版社，2002年，第66—71页。
⑦ "中国近代报刊数据库"《申报》。

dustry（工业）。① 他又以"民功"译 Industry（产业）。②

19 世纪末，日语术语"产业"一词传入中国。1896 年 8 月 29 日，古城贞吉在《时务报》发表的译文指出，美国共和党政策，"于外国货品抽其课税，以奖励诱起本国之产业，并以补度支之不足，且为本国产业家担保市场衡平"。③ 这里的"产业"是指生产事业。1897 年，古城贞吉又在《时务报》第 22 册发表《英领事论俄产业》，这里的"产业"也是指生产事业。其后，《财政四纲》《农业经济篇》等书均使用了现代"产业"。

1902 年 3 月，梁启超在《论民族竞争之大势》中指出，俄国"排斥外国商品，然其国内新工业仍不能起，惟旧式产业愈益繁昌耳"。④ 说明中国人开始使用现代"产业"。1913—1914 年，民国教育部审定贺绍章编《经济大要》、胡祖同编《经济概要》为"中学校教科书"，两书均使用产业组合、产业革命、产业同盟等词，《经济概要》还将"产业同盟"注译为 Industrial Combination。⑤ 至此，经济学术语"产业"（Industry）基本形成。

关于"产业"的含义及其演变。1902 年 12 月，和田垣谦三著《经济教科书》指出："以制作人工财为目的，而从事于斯者，其行动曰生产。""实行生产者之谓产业。"产业分为实物产业和无形产业两类。实物产业又分为土地产业、工业、商业，土地产业又分为采集业、农业；无形产业又分为医业、学术、教育等业。⑥ 这是传入中国的第一个对"产业"的解释和分类。1929 年 11 月，吴念慈等编《新术语辞典》列有"产业"（Industry）一词，其释义为："广义地说，'产业'是以人类劳力来把自然资源造成商品之历程。狭义地说，'产业'是指一国之产业

---

① 〔英〕亚当·斯密：《原富》，严复译，商务印书馆，1981 年，第 79、424、14 页；〔英〕亚当·斯密：《国富论》（英文），上海世界图书出版公司，2010 年，第 59、383、11 页。
② 〔英〕亚当·斯密：《原富》，严复译，商务印书馆，1981 年，第 369—371 页；〔英〕亚当·斯密：《国富论》（英文），上海世界图书出版公司，2010 年，第 325—327 页。
③ 〔日〕古城贞吉译《美国共和党宣论新政》，《时务报》第 3 册，1896 年 8 月 29 日。
④ 梁启超：《饮冰室合集·文集》（第 4 册），中华书局，1989 年，总第 877 页。
⑤ 贺绍章编《经济大要》，商务印书馆，1913 年，第 30 页；胡祖同编《经济概要》，商务印书馆，1914 年，第 75 页。
⑥ 〔日〕和田垣谦三：《经济教科书》，广智书局翻译出版，1902 年，第二编第 2 页。

活动的单一的专门领域或部分——如钢铁产业，铁道产业等。"①

关于"产业"与英文的对译，1908 年，《新译英汉辞典》将 Industry 译为"工业，产业"。② 这里将"产业"与 Industry 完成了对译。1934 年，何士芳编《英汉经济辞典》将 Industry 译为"实业、工业"，却没有译成"产业"。1941 年，民国教育部组织 32 位专家审定：Industry 译为"工业；产业"。③

综上所述，中国古代有"产业"一词，它有私人财产、生产事业两个含义，中国近代本土往往使用它的第一个含义。19 世纪末，日语术语"产业"（Industry）传入中国，20 世纪初，中国人开始使用日语术语"产业"，在 1914 年左右，经济学术语"产业"（Industry）在中国基本形成。

二 工业（Industry）

（一）中国传统以"工艺"等词指代工业

中国传统的"工"的含义有工具，精巧，擅长，技艺劳动者，工夫，工作岗位，等等；④"业"的含义有学业，基业、功业，家业、资产，事务、职业，以……为业，开始，继承，依次，等等。⑤ 中国古代也有"工业"合用者，它是"工"与"业"二词的组合，其含义要根据具体语境进行解读。中国古代没有现代"工业"一词。

1822 年，马礼逊《华英字典 6》将 Industry 译为"勤俭"。⑥ 1866—1869 年，罗存德编《英华字典》将 Industry 译为"百工，百艺"，将 Art 译为"工业"。⑦ 1868 年和 1875 年，邝其照两次编的《字典集成》均将 Industrious 译为"敏捷、勤力、尽心"，无 Industry 一词，将"工"译为 Artificers（技师），无"工业"一词。⑧

---

① 吴念慈、柯柏年、王慎名编《新术语辞典》，南强书局，1929 年，第 335 页。

② 《新译英汉辞典》，群益书社，1908 年，第 492 页。

③ 国立编译馆编订《经济学名词（教育部公布）》，正中书局，1945 年，第 22 页。

④ 罗竹风主编《汉语大词典》（第二卷），上海辞书出版社，2011 年，第 951 页。

⑤ 罗竹风主编《汉语大词典》（第四卷），上海辞书出版社，2011 年，第 1168 页。

⑥ 〔英〕马礼逊：《华英字典 6》（影印版），大象出版社，2008 年，第 228 页。

⑦ R. W. Lobscheid, *English and Chinese Dictionary*: *With the Punti and Mandarin Pronunciation*: *Part Ⅰ*, Hong Kong, 1866, pp. 1017, 89.

⑧ 邝其照编《字典集成》（影印版），商务印书馆，2016 年，第 62、180、256 页。

在 19 世纪，中国往往以"工业"指工作、劳工，以"工艺"指现代"工业"。

首先，以"工业"指工作、劳工。1885 年 11 月 3 日，《申报》报道，美国土人驱逐华工，美国总统令"将军设法妥办狐鸣省矿役之乱，查究匪类，以保护华人工业云"，[①] 此处"工业"是指工人的工作。1887 年 6 月 14 日，《申报》刊登《中国先睡后醒论》，指出："中国一经设立制造、开矿、建铁路，则闲散之人必能各有工业可做，此法比移民垦荒更臻妥善。"[②] 1900 年，卫理、王汝骈合译《工业与国政相关论》的原著为 W. S. Jevons, *The State in Relation to Labour*, 1882。《工业与国政相关论》以"工业"译 Labour，这里的"工业"不是现代汉语的"工业"，而是"工人职业"，即"劳工"之意，该书以"工业"指代"劳动、劳工"，以"工人"指代"劳动者"。[③] 《工业与国政相关论》是传入中国的第一部劳工问题专著。

其次，以"工艺"指现代"工业"。1892 年 8 月 19 日，薛福成指出："中国欲振兴商务，必先讲求工艺。讲求之说，不外二端，以格致为基，以机器为辅而已。"[④] 1896 年，陈炽在《续富国策》一书的卷三《工书》中，列有"劝工强国说""工艺养民说"等目，他以"工""工艺"指称现代"工业"一词。[⑤]

1898 年 6 月 26 日，康有为上奏《请励工艺奖创新折》，奏请光绪帝将中国"定为工国而讲求物质"，当今"已入工业之世界矣"，当下明诏"奖励工艺"，对于"寻新地而定边界、启新俗而教苗蛮、成大工厂以兴实业、开专门学以育人才者，皆优与奖给"。[⑥] 康有为在此将工艺、工业、物质、实业等词混同使用。

---

① 《华人被害》，《申报》1885 年 11 月 3 日，第 2 版。

② 《中国先睡后醒论》，《申报》1887 年 6 月 14 日，第 1 版。

③ 〔英〕司坦离·遮风司：《工业与国政相关论》（上卷），〔美〕卫理、王汝骈合译，江南制造局，1900 年，第一章第 1—2 页。

④ 参见马忠文等编《中国近代思想家文库·薛福成卷》，中国人民大学出版社，2014 年，第 422 页。

⑤ 《续富国策》卷三《工书》，赵树贵等编《陈炽集》，中华书局，1997 年，第 199、228 页。

⑥ 《请励工艺奖创新折》，赵靖、易梦虹主编《中国近代经济思想资料选辑》（中册），中华书局，1982 年，第 130—133 页。

1901 年 7 月 20 日，张之洞等向清廷提出了采用西法的 11 条建议，包括修农政，劝工艺，定矿律、路律、商律、交涉刑律，用银元，行印花税，推行邮政，官收洋药，多译东西各国书等，[①] 这是清末新政的实施纲领，"劝工艺"就是指发展工业。

（二）日语术语"工业"传入中国

日本在 19 世纪 70 年代初已经形成现代"工业"一词，不久，该词即传入中国。1877 年，《万国公报》（周刊）第 9 卷第 431 期刊登《论工业制造之利》。"横滨新闻：《论工业制造之利》曰：造船、制器、制系（日文，丝）、开矿等业，皆现今政府经着手者也，苟有人民结社担当，欲请政府保护，以营其业者，则政府固当无不许矣。其他细小工业极多，至若输入他国未制之物为加制造以输出之，则是真所谓无尽藏者也。有志于财政者，不可不察也。"[②] 这段话的主要词语为日语汉字词。这可能是日语词"工业"首次传入中国。

1884 年，驻日外交官姚文栋编译《日本地理兵要》提到："民之福其最大者三：一曰壤地丰饶，二曰工业振兴，三曰国政公平。"[③] 1887 年 10 月 28 日，《申报》刊登日本新闻说："刻下日人于商务非常讲究……观东京上野公园地内开设之工业博览会，其陈列物品何等精巧，皆模造外国形色，而其价远逊于外国，此商业扩充之明证也。"[④] 1893 年 9 月，蔡尔康在《万国公报》（月刊）发表的《书〈清国通商综览〉后》提到："第六门曰生业，一章工业，二章农业，三章蚕丝业，四章渔业，五章牧畜业，六章山林业，七章外国贸易。"[⑤] 蔡尔康在此引进的日文将"工业"看成"生业"（生产事业）的一个部门，且同农业、渔业、林业、外国贸易等并列，"工业"一词的含义比前边两处语料清楚得多。

甲午中日战争后，日语词"工业"更以多种渠道大量输入中国。1896—1897 年，古城贞吉在《时务报》发表的译文中就经常提到"工业"一词。如，1897 年，古城贞吉在《时务报》发表译自日文的《论日

---

① 参见苑书义等主编《张之洞全集》（第 2 册），河北人民出版社，1998 年，第 1439 页。
② 《论工业制造之利》，《万国公报》（周刊）第 9 卷第 431 期，1877 年。
③ 转引自黄河清编著《近现代辞源》，上海辞书出版社，2010 年，第 265 页。
④ 《东瀛揽胜》，《申报》1887 年 10 月 28 日，第 13 版。
⑤ 铸铁庵主（蔡尔康）：《书〈清国通商综览〉后》，《万国公报》（月刊）第 56 期，1893 年。

本宜以工业为国本》，文中指出："煤者，西人称为工业之父也，""西人称水为工业之母。""将来大势所趋，必以工业为富国之本也。"文中又提到"工业物品""工业学徒法""工业试验局"。① 该文是日本工业化思想传入中国的标志。《时务报》为梁启超等维新派所主办，古城贞吉引入的"工业"一词和"工业为国本"的思想可能对梁启超、康有为较早使用"工业"一词和提出"定为工国"思想产生了影响。

1898 年，近代第一部日译汉著作《农业保险论》由《农学报》社出版，该书里有"工业"一词。以此为标志，大量日译汉著作的"工业"相继输入中国。1901 年 5 月至 1902 年 2 月，《湖北商务报》连载其翻译的日本法学士清水泰吉《商业经济学》一书就有大量的"工业"。在第二编第三款"商品生产"一节中就有工业国、农工业国、家内工业、工场工业、手工业、机器工业等由"工业"构成的词组。②

（三）中国人使用现代"工业"一词

1898 年，康有为编《日本书目志》第八卷就是"工业门"。1898 年6 月 26 日，康有为上奏《请励工艺奖创新折》，奏请光绪帝将中国"定为工国而讲求物质"，当今"已入工业之世界矣"，应下明诏"奖励工艺"，对于"寻新地而定边界、启新俗而教苗蛮、成大工厂以兴实业、开专门学以育人才者，皆优与奖给"。③ 1899 年 6 月 28 日，梁启超在《论中国人种之将来》一文中仿效日本文体，指出："白种人以垄断之手段，促工业之进步，其意殆欲使全世界需用之物品，悉成于白种人之手。"④

1899 年 8 月 28 日，《申报》在《轫设劝工场议》一文中指出："是欲兴商务而不能使工业日异月新，是犹无本之泉，其涸可立而待，甚非计之得者也。仆不佞窃以为纺纱织布开矿炼钢其工程之巨，且艰者固宜锐意专兴以资富国，即下而至于一草一木，半粟半丝，凡有可以浚利源者，当办无不尽力为之，以收一篑为山之效，然则兴工业也，岂非握商

---

① 〔日〕古城贞吉译《论日本宜以工业为国本》，《时务报》第 27 册，1897 年。
② 〔日〕清水泰吉《商业经济学》，《湖北商务报》第 89 册，1901 年，第 22—23、27 页。
③ 《请励工艺奖创新折》，赵靖、易梦虹主编《中国近代经济思想资料选辑》（中册），中华书局，1982 年，第 130—133 页。
④ 梁启超：《饮冰室合集·文集》（第 2 册），中华书局，1989 年，总第 257 页。

政之本源者欤。顾或者曰，中国曷尝无工业哉！"①

1902 年，严复所译《原富》中，以"工业"一词译英文 Manufacture，以"百工、工"译英文 Industry。② 严复使用的"工业"一词已经接近现代"工业"，但它还不是现代"工业"，从以"百工、工"译英文 Industry 分析，严复采纳了罗存德的译法，还没有接受日本译法。

1904 年 1 月，清政府颁布的奏定中等、高等农工商实业学堂章程规定设立"中等工业学堂"，"令已习高等小学之毕业生入焉；以授工业所必需之知识技能，使将来实能从事工业为宗旨；以各地方人工制造各种器物日有进步为成效"。又规定设立"高等工业学堂"，"令已习普通中学之毕业生入焉；以授高等工业之学理技术，使将来可经理公私工业事务，及各局厂工师，并可充各工业学堂之管理员教员为宗旨；以全国工业振兴，器物精良，出口外销货品日益增多为成效"。③ 章程规定了中等、高等工业学堂的办学宗旨和培养目的，作为法规，它的公布和施行是"工业"一词得以普及的关键。

1913 年 8 月，民国教育部审定贺绍章编《经济大要》指出，从经营事业方面可分为三种经济，"征贱鬻贵，从事贸易者，谓之商业经济；操机执械，从事制造者，谓之工业经济；春耕秋获，从事种植者，谓之农业经济"。④ 1914 年 10 月，民国教育部审定胡祖同编《经济概要》指出，生产主要分为三种，"主变财之性质者，是为农业，如种棉而获棉花是已；主变财之形体者，是为工业，如纺棉而成纱，织纱而成布是已；主变财之位置者，是为商业，如转输棉花，买卖棉纱，贩鬻棉布是也"。⑤ 这两本官方认定的教科书均将农业、工业、商业三种产业进行对比解释，含义明确，标志着现代"工业"一词已经形成。

（四）"工业"的含义及其与西文的对译

关于"工业"的含义，1902 年 12 月，和田垣谦三《经济教科书》

---

①　《轫设劝工场议》，《申报》1899 年 8 月 28 日，第 1 版。

②　〔英〕亚当·斯密：《原富》，严复译，商务印书馆，1981 年，第 79、424、14 页；〔英〕亚当·斯密：《国富论》（英文），上海世界图书出版公司，2010 年，第 59、383、11 页。

③　参见舒新城编《中国近代教育史料》（中），人民教育出版社，1961 年，第 760、769 页。

④　贺绍章编《经济大要》，商务印书馆，1913 年，第 7 页。

⑤　胡祖同编《经济概要》，商务印书馆，1914 年，第 37 页。

认为，产业分为实物产业和无形产业两类，实物产业又分为土地产业、工业、商业，土地产业又分为采集业、农业。关于"工业"的定义，他指出："制造土地产业之物，以长人类欲望之有用性质者。中又分为制造业，手工二类。"① 这可能是传入中国的第一个对"工业"的解释。

1907 年 10 月，日本法学博士清水澄著，张春涛、郭开文译《法律经济辞典》对"工业"的解释是："工业者，加工于生产物而应社会需用之谓也。"② 这是中国近代汉语辞典中第一个对"工业"的解释。1933 年 11 月，柯柏年等合编《经济学辞典》解释"工业"为："狭义的工业，是指原料的加工部门（变化及精制）而言，广义言之，就包含矿业在内。"工业部门分为制造生产手段的部门和制造消费财的部门。③ 这是中国经济学辞典第一次对"工业"的解释，它强调了工业的"原料加工"特点。1937 年，周宪文主编《经济学辞典》将"工业"解释为："狭义的工业，即指从事原料加工（变造及精制）之生产事业而言。……广义之工业，则包容原始产业之矿业。"工业可分为必需品工业与奢侈品工业，半制品工业与全制品工业，内国品工业与输出品工业，重工业与轻工业，等等。④ 该定义对工业的分类进行了详尽的解释。

关于"工业"与西文的对译，1907 年，《商务书馆英华新字典》将 Industry 译为"工业，百工，工艺，勤勉"。⑤ 该字典是对过去马礼逊、罗存德和新的日语译法的综合。1908 年，《新译英汉辞典》将 Industry 译为"工业，产业；勤勉，勉强"。⑥ 1910 年 12 月，熊崇煦等译伊利著《经济学概论》对译了工业时代与 Industrial Stage、工业革命与 Industrial Revolution、工业之船长与 Captain of Industry、幼稚工业保护主义与 Protection-to-infant-industries Argument。⑦ 以"工业的"对译 Industrial，以

---

① 〔日〕和田垣谦三：《经济教科书》，广智书局翻译出版，1902 年，第二编第 2 页。
② 〔日〕清水澄：《法律经济辞典》，张春涛、郭开文译，王沛点校，上海人民出版社，2014 年，第 15 页。
③ 柯柏年、吴念慈、王慎名合编《经济学辞典》，南强书局，1933 年，第 302 页。
④ 周宪文主编《经济学辞典》，中华书局，1937 年，第 35 页。
⑤ 商务印书馆编《商务书馆英华新字典》，商务印书馆，1907 年，第 267 页。
⑥ 《新译英汉辞典》，群益书社，1908 年，第 492 页。
⑦ 〔美〕黎查德迪·伊利：《经济学概论》，熊崇煦、章勤士译，商务印书馆，1910 年，第一编第 19、27 页，第二编第 32 页，第三编第 38 页。

"工业"对译 Industry。1934 年，何士芳编《英汉经济辞典》将 Industry 译为"实业、工业"，并列有实业组织、实业革命、实业预备军等词。[①] 1941 年，民国教育部组织 32 位专家审定：Industry 译为"工业；产业"。[②]

综上所述，中国古代有"工业"复合词，其含义与现代"工业"不同，在 19 世纪，中国以"工艺"等词指代"工业"，同时日语术语"工业"（Industry）传入中国，受日语术语"工业"影响，中国人在 19 世纪末开始使用现代"工业"，在其传播过程中，虽然也遇到了"工艺""百工"等词的竞争，但因清政府官方文书使用现代"工业"，日语术语借词"工业"很快在中国传播开来，在 1914 年左右，经济学术语"工业"（Industry）在中国基本形成。

（五）"手工业"一词的形成

中国古代无"手工业"一词。中国近代出现的"手工业"为工业一词的派生词。

1822 年，马礼逊《华英字典 6》将 Handicraft 译为"手工"。[③] 该词已经接近"手工业"一词。

20 世纪初，日语术语"手工业"一词传入中国。1901 年，《商业经济学》指出："各国工业史，手工业第一著发达，而后机器工业代之。"[④] 1903 年 2 月，王宰善编的《普通经济学教科书》指出，机械也会带来危害，如"手工业者，致失其职业"。[⑤] 这里出现了"手工业者"一词。1910 年 9 月，何福麟编译，日本东亚同文会编《中国经济全书》以"手工业者"为全书常用词。[⑥]

1914 年，民国教育部审定胡祖同编《经济概要》为"中学校教科书"，该书指出"机械足以夺手工业者之职业"。[⑦] 在 1914 年左右，经济学术语"手工业"（Handicraft）在中国初步形成。

1929 年 11 月，吴念慈等编《新术语辞典》列有"手工业"（Handi-

---

① 何士芳编《英汉经济辞典》，商务印书馆，1934 年，第 100 页。
② 国立编译馆编订《经济学名词（教育部公布）》，正中书局，1945 年，第 22 页。
③ 〔英〕马礼逊：《华英字典 6》（影印版），大象出版社，2008 年，第 199 页。
④ 〔日〕清水泰吉：《商业经济学》，《湖北商务报》第 89 期，1901 年，第 27 页。
⑤ 王宰善编《普通经济学教科书》，开明书店，1903 年，第 49 页。
⑥ 日本东亚同文会编《中国经济全书》，何福麟编译，日本经济学会，1910 年，第 120 页。
⑦ 胡祖同编《经济概要》，商务印书馆，1914 年，第 67 页。

craft)、"手工业时代"（Handicraft Stage）、"手工业者"（Handicrafts'man）、"工场手工业"（Manufacture）四词。该辞典解释"手工业"为："是借手以运用简单的工具而从事生产之产业，它是工业底最原始的样式。"① 以此书为标志，中国近代经济学术语"手工业"（Handicraft）一词基本形成。

三 轻工业（Light Industry）、重工业（Heavy Industry）

1929年4月，何汉文编《中国政治经济概况》的第一章为"中国的工业状况"。其中，第二节为"中国的轻工业"，叙述了中国的纺织工业状况；第三节为"中国的重工业"，叙述了中国煤炭、钢铁业状况。②

同年6月，高希圣、郭真等编《社会科学大辞典》列有"轻工业""重工业"词条，其释义为："重工业是指冶金工业及采矿工业。重工业是别于轻工业而言的。轻工业最主要是指纤维工业（木棉织物）。"③

1929年9月，郭真编《中国资本主义史》第三章第一部分为"重工业"，但全书没有"轻工业"一词。④ 同年9月7日，《大公报》（天津）发表社评《奖励轻工业之必要》，文中指出，我国"大工业既已无产生之可能，则利用土产原料，以图发展轻工业，或尚不失为脚踏实地之一策"。这里将"大工业"与"轻工业"相对称，文中又将化学工业认作轻工业之一。⑤ 同年11月，雷林《民族轻工业的前途》一文发表在共产党人主办的《新思潮》第1期上，文中的"轻工业"主要指纺织工业。⑥

1929年11月，吴念慈等编《新术语辞典》列有"轻工业""重工业"二词，其释义为："轻工业（Light Industry）是指纺织工业等，以别于'重工业'（重工业是指冶金工业，矿业等）。"又指出："重工业（Heavy Industry）是指矿业工业，冶金工业等，以别于'轻工

---

① 吴念慈、柯柏年、王慎名编《新术语辞典》，南强书局，1929年，第224、175页。
② 何汉文编《中国政治经济概况》，中央陆军军官学校政治训练处，1929年，第9、41页。
③ 高希圣、郭真等编《社会科学大辞典》，世界书局，1929年，第429页。
④ 郭真编《中国资本主义史》，平凡书局，1929年，第43页。
⑤ 《奖励轻工业之必要》，《大公报》（天津）1929年9月7日，第2版。
⑥ 雷林：《民族轻工业的前途》，《新思潮》第1期，1919年11月。

业是指纺织工业等）。"① 该辞典在含义解释上与前述《社会科学大辞典》相似，但它将"轻工业""重工业"与英文进行了对接。

上述六条资料均是出现在 1929 年，说明该年是"轻工业""重工业"二词形成的重要时间段。

1930 年 2 月，樊仲云在《三十年头之国际形势与中国革命的出路》一文中指出："日本以轻工业粗制品为多，而英美各国以重工业精制品为多。我国工业在开始发展中，当然为轻工业粗制品，正与日本立于竞争地位。"②

1931 年 9 月 26 日，《申报》刊登的《全国路市会议决议案》指出，关于工业设立位置，"大略言之，小工业、轻工业以及含有地方性之工业，势必设置于市内，而大工业及笨重工业，则类可设于市外"。③ 这是《申报》最早提到"轻工业""重工业"。

1933 年 7 月，《申报月刊》的《新辞源》栏目刊登了"重工业""轻工业"的解释，文中指出："重工业（Heavy Industry）是指工业中生产'生产工具'的部门而言，如电气、煤铁、五金、铁路、机器制造业等均是。重工业是每个国家国民经济之命脉，每国工业化的程度，均以重工业的发展为衡，资本主义列强及社会主义之苏联，均孜孜致力于重工业的建设，盖重工业的发展，不仅足以变化国家经济的基础，增加国家的收入，而且与本国国防力亦息息相关的。"又说："轻工业（Light Industry）是指某国工业中之生产消费品的部门而言，如纺织品、化妆品、食料及日用消费品等均是。这种工业在国民经济中并没有起决定的作用，一国若果没有重工业的发展，而只从事于轻工业的建设，它在经济上必须依赖于人，而且把自身沦于资本主义国家的殖民地、半殖民地的或保护国的悲境。"④

1933 年 11 月，柯柏年等合编《经济学辞典》列有"重工业""轻工业"词条，其释义为："大体上，凡工业所生产的财货对于容积而重量

---

① 吴念慈、柯柏年、王慎名编《新术语辞典》，南强书局，1929 年，第 472、487 页。
② 樊仲云：《三十年头之国际形势与中国革命的出路》，《新生命》第 3 卷第 2 号，1930 年 2 月，第 15—16 页。
③ 《申报》1931 年 9 月 26 日，第 17 版。
④ 《新辞源：重工业、轻工业》，《申报月刊》第 2 卷第 7 号，1933 年 7 月。

较大的场合（结局就是以铜铁等矿物为直接原料的工业），其系列的工业部门总称为'重工业'；反之其生产的财货对于容积而重量较小的工业，则总称为'轻工业'。"[①]

　　1935年7月，马寅初在演讲中分析了中国工业发展方针，他认为，中国工业化应提倡轻工业，是"因为各种重工业需要资本很大，并须有很精良的专门技术，如果是样样都要举办，以中国的力量，实一时不易办到"。因此，"除了国防需要的重工业必须举办外，要从轻工业先行办起"。[②] 这里将"轻工业""重工业"作为研究中国工业方针的关键词，说明二词已经在中国扎根。

　　从日本国立国会图书馆公开的电子文献资料检索可知，日本图书目录在1905年出现一次"重工业"，之后直到1924年，"重工业"才开始连续出现，日本"重工业"先于中国出现。但是，日本"轻工业"或"轻工业、重工业"对偶词在1930年才出现。而中国在1929年已经大量出现了"轻工业""重工业"二词。另外，在"工业"一词形成后，Light和Heavy在中国早已经译成"轻"与"重"，[③] Light Industry译成"轻工业"，Heavy Industry译成"重工业"，并不困难。因此，语言学者认为"轻工业""重工业"为日语术语借词不成立。[④]

四　农业（Agriculture）

　　中国古代很早就有发达的农业，体现在文字上，"农"字在甲骨文中就已经出现。在先秦文献中，《论语》《孟子》《国语》《管子》等书中均出现了"农"字。中国传统的"农"有耕种、农夫、农事、农业、农家、勤勉等含义。除"农"字本身就有农业的含义外，"农事""农功"等词也指农业。中国古代也有"农"与"业"连用者，主要是指"以农为职业"，如《汉书·宣帝纪》本始四年诏："乐府减乐人，使归就农业。"[⑤] 这里的"农业"是指"农民"。

---

① 柯柏年、吴念慈、王慎名合编《经济学辞典》，南强书局，1933年，第621页。
② 《马寅初全集》（第九卷），浙江人民出版社，1999年，第1页。
③ 商务印书馆编《商务书馆英华新字典》，商务印书馆，1907年，第302、240页。
④ 刘正埮等编《汉语外来词词典》，上海辞书出版社，1984年，第288、407页。
⑤ 参见何九盈等主编《辞源》（第三版），商务印书馆，2015年，第4008页。

　　1822 年，马礼逊《华英字典 6》将 Agriculture 译为"耕田之事，稼穑之事"。① 1868 年和 1875 年，邝其照两次编的《字典集成》均将 Agriculture 译为"农事，稼穑"。②

　　1887 年 9 月 7 日，《申报》刊载一奏章说："连下大雨，河水盛涨，圩堤冲陷，早稻淹没，各等情均经臣批饬各该县：督率农业人等，设法防护圩堤，赶紧疏消积水，栽种晚稻杂粮，以资补救。"③ 1902 年，严复所译《原富》中，以"农业"一词译英文 Farmer，以"田功，农术"译英文 Agriculture。④ 以上二例均以"农业"指"农民"。

　　19 世纪末，日语术语"农业"传入中国。1887 年 7 月 7 日，《申报》的《东报译》提到日本大臣"到英国专究农业，访得有名老农……农业书籍绘之"。⑤ 1890 年 9 月 12 日，《申报》的《扶桑揽胜》提到日本计划通过《农业银行条例》。⑥ 1897 年，古城贞吉在《时务报》第 39 册发表译自日文的《中国拟留意农业》一文。1898 年，《农业保险论》由《农学报》在中国刊行。1901 年，《农业经济篇》也由《农学报》在中国刊行。其后，日译汉经济学著作里大都有"农业"一词。

　　19 世纪末 20 世纪初，中国人开始使用现代"农业"。1897 年，康有为编《日本书目志》有"农业门"。⑦ 1901 年 5 月 13、14 日，《申报》刊发的张謇著《变法平议》建议"集公司而兴农业"，兴办"农业学堂"。⑧ 1904 年 1 月，清政府颁布奏定初等、中等、高等农工商实业学堂章程，规定设立初等、中等、高等农业学堂，⑨ 农业学堂章程的公布和施行，是"农业"一词得以普及的关键。

　　1913 年 8 月，民国教育部审定贺绍章编《经济大要》指出："春耕

① 〔英〕马礼逊：《华英字典 6》（影印版），大象出版社，2008 年，第 20 页。
② 邝其照编《字典集成》（影印版），商务印书馆，2016 年，第 25、138 页。
③ 《光绪十二年七月十一日京报全录》，《申报》1887 年 9 月 7 日，第 12 版。
④ 〔英〕亚当·斯密：《原富》，严复译，商务印书馆，1981 年，第 543、6 页；〔英〕亚当·斯密：《国富论》（英文），上海世界图书出版公司，2010 年，第 490、3 页。
⑤ 《东报译》，《申报》1887 年 9 月 7 日，第 1 版。
⑥ 《扶桑揽胜》，《申报》1890 年 9 月 12 日，第 2 版。
⑦ 《康有为全集》（三），上海古籍出版社，1992 年，第 818 页。
⑧ 《张季直殿撰謇变法平议》，《申报》1901 年 5 月 13、14 日，第 3 版。
⑨ 参见舒新城编《中国近代教育史料》（中），人民教育出版社，1961 年，第 754、757、766 页。

秋获，从事种植者，谓之农业经济。"① 1914 年 10 月，民国教育部审定胡祖同编《经济概要》指出："主变财之性质者，是为农业，如种棉而获棉花是已。"② 这两本官方认定的教科书均将农业、工业、商业三种产业进行对比解释，含义明确，标志着现代"农业"一词已经形成。

关于"农业"的定义。1902 年 12 月，和田垣谦三著《经济教科书》认为，产业分为实物产业和无形产业两类，实物产业又分为土地产业、工业、商业，土地产业又分为采集业、农业。农业就是"专唤起自然力之行动，又诱导之，以作育动物植物"，分为耕作、牧畜两类。③ 这可能是传入中国的第一个对"农业"的解释。1915 年，《辞源》列有"农业"一词，其释义为："栽种蓄养有用之动植物，以生产人类所必须之物品者。"④ 1933 年 11 月，柯柏年等合编《经济学辞典》解释"农业"为："利用地力而从事有机的生产的经营或职业，这就叫'农业'。狭义的农业，是指耕种田园以栽培谷类和及蔬菜。广义的说，则畜牧、园艺、林业等也包含于其中。最广义地解释为自然的产业组合，就并矿业、水产业等也包含在内。"⑤ 这就对"农业"的三种含义进行了解释。

关于"粗放农业""集约农业"二词的出现，1901 年，《农业经济篇》提到："供用资本与劳力之度，从农法而各有多少，少者曰粗放农业，多者曰集约农业。""农业之组织，随国土而异。如日本农业为劳力之集约；英国农业为资本之集约。概言之，则未开之国土，行粗放之农业，文明之国土，行集约之农业。"⑥

关于"农业"与英文的互译，20 世纪初，"农业"与英文完成了对接。1907 年，《商务书馆英华新字典》将 Agriculture 译为"农事，耕植，稼穑，垦耕之法，农业"。⑦ 1908 年，《新译英汉辞典》将 Agriculture 译

---

① 贺绍章编《经济大要》，商务印书馆，1913 年，第 7 页。
② 胡祖同编《经济概要》，商务印书馆，1914 年，第 37 页。
③ 〔日〕和田垣谦三：《经济教科书》，广智书局翻译出版，1902 年，第二编第 2 页。
④ 陆尔奎主编《辞源》，商务印书馆，1915 年，酉第 172 页。
⑤ 柯柏年、吴念慈、王慎名合编《经济学辞典》，南强书局，1933 年，第 602 页。
⑥ 〔日〕今关常次郎：《农业经济篇》，〔日〕吉田森太郎译，《农学报》第 141 期，1901 年，第 2 页。
⑦ 商务印书馆编《商务书馆英华新字典》，商务印书馆，1907 年，第 12 页。

为"耕作，农事，农业"。① 1910 年，熊崇煦等译《经济学概论》以"农业时代"对译 Agricultural Stage。② 1941 年，民国教育部组织 32 位专家审定：将 Agriculture 译为"农业"。③ "农业"与英文完成了对译关系。

综上所述，中国古代没有固定的复合词"农业"，"农"与"业"合用的"农业"意指农民。在 19 世纪，中国人仍然以"农业"意指"农民"。19 世纪末 20 世纪初，日语术语"农业"大量传入中国，中国人很快接受了现代"农业"，在 1914 年左右，经济学术语"农业"（Agriculture）在中国基本形成。

五　商业（Commerce）

（一）中国传统"商业"流传到近代

中国在春秋战国时期就有"商""商人""商市"等与商业活动相关的词语，④ 但中国古代却无复音词"商业"，"商业"为近代形成的新词。中国传统中"商业"的意思是"商"和"业"，即从商的行业和职业。

1822 年，马礼逊《华英字典 6》将 Business 译为"事，事情，事体"；将 Commerce 译为"贸易之事，生理，生意，贸易，互相市易"；将 Trade 译为"贸易之事，生理，生意"。⑤ 1868 年，邝其照编的《字典集成》将 Business 译为"事干，生意"；将 Commerce 译为"贸易，通商"；将 Trade 译为"生意，事业，交易"。1875 年，邝其照又将 Commerce 译为"两国贸易，贸易，通商"。⑥

在 19 世纪，中国以"商业"意指从商的行业和职业。钟天纬指出：设立商会后，"遇有商务，许其直达有司，凡有益于中国商业，听其设法保护"。⑦ 1895 年，郑观应在《盛世危言》中指出："汉之卜式、桑宏

① 《新译英汉辞典》，群益书社，1908 年，第 23 页。

② 〔美〕黎查德迪·伊利：《经济学概论》，熊崇煦、章勤士译，商务印书馆，1910 年，第一编第 9 页。

③ 国立编译馆编订《经济学名词（教育部公布）》，正中书局，1945 年，第 2 页。

④ 罗竹风主编《汉语大词典》（第二卷），上海辞书出版社，2011 年，第 370—371 页。

⑤ 〔英〕马礼逊《华英字典 6》（影印版），大象出版社，2008 年，第 56、77、439 页。

⑥ 邝其照编《字典集成》（影印版），商务印书馆，2016 年，第 33、38、97、153 页。

⑦ 钟天纬：《扩充商务十条》，1883 年，第 74 页。

（弘）羊，莫不以商业起家而至卿相。"① 1896 年，陈炽在《续富国策》一书中指出："中国之商力衰矣，中国之商情屈矣，中国之商业无人矣。"② 以上三例中"商业"均是中国传统用法。

（二）日语术语"商业"传入中国与经济学术语"商业"的形成

19 世纪末，日语术语"商业"一词传入中国。1887 年 10 月 28 日，《申报》刊登日本新闻说："刻下日人于商务非常讲究……观东京上野公园地内开设之工业博览会，其陈列物品何等精巧，皆模造外国形色，而其价远逊于外国，此商业扩充之明证也。"③ 1896 年，古城贞吉在《时务报》第 8 册发表译自日文的《英国商业策》，文中记录了英国官员在"下议院陈政府振兴商业策数则"。④ 1899—1901 年，《湖北商务报》连载日本人汉译的《日本商律》，该书目录的第一编第五章为"商业簿记"，第六章为"商业使用人"。⑤ 1901 年 5 月至 1902 年 2 月，《湖北商务报》分 12 期（73—96 期，非连续）载其翻译的日本法学士清水泰吉《商业经济学》，"商业"成为该书关键词。

19 世纪末，中国人开始使用日语术语"商业"。1898 年，康有为《日本书目志》有"商业门"，其中书名含有"商业"者 38 种。⑥ 1899 年 6 月 28 日，梁启超在《论中国人种之将来》一文中指出："吾尝见我旅居海外之商人，其人未尝入商业学校，未尝经商会之讲求，而其举动行为，一切与商业学理暗合。"⑦

1902 年，严复所译《原富》中，以"商业"一词译英文 Wholesale trade（批发贸易），Wholesale Merchant（批发商人），Mercantile（商品）；以"贸易"译英文 Commerce。⑧

---

① 夏东元编《郑观应集·盛世危言》（下），中华书局，2013 年，第 377 页。
② 赵树贵等编《陈炽集》，中华书局，1997 年，第 232 页。
③ 《东瀛揽胜》，《申报》1887 年 10 月 28 日，第 13 版。
④ 〔日〕古城贞吉译《英国商业策》，《时务报》第 8 册，1896 年。
⑤ 〔日〕河濑仪太郎译《日本商律》，《湖北商务报》第 1 期，1899 年；第 71 期，1901 年。
⑥ 《康有为全集》（三），上海古籍出版社，1992 年，第 887—901 页。
⑦ 梁启超：《饮冰室合集·文集》（第 2 册），中华书局，1989 年，总第 258 页。
⑧ 〔英〕亚当·斯密：《原富》，严复译，商务印书馆，1981 年，第 301、370、543、17 页；〔英〕亚当·斯密：《国富论》（英文），上海世界图书出版公司，2010 年，第 270、326、489、14 页。

1904 年 1 月，清政府颁布的奏定初等、中等、高等农工商实业学堂章程规定设立初等、中等、高等商业学堂，[①] 商业学堂是新式教育的重要组成部分，它的公布和施行，是"商业"一词得以普及的关键。

1913 年 8 月，民国教育部审定，贺绍章编《经济大要》指出："征贱鬻贵，从事贸易者，谓之商业经济。"[②] 1914 年 10 月，民国教育部审定胡祖同编《经济概要》指出："主变财之位置者，是为商业，如转输棉花，买卖棉纱，贩鬻棉布是也。"[③] 这两本官方认定的教科书均将农业、工业、商业三种产业进行对比解释，含义明确，标志着现代"商业"一词已经形成。

（三）"商业"含义的演变

1901 年，《湖北商务报》译载日本清水泰吉《商业经济学》，首先解释了"商业"，书中说："始自生产者（产出各货原料者）之手，移入制造者之手，变形为制造品，更运搬市场，经大卖者零卖者之手，始归于消费者（谓买物者）之手，在此中间所营媒介业务，名曰商业。"又说："商业者，谓不加工有形的货财，但媒介补助其转换，以营利益之业务也。"[④] 这是中国近代第一个对"商业"的定义。

1902 年 12 月，和田垣谦三《经济教科书》指出："商业，其分配他之生产物也，能用适当之时，考适当之地，配适当之物，以达人之欲望者。"[⑤] 1909 年，王我臧译《汉译日本法律经济辞典》将"商业"释义为："以商行为谓营业，为商业。"而"商行为"又解释为"媒介物品之转运之营利行为也"。[⑥]

1914 年 3 月，北洋政府公布的《商人通例》规定："买卖业，赁贷业，制造业或加工业，供给电气、煤气或自来水业，出版业，印刷业，银行业，信托业，保险业……运送业……代理业等十七种营业为商

---

① 参见舒新城编《中国近代教育史料》（中），人民教育出版社，1961 年，第 755、762、772 页。

② 贺绍章编《经济大要》，商务印书馆，1913 年，第 7 页。

③ 胡祖同编《经济概要》，商务印书馆，1914 年，第 37 页。

④ 〔日〕清水泰吉：《商业经济学》，《湖北商务报》第 73 期，1901 年，第 1—2 页。

⑤ 〔日〕和田垣谦三：《经济教科书》，广智书局翻译出版，1902 年，第二编第 2 页。

⑥ 〔日〕田边庆弥：《汉译日本法律经济辞典》，王我臧译，商务印书馆，1909 年，第 83 页。

业。"① 1915 年，《辞源》列有"商业"一词，其释义为："商人营利之业务也，今《商人通例》，凡买卖业，赁贷业，制造业或加工业……运送业……代理业，皆谓之商业。"② 除农业、矿业、建筑业之外，所有产业均属于商业。这个定义将商业与工业、运输业、金融业混淆，说明《辞源》编者还有传统的"大商业"概念，没有吸收前述从日本传入的现代"商业"定义。《辞源》列有"商业"一词，说明"商业"已经成为中国一个常用词。1929 年 11 月，吴念慈等编《新术语辞典》列有"商业"一词，其释义为："商业（Commerce），'商业'是以货币为媒介的'商品底交换'。也可以说，是依商品之时地之配合以增加商品底价格而从中博利之营利业。"③ 将"商业"列入新术语辞典，说明此时的"商业"仍是新术语。其释义采纳了从日本输入的含义，与《辞源》有重要不同。

1937 年，周宪文主编《经济学辞典》将"商业"解释为："商业有广义与狭义之分：广义之商业，乃指以营利为目的之经济行为而言；凡直接买卖行为或辅助买卖行为皆属之。狭义之商业，则指以动产之有偿移转为目的之营业而言；是以由营利之目的购买货物，不再加工而转卖与他人之事业，始得谓之商业。"④ 该定义将《商人通例》中的"商业"称为广义的商业，将从日本引进的"商业"称为狭义的商业。

（四）"商业"与英文的对接

20 世纪初，"商业"与英文完成了对接。1907 年，《商务书馆英华新字典》将 Business 译为"事、事务、贸易、执业、商业、生理、心事"；将 Commerce 译为"贸易，买卖，生意，通商，交通，交际"；将 Trade 译为"生意、贸易、商业、买卖、职业、工业、事业、手艺"；将缩略词 Com.（Commerce）译为"商业"。⑤ 1908 年，《新译英汉辞典》将 Business 译为"事务、事业，职业、家业，商事、商业，事，事件"；将

① 《商人通例》，《中华实业界》第 4 期，1914 年。
② 陆尔奎主编《辞源》，商务印书馆，1915 年，丑第 74 页。
③ 吴念慈、柯柏年、王慎名编《新术语辞典》，南强书局，1929 年，第 121 页。
④ 周宪文主编《经济学辞典》，中华书局，1937 年，第 521 页。
⑤ 商务印书馆编《商务书馆英华新字典》，商务印书馆，1907 年，第 64、99、513 页，附录第 2 页。

Commerce 译为"通商、贸易、商业，交通，交际，媾和"；将 Trade 译为"商业、买卖、贸易，职业，器械"。① 1910 年，熊崇煦等译《经济学概论》以"商业"对译 Commerce。② 1941 年，民国教育部组织 32 位专家审定：将 Business 译为"商业，营业，业务"；将 Commerce 译为"商业"；将 Trade 译为"贸易"。③"商业"与英文完成了对译。

综上所述，中国古代没有固定的复合词"商业"，"商"与"业"合用的"商业"意指商人。在 19 世纪，中国人仍然以"商业"意指"商人"。19 世纪末 20 世纪初，日语术语"商业"大量传入中国，中国人很快接受了现代"商业"，在 1914 年左右，经济学术语"商业"（Commerce）在中国基本形成。

六　贸易（Trade）

"贸易"为中国传统词语，在先秦时期就已经产生，《墨子·号令》："募民欲财物粟米，以贸易凡器者，卒予贾予。"这里的"贸易"就是指交易、买卖，它与今天的"贸易"含义相同。④

进入近代后，中外学者仍以"贸易"指称交易和买卖。1840 年，郭实腊编《贸易通志》（Treatise on Commerce）；1897 年，傅兰雅口译、徐家宝笔述，英国法拉著《国政贸易相关书》（T. H. Farrer, The State in its Relation to Trade，1883），由江南制造局出版。这两本著作均以"贸易"为书名关键词。中国早期的经济学译著《富国策》（1880）、《富国养民策》（1886）等著作均使用了"贸易"。1902 年，严复在所译《原富》一书中大量使用"贸易"。在《申报》里，"贸易"更是中国人的常用词，1872—1882 年，检索《申报》数据库共出现"贸易"4555 次。

日本近代也使用"贸易"一词，19 世纪末，日本"贸易"传到了中国，它与中国"贸易"共同使用，这是中日两国少有的含义与使用基本相同的词语。

---

① 《新译英汉辞典》，群益书社，1908 年，第 134、190、971 页。
② 〔美〕黎查德迪·伊利：《经济学概论》，熊崇煦、章勤士译，商务印书馆，1910 年，第一编第 15 页。
③ 国立编译馆编订《经济学名词（教育部公布）》，正中书局，1945 年，第 5、8、50 页。
④ 罗竹风主编《汉语大词典》（第十卷），上海辞书出版社，2011 年，第 171 页。

　　上文叙述了进入近代后，"贸易"一词古今变化不大。但中文"贸易"与西文 Commerce、Trade 等词对译，却经历了漫长的过程。1902 年，严复译《原富》以"贸易"译 Commerce 和 Trade。[①] 又以"无遮通商，自由商法，大通商法，自由商政"译 Free Trade，以"通商、商法、商政"译 trade。[②]

　　1822 年，马礼逊《华英字典6》将 Commerce 译为"贸易之事，生理，生意，贸易，互相市易"；将 Trade 译为"贸易之事，生理，生意"。[③] 1868 年，邝其照编的《字典集成》将 Commerce 译为"贸易，通商"；将 Trade 译为"生意，事业，交易"。1875 年，邝其照又将 Commerce 译为"两国贸易，贸易，通商"。[④]可见，在 19 世纪，现代"商业"一词还未形成，汉外字典将"贸易"对译 Commerce 和 Trade 二词。

　　20 世纪初，现代"商业"一词逐步形成，汉外字典仍然经历了相当长时期才完成"贸易"与 Trade 的对译关系。1907 年，《商务书馆英华新字典》将 Business 译为"事、事务、贸易、执业、商业、生理、心事"；将 Commerce 译为"贸易，买卖，生意，通商，交通，交际"；将 Trade 译为"生意、贸易、商业、买卖、职业、工业、事业、手艺"。[⑤] 该字典将"贸易"对译英文 Business、Commerce、Trade 三词。1908 年，《新译英汉辞典》将 Commerce 译为"通商、贸易、商业，交通，交际，媾和"；将 Trade 译为"商业、买卖、贸易，职业，器械"。[⑥] 1934 年，何士芳编《英汉经济辞典》将 Trade 译为"贸易；商业；商务"；将 Commerce 译为"商业；商；贸易；商务；通商"。[⑦] 这里仍是将"贸易"对译英文 Commerce 和 Trade 二词。

① 黄立波、朱志瑜：《严复译〈原富〉中经济术语译名的平行语料库考察》，《外语教学》2016 年第 4 期，第 88 页；〔英〕亚当·斯密：《原富》，严复译，商务印书馆，1981 年，第 17、302 页；〔英〕亚当·斯密：《国富论》（英文），上海世界图书出版公司，2010 年，第 14、270 页。

② 〔英〕亚当·斯密：《原富》，严复译，商务印书馆，1981 年，第 119、377、519 页，《译事例言》第 10 页。

③ 〔英〕马礼逊：《华英字典6》（影印版），大象出版社，2008 年，第 56、77、439 页。

④ 邝其照编《字典集成》（影印版），商务印书馆，2016 年，第 33、38、97、153 页。

⑤ 商务印书馆编《商务书馆英华新字典》，商务印书馆，1907 年，第 64、99、513 页。

⑥ 《新译英汉辞典》，群益书社，1908 年，第 190、971 页。

⑦ 何士芳编《英汉经济辞典》，商务印书馆，1934 年，第 204、38 页。

1941 年，民国教育部组织 32 位专家审定：将 Business 译为"商业，营业，业务"；将 Commerce 译为"商业"；将 Trade 译为"贸易"。① 至此，"贸易"与英文 Trade 完成了对译。

七 城市（City，Urban）

中国在先秦时期就出现了"城市"一词，其含义是"城"（都邑）与"市"（市场），就是指人口密集、工商业发达的地方。《韩非子·爱臣》："是故大臣之禄虽大，不得借威城市。"宋代苏轼《许州西湖》："但恐城市欢，不知田野怆。"②

1822 年，马礼逊《华英字典 6》将 City、Town 均译为"城"。③ 1868 年和 1875 年，邝其照两次编的《字典集成》均将 City 译为"城邑，有牧师住的城"，将 Town 译为"镇，邑，城"。④

1872 年 5 月 28 日，《申报》报道："令其（犯人）遍游城市示众作戒。"⑤ 从《申报》数据库检索可知：1872 年，"城市"出现 11 次，"都市"出现 1 次；1872—1900 年，"城市"出现 606 次，"城镇"出现 549 次，"城邑"出现 219 次，"都市"出现 45 次。可见，中国近代对于"城市"有多种称谓，其中"城市"一词是相对流行者。

1880 年，汪凤藻译《富国策》指出："同一腴田，而去城市远则运输艰，租即因之有减。"⑥"城市"由此成为经济学术语。

1902 年，严复译《原富》既使用"城邑"译 Town，又使用"城市"意译英文句子，不专门对译一个英文词语。他又音译 Town 为"拓温"，City 为"锡特"。⑦

日本以"都市的"译 Urban，⑧ 1901 年，《农业经济篇》提到："有

① 国立编译馆编订《经济学名词（教育部公布）》，正中书局，1945 年，第 5、8、50 页。
② 参见罗竹风主编《汉语大词典》（第二卷），上海辞书出版社，2011 年，第 1095 页。
③ 〔英〕马礼逊：《华英字典 6》（影印版），大象出版社，2008 年，第 71、439 页。
④ 邝其照编《字典集成》（影印版），商务印书馆，2016 年，第 39、97、151、214 页。
⑤ 《记清河异闻》，《申报》1872 年 5 月 28 日，第 2 版。
⑥ 〔英〕法思德：《富国策》卷二，汪凤藻译，京师同文馆，1880 年，第三章第 6 页。
⑦ 〔英〕亚当·斯密：《原富》，严复译，商务印书馆，1981 年，第 15、104、326 页；〔英〕亚当·斯密：《国富论》（英文），上海世界图书出版公司，2010 年，第 13、77 页。
⑧ 刘正运等编《日英汉经济辞典》，工人出版社，1987 年，第 733 页。

独立国（孤立国）者，国土之中央惟一都市，各区从距都市之远近，而经济之状态以分。"① 日语词"都市"随日译汉著作大量传入中国，中国长期流行以"都市"指代"城市"，可能受日语影响。1937 年，周宪文主编《经济学辞典》就专门设立了都市经济、都市财政、都市国家、都市铁路等词条，而无"城市"一词。②

1907 年，《商务书馆英华新字典》将 City 译为"城，城邑"，将 Town 译为"城，邑，镇"，将 Urban 译为"城市的"。③ 1908 年，《新译英汉辞典》将 City 译为"市，府；都会"，将 Town 译为"都邑，都会；城下，街；郡区"，将 Urban 译为"都会的"。④《新译英汉辞典》译自日语，没有出现"城市"。1934 年，何士芳编《英汉经济辞典》将 City 译为"都市；城"，将 Town 译为"都市；城镇"，将 Town Clearing 译为"城市交换（票据）"，将 Town Economy 译为"都市经济；城市经济"，将 Urban Economy 译为"城市经济"，将 Urban Problem 译为"城市问题"。⑤ 这里仅仅在复合词里出现了"城市"，说明"城市"还没有完全与英文完成对接。1941 年，民国教育部组织 32 位专家审定：Town 译为"城市"，Town Economy 译为"城市经济"，Manufacturing Town 译为"工业城市"，Urban Economy 译为"城市经济"，Urban Land 译为"市地"，Urban Rent 译为"市地租"，Urban Site 译为"城市基地"，Urban Value 译为"城市价值"。⑥

关于"城市经济"一词的出现，1922 年 8 月 13 日，《申报》报道，德国外长那氏主张颇似欧洲中古时代之行会组织，"惟中古行会之组织，其时尚为城市经济闭关时代，无伟大公开之自由市场，行会工人仅为本地销场而生产，因交通阻碍之故，又无外来物品与之竞争，故行会组织得以盛行一时，自城市经济破裂以还，近代国家制度之产生，国民经济之发达……行会制度遂陷于失败之境"。⑦ 该文以"城市经济"特指欧洲

---

① 〔日〕今关常次郎：《农业经济篇》，〔日〕吉田森太郎译，《农学报》第 142 期，1901 年，第23 页。

② 周宪文主编《经济学辞典》，中华书局，1937 年，第 712、713 页。

③ 商务印书馆编《商务书馆英华新字典》，商务印书馆，1907 年，第 89、513—534 页。

④ 《新译英汉辞典》，群益社，1908 年，第 175、970、1012 页。

⑤ 何士芳编《英汉经济辞典》，商务印书馆，1934 年，第 33、204、211 页。

⑥ 国立编译馆编订《经济学名词（教育部公布）》，正中书局，1945 年，第 50、29、51 页。

⑦ 《德国之恐怖时代（二）》，《申报》1922 年 8 月 13 日，第 6 版。

中世纪的城市经济。

1929 年，《广州市市政公报》发表的《城市经济问题》指出，城市建设与城市经济高度相关，美国城市建设费除一般市税外，还包括以下税费。（1）征收地价增长税。（2）"由市政府圈收适宜公地，将四分之一的地拿来造马路、开辟公园、道路两旁种植花木，将四分之三的地皮割分一定的面积，抬高地价，卖给市民建造美观的住宅或公共机关，市政府就拿增涨地价所得的收入支付建筑马路、公园、游戏场等费用，如有余款就充市政府的开支，这实在是一举两得的事。"（3）市政府管理自来水、煤气、电车等公共事业，获取一定收入。① 该文中的"城市经济问题"与中国当代所指的"城市经济问题"基本一致，其"征地—建设—卖地—征地—建设"模式，与当代中国的城市化土地经营模式一致。

综上所述，"城市"为中国传统词语，其含义与现代"城市"一致。19 世纪，"城市"成为经济学术语，同时，日语术语"都市"传入中国，在词语竞争中，"城市"与"都市"在近代长期并行，1941 年，国立编译馆编订《经济学名词（教育部公布）》确立了"城市"的主流地位，至此，中国本土产生的"城市"流传至今。

第七节　"制度"等术语的形成

本节论述制度、市场、竞争、自由竞争、垄断、政府、政策、公平、效率等 9 个制度类术语的形成。

一　制度（Institution，System）

"制度"为中国古代词语，其含义有：（1）法令礼俗等规范；（2）制定法规；（3）规定；（4）制作；（5）规模、样式。②《周易·节》："节以制度，不伤财，不害民。"《商书·周官》："考制度于四岳。"③ 古义"制度"与今义"制度"相似。

1822 年，马礼逊《华英字典6》在解释 Government 时，下列短语 the

---

① 木：《城市经济问题》，《广州市市政公报》第 306 期，1929 年。
② 罗竹风主编《汉语大词典》（第二卷），上海辞书出版社，2011 年，第 664 页。
③ 参见何九盈等主编《辞源》（第三版），商务印书馆，2015 年，第 478 页。

Rule or Manner of Government，并将这一短语译为"制度"。① 没有 System、Institution 二词。1868 年和 1875 年，邝其照两次编的《字典集成》均将 System 译为"次序之事"。②

1840 年，郭实腊编《贸易通志》有一目为"通商制度"，论述了关税的条例章程。③ 1880 年，汪凤藻译《富国策》卷二第九章为"论合本同功"，其英文原著名为 On Cooperative Institutions。在论社会主义部分时，英文提到 the Institution of Private Property，这两处英文中的 Institution 均没有译为中文。④ 1902 年，严复所译《原富》中，使用"宗"译 System，以"制度"一词译英文句子。⑤ 以上事例说明，中国本土的经济学著作没有形成术语"制度"（System）。

在日本，大致在 19 世纪 70 年代，"制度"成为政治、法律方面的专用名词。1881 年，《哲学字汇》将 System 译为"系，统系，门派，制度，法式，经纪"，⑥ 完成了"制度"与英文 System 的对译。

1896 年，《时务报》的《东文报译》栏目出现"货币制度"一语。⑦ 1900 年，《江南商务报》发表日本田冈佐代治译《商工地理学》，该书有"征租制度""货币制度""度量衡制度"等目。⑧ 1901 年 1 月，《译书汇编》连载李士德（F. List，今译李斯特）《理财学》，该文出现了"封建之制度""银行之制度""府邑之制度"等语。⑨ 其后，各种日译经济学著作里大多出现了"货币制度""私产制度"等语。1909 年，《汉译日本法律经济辞典》将"制度"解释为："已成立之一定规律，曰制度。"⑩ 这是中国近代少见的对"制度"一词的解释。1910 年，熊崇煦等译自日

---

① 〔英〕马礼逊：《华英字典6》（影印版），大象出版社，2008 年，第 193 页。

② 邝其照编《字典集成》（影印版），商务印书馆，2016 年，第 94、212 页。

③ 〔德〕郭实腊编《贸易通志》，1840 年，第 54 页。

④ 〔英〕法思德：《富国策》卷二，汪凤藻译，京师同文馆，1880 年，第九章第 43、2 页；Henry Fawcett, *Manual of Political Economy*, London：Macmillan and Co.，1876，pp. 256，100。

⑤ 〔英〕亚当·斯密：《原富》，严复译，商务印书馆，1981 年，第 326、347 页；〔英〕亚当·斯密：《国富论》（英文），上海世界图书出版公司，2010 年，第 290 页。

⑥ 和田垣谦三ら编『哲学字彙』東京大学三学部、1881、90 頁。

⑦ 《麦见尼氏币制论》，《时务报》第 10 册，1896 年。

⑧ 〔日〕田冈佐代治译《商工地理学》，《江南商务报》第 11、14 期，1900 年。

⑨ 〔德〕李士德：《理财学》，《译书汇编》第 2 期，1901 年，第 2—3 页。

⑩ 〔日〕田边庆弥：《汉译日本法律经济辞典》，王我臧译，商务印书馆，1909 年，第 46 页。

文的《经济学概论》将"制度"对译为 System。①

1902 年，梁启超在《生计学（即平准学）学说沿革小史》里提到："私财制度""奴隶制度""隶农制度""封建制度""工商制度""生计之制度""货币制度""商务上新制度"等语。②"制度"成为梁启超文章中的常用词。1904 年，清政府颁布的学制规定，商科大学银行及保险学门需要开设"各国度量衡制度考"。③"制度"进入官方教育章程中。1913 年 8 月，民国教育部审定贺绍章编《经济大要》提到："社会制度""信用制度"，全书 9 处使用"制度"。④ 1914 年 10 月，民国教育部审定胡祖同编《经济概要》的一节为"各国铁道制度"，全书 12 处使用"制度"。⑤ 两本官方指定的教科书均使用"制度"，标志着经济学术语"制度"（System）一词已经形成。

20 世纪 20 年代后，美国"制度学派"经济学传入中国。1928 年，李权时将英美"制度学派"注译为 Institutional Economists。⑥ 这可能是中国第一次将经济学术语"制度"注译为 Institution。1937 年，周宪文主编《经济学辞典》对"制度学派经济学"（Economics of Institutional School）进行了长篇解释。⑦"制度"由此成为西方经济学一个学派的名称，这也标志着经济学术语"制度"（Institution）在中国基本形成。

关于"制度"与英文的对接，1908 年，《新译英汉辞典》将 System 译为"法式；秩序；系统；制度；门"等词，将 Institution 译为"设立；制度；院；教授书"等词。⑧ 中文"制度"由此对译英文 Institution、System 二词。前已指出，1910 年，熊崇煦等译日文《经济学概论》将"制度"对译为 System，并对译了"组合制度"与 Guild System、"封建

① 〔美〕黎查德迪·伊利：《经济学概论》，熊崇煦、章勤士译，商务印书馆，1910 年，第一编第 17 页，第二编第 178 页。
② 梁启超：《饮冰室合集·文集》（第 5 册），中华书局，1989 年，总第 1043—1048 页。
③ 参见舒新城编《中国近代教育史料》（中），人民教育出版社，1961 年，第 620 页。
④ 贺绍章编《经济大要》，商务印书馆，1913 年，第 16、62 页。
⑤ 胡祖同编《经济概要》，商务印书馆，1914 年，第 138 页。
⑥ 李权时编《经济学 ABC》，世界书局，1928 年，第 13 页。
⑦ 周宪文主编《经济学辞典》，中华书局，1937 年，第 289 页。
⑧ 《新译英汉辞典》，群益书社，1908 年，第 500、937 页。

制度"与 Feudal System、"私有财产制度"与 Private Property 等。① 1935
年，吴世瑞著《经济学原理》第一编第二章为"经济制度"，他将"经
济制度"注译为 Economic Order，以"制度"对译 Order。② 由此中文术
语"制度"有了第三个对译的英文词。

另外，英文 Institution 除对译"制度"外，还对译"机关"。1929 年 3
月，萧纯锦编《经济学》将"金融机关"注译为 Finance Institutions。③
1937 年 6 月，周宪文主编《经济学辞典》也将"金融机关"注译为
"〔英〕Financial Institution，〔德〕Geldinstitut，〔法〕Institution de Crédit"。④
1941 年 11 月，《经济学名词（教育部公布）》中，Financial Institution 对
译为"金融机关"。⑤

1941 年，民国教育部组织 32 位专家审定：Institution 译为"制度"，
没有单列 System，而是列有 System of Combined Reserve（联合准备制
度）、System of Competitive Prices（竞争价格制度）、System of Private Prop-
erty（私有财产制度）等 10 个由 System 构成的复合词。Financial Institution
对译为"金融机关"。⑥

综上所述，"制度"为中国古代词语，其含义与今义"制度"相似。
在 19 世纪末 20 世纪初，中国本土的经济学著作没有形成术语"制度"
（System）。与此同时，日语术语"制度"（System）传入中国，梁启超等
人很快接受了这一术语，在 1914 年左右，经济学术语"制度"（System）
在中国基本形成。20 世纪 20 年代后，美国"制度学派经济学"（Eco-
nomics of Institutional School）传入中国，1937 年，中国又自发形成了经
济学术语"制度"（Institution）。

二　市场（Market）

中国在先秦时期就出现了"市"字，其主要含义就是交易的场所，

---

① 〔美〕黎查德迪·伊利：《经济学概论》，熊崇煦、章勤士译，商务印书馆，1910 年，
　第一编第 17 页，第二编第 178 页。
② 吴世瑞：《经济学原理》，商务印书馆，1935 年，第 24 页。
③ 萧纯锦编《经济学》，商务印书馆，1929 年，第 274 页。
④ 周宪文主编《经济学辞典》，中华书局，1937 年，第 358 页。
⑤ 国立编译馆编订《经济学名词（教育部公布）》，正中书局，1945 年，第 18 页。
⑥ 国立编译馆编订《经济学名词（教育部公布）》，正中书局，1945 年，第 24、48、18 页。

即市场。南唐时期也出现了"市场"一词，如尉迟偓《中朝故事》："每阅市场，登酒肆，逢人即与相喜。"① 这里的"市场"与今义"市场"相同。1756 年，乾隆皇帝在停止宁波等地对外通商的谕旨中提到："在国家绥远通商，宁波原与澳门无异，但于此后多一市场，积久留居内地者益众，海滨要地，殊非防微杜渐之道。"② 可见"市场"在清代中期已经成为官方使用词语。

1822 年，马礼逊《华英字典 6》将 Market 译为"市，市头，市井"。1868 年，邝其照编《字典集成》将 Market 译为"市，街市，墟场"；1875 年，邝其照新编《字典集成》将 Market 译为"市，街市，墟场，行情"。③

1874 年 6 月 3 日，《申报》报道："前述牛庄盗风甚炽，大为地方之祸，兹欣悉该处官前经擒获首犯七人，于四月十一日在市场斩决，继枭首示众。"④ 1887 年 7 月 10 日，《申报》刊载《丝市谈资》中说："我家因久雨新晴，苏城丝市极形热闹，前数日，每日上市场之丝多至一二百包，而销数呆滞，价目减跌。……乡人入城卖丝，有接货者为之赴行代售，或论值包销，取其赢余，或上市场代卖，取其酬劳。"⑤ 说明在日语对中国发生影响之前，"市场"是中国近代活跃的普通词语。

1878 年，田口卯吉著《日本经济论：自由贸易》里多次出现"内国市场"一语，⑥ 说明"市场"在 19 世纪 70 年代已经成为日本经济学术语。

19 世纪末，日语术语"市场"传入中国。1895 年，黄遵宪编《日本国志》引用日本文献指出："日本丝茶价之高低，悉操于欧洲市场，于东洋成本之重轻无与也。"又说，以横滨、长崎等地为"通商市场"，"尽举市场之米概行收买，而自定其价，以博厚利"。⑦ 1896 年 8 月 29 日，古城贞吉在《时务报》发表译自《经济杂志》的《美国共和党宣论新政》，

---

① 参见罗竹风主编《汉语大词典》（第三卷），上海辞书出版社，2011 年，第 689 页。

② 《高宗圣训》卷二八一；转引自严中平主编《中国近代经济史（1840—1894）》，人民出版社，2001 年，第 6 页。

③ 邝其照编《字典集成》（影印版），商务印书馆，2016 年，第 68、186 页。

④ 《牛庄捕盗尚息》，《申报》1874 年 6 月 3 日，第 2 版。

⑤ 《丝市谈资》，《申报》1887 年 7 月 10 日，第 2 版。

⑥ 田口卯吉『日本経済論：自由貿易』経済雑誌社、1878、56、57 頁。

⑦ 陈铮编《黄遵宪全集》（下），中华书局，2005 年，第 1001、1208—1209 页。

共和党在文中指责合众党政策失误，"实业因此折阅，或导入外国货物于吾美市场，而令本国生产货品日见减色"。又说："为本国产业家担保市场衡平。""凡一切外国货品，在美国市场与美国货品竞价者，皆征之。""以保持贸易利权而向外国市场扩充我农产、林产及各种制品之销路。"① 该文六次提到"市场"，这可能是日语"市场"一词大规模传到中国的开始。其后，古城贞吉在《时务报》发表的多篇文章中均出现"市场"。②

19世纪末20世纪初，中国也出现了术语"市场"。1897年，傅兰雅口译、徐家宝笔述，英国法拉著《国政贸易相关书》出现了"市场"一词。③ 1899年6月，梁启超在《论内地杂居与商务之关系》中指出，日本"欲求市场于世界，除支那之外，更无佳者"。④ 1902年，严复译《原富》以"市场"对译 Market。⑤ 以上事例说明，中国人也将"市场"作为学术用语。那么，日语术语"市场"形成和传入中国在前，傅兰雅、徐家宝、梁启超、严复是不是受日语术语"市场"影响呢？这很难确定，梁启超可能受日语影响，傅兰雅、徐家宝与严复他们有自己独立的译名体系，结合前述"市场"是中国长期流传的普通词语，他们极有可能是自己选用"市场"作为译名。因此，经济学术语"市场"是中日两国共同创造的术语，也可以认为是中国传统词语演变而来。

1901年5月至1902年2月，《湖北商务报》分12期连载其翻译的日本法学士清水泰吉《商业经济学》。该书第二编第四章为"市场关系"，"市场关系"又分三节，第一节为"市场"，第二节为"市场价额"，第三节为"市场状态"。这是中国近代经济学论著中少见的对"市场"进行的专题论述。清水泰吉认为："市场者，谓商品集散部面，即商品离生产者之手，归于消费者之手间，所存在之处，由需要供给与其余关系，昂低物价。"⑥ 这一论述，指出了"市场"是商品交易和决定物价的场

---

① 〔日〕古城贞吉译《美国共和党宣论新政》，《时务报》第3册，1896年。

② 〔日〕古城贞吉译《论大阪商情》《论金银涨落之由》《论英德贸易》，《时务报》第5、6、12册，1896年。

③ 〔英〕法拉：《国政贸易相关书》（上卷），〔英〕傅兰雅口译，徐家宝笔述，江南制造局，1897年，第17页。

④ 梁启超：《饮冰室合集·文集》（第2册），中华书局，1989年，总第296页。

⑤ 〔英〕亚当·斯密：《原富》，严复译，商务印书馆，1981年，第14页。

⑥ 〔日〕清水泰吉：《商业经济学》，《湖北商务报》第96期，1901年，第74—75页。

所，它是传入中国的第一个对"市场"的学术定义。

1913—1914 年，教育部审定贺绍章编《经济大要》、胡祖同编《经济概要》为"中学校教科书"，两书均使用"市场"一词。① 1914 年左右，经济学术语"市场"（Market）在中国基本形成。1915 年，《辞源》列有"市场"一词，解释为"买卖货物之地也"。② 说明术语"市场"发展成为大众使用的普通词语。

20 世纪初，"市场"与英文完成了对接。1907 年，《商务书馆英华新字典》将 Market 译为"市，市场，街市"。③ 1908 年，《新译英汉辞典》将 Market 译为"市，市场；市街；买卖"。④ 1910 年，熊崇煦、章勤士译，黎查德迪·伊利著《经济学概论》对译了地方市场（Local-market）、世界市场（World-market）、市场之平价（Market Valuation）、市场价格（Market price）、写氏市场论（Say Theory of Market）。⑤ 1941 年，民国教育部组织 32 位专家审定：Market 译为"市场"。⑥

综上所述，中国古代出现了"市场"一词，其含义与今义"市场"相同。在 19 世纪，"市场"是中国活跃的普通词语。在 19 世纪末，日本形成了经济学术语"市场"，并传入中国，稍晚，中国的傅兰雅、徐家宝与严复也选用"市场"作为 Market 译名。因此，经济学术语"市场"是中日两国共同创造的术语，也可以认为是中国传统词语演变而来。1914 年左右，经济学术语"市场"（Market）在中国基本形成。

三　竞争（Competition）、自由竞争（Free Competition）

中国古代"竞争"意指"互相争胜"，《庄子·齐物论》："有竞有争。"郭象注："并逐为竞，对辩曰争。"在唐代已经出现"竞争"一词。⑦

---

① 贺绍章编《经济大要》，商务印书馆，1913 年，第 36 页；胡祖同编《经济概要》，商务印书馆，1914 年，第 161 页。

② 陆尔奎主编《辞源》，商务印书馆，1915 年，寅第 169 页。

③ 商务印书馆编《商务书馆英华新字典》，商务印书馆，1907 年，第 316 页。

④ 《新译英汉辞典》，群益书社，1908 年，第 573 页。

⑤ 〔美〕黎查德迪·伊利：《经济学概论》，熊崇煦、章勤士译，商务印书馆，1910 年，第一编第 42 页，第二编第 54、198 页。

⑥ 国立编译馆编订《经济学名词（教育部公布）》，正中书局，1945 年，第 30 页。

⑦ 参见罗竹风主编《汉语大词典》（第八卷），上海辞书出版社，2011 年，第 403 页。

"竞争"的古义与今义近似。

1822 年，马礼逊《华英字典 6》将 Competition 译为"众争相得"。[①] 1868 年，邝其照编《字典集成》将 Competition 译为"相争"。1875 年，邝其照新编《字典集成》将 Competition 译为"相争，相斗"。[②]

1880 年，汪凤藻译《富国策》卷二第三章为"论地租角逐之道"，其所译原著英文为 Rents as Determined by Competition。这里将 Competition 译为"角逐"。[③]

1887 年 3 月 16 日，《申报》刊载《京报全录》，其中一奏章说："有事则群相容隐，有利则互相竞争，甚至包揽贿纵，渔民虐商，种种弊端因之而起。"[④] 这里的"竞争"一词为中国本土产生。不过，在 19 世纪，中国近代自发使用"竞争"一词者很少，"竞争"为普通词语中的罕用词。

日本"竞争"一词大致在 19 世纪 80 年代成为经济学术语，1887 年，《经济新论：附政治学·前编》第九十五款为"竞争"，第九十六款为"自由竞争的障碍"。[⑤]

1887 年 11 月 5 日，《申报》的《杂译日本新闻》报道："近来各国轮舟之来往神户、上海者增设数艘，将与日本邮船竞争。"[⑥] 至此，日本"竞争"一词传到中国。1898 年，《湘报》登载《英俄竞争》。[⑦] 1899 年 6 月 28 日，梁启超在《论中国人种之将来》中指出："十九世纪，为政治上竞争革命之时代。二十世纪，为经济上竞争之时代。此有识者之公言也。而经济上竞争之大权，实握于劳力工人之手。"梁启超在文首注明："篇中因仿效日本文体，故多委蛇沓复之病。"[⑧] 旅日的梁启超使用"竞争"一词受日语影响的可能性大。1902 年 10 月，梁启超在《干涉与放任》中指出："斯密亚丹出，更取自由政策，发挥而光大之，此后有

---

① 〔英〕马礼逊：《华英字典 6》（影印版），大象出版社，2008 年，第 79 页。
② 邝其照编《字典集成》（影印版），商务印书馆，2016 年，第 38、153 页。
③ 〔英〕法思德：《富国策》卷二，汪凤藻译，京师同文馆，1880 年，第三章第 6 页；Henry Fawcett, *Manual of Political Economy*, London：Macmillan and Co. , 1876, p.115。
④ 《京报全录》，《申报》1887 年 3 月 16 日，第 12 版。
⑤ 『経済新論：政治学·前編』任天書屋，1887、136、138 頁。
⑥ 《杂译日本新闻》，《申报》1887 年 11 月 5 日，第 2 版。
⑦ 《英俄竞争》，《湘报》第 25 期，1898 年，第 114 页。
⑧ 梁启超：《饮冰室合集·文集》（第 2 册），中华书局，1989 年，总第 257 页。

门治斯达派者，益为放任论之大本营矣。而自由竞争之趋势，乃至兼并盛行，富者益富，贫者益贫，于是近世所谓社会主义者出而代之。"[1] 这里可能是中国近代最早出现的术语"自由竞争"。1903 年，梁启超又指出："百年以来，'自由竞争' Free Competition 一语，几为计学家之金科玉律。"[2] 他在此将"自由竞争"与其英文进行了对接。梁启超是中国近代最早将"竞争"一词作为经济学术语的学者。

20 世纪初，大量日译经济学著作将"竞争""自由竞争"等词传入中国。1902 年 12 月，和田垣谦三著《经济教科书》第二编第三章第三节为"自由竞争"，书中指出："自由竞争者，谓营业上之自由。营业上之自由，近世社会之特征也。"[3] 这可能是中国近代第一个对"自由竞争"的解释。

日语经济学术语"竞争""自由竞争"传入中国后，中国学者试图以"物竞"等词替代之。1900 年，卫理、王汝骐合译《工业与国政相关论》指出："各家在一市互相争赛，势必至相等之货赛成一相等之价。"[4] 这里以"争赛"指称"竞争"。1901 年，严复译《原富》以"物竞"翻译 Free Competition，又在按语中使用"自由相竞""自由为竞"指代"自由竞争"。[5]

中华民国成立后，1913 年 8 月，教育部审定的贺绍章编"中学校共和国教科书"《经济大要》使用"自由竞争"一词。[6] 说明"竞争""自由竞争"二词已经基本形成。

关于"竞争""自由竞争"与英文的对接。1908 年，《新译英汉辞典》将 Competition 译为"竞争，争先，角逐"。[7] 1910 年，熊崇煦、章勤士译，黎查德迪·伊利著《经济学概论》将"竞争"注译为 Competition。[8] 1934

① 梁启超：《饮冰室合集·专集》（第 2 册），中华书局，1989 年，总第 4853 页。
② 梁启超：《饮冰室合集·文集》（第 5 册），中华书局，1989 年，总第 1243 页。
③ 〔日〕和田垣谦三：《经济教科书》，广智书局翻译出版，1902 年，第二编第 10 页。
④ 〔英〕司坦离·遮风司：《工业与国政相关论》（下卷），〔美〕卫理、王汝骐合译，江南制造局，第四章第 4 页。
⑤ 〔英〕亚当·斯密：《原富》，严复译，商务印书馆，1981 年，第 118、55 页。
⑥ 贺绍章编《经济大要》，商务印书馆，1913 年，第 38 页。
⑦ 《新译英汉辞典》，群益书社，1908 年，第 193 页。
⑧ 〔美〕黎查德迪·伊利：《经济学概论》，熊崇煦、章勤士译，商务印书馆，1910 年，第一编第 22 页。

年，何士芳编《英汉经济辞典》收录 Competition 的流行译名"竞争；竞卖"，Free Competition 的译名只有"自由竞争"。[①] 1941 年，民国教育部组织 32 位专家审定：Competition 译为"竞争"，Competitive Market 译为"竞争市场"，Perfect Competition 译为"完全竞争"，Perfect Competitive Market 译为"完全竞争市场"。[②]

综上所述，"竞争"为中国古代词语，其含义与今义"竞争"相似。在 19 世纪，"竞争"仍然是中国使用的普通词语，不过使用者很少。日本在 19 世纪末形成了经济学术语"竞争""自由竞争"，它们相继传入中国。梁启超是中国最早使用"竞争""自由竞争"二词者。1913 年左右，经济学术语"竞争"（Competition）、"自由竞争"（Free Competition）在中国基本形成。

四　垄断、独占（Monopoly）

中国古代"垄断"出自《孟子》，含义本为"高地"，引申义为"把持，独占"。《孟子·公孙丑下》："人亦孰不欲富贵？而独于富贵之中，有私龙断焉。古之为市也，以其所有易其所无者，有司者治之耳。有贱丈夫焉，必求龙断而登之，以左右望而罔市利。人皆以为贱，故从而征之。征商，至此贱丈夫始矣。"朱熹《集注》："龙音垄，垄断，冈垄之断而高也。"[③] 这段文字的前一个"垄断"为政治垄断，后一个"垄断"明确指经济垄断、市场垄断，孟子的这段言论是儒家轻商、抑商、反市场垄断的思想源头。中国古代"独占"意指"单独占有；垄断"。唐代有诗曰："一石雄才独占难，应分二斗借人寰。"[④] 明代冯梦龙著有《卖油郎独占花魁》这一知名小说。

（一）中国形成经济学术语"垄断"（Monopoly）

1822 年，马礼逊《华英字典 6》将 Monopolize 译为"包揽，把持，垄断，封盘生意，独市生意"。[⑤] 1868 年，邝其照编《字典集成》将 Mo-

---

① 何士芳编《英汉经济辞典》，商务印书馆，1934 年，第 211 页。
② 国立编译馆编订《经济学名词（教育部公布）》，正中书局，1945 年，第 9、56 页。
③ 参见罗竹风主编《汉语大词典》（第二卷），上海辞书出版社，2011 年，第 1243 页。
④ 参见罗竹风主编《汉语大词典》（第五卷），上海辞书出版社，2011 年，第 114 页。
⑤ 〔英〕马礼逊：《华英字典 6》（影印版），大象出版社，2008 年，第 282 页。

nopolize 译为"包揽，独市生意"。1875 年，邝其照新编《字典集成》将 Monopolize 译为"揽买，独市生意"。①

1872 年 7 月 17 日，《申报》载："火轮船之上海汉口两处往来者，近数年来皆为旗昌与公正两家所垄断，别家之船不敢向此途问津，做此生理。如有行此两处者，彼两家必暂减水脚客位等价目，必使人大亏本而后已，故两家历数年之久，常独擅其利。"② 检索《申报》数据库，1872—1900 年"垄断"共出现了 474 次，"垄断"是 19 世纪后期《申报》的常用词。"独占"也是 19 世纪末《申报》的常用词，但它主要不是用于经济方面。

1880 年，汪凤藻译《富国策》在卷三第三章论农产品价格时指出："欲知地租之何以加贵，则非申论梨氏租田法不可。其说以为各国可耕之田必有限止，地主俨然操垄断之权，此租其田者，所由必给以租价也。"这里以"垄断"译原文 Monopoly。③ "垄断"由此成为近代经济学术语。1902 年，严复译《原富》将 Monopoly 译为"辜榷"与"垄断"。④

（二）日本经济学术语"独占"（Monopoly）传入中国

19 世纪 80 年代，"独占"成为日本经济学术语。1886 年，日本田尻稻次郎讲述《银行史》有专节论述"银行的独占"。⑤ 日文也有"垄断"，意为"排斥他人利益，以图自己利益"，⑥ 但它不是专门的经济学术语。

1899 年，《湖北商务报》刊载《各国商情：卖油独占》，文中指出："专揽运销之利，然惧天下人讥其之龙断也，故分为三十牌号以涂饰耳目。"⑦ 文中正文是"龙断"，标题是"独占"，有可能取标题者受日语词"独占"影响。20 世纪初，日本经济学术语"独占"传入中国，1901 年，《译林》译载笹川洁《理财学》指出："以铁道委于民间，必能准自

---

① 邝其照编《字典集成》（影印版），商务印书馆，2016 年，第 70、188 页。
② 《论轮船往来沪汉事宜》，《申报》1872 年 7 月 17 日，第 1 版。
③ 〔英〕法思德：《富国策》卷三，汪凤藻译，京师同文馆，1880 年，第三章第 7 页；Henry Fawcett, *Manual of Political Economy*, London: Macmillan and Co., 1876, p. 328。
④ 〔英〕亚当·斯密：《原富》，严复译，商务印书馆，1981 年，第 54、119 页。
⑤ 田尻稻次郎『銀行史』專修学校、1886、44 頁。
⑥ 〔日〕田边庆弥编《日本法律经济辞典》，宝文馆，1902 年，第 8 页。
⑦ 《各国商情：卖油独占》，《湖北商务报》第 5 期，1899 年，第 9 页。

由争逐之理，矫正独占之弊。"① 1902 年，嵇镜译，天野为之著《理财学纲要》指出，独占有三类："一为自然之独占，如铁道等是也；二为法律之独占，如专利版权等是也；三为人为之独占，如同业公议定章，不令互相竞争等是也。"② 其后，日译汉经济学著作大多使用"独占"一词。如李佐庭译《经济学》（1908），熊崇煦、章勤士译《经济学概论》（1910），等等。而非日译汉的《计学》却使用"专卖"指称"垄断"。③

1913 年 8 月，教育部审定贺绍章编《经济大要》为"中学校共和国教科书"，1914 年 10 月，教育部审定胡祖同编《经济概要》为"中学校及师范学校用"教科书，两书均使用"独占"。④ 1914 年左右，经济学术语"独占"（Monopoly）在中国近代基本形成。

其后，经济学著作里大多使用"独占"译 Monopoly，如赵兰坪编《经济学》（1928），李权时编《经济学 ABC》（1928），吴世瑞著《经济学原理》（1935），巫宝三、杜俊东编译《经济学概论》（1937），马寅初著《经济学概论》（1947），潘源来著《经济学原理》（1948），等等。以使用"专利""垄断"等词为例外，如陶乐勤译，法国季特著《协力主义政治经济学》（1920）以"专利"指称"垄断"，⑤ 刘秉麟译，〔英〕马沙（A. Marshall，今译马歇尔）著《分配论》（1922）以"专利"译 Monopoly。⑥

1929 年，《新术语辞典》列有"独占"（Monopoly）词条，其释义为："某种商品之供给，完全操之于一个人或几个人（他们协定不竞争）之手，在市场中竞争已消灭（在某种程度），这就叫'独占'。"⑦ 1937 年，周宪文主编《经济学辞典》解释"独占"（Monopoly）为"以单一意思（主体）统制供给或需要者，谓之独占。"⑧ 这里将独占扩充到了

① 〔日〕笹川洁：《理财学》，《译林》第 1 期，1901 年 3 月 5 日，第 10 页。
② 〔日〕天野为之：《理财学纲要》，嵇镜译，文明书局，1902 年，第 26 页。
③ 〔美〕罗林：《计学》，奚若译述，商务印书馆，1906 年，第 122、124 页。
④ 贺绍章编《经济大要》，商务印书馆，1913 年，第 54 页；胡祖同编《经济概要》，商务印书馆，1914 年，第 78—79 页。
⑤ 〔法〕季特：《协力主义政治经济学》，陶乐勤译，泰东书局，1920 年，第 411 页。
⑥ 〔英〕马沙：《分配论》，刘秉麟译，商务印书馆，1922 年，第 142 页。
⑦ 吴念慈、柯柏年、王慎名编《新术语辞典》，南强书局，1929 年，第 317 页。
⑧ 周宪文主编《经济学辞典》，中华书局，1937 年，第 910 页。

"买方"。1938 年,《辞海》解释"独占"(Monopoly)为:"垄断之意,资本主义发展至最高阶段,同种类及有密切关系之多数企业结合为卡忒尔、托辣斯等,垄断生产手段及市场,对于商品之贩卖或购买,废除竞争而自由决定价格,曰独占。"① 这个解释将"独占"与"垄断"联系起来,这是一个倾向于马克思主义的解释。

(三)"垄断""独占"与英文的对接

1907 年,《商务书馆英华新字典》将 Monopoly 译为"独权,独揽买卖之事"。将 Monopolize 译为"垄断,包揽,独市生意"。② 1908 年,《新译英汉辞典》将 Monopoly 译为"专利权,专业权,特约专卖,占买,商权垄断"。③ 这两个英汉辞典均无"独占"一词。1910 年,熊崇煦、章勤士译,黎查德迪·伊利著《经济学概论》将"独占事业"注译为 Monopoly,注译的其他"独占"复合词还有:人为独占(Artificial Molopolies)、自然独占(Natural Molopolies)、独占利润(Monopoly Profit)。④

1934 年,何士芳编《英汉经济辞典》收录 Monopoly 的流行译名"专利;独占;专有;专卖",将 Monopolize 译为"垄断,占利"。⑤ 中国近代逐渐以"独占"对译名词 Monopoly,以"垄断"对译动词 Monopolize。1941 年,民国教育部组织 32 位专家审定:Monopoly 译为"独占;专利",Monopoly Price 译为"独占价格;专利价格",Monopoly Profit 译为"独占利润;专利利润",Monopoly Rent 译为"独占租金,专利租金",Monopoly Return 译为"独占报酬;专利报酬",Monopoly Tax 译为"独占税,专利税",Monopoly Value 译为"独占价值,专利价值",Monopolist 译为"独占者,专利者",Monopolistic-competition 译为"独占的竞争,专利的竞争",Monopolistic Market 译为"独占市场,专利市场"。⑥ 32 位专家审定 Monopoly 译为"独占;专利",说明经济学术语"独占"是中国近代的主流用法。

---

①　舒新城等主编《辞海》戊种,中华书局,1938 年,已集第 267 页。

②　商务印书馆编《商务书馆英华新字典》,商务印书馆,1907 年,第 332 页。

③　《新译英汉辞典》,群益书社,1908 年,第 601 页。

④　〔美〕黎查德迪·伊利:《经济学概论》,熊崇煦、章勤士译,商务印书馆,1910 年,第一编第 69 页,第二编第 166 页。

⑤　何士芳编《英汉经济辞典》,商务印书馆,1934 年,第 128 页。

⑥　国立编译馆编订《经济学名词(教育部公布)》,正中书局,1945 年,第 31 页。

总之，在中国近代，除《富国策》（1886）、《原富》（1902）等少数经济学著作使用本土术语"垄断"译 Monopoly 外，绝大部分非马克思主义经济学著作使用日语术语借词"独占"译 Monopoly，并逐渐形成了以"独占"对译名词 Monopoly，以"垄断"对译动词 Monopolize 的分工。而从 20 世纪 20 年代开始，在马克思主义著作里却逐渐出现了以"垄断"代替"独占"的现象。① 这与我们今天使用"垄断"专译 Monopoly 有很大不同。

五　政府（Government）

中国唐宋时期称宰相处理政务的处所为"政府"，《资治通鉴》卷二一五"唐天宝二年"："李林甫领吏部尚书，日在政府。"明朝废除宰相制度后，"政府"成为"内阁大学士"的代称。鸦片战争以后，在与外国交涉的文书中，"政府"逐渐成为外国行政机关的通称。19 世纪 90 年代，在不平等条约中，开始有了"中国政府"的提法，其多指内阁、军机处、总理衙门等中央机构。②

1822 年，马礼逊《华英字典 6》将 Government 译为"政事，朝廷政事，国家之事"。③ 1868 年和 1875 年，邝其照两次编的《字典集成》均将 Government 译为"国家，朝廷，皇家的"。④

大致在 19 世纪 70 年代，日本"政府"一词成为政治学、经济学术语，1873 年，《英氏经济论》使用"政府"。⑤ 1881 年，《哲学字汇》将 Government 译为"政治，政府"。⑥ 中日两国虽同时在使用"政府"，但日本比中国更早地将"政府"与英文 Government 对译，也就是说在日本"政府"更早成为专用名词。

---

① 〔德〕李博：《汉语中的马克思主义术语的起源与作用》，赵倩等译，中国社会科学出版社，2003 年，第 260 页。
② 王宏斌：《历代"政府"考》，《晚清国家与社会》，社会科学文献出版社，2007 年，第 401 页；转引自冯天瑜等《近代汉字术语的生成演变与中西日文化互动研究》，经济科学出版社，2016 年，第 315 页。
③ 〔英〕马礼逊：《华英字典 6》（影印版），大象出版社，2008 年，第 193 页。
④ 邝其照编《字典集成》（影印版），商务印书馆，2016 年，第 57、174 页。
⑤ 小幡篤次郎訳『英氏経済論・巻五』、1873。
⑥ 和田垣謙三ら編『哲学字彙』東京大学三学部、1881、37 頁。

1877 年，《万国公报》（周刊）第 9 卷第 431 期刊登《论工业制造之利》。"横滨新闻：《论工业制造之利》曰：造船、制器、制丝（日文，丝）、开矿等业，皆现今政府经着手者也，苟有人民结社担当，欲请政府保护，以营其业者，则政府固当无不许矣。其他细小工业极多，至若输入他国未制之物为加制造以输出之，则是真所谓无尽藏者也。有志于财政者，不可不察也。"① 这段话的主要词语为日语汉字词。这可能是日语词"政府"首次传入中国。

1896 年后，日本专用名词"政府"开始大量输入中国，当年，《时务报》里多次出现"政府"一词，在古城贞吉译《俄将论中国财政》中出现了"中央政府"一词，文中解释说"盖指户部也"。② 1898 年，传入中国的第一部日译汉经济学著作《农业保险论》里出现了"政府"。③

20 世纪初，中国出现了大量的日译汉经济学著作，这些著作大多有"政府"一词。其中，1902 年 10 月 4 日，嵇镜译，天野为之著《理财学纲要》的第五编为"策富"（经济政策），其主要内容就是研究政府与市场的界限，书中出现了大量的"政府"，比如书中有一句指出："盖独占事业中，有适于政府之事业者，有不适者，不适于政府之事业者，政府惟永远监督之而已，其适于政府事业者，当定一期限，过期则政府收买之，以为公产。"④ 这一句里"政府"出现了 5 次。嵇镜译《理财学纲要》可能是清末经济学原理著作里使用"政府"最多者，且出现了"政府干涉"与"放任主义"这一对义语。但此时"政府"一词并没有与"市场"一词对应，而是对应"个人""社会"等词。财政学比一般经济学与政府关系更密切，作新社编译《最新财政学》第二编第二章为"政府当为之事业"，第三章为"政府所需之物件"。⑤ 这里有两章以"政府"为标题关键词。

前已指出，"政府"一词为中国从古代到近代一直使用的活跃词语，但其含义在不断变化。1897 年，梁启超在《南学会序》里指出："举一

---

① 《论工业制造之利》，《万国公报》（周刊）第 9 卷第 431 期，1877 年。

② 〔日〕古城贞吉《俄将论中国财政》，《时务报》第 14 册，1896 年。

③ 〔日〕吉井东一：《农业保险论》，〔日〕山本宪译，《农学报》第 42 期，1898 年，第 2 页。

④ 〔日〕天野为之：《理财学纲要》，嵇镜译，文明书局，1902 年，第 66 页。

⑤ 作新社编译《最新财政学》，作新社，1903 年。

新政，则政府与行省争，此省与彼省又争。"1898 年，梁启超又在《保国会演说词》中指出："疆臣则归罪政府，政府亦归罪疆臣。"[①] 梁启超在此将"政府"与"行省""疆臣"作为对义语，"政府"大致是指"朝廷或中央官员"。梁启超此时使用的是中国近代自发演变而成的"政府"之义。1900 年，由美国人卫理、华人王汝骐合译，英国人司坦离·遮风司著《工业与国政相关论》的"政府"含义不同。书中说："有明明结党成会者，有暗中实是结党成会者，其管理之事，不特同党之人而已，即与彼有关之事亦无不管。职是之故，以致常生出政府中，政府来其名目甚多，有称会者，有称集者，有称会馆者，又有称朋友会与工业同盟者及他种名目，皆各有政事，以各保其权利。所以最要之事，国家应定管理此等会之法。"[②] 综合全段意思，此处的"政府"应为"结党、组织"之意。可见，"政府"一词此时还没有统一含义。

20 世纪初，中国学者开始使用受日本影响的现代意义的"政府"，1902 年，梁启超在《论政府与人民之权限》中认为"国家"由"政府"与"人民"构成，"政府者，代民以任群治者也"。[③] 梁启超在此将"政府"与"人民"作为对义语，与他前述将"政府"与"行省""疆臣"作为对义语已经有根本不同，这可能是中国学者对现代"政府"一词的最早解释。1902 年，严复译《原富》全书使用"政府"61 处，其中提到："有蒙氏者著书，号《英国富源》，多言通商之利。其中持说竖义，不独英之政府放而行之，即欧洲诸邦言商政者，实皆取法于此。"[④] 1903 年，《新尔雅》解释"政府"为："掌行政之机关者，谓之政府。"[⑤]

1913 年 8 月，民国教育部审定贺绍章编《经济大要》8 次提到"政府"。[⑥] 1914 年 10 月，民国教育部审定胡祖同编《经济概要》提到："政府公债证券（Government Bonds），即政府公债票，政府所发之证券

---

① 梁启超：《饮冰室合集·文集》（第 2 册），中华书局，1989 年，总第 197、232 页。
② 〔英〕司坦离·遮风司：《工业与国政相关论》（下卷），〔美〕卫理、王汝骐合译，江南制造局，第四章第 1—2 页。
③ 梁启超：《饮冰室合集·文集》（第 4 册），中华书局，1989 年，总第 860 页。
④ 〔英〕亚当·斯密：《原富》，严复译，商务印书馆，1981 年，第 352 页。
⑤ 汪荣宝、叶澜编《新尔雅》，民权社，1903 年，第 12 页。
⑥ 贺绍章编《经济大要》，商务印书馆，1913 年，第 45—46 页。

也。"① 两本官方指定的教科书均使用"政府"，标志着经济学术语"政府"一词已经形成。1915 年，《辞源》将"政府"解释为"国家统治机关之总称"。② 这说明，政治、经济术语"政府"已经演变成普通词语。

20 世纪初，"政府"与英文完成了对接。1907 年，《商务书馆英华新字典》将 Government 译为"政，政治，政府"。③ 1908 年，《新译英汉辞典》将 Government 译为"政治，管制，政府"。④ 1910 年，熊崇煦、章勤士译，黎查德迪·伊利著《经济学概论》将"政府"对译为 Government。⑤ 1941 年，民国教育部组织 32 位专家审定的经济学名词中没有单列的 Government，而是列有 Government Accounting（政府会计）、Government Budget（政府预算）、Government Enterprise（公营企业）等 12 个由 Government 构成的复合词。⑥

综上所述，中国古代有"政府"一词，但其含义与今义不同。19 世纪末，日本经济学术语"政府"（Government）传入中国，中国的梁启超、严复等人都很快接受并使用该词，1914 年左右，经济学术语"政府"（Government）在中国基本形成。

六　政策（Policy）

"政策"一词为中国古代所无，⑦ 它是中国近代产生的新词。

1822 年，马礼逊《华英字典6》无 Policy 一词。⑧ 1875 年，邝其照编《字典集成》将 Policy 译为"治国之法，燕梳纸（保险单）"。⑨

19 世纪末，日语词"政策"传入中国。1896 年，日本古城贞吉在《时务报》发表译自日文的《俄人论英国海外政策》《欧洲外交政策》

---

① 胡祖同编《经济概要》，商务印书馆，1914 年，第 114 页。

② 陆尔奎主编《辞源》，商务印书馆，1915 年，卯第 159 页。

③ 商务印书馆编《商务书馆英华新字典》，商务印书馆，1907 年，第 227 页。

④ 《新译英汉辞典》，群益书社，1908 年，第 424 页。

⑤ 〔美〕黎查德迪·伊利：《经济学概论》，熊崇煦、章勤士译，商务印书馆，1910 年，第三编第 3 页。

⑥ 国立编译馆编订《经济学名词（教育部公布）》，正中书局，1945 年，第 20—21 页。

⑦ 罗竹风主编《汉语大词典》（第五卷），上海辞书出版社，2011 年，第 426 页。

⑧ 〔英〕马礼逊：《华英字典6》（影印版），大象出版社，2008 年，第 325 页。

⑨ 邝其照编《字典集成》（影印版），商务印书馆，2016 年，第 196 页。

《论英国殖民政策》。[①] 这三篇文章均在标题中出现了"政策"。1896 年 8 月 29 日，古城贞吉在《时务报》发表的《美国共和党宣论新政》中指出："盖保护政策，以兴盛国内产业，并制我国市场而自握其利权。"[②] 该文三次提到"保护政策"。同年，古城贞吉在所译《日本名士论经济学》中认为"保护关税等政策"为谬见。[③] 这两篇文章内提到的"政策"则直接指经济政策——贸易保护政策。1896 年，通过《时务报》，日语汉字词"政策"传入中国。

1897 年 8 月 13 日，《申报》刊载广学会图书广告："臣合《泰西新史揽要》及《时事新论图说》，以揣摩各国百年来之政策，中国十年来之情形，悉入条对之中，元魁由此其选也。"[④] 该年，《申报》使用"政策"14 次，1898 年 7 次，1899 年 4 次，1900 年 2 次。从《申报》的语料可知，在 19 世纪末，"政策"逐渐在中国使用开来。

20 世纪初，传入中国的日译经济学著作里几乎都有大量的"政策"。如钱恂编译《财政四纲》（1901），《商务官报》译《商业经济学》（1901—1902），等等。这些日译著作对"政策"在中国的广泛传播起了重要作用。

1902 年 3 月，梁启超在《论民族竞争之大势》中提到俾斯麦的"商业政策"和俄国人的"保护税政策"。[⑤] 梁启超是中国学者中较早使用"政策"者。

与梁启超不同，1902 年，严复在所译《原富》中，以"政约"译英文 Policy。[⑥]

1910 年 12 月，清政府学部奏请《改定法政学堂章程》，计划成立经济门（经济学专业），该专业课程表里有三门政策课程：经济政策（商业、农业），工业、社会政策，殖民、交通政策。[⑦] 1913 年 1 月，民国教

---

① 〔日〕古城贞吉译《俄人论英国海外政策》《欧洲外交政策》《论英国殖民政策》，《时务报》第 4、9、11 册，1896 年。

② 〔日〕古城贞吉译《美国共和党宣论新政》，《时务报》第 3 册，1896 年。

③ 〔日〕古城贞吉译《日本名士论经济学》，《时务报》第 14 册，1896 年。

④ 《乡试条对秘书：中东战纪》，《申报》1897 年 8 月 13 日，第 1 版。

⑤ 梁启超：《饮冰室合集·文集》（第 4 册），中华书局，1989 年，总第 875、877 页。

⑥ 〔英〕亚当·斯密：《原富》，严复译，商务印书馆，1981 年，第 97 页。

⑦ 朱有瓛主编《中国近代学制史料》（第二辑下册），华东师范大学出版社，1989 年，第 492—493 页。

育部规定大学法科经济学门需要开设社会政策、交通政策、殖民政策三门政策课程。①

1913 年 8 月，民国教育部审定贺绍章编《经济大要》提到"商业政策""自由贸易政策""保护贸易政策"等政策。② 1914 年 10 月，民国教育部审定胡祖同编《经济概要》第八章第五节为"银行政策"，第九章第四节为"商业政策"。该书将"自由贸易政策"对译为 Free Trade Policy，将"保护贸易政策"对译为 Protective Policy。"政策"与 Policy 完成了对接。③

1913—1914 年，官方规定大学经济学专业需要开设"政策"课程，两本官方认定的教科书均大量使用"政策"，标志着现代"政策"（Policy）一词已经形成。

七　公平（Fair）

"公平"为中国古代词语，其含义是"公正而不偏袒"。《管子·形势解》："天公平而无私，故美恶莫不覆；地公平而无私，故小大莫不载。"④

1822 年，马礼逊《华英字典6》将 Fair Price 译为"公平价钱"，将 Fair Dealing 译为"公平的买卖"。⑤ 1868 年和 1875 年，邝其照两次编的《字典集成》均将 Fair 译为"美丽，佳，好，公平"。⑥

1885 年，傅兰雅译《佐治刍言》指出："或谓工人能助主人生财，主人每欲减其工资，刻薄相待，甚非公平之道。然此事亦不必虑也。"⑦《佐治刍言》是传入中国的第二种西方经济学著作，"公平"由此成为经济学术语。1902 年，嵇镜译日文著作《理财学纲要》指出："有唱均富之说者，大致谓生殖之不发达，析分之不公平，其原皆由于有私产。"⑧"公平"由此进入日文译著中。

---

①　舒新城编《中国近代教育史料》（中），人民教育出版社，1961 年，第 657 页。

②　贺绍章编《经济大要》，商务印书馆，1913 年，第 51 页。

③　胡祖同编《经济概要》，商务印书馆，1914 年，第 126、133 页。

④　参见罗竹风主编《汉语大词典》（第二卷），上海辞书出版社，2011 年，第 59 页。

⑤　〔英〕马礼逊：《华英字典6》（影印版），大象出版社，2008 年，第 160 页。

⑥　邝其照编《字典集成》（影印版），商务印书馆，2016 年，第 52、169 页。

⑦　〔英〕傅兰雅译《佐治刍言》，上海书店出版社，2002 年，第 101 页。

⑧　〔日〕天野为之：《理财学纲要》，嵇镜译，文明书局，1902 年，第 63 页。

1913 年 8 月，民国教育部审定贺绍章编《经济大要》提到"竞争之公平""公平的支给法"。① "公平"成为官方指定教科书的学术用语，标志着经济学术语"公平"（Fair）基本形成。

1915 年，马凌甫译，日本津村秀松著《国民经济学原论》第二十二章第四节为"分配之公平"，它与日文原著相同，说明日本也使用"公平"。②

1933 年 11 月，柯柏年等合编《经济学辞典》列有"公平地租"（Fair Rent）、"公平价格"（Fair Price）词条，③ 在经济学文献中完成了"公平"与 Fair 的对译。1941 年，民国教育部组织 32 位专家审定：Fair Competition 译为"公平竞争"，Fair Market Value 译为"公平市价"，Fair Price 译为"公平价格"，Fair Profit 译为"公平利润"，Fair Return 译为"公平报酬"，等等。共审定了 10 个由"公平"组成的复合词。④

从"公平"在中国近代的演变可知，经济学术语"公平"（Fair）是中国传统"公平"演变而来。

八　效率（Efficiency）

中国古代没有"效率"一词。

1822 年，马礼逊《华英字典 6》将 Efficacy 译为"功力无比"。⑤ 1868 年和 1875 年，邝其照两次编的《字典集成》均将 Efficacy 译为"灵验，德"。⑥ 它们均无 Efficiency 一词。1907 年，《商务书馆英华新字典》将 Efficiency 译为"能，力，功，灵验"。⑦ 1908 年，《新译英汉辞典》将 Efficiency 译为"有效力；效力；（机械）功率；能率"。⑧ 在近 100 年的汉外字典中，Efficiency 与"效率"没有完成对译。

检索日本国立国会图书馆公开电子文献可知，日本在 1899 年出现

① 贺绍章编《经济大要》，商务印书馆，1913 年，第 51、59 页。
② 〔日〕津村秀松：《国民经济学原论》，马凌甫译，群益书社，1915 年，第 624 页；《订正增补国民经济学原论》（下册），东京宝文馆，1914 年，第 474 页。
③ 柯柏年、吴念慈、王慎名合编《经济学辞典》，南强书局，1933 年，第 140—141 页。
④ 国立编译馆编订《经济学名词（教育部公布）》，正中书局，1945 年，第 17 页。
⑤ 〔英〕马礼逊：《华英字典 6》（影印版），大象出版社，2008 年，第 137 页。
⑥ 邝其照编《字典集成》（影印版），商务印书馆，2016 年，第 48、165 页。
⑦ 商务印书馆编《商务书馆英华新字典》，商务印书馆，1907 年，第 168 页。
⑧ 《新译英汉辞典》，群益书社，1908 年，第 310 页。

"效率"一词，"效率"最初是科学和技术方面的术语，大致在1916年，日本在商业方面开始使用"效率"。1901年，译自日文的《中学物理教科书》提到"效率"（Efficiency），① 这可能是日文物理学名词"效率"传入中国的开始。与日本一样，中国长期将"效率"作为技术名词使用，直到1938年，《辞海》仍然将"效率"仅仅解释为物理学名词。②

在20世纪初，日本还出现了社会科学术语"效能""能率"，意指功效，"效能""能率"也传到了中国。③

1915年11月，杨铨（杨杏佛）在《科学》第1卷第11期发表《人事之效率》，他指出："效率之名，新语也，其源见于科学实业，晚近始有美人泰乐（W. W. Taylor）施之人事；其定义为功与事之比，盖含有算学之意味焉。骤视之，似非吾国所有，实则不然，事倍功半，事半功倍之语，吾人习闻之久矣。夫所谓事半功倍者，以数言则25%之效率，而事半功倍则400%之效率也。……以今视昔，则以效率之高低而有文野之分；以国视国，又将唯效率而衡其盛衰强弱焉。"④ 杨铨介绍了泰勒的"科学管理法"，他称之为"效率主义"；他又批评了中国人不讲效率，以至于国弱民穷。

1915年11月12日，《申报》在《介绍新著》栏目报道："《科学》杂志第一卷第十一期现已出版，内有杨铨之《人事之效率》。"⑤ 这是《申报》第一次出现"效率"。

1916年10月，穆湘玥译，美国戴乐尔著《工厂适用学理的管理法》以"作业力"指称"效率"。⑥ 说明穆湘玥没有采纳杨铨介绍的泰勒"科学管理法"的关键词"效率"。

1917年12月，杨铨在《科学》第3卷第12期又发表《效率之分类》，他将效率分为比较的效率、同质效率、异质效率、抽象效率、节俭

① 〔日〕水岛久太郎：《中学物理教科书》（第1册），陈榥乐书译，教科书译辑社，1902年，第151—152页。
② 舒新城等主编《辞海》戊种，中华书局，1938年，卯集第178页。
③ 史有为主编《新华外来词词典》，商务印书馆，2019年，第1251、826页。
④ 杨铨：《人事之效率》，《科学》第1卷第11期，1915年11月，第1209—1210页。
⑤ 《介绍新著》，《申报》1915年11月12日，第10版。
⑥ 〔美〕戴乐尔：《工厂适用学理的管理法》，穆湘玥译，中华书局，1915年，第2、7页。

五种，杨铨再次呼吁国人讲求效率主义。① 1918 年 11 月 4 日，《申报》刊载杨铨在上海的演说《个人效率主义之原理》，他指出："效率主义之简单定义即为用最微或最低而得最大或最高之主义，施之国家则为牺牲少数人之幸福而得多数人之幸福，施之实业则为消耗最少之资本而得最大之赢利，施之个人则为用最少之时力而得最良之效果。诸君当知效率与效率主义之区别，效率为功与事之比率，效率主义则为求增进此比率之方法。"② 杨铨再次提议中国应采取效率主义。综上所述，杨铨可能是中国最早使用"效率"作为社会科学词语者，他又是"效率"的主要推广人。

在杨铨的推广下，1920 年，《申报》出现"效率" 14 次，1920—1929 年，《申报》共出现"效率" 690 次。由此，"效率"在 20 世纪 20 年代逐渐成为《申报》的常用词。

1922 年 12 月，马寅初在《何谓经济》的演讲中指出："经济之主旨在以最小之消费（Cost）获得最大之效果（Result），西文 Economy 一字常与 Efficiency 并用，表示一面省钱，一面须有效果。"③ 马寅初在此列出了西文 Efficiency，却没有将其译出。

1924 年，徐宝璜译《货币论》一书 46 处使用"效率"，④ 说明经济学著作中开始大量使用"效率"。1929 年，萧纯锦编《经济学》提到"生产效率"（Productive Efficiency），萧纯锦将"效率"与英文完成对译。⑤ 至此，经济学术语"效率"（Efficiency）在中国初步形成。

但在整个民国时期，经济学术语"效率"与"效能""能率"长期并行，并没有完全统一。1924 年 11 月，刘葆儒译《实业上个人效能论》以"效能"译 Efficiency。⑥ 1934 年，何士芳编《英汉经济辞典》将 Efficiency 译为"效率，效能"。⑦ 1937 年，周宪文主编《经济学辞典》列有

---

① 杨铨：《效率之分类》，《科学》第 3 卷第 12 期，1917 年 11 月，第 1235—1238 页。
② 《科学家最新之学说》，《申报》1918 年 11 月 4 日，第 10 版。
③ 《马寅初演讲集》（第一集），商务印书馆，1923 年，第 275 页。
④ 〔美〕D. Kenley：《货币论》，徐宝璜译，1924 年，第 66—67、153 页等。
⑤ 萧纯锦编《经济学》，商务印书馆，1929 年，第 142 页。
⑥ 〔美〕E. E. Purintcn：《实业上个人效能论》，刘葆儒译，商务印书馆，1924 年，"序"第 1 页。
⑦ 何士芳编《英汉经济辞典》，商务印书馆，1934 年，第 68 页。

"能率管理法",以"能率"译 Efficiency。[1] 1941 年,民国教育部组织 32 位专家审定:Efficiency 译为"效能"。[2] 1947 年,马寅初著《经济学概论》以"效率"译 Efficiency。[3]

综上所述,中国古代无"效率"一词,20 世纪初,日本物理学术语"效率"和社会科学术语"效能"传到了中国。1915 年 11 月,杨铨在《科学》上发表《人事之效率》,将科技术语"效率"引入社会科学领域,在杨铨的推动下,徐宝璜、萧纯锦等经济学家又将"效率"引入经济学领域,"效率"成为经济学术语。但在整个民国时期,经济学术语"效率"与"效能""能率"长期并行,并没有完全统一。

第八节　经济学总论主要术语来源与形成统计

经济学总论的主要术语也是"基本经济术语",在上万个经济类术语中,它们是最基础、最基本、最常用的术语,同时,它们也是经济学 10 多个分支学科中涉及和依据的共同术语。本节对本章前述 7 节内容共 47 个术语进行统计,形成表 2 - 4。

表 2 - 4　经济学总论主要术语的来源与形成

术语名称	古义	今义竞争词	今义来源	今义首现年份	中西对译年份	今义形成年份
经济	治理、经世济民	计(严复译);节用、节俭、理财、生计	日语术语借词	1888	1908	1913
经济学	治理的学问	计学(严复译);富国策、富国养民策、理财学、生计学、俭学(吴世瑞译)、平准学	日语术语借词	1895	1903	1913
生产	谋生之业、生孩子	生财、生(严复译);成物、生殖、出产	日语术语借词	1896	1907	1913

---

① 　周宪文主编《经济学辞典》,中华书局,1937 年,第 490 页。

② 　国立编译馆编订《经济学名词(教育部公布)》,正中书局,1945 年,第 15 页。

③ 　《马寅初全集》(第十一卷),浙江人民出版社,1999 年,第 477 页。

术语名称	古义	今义竞争词	今义来源	今义首现年份	中西对译年份	今义形成年份
交易（交换）	各自把自己的给对方	交换（日语）	传统演变（严复译同）	1822	1822	1880
分配	分别支配	分财（严复译）；用财、析分	日语术语借词	1901	1907	1913
消费	耗费财富	用财（严复译）；消流、消耗、销化、销费	日语术语借词	1899	1908	1913
土地	田地、土壤	地、业场（严复译）；田	日语术语借词	1902	1908	1913
劳动（劳力）	操作活动	功力、功（严复译）；人功、人工、工业、人力、劳役	日语术语借词	1901	1908	1914
资本	本钱	母财（严复译）；本钱	传统演变（与日语同）	1880	1907	1913
固定资本	无	恒本、常住母财（严复译）	日语术语借词	1901	1910	1914
流动资本	无	运本、循环母财（严复译）	日语术语借词	1901	1910	1914
企业	无	作为、管事、起业、营业、创业、主计	日语术语借词	1899	1908	1914
技术	技艺、法术	技艺、法	日语术语借词	1873	1908	1914
资源	无	财源、资产、资力	日语术语借词	1903	1935	1936
地主	当地的主人、田地的主人	田主、业主、实业主、房地主	传统演变（严复译同）	1880	1908	1902
劳动者（工人）	无	劳力者（严复译）；工人	日语术语借词	1900	1908	1915
农民	务农的人	农、农人（严复译）；农夫，企业农人	传统演变	1840	1929	1929
资本家	无	业户、业主、资本主、有资本人、财东	日语术语借词	1897	1907	1919
企业家	无	起业家、营业家、创业家、主计者、管事人	日语术语借词	1899	1910	1913

续表

术语名称	古义	今义竞争词	今义来源	今义首现年份	中西对译年份	今义形成年份
公司	无	会社（日语）	近代本土产生（严复译同）	1815	1822	1904
市场	商品买卖的场所	市、街市	传统演变（严复译、日语同）	1874	1907	1915
供给	以物资、钱财供人所需	供（严复译）；应	近代本土产生（与日语一致）	1868	1907	1913
需求	索取、求索	需要（日语）；求（严复译）；讨索、讨求	近代本土产生	1902	1941	1941
价值	价格	值（严复译）；价钱、物值	日语术语借词	1822	1910	1913
价格	无	价（严复译）；物价	日语术语借词	1888	1910	1913
成本	费用	生产费、原价（日语）；费用、费、原费、实费	传统演变（严复用）	1878	1921	1941
效用	效劳、发挥作用	有用、物德、利益、利用、功用、用、实利	日语术语借词	1901	1914	1941
地租	国家土地税、地主的地租	地代（日语）；租（严复译）	传统演变	1880	1907	1913
工资	无	劳银、赁银、给料（日语）；庸、力庸（严复译）；工钱、劳金、工价	近代本土产生	1885	1928	1928
利息	收益、收入；把钱出借所收取的子金	利子（日语）；息利、息（严复译）	传统演变	1815	1822	1914
利润	盈利、利益	赢、赢利、本息（严复译）；利息、利银、余利、利益	日语术语借词	1898	1910	1913
产业	私人财产、生产事业	民功（严复译）；实业	日语术语借词	1896	1908	1929
工业	工作、劳工	工、百工（严复译）；工艺	日语术语借词	1877	1907	1914
重工业	无	大工业	近代本土产生	1929	1929	1929

续表

术语名称	古义	今义竞争词	今义来源	今义首现年份	中西对译年份	今义形成年份
轻工业	无	小工业	近代本土产生	1929	1929	1929
商业	无	贸易（严复译）；通商、生意、买卖	日语术语借词	1887	1907	1914
农业	以农为职业	田功、农术（严复译）；农事	日语术语借词	1887	1907	1915
贸易	交易、买卖	通商、生意	传统演变（严复译、日语相同）	1822	1822	1840
城市	人口密集、工商业发达的地方	都市、都会（日语）；城邑，拓温、锡特（严复译）；城镇	传统演变	1872	1941	1941
竞争	互相争胜	物竞、竞（严复译）；角逐、争赛、争先	日语术语借词	1887	1903	1913
自由竞争	无	自由相竞、自由为竞	日语术语借词	1903	1903	1913
垄断（独占）	把持、独占	辜榷（严复译）；专卖、独占（日语）	传统演变	1822	1822	1949后
政府	宰相等处理政务的处所	国家、政事	日语术语借词	1877	1907	1914
政策	无	政约（严复译）；政略、治法、策	日语术语借词	1896	1914	1914
制度	法令礼俗等规范、法规、规定等	宗（严复译）；次序之事	日语术语借词	1840	1908	1914
公平	公正	公正	传统演变	1822	1822	1913
效率	无	效能、能率	日语术语借词	1915	1929	1929

从表2-4第二列分析，中国古代就存在的词语有：经济、经济学、生产、交易、分配、消费、土地、劳动、资本、技术、地主、农民、市场、供给、需求、价值、成本、效用、地租、利息、利润、产业、工业、农业、贸易、城市、竞争、垄断、政府、制度、公平等31词。其中，古今词义巨变的有：经济、经济学、生产、分配、消费、劳动、需求、价值、效用、利润、产业、工业、农业、实业、政府、制度共16词。古今

词义变化不大的有 15 词。古代所无，近代产生的新词有 16 个：企业、劳动者、资本家、企业家、价格、工资、重工业、轻工业、商业、政策、资源、效率、自由竞争、公司、固定资本、流动资本。

从表 2 – 4 第三列分析，47 词均有今义的竞争词，竞争词多，说明术语统一艰难，如经济学、生产、消费、劳动、企业、企业家等词。严复译词和日语术语借词是主要的竞争对手，表列严复 29 个译词，它们均被淘汰。日语是整个知识体系传入中国，几乎所有译词都有日语词竞争。

从表 2 – 4 第四列分析，47 词中，日语术语借词有 29 词：经济、经济学、生产、分配、消费、劳动、企业、劳动者、资本家、固定资本、流动资本、企业家、价格、效用、利润、工业、商业、农业、政策、自由竞争、资源、效率、土地、技术、价值、产业、竞争、政府、制度。传统演变而成者有 12 词：交易、资本、地主、农民、成本、地租、利息、贸易、城市、垄断、公平、市场。近代本土产生者有 6 词：公司、供给、需求、工资、重工业、轻工业。总之，日语术语借词大大超过中国本土产生的术语。严复译词流传者有：交易、市场、地主、公司、成本、贸易。

从表 2 – 4 第五列"今义首现年份"分析，1895 年及之前 26 个，1896—1911 年 18 个，1912 年及以后 3 个。

日语术语借词在 1895 年前出现 10 个：工业（1877）、农业（1887）、商业（1887）、经济（1888）、价格（1888）、价值（1822）、制度（1840）、技术（1873）、政府（1877）、竞争（1887）。其余 19 个均出现在 1895—1903 年，说明在中日甲午战争前仍有不少日语术语借词流入中国，但集中出现在 1895 年中日甲午战争之后到 20 世纪初（1903 年）近代教育改革之前。传统演变形成的术语最早出现在 1815—1880 年。近代本土产生的术语首次出现时间在 1815—1929 年，说明近代不断在产生新词。

从表 2 – 4 第六列"中西对译年份"分析，日语术语借词全是在 20 世纪完成中西文对译。传统演变而来的词语有些在 19 世纪 20 年代完成了中西对译，如交易、利息；有些要到 20 世纪 40 年代才完成对译，如城市。近代产生的新词有些是先在中国产生，然后去对译西文，这需要很长时间，如需求、工资；有些词语本来就是在翻译西文过程中产生的新词，如重工业、轻工业，它们很快完成对译。

　　从表 2 - 4 第七列"今义形成年份"分析，1895 年及之前 2 个，1896—1911 年 2 个，1912—1915 年 30 个，1916 年及以后 13 个。术语形成的标志是进入机构名称、官方颁布的课程表、官方指定教科书、中国重要辞典、教育部统一的译名，等等。上述 47 词中，1912—1915 年形成今义者为 30 词。1900 年前形成的有交易、贸易二词。

第三章 马克思主义经济学
主要术语的形成

本章依据马克思主义经济学本身的概念体系选取了 12 个主要术语。生产力、生产关系是马克思主义经济学研究的对象。经济基础、上层建筑是唯物史观的主要构成要件，而唯物史观是马克思主义经济学的哲学基础。商品是马克思主义政治经济学首先分析的概念，劳动价值论是马克思主义经济学的基石，剩余价值论是马克思主义经济学的基本原理。资本主义是马克思主义经济学分析批判的对象，社会主义是马克思主义经济学建立新社会的目标。科学社会主义是马克思主义的别称。虚拟资本是马克思主义经济学的重要概念，也是反映当代资本主义虚拟资本发达的重要概念。马克思主义经济学术语有独特的含义，其来源与形成必须在马克思主义文献里才能得到准确的说明。

第一节 "生产关系"等术语的形成

本节叙述生产力、生产关系、经济基础、上层建筑、唯物史观五个术语的形成，这些术语是马克思主义经济学研究对象和哲学基础方面的主要概念。

一 生产力（Productivity）

在马克思主义经济学中，"生产力"与"生产关系"为对义词语。但"生产力"与"生产关系"不同，"生产力"同时为经济学的一般概念，非马克思主义的西方经济学也使用它，因此，"生产力"与"生产关系"有不同的形成路径。

1880 年，汪凤藻译《富国策》将 Production Power、Productiveness 译

为"滋生之力"，且有"人巧滋生之力""资本滋生之力"的说法。①

19 世纪末 20 世纪初，日语术语"生产力"大量传入中国。1899 年，《清议报》刊载《奢侈论》指出："奢侈者何，不论生产力及有形无形，其无益于人类生存。"② 1901 年，今关常次郎著《农业经济篇》指出："盖分业之效，能增四十倍之生产力矣。"③ 1901 年，钱恂编译自日文的《财政四纲》提到"资金之生产力"。④ 1902 年，梁启超就在《论民族竞争之大势》《生计学（即平准学）学说沿革小史》等文章中使用"生产力"一词。⑤

与此同时，中国学者企图用其他词语翻译 Productivity。1902 年，严复译《原富》以"生财能事"译 Productive Power，以"殖量"译 Productivity。⑥ 1902 年，嵇镜译《理财学纲要》以"滋生力"指代"生产力"，并有"土地滋生力""资本滋生力"的说法。⑦ 汪凤藻、严复、嵇镜所译"滋生之力""殖量""滋生力"等词均未得到推广。

在社会主义文献中，1903 年 2 月，赵必振译，福井准造著《近世社会主义》一书大量使用了"生产力"，书中指出："今日一切社会生活之程度，则日昂进，生产力之发达，亦极其盛，劳银腾贵之割合，常不能得其平衡，而劳动者之配当额，渐次减少，其困乏则日愈甚。"又说实施新的生产制度后，"则生产力之增加，而劳动者之分当，亦与增加"。⑧

在马克思主义文献中，1908 年，民鸣译《共产党宣言》（仅译前言和第一章）中使用了"生产力"，民鸣译文指出："最近商工业历史，即近代生产力对生产方法（即对于绅士阀及其统治权之存在与其必要之财

---

① 〔英〕法思德：《富国策》卷二，汪凤藻译，京师同文馆，1880 年，第五章第 16—18 页；Henry Fawcett, *Manual of Political Economy*, London：Macmillan and Co.，1876，pp. 46 - 48。

② 《奢侈论》，《清议报》第 22 册，1899 年。

③ 〔日〕今关常次郎：《农业经济篇》，〔日〕吉田森太郎译，《农学报》第 140 期，1901 年，第 4 页。

④ 钱恂编译《财政四纲》，在日本自刊，1901 年，"银行"第 20 页。

⑤ 梁启超：《饮冰室合集·文集》（第 4 册），中华书局，1989 年，总第 881 页；第 5 册，总第 1049 页。

⑥ 〔英〕亚当·斯密：《原富》，严复译，商务印书馆，1981 年，第 81、94 页。

⑦ 〔日〕天野为之：《理财学纲要》，嵇镜译，文明书局，1902 年，第 10、13—14 页。

⑧ 参见姜义华编《社会主义学说在中国的初期传播》，复旦大学出版社，1984 年，第 176、178 页。

产关系）而试其背叛之历史也。"①

1910 年，熊崇煦、章勤士译，黎查德迪·伊利著《经济学概论》将"生产力"注译为 Productivity，②"生产力"与西文完成了对接。

1913 年 8 月，民国教育部审定贺绍章编《经济大要》提到"土地之生产力"。③ 1914 年 10 月，民国教育部审定胡祖同编《经济概要》也提到"生产力、土地之生产力"。④ 官方教科书使用"生产力"，说明经济学术语"生产力"已经形成。

1933 年，沈志远编《新哲学辞典》将"生产力"解释为："生产是社会发展底出发点或基源，而生产的基本元素为：劳动工具（Instrument）、劳动对象（Object）和劳动力（Labour Power）这三大元素之总和，就称为社会底生产力（Productive Force of the Societies）。生产力一变化，生产力动作底形式——生产方法或生产关系（Productive Relations），也随之而改变；而后者既然变化，其他一切社会的上层建筑物也就都变化了。这样看来，生产力是社会发展底出发点，因此它也就是研究社会研究整个社会过程和它的个别现象之出发点。"⑤ 这个解释强调了"生产力"的社会作用，与当代马克思主义对"生产力"的解释基本一致，它标志着马克思主义"生产力"一词基本形成。

从以上论述可知，"生产力"作为一般经济学名词在 20 世纪初已经形成，作为马克思主义政治经济学的专有名词，出现在 20 世纪初，形成于 1933 年。

二 生产关系 （Productive Relations）

前已指出，"生产关系"与经济学一般词语"生产力"不同，它属于马克思主义经济学的专门名词。在中国近代，一般不会出现在非马克思主义经济学论著中。因此，"生产关系"的形成就比"生产力"的形

---

① 《社会主义思想在中国的传播》（第一辑上册），中共中央党校科研办公室，1985 年，第 113 页。
② 〔美〕黎查德迪·伊利：《经济学概论》，熊崇煦、章勤士译，商务印书馆，1910 年，第一编第 100 页，第二编第 10、14、63、160—161 页。
③ 贺绍章编《经济大要》，商务印书馆，1913 年，第 22 页。
④ 胡祖同编《经济概要》，商务印书馆，1914 年，第 40 页。
⑤ 沈志远编《新哲学辞典》，笔耕堂书店，1933 年，第 40—41 页。

成要晚一些。

在马克思主义文献中，1908 年，民鸣译《共产党宣言》（仅译前言和第一章）中使用了"生产力"，但没有使用对义词"生产关系"，民鸣译文指出："最近商工业历史，即近代生产力对生产方法（即对于绅士阀及其统治权之存在与其必要之财产关系）而试其背叛之历史也。"① 这段话今译为："几十年来的工业和商业的历史，只不过是现代生产力反抗现代生产关系、反抗作为资产阶级及其统治的存在条件的所有制关系的历史。"② 对比今译，民鸣译《共产党宣言》是使用"生产方法"对译"生产关系"。

1912 年 5—7 月，施仁荣译述，弗勒特立克·恩极尔斯（今译弗里德里希·恩格斯）著《理想社会主义与实行社会主义》在《新世界》发表，该文指出："各种过去历史，舍上古史外，皆系人类竞争史，而所以竞争之故，皆缘于经济之不平等。"③ 这段话今译为："以往的全部历史，除原始状态外，都是阶级斗争的历史；这些互相斗争的社会阶级在任何时候都是生产关系和交换关系的产物，一句话，都是自己时代的经济关系的产物。"④ 两种译本对照，可知施仁荣没有将"生产关系"作为关键词译出，而是对整段话进行意译。

1919 年 5 月 5—8 日，渊泉译，河上肇著《马克思的唯物史观》在《晨报》发表，该文指出："数十年以来，工商业的历史，就是现代的生产力，对于现代的生产关系，对于有产者的生活条件和支配力的反抗史罢了。"这是河上肇对《共产党宣言》的翻译和引用。该文又指出："人类要进了适应他们物质的生产力，一定发展的发展程度的生产关系，而这种生产关系的总和，就构成社会上经济的构造，这就是社会真正的基础了。"⑤ 这是河上肇对马克思《〈政治经济学批判〉序言》的翻译和引

---

① 《社会主义思想在中国的传播》（第一辑上册），中共中央党校科研办公室，1985 年，第 113 页。
② 《马克思恩格斯选集》（第一卷），人民出版社，2012 年，第 406 页。
③ 弗勒特立克·恩极尔斯：《理想社会主义与实行社会主义》，施仁荣译述，《新世界》第 6 期，1912 年 7 月，第 2 页。
④ 《马克思恩格斯选集》（第三卷），人民出版社，2012 年，第 796 页。
⑤ 〔日〕河上肇：《马克思的唯物史观》，渊泉（陈溥贤）译，《晨报》1919 年 5 月 5—8 日；林代昭等编《马克思主义在中国：从影响的传入到传播》（下册），清华大学出版社，1983 年，第 12—13 页。

用。上述两段文字均出现了"生产力"和"生产关系"，且来自马克思主义的经典文献。此文可能是"生产关系"首次在中国出现的文献。

1919 年 7 月 15 日，一湖在《社会主义论》中指出："经济事情的变动，根本上最重要的，就是生产力，原来社会的生产关系（就是社会经济组织），大概是顺着社会生产力的。但可分为二期：第一期，生产关系和生产力是调和的；第二期，社会生产力，达到一定的程度，从来的生产关系，却妨害生产力更上的发展。"① 彭一湖在此解释了"生产关系"就是社会经济组织，并论述了"生产力"与"生产关系"的矛盾运动。

1919 年 9 月，《新青年》第 6 卷第 5 号刊发了李大钊《我的马克思主义观（上）》，指出："马克思的唯物史观有二要点：……其一是说人类社会生产关系的总和，构成社会经济的构造。这是社会的基础构造。……其二是说生产力与社会组织有密切的关系。生产力一有变动，社会组织必须随着他变动。社会组织即社会关系，也是与布帛菽粟一样，是人类依生产力产出的产物。"② 李大钊在此使用了"生产关系"一词，但是他同时又使用"社会组织""社会关系"指称"生产关系"，这三个词语严格说来并不能等同，说明李大钊还没有将"生产力"与"生产关系"看成固定的对义词。

1920 年 8 月，陈望道译《共产党宣言》里指出："有产阶级，倘不将生产工具不断的革命，牵动生产关系以及全社会关系跟着革命，那是一定不能存在的。"又指出："数十年来的工商史，只是近代生产力对于近代生产方法，对于有产阶级的生存和统治权的财产关系谋叛底历史。"③ 陈望道已经将"生产关系"译出，同时，他又与前述民鸣译本一样，使用"生产方法"指代今译本的"生产关系"。

1920 年 9 月，李培天译，河上肇著《近世经济思想史论》对马克思《〈政治经济学批判〉序言》里有关唯物史观的论述进行了全文翻译，并附以德文原文，这就将马克思对唯物史观的经典论述原汁原味地传到了中国。"生产力"与"生产关系"成为该书的关键词，"生产关系"与德

---

① 　一湖（彭一湖）：《社会主义论》，《太平洋》第 1 卷第 12 号，1919 年 7 月，第 5—6 页。
② 　李大钊：《我的马克思主义观（上）》，《新青年》第 6 卷第 5 号，1919 年 9 月，第 530 页。
③ 　《陈望道全集》（第七卷），浙江大学出版社，2011 年，第 5、7 页。

文 Produktionsverhaltnisse 进行了对接。①

1920 年 10 月，陈石浮译，美国塞利格曼著《经济史观》也引用了马克思《〈政治经济学批判〉序言》，书中说："这些生产关系是和他们的物质生产力的发达程度相符合的。这些生产关系的总和构成社会上经济的构造。"②

1920 年三部著作均使用了"生产关系"，"生产关系"一词得到了进一步的传播。

1929 年，《新术语辞典》列有"生产关系"词条，注译为 Relations of Production，释义为："在生产过程中人与人之关系，即是经济关系。"③ 1933 年，沈志远编《新哲学辞典》将"生产关系"注译为 Productive Relations，并解释为："生产关系是生产力动作底形式，在生产过程中，人们参加于多方面的、不由他们意志支配的诸关系中，即生产关系中。"生产关系有四个标志，包括人们在劳动组织和分工上的关系，以及分配、消费、交换上的关系。④ 1933 年，柯柏年等合编《经济学辞典》也列有"生产关系"（Relations of Production）词条。⑤ "生产关系"依次列入新术语、新哲学、经济学三个辞典，反映了它已经成为一般的经济学术语。

三　经济基础（Economic Basis）、上层建筑（Super-structure）

"经济基础"与"上层建筑"是唯物史观的核心概念，在马克思主义理论传入中国的早期历史过程中，唯物史观的输入较迟。因此，"经济基础"与"上层建筑"这一对概念的形成也相对缓慢。

1912 年，施仁荣译述，弗勒特立克·恩极尔斯著《理想社会主义与实行社会主义》指出："各种过去历史，舍上古史外，皆系人类竞争史，而所以竞争之故，皆缘于经济之不平等。并云：有经济组织，始有司法、政治、宗教、哲学及其他各种组织，故经济实为万事之母。人类一切历

① 〔日〕河上肇：《近世经济思想史论》，李培天译，泰东图书局，1920 年，第 114—121 页。
② 〔美〕塞利格曼：《经济史观》，陈石浮译，商务印书馆，1920 年，第 32 页。
③ 吴念慈、柯柏年、王慎名编《新术语辞典》，南强书局，1929 年，第 333 页。
④ 沈志远编《新哲学辞典》，笔耕堂书店，1933 年，第 44 页。
⑤ 柯柏年、吴念慈、王慎名合编《经济学辞典》，南强书局，1933 年，第 439 页。

史所由生也。"① 恩格斯这段话今译为:"以往的全部历史,除原始状态外,都是阶级斗争的历史;这些互相斗争的社会阶级在任何时候都是生产关系和交换关系的产物,一句话,都是自己时代的经济关系的产物;因而每一时代的社会经济结构形成现实基础,每一个历史时期的由法的设施和政治设施以及宗教的、哲学的和其他的观念形式所构成的全部上层建筑,归根到底都应由这个基础来说明。"② 两相对照,施仁荣的译述没有将"基础"和"上层建筑"译出。

1913 年 8 月,贺绍章编《经济大要》指出:"中产者愈多,一国之经济基础愈稳固。故谓中产者为国家之中坚可也。"③ 这里出现了"经济基础"一词,但它不是马克思主义的专有名词。

1919 年 5 月 5—8 日,渊泉译,河上肇著《马克思的唯物史观》指出:"人类要进了适应他们物质的生产力,一定发展的发展程度的生产关系,而这种生产关系的总和,就构成社会上经济的构造,这就是社会真正的基础了,构造法制上政治上的建筑物,适应社会的意识形态。"又指出:"因为经济的基础,发生变动,所以在这基础上面的建筑物,也就要徐徐或是急速革起来了。"④ 这里提到"经济的构造""政治上的建筑物",以及"经济的基础""上面的建筑物",其中"经济的基础"几乎等于"经济基础","上面的建筑物"也接近"上层建筑"。

1919 年 9 月,李大钊《我的马克思主义观(上)》引用马克思著作指出:"巨大的表面构造的全部,随着经济基础的变动,或徐,或激,都变革了。"⑤ 李大钊在此已经完整使用了"经济基础",同时以"表面构造"指称"上层建筑"。在同刊同期,顾兆熊在《马克思学说》中也使用了"经济基础"和"上头的建筑"。⑥

---

① 弗勒特立克·恩极尔斯:《理想社会主义与实行社会主义》,施仁荣译述,《新世界》第 6 期,1912 年 7 月,第 2 页。

② 《马克思恩格斯选集》(第三卷),人民出版社,2012 年,第 796 页。

③ 贺绍章编《经济大要》,商务印书馆,1913 年,第 55 页。

④ 〔日〕河上肇:《马克思的唯物史观》,渊泉(陈溥贤)译,《晨报》1919 年 5 月 5—8 日;林代昭等编《马克思主义在中国:从影响的传入到传播》(下册),清华大学出版社,1983 年,第 12—13 页。

⑤ 李大钊:《我的马克思主义观(上)》,《新青年》第 6 卷第 5 号,1919 年 9 月,第 529 页。

⑥ 顾兆熊:《马克思学说》,《新青年》第 6 卷第 5 号,1919 年 9 月,第 453、455 页。

1920 年 9 月，李培天译，河上肇著《近世经济思想史论》指出："表见于此社会经济组织之上者，即政治、法律之'上层建筑'是也。"此处的"上层建筑"可能是在中国首次出现。但该书以"社会经济之基础""社会经济组织""经济的构造"等词指"经济基础"；"上部之巨大建筑""上部建筑""上层建筑"等词指"上层建筑"。[①] 说明该书还没有形成"经济基础"与"上层建筑"这一对专有名词。该书以"社会经济之基础"与"上层建筑"相对应，由此可见"经济基础"与"上层建筑"是前者简化而来。

1924 年 11 月，北泽新次郎著《经济学史概论》引用马克思著作指出："这些生产关系的总和，就构成社会之经济的构造，这个经济的构造，乃是法制的及政治的等上层建筑的基础。……经济的基础一变动，巨大的上层建筑全部，也就不得不随着变动。"[②] "经济的基础"与"上层建筑"同时出现在该书中。

1926 年，熊得山著《社会问题》引用马克思著作指出："巨大的上层建筑全部，便随经济基础的变动，或者缓慢的，或者激剧的变革了。"[③] 这里"经济基础"与"上层建筑"对义词同时出现。

从 1919 年渊泉译《马克思的唯物史观》，到 1926 年熊得山著《社会问题》，上述五种文献对马克思《〈政治经济学批判〉序言》的不同翻译，经历了"经济的基础"与"上面的建筑物"，"经济基础"与"表面构造"，"经济基础"与"上头的建筑"，"社会经济之基础"与"上层建筑"，"经济的基础"与"上层建筑"，"经济基础"与"上层建筑"。大致历经 7 年时间，才逐渐形成了"经济基础"与"上层建筑"这一对传世译名。"经济基础"与"上层建筑"的日语汉字词均为日本河上肇首先译出，[④] 不过后来日本并没有流传这一译法，日本流行的是"经济基盘"与"上部构造"。[⑤]

---

① 〔日〕河上肇：《近世经济思想史论》，李培天译，泰东图书局，1920 年，第 125、114—115、122 页。

② 〔日〕北泽新次郎：《经济学史概论》，商务印书馆，1924 年，第 131—132 页。

③ 熊得山：《社会问题》，北新书局，1926 年，第 107 页。

④ 〔德〕李博：《汉语中的马克思主义术语的起源与作用》，赵倩等译，中国社会科学出版社，2003 年，第 316、319 页。

⑤ 刘正运等编《日英汉经济辞典》，工人出版社，1987 年，第 242、501 页。

1929 年 11 月，《新术语辞典》列有"上层建筑"（Super-structure）词条，释义为："上层建筑是指建立于社会的经济的基础之上面的法律及政治等。"① 该辞典没有"经济基础"词条。

1933 年，沈志远编《新哲学辞典》列有"上层建筑"词条，指出："上层建筑（Super-structure），在唯物史观中，所有建筑在'基础'——生产力与生产关系之和——上一切，总称为'上层建筑'。归入上层建筑的，有国家及其机关（教堂、警察机关、学校等等）、法权、道德、宗教、艺术、哲学。上层建筑，在总的社会结构中，可分为二个基本部分：（一）社会政治的上层建筑，即国家、政党、法权；（二）思想的上层建筑，即最高的上层建筑，即宗教、艺术、哲学等等。后者是直接由前者来决定的。"② 该辞典没有"经济基础"词条，当它在解释"上层建筑"时已经解释了"经济基础"，"生产力与生产关系之和"就是"基础"或"经济基础"。

1949 年 12 月，《新名词辞典》列有"经济基础"（Economic Basis）词条，其释义为："指某种社会制度的基础的生产方式而言。社会的经济基础决定着社会的一切上层建筑——国家、政治、文化，跟着社会经济基础的变更，一切巨大的上层建筑也或先或后地发生激变。"③

以上三个辞典对"经济基础""上层建筑"的解释，一方面反映了对词语含义解释的深化，另一方面反映了它们与英文的互译。

四　唯物史观（Materialistic Conception of History）

1903 年 2 月，赵必振译，福井准造著《近世社会主义》在介绍马克思主义的历史观时提到"彼之观察历史之眼"，④ 这大致是指唯物史观。同年 10 月，幸德秋水著《社会主义神髓》介绍了马克思唯物史观的内容，但该书没有指出这一重要理论的名称。⑤

① 吴念慈、柯柏年、王慎名编《新术语辞典》，南强书局，1929 年，第 6 页。
② 沈志远编《新哲学辞典》，笔耕堂书店，1933 年，第 11—12 页。
③ 胡济涛、陶萍天合编《新名词辞典·经济之部》，春明书店，1949 年，丙第 1 页。
④ 参见姜义华编《社会主义学说在中国的初期传播》，复旦大学出版社，1984 年，第 160 页。
⑤ 参见姜义华编《社会主义学说在中国的初期传播》，复旦大学出版社，1984 年，第 286 页。

1912 年，施仁荣译述，弗勒特立克·恩极尔斯著《理想社会主义与实行社会主义》指出："夫以上所述二大发明，一为以物质思想观察历史，一为以余利所得维持资本生产行为。皆归功于社会党领袖马克斯氏。具此二大发明，而后社会主义始克成为一科学，即所谓实行社会主义，或称科学的社会主义是也。"① 今译："这两个伟大的发现——唯物主义历史观和通过剩余价值揭开资本主义生产的秘密，都应当归功于马克思。由于这两个发现，社会主义变成了科学。"② 通过这两个译本的对比可知，施仁荣译本以"物质思想观察历史"指称"唯物主义历史观"。同年，胡贻谷译，英国克卡朴著《泰西民法志》指出，马克思社会主义的纲要是"上下古今，以物理学贯彻之"，又说："恩吉尔追叙马功，以二义分疏之。一曰，发明史策中之物理论；一曰，发明资本家之利用赢率。"③ 这里以"物理学""物理论"指称"唯物史观"。

1918 年，刘大钧在《社会主义》里指出，马克思有两大学说，一为余值说，"一经济定运说，马克思研精史学，于国家之兴亡，世事之变迁，沿流溯源，则见皆为经济势力之所左右。生产状况造其因，政治、宗教、学术、文化为其果"。④ 刘大钧以"经济定运说"指称"唯物史观"。

1919 年 5 月 5—8 日，渊泉译，河上肇著《马克思的唯物史观》指出："马克思的社会主义，在学问上，有两大根底。其一是历史观，其一是经济论。现在我要谈的，是他的历史观，普通所谓'唯物史观'就是了。"又指出："马克思的历史观，已如上述，普通称他为唯物史观，我想称他为经济史观。何以有唯物史观的名称呢？因为他说明社会上历史的变迁，注重在社会上物质的条件的变化。何以我又想称他为经济史观呢？因为他说明社会上历史的变迁，注重在社会上经济条件的变化。"⑤ 这篇文章从标

---

① 弗勒特立克·恩极尔斯：《理想社会主义与实行社会主义》，施仁荣译述，《新世界》第 6 期，1912 年 7 月，第 4 页。

② 《马克思恩格斯选集》（第三卷），人民出版社，2012 年，第 797 页。

③ 参见《社会主义思想在中国的传播》（第一辑上册），中共中央党校科研办公室，1985年，第 131、133 页。

④ 刘大钧：《社会主义》，《清华学报》第 3 卷第 8 期，1918 年，第 5 页。

⑤ 〔日〕河上肇：《马克思的唯物史观》，渊泉（陈溥贤）译，《晨报》1919 年 5 月 5—8日；林代昭等编《马克思主义在中国——从影响传入到传播》（下册），清华大学出版社，1983 年，第 12—13 页。

题到内容均将马克思主义的历史观译为"唯物史观"，并提出了另一个可替代的名词——经济史观。该文是"唯物史观"首次出现的中文文献。

1919年5月12—14日，刘南陔（刘秉麟）译《社会党泰斗马格斯（Marx）之学说》以"经济学的历史观念（或译历史上之经济概念）"指称"唯物史观"。① 同年6月12、14日，摩汉译，河上肇讲《社会主义之进化》提到"唯物史观"及"经济的史观"。② 同年7月18—24日，译自日本的《马氏唯物史观概要》在《晨报》发表。③ 该文是又一篇使用"唯物史观"作为标题关键词的文章。

1919年9月，《新青年》第6卷第5号刊发了李大钊《我的马克思主义观》、顾兆熊《马克思学说》、凌霜《马克思学说的批评》、陈启修《马克思的唯物史观与贞操问题》、渊泉译《马克思的唯物史观》等5篇研究马克思主义的文章。这5篇文章均论及马克思的"唯物史观"，除顾兆熊使用"唯物的历史观"外，其余4篇均以"唯物史观"为关键词，有2篇标题还出现该词。④ 《新青年》第6卷第5号也成为"唯物史观"集中出现的文献，它对该词的传播起到了重要作用。

1920年9月，李培天译，河上肇著《近世经济思想史论》以47页的篇幅论述了"唯物史观"，对马克思《〈政治经济学批判〉序言》里有关唯物史观的论述进行了全文翻译，并附以德文原文，还将马克思唯物史观进行了图解。这就将马克思对唯物史观的经典论述原汁原味地传到了中国。⑤ 该书以"唯物史观"为章节标题名称，"唯物史观"成为该书的常用词。

1923年，徐六几等译〔德〕柯祖基（Kautsky）著《人生哲学与唯物史观》与刘宜之著《唯物史观浅释》出版，⑥ "唯物史观"由此成为专

---

① 参见《社会主义思想在中国的传播》（第一辑上册），中共中央党校科研办公室，1985年，第156页。

② 参见《社会主义思想在中国的传播》（第一辑上册），中共中央党校科研办公室，1985年，第159页。

③ 参见《社会主义思想在中国的传播》（第一辑上册），中共中央党校科研办公室，1985年，第168页。

④ 参见《社会主义思想在中国的传播》（第一辑上册），中共中央党校科研办公室，1985年，第193、202、210页。

⑤ 〔日〕河上肇：《近世经济思想史论》，李培天译，泰东图书局，1920年，第106—153页。

⑥ 〔德〕柯祖基：《人生哲学与唯物史观》，徐六几等译，共学社，1923年；刘宜之：《唯物史观浅释》，上海书店，1923年。

著的名称。

1923 年，唐敬杲编《新文化辞书》将"唯物史观"列为词条，注译其英文为 Materialistic Conception of History。[1] 1933 年，沈志远编《新哲学辞典》也列有"唯物史观或史的唯物论"词条，将其注译为 Historical Materialism。[2]

第二节 "剩余价值论"等术语的形成

本节叙述了揭示马克思主义经济学主要理论的商品、劳动价值论、剩余价值论、虚拟资本 4 个术语的形成。

一 商品（Commodity）

中国在春秋战国时期就有"商""商人""商市"等与商业活动相关的词语，[3] 但中国古代却无"商品"一词，"商品"为近代形成的新词。

1822 年，马礼逊《华英字典6》将 Commerce 译为"贸易之事，生理，生意，贸易，互相市易"，无 Commodity 一词。将 Merchandise 译为"货，货物"，将 Merchant 译为"商人，做买卖的人"。[4] 1867 年，罗存德编《英华字典》将 Commodity 译为"益，货，货物"，将 Merchandise 译为"货，货物"。[5] 1868 年，邝其照编的《字典集成》均将 Commodity 译为"利息，货物"，将 Merchandize 译为"货物"。1875 年，邝其照又将 Commodity 译为"利益，货物"，将 Merchandize 译为"货物，各样货物"。[6]

1880 年，汪凤藻译《富国策》以"货"对译原文 Commodity。[7] 1894 年，郑观应在《盛世危言》中指出："商籍准就近应试，殷商准接

---

① 唐敬杲编《新文化辞书》，商务印书馆，1923 年，第 597—600 页。

② 沈志远编《新哲学辞典》，笔耕堂书店，1933 年，第 180 页。

③ 罗竹风主编《汉语大词典》（第二卷），上海辞书出版社，2011 年，第 370、371 页。

④ 〔英〕马礼逊：《华英字典6》（影印版），大象出版社，2008 年，第 77、274 页。

⑤ R. W. Lobscheid, *English and Chinese Dictionary*：*With the Punti and Mandarin Pronunciation*：*Part Ⅰ*，Hong Kong，1866，pp. 436, 1169.

⑥ 邝其照编《字典集成》（影印版），商务印书馆，2016 年，第 38、69、153、187 页。

⑦ 〔英〕法思德：《富国策》第三卷，汪凤藻译，京师同文馆，1880 年，第一章第 1 页；Henry Fawcett, *Manual of Political Economy*，London：Macmillan and Co.，1876，pp. 315 - 316。

见官长。商品既重，商人自多。"① 这里的"商品"是指商人的品第和地位，与指物品的"商品"迥然不同。以上事例说明，现代"商品"一词不是中国传统演化而来，而是一个十足的外来词。

1887 年完稿，1895 年冬出版的黄遵宪《日本国志》抄录了日本刑法"伪造官印罪"一条，即"伪造所捺土产、商品等官印记号而使用者，处轻惩役"。② 此处可能是中国首次出现现代"商品"一词，但黄遵宪仅仅是照抄日本法律条款，并没有对"商品"进行解释。

1896 年 4 月 29 日和 5 月 5 日，《申报》一广告称："所有陈列各商品，均系日本上等货物精选配运，任凭贵客购用。"③ 1897 年 5 月 7 日，《申报》刊载《商品设所》指出："沙市采访人函云：日本人现租一屋与领事公馆毗连，为陈设东洋各色货物之所，门前悬一直牌——日本商品标本陈列所。"④ 1898 年 2 月 16 日，《申报》刊载《道示照登》提到，清朝监督江南海关官员告示，日本驻沪领事照会，"现奉外务大臣札：据农商务衙门商品陈列馆长禀称"，期望中国商民寄货商品陈列馆。⑤ 1900年 5 月 13 日，《申报》刊载《农商务省商品陈列馆》："瀛华洋行启者：本馆乃日本农商务省所设也，其立意并非谋利起见，全在批评货色，讲究贸易，以期中日两国商业兴隆。"⑥ 以上《申报》资料说明，"商品"一词随着日本政府在甲午战争后在中国推销日本"商品"和设立"商品陈列所"而逐渐得到了传播。

1900 年，《江南商务报》发表日本田冈佐代治译《商工地理学》，其中两次提到"商品"一词。⑦ 1901 年 5 月至 1902 年 2 月，《湖北商务报》分 12 期连载其翻译的日本法学士清水泰吉《商业经济学》，该书专门设立一节论"商品"，论述了商品的概念、商品的种类、商品生产等内容。⑧《商业经济学》以"商品"为关键词和常用词，它是日语经济学术

---

① 夏东元编《郑观应集·盛世危言》（下），中华书局，2013 年，第 367 页。
② 陈铮编《黄遵宪全集》（下），中华书局，2005 年，第 1381 页。
③ 《瀛华广懋馆迁移告白》，《申报》1896 年 4 月 29 日，第 6 版；1896 年 5 月 5 日，第 9 版。
④ 《商品设所》，《申报》1897 年 5 月 7 日，第 2 版。
⑤ 《道示照登》，《申报》1898 年 2 月 16 日，第 3 版。
⑥ 《农商务省商品陈列馆》，《申报》1900 年 5 月 13 日，第 7 版。
⑦ 〔日〕田冈佐代治译《商工地理学》，《江南商务报》第 11、12 期，1900 年，第 17、19 页。
⑧ 〔日〕清水泰吉：《商业经济学》，《湖北商务报》第 89 期，1901 年。

语 "商品" 全面输入中国的标志。其后，其他日译经济学著作也大量使用 "商品"。

1902 年，严复译《原富》以 "货" 指代 "商品"，他在译者注中指出，西方的 "货" 与中国 "食货" 的 "货" 不同，"今是书中凡有交易之量者皆以货称，与古义异"。严复注意到了中国古代的 "货" 无法对译西方的 "商品"，但他没有创立新词以更好地对译。同时，他又以 "物" 译英文原文 Commodity，将 the Price of Commodity 译为 "物价"。[1]

1902 年 3 月，梁启超在《论民族竞争之大势》中提到 "外国商品"，[2] 说明中国人开始使用日语词 "商品"。

1903 年 10 月，中国达识译社译，日本幸德秋水著《社会主义神髓》提到 "商品之增加、商品之输出"，[3] 说明社会主义著作开始输入和使用 "商品" 一词。

1904 年 1 月，清政府颁布的奏定高等农工商实业学堂章程中规定，高等商业学堂的本科课程需要开设 "商品学"。[4] "商品" 一词由此成为官方规定的课程名称，这标志着经济学术语 "商品" 基本形成。

1915 年，《辞源》列有 "商品" 一词，说明 "商品" 已经成为中国一个常用词，完成了本土化。《辞源》将 "商品" 解释为："商人陈列市肆，以待客购买之物。"[5] 这个解释可以理解为 "商人销售的物品就是商品"，它仅仅描述了商品的部分现象，没有包括农民、工人等销售的物品以及商人购买的物品，没有论到商品是用于交换的物品这一本质。1929 年，《新术语辞典》列入了 "商品" 一词，其释义为："凡不以自己使用为目的，专为交换而产出的外界的有用的东西，就是商品。"[6] 这一解释，体现了 "商品" 的实质。1933 年，柯柏年等合编《经济学辞典》提

① 〔英〕亚当·斯密：《原富》（上册），严复译，商务印书馆，1981 年，第 13、41 页；〔英〕亚当·斯密：《国富论》（英文），上海世界图书出版公司，2010 年，第 31 页。
② 梁启超：《饮冰室合集·文集》（第 4 册），中华书局，1989 年，第 877 页。
③ 参见姜义华编《社会主义学说在中国的初期传播》，复旦大学出版社，1984 年，第 289—290 页。
④ 参见朱有瓛主编《中国近代学制史料》（第二辑下册），华东师范大学出版社，1989 年，第 104 页。
⑤ 陆尔奎主编《辞源》，商务印书馆，1915 年，丑第 73 页。
⑥ 吴念慈、柯柏年、王慎名编《新术语辞典》，南强书局，1929 年，第 117 页。

到："商品是直接的生产者及他底关系者，不为自己底使用但为要和其他生产物交换而制造的生产物。""商品是具有二重性质的：一是使用价值，二是交换价值。"① 这里对"商品"的解释与当代马克思主义对"商品"的解释基本一致，说明马克思主义"商品"一词基本形成。

20 世纪初，"商品"与英文完成了对接。1907 年，《商务书馆英华新字典》将 Commodity 译为"利益，便益，货物，商品"，将 Merchandise 译为"商品，货物，卖品"。② 1908 年，《新译英汉辞典》将 Commodity 译为"商品；便利，便益"，将 Merchandise 译为"商品，商货；商卖"。③ 这两本辞典还没有使"商品"与英文完成对译。1941 年，民国教育部组织 32 位专家审定：Commodity 译为"商品"，Merchandise 也译为"商品"，Goods 译为"物；财"。④ "商品"与英文完成了对译关系。

二　劳动价值论（Labour Theory of Value）

1903 年 2 月，赵必振译，福井准造著《近世社会主义》介绍了马克思的"价格论"，⑤ 此时中日学术界"价格""价值"不分，实际内容是介绍马克思的"价值论"。同年，高种译，大原祥一著《社会问题》指出："麻克士之说，为劳力价格说，特将斯密亚丹、哩磋德之劳力说，引长之耳。彼盖以劳力为价格之唯一原因，故谓资本家以资本得利，实与盗等。"⑥ 这里将马克思"劳动价值论"称为"劳力价格说"，并阐述了该理论的主要内容，"劳力价格说"可能是中国近代第一个"劳动价值论"的译名。1918 年，刘大钧在《社会主义》里指出，马克思认为"物品交易之值，以产造此物品必须之人工定之"。刘大钧认为马克思"功力定值偏于一方"。⑦ 刘大钧在此以"功力定值"表示"劳动价值"。

① 柯柏年、吴念慈、王慎名合编《经济学辞典》，南强书局，1933 年，第 227 页。

② 商务印书馆编《商务书馆英华新字典》，1907 年，第 99—100、321 页。

③ 《新译英汉辞典》，群益书社，1908 年，第 191、583 页。

④ 国立编译馆编订《经济学名词（教育部公布）》，正中书局，1945 年，第 8、30、20 页。

⑤ 参见姜义华编《社会主义学说在中国的初期传播》，复旦大学出版社，1984 年，第 156 页。

⑥ 参见《社会主义思想在中国的传播》（第一辑上册），中共中央党校科研办公室，1985 年，第 102 页。

⑦ 刘大钧：《社会主义》，《清华学报》第 3 卷第 8 期，1918 年，第 4 页。

在经济学原理著作中，也会论及"劳动价值论"。1910 年 12 月，熊崇煦、章勤士译，美国黎查德迪·伊利著《经济学概论》指出："劳力说之中坚为：Marx，K：Capital。"① 以"劳力说"表达"劳动价值论"。1919 年 7 月，刘秉麟编《经济学原理》指出，价值论分为"效用说"和"劳力说"。②

1919 年 4 月 18 日，《时事新报》刊载的译自日文的《社会改造及其运动之二潮流》提到"马氏之所谓'劳动之价值说'"。③ 1919 年 8—12 月，罗琢章等译，河上肇著《马克司社会主义之理论的体系》指出："要理解马克司经济论，第一要理解他的劳动价值论。"其意义是："凡依劳动而得复生产之商品价值，当依因生产所须之社会的劳动之分量而决定之。"④ 这篇文章可能是中国最早使用"劳动价值论"者。同年 11 月，李大钊《我的马克思主义观（下）》指出："马氏的'余工余值说'，是从他那'劳工价值论'演出来的。"⑤ 李大钊以"劳工价值论"表示"劳动价值论"。

1920 年 9 月，李培天译，河上肇著《近世经济思想史论》指出："黎氏（李嘉图）之劳动价值论，其立言范围，亦有与马克思之劳动价值论与剩余价值论相仿佛之点。知马氏之劳动价值论者，抑当首肯马氏以前，即有与之相同之议论矣。"马氏之劳动价值论与剩余价值论的出发点，殆与黎氏相同。⑥ 这段话出现了四次"劳动价值论"。该书又称"劳动价值论"为"劳动价值说"。其后，在马克思主义经济学著作里，"劳动价值论"得到了广泛传播。如 1935 年沈志远著《新经济学大纲》就专编论述了"劳动价值论"。⑦

在非马克思主义经济学著作里，"劳动价值论"也得到许多学者的

---

① 〔美〕黎查德迪·伊利：《经济学概论》，熊崇煦、章勤士译，商务印书馆，1910 年，第二编第 50 页。

② 刘秉麟编《经济学原理》，商务印书馆，1919 年，第 25 页。

③ 参见《社会主义思想在中国的传播》（第一辑上册），中共中央党校科研办公室，1985 年，第 145 页。

④ 参见《社会主义思想在中国的传播》（第一辑上册），中共中央党校科研办公室，1985 年，第 181 页。

⑤ 李大钊：《我的马克思主义观（下）》，《新青年》第 6 卷第 6 号，1919 年 11 月，第 612 页。

⑥ 〔日〕河上肇：《近世经济思想史论》，李培天译，泰东图书局，1920 年，第 159 页。

⑦ 沈志远：《新经济学大纲》，生活书店，1935 年，第 33 页。

使用。1922 年 1 月，邝摩汉、徐冠译，小林丑三郎著《最新经济思潮史》专门论述了马克思主义"劳动价值论"。[①] 这是非马克思主义著作首次使用"劳动价值论"。同年 5 月，叶元龙在《劳动价值论之研究》中介绍和批评了马克思的"劳动价值论"。[②] 1928 年，赵兰坪编《经济学》用两节分别论述了"李嘉图之劳动价值论"和"马克斯之劳动价值论"。[③]

"劳动价值论"一词出现后，该译名并没有很快统一。1925 年 3 月，马寅初使用"劳力说"（Labour Theory）表示"劳动价值论"。[④] 1934 年2 月，何士芳编《英汉经济辞典》将 Labour Theory of Value 译为"劳力物值说"。[⑤] 1937 年 6 月，周宪文主编《经济学辞典》列有"劳动价值说"词条，并解释说："〔英〕Labour Theory of Value，劳动价值说亦称劳动价值论，即谓货物之交换价值，依其生产所需之劳动分量决定。"[⑥]这里将"劳动价值论"与英文进行了对接。1941 年，国民政府教育部组织 32 位专家审定：Labour Theory of Value 译为"劳工价值说"。[⑦] 可见，此时"劳动价值论"这一译名仍未统一。

三　剩余价值论（Theory of Surplus Value）

"剩余价值"是马克思主义政治经济学最核心的概念，这一中文术语的传入和形成经历了相当长时期，其译名最初五花八门，如赢率原理、溢收之利、余利益、残余价格、余剩价格、剩余价格等，直到 1919 年五四运动后，才逐渐统一为"剩余价值"。

在 20 世纪初，中文文献以"剩余价格""残余价格"等词表达"剩余价值"。1903 年 2 月，赵必振译，福井准造著《近世社会主义》指出："资本主以一分之交换价格，而得二分之使用价格，其使用、交换两价格之差，以是而比，其余剩之价格，又为资本家之资本，更以维持扩张其

---

① 〔日〕小林丑三郎：《最新经济思潮史》，邝摩汉、徐冠译，舆论报社，1922 年，第 117 页。
② 叶元龙：《劳动价值论之研究》，《东方杂志》第 19 卷第 9 号，1922 年 5 月，第 29 页。
③ 赵兰坪编《经济学》，商务印书馆，1928 年，第 86、89 页。
④ 《马寅初演讲集》（第二集），商务印书馆，1925 年，第 55 页。
⑤ 何士芳编《英汉经济辞典》，商务印书馆，1934 年，第 111 页。
⑥ 周宪文主编《经济学辞典》，中华书局，1937 年，第 647 页。
⑦ 国立编译馆编订《经济学名词（教育部公布）》，正中书局，1945 年，第 26 页。

事业，以蓄积增集其财产。是彼资本制度之发达，其余剩之价格，而所以专归资本家之占有。"又说："资本家所分取自己之利益，马陆科斯（马克思）所谓剩余价格，收没劳动者之劳动是也。"① 文中的"余剩之价格""剩余价格"都是指"剩余价值"。同年，高种译，大原祥一著《社会问题》指出："何谓残余价格？譬如制造物品，每一物品价格，假定三元，劳动者赁银一元，而资本家得二元之利。此自劳动者观之，受若干赁金，当造相当价格之物品。故残余价格，由劳动者赁银之多少，而产出之。换言之，即资本家除生产费用，所得之价格之谓。"② 这里以"残余价格"表示"剩余价值"。

中华民国成立初期，社会主义文献以"余利""赢率"等词指称"剩余价值"。1912 年，施仁荣译述《理想社会主义与实行社会主义》指出："夫以上所述二大发明，一为以物质思想观察历史，一为以余利所得维持资本生产行为。皆归功于社会党领袖马克斯氏。"③ 今译："这两个伟大的发现——唯物主义历史观和通过剩余价值揭开资本主义生产的秘密，都应当归功于马克思。"④ 通过这两个译本的对比可知，施仁荣译本以"余利"表达"剩余价值"。同年，胡贻谷译，英国克卡朴著《泰西民法志》指出："恩吉尔追叙马功，以二义分疏之。一曰，发明史策中之物理论；一曰，发明资本家之利用赢率。"⑤ 这里以"赢率"指称"剩余价值"。

五四运动前后，社会主义文献以"余值说""余剩价值"等词表示"剩余价值"。1918 年，刘大钧在《社会主义》里指出，马克思有两大学说："一余值说"，"一经济定运说"。并将"余值说"注译为 Surplus Value Theory。⑥ 刘大钧以"余值说"表示"剩余价值论"。1919 年 7 月

① 参见姜义华编《社会主义学说在中国的初期传播》，复旦大学出版社，1984 年，第158、163 页。
② 参见《社会主义思想在中国的传播》（第一辑上册），中共中央党校科研办公室，1985年，第 101 页。
③ 弗勒特立克·恩极尔斯：《理想社会主义与实行社会主义》，施仁荣译述，《新世界》第 6 期，1912 年 7 月，第 4 页。
④ 《马克思恩格斯选集》（第三卷），人民出版社，2012 年，第 797 页。
⑤ 《社会主义思想在中国的传播》（第一辑上册），中共中央党校科研办公室，1985 年，第 133 页。
⑥ 刘大钧：《社会主义》，《清华学报》第 3 卷第 8 期，1918 年，第 3、5、20 页。

15 日，一湖在《社会主义论》中指出，马克思以为"企业家所得的余剩价值（即利润），本是劳动者的过剩劳动所生的，却被资本家掠夺来了"。[①] 彭一湖在此以"余剩价值"表示"剩余价值"。同年 9 月，顾兆熊《马克思学说》以"赢余价值"表示"剩余价值"。[②] 同年 11 月，李大钊《我的马克思主义观（下）》指出："马氏的'余工余值说'，是从他那'劳工价值论'演出来的。"[③] 李大钊所说的"余工"即"剩余劳动"，"余值"即"剩余价值"，他以"余工余值说"表示"剩余价值论"。1920 年 1 月，徐松石在《社会主义之沿革》中指出，马克思"所持主义之最要者为'余值定理'（the Theory of Surplus Value）"。[④]

上述为 20 世纪初中国人翻译 Surplus Value 的除"剩余价值"外的各种译名，在众多译名中，"剩余价值"一词在五四运动后逐渐取代其他词语，成为主流用法。

1912 年 1 月 1 日，欧阳溥存《社会主义》专门译解马克思的"剩余价值说"，并自称他的解释比日本诸多经济学家的译解更清楚明白。他说："惟劳动力为能生财，而谓劳动力非价值之本体乎。……譬有布商，购纱开厂，庸工就职，每阅六时，辄成丈布，值六百钱，资本劳银，各当三百，如是，则剩余价值不生。今也不然，工值三百，织时十二，成布二丈，货之得钱千二百文，所余三百，法当归商。此三百者，剩余价值。"[⑤] 欧阳溥存可能是中国最早使用"剩余价值"解说此理论者。

1919 年 6 月 2 日—11 月 11 日，渊泉汉译，高畠素之日译，德国柯祖基（考茨基）著《马氏资本论释义》在《晨报》连载，该书原著是考茨基对马克思《资本论》第一卷的通俗解说，译文第二编为"剩余价值"，整个译本以"剩余价值"为关键词和常用词。[⑥] 这是"剩余价值"

① 一湖（彭一湖）：《社会主义论》，《太平洋》第 1 卷第 12 号，1919 年 7 月，第 8 页。
② 参见《社会主义思想在中国的传播》（第一辑上册），中共中央党校科研办公室，1985 年，第 206 页。
③ 李大钊：《我的马克思主义观（下）》，《新青年》第 6 卷第 6 号，1919 年 11 月，第 612 页。
④ 参见《社会主义思想在中国的传播》（第一辑上册），中共中央党校科研办公室，1985 年，第 249 页。
⑤ 欧阳溥存：《社会主义》，《东方杂志》第 8 卷第 12 号，1912 年 1 月，第 3 页。
⑥ 参见谈敏《1917—1919：马克思主义经济学在中国的传播启蒙》（中），上海财经大学出版社，2016 年，第 1123、1133 页。

一词在中国大规模传播的开始。1919 年 8—12 月，罗琢章等译，河上肇著《马克司社会主义之理论的体系》以"剩余价值"为常用词，使用不下 15 处，论述了"剩余价值"的成立和实现。①

　　1920 年 9 月，陈溥贤（渊泉）译，柯祖基原著《马克斯经济学说》由上海商务印书馆出版，② 该书即前述《晨报》连载的《马氏资本论释义》（渊泉译）的单行本。同月，李培天译，河上肇著《近世经济思想史论》也在上海出版。③ 这两本书均将"剩余价值"作为常用词，它们对该词的传播起到了重要作用。

　　1923 年，唐敬杲编《新文化辞书》将"剩余价值说"（Theory of Surplus Value）列为词条，其释义为"是马克斯所创的学说，在他的社会主义学说中，与唯物史观对峙，同是重要学说。剩余价值是制造物品所费的价值，和所由造价值所制造出来的生产物底价值的差额"。④

四　虚拟资本（Fictitious Capital）

　　1929 年，陈豹隐译，河上肇著《经济学大纲》第十六章"金融资本"的第四节为"虚拟资本（Fiktives Kapital）和创办人利益"。这是河上肇对马克思《资本论》第三卷第二十五章"信用和虚拟资本"的通俗解说。⑤《经济学大纲》认为，股份公司股票买卖形成的资本，就是与产业资本（或商业资本）本身不同的虚拟资本。"由股票代表着的东西，只不过是一种对于公司收益的权利。一切虚拟资本，都是以对于那种收益的法律上的权利为基础。""这些虚拟资本的虚拟价值，和那种现属于公司的财产的资本，即那种现正发挥着他的机能的资本的现实的价值，是一点直接的关系也没有的。"⑥ 陈豹隐译本介绍了"虚拟资本"的特点、性质，并将其与德文进行了对接，这是"虚拟资本"概念传入中国的开始。1933 年，陈豹隐著《经济学讲话》在论及剩余价值的转化时指

①　参见《社会主义思想在中国的传播》（第一辑上册），中共中央党校科研办公室，1985 年，第 182—186 页。

②　〔德〕柯祖基：《马克斯经济学说》，陈溥贤译，商务印书馆，1920 年。

③　〔日〕河上肇：《近世经济思想史论》，李培天译，泰东图书局，1920 年。

④　唐敬杲编《新文化辞书》，商务印书馆，1923 年，第 1029 页。

⑤　马克思：《资本论》（第三卷），人民出版社，1975 年，第 450 页。

⑥　〔日〕河上肇：《经济学大纲》，陈豹隐译，乐群书店，1929 年，第 557—559 页。

出：资本贵族创业者发行面值一百元的股票，实际上可以卖到一百五十元，"这种比股票面额上的资本高出头的部分，叫做虚拟资本"。"这种被收去的虚拟资本，从资本贵族说，就是创业者利得。"[1] 陈豹隐在此使用"虚拟资本"概念论述了股票买卖的凭空增值。他是中国最早翻译和使用"虚拟资本"概念的中国学者。

1936 年，李鼎声编《现代语辞典》列有"虚拟资本"词条，其释义为："虚拟资本，Fictive Capital〔英〕；Capitale Fictive〔法〕；Fiktives Kapital〔德〕。股票证券等成为资本化，可以用特定价格被买卖着，因此它们本身似化为具有与特定价格相当的价值之资本，故称虚拟资本。"[2]

1937 年，宋家修译，英国恩席希著《战后世界金融史》指出："虚拟资本的存在，对于现代经济组织的建设是一个不可缺少的条件。经济落后国家所以货弃于地不能为社会利用者，实坐虚拟资本缺乏之故。进步和繁荣不可不有一定限度的虚拟资本，没有虚拟资本，哪怕最发达的产业体系，也将无能为力。但是另一方面，若是虚拟资本超过必需以上，却就成为不堪重担的重荷，而有阻塞进步破坏繁荣的危险。"[3] 这部非马克思主义著作将虚拟资本看成金融繁荣造成的虚拟财富，看到了其作用和风险。

1941 年，国民政府教育部组织包括陈豹隐在内的 32 位专家审定：Fictitious Capital 译为"虚构资本"。[4] 可见，"虚拟资本"一词并未得到民国主流经济学家的认可。日本以"拟制资本"译 Fictitious Capital。[5]

1947 年，王亚南在《中国经济原论》中指出，中国的大资本家、大银行家所掌握的公债，"亦不过是观念上存在的虚拟资本罢了。所以，像这种性质的债权的增大，如其关说到资本，无非是虚拟资本的增大罢了"。[6] 王亚南在此使用了"虚拟资本"概念研究分析中国经济问题。

---

① 陈豹隐：《经济学讲话》，好望书店，1933 年，第 867—868 页。
② 李鼎声编《现代语辞典》，光明书局，1936 年，第 479 页。
③ 〔英〕恩席希：《战后世界金融史》，宋家修译，中华书局，1937 年，第 65 页。
④ 国立编译馆编订《经济学名词（教育部公布）》，正中书局，1945 年，第 18 页。
⑤ 刘正运等编《日英汉经济辞典》，工人出版社，1987 年，第 185 页。
⑥ 王亚南：《中国经济原论》，生活书店，1947 年，第 95 页。

第三节 "社会主义"等术语的形成

本节叙述了社会主义、科学社会主义、资本主义三个术语的形成，它们是用以指代马克思主义经济学的批判对象和未来社会目标的术语。

一 社会主义（Socialism）

"社会"为中国古代出现的词语，其含义有二：（1）旧时于春秋社日迎赛土神的集会；（2）由志趣相投者结合而成的组织或团体。[1] 今义"社会"和"社会主义"均为近代从日本输入的新词。

1822年，马礼逊《华英字典6》将 Society 译为"联名签题会"。[2] 1868年与1875年，邝其照两次编的《字典集成》均将 Society 译为"会，结社，签题会"。[3]

1880年，汪凤藻译《富国策》卷二第一章为"论制产之义与均富之说"，其原著英文为 Production Property and Socialism。该译本以"均富之说"译 Socialism。[4] 1891年12月至1892年4月，析津译，爱德华·贝拉米（E. Bellamy）著《回头看纪略》在《万国公报》发表，该书使用"大同之世"指代"社会主义"。1894年，李提摩太将该书节译为《百年一觉》，由上海广学会出版。1899年，李提摩太与蔡尔康合译《大同学》指出："试稽近代学派，有讲求安民新学之一家，如德之马克思，主于资本者也。"[5] 这里以"安民新学"表示"社会主义"。

1896年11月25日，古城贞吉在《时务报》发表译自日本《大阪朝日报》的《硕儒讣音》，文章指出："英国名士威呢喑·摩里是氏，以本月三日，遽尔易箦，距生千八百三十四年，享龄六十二，氏为近世社会

---

[1] 罗竹风主编《汉语大词典》（第七卷），上海辞书出版社，2011年，第834页。

[2] 〔英〕马礼逊：《华英字典6》（影印版），大象出版社，2008年，第398页。

[3] 邝其照编《字典集成》（影印版），商务印书馆，2016年，第90、208页。

[4] 〔英〕法思德：《富国策》卷二，汪凤藻译，京师同文馆，1880年，第一章第1、3页；Henry Fawcett, *Manual of Political Economy*, London: Macmillan and Co., 1876, pp. 97, 101。

[5] 参见姜义华编《社会主义学说在中国的初期传播》，复旦大学出版社，1984年，第37页。

主义（学派之名）之泰山北斗也。著书极富，名声籍甚，时人惜之。"①
这里将"社会主义"注解为"学派之名"，这是中国近代首次出现"社
会主义"一词。英国名士威呢喑·摩里是即威廉·莫里斯（William Mor-
ris，1834—1896），19 世纪英国设计师、诗人、早期社会主义活动家，
莫里斯在社会主义发展史中并不占重要地位，日本新闻称之为"社会主
义之泰山北斗"，说明日本此时对社会主义的历史仍不太了解。1898 年，
《清议报》刊载的译自日文的一文指出："俄国怀老速，及父衣老那，并
气府各大学堂生徒，维持社会主义者联图革命，事泄被缚者五百余人。"②
1900 年，《清议报》刊登梁启超译自日文的《佳人奇遇记》第十四回，
文中指出，因富者益富，贫者益贫，贫富斗争导致社会无穷灾祸，"而此
祸亦势之不可避也，但尚有一缕之可望者，则在于仁人学者，能以国家
社会主义，调和于贫富之间而已"。③ 以上三例说明，"社会主义"一词
为 19 世纪末中国从日本输入的名词。

　　1902 年 5 月，梁启超在《生计学（即平准学）学说沿革小史》中提
到，他的生计学史以斯密为中心分为两部，斯密以前的学说，从上古直
到重农学派；斯密以后的学说，从斯密派到"新学派：一、历史派，二、
国群主义派"。从经济学说史内容分析，梁启超的"国群主义派"就是
指"社会主义派"。④ 这说明他企图用"国群主义"替代他以前在翻译日
文时使用过的"社会主义"。同年 10 月，梁启超开始在自己的论述中使
用"社会主义"，他提到"麦喀士（日耳曼人，社会主义之泰斗也）"，
这是中国首次提到马克思是社会主义的泰斗。他引赫胥黎的言论说："斯
宾塞之徒，既倡个人主义，又倡社会主义（即人群主义）。"⑤ 梁启超在
此将"社会主义"注解为"人群主义"，这是企图用中国语言去解释日
语新词"社会主义"。1902 年 11 月，中国国民丛书社译，幸德秋水著

---

① 〔日〕古城贞吉译《硕儒讣音》，《时务报》第12 册，1896 年，第 217 页。
② 〔日〕片冈鹤雄译《大阪朝日报廿四日至廿七日杂报》，《清议报》第 3 册，1898 年，
　　第 175 页。
③ 梁启超：《饮冰室合集·专集》（第 19 册），中华书局，1989 年，总第 9645 页。
④ 梁启超：《饮冰室合集·文集》（第 5 册），中华书局，1989 年，总第 1038 页。
⑤ 《社会主义思想在中国的传播》（第一辑上册），中共中央党校科研办公室，1985 年，
　　第 50 页。

《广长舌》出版，该书论述了社会主义的背景、实质、理想、实现等问题，① "社会主义"成为该书的关键词和常用词。

1903 年 2 月，赵必振译，福井准造著《近世社会主义》由上海广智书局出版；6 月，侯士绾译，村井知至著《社会主义》由上海文明书局出版；10 月，中国达识译社译，幸德秋水著《社会主义神髓》由浙江潮编辑所出版。1903 年以"社会主义"为标题的三部专著的出版，对"社会主义"一词的广泛传播起到了重要作用。

1903 年 8 月 18 日，《申报》刊载《新译社会改良家列传》广告："常考东西文明各国社会主义之进行，其间必有名大家为之主动力，逐渐改良，逐渐进步，致有今日之现象，此传为日本松村介石原著，而松江郁任公所译者也，其各国社会改良家之历史，皆详载靡遗。"② 1905 年 5 月 29 日，《申报》刊载《回头看》广告："是书以小说体裁，发明社会主义，假托一人用催眠术，致睡不死，亦不醒，沈埋地下石室之内一百余年。经人发掘一觉醒来，另是一番景象。其所纪述之工艺队，公栈房，电机乐部，公家膳堂，免除关税，改良诉讼，一切组织，即欧美自号文明其程度，亦相去尚远。试展读之，真不殊置身极乐世界也。"③

1903 年，《新尔雅·释群》中有两处解释了"社会主义"，一处指出："废私有财产，使分配归公之主义，谓之共产主义，一名社会主义。"另一处说："以我为一切行为之主者，谓之主我主义，或利己主义；以及人为一切行为之主者，谓之主他主义；以兼顾我物为行为之主者，谓之社会主义。"④ 前者指"社会主义"社会，后者指"社会主义"人生观。

1905—1907 年，以孙中山为首的革命派主持的《民报》与梁启超主持的《新民丛报》进行了关于"社会主义"的论战。这标志着"社会主义"一词已经成为讨论中国问题的关键词，说明"社会主义"已经在中国生根和本土化。1915 年，《辞源》列有"社会主义"词条，⑤ 说明此

---

① 〔日〕幸德秋水：《广长舌》，中国国民丛书社译，商务印书馆，1902 年。
② 《新译社会改良家列传》，《申报》1903 年 8 月 18 日，第 4 版。
③ 《回头看》，《申报》1905 年 5 月 29 日，第 5 版。
④ 汪荣宝、叶澜编《新尔雅》，民权社，1903 年，第 64、69 页。
⑤ 陆尔奎主编《辞源》，商务印书馆，1915 年，午第 183 页。

时"社会主义"已经成为中国社会广泛使用的一般词语。

在日语词"社会主义"在中国得到广泛传播的情况下，中国部分学者仍然企图用其他词替代它。1902 年，嵇镜译《理财学纲要》指出："有唱均富之说者，大致谓生殖之不发达，析分之不公平，其原皆由于有私产。"① 嵇镜以汪凤藻译"均富之说"表示"社会主义"。1906 年 5 月，冯自由在《民报》第 4 号著文指出："民生主义（Socialism），日人译名社会主义。"② 朱执信也在《民报》第 4 号著文指出："社会主义本译民生主义。"③ 冯自由、朱执信等同盟会革命家以"民生主义"替代"社会主义"。1918 年，孙中山指出："三民主义之书籍甚多，即凡属 Nationalism，Democracy and Socialism（民族主义、民主和社会主义）者皆是也。"④ 这里明确将"民生主义"与 Socialism（社会主义）对译。1909 年，《大同报》刊登英国玛克斐森著《欧洲近百年智力之长进：第九章——理财学之真伪》，该文介绍和批评了马克思主义理论，以"均富主义"表示"社会主义"。⑤ 1912 年，胡贻谷译《泰西民法志》的原书名为 History of Socialism，⑥ 胡贻谷以"民法"译 Socialism，他企图以"民法"替代"社会主义"译名。1918 年 10 月，刘大钧《社会主义》指出："今沿用社会主义之译名，特取其为国人所习闻，至有不能达意之处，则仍用梭夏烈斯姆原文以代之。"⑦ 刘大钧不满意"社会主义"这个译名，倾向于音译为"梭夏烈斯姆"。这些企图替代"社会主义"的中文译名以"民生主义"影响最大，以至于人们认为"民生主义"与"社会主义"完全是两个概念，很少有人认识到这是一对具有替代关系的译名。这可能与孙中山对"民生主义"在不同时期的不同解释有关，1906年 12 月，孙中山指出："这民生主义，是到十九世纪之下半期才盛行

---

① 〔日〕天野为之：《理财学纲要》，嵇镜译，文明书局，1902 年，第 63 页。
② 参见姜义华编《社会主义学说在中国的初期传播》，复旦大学出版社，1984 年，第 364 页。
③ 《朱执信集》，中华书局，1979 年，第 46 页。
④ 《孙中山全集》（第四卷），中华书局，2011 年，第 540 页。
⑤ 〔英〕玛克斐森：《欧洲近百年智力之长进：第九章——理财学之真伪》，《大同报》第 10 卷第 23、24 号，1909 年。
⑥ 〔英〕甘格士：《泰西民法志》，胡贻谷译，商务印书馆代印，1912 年，扉页。
⑦ 刘大钧：《社会主义》，《清华学报》第 3 卷第 8 号，1918 年 10 月，第 2 页。

的。""社会党所以倡民生主义，就是因为贫富不均，想要设法挽救。"①
孙中山在此将"民生主义"完全等同于"社会主义"。1924 年 1 月，孙
中山又认为，"民生主义"包括"社会主义"，而"社会主义"又包括
"集产主义"与"共产主义"。② 也就是说，他的民生主义比社会主义内
容更广。"民生主义"与"社会主义"这两个原本存在替代关系的词语，
在后来的民国思想界演变为并行不悖的两个关键词。

　　关于"社会主义"与西文的对接，1903 年春，杜士珍译述《近世社
会主义评论》指出："此社会主义者，亦非我国素有之名，乃由英国 So-
cialism 译出，缘其义，专欲以救药社会之不平，故名之曰社会主义。"③
这可能是中文"社会主义"与西文 Socialism 的首次对接。1906 年 10 月，
仲遥在《社会主义论》中专门研究了"社会主义"的语源，他说："社
会主义，英文谓之 Socialism，德文谓之 Socialismus，法文谓之 Socialisme，
西班牙文及葡萄牙文谓之 Socialismo，而此数语之由来，则皆渊源于拉丁
语之 Socius 之形容词 Socialis，盖与东译之社会主义之名称无以异也。播
此语于一般社会者，法人 Reybaud 也。彼于一八四〇年（一作一八三九
年）著一书……自此以后，社会主义四字之名词，遂见著于世界。"④ 这
里解释了西文"社会主义"的语源，并指出东译（日译）"社会主义"
的构词原则与西文一样，也是由名词"社会"演变为形容词"社会的"，
再加后缀词"主义"而形成。仲遥说 1840 年法国人最先使用西文"社
会主义"，今人考证认为 1832 年法国人已经使用了"社会主义"。⑤ 1907
年，《商务书馆英华新字典》将 Socialism 译为"共产论，社会主义"。⑥

　　1913 年 8 月，民国教育部审定贺绍章编《经济大要》提到"社会主
义"。⑦ 1914 年 10 月，民国教育部审定胡祖同编《经济概要》第九章第

① 《孙中山全集》（第一卷），中华书局，2011 年，第 326—327 页。

② 《孙中山全集》（第九卷），中华书局，2011 年，第 112 页。

③ 参见姜义华编《社会主义学说在中国的初期传播》，复旦大学出版社，1984 年，第
244 页。

④ 参见姜义华编《社会主义学说在中国的初期传播》，复旦大学出版社，1984 年，第
406—407 页。

⑤ 参见徐觉哉《社会主义流派史》（修订本），上海人民出版社，2007 年，第 5 页。

⑥ 商务印书馆编《商务书馆英华新字典》，商务印书馆，1907 年，第 469 页。

⑦ 贺绍章编《经济大要》，商务印书馆，1913 年，第 19、30 页。

二节为"共产主义与社会主义"，第三节为"共产主义与社会主义之评议"。① 这两本官方指定的教科书使用"社会主义"，说明一般的"社会主义"一词已经形成。马克思主义的"社会主义"是指"科学社会主义"，它形成于1923年（见后）。

从"社会主义"一词的形成过程中，可以更好地认识历史。首先，社会主义最先对译的中文词为"均富之学""均富主义"，这就将中国古代核心经济思想"均富"与社会主义联系了起来。其次，中文最初以"大同之世"指称"社会主义"，这就将中国古代的"大同"理想同社会主义联系起来。再次，孙中山以"民生主义"对译 Socialism，这就将社会主义与民生主义联系起来。最后，"社会主义"中文的对义词最初是"个人主义"，说明中国的"社会主义"从词义上一开始并不是针对"资本主义"而言的。

二　科学社会主义（Scientific Socialism）

"科学社会主义"为"社会主义"的派生词，它的形成与"社会主义"一词的形成高度相关。

1906年6月，县解（朱执信）在《论社会革命当与政治革命并行》中批评梁启超不知社会主义的学派异同和学说变迁，"夫往者诚有排社会主义者，顾其所排者，非今日之社会主义，而纯粹共产主义也。若是谓今日不能即行，吾亦不非之。顾自马尔克以来，学说皆变，渐趋实行，世称科学的社会主义（Scientific Socialism），学者大率无致绝对非难，论者独未之知耳。而吾辈所主张为国家社会主义，尤无难行之理"。② 朱执信在此比较了"共产主义""科学的社会主义""国家社会主义"，他将马克思的社会主义称为"科学的社会主义"，并为其注译英文，"科学的社会主义"一词得到了正确的解释和限定。

1908年10月16日，李佐庭译，日本小林丑三郎著《经济学》提到："麻克斯（马克思）氏，乃一进而主张纯然之科学的社会主义。"③

---

① 胡祖同编《经济概要》，商务印书馆，1914年，第34页。
② 县解（朱执信）：《论社会革命当与政治革命并行》，《民报》第5号，1906年6月，第3页。
③ 〔日〕小林丑三郎：《经济学》，李佐庭译，丙午社，1908年，第26页。

1912 年，施仁荣译述，弗勒特立克·恩极尔斯著《理想社会主义与实行社会主义》指出："夫以上所述二大发明，一为以物质思想观察历史，一为以余利所得维持资本生产行为。皆归功于社会党领袖马克斯氏。具此二大发明，而后社会主义始克成为一种科学，即所谓实行社会主义，或称科学的社会主义是也。"① 该文从标题到内容均将"科学社会主义"译为"实行社会主义"，同时，又指出了"实行社会主义"就是"科学的社会主义"。

从以上叙述可知，在五四运动前，"科学的社会主义"概念已经在中国出现和传播。五四运动后，随着社会主义思潮的出现，"科学社会主义"概念得以广泛传播和最后形成。

1920 年 8 月，郑次川译，恩格尔著《科学的社会主义》由上海群益书社出版，该书编译自恩格斯著《社会主义从空想到科学的发展》的第三节。"科学的社会主义"成为马克思主义经典著作的标题和关键词。

1920 年 9 月，李培天译，河上肇著《近世经济思想史论》指出："社会主义者，若就其思想全体之学问性质上从而标准之，可分之为'空想的社会主义'与'科学的社会主义'。初期之社会主义，空想的社会主义也，近来五六十年间以内，乃逐渐进而为科学的社会主义。"② 因河上肇对中国五四前后社会主义者的影响巨大，他使用的"科学的社会主义"概念得到了广泛的传播和普遍的认同。

1923 年，唐敬杲编《新文化辞书》将"科学的社会主义"（Scientific Socialism）列为词条，其释义为："社会主义以他的思想全体底学问的性质为标准，可分为空想的社会主义（或作感情的社会主义）及科学的社会主义（历史派社会主义或马克斯社会主义）二种。初期的社会主义是空想的，近来五六十年间，才渐有科学的基础，即由空想的进而为科学的现实的。等到马克斯（Karl Marx）出来，社会主义底科学的基础，乃更巩固。今日在欧、美诸国最有势力的社会主义，是马克斯派，这一派所以叫做'科学的社会主义'，是因为到马克斯那个理论的体系，具

---

① 弗勒特立克·恩极尔斯：《理想社会主义与实行社会主义》，施仁荣译述，《新世界》第 6 期，1912 年 7 月，第 4 页。
② 〔日〕河上肇：《近世经济思想史论》，李培天译，泰东图书局，1920 年。

备一个独立科学的面目的社会主义经济学才得成立的缘故。"①《新文化辞书》对"科学的社会主义"的解释，明显受到河上肇著《近世经济思想史论》的影响。"科学的社会主义"概念被列为词条，标志着这一概念的固定化和正式形成。

三　资本主义（Capitalism）

20 世纪初，"资本主义"一词由日本输入。1903 年 2 月，赵必振译，福井准造著《近世社会主义》在介绍了圣西门（希贺）的社会主义纲领后，接着指出："至若关于'资本主义'及'竞争'等之问题，虽未专发明其议论，然其宿论，亦有可采者。曰：古代封建君主之间，私斗争阅无绝期；近代之社会，私人间政权境土之争，资本主间经济的之争，今为最旺盛之期。然文明进步之极，政权境土之争，必归宿于中央政府，经济之争，必归宿于国际的。故私有资本主义竞争，必归于政府之管下。""资本主义"在这段话中出现了两次，其意思大致是指"资本主之间的自由竞争制度"。《近世社会主义》在介绍马克思的价值论时指出："欲知今日之资本主义，须知余剩价格之性质如何。"② 这里的"资本主义"也是指"资本制度"。1908 年 10 月 16 日，李佐庭译，小林丑三郎著《经济学》指出："社会主义之名称者，反对资本主义之用语也。……而资本主义，占产业上之优势，法人皮耶尔鲁乐氏（P. 勒鲁）者，慨然忧之，乃倡导社会主义以反抗焉。"这里将"资本主义"作为"社会主义"的对立词。"麻苦斯（马克思）氏，为国民劳动团体之首领，攻击资本主义及契约劳银，不遗余力。……故唱导于资本及土地之共产主义。"③ 这里又将"资本主义"作为"共产主义"的对立词。1910 年 12 月，熊崇煦等译伊利《经济学概论》以"资本万能主义"指代"资本主义"。④

中华民国成立后，中国人开始使用"资本主义"。1912 年 1 月 1 日，

① 唐敬杲编《新文化辞书》，商务印书馆，1923 年，第 903 页。
② 参见姜义华编《社会主义学说在中国的初期传播》，复旦大学出版社，1984 年，第 118、156 页。
③ 〔日〕小林丑三郎：《经济学》，李佐庭译，丙午社，1908 年，第 24、27 页。
④ 〔美〕黎查德迪·伊利：《经济学概论》，熊崇煦、章勤士译，商务印书馆，1910 年，第二编第 125 页。

欧阳溥存《社会主义》提到社会主义产生的背景是"自法律上皆行保护私有财产之制度，政治上皆行奖励资本主义之策略"。带来了经济繁荣和贫富悬殊，社会主义因此而生。[①]

1913 年 8 月，民国教育部审定贺绍章编《经济大要》指出："自十九世纪产业革命以来，资本主义盛行。"[②] 1914 年 10 月，民国教育部审定胡祖同编《经济概要》提到："社会进化，技术臻美，资本主义日趋于昌隆。"[③] 两本官方指定的教科书均使用"资本主义"，对"资本主义"一词的传播有重要作用，"资本主义"还没有完成中西对译，还处于形成过程中。

1915 年 12 月，马凌甫译，津村秀松著《国民经济学原论》指出："今日之资本，非特为生产不可缺，且占最重要最有力之位置，乃至一切生产，尽成资本家的生产，而现出'资本制'，一名'资本主义'（Capitalism，Kapitalismus）之世界焉。"土地、劳动、资本三种生产要素在各个经济时代重要性不同，自足经济时代为土地万能时代，都府经济时代为土地劳力并立时代，国民经济时代为资本万能时代。"近世资本主义发达，资本占生产最要之地位，凡财之获得，富之分配，悉视资本之有无及大小。"[④] 津村秀松在此将"资本主义"与英文、德文进行了对接，且将它解释为作为生产要素的资本所起到的万能作用。

1915 年 11 月 20 日，《申报》刊文指出："德国政治独立之基础者，实为战时之社会主义，若德国施行资本主义，则决不获此良果，即使能之，亦不过使富者益富，而贫者益贫耳。"[⑤] 这是《申报》首次出现"资本主义"一词。

1919 年五四运动前后，"资本主义"一词在中国大量出现。从《申报》数据库检索得知，"资本主义"在 1919 年以前仅仅出现 1 次，在 1919 年出现 10 次，在 1920—1929 年出现 634 次，说明在 1919 年后，"资本主义"才逐渐成为《申报》的常用词。

---

① 欧阳溥存：《社会主义》，《东方杂志》第 8 卷第 12 号，1912 年 1 月，第 1 页。
② 贺绍章编《经济大要》，商务印书馆，1913 年，第 30 页。
③ 胡祖同编《经济概要》，商务印书馆，1914 年，第 49、76 页。
④ 〔日〕津村秀松：《国民经济学原论》，马凌甫译，群益书社，1915 年，第 39、44—45、137 页。
⑤ 《战局中之德国经济情形》，《申报》1915 年 11 月 20 日，第 2 版。

1919 年 6 月 15 日，罗罗在《东方杂志》发表译文《帝国主义资本主义之日本》，文章叙述了日本对外帝国主义，对内资本主义的制度，以及日本社会主义的兴起。① "资本主义"成为该文的标题名称和研究的主题。1919—1920 年，罗琢章在《第三期资本主义与中国》中，预言好战的第三期资本主义列强为争夺世界市场，尤其是中国市场，必将引发第二次世界大战。② 该文将世界资本主义与中国的命运相结合，准确预测了第二次世界大战。

1920 年 9 月，李培天译，河上肇著《近世经济思想史论》定义了资本主义和资本主义经济学。他指出："资本主义云者，即资本本位主义或资本家本位主义之谓也。然则，资本主义之经济组织，即以资本之利益或资本家之利益为本位之经济的社会组织也。"为资本主义和资本主义经济组织服务的经济学，即资本主义经济学，又称为个人主义之经济学、自由主义之经济学、古典学派、正统学派。③ 从此，以英国古典学派为正统的经济学，有了一个新的名称——"资本主义经济学"。

1920 年 11 月至 1921 年 9 月，张东荪、梁启超等人与陈独秀、李达等人进行了中国应走资本主义道路还是社会主义道路的论战，论战对"资本主义"一词的推广也起了重要作用。

1923 年 1 月，芩德彰译，美国塞里格门著《资本主义与社会主义》由上海商务印书馆出版，从此"资本主义"成为专著的名称。同年，唐敬杲编《新文化辞书》将"资本主义"（Capitalism）列为词条，其释义为："在现在的法律和经济的组织下面，资本家投巨大资本，置备机械，雇佣劳动者，以从事于生产事业；由这生产事业所获得利益，全部为他们所独占，对于劳动者只给与一定的工资罢了。这样的生产组织，叫做'资本制生产组织'，也叫做'资本主义'。"④ "资本主义"进入辞典，说明它已经固定与形成。

---

① 罗罗译《帝国主义资本主义之日本》，《东方杂志》第 16 卷第 6 号，1919 年 6 月，第 35 页。
② 罗琢章：《第三期资本主义与中国》，《法政学报》第 2 卷第 1、3 号，1919、1920 年。
③ 〔日〕河上肇：《近世经济思想史论》，李培天译，泰东图书局，1920 年，"绪言"第 1—5 页。
④ 唐敬杲编《新文化辞书》，商务印书馆，1923 年，第 155 页。

第四节　马克思主义经济学主要术语的
来源与形成统计

前述马克思主义经济学 12 个主要术语的来源与形成统计见表 3 – 1。

表 3 – 1　马克思主义经济学主要术语的来源与形成

术语名称	古义	今义竞争词	今义来源	今义首现年份	中西对译年份	今义形成年份
生产力	无	滋生之力、生财能事、殖量、滋生力	日语术语借词	1899	1910	1933
生产关系	无	生产方法	日语术语借词	1919	1920	1933
经济基础	无	经济的基础、经济的构造、社会经济之基础经济基盘（日语）	日语术语借词	1919	1949	1949
上层建筑	无	上面的建筑物、表面构造、上头的建筑上部构造（日语）	日语术语借词	1920	1929	1933
唯物史观	无	物质思想观察历史、物理学、物理论、经济定运说、经济史观、经济学的历史观念	日语术语借词	1919	1923	1933
商品	无	货、物（严复译）；货物	日语术语借词	1895	1907	1933
劳动价值论	无	劳力价格说、劳力说、劳工价值论、劳力物值说	日语术语借词	1919	1937	1937
剩余价值论	无	剩余价格、残余价格、赢率原理、溢收之利、余利益、余剩价格、余值说、余剩价值、赢余价值、余工余值说	日语术语借词	1912	1923	1923
虚拟资本	无	虚构资本拟制资本（日译）	陈豹隐译德文、日文	1929	1929	1947
社会主义	无	均富之说、安民新学、国群主义、人群主义、民生主义、民法、梭夏烈斯姆	日语术语借词	1896	1903	1914

续表

术语名称	古义	今义竞争词	今义来源	今义首现年份	中西对译年份	今义形成年份
科学社会主义	无	实行的社会主义	日语术语借词	1906	1906	1923
资本主义	无	资本本位主义、资本家本位主义、资本制生产组织、资本制、资本万能主义	日语术语借词	1903	1915	1923

表中共统计 12 词。

关于第二列"古义",表中 12 词全无古义,说明了马克思主义经济学的核心概念均是近代产生的新词。

关于第三列"今义竞争词",12 词均有竞争词,说明这些词语均是竞争后形成。

关于第四列"今义来源",除虚拟资本外,其余 11 词均是日语术语借词。

关于第五列"今义首现年份",1895 年 1 个,1896—1911 年 4 个,1912 年及以后 7 个。12 词集中出现在两个时间段:(1)1895—1906 年,商品、社会主义、生产力、资本主义、科学社会主义出现,这是日语术语借词集中输入中国的时期;(2)1919—1920 年,生产关系、经济基础、唯物史观、劳动价值论、上层建筑出现,这是马克思主义经济学知识集中输入中国的时期。

关于第六列"中西对译年份",1895 年及之前 0 个,1896—1911 年 4 个,1912 年及以后 8 个。早期日语术语借词中西对译完成于 20 世纪初,五四运动后出现的日语术语借词中西对译完成于 20 世纪 20—40 年代。

关于第七列"今义形成年份",1895 年及之前 0 个,1896—1911 年 0 个,1912—1915 年 1 个,1916 年及以后 11 个。马克思主义经济学的主要术语基本形成于 1919 年五四运动以后。

第四章　西方经济学主要术语的形成

"西方经济学"是当代形成的术语，用以指非马克思主义经济学，近代只有"经济学"概念，没有特指非马克思主义经济学的"西方经济学"，笔者为便于当代读者阅读，借用了当代概念去表述近代经济学的学科分类，特此说明。本章考察了西方经济学 17 个主要术语的来源与形成。选取这 17 个术语的依据是，经济人为西方经济学的出发点，功利主义是西方经济学的哲学基础；边际效用、均衡、稀少（稀缺性）是新古典经济学的标识性概念；弹性、无差异曲线、生产者、消费者、生产者剩余、消费者剩余、机会成本是新古典经济学主要概念；通货膨胀、通货紧缩、国民所得、指数、物价指数为西方宏观经济学的重要概念。

第一节　"经济人"等术语的形成

本节叙述"经济人""功利主义"二词，体现了西方经济学的主要假设和哲学基础。

一　经济人（Economic Man）

"经济人"为"经济"一词的派生词，中文术语"经济"在民国初年形成后，才可能形成术语"经济人"。1902 年，严复翻译《原富》时，将亚当·斯密"人人均有利己心"意译为"人，自营之虫也"。①

1919 年 7 月，刘秉麟编《经济学原理》指出："夫旧派经济学家之短，不在乎理想，而在以理想为事实。其研究经济，首先依据理想，发现经济人（Economic Man）。而经济人之性质，除经济上之思想而外，别无思想，而且最透彻经济上之利害，见利则趋，见害则避，此其大概也。其推定之谬，即在以经济社会中，完全为经济人，遂不觉其所设定之经

---

① 〔英〕亚当·斯密：《原富》，严复译，商务印书馆，1981 年，第 11 页。

济人，仅为一种研究经济学之具，例如经济人为房屋之价值，又安可以房屋之价值，遂目之为房屋耶？故演绎派经济学家之说，不可全然适用。"① 刘秉麟在此提到的"经济人"（Economic Man）可能是中国最早出现者。

1922 年 3 月，刘秉麟在所译马沙著《分配论》的"导言"中指出，西方经济学"或纯由其图研究之方便，设定一理想之社会，其所设定，或不完全，或过于严格，非人类所能达，如理嘉图派之所谓经济人者，实无其人，边际派之所固定者，亦或不定也"。② 刘秉麟在此再次批评了西方经济学的"经济人"研究方法。

1930 年，郭大力在《经济学及赋税之原理》的"译序"中指出："在所谓正统经济学派的著作中，流行一种极重要的观念。……那就是经济人的假设。"③ 郭大力在此指出了西方经济学最重要的假设：经济人。

1933 年 11 月，柯柏年等合编《经济学辞典》解释"经济人"（Economic Man）为："这是古代经济学派所采取的假说，以这假说为其理论研究底出发点。'经济人'是一种假设的人，他底行动底唯一动机，是求满足其经济的欲望，且是以最少的努力求最大的结果。"④"经济人"由此进入专业的经济学辞典，也标志着经济学术语"经济人"（Economic Man）的形成。

"经济人"出现后，并没有遇到其他替代词的竞争。1941 年，民国教育部组织 32 位专家审定：Economic Man 译为"经济人"。⑤

二　功利主义（Utilitarianism）

1902 年 9 月，梁启超在《新民丛报》第 15、16 号发表《乐利主义泰斗边沁之学说》，对于边沁（Jeremy Bentham）的"功利主义"（Utilitarianism）译名，梁启超说："此派之学说，日本或译为快乐派，或译为功利派，或译为利用派，西文原意，则利益之义也。吾今概括本派之梗

---

① 刘秉麟编《经济学原理》，商务印书馆，1919 年，第 9 页。
② 〔英〕马沙：《分配论》，刘秉麟译，商务印书馆，1922 年，"导言"第 6 页。
③ 〔英〕里嘉图：《经济学及赋税之原理》，郭大力、王亚南译，神州国光社，1932 年，"译序"第 13 页。
④ 柯柏年、吴念慈、王慎名合编《经济学辞典》，南强书局，1933 年，第 483 页。
⑤ 国立编译馆编订《经济学名词（教育部公布）》，正中书局，1945 年，第 15 页。

概，定为今名。"梁启超将 Utilitarianism 译为"乐利主义"。

1903 年，昌言报馆编辑出版《利财学》作为其"财政丛书"之一，《利财学》即约翰·穆勒（J. S. Mill）著的《功利主义》（Utilitarianism），由日本人西周译于明治十年（1877）。1903 年，《新尔雅·释群》解释"功利主义"为："以功利为人类行为之标准者，谓之功利主义。"①

1924 年，北泽新次郎著《经济学史概论》将穆勒所著的《功利主义》（Utilitarianism）译为《功利论》。② 1925 年，臧启芳主张将 Utilitarianism 译为"实利主义"，他说："高一涵先生著《欧洲政治思想小史》，译此字为'功利主义'，原极确当，惟在政治学中言'功利'无空泛之弊，在经济学中言'功利'则稍嫌空泛，且不切当，'功利'是兼言'功'与'利'，密尔所倡之 Utilitarianism 是以'增加人类快乐之总量'为事，不如用'实利'二字较为显明。"③ 1935 年，宋家修译《二十世纪的经济学说》指出"功利主义的伦理学"是最近各派的哲学渊源之一。④

1941 年，民国教育部组织 32 位专家审定：Utilitarian 译为"功利派"，Utilitarianism 译为"功利主义"。⑤

1948 年，赵迺抟编著《欧美经济学史》指出，边沁"创功利主义的伦理体系和政治体系。由'凡人皆受快乐与苦痛之统治'的观念，演进而为'凡人皆受效用原则之统治'之学说。由此推论凡政府积极的设施，或消极的禁止，皆遵守效用之原则也"。⑥ 这就将"效用"（Utility）与"功利主义"（Utilitarianism）这两个英文词根相同而汉语译词词形迥异的术语的含义紧密地联系在一起。

---

① 汪荣宝、叶澜编《新尔雅》，民权社，1903 年，第 69 页。
② 〔日〕北泽新次郎：《经济学史概论》，商务印书馆，1924 年，第 85 页。
③ 〔美〕韩讷：《经济思想史》，臧启芳译，商务印书馆，1925 年，"名词商榷"第 11 页。
④ 〔匈牙利〕温格尔：《二十世纪的经济学说》，宋家修译，商务印书馆，1935 年，第 25 页。
⑤ 国立编译馆编订《经济学名词（教育部公布）》，正中书局，1945 年，第 51 页。
⑥ 赵迺抟编著《欧美经济学史》，正中书局，1948 年，第 156 页。

第二节　"边际效用"等术语的形成

一　边际效用、限界效用（Marginal Utility）

（一）限界效用

1902 年 12 月，《翻译世界》刊载日本田岛锦治《最新经济学》指出："价格之效用，必区之为全部效用与各部效用，而各部之效用，因货物之量之增而渐减，是故人欲知货物上之效用，不当观其全部效用，而当观其最后一部之效用。赛本斯（今译杰文斯）氏称此效用曰'最终之效用'，孟克尔氏（今译门格尔）曰'限界的效用'。"① 这里的"限界的效用"来自日文，与后来中国所译的"边际效用"意思相同。1903 年1 月 8 日，《大陆报》刊载《最近经济学》提到："其最后效用（限界之效用）"，"齐爱伏斯（杰文斯）称此部分之效用为最终效用，曼该尔氏（门格尔）称之为限界效用"。② 1903 年 2 月 7 日，作新社编译《最新经济学》指出："故人欲测定货物之效用，不在察其全部，当就其加于最后之部分而观察其效用，齐丰斯（杰文斯）称此效用为最终效用，曼该尔氏称之为限界效用，近来英国学者概从曼该尔氏，而用极端效用（Marginal Utility）之语辞。"③ 这段言论将"限界效用""极端效用"与英文 Marginal Utility 进行了对接。以上三处文字均提到了"限界效用"，它们所介绍的内容大同小异，这主要是因为它们的翻译底本均是田岛锦治于 1897 年出版的《最近经济论》。④ 1905 年，王璟芳译，山崎觉次郎讲《经济学》解释了"限界的效用"，他说："何谓限界的效用？设使今有米一斗，苟更加入一升，则为一斗一升，其一斗一升之效用，虽大于一斗之效用，而新加一升之效用，必小于原有一升之效用，若再加入一升，则此一升之效用，必又较先所加入一升之效用为小，准此则最后所加一部

---

① 〔日〕田岛锦治：《最新经济学》，《翻译世界》第 1 期，1902 年 12 月，第 18 页。
② 《最近经济学》，《大陆报》第 2 期，1903 年 1 月，第 12—13 页。
③ 作新社编译《最新经济学》，作新社，1903 年，第 16—17 页。
④ 田島錦治『最近経済論』有斐閣、1897。

之效用，即所谓限界的效用也。"① 1908 年 10 月 16 日，李佐庭译，小林丑三郎著《经济学》比较完整地介绍了杰文斯、庞巴维克、马歇尔等人的边际效用理论，书中指出，关于价格的形成，"麻萨儿（今译马歇尔）氏、彭波叶尔枯氏（今译庞巴维克）等，谓为依于限界效用与限界效用之比较而定者"。②

在 20 世纪初，除使用"限界效用"介绍边际效用说外，还出现了其他译词指代"边际效用"。1905 年 8 月，作新社编译《政法类典·经济之部——财政学》指出，根据瓦尔拉、门格尔等所倡导的"最终效用之说，又有界限效用之说，货财之效用，随其分量之增加而减者也，故所得亦与之同……故欲赋课之以与同一之苦痛，于其递加之自由所得，又可递加税率者也"。③ 这里使用边际效用理论研究税收问题，出现了新的译词"界限效用"。1906 年，奚若译述，美国罗林著《计学》（*The Elements of Political Economy*）介绍了边际效用学说，奚若以"物德"指称"效用"，以"总德"指称"总效用"，以"末德"指称"边际效用"。④ 1910 年，熊崇煦、章勤士译，黎查德迪·伊利著《经济学概论》在中国首次较系统地介绍了奥地利学派，书中指出，奥地利学派研究最可观者在价值论，"以最终利用说（the Theory of Final Utility）为其根据，是又名限界利用说（the Theory of Marginal Utility）。此学说实为澳地利派之关键，其余理论皆不过由此发挥之耳"。在分配论中，该学派也应用了边际效用说，所谓"补足货财法（Law of Complementary Goods）者，即与此说而相关联而起者也"。⑤ 这里又出现新的译词"限界利用"。

中华民国成立后，1914 年 10 月，民国教育部审定胡祖同编《经济概要》为"中学校及师范学校用"教科书。胡祖同分析了"效用"（Utility）、"部分效用"（Partial Utility）、"全部效用"（Total Utility）的区别，他指出："一财之最初之部分效用为最大，一财之最后效用为最小，即效用渐减之法则（Law of Diminshing Utility），而一财之最后之部分效

---

① 〔日〕山崎觉次郎讲述《经济学》，王璟芳笔译，东京法政大学，1905 年，第 88—89 页。
② 〔日〕小林丑三郎：《经济学》，李佐庭译，丙午社，1908 年，第 182 页。
③ 作新社编译《政法类典·经济之部——财政学》，作新社，1905 年，第 206 页。
④ 〔美〕罗林：《计学》，奚若译述，商务印书馆，1906 年，第 16—17 页。
⑤ 〔美〕黎查德迪·伊利：《经济学概论》，熊崇煦、章勤士译，商务印书馆，1910 年，第四编第 22—23 页。

用，则曰界限效用（Marginal Utility）。"① 官方审定的教科书介绍边际效用学说，有利于该学说的传播。不过，这里使用的术语是"界限效用"而不是"限界效用"。

在重要的经济译著中，1915 年，马凌甫译，津村秀松著《国民经济学原论》使用"限界效用"，② 该书是民国初年影响最大的一部经济学原理著作。1925 年，臧启芳译《经济思想史》使用"限界效用"，③ 该书是中国近代主要的经济思想史著作。1934 年，刘君穆译，马谢尔（马歇尔）著《经济学原理》使用"限界效用"。④

在经济学辞典中，1933 年，柯柏年等合编《经济学辞典》专门列有"限界效用说""限界原理"词条，主要使用奥地利学派的观点对其加以解释，同时指出，"限界效用说" 又可译为"边际效用说"。⑤ 1937 年，周宪文主编《经济学辞典》列有限界原理、限界效用、限界效用说、限界生产力说、限界效用学派等词条。⑥

在重要的经济学教科书中，赵兰坪编《经济学》（1928）使用"限界效用"，朱伯康著《经济学纲要》（1946）使用"界限效用"。⑦

总之，在 20 世纪上半期，中国经济学者长期主要使用"限界效用"和"界限效用" 翻译 Marginal Utility。

（二）边际效用

1918 年，杨昭哲《限界效用之学说及其得失》指出："限界效用说（Marginal Utility）亦译为边际利用说。"⑧ 这里出现了术语"边际利用"。

---

① 胡祖同编《经济概要》，商务印书馆，1914 年。
② 〔日〕津村秀松：《国民经济学原论》，马凌甫译，群益书社，1915 年，第 375 页。
③ 〔美〕韩讷：《经济思想史》，臧启芳译，商务印书馆，1925 年，第 611 页。
④ 〔英〕马谢尔：《经济学原理》（下卷），刘君穆译，民智书局，1934 年，第 100 页。
⑤ 柯柏年、吴念慈、王慎名合编《经济学辞典》，南强书局，1933 年，第 643—648 页。
⑥ 周宪文主编《经济学辞典》，中华书局，1937 年，第 425—427 页。
⑦ 赵兰坪编《经济学》，商务印书馆，1928 年，第 91 页；朱伯康：《经济学纲要》，中国文化服务社，1946 年，第 70 页。
⑧ 杨昭哲：《限界效用之学说及其得失》，《法政学报》第 6、7 期，1918 年，第 2 页。关于"边际"一词是否来自日本，1925 年 3 月 2 日王清彬在《北大经济学会半月刊》（33 号）发表的《经济界译名统一问题》中指出，Marginal Increment 应译为"边际的增位"，而日本井上辰九郎把它译作"边际的增加"。日本从近代到现在一直使用"限界效用"，是否曾经也使用过"边际"，中国"边际"是否也是从日本输入，待考。

1919 年 3 月，刘秉麟在《经济学上的新学说》中指出，根据费特（F. A. Fetter）的价值理论，"连边际效用（Marginal Utility）的名词，都根本取消了。这边际效用的理由，本不坚固……我去年教授经济学的时候，一般学生，对于边际效用，怀疑的也不少"。[①] 可见 1918 年刘秉麟已经在课堂讲授中使用"边际效用"。1919 年 7 月，刘秉麟编《经济学原理》指出："晚近学者主张之最后效用（Final Utility），亦曰边际效用（Marginal Utility）。即以效用与稀少相联。"[②] 这可能是中国近代经济学原理著作中首次出现"边际效用"一词。1922 年 3 月，刘秉麟以马歇尔著《经济学原理》的第六部分"国民收入的分配"为底本翻译出《分配论》，该书使用"边际"构成的术语有：边际说、边际价值、边际工人、边际效用、利之边际、边际之用、边际效能、边际之生产力、边际之所需、边际投资等。[③] 该书为传入中国的全面使用"边际"概念和"边际分析"方法的第一部著作。1921 年 3 月，马寅初在《经济学中之重要哲理》的演讲中提到"边际生产"。[④] 1925 年，马寅初在演讲《价值》时专门讲解了"边际效用说"和"社会边际效用说"。[⑤]

1926 年 6 月 8 日，《申报》刊载《经济效用之种别》一文指出："货财最终部分之效用，谓之边际效用，譬之饮食一事，其始一碗一杯，味特佳美，继而醉饱，远逊于前，非其形质异也，边际效用有不同耳。"[⑥] 1927 年 9 月 16 日，《申报》登载浙江省公务员考试的经济学题目："（一）关于价值论之学说，最普通者有劳力说与边际效用说两种，试择一评论之；（二）关于生产事业，有主国家干涉者，有主自由竞争者，其利害得失，试比较评论之。"[⑦]

1928 年，李权时编《经济学 ABC》、刘秉麟编《经济学》均使用"边际效用"。[⑧] 其后，吴世瑞著《经济学原理》（1935），巫宝三、杜俊

---

① 刘秉麟：《经济学上的新学说》，《新潮》第 1 卷第 3 号，1919 年 3 月，第 381 页。

② 刘秉麟编《经济学原理》，商务印书馆，1919 年，第 25—26 页。

③ 〔英〕马沙：《分配论》，刘秉麟译，商务印书馆，1922 年，第 6—9、13、18、35、115 页。

④ 《马寅初演讲集》（第一集），商务印书馆，1923 年，第 105 页。

⑤ 《马寅初演讲集》（第二集），商务印书馆，1925 年，第 65、69 页。

⑥ 新德：《经济效用之种别》，《申报》1926 年 6 月 8 日，第 18 版。

⑦ 《浙江省考试任用人员第二试记》，《申报》1927 年 9 月 16 日，第 10 版。

⑧ 李权时编《经济学 ABC》，世界书局，1928 年，第 21 页；刘秉麟编《经济学》，商务印书馆，1928 年，第 183 页。

东编译《经济学概论》（1937）、赵兰坪编著《经济学》（1943）、马寅初著《经济学概论》（1947）均使用"边际效用"。[①]

"边际效用"除与"限界效用"等日语词竞争外，还与中国学者刘大钧创译的"末功"、刘秉麟创译的"分际效用"、萧纯锦创译的"界用"等词竞争。[②] 1934 年 2 月，何士芳编《英汉经济辞典》列出了 Marginal Utility 的 5 个译词：边缘利用、限界的实利、限界利用、边际效用、限界效用。[③] 针对 Marginal Utility 中文译名的混乱，1927 年，陈长蘅负责的"中国经济学社名词委员会"审定：Marginal Utility 译为"末用"，Marginal Cost 译为"末费"。[④] 这一审定并没有在经济学界得到推广。

1941 年，民国教育部组织 32 位专家审定：Margin 译为"边际，保证金"，Marginal Utility 译为"边际效用"，Marginal Cost 译为"边际成本"，Marginal Product 译为"边际产品"，Marginal Productivity 译为"边际生产力"，等等。共审定由"边际"构成的复合词 56 个。[⑤]

二　均衡、平衡（Equilibrium）

中国古代"均衡"就是指"平衡"。《素问·五常政大论》："升明之纪，正阳而治，德施周普，五化均衡。"[⑥]

1868 年与 1875 年，邝其照两次编的《字典集成》均将 Equilibrium 译为"平称，权"。他又将 Balance 译为"天平，称子，除收尚欠的数"。[⑦]

日本以"均衡"译 Equilibrium。[⑧] 1897 年，古城贞吉在《时务报》发表译自日文的《英名士论中国贸易》，文中说："余于中国贸易，察考

---

① 吴世瑞：《经济学原理》，商务印书馆，1935 年，第 85 页；巫宝三、杜俊东编译《经济学概论》，商务印书馆，1937 年，第 235 页；赵兰坪编著《经济学》，正中书局，1943 年，第 52 页；马寅初：《经济学概论》，商务印书馆，1947 年，第 44 页。

② 刘大钧：《社会主义》，《清华学报》第 3 卷第 8 期，第 12 页；刘秉麟编《经济学原理》，商务印书馆，1919 年，第 142 页；萧纯锦编《经济学》，商务印书馆，1929 年，第 37 页。

③ 何士芳编《英汉经济辞典》，商务印书馆，1934 年，第 121 页。

④ 《经济名词》，《中国经济学社社刊》第 1 期，1927 年，第 6 页。

⑤ 国立编译馆编订《经济学名词（教育部公布）》，正中书局，1945 年，第 29 页。

⑥ 参见罗竹风主编《汉语大词典》（第二卷），上海辞书出版社，2011 年，第 1061 页。

⑦ 邝其照编《字典集成》（影印版），商务印书馆，2016 年，第 50、167、28、142 页。

⑧ 刘正运等编《日英汉经济辞典》，工人出版社，1987 年，第 213 页。

多年矣，苦不能得出进之均衡，盖所输进者多，而所输出者极少也。长此不已，则中国将破其国家之产也。"①

1901 年，《湖北商务报》译载清水泰吉《商业经济学》指出："虽货币无变动，对货物之需要供给有变动，则物价不得不低昂，而需给均一，始定静物价。"又说物价不动的条件是："一、需要增加之率与供给增加之率相为均同；二、需要减少之度与供给减少之度相为均同。"② 这里以"均一""均同"指称"均衡"。

1902—1903 年，《湖北商务报》译载田尻稻次郎《银行论》指出："本当事物皆均一（谓需要与供给相齐）。"又说："二地负债额相均衡。"③ 这里的"均一"指称"均衡"，而"均衡"大致相当于今天的"平衡"。

1908 年，《法制经济通论》指出，消费与生产应"使之均衡"。④ 1908 年 10 月 16 日，李佐庭译，小林丑三郎著《经济学》指出，报酬渐增与报酬渐减"两者相杀，则吾人于一般之经济得见确实之均衡"。又说："消费的经济上之成功者，在保消费量与生产量之均衡而已。"⑤ 这里的"均衡"就是现代意义的"均衡"。

1910 年，熊崇煦、章勤士译，黎查德迪·伊利著《经济学概论》指出："生产费与价值固有其交集于平衡之处，""使生产费与价值之间，维持一定之平准（Equilibrium）。"这里明确以"平准"译 Equilibrium，从意思分析，"平衡"也是译 Equilibrium。这是近代首次在经济学著作里出现 Equilibrium 的译词。该书又将贸易均衡主义注译为 the Balance of Trade Theory，⑥ 以"均衡"对译 Balance。1925 年，臧启芳主张将 Balance of Trade 译为"贸易差额"或"贸易均衡"，他说："自重商学者观之，国际贸易以比较差额为要，故译 Balance of Trade 为'贸易差额'

---

① 〔日〕古城贞吉译《英名士论中国贸易》，《时务报》第 39 册，1897 年。
② 〔日〕清水泰吉：《商业经济学》，《湖北商务报》第 96 期，1901 年，第 79 页。
③ 〔日〕田尻稻次郎：《银行论》，《湖北商务报》第 116、117 期，1902 年，第二章第 18 页，第三章第 5 页。
④ 〔日〕户水宽人等：《法制经济通论》，何燏时、汪兆铭译，商务印书馆，1908 年，第二卷第 104 页。
⑤ 〔日〕小林丑三郎：《经济学》，李佐庭译，丙午社，1908 年，第 74、329 页。
⑥ 〔美〕黎查德迪·伊利：《经济学概论》，熊崇煦、章勤士译，商务印书馆，1910 年，第二编第 63 页，第四编第 13 页。

（有时可译为贸易均衡）。"①

　　以"均衡"译 Balance，以"平衡"译 Equilibrium，这种译法在中国近代经济学界长期成为主流，大致到 20 世纪 30 年代，以"均衡"译 Equilibrium，以"平衡"译 Balance，才逐渐成为新的主流译法。1932 年，《经济学原理》第五编有五章标题含有"均衡"，该书指出："一营业成长发达，其后或停滞而衰颓；在其转机点，便见兴衰之力的平衡（Balancing）或均衡（Equilibrium）。"② 这里明确将 Equilibrium 译为"均衡"，将 Balancing 译为"平衡"。该书以"均衡"（Equilibrium）作为常用词。1933 年，柯柏年等合编《经济学辞典》列有"经济的均衡"（Economic Equilibrium）词条，其释义为："诸经济的数量（例如价格，需要，供给，利息等的数量）之相互间，因竞争之结果而于某一点保持着平衡的关系，不再变动；这种状态称为'经济的均衡'。"③ 1935 年，吴世瑞著《经济原理》极力推崇马歇尔的"均衡学说"（Equilibrium Theory）和"均衡价格"（Equilibrium Price）论，④ 该书自然也大量使用"均衡"一词。1936 年，陈振晔译，汉生（A. H. Hansen）著《商业循环学说》评述了各种经济周期学说，汉生以各种经济因素的均衡为经济周期的研究中心，"均衡"成为该书主要术语。⑤ 彭迪先译，波多野鼎著《现代经济学论》评述了门格尔、庞巴维克、克拉克、马歇尔、熊彼特、卡塞尔的经济学说，他们均是新古典经济学家，因此，"均衡"成为该书主要术语。⑥ 1947 年，马寅初著《经济学概论》研究了"静态全部均衡"，以"均衡"译 Equilibrium。⑦

　　另外，将 Equilibrium 译为"平衡"仍长期得到部分经济学家的支持。1934 年，何士芳编《英汉经济辞典》收录的 Equilibrium 的流行译名为"平衡"。⑧ 1937 年，巫宝三、杜俊东编译《经济学概论》将 Equilib-

① 〔美〕韩讷：《经济思想史》，臧启芳译，商务印书馆，1925 年，"名词商榷"第 14 页。
② 〔英〕马谢尔：《经济学原理》（下卷），刘君穆译，民智书局，1932 年，第 1 页。
③ 柯柏年、吴念慈、王慎名合编《经济学辞典》，南强书局，1933 年，第 487 页。
④ 吴世瑞：《经济学原理》，商务印书馆，1935 年，第 226、304 页。
⑤ 〔美〕汉生：《商业循环学说》，陈振晔译，商务印书馆，1936 年，第 5、9、17、36 页。
⑥ 〔日〕波多野鼎：《现代经济学论》，彭迪先译，商务印书馆，1936 年，第 174—191 页。
⑦ 马寅初：《经济学概论》，商务印书馆，1947 年，第 62、67 页。
⑧ 何士芳编《英汉经济辞典》，商务印书馆，1934 年，第 71 页。

rium 译为"平衡"。① 1941 年，民国教育部组织 32 位专家审定：Equilib-rium 译为"平衡"，Equilibrium of Amount 译为"平衡量"，Equilibrium of Price 译为"平衡价格"。又将 Balance 译为"差额，结余"。② 1948 年，潘源来著《经济学原理》使用"平衡"译 Equilibrium。③

在整个中国近代，Equilibrium 的中文译名到底是"均衡"还是"平衡"，学术界并没有统一。

三　稀少（稀缺性）（Scarcity）

中国古代有"稀少"一词，《后汉书·循吏列传·王景》提到"今居家稀少，田地饶广"，"稀少"意指"很少；不多"。④

在 19 世纪的中西语言接触中，没有将"稀少"与 Scarcity 完成对译。1822 年，马礼逊《华英字典 6》将 Scarce 译为"仅，罕有，难得"。⑤ 1868 年和 1875 年，邝其照两次编的《字典集成》均将 Scarce 译为"难得，少稀，罕有"，将 Scarcity 译为"荒年，欠缺，少"。⑥

1910 年，熊崇煦、章勤士译，黎查德迪·伊利著《经济学概论》指出："说明某货财能有生产费以上之价值，以品数稀少（Scarcity）为论据者，往往有之。然仅以稀少之故而增价值者，亦不恒见，白金比之黄金为更稀，其价乃不及黄金之半。今让一步，即谓物品稀少，则价值升腾，其理由果如何。"⑦ 这里"稀少"出现了三次，且将其与英文 Scarcity 进行了对译，它是"稀少"一词成为中国现代经济学术语的标志。对比山内正瞭日译原著，日译正是以"稀少"译 Scarcity。⑧ 可见汉语经济学术语"稀少"（Scarcity）是一个日语术语借词。

1919 年 7 月，刘秉麟编《经济学原理》指出："晚近学者主张之最

---

① 巫宝三、杜俊东编译《经济学概论》，商务印书馆，1937 年，《经济学名词对照表》第 6 页。
② 国立编译馆编订《经济学名词（教育部公布）》，正中书局，1945 年，第 16、3 页。
③ 潘源来：《经济学原理》，国立湖南大学出版组，1948 年，第 47 页。
④ 参见罗竹风主编《汉语大词典》（第八卷），上海辞书出版社，2011 年，第 90 页。
⑤ 马礼逊：《华英字典 6》（影印版），大象出版社，2008 年，第 377 页。
⑥ 邝其照编《字典集成》（影印版），商务印书馆，2016 年，第 86、204 页。
⑦ 〔美〕黎查德迪·伊利：《经济学概论》，熊崇煦、章勤士译，商务印书馆，1910 年，第二编第 44 页。
⑧ 山内正瞭解説『イソー氏経済学概論』東京同文館、1905、210 頁。

后效用（Final Utility），亦曰边际效用（Marginal Utility）。即以效用与稀少相联。"①"稀少"一词进入中国学者自编的《经济学原理》著作中。

1927 年，留美学生张效敏著《康门斯氏之经济学说》，文中介绍了康芒斯以"稀少"来定义经济学的新学说，康芒斯认为："经济学者，为从人之调剂物产的稀少上，及从此稀少所发生之竞争冲突上，而研究人与人间互相之关系也。"效能、稀少、习俗、主权、未来性为经济学的五个基本原理。"稀少"成为这篇文章的关键词和高频词。② 张效敏为康芒斯的学生，曾听康芒斯的课程一年。中国留学生使用"稀少"一词介绍美国制度经济学，说明经济学术语"稀少"已经得到了广泛的传播和认可。

1933 年，陈豹隐在其所著《经济学讲话》中使用了"稀少性""绝对稀少性""相对稀少性"概念。③ 二字词"稀少"变为三字词"稀少性"，这就与一般日常用语"稀少"区别开来，经济学术语特性更明显。派生词"绝对稀少性""相对稀少性"使术语更细致地描述"稀少性"的不同情况。

1935 年，吴世瑞著《经济学原理》有一节为"生产成本与物品稀少"，"稀少"成为该节的关键词和高频词，书中将"稀少"注译为Scarcity。④ 该书到 1941 年时就已经发行 9 版，是民国时期最流行的大学教科书之一。"稀少"一词由此得到了广泛传播，标志着经济学术语"稀少"一词在中国形成。

1938 年 7 月，黄澹哉译，英国洛宾斯（今译罗宾斯）著《经济学的性质与意义》在长沙出版。罗宾斯原著于 1932 年初版，1935 年二版，汉译出自英文第二版。《经济学的性质与意义》讨论的主要内容就是以"稀少"来定义经济学，"稀少"（Scarcity）是全书的关键词和高频词。罗宾斯指出"经济学论题的统一——人类行为在利用稀少手段时所取的形式"。经济学是"研究人类行为在目标与其他用途的稀少手段之间的关系"的科学。⑤ 罗宾斯的定义将"稀少"一词提高到了经济学的关键

① 刘秉麟编《经济学原理》，商务印书馆，1919 年，第 25—26 页。
② 张效敏：《康门斯氏之经济学说》，《留美学生季报》第 12 卷第 3 期，1927 年。
③ 《陈豹隐全集》（第一卷第一册），西南财经大学出版社，2013 年，第 198—199 页。
④ 吴世瑞：《经济学原理》，商务印书馆，1935 年，第 290 页。
⑤ 〔英〕洛宾斯：《经济学的性质与意义》，黄澹哉译，商务印书馆，1938 年，第 13—14 页。

地位，这引起了极大争论，且后来被西方主流经济学采纳，使经济学变成了研究选择的科学。"稀少"一词配合罗宾斯对经济学的新定义，由此在中国得到了更广泛更深入的传播。

1943 年，伍启元在研究中国战时通货膨胀问题时说："物资本身是无所谓'够'或'不够'的，只有就供给与需要比较着说，物资才有'够'与'不够'的分别。因此我们所要分析的是物资的'比较缺乏性'或'比较稀少性'。"① 1947 年，张隆高在研究落后国家选择工业发展方向问题时指出："各国都依据各自生产因素相对稀少性而实行国际间的区域分工，各国对资源的利用，工业的发展，按照国际间比较成本的高下为次序来决定。"② 伍启元、张隆高在此将"稀少性"作为研究中国经济问题的重要范畴，这是"稀少性"一词的应用。

关于"稀少"一词如何与英文对应与对译，前已指出，1910 年熊崇煦等译《经济学概论》、1935 年吴世瑞著《经济学原理》已经将"稀少"对译为 Scarcity。除此之外，1916 年，赫美玲《官话》将 Scarcity 译为"稀少"等 10 词。③ 1934 年，何士芳编《英汉经济辞典》将 Scarcity 译为"稀罕"，Scarcity values 译为"稀罕物值；罕有价格"。④ 这是近代经济学界少见的以非"稀少"对译 Scarcity。1941 年，民国教育部组织 32 位专家审定：Scarcity 译为"稀少"，Scarcity Rent 译为"稀少地租"，Scarcity Value 译为"稀少价值"。⑤

综上所述，"稀少"是中国传统词语，到 1910 年，中国人在翻译日语经济学著作时，引进了"稀少"（Scarcity）这一范畴，"稀少"成为重要的经济学术语。1935 年，吴世瑞著《经济学原理》已经大量使用"稀少"一词，标志着术语"稀少"在中国的形成。20 世纪 40 年代，"稀少"已经成为中国学者研究中国问题的重要工具，说明它已经中国化。

近代没有使用"稀缺"对译 Scarcity，新中国成立后，随着时代变

---

① 伍启元：《当前的物价问题》，商务印书馆，1943 年，第 62 页。
② 张隆高：《落后国家工业化问题》，《经济评论》第 2 卷第 8 期，1947 年 11 月，第 8—9 页。
③ 〔德〕赫美玲编《官话》，The Presbyterian Mission Press，1916 年，第 1265 页。
④ 何士芳编《英汉经济辞典》，商务印书馆，1934 年，第 175 页。
⑤ 国立编译馆编订《经济学名词（教育部公布）》，正中书局，1945 年，第 44 页。

迁，部分经济学术语名称发生了变化。1979 年 11 月，高鸿业译，萨缪尔森著《经济学》使用了术语"稀缺""稀缺性"。[①] 1980 年 12 月，张培刚、厉以宁著《宏观经济学和微观经济学》一书中也使用了术语"稀缺""稀缺性"。[②] 近代经济学术语"稀少"由此演变为现代术语"稀缺"。

四　机会成本（Opportunity Cost）

关于"机会成本"一词的简史。1922 年，叶元龙在《奥国学派》一文中介绍维塞尔的学说时指出："夫劳动既常苦不足，则企业家之所关心者，为'如何用此有限之劳工？''如用劳工于此所得几何？所失又几何？''所得能较所失为多否？'凡此问题实关事业之成败，故最后之成本，非劳动，非劳苦，乃为利用，为所丧失之利用。……维搜此说，实机会成本说（Opportunity Cost）之起原也。"[③] 这可能是中国最早出现的"机会成本"一词。1928 年，叶元龙在《马先尔的价值论》里再次提到"机会成本"学说。[④]

1925 年，臧启芳所译的《经济思想史》在叙述奥地利学派维塞尔的思想时指出："然吾人常记忆者，奥大利学派之思想仅认原费为机会原费（Opportunity Cost），以选择使用为依据——是为一企业者观念，威塞耳曰：'自个人使用观之，原费皆为生产之物；自其可以以其他方法使用之言之，则为支出之费用。'[参阅《自然物值》，如欲详求对于机会原费说所加之批评，可阅韩讷所著之《机会原费》一文，载于《美国经济评论》第二卷，第五九〇页。]"[⑤] 这段文字包括括号内的注释共 3 处提到"机会原费"，这是"机会成本"的另一译法。1927 年，陈长蘅负责的"中国经济学社名词委员会"审定：Cost 译为"费，实费"，Opportunity Cost 译为"易物费"。[⑥] 1934 年，何士芳编《英汉经济辞典》将 Opportunity Costs 译为"机会原费"，[⑦] 采纳了臧启芳的译法。

---

① 〔美〕萨缪尔森：《经济学》，高鸿业译，商务印书馆，1979 年，第 27、34 页。
② 张培刚、厉以宁：《宏观经济学和微观经济学》，人民出版社，1980 年，第 65 页。
③ 叶元龙：《奥国学派》，《科学》第 7 卷第 12 期，1922 年，第 1245 页。
④ 叶元龙：《马先尔的价值论》，《东方杂志》第 25 卷第 14 期，1928 年 7 月，第 79 页。
⑤ 〔美〕韩讷：《经济思想史》，臧启芳译，商务印书馆，1925 年，第 636 页。
⑥ 《经济名词》，《中国经济学社社刊》第 1 期，1927 年 2 月，第 6 页。
⑦ 何士芳编《英汉经济辞典》，商务印书馆，1934 年，第 48 页。

1941 年，民国教育部组织 32 位专家审定 Opportunity Cost 译为"机会成本"。[①] 民国时期，"机会成本"还很少被学者用来分析经济问题。

五　无差曲线（Indifference Curve）

1910 年，熊崇煦等译《经济学概论》提到"无差别法（Law of Indifference）"。[②]

1935 年 4 月，胡泽译，麦塔（J. K. Mehta）著《数理经济学大纲》介绍了"交换之模棱曲线"（Indifference Curves of Exchange）（见图 4 – 1），[③]"模棱曲线"中"模棱"的含义取自中文成语"模棱两可"。即表示消费者对两种商品的各种组合均认可。

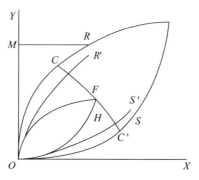

图 4 – 1　模棱曲线

资料来源：麦塔：《数理经济学大纲》，胡泽译，商务印书馆，1935 年，第 253 页。

图 4 – 1 中研究的是 A 与 B 两个人和 X 与 Y 两种商品，X 轴代表 X 商品，Y 轴代表 Y 商品，假定 A 以 Y 交换 X，B 以 X 交换 Y。"经过发轫点作 OR 曲线，使此线上任一点的横距等于 A 给出同点的纵距表明的 A 商品数量时所愿意换入 X 商品之最低数量。于是，A 将愿意给出 Y 之 OM 量以换入 X 之 MR 量。换言之，A 去掉 Y 之 OM 量所损失的总效用恰等于他占有 X 之 MR 单位所获得的总效用。因是，他对于以 Y 之 OM 交换 X 之 MR，或以 OR 曲线上各点所给类似的数量来交换，实处于模棱两可地

---

①　国立编译馆编订《经济学名词（教育部公布）》，正中书局，1945 年，第 35 页。

②　〔美〕黎查德迪·伊利：《经济学概论》，熊崇煦、章勤士译，商务印书馆，1910 年，第二编第 47 页。

③　〔英〕麦塔：《数理经济学大纲》，胡泽译，商务印书馆，1935 年，第 253 页。

位。独 *OR* 曲线可称之为'*A* 之模棱曲线'。"同样，*OS* 曲线为 *B* 的模棱曲线。此处的无差异曲线来自其最早提出者埃奇沃思（F. Y. Edgeworth，1845—1926），与现代无差异曲线的画法不同。

1941 年，胡寄窗在《经济学报》（西安）发表《因德芬斯曲线之意义与应用》，胡寄窗指出："因德芬斯曲线（Indifference Curve）在吾国经济学典籍中甚少见此种名词，但在欧美经济学界，几为人人必知之经济概念之一。特别是研究边际理论（Marginal Theory）及选择理论（Theory of Choice）时，不明了因德芬斯曲线理论即无从着手。因德芬斯一字很不易觅到一个中文译名，故照音译。好在由下面的论述中，读者不难得到其很明晰之概念，省得用意译的结果引起望文生义的错误。"[①]

图 4 – 2 中三条曲线就是因德芬斯曲线，它与现代无差异曲线的画法一致。

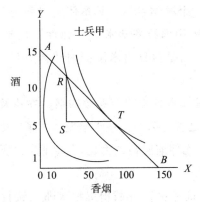

图 4 – 2　因德芬斯曲线

资料来源：胡寄窗：《因德芬斯曲线之意义与应用》，《经济学报》第 1 卷第 1 号，1941 年，第 12 页。

1941 年，民国教育部组织 32 位专家审定：Indifference Curve 译为"无差曲线"。[②]

1947 年，马寅初著《经济学概论》使用"无异曲线"。[③] 1948 年，潘源来著《经济学原理》使用"模棱曲线"，他说："所谓模棱表者，即

---

① 胡寄窗：《因德芬斯曲线之意义与应用》，《经济学报》第 1 卷第 1 号，1941 年，第 9 页。
② 国立编译馆编订《经济学名词（教育部公布）》，正中书局，1945 年，第 23 页。
③ 马寅初：《经济学概论》，商务印书馆，1947 年，第 53 页。

各种货物不同的组合，每一组对于某一消费者有相等的满足之谓也。"①将"模棱表"画成曲线，即"模棱曲线"，所以，这一对"模棱表"的解释也适合定义"模棱曲线"。

民国时期形成的术语"无差曲线"，添加一个字，就变成了当代经济学术语"无差异曲线"。

六　弹性（Elasticity）

中国古代有"弹力"一词，意为"弹射之力"，无"弹性"一词。②1875 年，邝其照编《字典集成》将 Elastic 译为"柔，软；能屈曲，又能伸直的"。③"弹性"为近代产生的新词，1903 年，《新尔雅·释格致》列有"弹性"词条，并释义为："物体受外力而变，外力一去，即复原形者，谓之弹性。"④这里的"格致"就是指"科学"，说明"弹性"在 20 世纪初已经成为一个科学术语。日本使用"弹力""弹力性"对译经济学术语 Elasticity。⑤中国经济学术语"弹性"的形成并不是借用科学术语"弹性"而来，而是由日语术语借词"弹力""弹力性"发展演变而成。

1901 年，钱恂编译自日文的《财政四纲》在论及银行纸币发行方法时指出："不换纸币之害，第一首在于增发……第二则无弹力，以纸币与正货既不交换，则全无伸缩旋转之力也。"又说："所以货币者，不可不活用其伸缩之弹力。"⑥

1902 年，《湖北商务报》译载田尻稻次郎《银行论》指出，德国的钞票制限屈伸法比"英国法缺弹力（缺弹力则过于严重而不活泼之谓）之发行制限法，不可同日而论矣"。又说："正货者，随其需要之如何，备出入张弛随便之弹力，而能整齐物价。"⑦1903 年，持地六三郎著《经

① 潘源来：《经济学原理》，国立湖南大学出版组，1948 年，第 47 页。
② 罗竹风主编《汉语大词典》（第四卷），上海辞书出版社，2011 年，第 151 页。
③ 邝其照编《字典集成》（影印版），商务印书馆，2016 年，第 165 页。
④ 汪荣宝、叶澜编《新尔雅》，民权社，1903 年，第 122 页。
⑤ 刘正运等编《日英汉经济辞典》，工人出版社，1987 年，第 647 页。
⑥ 钱恂编译《财政四纲》，1901 年，"银行"第 28 页，"国债"第 9 页。
⑦ 〔日〕田尻稻次郎：《银行论》，《湖北商务报》第 116 期，1902 年，第二章第 11、18 页。

济通论》提到："不换纸币，非如金银正币之有弹力。"① 1906 年 4 月 24 日，江苏师范生编译，日本高桥晔讲授的《经济学大意》指出，不换纸币"无自然之弹力，弹力者，落而复起之谓也。盖物价与货币价互相低昂，经济乃可持久，不换之纸币既多，则物价日涨，货物有真价值，货币无真价值，势必至货物永占贵地位，纸币永据贱地位，故云无自然之弹力"。② 这里使用"弹力"一词将货物价值与货币价值的博弈互动关系进行了清晰的刻画，解释了不换纸币制度造成物价单边上涨的原因。

1905 年，作新社编译《政法类典·经济之部——财政学》以"租税之屈伸力"指称"租税弹性"，③ 即试图以"屈伸力"代替"弹力"。作新社编译《政法类典·经济之部——货币论》指出，"货币（金、银）及代用货币，皆富于伸缩力"，纸币却无伸缩力。④ 译者试图以"伸缩力"代替"弹力"。

1907 年春，梁启超在驳斥孙中山等主张的土地单税制时指出："凡健全之财政制度，其所必不可缺之条件曰收支适合。……故其租税必选择有弹力性之财源以征之。……而凡单税制度，无论何种，其弹力性皆不免微弱。"⑤ 同年，陆定编《商业银行学汇编·银行理论》提到银行活期存款有"弹力性多"的作用，并解释说："何谓弹力性多？因应世之需要，可以自然伸缩之谓也。"⑥

1909 年，王我臧译《汉译日本法律经济辞典》将"弹力"释义为："虽为某物而收缩，复能自伸张之力，曰弹力，不独有形物，即无形之事情亦用之。关于货币之流通，谓金货有弹力者，即其例也。"⑦

1915 年，马凌甫译，津村秀松著《国民经济学原论》将各国兑换券发行制度 Elastic Limit Method 译为"伸缩制限法"。⑧ 这里将 Elastic 译为

---

① 〔日〕持地六三郎：《经济通论》卷三，商务印书馆，1903 年，第 36 页。

② 〔日〕高桥晔讲授《经济学大意》，江苏师范生编译，江苏宁属、苏属学务处，1906 年，第 29 页。

③ 作新社编译《政法类典·经济之部——财政学》，作新社，1905 年，第 165、167 页。

④ 作新社编译《政法类典·经济之部——货币论》，作新社，1905 年，第 77 页。

⑤ 梁启超：《饮冰室合集·文集》（第 6 册），中华书局，1989 年，总第 1582 页。

⑥ 陆定编《商业银行学汇编·银行理论》，东京商业编辑社，1907 年，第 61—62 页。

⑦ 〔日〕田边庆弥：《汉译日本法律经济辞典》，王我臧译，商务印书馆，1909 年，第 127 页。

⑧ 〔日〕津村秀松：《国民经济学原论》，马凌甫译，群益书社，1915 年，第 542 页。

"伸缩"。

1924 年 10 月，王怡柯编译《货币学》指出，银行兑换券发行多寡，"全然定于社会交易之需要，并随其需要之张弛而为变动者也。如此银行券发行额能适合于通货之需要之力，是曰'伸缩力'（Elasticity），伸缩力一词之真确意义如何，说者不一，普通之意，谓指实体之性质，既经压迫或引长之后，犹能回复其原状，物理学上所谓弹性是也"。① 王怡柯将"伸缩力"、英文 Elasticity、物理学"弹性"进行了对接，这使"弹性"在成为经济学术语方面迈出了重要一步。但全书仍以"伸缩力"为主要经济学术语，只是用"弹性"来解释"伸缩力"。

1925 年，臧启芳在所译《经济思想史》中提到："自讨论消费之经济要征，指明消费与物值之关系，及研究需要中弹性不同之影响诸端而言，当以劳德待尔（Lauderdale）为先河。……且引用肉、酒、芥末以说明需要中不相同之弹性。" 这可能是中国首次提到"需要弹性"。书中又说："高申（今译戈森）之言欲望未尝与所论于弹性之不同，'急需'与奢侈欲望或快乐欲望有别氏已故所言。" 这里的"弹性"大致是指欲望弹性。书中还提到马歇尔的"感觉之弹性"。② 臧启芳可能是在中国近代经济学重要著作中首次使用"弹性"者。

1926 年，马寅初在论及日货与中国消费者关系时指出："日货需要，多属弹性，价贱则买，价贵则不买，非若盐糖等之无弹性品，贵亦买，贱亦买也。"③

1928 年，赵兰坪编《经济学》指出："人无欲望，财之效用不生，故欲望为因，效用为果，然不但人类各种欲望不同，各种欲望之弹性又各不相同。奢侈品之欲望，比必需品之欲望，更有弹性。" 这可能是经济学原理著作中首次使用"弹性"。不过，赵兰坪在该书中仍然同时使用"弹力性"，比如他又说："必需品之欲，无弹力性；而奢侈品之欲，弹力性甚大。"④ 可见，赵兰坪将"弹性"等同于"弹力性"，这也体现了

---

① 王怡柯编译《货币学》，商务印书馆，1924 年，第 322—323 页。
② 〔美〕韩讷：《经济思想史》，臧启芳译，商务印书馆，1925 年，第 579—580、617、696 页。
③ 《马寅初演讲集》，北京晨报社，1926 年，第 300 页。
④ 赵兰坪编《经济学》，商务印书馆，1928 年，第 15 页。

日译经济学术语"弹力性"与中国人使用的"弹性"的继承与发展关系。

　　1929年，萧纯锦编《经济学》专节论述了"欲望之弹性""需求弹性之大小与独占之影响"。① 1930年，李权时《经济学》提到"消费者的需要是具有弹性或伸缩力的"。② 1935年，吴世瑞著《经济学原理》列有专章"弹性之研究"。③ 1937年，巫宝三、杜俊东编译《经济学概论》论述了"有弹性购买、无弹性购买""通货的弹性、银行信用的弹性"等问题，该书以"弹性"为常用术语。④ 1947年，马寅初著《经济学概论》列有专节"需要弹性与供给弹性"，马寅初论述了供给与需求的标准弹性、比较有弹性、比较无弹性、完全有弹性、完全无弹性等五种弹性。⑤ 1948年，潘源来著《经济学原理》论述了"需要弹性"的计算方法。⑥

　　"弹性"（Elasticity）一词逐渐在经济学界流行后，仍有部分学者使用其他译名。1933年，柯柏年等合编《经济学辞典》列有"伸缩制限法"（Elastic Limit Method）。⑦ 1934年，何士芳编《英汉经济辞典》收录Elasticity的流行译名"弹性；弹力"。⑧ 1935年4月，胡泽译，麦塔著《数理经济学大纲》使用"伸缩性"译Elasticity，该书对"需要伸缩性"（需求弹性）进行了非常详细的论述，并指出："度量需要伸缩性，系以价格之减低率去除需要之增加率。"⑨

　　1941年，民国教育部组织32位专家审定：Elastic Limit Method译为"弹性限制法"，Elasticity of Credit译为"信用弹性"，Elasticity of Demand译为"需求弹性"，Elasticity of Purchase译为"购买弹性"，Elasticity of Supply译为"供给弹性"，Elasticity of Taxation译为"赋税弹性"。⑩

---

①　萧纯锦编《经济学》，商务印书馆，1929年，第19、61页。

②　李权时编《经济学》，黎明书局，1930年，第39页。

③　吴世瑞：《经济学原理》，商务印书馆，1935年，第68页。

④　巫宝三、杜俊东编译《经济学概论》，商务印书馆，1937年，第257、402—403页。

⑤　《马寅初全集》（第11卷），浙江人民出版社，1999年，第99—111页。

⑥　潘源来：《经济学原理》，国立湖南大学出版组，1948年，第43—46页。

⑦　柯柏年、吴念慈、王慎名合编《经济学辞典》，南强书局，1933年，第69页。

⑧　何士芳编《英汉经济辞典》，商务印书馆，1934年，第68页。

⑨　〔英〕麦塔：《数理经济学大纲》，胡泽译，商务印书馆，1935年，第118页。

⑩　国立编译馆编订《经济学名词（教育部公布）》，正中书局，1945年，第16页。

七　生产者（Producer）、消费者（Consumer）

1900 年，卫理、王汝骈合译《工业与国政相关论》指出："谓工作（劳工）与资本有相争者，误也。实在之相争，在造货者与用货者耳。"又说："造货人与用货人之相关是最混杂。"① 这里以"造货者""造货人"指称"生产者"；以"用货者""用货人"指称"消费者"。1902年，严复译《原富》以"用货者"译 Consumer。②

1899 年 6 月 28 日，梁启超在《论中国人种之将来》中指出："于是资本家与消费者，与劳力者，皆受其病。"这里的"消费者"可能是首次在中文里出现。梁启超在文首注明："篇中因仿效日本文体，故多委蛇沓复之病。"③ 旅日的梁启超使用"消费"一词受日语影响的可能性大。

1901 年，今关常次郎著《农业经济篇》指出："生产者从分业之定则，各择最宜之事业而经营之，生产物自用有余，则附于他生产者，以收货物相易之利。"④

1901 年，《湖北商务报》译载清水泰吉《商业经济学》用"生产者""消费者"解释商业，书中说："始自生产者（产出各货原料者）之手，移入制造者之手，变形为制造品，更运搬市场，经大卖者零卖者之手，始归于消费者（谓买物者）之手，在此中间所营媒介业务，名曰商业。"对"生产者""消费者"给出了简单解释，说明这二词对中国人而言还是陌生的词语。该书又用"生产者""消费者"解释市场，书中说："市场者，谓商品集散部面，即商品离生产者之手，归于消费者之手间，所存在之处，由需要供给与其余关系，昂低物价。"⑤ 清水泰吉《商业经济学》以"生产者""消费者"为常用词，该书对这二词的传播起了重要作用。

1902 年，嵇镜译，天野为之著《理财学纲要》指出："物品（税）

① 〔英〕司坦离·遮风司：《工业与国政相关论》（下卷），〔美〕卫理、王汝骈合译，江南制造局，第四章第 8、6 页。
② 〔英〕亚当·斯密：《原富》，严复译，商务印书馆，1981 年，第 266 页。
③ 梁启超：《饮冰室合集·文集》（第 2 册），中华书局，1989 年，总第 257 页。
④ 〔日〕今关常次郎：《农业经济篇》，〔日〕吉田森太郎译，《农学报》第 140 期，1901年，第 6 页。
⑤ 〔日〕清水泰吉：《商业经济学》，《湖北商务报》第 73、96 期，1901 年，第 1、74—75 页。

可区别为二，一为课自生产者，一为课自消费者。课自生产者，在国内则落地捐，在国外则进口税是已；课自消费者，如舟车等税是已。"① 这是在财政学里使用推广"生产者""消费者"。

1903 年 11 月，梁启超在《二十世纪之巨灵托辣斯》中指出，大资本家垄断后，"物品复趋粗恶而消费者病，原料任其独占而生产者亦病"。② 梁启超应是中国学者中最早将"消费者"与"生产者"作为对义词使用者。

1907 年 8 月 26 日，《申报》刊文指出："贩卖者何一非购买之人，生产者何一非消费之人。"③ 1910 年 4 月 1 日，《申报》刊文指出，俄国采用关税保护政策，"因之物价腾贵，有损消费者之利益"。④ 1911 年 1 月 16 日，《申报》刊载《论中国财政应注意消费税》指出："赋课于课税物品之循环中者，如课税物品已离生产者之手，而得达于消费者之手，即其间而课之于贩卖者及搬运者是也。"⑤ 以上是"生产者""消费者"首次出现在《申报》，说明来自日文的经济学术语"生产者""消费者"经过了 10 年左右才成为媒体语言。

20 世纪初，"生产者""消费者"与英文完成了对接。1907 年，《商务书馆英华新字典》将 Producer 译为"生产者，制造者，育者"，将 Consumer 译为"消费者"。⑥ 1908 年，《新译英汉辞典》将 Producer 译为"生产者，制作者"，将 Consumer 译为"消费者"。⑦

1914 年 10 月，民国教育部审定胡祖同编《经济概要》使用"生产者" 14 处，"消费者" 21 处，⑧ 说明"生产者"与"消费者"二词已经形成。

1941 年，民国教育部组织 32 位专家审定：Producer 译为"生产者"，Producers' Capital⑨ 译为"生产者资本"，Producers' Rent 译为"生产者租

---

① 〔日〕天野为之：《理财学纲要》，嵇镜译，文明书局，1902 年，第 86 页。
② 梁启超：《饮冰室合集·文集》（第 5 册），中华书局，1989 年，总第 1244 页。
③ 《生产与消费相关说》，《申报》1907 年 8 月 26 日，第 2 版。
④ 《俄国东方自由口岸闭锁之原因及影响》，《申报》1910 年 4 月 1 日，第 18 版。
⑤ 《论中国财政应注意消费税》，《申报》1911 年 1 月 16 日，第 2 版。
⑥ 商务印书馆编《商务书馆英华新字典》，商务印书馆，1907 年，第 403、111 页。
⑦ 《新译英汉辞典》，群益书社，1908 年，第 726、207 页。
⑧ 胡祖同编《经济概要》，商务印书馆，1914 年，第 130、157 页等。
⑨ 英文原文如此，下同。

金"，Producers' Surplus 译为"生产品余益"；Consumer 译为"消费者"，Consumers' Rent 译为"消费者收益"，Consumers' Surplus 译为"消费者剩余"。①

八　生产者剩余（Producer's Surplus）、消费者剩余（Consumer's Surplus）

关于"生产者剩余"，1919 年，马寅初编《经济名词英和索引》一书中，在英语 Producers Surplus of 之后附上日语汉字词"生产者余剩"，②"生产者剩余"可以认为是日语词"生产者余剩"的汉语化，说明"生产者剩余"是一个日语术语借词。

1922 年 3 月，刘秉麟译，马沙著《分配论》（《经济学原理》一部分）指出："自生产要素方面观之，实非人力所投之结果，根诸抬高效能而来者，单就其初见之时而言，实可谓认为生产者之剩余（Producer's surplus），因其理由极强，实可认定为生产上占有各种利益者之结果，此种利益，均由天然所给予者也。"③ 刘秉麟又将 Producer's Surplus 译为"生产人剩余"。

1935 年，吴世瑞著《经济学原理》指出："倘供给者所实得之价格，大于其所愿得之价格，即为生产者剩余（Producer's Surplus）。"④

1937 年，周宪文主编《经济学辞典》将"生产者剩余"释义为："参加生产者，取得其界限率（Marginal Rate）以上报酬时，其超过界限率之部分，曰生产者剩余。该说属于主观经济学，为马沙尔（Marshall）等所主张。"⑤

关于"消费者剩余"，1919 年，马寅初编《经济名词英和索引》一书中，在英语 Consumptor's Surplus 之后附上日语汉字词"消费者余剩"，⑥"消费者剩余"可以认为是日语词"消费者余剩"的汉语化，说明"消费者剩余"是一个日语术语借词。

1925 年 1 月，臧启芳译，美国韩讷著《经济思想史》叙述了马歇尔

①　国立编译馆编订《经济学名词（教育部公布）》，正中书局，1945 年，第 38、10 页。
②　马寅初编《经济名词英和索引》，亚东图书馆，1919 年，第 59 页。
③　〔英〕马沙：《分配论》，刘秉麟译，商务印书馆，1922 年，第 96—97 页。
④　吴世瑞：《经济学原理》，商务印书馆，1935 年，第 96 页。
⑤　周宪文主编《经济学辞典》，中华书局，1937 年，第 167 页。
⑥　马寅初编《经济名词英和索引》，亚东图书馆，1919 年，第 16 页。

的"消费者之剩余"（Consumer's Surplus）学说，书中指出："消费者之剩余，多以心理为依据，简而言之，消费者每认定一物之总效用有超过交易其物时所费之'实'值，而此项认定之超过效用即为消费者之剩余。"[①] 1928 年 7 月，叶元龙《马先尔的价值论》提到了马歇尔的"消费的剩余"（Consumer's Surplus）。[②]

　　1931 年 10 月，郑学稼《马先尔的经济学说》介绍了马歇尔"消费者剩余"学说，画出了马歇尔《经济学原理》里的"消费者剩余"（见图 4 - 3）。该书正式使用"消费者剩余"这一流传至今的术语。

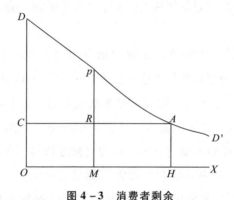

图 4 - 3　消费者剩余

资料来源：郑学稼：《马先尔的经济学说》，神州国光社，1931 年，第 40 页。

　　1932 年 10 月，刘君穆译《经济学原理》（上、下卷）在上海出版，全书共 6 编，正文 1132 页。该书为马歇尔《经济学原理》的全译本，包括"消费者剩余"理论在内的马歇尔主要学说均传到了中国。

　　1934 年，赵兰坪将"消费者剩余"学说编入其《经济学大纲》。[③] 1935 年，吴世瑞著《经济学原理》对"消费者之剩余"进行了专章论述。[④]

　　1941 年，民国教育部组织 32 位专家审定：Producer 译为"生产者"，Producers' Surplus 译为"生产品余益"；Consumer 译为"消费者"，Consumers' Surplus 译为"消费者剩余"。[⑤] 将 Producers' Surplus 译为"生

①　〔美〕韩讷：《经济思想史》，臧启芳译，商务印书馆，1925 年，第 695—656 页。
②　叶元龙：《马先尔的价值论》，《东方杂志》第 25 卷第 14 号，1928 年 7 月，第 80 页。
③　赵兰坪：《经济学大纲》，商务印书馆，1934 年，第 74 页。
④　吴世瑞：《经济学原理》，商务印书馆，1935 年，第 96 页。
⑤　国立编译馆编订《经济学名词（教育部公布）》，正中书局，1945 年，第 38、10 页。

产品余益"，这是一种新的译法，"生产者剩余"一词被 32 位专家否定，说明该词没有完成统一。

第三节　"通货膨胀"等术语的形成

一　通货膨胀（Inflation）、通货紧缩（Deflation）

中国古代有"通货"一词，如《管子·轻重乙》："黄金刀布者，民之通货也。"但没有"通货膨胀"一词，"通货膨胀"是在近代中外接触中所产生。

1902 年，《商业经济学》提到"通货过多"与"通货缺乏"两词语。[①] 这可能是"通货膨胀""通货紧缩"两词语的前身。1902 年 11 月 15 日，王宰善译，小林丑三郎著《日本财政之过去及现在》指出，甲午中日战争后，日本物价年年腾贵，通货年年增加，中国大量赔款导致日本金银增加，"金银输入超过见矣，通货之膨胀依然不稍减，物价益益腾贵之变调现矣"。[②] 这里"通货之膨胀"的日文原文是"通货の膨胀"，[③] 它是"通货膨胀"的早期表述，清楚显示了由"通货"与"膨胀"二词构成"通货膨胀"。

1903 年 2 月 25 日，王宰善编《普通经济学教科书》里指出："兑换纸币，因其可以交换金银，一旦发行过盛，则通货膨胀，物价腾贵，经济界遂形混乱，彼当局者，宜审诸。不换纸币者，以法律之力，流通民间，自不能责发行者以兑换之事。惟是专尚信用，而发行或滥，则通货膨胀，物货腾贵。"[④] 这可能是中国首次出现"通货膨胀"一词。

1904 年 9—11 月，梁启超在《外资输入问题》里提到："当外资输入之际，有一种不良之结果，最易发生者，则通货（即钱币）骤膨胀于国中，金融市场，忽生扰乱。坐是而物价之变动甚剧。"又说："全世界

---

① 〔日〕清水泰吉：《商业经济学》，《湖北商务报》第 97 期，1902 年 2 月，第 91 页。
② 〔日〕小林丑三郎：《日本财政之过去及现在》，王宰善译，《译书汇编》第二年第 8 期，1902 年 11 月，第 48 页。
③ 小林丑三郎『財政の過去と現在』『経済雑誌社』、1902、53 頁。
④ 王宰善编《普通经济学教科书》，开明书店，1903 年，第 87 页。

废弃不用之地银已从各方面全注集于中国，通货之膨胀过度乃至其相缘而生之。"① 梁启超不是翻译日本著作，而是自己直接将"通货"与"膨胀"二词连接使用。但他是将"通货"与"膨胀"当成两个独立的词使用，还没有将"通货膨胀"当成一词使用。

1910 年 4—5 月，王我臧译，日本盐谷廉、坂口直马著《经济学各论》指出："银货国之输出超过于输入，故通货膨胀，国民一般之消费增加，使一切物价腾贵。"这里的通货膨胀为日文原文。又说，要使一国信用坚实，"则必须保有现钱，倘过此程度，现钱即流出海外，不但有破坏信用之虞，因兑换准备减少，通货收缩，其结果物价下落，市景将不问矣"。② 上述"通货膨胀"与日文原文同，"通货收缩"的日文为"通货ノ收缩"，③ 可见，这二词均来自日文。

1910 年 12 月，熊崇煦、章勤士译，美国黎查德迪·伊利著《经济学概论》将"通货膨胀"一词对译为 Inflation。伊利批评萨伊的"货币是一层面纱"论，他说债权债务非货币不能决算，"货币之多少，关系生产之大，明矣。而通货紧缩之时为尤甚。通货紧缩之时，物价腾贵（跌落）；物价腾贵（跌落），则生产困难，其结果生产萎微，而购买力减少"。④ "通货紧缩"一词为日文原文，⑤ 它由此出现在中国经济学著作中。

1917 年 3 月 13 日，《申报》刊文说："资本化趋极端，则通货膨胀，物价腾贵，又有妨碍输出贸易发达之处。"⑥ 这是《申报》首次出现"通货膨胀"一词。其后，1917—1932 年，《申报》共出现"通货膨胀"27次，1933 年突然增加到 227 次，其后，1934 年 172 次，1935 年 245 次，1936 年 95 次，1937 年 57 次，1938 年 38 次，1939 年 108 次，1940 年 83

---

① 梁启超：《饮冰室合集·文集》（第 6 册），中华书局，1989 年，总第 1445—1446 页。
② 〔日〕盐谷廉、坂口直马：《经济学各论》，王我臧译，商务印书馆，1910 年，第 32、148 页。
③ 〔日〕盐谷廉、坂口直马编述《经济学各论》，东京金港堂，1906 年，"货币论"第 50 页，"外国为替论"第 12 页。
④ 〔美〕黎查德迪·伊利：《经济学概论》，熊崇煦、章勤士译，商务印书馆，1910 年，第二编第 74、200 页。
⑤ 山内正瞭解説『イソー氏経済学概論』東京同文館、1905、439 頁。
⑥ 《战后之日本与中国》，《申报》1917 年 3 月 13 日，第 3 版。

次，1941—1949 年 1050 次。从 1917 年到 1949 年共出现 2102 次，在中国通货膨胀极为严重的 20 世纪 40 年代，"通货膨胀"一词出现在《申报》的次数却并不多。

1933 年 3 月 16 日，《申报》的《时评》指出："一九二九年秋季以后，因生产力扩张过甚，生产忽告过剩，空前之恐慌因以开始，金融家于此不得不转趋谨慎，而相率收回市上之放资，然通货紧缩之结果，适转增恐慌之怒潮。"① 此为《申报》首次出现"通货紧缩"一词。1933—1949 年，《申报》共出现"通货紧缩"143 次。

在中国近代，还出现了以"通货膨胀"为标题关键词的专著。1935 年 6 月度之译《通货膨胀及其应付法》，1936 年 11 月李竹溪译《通货膨胀》，1937 年 4 月温之英编著《通货膨胀之理论与实际》，1938 年 8 月魏友棐著《战争与通货膨胀》，1939 年 10 月李竹溪译《各国通货膨胀史图解》，1943 年吴宗焘等译《通货膨胀问题之研究》。②

"通货膨胀"一词在 1903 年出现后，在很长一段时期中，字典与辞典均未收录。1907 年，《商务书馆英华新字典》将 Inflation 译为"吹胀，胀大，满气，意气扬扬，自得，自满"，③ 没有译出"通货膨胀"。1908 年，《新译英汉辞典》将 Inflation 译为"胀大，自满，（商）通货之滥出"。④"通货之滥出"就是"通货膨胀"的另一译法。1929 年 6 月，高希圣、郭真等编《社会科学大词典》将"膨胀"对译为 Inflation，释义为："膨胀是购买力的量（流货总量等）没有和可卖的商品量相当的增大的意思，结果物价就要暴腾。财政上的放漫政策积极主义是常会发生的。和这个相对的是紧缩（Deflation），是说购买力的量的收缩的。这个结果是物价水准的下降。紧缩政策消极主义的目的是紧缩。"这个解释既不准确又不流畅，但其基本意思已经表达出来，即"膨胀"意味着物价上涨，"紧缩"意味着物价下跌。

---

① 《时评》，《申报》1933 年 3 月 16 日，第 8 版。
② 度之译《通货膨胀及其应付法》，作者书社，1935 年；李竹溪译《通货膨胀》，商务印书馆，1936 年；温之英编著《通货膨胀之理论与实际》，正中书局，1937 年；魏友棐：《战争与通货膨胀》，株林书店，1938 年；李竹溪译《各国通货膨胀史图解》，商务印书馆，1939 年；吴宗焘等译《通货膨胀问题之研究》，商务印书馆，1943 年。
③ 《商务书馆英华新字典》，商务印书馆，1907 年，第 268 页。
④ 《新译英汉辞典》，群益书社，1908 年，第 494 页。

1933 年 11 月，柯柏年等合编《经济学辞典》列有"通货膨胀"词条，其释义为："'通货膨胀'是 Inflation 底译语，它底对峙语为'通货收缩'（Deflation）。人为而积极地使通货底供给超过商品流通所必要的数量以上，就叫做'通货膨胀'；反之，若使通货底供给减少到商品流通所必要的数量以下，就叫做'通货收缩'。"通货膨胀可分为信用的通货膨胀，汇兑的通货膨胀和财政的（或纸币的）通货膨胀。[①] 1934 年 2 月，何士芳编《英汉经济辞典》将 Inflation 对译为"通货膨胀；滥发纸币"，将 Deflation 对译为"货币减缩之法；减缩"。[②] 1935 年，陈稼轩编《实用商业辞典》解释"通货膨胀"为"谓通货之增加超过市场所需要也"。[③]1937 年 6 月，周宪文主编《经济学辞典》解释"通货膨胀"为："指通货异常增加之状态而言；所谓通货异常增加者，乃通货之供给，远超过于通货之需要之谓也。""通货膨胀之最大影响，是为物价腾贵，使固定收入者受损而产业资本家得益。"又解释"通货收缩"为"不问产业界之要求，而故将通货数量收缩之谓也"。[④]

1941 年，32 位专家审定经济学名词时，将 Inflation 对译为"通货膨胀"，将 Deflation 对译为"通货紧缩"。[⑤] 这已经成为我们今天的标准使用法。

二　国民所得（National Income）

1901 年，《译林》译载笹川洁《理财学》指出："租税轻重之标准，以赋课人民所得为比例者，最为善法。……例如甲国税额千万元，国民所得为五千万元，则甲国租税为五分之一也。"[⑥] "国民所得"为日文原文，[⑦] 此处的"国民所得"为中国近代第一次出现，它源自日文。1905年，作新社编译《政法类典·经济之部——财政学》指出："国民所得，

---

① 柯柏年、吴念慈、王慎名合编《经济学辞典》，南强书局，1933 年，第 613—614 页。
② 何士芳编《英汉经济辞典》，商务印书馆，1934 年，第 100、56 页。
③ 陈稼轩《实用商业辞典》，商务印书馆，1935 年，第 721 页。
④ 周宪文主编《经济学辞典》，中华书局，1937 年，第 926 页。
⑤ 国立编译馆编订《经济学名词（教育部公布）》，正中书局，1945 年，第 4、44、47 页。
⑥ 〔日〕笹川洁：《理财学》，《译林》第 9 期，1901 年，第 30 页。
⑦ 笹川潔『財政学』博文館、1899、106 頁。

即在一定之时期，而生产之货财，常为租税之源泉。"① 同时，作新社编译《政法类典·经济之部——银行论》指出："消费与所得之分配大小，有密切之关系，故国民所得之多寡，不特可以定消费之多寡，且可以定其种类焉。"② 以上二书均编译自日文，这里的"国民所得"也是来自日文。

1910 年 3 月 9 日，《申报》刊文指出："国民所担负之赋课，以达乎如何程度而始当，此属事实问题，然非不可与各国比较之而得，如日本国税，得国民所得百之十二，意大利百之十二又三。"③

1912 年，日本神户正雄著《经济论集》第 1 册第九编为"国民所得的本质及调查方法"，④ 比较详细地叙述了"国民所得"的统计方法。1915 年，马凌甫译，日本津村秀松著《国民经济学原论》第二十章为"所得"，津村秀松依据所得主体不同，分所得为"一、国民所得（National Income），二、个人所得（Individual Income）"。"'国民所得'者，国民经济之经常纯收入也。详言之即自国民经济之总收入，扣除国民经济总费用所余残额之谓。"这是中国近代第一个对"国民所得"的解释。津村秀松还首次列出了国民所得的计算项目，总收入六个项目，"一、内国之新生产额，二、对外国之债权及向外国所投资本之利息，三、自外国受取之运费及得险料（保险费），四、移住者对于内国之送金，五、外国人之漫游费及携带品，六、商品输入超过及正金输入超过额"。总费用六个项目，"一、内国生产上之纯费用（除去为个人经济上一方之费用而又为他方之所得者），二、对外国之债务及对外国资本之利息，三、自外国支付之运费及保险料，四、来往者对于本国之送金，五、内国人之漫游费并携举品，六、商品输出超过及正金输出超过额"。⑤ 上列六项总收入与总费用中，第一项为国内的收入与费用，后五项均为国际收支。根据定义，"国民所得"为国民总收入减去总费用，总收入与总费用的计算项目清楚后，就可以进行"国民所得"的计算。

① 作新社编译《政法类典·经济之部——财政学》，1905 年，第 231 页。
② 作新社编译《政法类典·经济之部——银行论》，作新社，1905 年，第 153 页。
③ 《论国民担负之多寡与国势强弱之关系》，《申报》1910 年 3 月 9 日，第 2 版。
④ 神户正雄『経済論集』第 1 册、有斐閣、1912、153 頁。
⑤ 〔日〕津村秀松：《国民经济学原论》，马凌甫译，群益书社，1915 年，第 615—617 页。

该书首次讨论了"国民所得"的计算。

1924 年,《中外经济周刊》(第 65 期)发表了《美国国民所得之调查》,1925 年,《中外经济周刊》(第 98 期)发表了《世界主要国家之国富比较及国民所得》。

1929 年,《新术语辞典》列有"国民所得"(National Income)词条,其释义为:"'国民所得'是国民经济之经常的纯收入;国民经济之总收入扣除国民经济之总费用后所余剩的数额。"[1]《新术语辞典》这个定义以及计算"国民所得"的方法完全抄录自日本津村秀松著《国民经济学原论》。

公度(孙拯)在 1933 年发表了《何谓国民所得?》,对国民所得进行了详细解释。[2]

1941 年,中华民国教育部组织 32 位专家审定:National Income 译为"国民总所得",National Revenue 译为"国家收入",National Wealth 译为"国富"。[3]"国民总所得"比流行的"国民所得"更准确,它体现的是全国国民总量所得,而不是某个具体国民的所得。但"国民总所得"这一准确用法并没有被学术界认可和推广。

三　指数(Index)、物价指数(Index Number of Price)

中国古代的"指数"是指"屈指计数,指责数落",近代的"指数"产生了两种新的含义:一是数学名词 Exponent,表示一个数自乘若干次的数字;二是经济与统计名词 Index。[4] 本书中专指后者。

1822 年,马礼逊《华英字典 6》将 Index 译为"目录"。[5] 1868 年和 1875 年,邝其照两次编的《字典集成》均将 Index 译为"目录,条件"。[6] 以上两个字典均没有出现"指数"一词。1907 年,《商务书馆英华新字典》将 Index 译为"目,目录,条目,指数,食指,示标,指示

---

[1] 吴念慈、柯柏年、王慎名编《新术语辞典》,南强书局,1929 年,第 127 页。

[2] 公度:《何谓国民所得?》,《再生》第 2 卷第 3 期,1933 年。

[3] 国立编译馆编订《经济学名词(教育部公布)》,正中书局,1945 年,第 32 页。

[4] 罗竹风主编《汉语大词典》(第六卷),上海辞书出版社,2011 年,第 583 页。

[5] 〔英〕马礼逊:《华英字典 6》(影印版),大象出版社,2008 年,第 226 页。

[6] 邝其照编《字典集成》(影印版),商务印书馆,2016 年,第 62、180 页。

物"。① 译文中出现了"指数"一词。1908 年，《新译英汉辞典》将 In-
dex 译为"指标，索引，食指，（数）指数，指针，指示物"。② 1915 年，
《辞源》列有"指数"一词，其释义是"算学名词"。③ 以上三个辞典中
出现的"指数"都是指数学名词"指数"。

1910 年 9 月 18 日，何福麟编译，日本东亚同文会编《中国经济全
书》列有"重要输出品标数"表和"重要输入品标数"表，其内容是
1890—1903 年中国重要输出与输入物品的物价指数，④ 这里以"标数"
代表"指数"。

1907 年彭祖植编译《统计学》，1908 年孟森译横山雅男著《统计通
论》，1913 年曾琨化编《统计学教科书》，它们均没有使用"指数"概念。

1917 年 4 月，王溥仁著《统计学》专门介绍了"指数法"。⑤ 1919
年，马寅初编《经济名词英和索引》一书中，在英语 Index Number 之后
附以日语汉字词"物价指数"，⑥ 说明"指数"和"物价指数"均为日
语术语借词。

1919 年 5 月，盛俊在《物价指数表说略》一文中指出："物价指数
表英语名 Index Number，各国大都市均有刊布，我国尚付阙如。"指数表
编制方法有算术平均法、几何平均法、比量平均法。⑦ 盛俊《物价指数
表说略》可能是中国第一篇较详细地介绍物价指数编制方法的文章。同
年 7 月，刘秉麟编《经济学原理》介绍了"指数法"，其释义为："以标
准年份之数目，设定为一百，以其他各年份之平均价格，来相比较。"⑧

1919 年 10 月 26 日，《民国日报》刊载《上海物价指数表》，该表由
财政部驻沪调查货价处编，由盛俊主持，以 1919 年 9 月为基期，以 1919
年 10 月第一周为第一期，按周公布物价指数，项目有粮食、其他食品、

---

① 商务印书馆编《商务书馆英华新字典》，商务印书馆，1907 年，第 266 页。

② 《新译英汉辞典》，群益书社，1908 年，第 490 页。

③ 陆尔奎主编《辞源》，商务印书馆，1915 年，卯第 111 页。

④ 日本东亚同文会编《中国经济全书》，何福麟编译，日本经济学会，1910 年，第 228、231 页。

⑤ 王溥仁：《统计学》，陆军军需学校，1917 年，第 65 页。

⑥ 马寅初编《经济名词英和索引》，亚东图书馆，1919 年，第 36 页。

⑦ 盛俊：《物价指数表说略》，《银行周报》第 3 卷第 18 期，1919 年 5 月。

⑧ 刘秉麟编《经济学原理》，商务印书馆，1919 年，第 73 页。

匹头及其原料、金属、燃料、建筑材料、工业用品、其他物品，共 8 类，105 项。① 《上海物价指数表》是中国近代由中国人编制的第一个中国的物价指数表。

1929 年 11 月，吴念慈等编《新术语辞典》列有"指数"（Index Number）一词，其释义为："我们若要比较物价之变动或工资之变动，就使用'指数'的方法。例如，在 1920 年的平均的工资是每月二元，我们以 100 来做指数。若 1920 年的平均工资增至二元二角，即增加了百分之二十，那末，其指数就是 120。……我们比较着各年的指数，就可看出工资之变动。"②

1941 年，教育部组织 32 位专家审定：Index 译为"指数"，Index Number of Import and Export 译为"进出口货指数"，Index Number of Price 译为"物价指数"，Index Number of Retail Price 译为"零售物价指数"，Index Number of Wholesale Price 译为"批发物价指数"，Index Number of Wages 译为"工资指数"。③ 这里审定了"指数"及 5 个"指数"复合词的译名。

第四节　西方经济学主要术语的
来源与形成统计

本章共叙述了西方经济学 17 个主要术语的来源与形成，其统计情况见表 4 – 1。

表 4 – 1　西方经济学主要术语的来源与形成

术语名称	古义	今义竞争词	今义来源	今义首现年份	中西对译年份	今义形成年份
经济人	无	无	刘秉麟译英文	1919	1919	1933
功利主义	无	乐利主义、实利主义	日语术语借词	1903	1941	1941

---

① 《上海物价指数表》，《民国日报》1919 年 10 月 26 日。
② 吴念慈、柯柏年、王慎名编《新术语辞典》，南强书局，1929 年，第 281—282 页。
③ 国立编译馆编订《经济学名词（教育部公布）》，正中书局，1945 年，第 22 页。

术语名称	古义	今义竞争词	今义来源	今义首现年份	中西对译年份	今义形成年份
边际效用	无	限界效用、界限效用、限界利用（日语）；末功、末德、末用、分际效用、界用、边缘利用、限界的实利、极端效用	近代本土产生	1918	1918	1941
均衡	平衡	平衡、平准、均一、均同、	日语术语借词	1897	1932	1947
稀少（稀缺性）	很少	稀罕、罕有	日语术语借词	1910	1910	1935
弹性	无	弹力、弹力性（日语）；屈伸力、伸缩性、伸缩力	日语引进后在中国的演变	1924，1901（弹力）	1924	1941
无差曲线	无	模棱曲线、因德芬斯曲线、无异曲线	近代本土产生	1935	1935	1941
生产者	无	造货者、造货人、制作者	日语术语借词	1901	1907	1914
消费者	无	用货者、用货人	日语术语借词	1899	1907	1914
生产者剩余	无	生产人剩余、生产品余益	日语术语借词	1919	1922	1937
消费者剩余	无	消费的剩余	日语术语借词	1919	1925	1941
机会成本	无	机会原费、易物费；机会原价（日语）	近代本土产生	1922	1941	1941
通货膨胀	无	通货之滥出、膨胀	日语术语借词	1903	1910	1933
通货紧缩	无	通货收缩、紧缩	日语术语借词	1910	1933	1941
指数	屈指计数，指责数落	标数	日语术语借词	1917	1919	1919
物价指数	无	无	日语术语借词	1919	1919	1919
国民所得（国民收入）	无	国民总所得	日语术语借词	1901	1915	1929

表4-1中共统计西方经济学17个术语。

关于第二列"古义"，表4-1中17词，除均衡、稀少、指数有古义外，其余均是近代形成的新词，说明了西方经济学的核心概念与中国古代文化关系不大。

关于第三列"今义竞争词"除经济人、物价指数外，其余 15 词均有竞争词，"边际效用"的竞争词达 11 个。

关于第四列"今义来源"，日语术语借词有 12 个：均衡、稀少、生产者、消费者、生产者剩余、消费者剩余、功利主义、通货膨胀、通货紧缩、指数、物价指数、国民所得。近代本土产生 5 词：经济人、边际效用、无差曲线、机会成本、弹性。在日语术语借词基础上演变的"弹性"一词是改译日文的结果，也计入近代本土产生。

关于第五列"今义首现年份"，1895 年及之前 0 个，1896—1911 年 8 个，1912 年及以后 9 个。日语术语借词均出现在 19 世纪末 20 世纪初，中国学者替代日语和直接翻译西文在 1918 年及以后。

关于第六列"中西对译年份"，1895 年及之前 0 个，1896—1911 年 4 个，1912 年及以后 13 个。日语术语借词有 3 个在 20 世纪初完成对译，但均衡直到 1932 年才完成对译。其余各词均是该词出现的时候，就完成对译，因为它们是翻译该词的结果。

关于第七列"今义形成年份"，1895 年及之前 0 个，1896—1911 年 0 个，1912—1915 年 2 个，1916 年及以后 15 个。形成时间最早的两个术语形成于 1914 年，形成时间最晚的"均衡"一词长期与"平衡"竞争，大致以 1947 年马寅初《经济学概论》使用"均衡"为形成的标志。

第五章　金融学主要术语的形成

　　本章考察了 21 个主要金融术语的来源与形成。金融、银行、货币、保险为金融类最重要的术语，它们是构成金融学、银行学、货币学、保险学四个学科名称的关键词，故单独分节叙述。其他重要术语的选择，需要说明者有三：（1）国际金融，它代表"国际金融学"一个学科的名称；（2）中央银行，它代表现代金融制度中最重要的"中央银行制度"的名称；（3）高利贷，它是具有重要的思想史价值的金融名词。信用、利率等其余各词均代表了重要的金融现象，体现了其概念的重要性。

第一节　"金融"一词的起源、含义演变

　　中国古代有丰富的经济思想，但没有近代意义的经济科学，中国近代的经济学知识体系是从西方和日本输入的结果。那么，从近代流传至今的经济学概念、理论、知识体系怎样输入中国？又怎样在中国生根和本土化？中国人是如何运用和发展这些知识来解释和解决中国的经济问题的？这些都是中国近代经济学发展史研究者必须面对和解决的课题。在经济学基本概念的词汇群中，"金融"因指称一个学科的名称，是最为基础的经济学概念之一。研究"金融"这一经济学关键词的历史，是认清中国经济学知识体系形成这一重大课题的一项基础工作。

　　探究"金融"一词在中国的来龙去脉，也是金融学研究的基础问题。当代金融学家黄达先生多次强调研究此类问题的重要性，他在其主编的全国流行的《金融学》教科书中反复提出"金融"始于何时、它是从哪一个西文词翻译而来、它的含义怎样定型等疑问。[①]

[①]　参见黄达《金融学学科建设若干问题》（《中央财经大学学报》2000 年第 9 期），黄达《金融：词义、学科、形势、方法及其他》（中国金融出版社，2001 年），黄达主编《金融学》（中国人民大学出版社，2003 年），黄达《与货币银行学结缘六十年》（中国金融出版社，2010 年），黄达、张杰编著《金融学》（中国人民大学出版社，2017 年），黄达《金融学研究基础，必须强调再强调》（《国际金融研究》2018 年第 2 期），等等。

对于"金融"始于何时等疑问,学术界将"金融"从始于 1912 年推前到 1901 年,最近又推前到 1898 年。① 艾俊川还将"金融"在日语中的本义及其演变进行了较为详尽的考察。本节与学术界既有成果主要不同之处在于:(1) 将"金融"一词在中国近代出现的时间,推前到 1893 年 9 月,比"1898 年说"再推前 5 年,可能接近"金融"在中国实际出现的最早时间;(2) 对"金融"源自日语以及如何传播与本土化进行了具体论证;(3) 考证了"金融"最早对译的西文词是 Money Market;(4) 首次论证了"金融"在中国近代含义的演变;(5) 从金融的近代由来角度支持了当代的"大金融"学科建设思想。

一　"金融"是源自日语的外来词

中国传统有"金"与"融"二字,也有"金融"二字相连的词语,但其意思是"黄金融制而成""金属的熔化"等意。② 现代经济学意义的"金融"是近代出现的新词。

1892 年,日本在华经济调查人员在上海出版日文《清国通商综览》,该书目录中就有"金融"。③ 1893 年 9 月,中国著名报人铸铁庵主(蔡尔康)在《万国公报》(月刊)发表了《书〈清国通商综览〉后》,蔡尔康惊叹于日本人对中国"抱志甚大,存思最密",觉得有必要将该书的主要内容向国人进行介绍,以期引起注意和重视。他指出,该书分为七部四十五章,其中"第四门曰金融,一章银行,二章诸为替,三章贮金及贷借,四章手形、民行纸币(银行纸币)"。④ 蔡尔康在此处使用"金融"一词,此时,中日甲午战争尚未发生,中日文化交流还只有零星接触,因此,在中国最早提到马克思的蔡尔康可能也是中国最早使用现代

① 1983 年,刘凤林等提出"金融"在 1912 年已经出现;1997 年,潘连贵等认为"金融"出现于 1901 年;2016 年,艾俊川认为 1898 年已经出现"金融"。参见刘凤林、陈文生《"货币"和"金融"两名称的由来》(《天津金融研究》1983 年第 3 期),潘连贵、范枚清《"金融"一词出现于何时?》(《文汇报》1997 年 6 月 24 日),艾俊川《"金融"与"银行"丛考》[《中国钱币论文集》(第六辑),2016 年]。
② 参见艾俊川《"金融"与"银行"丛考》,《中国钱币论文集》(第六辑),2016 年,第 58 页。
③ 日清貿易研究所編『清国通商綜覧』日清貿易研究所、1892。
④ 铸铁庵主(蔡尔康):《书〈清国通商综览〉后》,《万国公报》(月刊)第 56 期,1893 年 9 月,第 1 页。

"金融"一词者。

1896 年，日本汉学家古城贞吉在《时务报》发表译自日文的《论日人经营台湾》，文中提到"开银行为融金之机关"。① 此处的"融金"一词为古城贞吉新造，它是日语词"金融"的汉译，反映了古城贞吉对输入日语"金融"一词的犹疑。

1897 年，康有为《日本书目志》列有《再版英国金融事情》一书。② 1898 年 6 月，康有为《日本变政考》提到"金融机关渐渐通行"。③ 同年，麦仲华编《皇朝经世文新编》内有译自日文的《德国公司总数考》，文中提到："德之金融会社纸币发行银行三百五十九所。"④

以上五处提到"金融"，一处提到"融金"，它们的使用者均没有对这一新词进行解释，中国人很难明白"金融"的意思是什么，这一情况到 1899 年才有了改变。

1899 年 6 月 8 日，日本人河濑仪太郎在《湖北商务报》发表编译自日文的《设立日清银行之要》，文中说："欲振张日清贸易，不可不整备其交通机关，又不可不具备金融（金融二字犹言流通金银）机关。"⑤ 该文将"金融"解释为"流通金银"，这是汉语文献中对"金融"的第一个解释，使中国读者能够明白这一新词的意义，它是"金融"词语在中国落地生根的关键。《湖北商务报》该年还有多篇译自日文的文章出现了"金融"。

1899 年 7 月 18 日，在日本横滨出版的《清议报》发表译文《俄国募集铁道公债》，文中提到："当先查金融市场情形为要云。"⑥ 1899 年 10 月 30 日，《申报》发表中国人所写的《论德国商务》，文中引用前述日文提到："德之金融会社纸币发行银行三百五十九所。"⑦

① 〔日〕古城贞吉译《论日人经营台湾》，《时务报》第 5 册，1896 年 9 月，第 22 页。
② 《康有为全集》（三），上海古籍出版社，1992 年，第 770 页。
③ 康有为：《日本变政考》，中国人民大学出版社，2010 年，第 231 页。
④ 麦仲华：《皇朝经世文新编》卷十下《商政》，日新社，1898 年，第 46 页。原书没有出版时间，艾俊川据作序时间推定为 1898 年。
⑤ 〔日〕河濑仪太郎编译《设立日清银行之要》，《湖北商务报》第 5 期，1899 年 6 月，第 11 页。
⑥ 《俄国募集铁道公债》，《清议报》第 21 册，1899 年 7 月，第 17 页。
⑦ 《论德国商务》，《申报》1899 年 10 月 30 日，第 1 版。

从以上论述可知，在 20 世纪以前，"金融"在中国有了多处使用，特别是《湖北商务报》有多处连续使用。但此时"金融"的使用仍不广，还远没有定型。

进入 20 世纪后，1901 年，清政府开始实施"新政"，中国出现了引进日文著作的热潮。该年，湖北留日学生监督钱恂在日本利用日文著作编译《财政四纲》一书。钱恂指出，荷兰银行为政府与人民共立，"以扶育府民事业为目的，故每便于市上之金融（犹上海市俗称银根）"。[①] 钱恂将"金融"比喻为上海市俗称的"银根"，这是汉语文献对"金融"的第二个解释。《财政四纲》使用了"金融界""金融逼迫"等由"金融"构成的大量复合词语，"金融"由此进入了经济学专著中。

1901 年 5 月至 1902 年 2 月，《湖北商务报》分 12 期连载译自日本清水泰吉的《商业经济学》一书。[②] 书中出现了大量"金融"。

1902 年 3 月，梁启超在日本著文指出，美国纽约、芝加哥等大都市，"遂为全地球金融（谓金银行情也，日本人译此两字，今未有以易之）之中心点"。[③] 梁启超在此明确指出了"金融"二字为日本人对西文的创译，又指出了金融为"金银行情"的意思，这是汉语文献中对"金融"的第三个解释。1902 年 4 月 22 日，梁启超独自编辑的《新民丛报》登载了关于"金融"一词的《问答》。东京爱读生问："日本书中金融二字其意云何？中国当以何译之？"梁启超答道："金融者指金银行情之变动涨落。……日本言金融，取金钱融通之意，如吾古者以泉名币也。沿用之似亦可乎。"[④] 梁启超主张中文不用他词翻译，直接借用日语词"金融"。

从 1893 年至 1902 年的 10 年时间里，"金融"一词在中文文献中不断被使用，不断被解释，这是"金融"在中国的起源与萌芽时期。以上所有例证均表明，中文"金融"或者编译自日文书刊，或者由日本汉学家在中国直接使用。特别是梁启超在 1902 年提到"日本人译金融""日

---

① 钱恂编译《财政四纲》，在日本自刊，1901 年，"银行"第 2 页。
② 〔日〕清水泰吉：《商业经济学》，《湖北商务报》第 73 至 97 期，1901 年 5 月至 1902 年 2 月。
③ 梁启超：《饮冰室合集·文集》（第 4 册），中华书局，1989 年，总第 879 页。
④ 梁启超等：《问答》，《新民丛报》第 6 号，1902 年 4 月 22 日，第 89 页。

本言金融"等说法，它们均证明"金融"一词确实源自日语。

"金融"一词源自日语并非不言自明，而是长期淹没于历史事实中，这可能与《辞源》（1915）的解释有关。《辞源》将"金融"释义为："今谓金钱之融通状态曰金融。旧称银根。……《通鉴长编》：'公家之费，敷于民间者，谓之圆融。'义于金融为近。"《辞源》又将"银根"解释为"商业语，犹言金融"。[1]"辞源"顾名思义就是追溯词语的起源，很明显，《辞源》的上述释义会被认为"（金融）旧称银根，现称金融"，与古代"圆融"一词相近，似乎是中国近代由"银根"自发演变而成了"金融"。而事实是"银根"虽为中国的自有词，但并不是"金融"一词的"旧称"，而是企图翻译日语词"金融"的替代词（详后）。因此，《辞源》"旧称银根"的说法并不准确。后来，这一说法又被《辞海》（1938）所袭用，其权威性和流布之广可想而知。如果不对"金融"一词的早期使用进行详细论证，就很难确证"金融源自日语"，这是笔者不厌其烦列举语料进行论证的原因。

二 "金融"的传播、替代与本土化

1903 年后，"金融"在中国得到了越来越广泛的使用。

1903 年，浙江留日学生无逸在《中国金融之前途》一文中论述了浙江金融实际受上海金融控制，上海金融实际上又为外商银行控制，为了中国金融界的安全，中国应发展自己的金融机关。该文 4000 字左右，54 处使用"金融"。无逸《杭州金融机关组织表》列出了杭州票号、银号、钱庄的店名、经营内容等情况。[2] 无逸这两篇文章大量使用"金融"一词论述中国金融问题，它是"金融"开始本土化进程的重要标志。

1906 年，清廷中央商部主办的《商务官报》发表《中国之金融机关》《法国于金融界之地位》《伦敦金融谈》等大量使用"金融"的文章，推动了"金融"在全国的使用。同年，《申报》出现涉及"金融"的条目 13 条，从该年开始，《申报》每年均有大量报道使用"金融"。

1908 年，《万国商业月报》登载了《附金融月表》，自此中国有了

① 陆尔奎主编《辞源》，商务印书馆，1915 年，戌第 6、25 页。
② 无逸：《中国金融之前途》《杭州金融机关组织表》，《浙江潮》（东京）第 3 期，1903 年。

"金融"行情表。① 同年，潘承谔编译自日文的《中国之金融》由中国图书公司印行，它是中国以"金融"命名的第一部著作。

1909 年，《汉译日本法律经济辞典》在上海出版。该辞典中有"金融""金融逼迫""金融机关"三个词条。② "金融"一词自此进入了中文辞典。

1908 年后，官方布告、奏折中开始出现"金融"一词。1908 年 11月 2 日，《申报》登载沪道蔡观察《布告》"尔金融界人，务各及早回头"等语。③ 1909 年，山东巡抚袁树勋在奏折内提到："从根本上解决，则必操金融之出入，而后可与欧美各国经济界抗衡。"1910 年，度支部尚书载泽奏称，币制局研讨了"各省商民之习惯，以及金融消息，物力盈虚"。④

从以上论述可知，20 世纪初，"金融"较快进入了中文的论文、著作、字典、行情表，并成为媒体语言、官方用语，它反映了外来词"金融"受到了中国人的欢迎。另外，中国人以及日本汉学家在翻译使用日语"金融"一词的过程中，并非如梁启超主张的不用他词翻译直接借用，而是尝试了多种译法，特别是努力用中国俗语"银根"去对译日语词"金融"。

前已指出，1896 年，古城贞吉曾将"金融"翻译成"融金"，这一用法没有得到推广。1903 年 5 月，商务印书馆译述的《经济通论》没有"金融"一词，却有"银根之缓急""银根宽展""银根紧迫""金银通融之机关"等短语，⑤ 此处的"银根""金银通融"就是对日语"金融"一词的翻译和替代。1907 年，谢霖、孟森编译《银行簿记学》指出"金融二字，吾国谓之银根，然意义不及金融之圆到"，因此，书中仍然袭用日文"金融"。但在翻译日文"金融之繁闲"时，书中又指出："银根之松紧，日文称金融之繁闲，前已仍用金融之名，此处宜从一律。用银根

---

① 《附金融月表》，《万国商业月报》第 3 期，1908 年 6 月。

② 〔日〕田边庆弥：《汉译日本法律经济辞典》，王我臧译，商务印书馆，1909 年，第 58 页。

③ 《申禁金业买空卖空》，《申报》1908 年 11 月 2 日，第 19 版。

④ 参见中国人民银行总行参事室金融史料组编《中国近代货币史资料》第一辑（1840—1911），中华书局，1964 年，第 973、783—784 页。

⑤ 〔日〕持地六三郎：《经济通论》，商务印书馆，1903 年，第三卷第 32、56 页，第四卷第 20 页。

松紧，语极现成，改之以取便利。"① 谢霖、孟森在此讨论了用"银根"译"金融"的利弊。1908 年，孟森译《统计通论》仍将"金融"译为"银根"，并特别注明"银根（日文原文金融）"。② 1910 年，王我臧译《经济学各论》提到，兑换铺"为银根（金融）机关"，③ 明确指出要将日语词"金融"译成汉语词"银根"，"银根"一词在全书使用达 26 处，王我臧由此成为用"银根"取代和翻译"金融"的代表。

王我臧译《经济学各论》后，已经难见试图取代"金融"的新译法。1915 年的《辞源》已经将"银根"变为"金融"的旧称。只是到了 1921 年 7 月，高一涵译《经济思潮史》提到"东西泉市（Money Market，日译金融）、泉市政策"等语。④ 高一涵创译"泉市"来译"金融"，并无其他人跟用，说明"金融"一词地位已经不可动摇。

从以上叙述可知，"金融"为来自日语的外来新词，故不断有译者使用新的译法，诸如融金、银根、金银通融、泉市等词，在这些词中，以"银根"影响最大，但"银根"一词本义是指金融市场上资金供应，因当时使用银作为货币，故得名，其主要应用在于"银根松紧"，谢霖、孟森就认为，"银根"的意义不及"金融"的圆到。即"金融的资金融通"比"银根的资金松紧"内容要宽得多。1930 年张辑颜指出："银根之意义，其范围似较狭小，普通殆指银拆及存底而言，似不能包括一切通货融通状况，故银根一语，仍不及金融二字较为概括。"⑤ 这一评语，可作为"银根"与"金融"二词生存竞争的结语。

1913 年 1 月 12 日，民国教育部在大学规程中规定，大学商科银行学门第 16 门课程为"金融论"，外国贸易学门第 13 门课程为"外国汇兑及金融论"。⑥ "金融"由此进入官方规定的大学课程表，它是"金融"一词制度化的标志。1915 年 10 月，中国近代第一部国语辞典《辞源》列

---

① 谢霖、孟森编译《银行簿记学》，日本东京，1907 年，第 1、10 页。

② 〔日〕横山雅男：《统计通论》，孟森译，商务印书馆，1908 年，第 184 页。

③ 〔日〕盐谷廉、坂口直马：《经济学各论》，王我臧译，商务印书馆，1910 年，第 57 页。

④ 〔日〕小林丑三郎：《经济思潮史》，高一涵译，北京大学新知书社，1921 年，第 112、114、116 页。

⑤ 张辑颜：《中国金融论》，商务印书馆，1930 年，第 2 页。

⑥ 参见朱有瓛主编《中国近代学制史料》（第三辑下册），华东师范大学出版社，1992 年，第 8 页。

有"金融"词条，说明它已经成为中国广泛应用的普通词语，标志着"金融"一词已经完成本土化进程。

总之，从 1892 年在中国出现日语词"金融"，到 1915 年完成本土化，"金融"一词的形成经历了 23 年时间。"金融"二字能反映"金钱融通"这一重要的社会经济现象，使本土的"银根"等词无法替代，而成为中国社会的常用词。

三 "金融"对译的英文词：从 Money Market 到 Finance

"金融"是哪一个西文词翻译而来的呢？对此，前已说明，"金融"是直接借自或者说译自日语汉字词"金融"。那么，日语词"金融"又是翻译自哪一个西文词呢？中文"金融"最初对译的西文词又是什么呢？

1875 年，日本已经出现"金融"一词，1891 年，日本国语辞典《言海》列有"金融"词条，它的含义是"金钱的融通"。① 其后，日本部分和英辞典将"金融"译为英文 the Circulation of Money（货币流通），如高野岩三郎等著《和英辞典》（1897）、井上十吉编《新译和英辞典》（1911）等，这是"金融"的"和译英"。

1883 年，日本学者将英文著作 *Lombard Street：A Description of the Money Market* 译为《英国金融事情》，书名中的"金融"对译的是英文 Money Market。② 1902 年 6 月，神田乃武等编《新译英和辞典》，将英文 Money Market 翻译为"金融市场"。③ 以上两处分别将英语的 Money Market 译成日文的"金融"和"金融市场"。1912 年 1 月，古馆市太郎等编《实用和英商业辞典》又将"金融"和"金融市场"均对译为 Money Market。④ 1918 年，《武信和英大辞典》也将"金融"对译为 Money Market。⑤ 由此可知，"金融"对译为 Money Market，既有"英译和"，又有"和译英"。因此，在 19 世纪末 20 世纪初，日语词"金融"对译的英文

---

① 大槻文彦编『言海：日本辞书』编者刊、1891、258 頁。
② 参见艾俊川《"金融"与"银行"丛考》，《中国钱币论文集》（第六辑），2016 年，第 58—61 頁。
③ 神田乃武ら编『新譯英和辞典』三省堂、1902、632、385、181 頁。
④ 古館市太郎ら编「实用和英商業辞典」東京：宝文館、1912、80 頁。
⑤ 武信由太郎编『武信和英大辞典』研究社、1918、1011 頁。

词是 Money Market。

　　日本学者如何将"金融"与英文对译，直接影响了中国人最初如何将"金融"与英文对接。1906 年，汪有龄指出："金融译曰钱市，西文谓之孟内马开脱。"① 又说："金融吾国译曰钱市，西文谓之孟内马开脱。"② 这两句话的意思是，西文孟内马开脱（Money Market），日本译为"金融"，中国可以译为"钱市"。同年，陆梦熊说："金融云者，资金之融通也，在中国谓之银根。英文 Money Market 释之为 Money Circulation，亦即资金流通之意。"③ 这段话的意思是：金融译自英文 Money Market，因 Money Market 可以解释为 Money Circulation（货币流通），故将 Money Market 译为"金融"。1907 年，《新译英汉辞典》将 Money Market 译为"金融市场"，这是该辞典唯一出现"金融"一词的地方。④ 1919 年 5 月 27 日，徐永祚指出："金融二字，英语谓之 Money Market，意即 Monetary Circulation，译为资金之流通，乃资金动的现象是也。"⑤ 1921 年 7 月，高一涵提到"泉市（Money Market，日译金融）"。⑥ 以上五处材料是中国人在 20 世纪初认为"金融"一词来自英文 Money Market 的直接证据，也就是说，中文"金融"最初对译的英文词是 Money Market。

　　中国人除认为"金融"译自英文 Money Market 外，还认为"金融"可以译为 Monetary Circulation。1938 年出版的《辞海》就将"金融"译为 Monetary Circulation。⑦ 如果从英译汉的角度考察，这是不恰当的，因为英文中并没有 Monetary Circulation 这一专有术语。⑧ 如果从汉译英的角度考察，表资金流通的"金融"可以对译为 Monetary Circulation（货币的流通）。

---

①　汪有龄：《伦敦金融谈》，《商务官报》第 20 期，1906 年。

②　汪有龄：《伦敦金融谭》，《北洋官报》第 1205 期，1906 年。

③　〔日〕佐野善作：《沪汉金融机关》，陆梦熊译，《法政杂志》（东京）第 1 卷第 1 号，1906 年，第 1 页。

④　《新译英汉辞典》，群益书社，1907 年，第 600 页。

⑤　永祚（徐永祚）：《上海之金融季节》，《银行周报》第 3 卷第 18 期，1919 年 5 月，第 23 页。

⑥　〔日〕小林丑三郎：《经济思潮史》，高一涵译，北京大学新知书社，1921 年，第 112 页。

⑦　舒新城等主编《辞海》戊种，中华书局，1938 年，戊集第 7 页。

⑧　黄达已经注意到，金融"注以（Monetary Circulation），在当时，恐怕也不恰当"。参见黄达《金融：词义、学科、形势、方法及其他》，中国金融出版社，2001 年，第 5 页。

　　"金融"一词本土化后，一些中国学者并不认同上述源自日本的"金融"译法，进而提出"金融"可以对译为 Money 或 Currency。1931年2月，金融学家杨荫溥指出："'金融'二字，在英语即以'货币'（Money）一名词代之……然此'货币'二字，其意义与通常广意之'货币'不同，实含有'金融市场通货'（Money Market Money）或'银行通货'（Banker' Money）之意义。"[①] 杨荫溥将"金融"对译为 Money，又认为此 Money 不能理解为一般"货币"，而是"通货"。1934年，《英汉经济辞典》将 Currency 对译为"通货；金融"。[②]

　　从以上论述可知，中国人最初认为"金融"译自 Money Market，这是英译汉；又认为汉语"金融"可以译为 Monetary Circulation，这是汉译英；接着，杨荫溥等人认为"金融"可以对译 Money 与 Currency。这几种译法尽管不同，但均与 Money 相关，可以称为 Money 系列。那么，"金融"又如何转而对译 Finance 呢？

　　Finance 最初在中国和日本均表示与"财政"有关的含义。20世纪20年代前后，中、日两国均逐步在 Finance 的"财政"含义外，再增加对译"金融"一意。与前述"金融"译自 Money Market 受日本影响不同，中文"金融"对译 Finance 并不直接来自日本。

　　1920年1月，在上海的英美籍人士创办英文刊物 *China and Far East Finance and Commerce*，同年同月，在华西人主办的《字林西报行名录》立即将该英文刊名译为中文《远东金融商业报》。[③] 这是中国现有文献中最早将英文 Finance 译为"金融"者。20世纪20年代后，随着欧美留学生陆续回国以及中国经济学教育的进步，中国进入了不通过日本而直接从西文原著引进经济学的新时期。1921年，裕孙提到"国际金融票据"（International Finance Bill）。[④] 1923年，马寅初讲到"国际金融"（International Finance）。[⑤] 1926年6月，傅文楷等将 Finance Bills 译为"金融

①　杨荫溥：《杨著中国金融论》，黎明书局，1931年，第1—2页。
②　何士芳编《英汉经济辞典》，商务印书馆，1934年，第128、78、52页。
③　*The North China Desk Hong List*（《字林西报行名录》），1920年1月，第74页。
④　裕孙：《说国际金融票据》，《银行周报》第5卷第3期，1921年，第34页。
⑤　马寅初：《吾国银行业与欧美银行业之比较》，《上海总商会月报》第3卷第10期，1923年，第5页。

周转票"。① 同年 7 月，商务印书馆将译自日文的《金融经济概论》书名英译为 *Money and Finance*。②

上述例子均是词语或句子中的 Finance 译为"金融"。1929 年 3 月，萧纯锦在编《经济学》里指出"'金融'（在英文为 Finance）"。③ 萧纯锦在此将"金融"与 Finance 进行了单词与单词的对译，至此，"金融"与 Finance 的对接基本完成，中国完成时间与日本大致相同。

20 世纪 20 年代后，越来越多的学者和著作开始用"金融"对译 Finance。但是，前述"金融"对译 Money 或 Currency 等用法并没有被马上取代，而是各用各的，长期并存。在这种共存中，又出现了一种折中译法。1936 年 2 月，邹宗伊著《金融经济大纲》指出："金融（Money or Finance）者，资金之融通也。"④ 这就是说，金融对译的英文词既是 Money，又是 Finance。1942 年，众北说："合于这金融含义的英文，本有两字，一为 Finance，一为 Money。不过中国与日本的翻译界，还很少将这两字译为'金融'，大都将这两个字的形容词 Financial and Monetary 译为'金融'。"⑤

以上叙述了"金融"对译一个英文词语——Money Market、Money、Monetary Circulation、Currency、Finance 等，以及"金融"对译两个英文词语——Finance 和 Money。1919 年，卫挺生提出，汉字"金融"很难用一个或两个英文词语对译其含义，它应对译四个英文词语——Currency（通货、泉币）、Credit（借贷）、Finance（财务）、Fiscal（政府收支），⑥ 也就是说"金融"一词包括了英语四词的含义。

针对"金融"译名的分歧，1941 年，由何廉、陈岱孙、陈启修等 32 位著名经济学家审查通过，由国民政府教育部公布的经济学名词中，Finance 对译"财政，金融"，Money Market 对译"金融市场"，Money 对译

---

① 傅文楷、邱汉平：《国际汇兑与贸易》，民智书局，1926 年，第 100、19 页。
② 〔日〕饭岛幡司：《金融经济概论》，商务印书馆，1926 年，第 1 页。
③ 萧纯锦编《经济学》，商务印书馆，1929 年，第 274 页。
④ 邹宗伊：《金融经济大纲》，中华书局，1936 年，第 1、2 页。
⑤ 众北：《中国金融学的新体系》，《大学月刊》第 1 卷第 11 号，1942 年，第 47 页。
⑥ 卫挺生：《英、法、美三国战时金融状况及战后复元各办法考》，《留美学生季报》1919 年冬季号。

"货币"，Currency 对译"通货"。① "金融"唯一的对应译词为 Finance，这样，"金融"与 Finance 对译成为民国主流经济学家认可的用法。

综上所述，在 19 世纪末 20 世纪初，日语词"金融"对译的英文词是 Money Market，这一译法在 20 世纪初传到了中国，因此，中文"金融"最初对译的英文词也是 Money Market。其后，杨荫溥等人认为"金融"可以对译 Money 与 Currency。从 20 世纪 20 年代起，在华西人和中国知识分子又将"金融"对译为 Finance。这之后，中国学者综合前面两类译法，认为"金融"既可以对译 Money，又可以对译 Finance。针对译名的分歧，1941 年，何廉、陈岱孙等 32 位专家为统一经济学译名，审定"金融"唯一的译词应为 Finance。"金融"译名的这一多变历程，反映了中国、日本、西方在"金融"范畴上完全对接的艰难，这是造成"金融"含义分歧与多变的重要原因。

四　"金融"含义的分歧与变迁

"金融"是借自日语的外来词，它对译的英文词不仅多而且不断变化，因此，"金融"的内涵与外延就难有"标准"解释，它的含义随着历史的变迁而演变。中国近代大致经历了从四个不同角度去定义金融。(1) 从货币市场角度，(2) 从货币资本移动角度，(3) 从货币与信用的关系角度，(4) 从货币与财政、物价的关系角度。

（一）从货币市场角度去定义"金融"

"金融"在最初引进与扩张过程中，对译的英文词 Money Market 就是"货币市场"。19 世纪末 20 世纪初，"金融"有以下六种简短解释。(1) 1899 年 6 月 8 日，日本河濑仪太郎说："金融二字犹言流通金银。"(2) 1901 年，钱恂指出"金融（犹上海市俗称银根）"。(3) 1902 年 3 月，梁启超说"金融（谓金银行情也）"。(4) 1903 年，无逸指出："金融者，金银之融通也，以金银流通于市面之谓。"(5) 1906 年，留日学生陆梦熊说："金融云者，资金之融通也，在中国谓之银根。"(6) 1909 年，《汉译日本法律经济辞典》指出："金钱之融通状态，曰金融。"② "金融"的

---

① 国立编译馆编订《经济学名词（教育部公布）》，正中书局，1945 年，第 18、31、11 页。
② 〔日〕田边庆弥：《汉译日本法律经济辞典》，王我臧译，商务印书馆，1909 年，第 58 页。

这六种简短释义，都来源于日本所定义的"金钱融通"，此时"金融"对译的英文词是 Money Market，其含义为"货币的买卖与流通"。但是，这来源相同的"金融"中文含义却不尽相同，只有第六种解释为原汁原味的日本含义，其余五种对金融的理解已经与日本原意有差别，其中，钱恂的"银根"主要是指货币供应，梁启超的"金银行情"是指金价、银价的变动，它们均是"货币市场"的一部分，其含义与日文"金融"已经有较大差异，出现了某种程度的误解。由此可知，"金融"含义的最初分歧就是来自翻译日文"金融"时的不同理解甚至误解。

在上述六种简短解释中，陆梦熊对"金融"进行了较深入的分析。他将"金融"的"金"解释为"资金"，又将"资金"与"资本""货币"加以区别。资金为未定的资本，资本为已经固定于事业的资产，金融只与作为流动资产的资金有关，而与作为固定资产的资本无关。货币为资金周转的工具，直接影响物价，间接影响金融。也就是说，货币数量的增减不是金融，货币的买卖、流动才是金融。① 陆梦熊在此较明确地阐述了早期金融不包括"资本"与"货币增减"的含义。

1919 年，徐沧水在《金融之真诠》一文中指出："所谓金融，则以通货之组织为基础，""而以货币及其代用物为各种之支付用具以为交换，所谓通货之交换，自理论上言之，可分为三种，一由种类而异，二由时间而异，三由地点而异。"② 第一种是各种通货之间的交换，就是货币兑换。第二种是现在通货和将来通货之间的交换，如银行的存款、放款等债权债务的发生。第三种为不同地方不同国家通货之间的交换，就是通货的汇兑。这个定义从金融市场出发，指出了金融市场交换的工具为通货，即货币及其代用物，并论到了通货之间的三种交换。金融的范围就是指货币兑换、银行业、国际汇兑等方面。

1931 年 2 月，杨荫溥在《杨著中国金融论》中指出，金融是指通货——货币及其代用物的运转流通，"简言之，'金融'云者，即表示资金在市场上依供需关系，所发生之移转状态，及调节作用也"，③ 包括异

---

① 〔日〕佐野善作：《沪汉金融机关》，陆梦熊译，《法政杂志》（东京）第 1 卷第 1 号，1906 年，第 1 页。

② 沧（徐沧水）：《金融之真诠》，《银行周报》第 3 卷第 8 期，1919 年，第 12—14 页。

③ 杨荫溥：《杨著中国金融论》，黎明书局，1931 年，第 2 页。

种、异时、异地通货供需的调节。杨荫溥特别指出，"金融市场通货"是指短期资金，不是长期投在事业上的资金。在书中，他叙述了证券市场，但他并没有把证券市场纳入金融市场，而是将二者并列。

上述八种"金融"的解释都是从货币市场角度去定义"金融"，《辞源》（1915）、《辞海》（1938）均是这种定义。它直接受日语词"金融"释义的影响，对译的英文词是 Money Market 或 Money。

（二） 从货币资本移动角度去定义"金融"

1929 年 3 月，留美归国学者萧纯锦编《经济学》指出，金融为移置资本的支配权到获利更大者手中的一种经济活动。"'金融'（在英文为 Finance），'融'盖取其圆融，能衰多益寡，移缓就急之意。凡机关之专以圆融，或移置资本为事者，谓之'金融机关'（Finance Institutions）。"① 这一定义，与前述从货币市场出发认为资本不是金融不同，它强调了金融是资本的移动。

1930 年 10 月，张辑颜在《中国金融论》里指出，金融一语，不仅指金币的流通，还包括一切通货，以及票据、有价证券等的融通状况。金融的实体为三种，"一、货币，二、有价证券，三、票据"。② 所谓金融实体，就是今天所指的金融资产或金融工具。他将有价证券纳入金融工具，扩展了金融的范围。1934 年 8 月，高希圣、郭真编《经济科学大词典》将"金融"对译为 Finance，其释义与张辑颜相同。③ 他们强调了金融既包括货币的融通，也包括资本的融通，也就是说，金融市场包括货币市场和资本市场。

1942 年，《金融知识》主编刘攻芸在该刊《发刊词》中指出："金融一词，简释之，即资金融通之意；而资金者，乃有力移转人力物力之货币资本也。""故金融之意义，盖即集中社会分散之货币资本，并从而融制信用，使充分为扩大生产而流通之谓也。"④

上述四种论述从货币资本移动角度去定义"金融"，有两种明确指出对译 Finance，该词可能就是在对译 Finance 过程中产生。

---

① 萧纯锦编《经济学》，商务印书馆，1929 年，第 274 页。
② 张辑颜：《中国金融论》，商务印书馆，1930 年，第 1—2、5 页。
③ 高希圣、郭真编《经济科学大词典》，科学研究社，1934 年，第 258 页。
④ 刘攻芸：《发刊词》，《金融知识》创刊号，1942 年，第 1 页。

（三）从货币与信用的关系角度去定义"金融"

1937 年 6 月，周宪文主编《经济学辞典》将"金融"释义为："金融：〔英〕Finance，〔德〕Finanz，〔法〕Finance，关于货币的一种社会经济现象，谓之金融。即货币流通过程之一。盖货币流通，其关于农、工、商一切企业者，谓之产业流通（Industrial Circulation），其以金融机关为中心者，谓之金融流通（Financial Circulation）。产业流通过程乃以商品而转移，遂形成价格；而金融流通过程，则为其支配权之移转，形成一般的利率。前项过程普通谓之买卖，而后项过程则谓之金融。通俗所谓金融者，乃指金钱之融通而言，亦即金钱调度之意。但此种社会经济现象，恒以信用为其对象，故视其信用之有无而分为有担保金融、无担保金融；视信用期间之久暂而分为长期金融、短期金融；视信用地域之广狭而分国内金融、国际金融。要之，金融者，即如何调度资金，使其需要与供给正相适合也。"① 这个定义强调了"金融"是以信用为对象的通过金融机关的货币流通过程。"货币流通"与"信用"成为这一定义的两个关键范畴。

如果以"凡是既涉及货币，又涉及信用，以及以货币与信用结合为一体的形式生成、运作的所有交易行为的集合"为"金融范畴"的界定，② 那么，1937 年，周宪文主编《经济学辞典》对"金融"的定义就标志着中国近代"金融范畴"的形成。1935 年的法币改革，以中央银行等信用机关发行的货币为法币，排除了金属货币银元的流通，将货币与信用机关结合在一起，这一社会经济制度的变革，为中国"金融范畴"的形成提供了重要的社会经济条件。

（四）从货币与财政、物价的关系角度去定义"金融"

1939 年 1 月，沈雷春在其主编的《中国金融年鉴》（1）里指出："狭义的金融之定义，可直接解释为货币之动态；如货币之发行、储藏、积聚、分散、交换等行为是。而广义的金融定义，则应包括决定货币存在与价值之国家财政，以及附属于财政而足以直接影响货币价值之国际

---

① 周宪文主编《经济学辞典》，中华书局，1937 年，第 353 页。
② 黄达、张杰：《金融学》（第四版），中国人民大学出版社，2017 年，第 105 页。

贸易，并直接受货币价值影响之物价在内。"① 《中国金融年鉴》（1）的"金融总论"包括财政、货币、金银、汇兑、公债、国际贸易、生活指数等七个项目。"金融分论"包括银行业、信托业、保险业、钱业、交易所业等。② 《中国金融年鉴》（1）将财政、国际贸易、生活指数纳入金融范围，这是对金融外延最广的使用。1942 年，刘攻芸指出："金融之范围，可包括货币、银行、财政、贸易、汇兑诸部门。"③ 刘攻芸与沈雷春对金融范围的认识大致相同，只是刘攻芸没有将证券投资包括到金融里。

1947 年 10 月，沈雷春在其主编《中国金融年鉴》（2）里认为，"金融系资金之融通"，"在英美则称 Finance"。它包括以下几方面。（1）金融机构，如银行、钱庄、信托公司、保险公司、信用合作社、合作金库等。（2）国家财政，政府支配的人力物力足以影响金融，尤其是在不兑现纸币的国家，政府的纸币发行权可直接影响整个资金融通状况。"是以财政应为金融之一部份，应无疑问。"（3）金融市场，如票据交换所、证券交易所等。（4）金融实体，如通货、外汇、金银等。（5）金融作用，如市场上资金供求状况及其调节转移等。④ 沈雷春主编的《中国金融年鉴》（2）已经将国际贸易、生活指数剔除出金融范围，但仍然坚持"财政"为金融的一部分。

沈雷春提出的包含财政的金融定义，其内涵与外延都是中国近代最宽者。之所以有如此"超宽口径"的定义，原因可能是：一方面，他将金融对译为 Finance，Finance 本身就有财政的含义；另一方面，全面抗日战争开始后，财政赤字、货币发行、物价上涨等财政金融现象高度相关，在此背景下，正如他在上文中所说，在不兑现纸币的国家，"金融"所指的货币流动对整个资金融通起到了决定作用。

以上论述主要是从金融定义方面去考察"金融"内涵的分歧与变迁。另外，"金融"在应用于社会经济实践时，"金融行情""金融监理"的范围可以更清楚地体现"金融"的外延。

---

① 沈雷春主编《中国金融年鉴》（1），中国金融年鉴社，1939 年，"代序"第 1 页。
② 沈雷春主编《中国金融年鉴》（1），中国金融年鉴社，1939 年。
③ 刘攻芸：《发刊词》，《金融知识》创刊号，1942 年，第 2 页。
④ 沈雷春主编《中国金融年鉴》（2），中国金融年鉴社，1947 年。

首先，关于"金融行情"的范围。

1910 年 5 月 10 日至 9 月 3 日，《申报》"商务行情"专栏下列汇票、金市、钱市、金融、丝市、粮食等类行情。在此，"金融"与汇票、金市、钱市并列，此时的"金融"就不包括外汇和货币兑换，大致指短期资金拆借。1921 年 1 月 21 日，《申报》第 12 版发表商务、金融行情，金融行情包括国外汇兑、各省汇兑、金市、银洋市、证券、期货等。此时《申报》中"金融"一词的外延已经大大扩展。

1917 年，《银行周报》第 1 卷第 1 期列有《上海金融》与《上海商情》两个栏目，股票行情不在金融行情里，却在商业行情内。1923 年 3 月，《银行周报》设立《上海金融》《上海汇兑》《上海证券》三个并列栏目。"金融"就不包括汇兑和证券。这一"窄的金融"持续使用 23 年，到 1940 年 1 月，该刊《一周金融》栏目才开始包括汇兑与证券。

1933 年 9 月，杨荫溥《经济新闻读法》分为"金融行市"与"商品行市"两编，"金融行市"包括银洋钱市、内汇市、金市、银市、外汇市、证券市，[1] 这种用法已经与今天"金融行市"的用法基本相同了。

从上述"金融"行情包含内容的演变可知，中国人最初就是将"金融"理解为梁启超的"金银行情"或"短期资金流动行情"，这是对金融的"窄"理解。随着时间的演进，它逐步扩大了范围。

其次，关于政府"金融监理"的范围。

1927 年 11 月 19 日，国民政府公布《财政部金融监理局组织条例》，规定在财政部内设立"金融监理局"，监督管理全国银行、交易所、保险公司、信托公司、储蓄公司、储蓄会等金融机构。[2] 银行等被监理的机构就是"金融监理"一词所涉及的范围。1928 年，国民政府将金融监理局改为钱币司，负责管理全国货币、银行、交易所、保险公司等，[3] 财政部钱币司一直持续运作到 1949 年国民党政权垮台。1935 年，财政部设立"金融顾问委员会"，负责研究：（1）改进通货现状，（2）安定汇

---

①　杨荫溥：《经济新闻读法》，黎明书局，1933 年。

②　中国第二历史档案馆编《中华民国史档案资料汇编》（第五辑第一编：财政经济四），凤凰出版社，1994 年，第 1 页。

③　中国第二历史档案馆编《中华民国史档案资料汇编》（第五辑第一编：财政经济一），凤凰出版社，1994 年，第 113 页。

市，（3）改善国际收付，（4）调剂内地金融等事项。① 1947 年 9 月，中央银行经济研究处编《金融法规大全》，内分货币、银行及金融管制（附交易所）、储蓄、保险、汇兑、合作金融、恢复区金融、绥靖区金融、公债、附录 10 类。②

国民政府的金融监管机构的管理范围各个时期略有不同，大致符合 1928 年规定的财政部钱币司的职责范围，它可以概括为：货币制度与币值稳定；银行以及信托、储蓄、保险等金融机构；票据市场与证券市场；国际汇兑等国际金融事务。中国人今天日常使用的"金融"所涵盖的范围大致是：与物价有紧密联系的货币流通，银行与非银行金融机构体系，短期资金拆借市场，资本市场，保险系统，以及国际金融等领域。③ 国民政府金融监管机构的管理范围大致与今天日常使用的"金融"所涉及的范围相当。也就是说，今天日常使用的较宽口径的"金融"可能形成于近代国民政府的金融管理和颁布的金融法规之中。将保险纳入金融范围，在近代金融论著中十分罕见，而国民政府 1927 年就将保险公司纳入金融管理的范围。这说明了政府金融管理对日常"金融"一词的重大影响。

以上所论仅仅是"金融"的代表性用法，关于"金融"的其他用法难以一一列举。比如，1937 年，马寅初《中国之新金融政策》一书中"新金融政策"就是专指 1935 年 11 月的"法币改革"，"金融"一词就是专指币制。1942 年，中国共产党领导的陕甘宁边区银行行长朱理治发表《边区新的金融政策之意义与目的》，④ 文中"新的金融政策"就是指 1941 年 1 月边区政府停止使用法币推行边币的政策，"金融"一词也是专指币制。

综上所述，关于"金融"的定义最早因对日语词"金融"（Money Market）的不同理解而产生了分歧，其含义主要指"货币市场"的资金融通。其后，随着"金融"对译为 Finance，"金融"的含义在资金融通

---

① 中国第二历史档案馆编《中华民国史档案资料汇编》（第五辑第一编：财政经济四），凤凰出版社，1994 年，第 37 页。

② 中央银行经济研究处编《金融法规大全》，商务印书馆，1947 年。

③ 黄达、张杰：《金融学》（第四版），中国人民大学出版社，2017 年，第 99 页。

④ 朱理治：《边区新的金融政策之意义与目的》，《解放日报》1942 年 2 月 27 日。

的基础上，加上了资本移动。再其后，随着金融现象的变化，特别是法币改革后，金融就将货币与信用等范畴结合起来，形成了较宽口径的"金融"。最后，随着通货膨胀的加剧，形成了包含财政的最宽口径的"金融"。在报刊登载的"金融行情"里，早期不包括汇兑和证券行情，到 20 世纪三四十年代，才形成了与今天"金融行情"一致的用法。国民政府金融管理的范围是形成今天"金融"日常使用范围的重要原因。总之，"金融"的含义随着所对译的外来词和社会经济实践的变化而变化，其内涵与外延均有扩大的趋势。同时，"金融"新的含义并不是立即取代旧的含义，而是各用各的，造成金融含义的分歧与多元并存。

五　"金融"的近代由来及其当代启示

中国很早就产生了货币、借贷、钱庄、银号等金融现象，但没有自发产生"金融"这一名词。1893 年 9 月，中国出现了"金融"一词，其后 10 年，中国又不断出现"金融"用例，其共性就是都来自日语，因此，中文"金融"是日语借词。从 1893 年在中国出现"金融"，到 1915 年"金融"被《辞源》收录，"金融"一方面得到了广泛传播，另一方面也遇到了"银根"等本土词的竞争，"金融"一词的本土化经历了 23 年时间。在 20 世纪初，受日语词"金融"对译英文词 Money Market 的影响，"金融"最初对译的英文词也是 Money Market。从 20 世纪 20 年代起，在华西人和中国知识分子又将"金融"对译为 Finance。"金融"除这两个译名外，还有 Money、Currency 等。由于"金融"译名变化较多，加上近代经济金融形势的多次巨变，"金融"含义就由最初的"货币市场"的资金融通，加上了资本市场，又扩展为货币流通与信用活动，在通货膨胀剧烈的时期，甚至出现了包括财政在内的"超大金融"。1937 年周宪文主编《经济学辞典》从货币与信用的关系角度去定义金融，它标志着中国近代"金融范畴"的形成。国民政府金融管理的范围包括币制、币值，银行、保险等机构，国际金融等，它是形成今天"金融"日常使用范围的重要因素。

厘清"金融"的来龙去脉，可以加深对"金融"的理解，也可以为金融学学科建设等问题提供历史启示。

首先，"金融"与 Finance 不可能一一对应，"大金融"学科建设思想有其历史依据。"金融"本为借自日语的外来词，其最初对译的英文并不是 Finance，而是 Money Market，直到 20 世纪 20 年代后，"金融"才开始对译 Finance，再到 1941 年后才逐渐统一对译为 Finance，中文"金融"的这一复杂经历，使它在中国出现后的前 50 年和英文 Finance 不存在一一对应关系，因此，从近代"金融"演变而来的当代"金融"的含义就难以与同样在演变的西方 Finance 完全对应。如果强行将中文"金融"与 Finance 完全对应，就难免削足适履，中国的金融学学科建设应从中国长期形成的"金融"概念出发，而不是一概照搬西方的 Finance。另外，"金融"一词的含义范围在近代经历了从窄到宽的演变，大致在 20 世纪 20 年代末期形成了包括货币流通、银行、保险、国际金融等内容的宽金融，今天中国日常口径的金融仍与其相一致，这说明，"宽口径金融"在中国有强大生命力。以宽口径金融为基础建设"大金融"学科，符合产生"宽金融"概念的中国的客观经济金融社会历史背景。

　　其次，"金融"范畴可增加"服务实体经济"的内容，以阐述"金融"的目的与实质。100 多年来，"金融"最常用的一个解释就是"资金的融通"，那么，资金或资本融通或移动的目的和实质是什么呢，直到今天，少有学者在"金融"的定义中进行追问和阐述。前述中国近代金融学者已经注意到此问题，刘攻芸指出："金融一词，简释之，即资金融通之意；而资金者，乃有力移转人力物力之货币资本也。""故金融之意义，盖即集中社会分散之货币资本，并从而融制信用，使充分为扩大生产而流通之谓也。"① 沈雷春指出："金融者实系利用资金以融通生产或交易（无论国内国外）之机构设施及其作用也。""而金融之核心问题，在如何运用金融机构使之发生有融通交易以及生产之作用，与裨益经济行为之机能也。"② 这两个定义明确指出了资金融通的目的和实质是扩大生产、裨益经济，将资金的空转、传销排除出金融范围，可从"金融"的定义方面防止金融脱实向虚。

---

① 刘攻芸：《发刊词》，《金融知识》创刊号，1942 年，第 1 页。
② 沈雷春主编《中国金融年鉴》（2），中国金融年鉴社，1947 年，第 A 页。

六 由"金融"构成的复合词的起源及演变

金融机关 1899 年，《湖北商务报》第 5 期发表《设立日清银行之要》，文中说："欲振张日清贸易，不可不整备其交通机关，又不可不具备金融（金融二字犹言流通金银）机关。"此后，"金融机关"一词成为常用词。1906 年 3 月 12 日，《申报》第 4 版《日本建议创设日清银行》里出现"金融机关"一词。1909 年，王我臧译《汉译日本法律经济辞典》有"金融机关"词条，其释义为："为使金钱之融通自由便利而设之经济上器具也，即各种银行及期票交换所等，司国家经济上金融活动之机关也。"[①] 1930 年，张辑颜著《中国金融论》中第三编为"金融机关"，他将金融机关分为：金融监理机关、造币机关、银行及银行公会等机关。[②] 1934 年 2 月，何士芳编《英汉经济辞典》将 Financial Organ 对译为"金融机关"。[③] 1934 年 8 月，《经济科学大词典》将"金融机关"对译为 Banking Organ。[④] 1935 年，陈稼轩编《实用商业辞典》提到："金融机关（Financial Organ），与金融事业有关系者，共三种：一、金融监理机关……二、造币机关……三、流通机关，如银行、钱庄或类似银钱业之业务者均属之。"[⑤] 1937 年 6 月，周宪文主编《经济学辞典》将"金融机关"释义为："〔英〕Financial Institution，〔德〕Geldinstitut……为执行金融业务，融通资金之机关。"[⑥] 1941 年 11 月，《经济学名词（教育部公布）》中，Financial Institution 对译为"金融机关"。[⑦] 日本也是将 Financial Institution 对译为"金融机关"。

1934 年 6 月 18 日，《申报》第 18 版"经济专刊"发表谭秉文《从德国负债观察马克之动向》，文中提到："法兰西以其特殊金融机构——承受市场之特别发达，故金本位屡次谣传放弃，而今犹幸免。"此为《申报》中首次出现"金融机构"。

---

① 〔日〕田边庆弥：《汉译日本法律经济辞典》，王我臧译，商务印书馆，1909 年，第 58 页。
② 张辑颜：《中国金融论》，商务印书馆，1930 年，第 203 页。
③ 何士芳编《英汉经济辞典》，商务印书馆，1934 年，第 78 页。
④ 高希圣、郭真编《经济科学大词典》，科学研究社，1934 年，第 260 页。
⑤ 陈稼轩编《实用商业辞典》，商务印书馆，1935 年，第 420 页。
⑥ 周宪文主编《经济学辞典》，中华书局，1937 年，第 358 页。
⑦ 国立编译馆编订《经济学名词（教育部公布）》，正中书局，1945 年，第 18 页。

1939 年 1 月，《中国金融年鉴》（1）有全国金融机构调查。1946 年 2 月，中央银行金融机构业务检查处编《全国金融机构分布一览》。财政部官方报告书里大量使用"金融机构"一词代替"金融机关"。《申报》数据库中"金融机构"出现 419 次，"金融机关"出现 2841 次。

金融市场　1899 年，《俄国募集铁道公债》提到："俄国决议：在英国发行铁道公债，其数虽不过四百五十万卢布，当先查金融市场情形为要。"① 1901 年，钱恂编译《财政四纲》中说，透支交易如遇资金来源不接时，"每易起金融市场之动摇"。② 1907 年 11 月 27 日《申报》第 18 版提到"欧洲金融市场宽转"。1929 年 6 月，高希圣等编《社会科学大词典》将"金融市场"解释为："金融市场是由资金的需要者、供给者、金融机关等所构成的金融上之有机的组织。"③

1925 年，金国宝译《伦敦货币市场概要》（*The London Money Market*），将 Money Market 译为"货币市场"。④ 1931 年 2 月，杨荫溥认为 Money Market 应译为"金融市场"。⑤ 1934 年 2 月何士芳编《英汉经济辞典》，1934 年 8 月高希圣、郭真编《经济科学大词典》，1935 年陈稼轩编《实用商业辞典》，1937 年 4 月张一凡、潘文安主编《财政金融大辞典》，1937 年 6 月周宪文主编《经济学辞典》，1941 年 11 月《经济学名词（教育部公布）》，均将"金融市场"对译为 Money Market。

张一凡、潘文安主编《财政金融大辞典》中说明："金融市场即货币市场。"在"货币市场"条目中，其英文对译词仍是 Money Market。⑥ 1937 年 6 月，周宪文主编《经济学辞典》认为，金融市场以空间分，则为国内金融市场和国际金融市场；以时间分，则为长期金融市场和短期金融市场。该书"货币市场"条目又指出："资本市场为长期资金交易市场，而货币市场则为短期资金交易市场，至于金融市场则包括此两市场而言；但有时货币市场，亦有作金融市场言者。"⑦ 该书对"金融市

---

① 黄河清编著《近现代辞源》，上海辞书出版社，2010 年，第 405 页。
② 钱恂编译《财政四纲》，在日本自刊，1901 年，"银行"第 22 页。
③ 高希圣等编《社会科学大词典》，世界书局，1929 年，第 322 页。
④ 金国宝译《伦敦货币市场概要》，商务印书馆，1925 年。
⑤ 杨荫溥：《杨著中国金融论》，黎明书局，1931 年，第 1—2 页。
⑥ 张一凡、潘文安主编《财政金融大辞典》，世界书局，1937 年，第 564、989 页。
⑦ 周宪文主编《经济学辞典》，中华书局，1937 年，第 355、620 页。

场"含义进行了扩充，与现代用法已经一致。

金融恐慌　"恐慌"为日语术语借词，"金融恐慌"即金融危机之意。1901 年，钱恂编译《财政四纲》中银行论部分专门论述了"恐慌之原因及救济策"，分析了英文 Pinic 与 Crisis 不同，这部分内容实际上是分析"金融恐慌"。文中多次使用"金融逼迫"一词，而没有使用"金融恐慌"一词。[1] 1907 年 11 月 5 日，《申报》第 19 版《美国经济恐慌余闻》提到："美国金融恐慌，商人因之失业者甚多，其数约六万余人。"1914 年 6 月，东方法学会编《经济学要览》一书中将恐慌分为农业恐慌、工业恐慌、商业恐慌、投机恐慌、货币恐慌、信用恐慌，前三者总称为事业恐慌，后三者总称为金融恐慌。书中指出："投机之盛衰基于金融之繁闲，基于信用之增减，基于货币之良否。因是而投机恐慌、信用恐慌、货币恐慌三者又可合名之为金融恐慌（Finanzielle Krisen）。""事业恐慌恒必与金融恐慌相伴，金融恐慌又必与事业恐慌相伴。"[2] 1914 年 10 月，胡祖同编《经济概要》一书中指出，"恐慌"英文为 Crisis，"起于农界者曰农业恐慌，起于工界者曰工业恐慌，起于商业者曰商业恐慌，本于金融之紊乱者曰金融恐慌，原（源）于信用之破坏者曰信用恐慌，关于币制之不善而发生者曰币制恐慌，基于投机之猖狂而酿成者曰投机恐慌"。[3] 以上两个论述对"金融恐慌"的解释不同，《经济学要览》将投机恐慌、货币恐慌、信用恐慌三者合称为金融恐慌，胡祖同编《经济概要》则将金融恐慌与投机恐慌、币制恐慌、信用恐慌三者并列。

前述何士芳编《英汉经济辞典》（1934）、陈稼轩编《实用商业辞典》（1935）、周宪文主编《经济学辞典》（1937）、《经济学名词（教育部公布）》（1941）均将"金融恐慌"对译为 Financial Crisis。

1932 年 11 月 27 日，《申报》第 7 版登载了《新生命书局最近出版中国问题丛书四种》，提到朱其华著《中国经济危机及其前途》，书中论述了"工商业衰落与金融危机"。1949 年前《申报》中"金融危机"出现 41 次，而"金融恐慌"出现 1165 次。

金融监理、金融管理　1925 年 9 月 17 日《申报》第 9 版《冯玉祥

① 钱恂编译《财政四纲》，在日本自刊，1901 年，"银行"第 29 页。
② 东方法学会编《经济学要览》，泰东书局，1914 年，第 154 页。
③ 胡祖同编《经济概要》，商务印书馆，1914 年，第 158 页。

拓殖西北之西讯》报道，冯玉祥带领军队在西北借款筑路，文中说"冯氏不啻该路之非正式金融管理人"。

1927 年 10 月 21 日《申报》第 4 版"财部要讯"发布：南京"财部设金融监理局，十一月一日成立"。1927 年 11 月 19 日，国民政府公布《财政部金融监理局组织条例》，规定在财政部内设立"金融监理局"，监督管理全国银行、交易所、信托公司、储蓄会等金融机构。① "金融监理"一词由此成为重要的名词。1928 年，国民政府将金融监理局改为钱币司，负责管理全国货币与金融事务，财政部钱币司一直持续运作到 1949 年国民党政权垮台。1930 年，张辑颜著《中国金融论》中第三编"金融机关"的第二章为"金融监理机关"，专门讨论了金融监管问题。从此，"金融监理"成为学者研讨的对象。陈稼轩编《实用商业辞典》（1935），张一凡、潘文安主编《财政金融大辞典》（1937）均收录了"金融监理局"词条。1941 年 2 月，杨端六著《货币与银行》中提到："现在各国政府对于银行的态度，大约可分为消极干涉与积极干涉两种。美国联邦政府是消极干涉的代表国家。它虽然没有金融管理局长（Comptroller of Currency），但是我们一看它的各种法规，差不多都是防止银行的积弊。"② 1943 年 6 月，邹宗伊著《中国战时金融管制》，由财政评论社出版。1947 年，国民政府财政部钱币司在上海、天津、广州、汉口四地设立"金融管理局"，就近监督管理当地金融。1948 年，民国财政部还拟将四联总处与钱币司合并改组为"金融管理局"，统一管理全国金融。③ 因国民政府"金融监理局"和"金融管理局"设立时间较短，"金融监理""金融管理"两个词语并不流行，在中国近代，讨论"金融管理"的论著较少。

金融学　1924 年 3 月 21 日《申报》第 3 版图书广告提到梁云池译《外国汇兑论》称："本书为英国现代金融学大家威德士所著，对于外国汇兑反覆推阐，例喻宏富，极合教科之用。"1929 年，吴念慈、柯柏年、

① 中国第二历史档案馆编《中华民国史档案资料汇编》（第五辑第一编：财政经济四），凤凰出版社，1994 年，第 1 页。
② 杨端六：《货币与银行》，商务印书馆，1941 年，第 33 页。
③ 中国第二历史档案馆编《中华民国史档案资料汇编》（第五辑第三编：财政经济二），凤凰出版社，2000 年，第 122、126 页。

王慎名编《新术语辞典》称："金融学（Finance），研究人类底物质的需求和行为的科学，就是经济学；而'金融学'可说是'经济学的代数'（Algebra of Economics）。金融学用符号来表示复杂的经济事实，使其便于加减乘除而求出答数。例如，我们说英国在 1922 年输出 720000000 镑，这并不是谓英国在 1922 年有 720000000 金镑或纸币输出国外，而是谓英国在这一年所输出的商品 720000000 镑。换言之，金融学用 720000000 镑这个符号来代表所输出的商品。货币、信用、纸币、支票、汇兑、汇率等，都是金融学所运用来表示复杂的经济事实之用语。"[①]

《一九三〇年复旦大学毕业纪念刊》提到，1920 年商科学生日多，"于是有本系（工商管理学系）及银行金融学系之分"。[②] 1934 年 8 月，高希圣、郭真编《经济科学大词典》列有"金融学"词条，其词义见"金融"，在"金融"条目下写道："金融学的对象，为一切通货票据公债及其他有价证券等；至于现今的银行制度造币厂制度、转账制度、票据交换制度、信用制度，以及金融市场中其他一切改良的设施，都和金融的变化有密切的关系，所以也是金融学的对象。金融学的对象，不都是具体的，也有抽象的。例如国家财政及民生经济所生的各种关系。"[③] 1937 年 3 月，蔡铁郎编著《金融学纲要》一书。

类似"金融学"的概念有"金融论""金融学会""金融学说"等数种。1913 年 1 月 12 日，民国教育部公布大学规程，其中规定，大学商科银行学门第 16 门课程为"金融论"，外国贸易学门第 13 门课程为"外国汇兑及金融论"。[④] 1917 年 10 月 10 日，《申报》第 3 版报道："北京电，财政金融学会昨下午五时在公园水榭开成立会。"1927 年 3 月，《金融原理》出版；1932 年 8 月，霭庐（戴霭庐）编译的《最近之货币金融学说》出版；1943 年 12 月，梁庆椿主编的《近代金融学说》出版。

金融经济　1926 年 7 月，《金融经济概论》出版。陈稼轩编《实用商业辞典》（1935）列有"金融经济学"词条，其释义为："从现在之国

---

① 吴念慈、柯柏年、王慎名编《新术语辞典》，南强书局，1929 年，第 492—493 页。
② 《复旦大学志》（第一卷 1905—1949），复旦大学出版社，1985 年，第 360 页。
③ 高希圣、郭真编《经济科学大词典》，科学研究社，1934 年，第 258 页。
④ 朱有瓛主编《中国近代学制史料》（第三辑下册），华东师范大学出版社，1992 年，第 8 页。

民经济上，观察金融现象，而研究关于金融之各种问题者也。金融经济学之内容，纵分之有二，（A）关于金融之作用研究，（B）关于金融之组织研究。前者为研究金融活动之状态，及其因果和相关之理法，故又称为金融动态论；后者则研究金融机关之机能及体系，故又称为金融静论。若横分之，则金融经济可别为（A）关于金融现状之研究，（B）关于金融之理想研究。"[①] 1946 年 5 月 22 日，《申报》第 5 版《谷春帆谈财政，必须开源节流》提到，谷春帆"早岁苦学，勤奋自励，终至成为吾国有数之金融经济学专家"。

国际金融 1912 年 8 月 8 日，《申报》第 1 版《财政管见（四）：驻外财政官与国际银行》，驻外财政官如欲借债，"而操纵其间，犹在就国际金融之趋势以消息之，金融缓慢，则起债焉，以救其衰。若夫窘迫之际，则收买焉，以济其穷"。1912 年 10 月 9 日，《申报》第 3 版《国际法会讨论会纪事》提到，陆征祥发起国际法会，计划研究"甲、国际法规，乙、中外条约，丙、国际政局及外交，丁、国际金融"。1917 年，北京大学规定：法科大学经济门和商业门第三年均需要开设"银行及国际金融"课程，商科大学商业学门第三年需要开设"国际金融"课程。[②] 1917 年《银行周报》登载《世界金融中心之竞争》提到："伦敦夙为国际金融之枢纽，有伟大之势力，断非柏林巴黎等处可比。"[③] 1919 年《银行周报》又发表《国际金融与对外投资》。[④] 1925 年 3 月，《马寅初演讲集》（第二集）指出：欧洲银行制度优于美国，"故于国际金融（International Finance）上美国无立足之地"。[⑤] 马寅初将"国际金融"与英语进行了对译。1926 年 7 月，日本饭岛幡司著《金融经济概论》第八章第一节为"国际金融发展"。1937 年 4 月，张一凡、潘文安主编《财政金融大辞典》有"国际金融"条目，将"国际金融"对译为 International Finance，并说："国际金融包含：一、外国汇兑，二、国际放款，三、国

---

① 陈稼轩编《实用商业辞典》，商务印书馆，1935 年，第 420 页。
② 朱有瓛主编《中国近代学制史料》（第三辑下册），华东师范大学出版社，1992 年，第 109—110、112 页。
③ 《世界金融中心之竞争》，《银行周报》第 1 卷第 1 期，1917 年，第 9 页。
④ 《国际金融与对外投资》，《银行周报》第 3 卷第 10 期，1919 年，第 7 页。
⑤ 《马寅初演讲集》（第二集），商务印书馆，1925 年，第 144 页。

际贷借。"① 1937 年 6 月，周宪文主编《经济学辞典》将"国际金融"
释义为："国际金融者，国际间资金移动之谓也。"② 1941 年 11 月，《经
济学名词（教育部公布）》，将 International Finance 译为"国际金融"。③

金融系　1924 年，私立复旦大学商科学长李权时在复旦商科内设立
"银行金融系"和"工商管理系"，1928 年 10 月复旦大学正式立案，
1929 年秋成立商学院，下设银行系、会计系、工商管理系，因教育部
1929 年大学组织法并没有银行金融系的名称，银行金融系名称取消。④
1946 年 3 月 5 日，《申报》第 5 版《国立英士大学掠影》提到，该校计
划系之下设分组制，"经济系分财政学、金融学、计政学、经济学四
组"。1949 年 3 月 5 日，《申报》第 4 版《造就经济建设人才，上海经济
学院成立》提到，孟宪章、漆琪生等人计划成立私立上海经济学院，拟
开设"财政金融学系"等六系。

金融自由　作新社编译《政法类典·经济之部——货币论》提到，
关于英国"金块论战"，李嘉图《报告书》一出，"开一空前绝后之大笔
战，就中里卡多及哈斯克孙二氏，极力防之。其驳之者，别为二派，一
则以政府诸人为首领，诸银行皆党之，大论纸币之不过多。一则主张曰：
纸币之增发，原使金融自由，故有益无害，不厌其多"。⑤

第二节　现代"银行"一词的起源及其在
中、日两国间的流传

现代"银行"一词是指中、日两国至今仍在使用的信用中介机构的
名称，它对译的英文词为 Bank。中国现代"银行"一词的起源有两个渠
道，一个是学者在翻译英文 Bank、介绍西方的信用机构时使用"银行"，
另一个是在华的新式信用机关自称"银行"。本节试图通过这两个渠道
的对比研究厘清"银行"的来龙去脉。

---

① 张一凡、潘文安主编《财政金融大辞典》，世界书局，1937 年，第 941—942 页。
② 周宪文主编《经济学辞典》，中华书局，1937 年，第 552 页。
③ 国立编译馆编订《经济学名词（教育部公布）》，正中书局，1945 年，第 25 页。
④ 《复旦大学志》（第一卷 1905—1949），复旦大学出版社，1985 年，第 357、369 页。
⑤ 作新社编译《政法类典·经济之部——货币论》，作新社，1905 年，第 180—181 页。

　　对"银行"起源与流传的学术研究，至今已有100余年的历史。早在1919年，日本学者武藤长藏就发表了《银行名词之由来》，追溯"银行"一词最早出现在香港刊行的《智环启蒙》（1856）中。其后，武藤长藏又专程到中国广东等地考察研究，发现中国在1714年已经建立了"银行会馆"。1929年，武藤长藏的研究成果被介绍到中国。[①] 1965年，彭信威提出"银"与"行"二字含义的变化，使将新式信用机关译为"银行"成为一件很自然的事。[②] 1983年，卫月望将"银行"的起源推进到北宋（1057）。[③] 1997年，意大利学者马西尼却认为"银行"为来自日语的原语汉字借词。[④] 2010年，沈国威指出，罗存德编《英华字典》（1866—1869）里出现了"银行"译词，但此处的"银行"还没有完全成为一个复合词，"银行"等广东早期译词通过该字典传入日本并得到普及。[⑤] 2012年，沈国威又指出，"银行"是利用中国典籍旧词表示新的外来概念的日语借词，也是中国近代汉译西书流向日本的译词。[⑥] 同年，樊慧颖等提出，产生于中国的"银行"一词，直到19世纪末在汉语中还很少使用，"银行"为从日本而来的回归词。[⑦] 2016年，冯天瑜等指出，1866年罗存德编《英华字典》（第一部）厘定了"银行"术语，马西尼认为"银行"为来自日语的原语汉字借词的观点并非确论。[⑧] 同年，艾俊川指出，"银行"一词来自香港，古汉语中的"银行"与今义无关，现代"银行"一词至晚起源于1853年。[⑨] 上述中外学者对"银行"一词的起源进行了上百年的不懈探索，遗憾的是，他们主要从文献译介渠道

① 〔日〕武藤长藏：《"银行"名词之考证》，霭庐译，《银行周报》第13卷第47—50期，1929年。
② 彭信威：《中国货币史》，上海人民出版社，1965年，第974页。
③ 卫月望：《"银行"的起源》，《山西财经学院学报》1983年第6期。
④ 〔意〕马西尼：《现代汉语词汇的形成——十九世纪汉语外来词研究》，黄河清译，汉语大辞典出版社，1997年，第260页。
⑤ 沈国威：《近代中日词汇交流研究：汉字新词的创制、容受与共享》，中华书局，2010年，第119、131页。
⑥ 沈国威：《回顾与前瞻：日语借词的研究》，《日语学习与研究》2012年第3期。
⑦ 樊慧颖、刘凡夫：《从文化互动看中日同形词"银行"的生成》，《解放军外国语学院学报》第4期，2012年。
⑧ 冯天瑜等：《近代汉字术语的生成演变与中西日文化互动研究》，经济科学出版社，2016年，第138页。
⑨ 艾俊川：《"金融"与"银行"丛考》，《中国钱币论文集》（第六辑），2016年，第63页。

探究"银行"的起源，均没有对中国新式信用机构（即外商银行）何时自称或被称"银行"进行确切的考证，[①] 现代"银行"一词的起源问题并没有解决，这是本节想要回答的第一个问题。现代"银行"一词到底是起源于中国，由中国传到日本？还是起源于日本，由日本传到了中国？20 世纪初以来，一直众说纷纭，至今似无定论。那么，问题的根源在哪里呢？这是本节想要回答的第二个问题。研究"银行"一词的源流似乎主要是概念史（或观念史、词汇史、知识史）论题，它的研究能否帮助我们更好地认识银行史、银行学史呢？这是本节想要回答的第三个问题。

一　现代"银行"一词的文献译介起源

"银行"在宋代已经出现，元代、明代也有人使用，其含义为制造银器的行业。[②] 1675 年，广州建立了"银行会馆"，后经多次重建，此"银行会馆"延续到 1873 年，它是银号行业祭神、商议公共事务之地。广州银号行业的组织为"银行忠信堂"。[③] 1734 年，在北京开银号的商人所立碑文中有两处出现"银行"。[④] 这些事例说明，从清代康熙年间开始，传统"银行"一词的含义已经从银器制造行业演变为银号行业，成为金融机构的名称。但是，此处的"银行"中的"行"是指"行业"，还不是指"行号"，广州"银行忠信堂"到近代演变为"银业行忠信堂"。[⑤] 因此，中国传统"银行"一词尽管到清初已经是指金融机构的名称，但并没有演变成现代"银行"一词。

在中国明清时期，"银"字往往代表货币，"行"字逐渐有了行铺、公行、洋行等指称"商号"的含义。[⑥] 1819 年，马礼逊《华英字典4》将"银"译为"Silver；Money"（白银；货币），将"行"的一个意思译

---

①　汪敬虞先生考证了 19 世纪外国在华银行的华文行名，但他只考证了外商银行华文名称中的字号名，没有考证"银行"名称的来历。参见汪敬虞《外国资本在近代中国的金融活动》，人民出版社，1999 年，第 441—445 页。

②　参见前述卫月望《"银行"的起源》，艾俊川《"金融"与"银行"丛考》。

③　区季鸾编著《广州之银业》，中山大学经济调查处，1932 年，第 7、61 页。

④　彭泽益编《清代工商行业碑文集粹》，中州古籍出版社，1997 年，第 39 页。

⑤　区季鸾编著《广州之银业》，中山大学经济调查处，1932 年，第 64 页。

⑥　彭信威：《中国货币史》，上海人民出版社，2007 年，第 724 页。

为 A Mercantile House（一种商业机构）。[①] 马礼逊将"银"和货币，"行"和商业机构对译，使来华西方人使用"银行"指称"货币经营机构"成为可能。

1854 年 2 月，香港出版的《遐迩贯珍》刊文提到："十一月十三日，福州来信云：数月来，因地方多故，致数家大银行关闭歇业。……原其起事之由，因各家银行，仓卒间银钱支绌，不敷应付，阖市骚然。……事稍定，旋访得各银行实有咎失招衅之瑕。"[②] 这段文字叙述了 1853 年底在福州发生的一起金融机构挤兑事件，此时全国仅有丽如银行、汇隆银行两家外商银行在香港、广州、上海设立的 4 个分支机构，福州没有外商银行及其分支机构。[③] 文中所指福州的"银行"，就是福建当地文献所称的"钱店""钱铺"。[④]

1854 年 4 月，《遐迩贯珍》刊文说："粤省大吏前示谕商民：凡外国各式花杂银钱，均照花边常行洋钱一律通用在案。继因各银行尚有违梗，提署谆谕，务令遵依。"[⑤] 这里的银行显然不是指此时在广东的两家与中国工商业还没有多少联系的外资银行分支机构，而是指广东省官员管辖的众多银号。1854 年 11 月，《遐迩贯珍》又发表一文说，外商"齐上一书于英国领事官，其书略云：今唐银在此港者已稀，而银行及富户毫无体恤，不与唐商通用唐银，惟望大人俯顺舆情，务使鹰银与唐银一体通行，不然，则省城之贸易，自此殆矣"。[⑥] 这里将"银行"与本土富户相连，且商业势力极大，显然也不是指外商银行，同样是指中国本土信用机构——银号。

以上三篇文章 5 处提到"银行"，它们是指福建的钱店和广东的银号。此处"银行"的"银"是指银钱，"行"是指行号，它与中国古代自发演变而来的表示"银号行业"的"银行"已经有重大不同。此三篇

---

① 〔英〕马礼逊：《华英字典4》（影印版），大象出版社，2008 年，第 1024、221 页。
② 《近日杂报》，《遐迩贯珍》第 2 号，1854 年，松浦章等编著《遐迩贯珍：附题解·索引》，上海辞书出版社，2005 年，第 664 页。
③ 张国辉：《中国金融通史：清鸦片战争时期至清末时期》（第二卷），中国金融出版社，2003 年，第 223—227 页。
④ 参见傅衣凌《明清社会经济史论文集》，中华书局，2008 年，第 255 页。
⑤ 《近日杂报》，《遐迩贯珍》第 3、4 号，1854 年。
⑥ 《论银事数条》，《遐迩贯珍》第 11 号，1854 年。

文章均无作者名，《遐迩贯珍》为来华传教士所主办，此时的主编为英国人奚礼尔。① 从中国的信用机构自称为"钱店""银号"已经有上百年历史分析，中国人改称"钱店""银号"为"银行"可能性小。因此，1854 年《遐迩贯珍》提到的"银行"为来华外国人对中国本土信用机构的称呼。此时的"银行"既指银钱行号，又不是特指新式信用机构，因此，它还不是现代"银行"一词的起源，而是它的前身。

1855 年 11 月，《遐迩贯珍》的一文中提到了"英伦银行"和"民间蓄积银行"。② 此处的"银行"为介绍英国信用机构的名称，它已经具有现代"银行"的含义。这篇文章没有署名，发表此文的刊物主编为理雅各（James Legge）。③ 1856 年，理雅各在编著中英对译的教科书《智环启蒙塾课初步》时，将英文 Bank-note 译为"银行钱票"。书中说："银行钱票乃纸块上印以花草、字号，并刊明许换钱若干。"④ 这里的"银行"已经与英文 Bank 完成了对译。从 1855 年到 1856 年，理雅各使用"银行"介绍英国的信用机构，并将"银行"与英文 Bank 对译，标志着现代"银行"一词已经诞生。

1859 年，洪仁玕在南京刊行的《资政新篇》提出"兴银行"，他说银行所颁银纸"刻以精细花草，盖以国印图章，或银货相易，或银纸相易，皆准每两取息三厘"。这段话有明显的模仿前述理雅各"银行钱票乃纸块上印以花草、字号，并刊明许换钱若干"的痕迹。加上洪仁玕在香港四年，与理雅各长期共事且为好友，⑤ 他使用"银行"一词可能受香港的人物与文献影响。洪仁玕在南京使用"银行"，说明理雅各创译的"银行"已经由香港流传到了南京。

综上所述，1854 年，奚礼尔主编、香港出版的《遐迩贯珍》出现了"银行"一词，它是在华西方人对中国银号、钱店的称呼，这是现代"银行"一词的前身；1855 年至 1856 年，理雅各使用"银行"翻译英文 Bank，现代"银行"一词由此诞生；1859 年，洪仁玕使用了"银行"一

---

① 松浦章等编著《遐迩贯珍：附题解·索引》，上海辞书出版社，2005 年，第 94 页。
② 《英国贸易新例使国裕民饶论》，《遐迩贯珍》第 11 号，1855 年。
③ 松浦章等编著《遐迩贯珍：附题解·索引》，上海辞书出版社，2005 年，第 94 页。
④ 参见黄河清编著《近现代辞源》，上海辞书出版社，2010 年，第 887 页。
⑤ 赵靖、易梦虹主编《中国近代经济思想资料选辑》（上册），中华书局，1982 年，第 284、280 页。

词指称希望建立的新式信用机构，它是理雅各使用"银行"一词的传播。也就是说，1854—1859 年，"银行"一词经历了前身、诞生、传播的全过程。因此，理雅各使用"银行"译英文 Bank，是现代"银行"一词的文献译介起源。

除洪仁玕外，现有文献还没有材料证明出现在香港的"银行"一词如何向全国传播。1857 年 1 月至 1858 年 6 月，传教士伟烈亚力（A. Wylie）主编的《六合丛谈》在上海出版，该杂志共 15 期，没有使用"银行"一词，却使用"银房""银肆"等词指称西式银行。① 说明在香港出现的"银行"一词，并没有同时传到上海。同时，通过洪仁玕传到南京的"银行"，因太平天国运动失败而中断传播。香港出现的"银行"一词也没有影响在华新式信用机关自称"银行"（详后）。文献中出现的银行不能保证它得到广泛传播和长久生存，词语的生存需要制度化的保障，对"银行"一词而言，新式信用机构自称"银行"才是它传播和生存的关键。因此，在香港文献中出现的"银行"一词很快"断流"，它只是"出现"，还不是现代"银行"一词的直接"起源"。

二　现代"银行"一词的机构命名起源

新式信用机构何时自称银行，实质上是在华外商信用机构的中文命名问题。现代企业规范和完整的名称，一般包括行政区划名称、字号、行业、组织形式这四个要素，近代外资银行的西文原名一般包括这四个要素中的两到三个要素，如 the Oriental Bank Coporation 包括地区、行业、组织形式三种名称，Agra and United Service Bank 包括字号、行业名称。外商银行在最初进行中文命名时，对名称中的各个要素，并非一开始就是统一的标准的，而是逐步统一。它们并不是一开始就统一称为"银行"，而是各有其名，经历了不同的演变过程。

最早进入中国的银行为英国丽如银行（Oriental Bank），1845 年，它在香港、广州建立分支机构，1847 年它又在上海建立了分支机构。1849年，在广州的《英汉历》里，将 Oriental Bank 注译为"银房"。② 1854

---

① 沈国威编著《六合丛谈：附解题·索引》，上海辞书出版社，2006 年，第 3、468、536 页。
② 彭信威：《中国货币史》，上海人民出版社，2007 年，第 724—725 页。

年，《北华捷报》社编辑的英文《上海年鉴》的"在沪洋行名录"（List of Foreign Hongs & Residents at Shanghai）里出现了中文"丽如"，[①] 此处的"丽如"为字号名，其组织形式名就是"洋行"，所谓"洋行"，就是外国商人设立的公司。该行名录中大部分企业只列出了字号名，如著名的洋行"怡和""旗昌"等。同时，该行名录还列出了部分企业的具体行业名称，如墨海书馆、长脚医生、火轮船公司行等。可见，此时的 O-riental Bank 被称为"丽如洋行"，已经有了字号与组织形式名，但还没有行业名。1863 年，在香港，有人称 Oriental Bank 为"金宝"。[②] 1864 年 8 月 16 日，上海的"丽如银行"名称正式出现。[③] 然而，1865 年，该行发行的五两、五百两纸币上印有"住上海英国丽如号银票"字样。[④] 纸币上的"丽如号"说明此时的"丽如银行"又自称为"丽如号"。

第二家进入中国的银行为英国汇隆银行（Commercial Bank of India），1851 年在广州设立分行，1855 年在上海成立代理处。1858 年，英文《上海年鉴》的"在沪洋行名录"里出现了中文"汇隆"，[⑤] 此处的"汇隆"为字号名，与前述"丽如洋行"一样，其组织形式名为"洋行"，其全称为"汇隆洋行"。1862 年，它又自称"汇隆银号"。[⑥]

第三家进入中国的银行为英国阿加剌银行（Agra and United Service Bank，"阿加剌"又写作"呵加剌"），1854 年在上海设立分行，1855 年在广州设立办事处。1861 年，英文《上海年鉴》的"在沪洋行名录"里出现了中文"呵加剌"，[⑦] 此处的"呵加剌"为字号名，其组织形式名为"洋行"，其全称为"呵加剌洋行"。1863 年，李鸿章与吴煦在公文中多

---

① North China Herald, *Shanghai Almanac and Miscellany*, Shanghai: North China Herald Office, 1854. 上海图书馆徐家汇藏书楼藏。参见罗婧《开埠初期的上海租地及洋行——基于 1854 年〈上海年鉴〉的研究》，《史林》2016 年第 3 期。
② 汪敬虞：《十九世纪西方资本主义对中国的经济侵略》，人民出版社，1983 年，第 184 页。
③ 《丽如银行告白》，《上海新报》第 374 号，同治三年七月十五日（1864 年 8 月 16 日）。
④ 五两纸币的图片见吴筹中《中国纸币研究》，上海古籍出版社，1998 年，第 50 页；五百两纸币的图片见潘连贵《上海货币史》，上海人民出版社，2004 年，第 75 页。
⑤ North China Herald, *Shanghai Almanac and Miscellany*, Shanghai: North China Herald Office, 1858. 上海图书馆徐家汇藏书楼藏。
⑥ 《布告》，《上海新报》第 45 号，同治元年五月二十八日（1862 年 6 月 24 日）。
⑦ North China Herald, *Shanghai Almanac and Miscellany*, Shanghai: North China Herald Office, 1861. 上海图书馆徐家汇藏书楼藏。

次称向其借款的阿加剌银行为"阿加剌洋行"。①

　　第四家进入中国的银行为英国有利银行（Chartered Merchantile Bank of India, London & China），1854 年分别在上海、广州设立代理处，1858 年，英文《上海年鉴》的"在沪洋行名录"里出现了中文"有利"，② 此处的"有利"为字号名，其组织形式名为"洋行"，其全称为"有利洋行"。1864 年，苏松太道台吴煦称有利银行为"有利""有利号""有利行"。③

　　第五家进入中国的银行为英国麦加利银行（Chartered Bank of India, Australia & China），1858 年在上海设立分行。1861 年，英文《上海年鉴》的"在沪洋行名录"里出现了中文"麦加利"，④ 此处的"麦加利"为字号名，其组织形式名为"洋行"，其全称为"麦加利洋行"。

　　第六家进入中国的银行为法国法兰西银行（Compotoir d'Escompte de Paris, 直译巴黎贴现公司），1860 年在上海设立分行。1861 年，英文《上海年鉴》的"在沪洋行名录"里出现了中文"高第耶"，⑤ 此处的"高第耶"为字号名，其组织形式名为"洋行"，其全称为"高第耶洋行"。

　　中国近代实力最强影响最大的外商银行为英商汇丰银行（Hong Kong & Shanghai Banking Company），1864 年 8 月它在上海招股时，自称"港沪银公司"。⑥

　　上述 7 家银行到 19 世纪 60 年代初仍然自称或被称金宝、号、银号、洋行、行、银公司等，说明此时"银行"还没有成为新式信用机关统一的名称，现代"银行"一词还没有最后形成。

　　与此同时，1862 年，新式信用机关开始自称"银行"。其中，"汇隆

①　太平天国历史博物馆编《吴煦档案选编》，江苏人民出版社，1983 年，第 547—548 页。
②　North China Herald, *Shanghai Almanac and Miscellany*, Shanghai：North China Herald Office, 1858. 上海图书馆徐家汇藏书楼藏。
③　静吾等编《吴煦档案中的太平天国史料选辑》；生活·读书·新知三联书店，1958 年，第 223、224 页。
④　North China Herald, *Shanghai Almanac and Miscellany*, Shanghai：North China Herald Office, 1861. 上海图书馆徐家汇藏书楼藏。
⑤　North China Herald, *Shanghai Almanac and Miscellany*, Shanghai：North China Herald Office, 1861. 上海图书馆徐家汇藏书楼藏。
⑥　《港沪银公司同启》，《上海新报》第 380 号，同治三年七月二十九日（1864 年 8 月 30 日）。

银号"演变为"汇隆银行"具有典型意义。①

1862 年初，汇隆银号在《上海新报》刊登《布告》：

启者：汇隆银号内所有贵商等存下之银两，本行刻下悉照常例算息，待日后本行另议章程再行布告。又启各商，前所存下之项，有欲取回者，必须先到本行说明取银之期。

如要贮（银）两个月每一百员共生息三角三分

又　　　　　三个月每一百员共生息九角九分

又　　　　　六个月每一百员共生息三员正

又　　　　　一年长每一百员共生息六员五角

或上海九八规银亦系照算，兹乃纹银到来该数，即还凭据为案。或贵客有别号汇票未及到期，欲换本行票到别埠收取，或本埠要现银。或贮银条、光洋、金条、货物于本行，或有货物于别栈，或在船大小土（布），或往望买福州、香港、汉口等处下船收货之揽再纸三张作案，均可到来本行酌价抵押银两。此布！

壬戌正月　日　本银行大班咸件时告白②

广告中的"汇隆银号"从其主要业务有贴现、抵押贷款，自称"本行"，经理称为"大班"，在福州、香港、汉口设立分支机构等情况分析，该银号不是中国本土的银号，而是外商银行。与"汇隆银号"刊登中文广告同时，Commercial Bank of India 在《北华捷报》（*The North-China Herald*）登载英文汇率广告。③ 其出售上海到汉口、福州的汇票，中

① 陈晓平《近代"银行"应出自香港：与复旦大学孙大权商榷》（澎湃新闻，2020 年 7 月 13 日）指出：1861 年，香港《德臣报行名录》已经出现了"丹拿银行、些活银行、金骂索银行"等"银行"名称，早于上海 1862 年汇隆银行自称"银行"。陈文发现了有关"银行"名称的重要史料。但该名录中称"汇隆"银行为"匪隆"，显然不是该机构自称的名字，该史料只是证明了《德臣报行名录》已经称呼"金骂索银行"为"银行"，还没有确凿证据证明该信用机构自称"银行"，如银行广告、银行纸币等史料。同时，到 1864 年 8 月，诞生于香港的汇丰银行到上海招股时，仍然自称"港沪银公司"，说明到此时，香港的银行还没有自称"银行"。另外，也没有证据证明上海的银行自称"银行"受《德臣报行名录》影响。

② 《布告》，《上海新报》第 45 号，同治元年五月二十八日（1862 年 6 月 24 日）。

③ "Commercial Bank of India, Rates of Exchange", *The North-China Herald*, December 21, 1861; May 31, 1862.

文广告与英文广告有很好的对应。因此，"汇隆银号"无疑就是 Commercial Bank of India，即后来的"汇隆银行"。

上述广告一开始是自称"汇隆银号"，说明这个称呼是该机构的正式名称。同时，广告中 6 处提到"本行"，落款又提到"本银行"，"本"是指"汇隆银号"，"行"是"洋行"的简称，"本行"就是"汇隆银号洋行"的简称，也可以说是本"银号洋行"的简称，"本银行"的"银行"就是"银号洋行"的简称。

前述落款为"本银行"的简称，不久就演变为"银行"这一正式名称。1862 年 8 月 2 日，汇隆银行《汉口汇票》广告的落款为"汇隆银行"。[①] 在同刊同期仍然刊登前述"汇隆银号"的广告，可见，"汇隆银行"为"汇隆银号"的另一称呼，两者可以同时使用。

汇隆银号《布告》从落款日的壬戌年正月（同治元年正月，即 1862 年 2 月）起登，到同治元年十一月十九日（1863 年 1 月 8 日）结束，刊登时间将近 1 年。其将"银号洋行"简称为"银行"，可能对其他信用机构改称"银行"也有示范作用。这可能就是现代"银行"一词的起源。

1862 年 5 月 2 日，英国阿加剌银行开始自称"银行"。苏松太道台吴煦向阿加剌银行借款 40 万两，其借据写道："江南海关苏松太道台今借到阿加剌银行规银四十万两，言明常年一分二厘息……立此为照。同治元年四月初四日立。"[②] 此借据是阿加剌银行自称"银行"的直接证据。1862 年下半年，吴煦属员应宝时向阿加剌银行交涉第二笔借款时，两次提到"阿加剌银行"。[③]

1863 年 3 月 11 日，有利银行自称银行。苏松太道台吴煦曾向法商惇裕洋行借银 15 万两，后该洋行将此借款卖给有利银行，其转让票据写道："道宪所借法商惇裕洋行归银十五万两正，立借据一纸。今惇裕行将此据售与英商有利银行，日后将本银、利银均交付英商有利银行可也。同治二年正月二十二日。惇裕洋行批。"[④] 同年，有利银行又称

---

① 《汉口汇票》，《上海新报》第 62 号，同治元年七月七日（1862 年 8 月 2 日）。

② 许毅等编《清代外债史资料（1853—1911）》（上册），财政部、中国人民银行总行，1988 年，第 18 页。

③ 许毅等编《清代外债史资料（1853—1911）》（上册），财政部、中国人民银行总行，1988 年，第 21 页。

④ 太平天国历史博物馆编《吴煦档案选编》，江苏人民出版社，1983 年，第 535 页。

为"新银行"。①

1864 年 8 月 16 日，上海丽如银行在《上海新报》上刊登《丽如银行告白》，介绍该行的贴现、货币兑换、抵押放款、汇兑业务。② 该告白中出现了"丽如银行""本银行""英国御银行""伦敦合银行"等说法。1864 年 8 月 16 日至 1866 年 5 月 17 日，《丽如银行告白》在《上海新报》持续登载近两年之久。③

1864 年 12 月 24 日，《上海新报》登载《各银行告白》：

> 启者：本月廿八日又十二月初五日，各银行闭歇不开，倘有银票系廿八日之期，于廿六日付银；倘有银票系十二月初五日之期，于初三日付银。
>
> 同治三年十一月廿四日　丽如　利生　麦加利　高第耶　汇川
> 呵加剌　有利　汇隆各银行同启④

广告中提到各银行有两天闭歇，这两天就是西方的圣诞节与元旦节，各银行统一放假。在上海的八家银行集体登载广告自称"银行"，意味着各信用机构对同称银行已经达成共识。

1865 年 6 月 13 日，《上海新报》登载《阿加剌银行启》，此广告持续到 1866 年 5 月 17 日。⑤ 连续登载 140 次。

1864 年 8 月在上海成立，1866 年 11 月随总行倒闭的利彰银行（Asiatic Banking Corporation，又名利华银行），在其发行的二十五两纸币上印有"上海利彰银行"字样。1866 年，在上海的法兰西银行发行了五两的纸币，票面印有中文"上海法兰西银行"。⑥ 同年，在香港的丽如银行发行的纸币上印有中文"东藩汇理银行"。⑦ "银行"一词印在交易媒介纸

---

① 参见汪敬虞《外国资本在近代中国的金融活动》，人民出版社，1999 年，第 443 页。

② 《丽如银行告白》，《上海新报》第 374 号，同治三年七月十五（1864 年 8 月 16 日）。

③ 《上海新报》第 374—640 号。

④ 《各银行告白》，《上海新报》第 430 号，同治三年十一月二十六日（1864 年 12 月 24 日）。

⑤ 《阿加剌银行启》，《上海新报》第 500 号，同治四年五月二十日（1865 年 6 月 13 日）。

⑥ 潘连贵：《上海货币史》，上海人民出版社，2004 年，第 76—77 页。

⑦ 彭信威：《中国货币史》，上海人民出版社，2007 年，第 725 页。

币上，说明"银行"一词已经制度化，这有利于"银行"的广泛流传。

从 1864 年 12 月《上海新报》登载丽如等八家银行同启，到 1866 年三家银行在所发纸币上印上"银行"，标志着新式信用机关自称"银行"这一命名过程已经完成。

综上所述，在 19 世纪四五十年代，外商银行还没有完整的规范的中文名称，1854—1861 年英文《上海年鉴》的"在沪洋行名录"里，各银行的中文名称中出现了字号名、组织形式名，自称"某某洋行"，但还没有出现包括行业名的"某某银行"。1862 年初，汇隆银行在近代上海第一份中文报纸《上海新报》刊登广告，抬头自称"汇隆银号"，文中多次自称"本行"，落款又称"本银行"，"汇隆银号洋行"具有字号名"汇隆"，行业名"银号"，组织形式名"洋行"，已经成为比较完整的企业名称。由"银号洋行"简称的"银行"二字，"银"字代表行业名"银钱"，"行"字代表了组织形式名"行号、公司"，"某某银行"就成为一个完整的中文企业名。

前已指出，1855 年左右，香港在文献译介渠道中已经出现了现代"银行"一词，那么，1862 年上海新式信用机构自称"银行"是否仅是前者的传播呢？首先，这两个渠道起名的主体和目的不同，一个是知识分子的翻译，目的是更准确地翻译介绍西方的 Bank；一个是信用机构的命名，具体起名者为商人，命名的目的是促进企业的识别和传播，以便于外商企业尽快本土化。其西文名与中文名并无直译关系，中文字号"丽如""汇隆"与西文原名没有任何关系，从西文直译为"银业公司""贴现公司"等名称，最后都统一称为"银行"。其次，这两个渠道的时间、空间不同，一个产生于 19 世纪 50 年代的香港，一个产生于 19 世纪 60 年代的上海，二者难有交集。最后，这两个渠道产生的银行演变路径不同，理雅各等人先称中国的钱庄、银号为"银行"，然后用此"银行"译 Bank；而新式信用机构先自称"洋行""银号"等，然后由"银号洋行"演变而成"银行"。因此，新式信用机构自称"银行"与理雅各等人使用的"银行"并无直接的继承关系，它为独立的另一起源。

关于"银行"之名起源于在华西方人的俗称，当时的清朝官员已经有所认识。1896 年，恭亲王奕䜣等在奏折中说："银行之名昉于西俗，盖合中国票号钱庄而变通尽利者也。……博考西俗银行之例，详稽中国票号之法，近察日本折阅复兴之故，远征欧美颠扑不破之章，参互考证，融会贯通，拟定中国银行办法。"① "昉"含义为开始，"西俗"二字费解，结合"西俗银行"指在华西商银行，而非欧美的西方银行，"西俗"含义应为在华西方人的俗名、俗称，其意是，银行之名开始于在华西方人的俗名。这就是说，"银行"这一名词是来华西方人所取。

为何外商信用机构从 1845 年进入中国，到 1862 年才出现中文"银行"名称呢？这可能与它们最初的主要业务是为外商办理汇兑有关。"银行始初仅通洋商，外洋往来，以先令汇票为宗。"② 在 19 世纪 50 年代，"外国银行和中国商人以及银钱业者之间，基本上还处在彼此隔离的状态"。③ 因此，从业务需要角度分析，外商银行在最初进入中国的时候，并没有起一个中文名字的需要。从 19 世纪 60 年代开始，外商银行开始拓展中国本土市场，从业务发展的角度看，它客观上需要有完整的标明经营业务的中文"银行"名称。

"银行"一词从机构命名的渠道形成后，随着外商银行本身势力的扩张，得到了迅速传播。

1866 年，罗存德编《英华字典》将 Bank 对译为"汇理银行""银行""大英国银行"等词，"银行"一词首次进入了英汉字典。④ 罗存德使用的"银行"到底是来自 1854—1856 年的理雅各等人的文献译介，还是来自 1862 年以后新式信用机构的自称呢？罗存德所编《英华字典》的"汇理银行"一词与前述丽如银行钞票上的"汇理银行"词语相同，罗存德受到新式信用机构自称银行影响的可能性更大。然而，1866 年出现的两处"汇理银行"的资料，却没有表示谁先谁后的时间，那么，"汇理银行"这一新词是谁影响谁呢？钞票上的"汇理银行"是实事，字典里的"汇理银行"是概念，一般情况下，是先有实事后有概念，编字典的罗存德创立"汇理银行"概念的概率很小。另外，1866 年，阿加剌银

① 中国人民银行总行参事室金融史料组编《中国近代货币史资料（第一辑）：清政府统治时期（1840—1911）》，中华书局，1964 年，第 641 页。
② 《答暨阳居士采访沪市公司情形书》，《申报》1884 年 1 月 12 日，第 3 版。
③ 汪敬虞：《十九世纪西方资本主义对中国的经济侵略》，人民出版社，1983 年，第 155 页。
④ R. W. Lobscheid, *English and Chinese Dictionary*：*With the Punti and Mandarin Pronunciation*：*Part I*，Hong Kong，1866，p. 135.

行又称"呵加剌汇理"。① 可见"汇理"一词源自银行自己命名可能性更大。因此，罗存德编《英华字典》里出现的"银行"一词就是现实中信用机构自称"银行"在字典里的反映和传播。

1868 年，邝其照编《字典集成》（第一版）英译汉部分将 Bank 译为"岸、河岸、河边"，没有"银行"之意，说明将英文 Bank 译为中文"银行"还不流行。但在该字典汉译英部分（"杂字"）却两次出现"银行"一词，且译为 Bank，② 说明中国已经有与西方 Bank 对应的"银行"的实事和词语。邝其照编《字典集成》（1868）中出现的"银行"仍是信用机构名称"银行"在字典中的反映。

1871 年 1 月 5 日，《上海新报》登载《发财票》广告，广告中说："如得胜者，随出银票，至汇丰银行支取，极其妥当。"③ 这里出现了"汇丰银行"之名。从 1871 年 2 月 23 日起，《上海新报》逐期刊出"上海股份行情纸"，其所列的第一只股票就是"汇丰银行"。④ 该行情单持续登载到 1872 年 12 月 31 日，此后该刊停刊，共刊发 375 次。⑤ "银行"之名由此进入市民生活和投资者的视野。

1872 年 6 月 8 日，《申报》发文指出，近日上海银市甚紧，"闻西国银行存洋八九十万不肯放出，故市情更不流通……昨银行六日票贵至六先四偏士……现在华人说西人不甚买丝茶，故本国人无银买布，西人亦说华人不买布，银行银根少，故亦无银买丝茶"。⑥ 此处论述了西国银行对中国茶丝布行情的重大影响，说明"银行"一词已经成为中国人讨论经济问题的重要名词。同年 6 月 26 日起，《申报》在各货大行情里，登载银汇西国银行票价，⑦ 每周六天，从不间断，"银行"由此成为商业行情用语。

---

① 转引自汪敬虞《外国资本在近代中国的金融活动》，人民出版社，1999 年，第 442 页。
② 邝其照编《字典集成》（影印版），商务印书馆，2016 年，第 29、116—117 页。
③ 《发财票》，《上海新报》新式第 451 号，同治九年十一月十五日（1871 年 1 月 5 日）。《近代中国史料丛刊三编》（第五十九辑），台湾文海出版社，第 2885 页。
④ 《上海股份行情纸》，《上海新报》新式第 471 号，同治十年正月初五日（1871 年 2 月 23 日）。
⑤ 《上海新报》新式第 471—836 号。
⑥ 《银布茶丝市情》，《申报》1872 年 6 月 8 日，第 3 版。
⑦ 《申报》1872 年 6 月 26 日，第 8 版。

　　1875 年，经办西征借款的左宗棠在奏折中提到"丽如银行"，1877年，清廷"上谕"提到为左宗棠西征借款的"汇丰银行"。① "银行"由此成为官方语言。

　　1880 年，汪凤藻译《富国策》提到"银行画算"，"银行"一词由此进入经济学著作。② 1885 年，傅兰雅译《佐治刍言》第三十章为"论开设银行"，并使用了"银行家"、"国家银行"、"跑银行"（挤兑）等由"银行"构成的复合词。③ 1896 年，傅兰雅译《保富述要》为中国第一部货币银行学专著，该书有四章标题中出现了"银行"，④ "银行"由此进入货币银行学著作。1897 年，傅兰雅译《国政贸易相关书》中出现了"国家银行""民人银行""民间银行"等语。⑤ 上列四部著作均使用"银行"一词翻译西方的 Bank，其中，傅兰雅为最先大量登载"银行"名称的《上海新报》的主编。

　　以上史实说明，现代"银行"一词从机构命名渠道诞生以后，迅速传播到字典、报纸、官方文件、汉译西书等载体中，"银行"很快成为中国的媒体语言、官方语言和学术语言。在 19 世纪末日本词语对中国近代产生影响之前，"银行"一词已经成为中国社会的常用词。

三　"银行"从中国传到日本

　　1872 年日本建立现代银行制度以前，日本传统金融机构称为"两替屋"，没有称为"银行"的机构。⑥ 日本在翻译西文 Bank 时，由于找不到合适的词语对译 Bank，最初多使用短句翻译它。福泽谕吉分别使用了"两替屋""积金预所""两替座"等译词。⑦ 1873 年，日本英和字典仍

---

① 许毅等编《清代外债史资料（1853—1911）》（上册），财政部、中国人民银行总行，第 64、94 页。
② 〔英〕法思德：《富国策》（第三卷），汪凤藻译，京师同文馆，1880 年，第六章第 19 页。
③ 傅兰雅译《佐治刍言》，上海书店出版社，2002 年，第 126—137 页。
④ 〔英〕布来德：《保富述要》，〔英〕傅兰雅口译、徐家宝笔述，江南制造局，1896 年。
⑤ 〔英〕法拉：《国政贸易相关书》，〔英〕傅兰雅口译、徐家宝笔述，江南制造局，1897年，第 9 页。
⑥ 盐谷廉、坂口直馬『経済学各論：貨幣・銀行・貿易・為替論講義』金華堂、1902、銀行論第 3 頁。
⑦ 参见樊慧颖、刘凡夫《从文化互动看中日同形词"银行"的生成》，《解放军外国语学院学报》2012 年第 4 期，第 27 页。

将 Bank 对译为"为替座""为替会社"等词。①

1862 年夏，日本幕府在锁国 230 年后派第一艘官船"千岁丸"到达中国上海考察商贸，日本考察团在上海的两个月期间，《上海新报》报道了"东洋人来申系欲通商贸易"的新闻，② 日本考察团成员多人提及阅读、抄录、购买《上海新报》。③ 而同时期的《上海新报》每期均刊登有汇隆银号又称"银行"的广告（见前）。通过《上海新报》，1862 年在华外商金融机构开始称为"银行"这一信息可能在同年就东传到了日本。

1866 年，罗存德编《英华字典》将 Bank 对译为"汇理银行""银行"等词。1868 年，邝其照编《字典集成》将"银行"一词译为 Bank。这两部字典均先后传到日本，并对日本的语言产生了重要影响。④ 1871 年，日本中村正直学习罗存德编《英华字典》，使用"银行""银铺"译西文 Bank。⑤ 1916 年，黄遵楷指出，日本伊藤博文、井上馨计划设立银行，"其始沿西文之意义，译作金馆，如对外商所设立之商店通称为商馆也，及见我国粤人邝其照所著英华字典译作银行，始沿用此名"。⑥ 1923 年，陈家瓒也说，日本开始用"银行"二字者，"以明治五年发布《国立银行条例》为嚆矢，且系据我国邝其照氏英华字典中所译者"。⑦

1902 年，日本学者盐谷廉、坂口直马著《经济学各论》，1906 年，该书出版改订版，这两个版本对日本"银行"来源于中国进行了一致的叙述。⑧ 1910 年春，王我臧译《经济学各论》（1906）在中国出版，在该书中，盐谷廉、坂口直马明确指出："现今我国所用之银行二字，本出

① 柴田昌吉、子安峻共编『英和字彙：附·音插图』日就社、1873、75 页。
② 《新闻》，《上海新报》第 45 号，同治元年五月二十八日（1862 年 6 月 24 日）。
③ 冯天瑜：《"千岁丸"上海行》，武汉大学出版社，2006 年，第 118、145、192、216 页。
④ 沈国威：《近代中日词汇交流研究：汉字新词的创制、容受与共享》，中华书局，2010 年，第 125、131 页。
⑤ 参见樊慧颖、刘凡夫《从文化互动看中日同形词"银行"的生成》，《解放军外国语学院学报》2012 年第 4 期，第 27 页。
⑥ 黄遵楷等编《调查币制意见书》，商务印书馆，1916 年，第 87 页。
⑦ 陈家瓒编《银行原论》，群益书社，1923 年，第 12 页。
⑧ 盐谷廉、坂口直马『経済学各論：貨幣·銀行·貿易·為替論講義』金華堂、1902、銀行論第 3 页；盐谷廉、坂口直马『経済学各論：貨幣·銀行·貿易·為替論講義』金港堂、1906、銀行論第 1、3 页。

于中国。"为了解决财政金融问题，"于是政府派员至美国，调查该国银行制度，明治五年，遂发布《国立银行条例》。我国用银行名称，实始于此。当时中国已有由外国人设立所谓银行者，故我国亦用此名称，此即我国设立银行之大要也"。① 日本学者这段论述明确说明了日本"银行"名称是学习中国的"外商银行"而来。

1907 年，清政府四川汉州知州楼黎然到日本考察，他参观了日本银行后，在日记中写道，日本古代无银行，明治初年，国家财政困难，伊藤博文学习美国，建议设立国家（立）银行，"得井上馨赞成。遂于五年发行《国家（立）银行条例》，以为商业上金融机关，并希冀整顿太政官札。福地太一郎者，定其名曰银铺，后因中国洋行名，改曰银行，此为日本有银行之始"。② 中国官员楼黎然的日本考察记录与盐谷廉、坂口直马的论述完全一致。

综上所述，日本在明治初期并无"银行"之名，19 世纪六七十年代，在中国出现的"银行"一词通过《上海新报》、罗存德编《英华字典》、邝其照编《字典集成》等渠道而东传日本。日本"银行"一词的具体起源有二说：一说是参考中国的英华字典而来，一说是模仿中国外商金融机构改称"银行"而来。对比二说，后说出现时间更早，盐谷廉、坂口直马、楼黎然认为日本"银行"之名是模仿中国的外商银行之名而来这一说法更为可信。

1872 年 11 月 15 日，日本以美国国家银行为榜样，颁布《国立银行条例》，到 1875 年，设置了四家分散发券的国立银行。1882 年 6 月，日本又学习英国银行制度，颁布《日本银行条例》，规定日本银行为唯一发券银行，由此建立了中央银行制度。③ 另外，1872 年，日本即开始引进翻译西方银行学、银行簿记等著作，创办银行杂志。1874 年，日本横滨开始聘请英国教师，成立讲授簿记、银行、经济等科目的讲习班，

---

① 〔日〕盐谷廉、坂口直马：《经济学各论》，王我臧译，商务印书馆，1910 年，第 57—58 页。
② 王宝平主编《晚清中国人日本考察记集成·教育考察记》（下），杭州大学出版社，1999 年，第 849—850 页。
③ 〔日〕梅村又次、山本有造编《日本经济史 3：开港与维新》，李星等译，生活·读书·新知三联书店，1997 年，第 173 页。

1877 年，成立了三菱商业学校，培养银行类人才。① 这些事实说明，日本在模仿中国将新式信用机构定名为银行后，迅速建立了现代银行制度，又大力引进西方的银行理论，这样，日本在银行制度和银行理论方面都大大领先中国。从 19 世纪 80 年代起，特别是 1894 年甲午战争后，代表日本先进的银行制度和理论的"中央银行""银行学"等词开始大量传入中国。

四　"中央银行"等词由日本传到中国

前已指出，"银行"从中国东传日本后，它的内涵与外延均有重大变化，出现了"中央银行""商业银行""银行学"等大量由"银行"构成的新词，19 世纪末，这些代表先进制度和理念的"银行"新词又转而传入中国。

在"中央银行"一词出现之前，中国已经有"国家银行"一词。② 1888 年，顾厚琨《日本新政考》指出，日本 1872 年开始设立的银行多是小银行，"故全国运用多涩滞，政府乃效欧洲各邦例，设立中央银行（即日本银行也，明治十六年六月二十七日颁布条例）。令支店流通，货财无令涩滞"。③ 这里的"中央银行"一词为中国首次出现。1898 年，康有为在《日本变政考》中提到日本设立"中央银行"。④ 1899 年，《湖北商务报》发表译自日文的《读大清银行创立章程》，文中说："夫中央银行（即国家银行之谓）之特设，于国家利害关系甚大。"⑤ 1901 年，钱恂从日文编译而来的《财政四纲》指出："中央银行者，中央政府所立，为国家理财之机关，所以计通货之伸缩，金利之平准者也。""中央银行者，立于各银行之上，所谓银行之银行，而称为世界银行之母者也。""中央银行独有之特权，得发行纸币是也。"⑥ 该书还专门介绍了英国、法国、日本的中央银行制度，引进了比较完整的现代中央银行的制度和理念。

---

① 石井研堂『明治事物起原』橘南堂、1908、125—126 頁。
② 〔英〕傅兰雅译《佐治刍言》，上海书店出版社，2002 年，第 126 页。
③ 顾厚琨：《日本新政考》，慎记书庄，1888 年，第 20 页。
④ 康有为：《日本变政考》，中国人民大学出版社，2011 年，第 198 页。
⑤ 《读大清银行创立章程》，《湖北商务报》第 6 期，1899 年 6 月。
⑥ 钱恂编译《财政四纲》，在日本自刊，1901 年，"银行"第 5—12 页。

以上四处材料为中国最早提到"中央银行"一词者，均译自日文，说明"中央银行"一词为日本所传入。

1914 年 10 月，民国教育部审定胡祖同编《经济概要》专门论述了"中央银行"，并将"中央银行"与 Central Bank 完成对译。① 说明"中央银行"已经完成了本土化。

除"中央银行"这一重要词语外，中国还从日本引进了"商业银行""银行学"等词。

关于"商业银行"一词的起源，1902 年 12 月，日本和田垣谦三著《经济教科书》在上海出版，该书将银行分为：第一，商业银行；第二，土地银行；第三，工业银行。② 1905 年，作新社从日文编译的《政法类典·经济之部——银行论》出版，书中将银行业务的性质分为："（一）发行钞票银行，（二）商业银行，（三）贮蓄银行，（四）农业银行，（五）动产银行，（六）人民银行（即信用结合）是也。"又指出："商业银行，谓以供给资金于商业者为目的之银行也。世间所谓银行，多属于此类。"③ 1909 年《汉译日本法律经济辞典》里收有"商业银行"一词。④ 以上三部著作均编译自日本，另外，现代"商业"一词本身为日语汉字词，⑤ 说明"商业银行"一词源自日本。

关于"银行学"一词的起源，1902 年 12 月，《翻译世界》登载日本田岛锦治《最新经济学》，田岛将经济学分为纯正经济学和应用经济学，应用经济学又分为财政学和经济政策学，经济政策学又分为一般经济政策学和个别经济政策学，一般经济政策学又分为货币学、银行学、运输机关学、保险学等。⑥ 1904 年，日本杉荣三郎在所编《京师大学堂经济学讲义》中将经济学分为经济学通论和经济学各论，经济学各论又分为："第一，货币银行学；第二，农政学；第三，商业政策学；第四，工业政策学；第五，交通及保险政策学。"⑦ 1904 年 1 月，清政府颁布经张之洞

---

①　胡祖同编《经济概要》，商务印书馆，1914 年，第 119 页。

②　〔日〕和田垣谦三：《经济教科书》，广智书局翻译出版，1902 年，第三编第 7 页。

③　作新社编译《政法类典·经济之部——银行论》，作新社，1905 年，第 16—17 页。

④　〔日〕田边庆弥：《汉译日本法律经济辞典》，王我臧译，商务印书馆，1909 年，第 84 页。

⑤　刘正埮等编《汉语外来词词典》，上海辞书出版社，1984 年，第 309 页。

⑥　〔日〕田岛锦治：《最新经济学》，《翻译世界》1902 年第 2 期。

⑦　〔日〕杉荣三郎编《京师大学堂经济学讲义》，商务印书馆，1904 年，第 1 页。

等人修订的《奏定大学堂章程》，规定商科大学分三门：银行及保险学门，贸易及贩运学门，关税学门。"银行"成为大学的一个学系和专业的名称。① 该学制从总体上看为模仿日本学制而制定。② 以上事例说明，"银行学"一词在中国引进日本的经济学著作和学习日本商科教育的过程中产生。

除上面三词外，其他如"储蓄（贮蓄）银行""农业银行"等词也是从日本引进。总之，由"银行"构成的许多复合词均是源自日语，但"银行"一词本身却并不源自日语，日语词"银行"恰恰是日本学习中文的结果。

在中国的外商银行和日本的银行制度影响下，1897年，盛宣怀模仿汇丰银行创办了中国通商银行。1905年，清政府设立了国家银行——户部银行。随着中国现代银行的创办，1908年清政府公布《银行通行则例》，"银行"成为中国自办新式信用机构的法定名称。加上学校银行学系的设立、银行课程的开设，"银行"一词在20世纪初得到了进一步的推广，成为中国社会不可或缺的常用词，并延续至今。

五　误传现代"银行"一词源于日语的成因

从本文的前面论述可知，现代"银行"一词源于中国，并东传日本，这是异常清楚、证据确凿的事实。然而，在20世纪初，当日语汉字词对中国新名词产生了巨大影响时，却逐渐形成了中国现代"银行"一词起源于日语的误传，后以讹传讹，流传至今。

1923年6月，陈家瓒编《银行原论》中指出，日本银行一词"系据我国邝其照氏英华字典中所译者。日人并谓我国当时并无银行，不知邝氏何以译成此字，殊不可解。但自日人引用后，我国至今亦袭用之"。③陈家瓒为留日学生，他在此记述了他所认识的日本人关于"银行"一词起源的说法，即日本学习了来自中国字典中的"银行"一词命名新式信用机关为"银行"，但是因中国当时本身没有称为"银行"的机构，其后，中国反而袭用了日本的"银行"一词。在此，陈家瓒等人认为字典

① 舒新城编《中国近代教育史料》（中），人民教育出版社，1961年，第652页。
② 田正平主编《中国教育史研究：近代分卷》，华东师范大学出版社，2001年，第266页。
③ 陈家瓒编《银行原论》，群益书社，1923年，第12页。

中有"银行"一词不代表现代"银行"一词的起源，机构命名的起源才是真正的起源，这个观点不无道理。他们的错误在于不知道日本成立银行时，中国的外商银行自称"银行"已经 10 年，邝其照也不是将英语 Bank 创译为"银行"，而是将汉语已有的"银行"译为 Bank。陈家瓒明确指出中国的"银行"一词来自日本，由此中国近代早期重要银行著作开始了这一误传。

1929 年 3 月，经济学家李权时指出："现在一般人之所谓的银行，并不是保管金钱的行家，实在是制造和介绍信用的机关。关于这种制造和介绍信用的机关，中国本来是叫他钱庄的；钱庄二字与银行二字在字义上讲起来，实在是分不出什么区别来的。不过自西学东渐，光绪三十年设立大清户部银行以来，'银行'二字就逐渐由扶桑三岛而流入中原了。"①李权时认为"钱庄"二字为中国本土名词，"银行"二字为西学东渐的产物，这个观点基本正确。他认为 1904 年设立大清户部银行以来，"银行"二字就逐渐由日本传入中国了，这让人费解。既然中国自己的银行已经建立，为什么日本的"银行"二字才逐渐传入中国呢？李权时为当时中国著名经济学家，他在经济学教科书中认为"银行"一词来自日本，加强了这一误传。

1929 年，霭庐在译武藤长藏《"银行"名词之考证》一文时说："顾'银行'之名词世人大都以为系东邻所传入。其实在二百年前，我国已用之，独为武藤教授所发见。"②这里指出了当时中国人普遍认为"银行"一词为日本传入。武藤将"银行"一词追溯到 200 年前，但 200 年前（清初）的"银行"与现代"银行"同形不同义，武藤并没有考证近代中国新式信用机构何时自称"银行"，也就是说，他并没有解决现代"银行"一词的起源，也就无法解决当时中国人的误传。

1935 年，陈稼轩编《实用商业字典》里指出："银行二字，我国向无此名，有之，则以清同治十年（一八七一年）日本颁布《国立银行条例》为嚆矢，自日人引用后，我国亦袭用之。"③陈稼轩在此极为肯定和明确地指出了中国的"银行"一词来自日本。

---

① 李权时：《交易论》，东南书店，1929 年，第 136 页。
② 〔日〕武藤长藏：《"银行"名词之考证》，霭庐译，《银行周报》第 13 卷第 47 期，1929 年。
③ 陈稼轩编《实用商业字典》，商务印书馆，1935 年，第 982 页。

从上面论述可知，陈家瓒等人认为，中国字典里虽有"银行"二字，但现实中却无称为"银行"的机构，作为机构名的"银行"为日本传入。后来，陈稼轩等人认为："银行二字，我国向无此名。"误解就越来越深。

除上述经济学者外，语言学者也认为现代"银行"一词源自日语。1943 年，王力在《中国现代语法》中认为，"银行"一词为日本人创译的新词。① 1984 年，刘正埮等编《汉语外来词词典》认为"银行"一词源自日语。② 1997 年，意大利学者马西尼认为"银行"是"来自日语的原语汉字借词"。③ 2012 年，樊慧颖、刘凡夫认为，产生于中国的"银行"一词，直到 19 世纪末在汉语中还很少使用，"银行"为从日本而来的汉语回归词。④ 银行为"回归词"与银行为"日语词"两种说法略有不同，但其实质仍是认为日语"银行"一词传入中国后，中国才开始大量使用"银行"。

为什么学术界长期误传中国现代"银行"一词起源于日语呢？首先，追本溯源，误传的最初原因是认为日本出现名为"银行"的机构时中国却没有名为"银行"的机构。其次，日本对中国近代语言产生了巨大影响，如经济、金融、生产、分配、中央银行、商业银行、银行学等词均是日本传入，这就容易使中国人产生近代新词大都为日本传入的观念。最后，陈家瓒、李权时、陈稼轩、王力等中国学者自己认为中国"银行"一词起源于日语，这是误传的直接原因。20 世纪 90 年代，意大利学者马西尼的论证逻辑就是如此，他认为日本在 1872 年就产生了叫"银行"的金融机构，中国到 1905 年才出现自称"银行"的户部银行；严复在 1901—1902 年为了避免使用日语词"银行"，所以音译为"版克"；中国语言学者自己认为"银行"为日语的原语借词。⑤ 总之，误传

①　王力：《中国现代语法》，商务印书馆，1985 年重印，第 338、341 页；又见王力《中国语法理论》（下册），商务印书馆，1945 年，第 266 页。

②　刘正埮等编《汉语外来词词典》，上海辞书出版社，1984 年，第 391 页。

③　〔意〕马西尼：《现代汉语词汇的形成——十九世纪汉语外来词研究》，黄河清译，汉语大辞典出版社，1997 年，第 260 页。

④　樊慧颖、刘凡夫：《从文化互动看中日同形词"银行"的生成》，《解放军外国语学院学报》2012 年第 4 期。

⑤　〔意〕马西尼：《现代汉语词汇的形成——十九世纪汉语外来词研究》，黄河清译，汉语大辞典出版社，1997 年，第 260 页。

出现的最根本原因，就是学术界长期不清楚中国外商银行远早于日本信用机构自称"银行"这一史实。

六 结论与启示

"银行"一词在中国宋代就已经产生。宋、元、明时期的"银行"是指"银器制造行业"，清初的"银行"是指"银号行业"。古代"银行"与现代"银行"形同义不同，它们不是现代"银行"一词的起源。进入近代后，1854—1856 年理雅各等在华西方人开始以"银行"称呼中国的银号、钱店，接着以此"银行"对译西文 Bank，现代"银行"一词由此从编译渠道诞生，但其流传和影响不广，它只是"出现"，因很快"断流"，还不是现代"银行"一词的直接"起源"。1862—1866 年 7 家外商信用机构逐渐由银号、号、洋行、行、银公司等名称演变而成为"银行"，现代"银行"一词由此从机构命名渠道产生。由于新式银行本身势力的扩张，它的语言影响力使"银行"一词得到了广泛传播，并东传到了日本，且流传至今，它才是现代"银行"一词的直接起源。以上事实说明，探究现代概念（名词）的起源，既要考察其含义与现代是否相同，又要考察含义相同的词语之间是否有传承而同源。古代"银行"与现代"银行"形同义不同；近代编译产生的"银行"与机构命名的"银行"义同源不同。而此前的概念史研究，大多追溯一个最早的起源，然后认为只要此后在相同意义上使用该概念，那么，后者就是前者的传承，但笔者发现，即使是含义相同，也未必是后者受到前者影响，而是在不同渠道由不同的原因造成，不同渠道产生的同义词生存与流传能力也截然不同。

现代"银行"一词为中、日两国至今仍在使用的同形同义词，那么，它到底是起源于中国，还是起源于日本？或者是中、日两国各自独立生成？20 世纪初以来，一直众说纷纭。此前的研究已经注意到了东传到日本的罗存德编《英华字典》（1866）和邝其照编《字典集成》（1868）等文献早于日本使用"银行"。但研究者不敢据此断定"银行"一词源于中国而东传日本，因为它没有确定中国的新式信用机构是否袭用日文"银行"之名。本节的研究表明，1862—1866 年中国 7 家外商信用机构由银号、洋行、银公司等名称逐渐演变为"银行"。"银行"这一机构名称自发形成后，迅速传播到字典、报纸、官方文件、汉译西书等载体中，单《上海新报》（1861—1872）就出现了数百条银行广告。在中国出现的"银行"迅速通过《上海新报》、罗存德编《英华字典》、邝其照编《字典集成》等渠道而东传日本，1872 年日本新式信用机构才开始自称"银行"，它比中国晚了将近 10 年，日本学者盐谷廉等也明确承认日本所用"银行"二字出于中国。因此，现代"银行"一词源于中国而东传日本应无疑义。

"银行"作为中、日两国的同形、同义、同源词，在流传过程中，因国别环境不同，其概念的内涵与外延均发生了显著变化。日本出现的中央银行、商业银行、贮蓄银行、银行学等词又回传中国。而以前的概念史研究往往只注意到了中、日两国概念相互流传中的单一方向、一次性传播，没有关注概念在流传过程中产生的新变化，以及因概念新变化所开始的新的流传。

本节在探究"银行"一词的起源和流传时发现，要研究一个概念（名词）的生成史，必须结合这个概念所指称的历史事实共同研究。本节就是将"银行"概念的形成和外商信用机构早期发展史结合研究，由此发现"银行"概念形成于 1862—1866 年。另外，概念史研究能帮助我们更好地认识历史真相。以下用三个例证说明之。

关于"银行"二字各自的含义及其命名缘由。1919 年，吴乃琛指出："我国商民，因中国之货币为银，店铺之大者曰行，遂译版克为银行。"[1] 1925 年，马寅初指出："中国'银行'名词之来源，乃从前广东有一种行商者，专门介绍中国人与外国人之交易，此种行商，系由政府派定，享有专利，资本雄厚，其他铺店皆所不及。又当时中国已用银，故以交易之目的言，采用银字，以交易之雄言，采用行字。此又中国'银行'二字之由来也。然银行有用金者，及专发纸票而无有现银者，岂不可曰金行、纸行？故银行二字之名称，殊多不通。"[2] 1937 年，周宪文等指出："吾国因向来通用之货币为银，店铺之代人经手保管货物者为行，遂译 Bank 为银行。"[3] 1988 年，《中国大百科全书：经济学》认为：

---

① 吴乃琛：《序言》，周葆銮《中华银行史》，商务印书馆，1919 年，第 1 页。

② 《马寅初演讲集》（第二集），商务印书馆，1925 年，第 194 页。

③ 周宪文主编《经济学辞典》，中华书局，1937 年，第 865 页。

"中国的'银行'一词，由英文 Bank 翻译而来，最早音译为'版克'，后来根据当时中国的本位货币是'银'，较大的商品交易机构叫'行'，故改意译为'银行'。"[①] 2015 年，《大辞海：经济卷》认为："在我国，历史上白银一直是主要的货币材料之一，'银'往往代表货币，'行'是对大型商业机构的称谓，故称'银行'。"[②] 上列五种说法将"银行"二字的"银"解释为货币，"行"字解释为大型行号（商业机构）、行商、行铺等，这些流传至今的说法均是没有材料证明的假说。本节研究表明，外商信用机构实际命名缘由是由"银号洋行"简称为"银行"，与上述五种假说均不相同。那么，实际命名的"银"字就代表"银号"，"行"字就是指称"洋行"，进一步解释，"银号"的"银"就是指货币，"洋行"就是指外商企业的组织形式"公司"，"银行"二字就是"货币业务＋公司制度"之意。从"银号洋行"演变为"银行"，还记录了"银号"与"银行"的联系与区别，"银"所指称的货币业务是同，"号""行"所分别代表的传统合伙制与现代公司制是异。"银行"二字的实际命名缘由，不但不是马寅初所说的命名不通，而且具有深刻含义，它既阐述了现代银行是经营货币业务的公司这一本质特点，又反映了中国传统金融机构"银号"与现代金融机构"银行"的本质联系与区别。

外商信用机构有无"银行"名称是中国早期银行史两个阶段的标志。从 1845 年外商信用机构的出现到 1866 年左右它们统一自称"银行"，前后经历了 20 年左右时间。在这期间，外商信用机构的主要业务由面对外商企业向面对中国本土官民的金融业务转变。以前的研究者已经提出，19 世纪 70 年代为外商银行发展的分水岭。在此之前，为外商信用机构立脚阶段，其主要业务是经营外商企业的汇兑；在此之后，为外商银行逐步控制中国金融市场的阶段，其主要业务扩展为面向中国官民的存款、发行纸币、政府贷款等。[③] 但既有研究仅以宽泛的 19 世纪 70 年代为外商银行发展不同阶段的标志，没有为历史分期举出一个标志事

---

① 许涤新主编《中国大百科全书：经济学》，中国大百科全书出版社，1988 年，第 1151 页。

② 谈敏、丛树海主编《大辞海：经济卷》，上海辞书出版社，2015 年，第 442 页。

③ 参见许涤新、吴承明主编《中国资本主义发展史》（第二卷），人民出版社，2003 年，第 91—98 页；汪敬虞《十九世纪西方资本主义对中国的经济侵略》，人民出版社，1983 年，第 145—182 页。

件。笔者认为，1862—1866 年，外商信用机构为了拓展中国本土业务形成了统一的"银行"名称，标志着外商银行已经完成本土化，"银行"已经成为与传统"银号"和一般"洋行"相区别的独立新兴产业，"银行"名称的出现与统一就是区别两个历史阶段的标志。另外，现有论著多直接称 19 世纪四五十年代的外商信用机构为某某银行，这一表述是不太准确的，因为 1862—1866 年"银行"一词才逐步形成。

　　关于中国近代银行学知识与概念的来源。本节在探究"银行"概念的源流时，实际上讨论了这一新概念生成的三个路径：（1）从西方输入，即从西语翻译；（2）从中国本土实践中产生，即机构命名；（3）从日本输入，即输入日语同形汉字词。与此类似，在 19 世纪末 20 世纪初，中国近代银行学知识与概念同样来自上述三个渠道。（1）从西方输入，以 1896 年傅兰雅译《保富术要》为代表，出现了国家银行、有限股份银行、无限股份银行、汇票等概念，这一渠道对近代银行学知识的贡献并不大。（2）从中国本土实践中产生，它体现在银行的章程、报告、文书等载体中，出现了银行、存款、贷款、贴现、透支、汇兑等概念，银行业务概念多从这一渠道产生。（3）从日本输入，近代完整的银行学知识体系从这一渠道形成。主要作品有 1901 年钱恂编译自日文的《财政四纲·银行》，1902—1903 年《湖北商务报》连载的译自日本田尻稻次郎的《银行论》，1905 年作新社编译自日文的《银行论》，等等。出现了中央银行、商业银行、储蓄银行、农业银行等概念，银行制度概念多从这一渠道产生。本节的这一说法不同于此前研究者笼统地认为中国近代银行学知识与概念或来自西方，或来自日本的观点，强调了中国本土实践也是产生银行学概念的重要源头，解释了当时从日本大量输入的预金、贷付、割引、贷越、为替等日语词为什么会被中国本土的存款、贷款、贴现、透支、汇兑等词代替。输入中国的部分日语词被淘汰的原因是中国本土从"银号"到"银行"已经产生了这些银行业务概念；而日语中央银行、商业银行、贮蓄银行、农业银行等概念之所以流传至今，是因为中国本土实践那时还没有这些代表先进制度的概念。

　　以上三例说明，关键词的概念史研究能够帮助我们更好地认识历史，其主要原因可能是一些关键概念的生成和流传反映和记录了其所指称的重要历史事实的演变。

　　综上所述，探究现代"银行"一词的源流这一概念史案例说明，在概念起源研究中，不但要探讨与现代同形的词语含义是否相同，还应关注含义相同的词语之间是否有传承而同源；在同源概念的流传中，不但要关注由流传国别不同所带来的概念含义的变化，还应关注此变化了的概念所进行的新的流传。概念史（经济类）研究离不开经济史研究，经济史研究可以从概念史研究获益。这也许能为概念史、经济史、经济思想史等研究提供一些方法论启示。

第三节　现代"货币"一词在中国近代的起源与流传

　　现代"货币"一词是现今中国使用最广泛的经济名词之一。它是如何流传至今的呢，学术界迄今为止似无明确论述。1965 年，彭信威在《中国货币史》中指出："什么人最初把'货币'一词用作现代的意义，还待查考。"[①] 1983 年，刘凤林、陈文生在《"货币"和"金融"两名称的由来》中指出，"货币"一词"在古代的南朝和唐代都曾偶然的出现过，以后经历了漫长的岁月，约一千余年，到了清末才再次出现，直到 20 世纪初民国成立后，'货币'一词才被广泛地应用起来"。[②] 2001 年，欣士敏在《货币名称的由来和演变》中得出了与刘凤林、陈文生文大致相同的结论。[③] 2016 年，叶世昌先生在《中国"货币"一词的初史》中指出："'货币'一词到唐代才开始产生，以后又被冷落，直到清朝才开始复兴。中国经济学同西方经济学接轨后，'货币'也成为中国的基本经济名词之一。"[④] 在以上论著中，中国货币史权威彭信威首先提出了现代意义的"货币"一词的起源与形成是一未决学术问题。叶世昌先生主要研究了"货币"一词在古代的演变，他没有过多涉及"货币"在近代的变化。刘凤林等虽然涉及了近代，但材料十分简略，特别是没有论到从日本传入"货币"一词的文献。另外，研究近代新词语生成与传播的

[①]　彭信威：《中国货币史》，上海人民出版社，1965 年，第 11 页。

[②]　刘凤林、陈文生：《"货币"和"金融"两名称的由来》，《天津金融研究》1983 年第 3 期，第 37 页。

[③]　欣士敏：《货币名称的由来和演变》，《福建金融》2001 年第 2 期，第 48 页。

[④]　叶世昌：《中国"货币"一词的初史》，《中国钱币》2016 年第 5 期，第 3 页。

专家沈国威、冯天瑜等人也没有将"货币"一词作为新词论述。① 总之，彭信威在 1965 年提出的现代"货币"一词的起源问题似乎仍没有解决。本节即是为回答此问题而作。

一　从先秦到 19 世纪末，中国以币、钱、钱币、货币等多个名词作为交易媒介总称

中国在殷周时代出现了贝币、铜币，在春秋战国时代出现了铜铸币，因币材和形制的不同，有贝、刀、布等具体货币的名称，同时，也出现了指称各种交易媒介的总名称。《管子·国蓄》指出："人君铸钱立币"，先王"以珠玉为上币，以黄金为中币，以刀布为下币"。此处的"币""钱"均是交易媒介的总称。东汉许慎的《说文解字》在"贝"字下解释说："古者货贝而宝龟，周而有泉，至秦废贝行钱。"② 此处的"货""宝""泉""钱"均指称"货币"。

"钱币"一词在东汉已经出现，班固《汉书·食货志下》提到："天子与公卿议，更造钱币以赡用。"唐代杜佑著《通典》"食货门"下有"钱币"目，元代马端临《文献通考》有"钱币考"，钱币是中国古代使用时间长、流行广的交易媒介总称。进入近代后，在"货币"一词兴起前，钱币仍是代表货币的主要词语。"泉币"一词在唐代就已经出现，柳宗元《柳先生集》（别集上《非国语·大钱》）提到"古今之言泉币者多矣"。但在古代，"泉币"一词的流行不如"钱币"。

中国近代讨论货币问题的官员、思想家多使用"钱""钱币"。1837年，王鎏刊行《钱币刍言》。1888 年康有为曾代御史屠仁守作《钱币疏》。1894 年郑观应《盛世危言》里提到，"尝考中国洋钱，多来自墨西哥"，废除银两改铸银元后，"既无各色锭银，自不得不通用钱币"，"夫中国钱币古分金、银、铜三品，其行于世也谓之国宝"。③ 1895 年康有为《上清帝第二书》："钱币三品以通有无，其制最古。"1896 年初张之洞在

① 参见沈国威《近代中日词汇交流研究：汉字新词的创制、容受与共享》，中华书局，2010 年；冯天瑜等《近代汉字术语的生成演变与中西日文化互动研究》，经济科学出版社，2016 年。
② （汉）许慎撰《说文解字》，（宋）徐铉校定，中华书局，2013 年，第 125 页。
③ 夏东元编《郑观应集·盛世危言》（下），中华书局，2013 年，第 363、461—462 页。

奏折中提到："窃惟钱币为国家大政，一国有一国权，即一国有一国之钱，从不准彼国之钱行于此国。""即今泰西各国，遇事招商，独至钱币则无论铜钱、尼格尔钱、银钱、金钱，莫不由国家自造，亦不准民间铸造之举。"① 张之洞将"钱币""钱"作为各种货币的总称。1901 年 7 月 20 日，张之洞在奏折中指出："特是钱币之制，权量之法，必先有雄厚之力，乃能操转移之权。"② 1897 年 10 月 26 日，梁启超在《时务报》第 43 册发表《论金银涨落》，此时的《时务报》已经大量使用"货币"一词，该刊主编梁启超使用的却是"币"。他说："今日有币之国，为金也，为银也，为金银并也，各有得失，各有利害。"③

"货币"为一个复合词，是由"货"与"币"二词组成。据彭信威考证，"货"在春秋战国时期是指一切商品，汉代王莽时期实施"宝货制"，这时的"货"指货币。也就是说，中国古代的"货"有两种含义，一种是指"货物"，一种是指"货币"。"币"最初意义是"皮、帛"，战国时代逐渐演变为专指货币。④ 因"货"有两种含义，"货"与"币"组成的复合词"货币"也就有多种含义。中国最早出现"货币"复合词的文献为《后汉书》，《后汉书·光武帝纪下》记载："初王莽乱后，货币杂用布、帛、金、粟，是岁始行五铢钱。"此处"货币"与现在交易媒介的总称"货币"用法相同。《后汉书·公孙述传》又记载："是时述废铜钱，置铁官钱，百姓货币不行。"此处的"货币"应解释为"货物"与"货币"的交易，整句话的意思是：老百姓的货物与货币交易不畅。唐代张九龄说："故古之为钱，将以通货币。"彭信威将此处"货币"解释为商品。⑤ 叶世昌先生认为此处的"货币"原文是"货弊"，意思为"货物不能流通之弊"。⑥ 此处"货币"似仍应解释为"货物"与"货币"的交易。

中国古代"货币"一词的多种含义一直持续到近代。1875 年 1 月 9

---

① 参见中国人民银行总行参事室金融史料组编《中国近代货币史资料（第一辑）：清政府统治时期（1840—1911）》，中华书局，1964 年，第 683—684 页。

② 吴剑杰编《中国近代思想家文库·张之洞卷》，中国人民大学出版社，2014 年，第 382 页。

③ 梁启超：《饮冰室合集·文集》（第 1 册），中华书局，1989 年，总第 86 页。

④ 彭信威：《中国货币史》，上海人民出版社，2007 年，第 5—6 页。

⑤ 彭信威：《中国货币史》，上海人民出版社，2007 年，第 268 页。

⑥ 叶世昌：《中国"货币"一词的初史》，《中国钱币》2016 年第 5 期，第 4 页。

日,《申报》一则火油广告提到"货币面议可也"。[1] 1880 年 6 月 28 日,
《申报》天津靴鞋减价广告提到,"羽鞋六百","缎鞋八百","其余货
币外公道"。[2] 1888 年 9 月 20 日,《申报》存仁、丰庆、大昌药店广告提
到:"货币一律,童叟无欺。"[3] 以上三则广告中"货币"的含义是"货
价"。前已指出,代表中国各种具体货币的总名称有"钱""钱币""货
币"等词语,而"货币"一词是使用较少者。对此,近代初期的魏源似
乎是例外。1842 年魏源著《圣武记》中《军储篇》多次使用"货币",
如"谁言上世不贵金为货币者?""货币者,圣人所以权衡万物之轻重,
而时为之制。""是皆以天朝货币,而仿外夷之式。"等等。这几处"货
币"均与现代意义的"货币"相同。然而,魏源在同篇文章中,并没有
单独或专门使用"货币"一词,而是同时使用了"货""币""钱"等
词,如"其货皆用金银钱及小铜钱""银不为币,币为黄金及铜""皆以
金银为钱""今洋钱(外国货币)消融,净银仅及六钱六分"。[4] 因此,
魏源对"货币"的用法并不例外,仍是传统用法。

　　1894 年 3 月 4 日,《申报》刊载的《中西货币考》中的"货币"仍
然是传统用法。

　　"货币"一词很早就出现在中国古代文献中,但两个因素使中国传
统用法的"货币"与现代用法的"货币"截然不同。(1)中国传统"货
币"有多种含义,并不是专指交易媒介,这是一词多义。(2)中国传统
交易媒介(货币)的总称有币、货、钱、钱币、钱钞、泉币、货币等词
语,这 7 个词语中最通行者为钱、钱币,使用较少者应是货币,这是多
义一词。中国传统"货币"要变成现代一词一义的术语词"货币",必
须跨越两大障碍:(1)去掉"货币"的其他含义,(2)取代"钱币"
等其他代表交易媒介总称的用法。

　　以上论述说明,直到 19 世纪末,中国近代延续了中国古代对"货
币"的用法。首先,中国当时讨论货币的官员、思想家主要仍然使用钱、
钱币、币等传统词语,使用"货币"的较罕见。其次,"货币"仍有多

---

① 《申报》1875 年 1 月 9 日,第 7 版。
② 《申报》1880 年 6 月 28 日,第 7 版。
③ 《申报》1888 年 9 月 20 日,第 8 版。
④ 魏源《圣武记·军储篇》。

种含义，它既有交易媒介总称的含义，又有货物价格、货物与货币的交易等含义。中国近代没有自然演变生成"货币"专有名词。

二 19世纪，来华西人和中国知识分子以钱、钱币等词翻译 Money

从19世纪初开始，以新教传教士为主的来华西人开始大规模地向中国传播西方宗教、文化与学术，在中西文化碰撞与交流的过程中，中国许多新词由此诞生。现代"货币"一词是否由此渠道诞生呢？本节从早期汉外辞典和经济学著作的翻译两个方面，叙述来华西人和中国知识分子以何词翻译西文 Money。

表5-1为19世纪中国主要的汉外辞典中中文词语与 Money 的对译情况。

表5-1　19世纪汉外辞典中 Money 译名

年份	作者	字典	Money 的译名：英译汉	Money 的译名：汉译英
1819	马礼逊（R. Morrison）	华英字典4		钱：Property；Wealth；Money 银：Silver；Money 货贝：the Ancient Money
1822	马礼逊（R. Morrison）	华英字典6	Money：钱 Silver Money：银钱 Copper Money：铜钱	
1842	麦都思（W. H. Medhurst）	华英字典（第2卷）		钱：Wealth；Money；Cash 通货：Pass Money
1844	卫三畏（S. W. Williams）	英华韵府历阶	Money：钱，银钱	
1848	麦都思（W. H. Medhurst）	英华字典	Money：银子，银钱，钱财，银两，货泉，圜法，货贝，龟贝，百金，铜钱，洋钱	
1868	罗存德（R. W. Lobscheid）	英华字典（第3卷）	Money：钱，银，银子，银两，钱财，圜法，铜钱，银钱	

续表

年份	作者	字典	Money 的译名：英译汉	Money 的译名：汉译英
1872	卢公明 （R. J. Doolittle）	英华萃林韵府 （第 1 卷）	Money：钱，银子，银钱，钱银，账目，银子钱	
1875	邝其照	字典集成	Money：钱，钱财，银两，通宝	

　　资料来源：〔英〕马礼逊：《华英字典4》（影印版），大象出版社，2008 年，第 886、1024、662 页；〔英〕马礼逊：《华英字典6》，第 281 页；〔英〕麦都思：《华英字典》（第 2 卷），1842 年，第 1222、1088 页；〔美〕卫三畏：《英华韵府历阶》，澳门香山书院，1844 年，第 182 页；〔英〕麦都思：《英华字典》（第 2 卷），墨海书馆，1848 年，第 853 页；R. W. Lobscheid, *English and Chinese Dictionary: With the Punti and Mandarin Pronunciation: Part Ⅲ*, Hong Kong, 1868, p. 1191；〔美〕卢公明编《英华萃林韵府》（第 1 卷），中国福州，1872 年，第 343 页；邝其照编《字典集成》（影印版），商务印书馆，2016 年，第 188 页。

　　从表 5 - 1 可知，1819—1875 年，8 部汉外辞典共有：钱、银、货贝、银钱、铜钱、通货、银子、钱财、银两、货泉、圜法、龟贝、百金、洋钱、钱银、账目、银子钱、通宝等 18 个中文词对译 Money。在 8 部辞典中，钱出现 7 次，银钱出现 5 次，钱财、银子、银两、铜钱各出现 3 次，可见，在 19 世纪的汉外辞典中，钱、银钱二词是对译 Money 的主要词语。而在这多达 18 个对译 Money 的词语中，却没有出现"货币"一词。

　　1840 年，郭实腊编《贸易通志》以通国行宝、通宝、金钱、银钱等词指称货币（Money）。[1] 1880 年，汪凤藻译《富国策》第三卷第五章为"论钱币"（原文 On Money），第六章为"论钱币贵贱之理"（原文 On the Value of Money）。1885 年，傅兰雅译《佐治刍言》第二十八章为"论钱法"，钱法即货币制度，以钱指称货币。[2] 1886 年，艾约瑟译，哲分斯著《富国养民策》的第十二章为"金银钱钞交易"，即论货币制度，使用"钱"代表货币。[3] 1896 年，傅兰雅将英国布来德（J. Platt，今译布拉德）著《货币》（*Money*）译为《保富述要》，书中将 Money 译为"钱"或"钱财"。[4] 1897 年，傅兰雅译，英国法拉著《国政贸易相关书》中将

---

① 〔德〕郭实腊编《贸易通志》，1840 年，第 45—46 页。

② 〔英〕傅兰雅译《佐治刍言》，上海书店出版社，2002 年，第 122 页。

③ 〔英〕哲分斯：《富国养民策》，〔英〕艾约瑟译，总税务司署，1886 年，第十二章。

④ 〔英〕布来德：《保富述要》，〔英〕傅兰雅口译、徐家宝笔述，江南制造局，1896 年，第 1—6 章；J. Platt, *Money*, New York and London: G. P. Putnam's Sons, 1889, pp. 1 - 68。

Money 译为"钱枚"。① 1899 年，李玉书译，马林编《富民策》第十六章为"论钱币"。②

1880 年，汪凤藻译，丁韪良校《富国策》是中国近代第一部系统的经济学译著。此书第三卷第九章为"论邦国货币互易之法"（原文 Foreign Exchanges）。书中接着标题论道："邦国通商，鲜有以货物抵易者，其买而入，卖而出，一皆以钱币为用。"③ 显然，此处的"货币"就是指"货物"与"钱币"，它不是对译 Money，对译 Money 的是"钱币"。该书"货币"的用法与前述汉、唐时期的用法相同。

1840—1899 年，上列 7 部经济著作，除《贸易通志》介绍西方经济常识外，其余 6 部著作为 19 世纪西方传入中国的主要经济学理论著作，它们以钱币、钱、钱财、钱枚、通国行宝、通宝、金钱等词翻译 Money，其中，钱币和钱为对译 Money 的主要词语。

综上所述，在 19 世纪，8 部汉外辞典和 7 部经济类编译著作以钱、钱币为对译 Money 的主要词语。在出现的共 22 个对译 Money 的汉语词中，却没有出现"货币"一词。这说明，中国近代在对译西文 Money 的过程中，没有产生现代"货币"一词。

前一节已经论述中国近代主要以钱、钱币指称交易媒介，本节又阐明中国近代主要以钱、钱币对译 Money。那么，"货币"是如何战胜其他词，取得货币专有名词地位的呢？笔者发现此问题的核心在于作为专有名词的"货币"是一个日语术语借词，它与经济、金融等日语术语借词一样，在 19 世纪末输入中国，到 20 世纪初逐步在中国取得了特殊的地位。

三　19 世纪末，日本与 Money 对译的专用名词"货币"输入中国

1871 年 5 月，日本通过《新货币条例》，④ 实施金本位制。该条例以法律的方式统一了各种货币，也统一了各种货币的名称，"货币"成为

---

① 〔英〕法拉：《国政贸易相关书》，〔英〕傅兰雅口译、徐家宝笔述，江南制造局，1897 年，第七章。

② 〔加拿大〕马林编《富民策》，李玉书译，广学会，1899 年，第十六章。

③ 〔英〕法思德：《富国策》卷三，汪凤藻译，京师同文馆，1880 年，第九章第 33 页。

④ 〔日〕梅村又次等编《日本经济史：开港与维新》（3），李星等译，生活·读书·新知三联书店，1997 年，第 142 页。

法定专有名词。1873 年，日本《附音插图英和字汇》就将 Money 译为
"货币，金银，财宝"。[①] 1877 年，前田利器译《百科全书·商业篇
（中）：货币论》。[②] 1889 年，高田早苗述《货币学》出版。[③] 从 1871 年
起，日本在货币制度和货币理论方面逐步实现了现代化，已经领先于中
国。其"货币"一词具有使用的专用性、含义的现代性等特点。

　　1873 年，英国传教士卜世礼在《中西闻见录》第 6、7 号发表《日
本新货币考》，他说，日本"一时通用货币，种类甚繁"。"新货币之铸
也，非仅杜伪，亦所以便于行使。厥有金银铜三等者，其金铸者，曰本
位金货币，即原货也。自二十圆至一圆，共五种。……其银铸者，曰定
位银货币。……自五十钱至五钱共四种，……铜铸者，曰铜货，有一钱、
半钱、一厘三种……其铜钱所以补助银钱，其银钱所以补助金钱。如应
用一钱之铜钱百枚，则给以一圆之金货币当之。"[④] 卜世礼在这里使用的
"货币"一词与中国传统对"货币"的使用不同，主要体现在其专用性，
并且含有"本位货币"与"补助货币"等现代币制的概念。当然，他的
这一新用法在当时中国没有产生多少影响。

　　1888 年，顾厚琨《日本新政考》专门有"货币考"与"纸币增减
考"，书中大量使用"货币"一词，特别提到："货币有本位钱、定位钱
之别，日本铜货币即定位钱。政府为人民便，一圆以下铜货之授受为补
助货币，故其所含地金价不及货币表面价格。"[⑤] 此处进一步介绍了本位
货币与补助货币的区别，指出了补助货币为不足值货币的特点。1889
年，傅云龙《游历日本图经》列有"货币表""货币铸发表""货币出
入表""纸币表"。[⑥] 1887 年完稿，1895 年冬出版的黄遵宪《日本国志》
列有"食货志五：货币"。[⑦] 当时，顾厚琨、傅云龙为赴日考察专使，黄
遵宪为驻日外交官。他们的使命是将日本国情有关资料汇集出版，他们

---

① 柴田昌吉『附音插圖英和字彙』日就社、1873、728 頁。

② 前田利器訳『百科全書·商業編（中）：貨幣論』、1877。

③ 高田早苗『貨幣学』、1889。

④ 〔英〕卜世礼：《日本新货币考》，《中西闻见录》第 6、7 号，1873 年。

⑤ 顾厚琨：《日本新政考》，慎记书庄，1888 年，《货币考》第 16 页。

⑥ 傅云龙：《游历日本图经》，收入王宝平主编《晚清东游日记汇编》，上海古籍出版社，
2003 年，第 237—239 页。

⑦ 陈铮编《黄遵宪全集》（下），中华书局，2005 年，第 1198 页。

传播了日本的货币制度和"货币"一词。但他们还没有将"货币"一词作为专用名词使用。顾厚琨将货币、钱币、钱混用；黄遵宪在介绍日本货币情况时，使用"货币"，在自己评论日本货币时，使用的是币、货、钱、宝货等词，无一处使用"货币"。①

1896—1898 年，日本汉学家古城贞吉受聘于梁启超等人主办的《时务报》。1897 年 10 月，日本在多次币制改革后将银本位制改为金本位制。古城贞吉在受聘《时务报》期间，恰恰是日本货币改革时期，讨论货币制度问题是日本当时的热点。1896 年有 5 期 7 篇文章，② 1897 年有 5 期 5 篇文章均使用了"货币"。③ 在 1896 年《时务报》的《东文报译》栏目第 1 期，出现了"货币政策"一词。④ 通过古城贞吉的译介，日语汉字词"货币"的用法传到了中国。日本的"货币"概念、货币思想同步传译到了中国。

1897 年，康有为刊行《日本书目志》，其政治门下的经济学类列有：《货币论》《货币秘录》《大日本货币史》《大日本货币史参考》《货币论集》《货币说》《通俗货币大意》等书。康有为还说："日人变法之始，方病贫，无以举新政。先易货币，其法美可施行，吾土政事与日旧俗同，维新之先，采而用之，亦治标之宜也。"⑤

1898 年，日本《农业保险论》传入中国，该书使用了"货币"一词。⑥ 1899 年，《日本商律》传入中国，其第二十六条指出："分资产为两项：金银货币之类，曰动产；房屋田土之类，曰不动产。"⑦ 此处将货币作为资产，使用的是货币的价值储藏职能。同年，《湖北商务报》第 6 期发表译自日文的《读大清银行创立章程》，文中指出："中国用币，向

① 陈铮编《黄遵宪全集》（下），中华书局，2005 年，第 1207 页。
② 1896 年古城贞吉在《时务报》上发表使用"货币"一词的文章有：《美国共和党宣论新政》（第 3 册）；《论金银涨落之由》（第 6 册）；《银货问答》《朝鲜货币考》（第 9 册）；《论日英金利》《麦见尼氏币制论》（第 10 册）；《俾斯麦论货币说》（第 12 册）。
③ 1897 年古城贞吉在《时务报》上发表使用"货币"一词的文章有：《美国新总统政策》（第 20 册）；《币制论》（第 21 册）；《币制论续》（第 23 册）；《论扩充海陆军备关系财政》（第 37 册）；《中国银行情形》（第 46 册）。
④ 〔日〕古城贞吉译《美国共和党宣论新政》，《时务报》第 3 册，1896 年。
⑤ 《康有为全集》（三），上海古籍出版社，1992 年，第 768—769、771 页。
⑥ 〔日〕吉井东一：《农业保险论》，〔日〕山本宪译，《农学报》第 43 期，1898 年。
⑦ 〔日〕河濑仪太郎译《日本商律》，《湖北商务报》第 3 期，1899 年。

无本位一定之品，亦无代数之纸币，授受往来，遂无一定标准，通用铜钱及银块，输送远地，不便实甚，今设立大清银行，将来能制定本位货币，必得非常便宜。"① 日人指出了中国货币无本位的特点。

1873—1899 年，日语"货币"一词通过来华西方传教士、中国考察与旅居日本的外交官、来华日本汉学家、中国的改革者等传入中国。另外，中国人自己主动使用"货币"一词者，寥寥无几。要让中国人放弃使用上千年的传统用法，还有相当长一段路需要跨越。前已指出，梁启超在这时就不使用"货币"。

四　20 世纪初，"货币"在中国得到了快速的传播和广泛的使用

1901 年 1 月，清廷宣布实施"新政"，进行一系列的政治、经济、文化、教育、法律改革。在这种背景下，日本的货币理论著作开始大量输入中国，清政府的币制改革文书、学堂章程、大清刑律中使用"货币"一词，因政府提倡，"货币"一词迅速取代了"钱币"等词。

（一）日本的货币理论著作大量输入中国

1900 年，日本田冈佐代治译日本小学教科书《商务教程》在上海《江南商务报》发表，书中"通货"部分指出："本位者，宜为货币标准之根本而有实价者，故通用之际不设制限，补助货币为补助本位者，而据政府之命令通用于实价以上者也，故通用之际设制限。"② 此处可能是本位与补助货币思想传入中国的最早清晰论述。

1901 年，湖北留日学生监督钱恂在日本编译《财政四纲》自刻出版。其第一纲目（部分）为"货币"，笔者经过比对，发现这部分内容编译自日本文学士高田早苗讲述的《货币论》（1900），③《财政四纲》"货币"部分包括世界古代货币、货币的作用、货币的材料、货币的铸造、货币的制度、货币本位、货币流通的法则、纸币等八方面内容，它是中国第一部全面论述近代货币理论与制度的著作。

1904 年，商务印书馆出版日本杉荣三郎编《京师大学堂经济各论讲

---

① 《读大清银行创立章程》，《湖北商务报》第 6 期，1899 年 6 月。
② 〔日〕田冈佐代治译《商务教程》，《江南商务报》第 11 期，1900 年，第 19 页。
③ 高田早苗『貨幣論』東京専門学校、1900。

义：货币学》，讲义分为"货币学上篇——硬币篇"与"货币学下篇——纸币篇"，其中，"货币学上篇——硬币篇"叙述了货币的起源、定义、职能、材料、铸造、流通法则，它特别重视对货币制度的讨论，全书17章，其中有11章论述货币制度，叙述了货币制度种类、本位争论、铸造货币方法、各国货币制度等。① 这些关于货币制度的内容对正在计划改革货币制度的中国有重要的参考价值。

1905年，作新社编译《政法类典·经济之部——货币论》在上海出版，该书编译自日本文学士高田早苗讲述《货币论》（1900），② 内容包括概论、硬货论、纸币论、信用论四编，全书共25章209页，③ 它是中国第一部完整的近代货币学专著。

除上述专门的货币论著作外，此时期由留日学生编译的日本学者所著的经济学原理著作都涉及货币理论。例如，1902年和田垣谦三《经济教科书》、天野为之《理财学纲要》、杨廷栋著《理财学教科书》，1903年王宰善编《普通经济学教科书》、作新社编译《最新经济学》、持地六三郎《经济通论》、天野为之《理财学讲义》，等等。

1910年12月，熊崇煦、章勤士译，美国黎查德迪·伊利著《经济学概论》在"货币及其种类"一章中，对货币及其相关词语给出了英文原词：货币（Money），法定货币（Legal Tender），国立银行纸币（National Bank Notes），纸币（Paper Money），强制的货币（Fiat Money），本位货币（Full Legal Tender），补助货（Subsidiary Coins），④ 等等。这就使中文"货币"与英文进行了对接，它是"货币"术语化的关键步骤。

上述著作不仅大量使用"货币"这一关键词，更主要的是，由"货币"这一关键词组织和形成了现代货币理论，这是中国历史上所没有的，在19世纪末，由传教士和中国士人合作翻译的几部经济学著作，也涉及了现代货币理论，但在翻译的质量和数量方面均逊色于日译著作。日语"货币"一词代表了先进的系统的现代货币理论，这是它在20世纪初得

① 〔日〕杉荣三郎编《京师大学堂经济各论讲义：货币学》，商务印书馆，1904年，第9、11页。
② 高田早苗『貨幣論』東京專門学校、1900。
③ 作新社编译《政法类典·经济之部——货币论》，作新社，1905年。
④ 〔美〕黎查德迪·伊利：《经济学概论》，熊崇煦、章勤士译，商务印书馆，第二编第67—82页。

以迅速传播的重要原因。

（二）在清末币制改革中，朝廷与官员使用"货币"一词

1903 年 10 月 8 日，中日两国在上海订立《中日通商行船续约》十三款，第六款商定："中国国家尤愿自行从速改定一律通用之国币，将全国货币俱归画一，即以此为合例之国币，将来中日两国人民即在中国境内遵用，以纳完各项税课及别项往来用款，毫无窒碍，惟彼此商明，凡纳关税仍以关平核计为准。"① 该合约使用了"货币"一词。

1904 年，湖广总督张之洞奏："现与各国订立商约，均有中国自行厘定国家一律通用之国币一条，声明将全国货币俱归划一，即以此定为合例之国币，中外人民应在中国境内遵用，以完纳各项税课及别项往来用，惟完纳关税仍以关平核计为准等语。是厘定国币为当今第一要务。"他请求朝廷允许湖北试造一两重银元，以便取得经验，"而从此中国货币轻重之所宜，以及改发之难易，利病昭然，可有定论"。②

1904 年夏，美国派专使精琪（J. W. Jenks）来华协助中国改革币制，精琪向中国政府提出了《中国新圜法条议》和《中国新圜法诠解》，建议中国实施虚金本位制，"中国办理此事，应派一洋员为司泉官，总理圜法事务"。此方案产生了重要反响，梁启超著《中国货币问题》，总体上支持该方案；张之洞、刘世珩等人坚决反对此方案。因精琪方案的中文译本大量使用"货币"一词，支持者和反对者也跟着大量使用"货币"。③

1905 年，财政处大臣奕劻等奏《制定一两重银元为中国本位币》，折中说："币制有本位货，有补助货。本位货币其中所含之数，必须与其币之价值相符。而铸造授受不厌其多，不必加以限制。至补助货币所以补本位之不足，即依本位之价值为其价值，故内含之数不妨略减，而铸造授受必以限制之法行之，此其大较也。"并拟"铸造重库平一两之银币，定为本位。而更铸五钱、二钱、一钱三种银币，与现铸之铜币、旧

---

① 商务印书馆辑《大清光绪新法令》，商务印书馆，1909 年，第 421 页。

② 中国人民银行总行参事室金融史料组编《中国近代货币史资料（第一辑）：清政府统治时期（1840—1911）》，中华书局，1964 年，第 693、695 页。

③ 中国人民银行总行参事室金融史料组编《中国近代货币史资料（第一辑）：清政府统治时期（1840—1911）》，中华书局，1964 年，第 1126、1160、1189 页。

有之制钱以为补助"。奕劻等的建议得到了慈禧的批准。① 上述事实说明，货币本位制度思想成为清政府改革货币制度的依据，并得到了清政府最高当局的认可。

1907 年，度支部尚书载泽等奏《先行试铸通用七钱二分银元以利推行》，主张新国币以银元为单位，这与前述奕劻以"两"为货币单位不同。载泽的方案也得到了慈禧的批准，但却受到了袁世凯、张之洞的激烈反对。清末货币改革是以"两"还是以"圆"为单位的"两元之争"进入高潮。中央的财政处、度支部等部门，地方的所有督抚均参与了争论。在争论过程中，双方均使用了货币、货币本位、主币、辅币等新词。②

宣统二年（1910）四月十五日，度支部尚书载泽奏《厘定币制拟定则例》，四月十六日，清廷公布实施《币制则例》。《币制则例》规定："大清国币单位定名为圆"；"一圆为主币，五角以下为辅币，计算均以十进"；"主币用数无限制，银辅币用数每次不得过五圆之值"；"一元银币，无论何枚，其重量与法定重量相比之公差，不得愈库平二厘"；"货币行用，不能无磨损，故定七钱一分为磨损限度"。③ 以上条文使用了国币单位、主币、辅币、公差、货币等货币学里的新词。《币制则例》是中国历史上第一个关于货币本位制度的法令，具有划时代意义。"货币"出现在国家法令中，而钱币、泉币、钱没有出现，币制是货币制度的简称，国币是国家货币的简称。货币当局为什么要采纳新词呢？主要是因为货币制度变革是一重大的社会经济改革，需要模仿外国，日本就是最近最现实的榜样，另外，变革还需要新的货币学理论，而传到中国的货币学知识主要是日文著作。"货币"背后代表的先进制度和新知识自然战胜了"钱币"等传统词语背后代表的落后制度和陈旧知识。

（三）清政府"学堂章程"规定"货币论"为学生学习科目

1904 年 1 月 13 日，清政府颁布经张之洞等人修订的《奏定学堂章

---

① 中国人民银行总行参事室金融史料组编《中国近代货币史资料（第一辑）：清政府统治时期（1840—1911）》，中华书局，1964 年，第 730—734 页。

② 中国人民银行总行参事室金融史料组编《中国近代货币史资料（第一辑）：清政府统治时期（1840—1911）》，中华书局，1964 年，第 736—783 页。

③ 中国人民银行总行参事室金融史料组编《中国近代货币史资料（第一辑）：清政府统治时期（1840—1911）》，中华书局，1964 年，第 783—789 页。《币制则例》以各种官报的方式向社会公布，如 1910 年《吉林官报》第 12 期的《章程法令：度支部厘定币制则例》。

程》（即癸卯学制）。《奏定高等小学堂章程》规定：高等小学堂第一年学习"算术"科目，具体内容是"加减乘除，度量衡、货币及时刻之计算，简易之小数"。《奏定大学堂章程》规定：商科大学的银行及保险学门的主课有"货币论""欧洲货币考"。《奏定进士馆章程》规定：考中进士者必须进进士馆学习三年，第二年需要学习理财学科的"货币论"。[①]"货币"作为学习内容、学习科目名称进入小学、大学、进士馆的章程。"货币"与中国新式教育制度联系起来，其语言地位急剧上升，这是"货币"一词取得官方地位，取代"泉币""钱币"的关键。

1907 年 3 月 8 日，《学部奏定女子小学堂章程》规定：女子初等小学堂须学习"算术"科目，具体内容是：开初讲授加减乘除，"渐次授本国货币度量衡及时历计算之大要"。[②] 1910 年 12 月 20 日，清政府学部规定：财政学堂政治门第三学年须开设"货币论"，经济门第二学年须开设"货币论"，第三学年须开设"货币史"。别科第二学年须开设"经济学各论：银行、货币"。[③] 1907—1910 年，货币学课程规模在各种学校进一步扩大，大大扩大了"货币"一词的影响力。

清末新学制为学习模仿日本教育制度的结果，学制、科系、课程等大部分内容为照搬的。各级学校开设"货币论"等课程，也是照搬日本课程。"货币"一词本出自中国，接受它的新意，障碍不大。

1913 年 1 月 12 日，中华民国政府教育部公布大学规程，其中规定，大学法科经济学门第 7 门课程为"货币论"，商科银行学门第 18 门课程为"货币论"。[④] 这一与清朝学科课程一致的规定，巩固了"货币"一词在教育学术界的地位。

（四）《大清新刑律》设立"伪造货币罪"

1902 年，清政府任命沈家本、伍廷芳负责修订法律，1904 年成立修

---

① 朱有瓛主编《中国近代学制史料》（第二辑上册），华东师范大学出版社，1987 年，第194、812、866 页。
② 朱有瓛主编《中国近代学制史料》（第二辑下册），华东师范大学出版社，1989 年，第659 页。
③ 朱有瓛主编《中国近代学制史料》（第二辑下册），华东师范大学出版社，1989 年，第495—497 页。
④ 朱有瓛主编《中国近代学制史料》（第三辑下册），华东师范大学出版社，1992 年，第7—8 页。

订法律馆，聘请日本法学专家为顾问。1907 年 8 月，《大清刑律草案》编纂完成。1911 年，清廷公布了以前述草案为主修订的《大清新刑律》，并确定 1912 年正式实施。《大清新刑律》第十七章为"伪造货币罪"，包括第 225—233 条，共 9 条。其中第 225 条规定："凡伪造通用货币者，处无期徒刑或二等以上有期徒刑。行使自己所伪造通用货币及意图行使而交付于人者，亦同。经政府允准发行银行券以通用货币论。"第 228 条规定："凡意图行使收受他人所伪造之通用货币者，处一等至三等之有期徒刑。其收受后行使及意图行使而交付于人，或自外国贩运者，处无期徒刑或二等以上有期徒刑。"[①] 这些规定，不仅与伪造货币者相关，且与每一个收受使用货币的国民均有切身利害关系。

清政权垮台后，1912 年 4 月 30 日，中华民国政府公布实施以《大清新刑律》为基础修订的《暂行新刑律》，该刑律也有"伪造货币罪"。其后，1928 年、1935 年的《中华民国刑法》均保留了"伪造货币罪"。[②] "货币"作为关键词能够在清末进入刑法典，与清廷修订法律学习日本，聘请日本法学专家为顾问有关。"货币"一词进入刑律后，成为与人民利益高度相关的专用法律术语。

（五）各种辞典设立"货币"条目

1903 年 8 月 23 日—9 月 20 日发行，汪荣宝、叶澜编《新尔雅·释计》专设一目解释"货币"。另外，该书还使用了本位法金、补助法金、实钱、名钱等词，说明该书并未将"货币"作为专用名词使用。

《新译英汉辞典》译自日本《英和辞典》，Money 译为货币、金钱，Monetary System 译为货币制度，Monetary Unit 译为通货本位（今译货币单位）。[③] 该辞典影响甚大，其扉页说：该书"深蒙海内称许，目为完书"。

1907 年 10 月，日本法学博士清水澄著，张春涛、郭开文译《法律经济辞典》，由日本东京奎文馆出版。1909 年，该书又由群益书社在上海出版。该辞典是日本清水澄专门为大清帝国实施宪君主政体的需要

---

① 《大清新刑律（附平议）》，1911 年，第 48—49 页。

② 叶孝信主编《中国法制史》，复旦大学出版社，2005 年，第 347—349、381—383 页。

③ 《新译英汉辞典》，群益书社，1908 年，第 600 页。

而编撰。书中有"本位货币""外国货币"词条。[①] 1909 年 11—12 月，日本田边庆弥著，王我臧译《汉译日本法律经济辞典》，由上海商务印书馆出版。该辞典中有"货币""通货"两个词条。

以上四种辞典除《新尔雅》为自编外，其余均译自日文。语言学家王力认为："中国当时为西洋语言（特别是英语）编词典的人们由于贪图便利，就照抄了日本人所编的西洋语言词典的译名。"[②] 这是日本译名流行的重要原因。说明辞典对"货币"一词的扩张有重要作用。还说明，"货币"一词并不仅仅与经济、金融有关，而是与社会各种活动紧密相连，清末新政时期，各方面的改革均学习日本，使用日语术语借词成为风尚。反映了日本强势文化对中国的影响。

（六）梁启超等人推广使用"货币"。

梁启超对推广使用"货币"一词有重要作用。前已指出，1897 年 10 月 26 日，梁启超在《时务报》第 43 册发表《论金银涨落》，此时的《时务报》已经大量使用"货币"一词，该刊主编梁启超却使用的是"币"。[③] 梁启超旅居日本后，开始大量使用日语汉字词。1902 年 3 月，《新民丛报》第 3、4 号，《论民族竞争之大势》："自近世托辣士托（各公司联合资本之意）之制行，平准界之组织一变，世界之货币，尽吸集于美国纽约芝加哥诸大市。" 1902 年 5—12 月，《新民丛报》共 5 期登载《生计学（即平准学）学说沿革小史》，大量使用"货币"一词。1904 年，梁启超针对精琪设计的中国货币改革方案，在《新民丛报》发表《中国货币问题》。梁启超总体上赞成精琪方案，认为该方案根据的学理深邃，而汉译本"伪谬至多"，"乃撮译其大意，附以鄙见，旁参近世生计学者所发明之原理，博引各国改革货币之故实，以证其立案之所由，且于将来推行之法，所以挽国权勿使旁落者，亦缀论焉"。[④] 梁启超以"中国货币问题"为文章名称，将日语术语借词"货币"与"中国"组

---

① 〔日〕清水澄：《法律经济辞典》，张春涛、郭开文译，王沛点校，上海人民出版社，2014 年，第 59、69 页。

② 王力：《汉语史稿》，中华书局，2015 年，第 504 页。

③ 梁启超：《饮冰室合集·文集》（第 1 册），中华书局，1989 年，总第 86 页。

④ 梁启超：《中国货币问题》，《饮冰室合集·文集》（第 6 册），中华书局，1989 年，总第 1462—1463 页。

成"中国货币"复合词，使"货币"一词成为醒目的关键词，给读者以强烈的印象。1909年，梁启超作《中国改革财政私案》，其中有"货币政策"一节。1910年4—7月，梁启超在《国风报》接连发表《中国古代币材考》《币制条议》《读币制则例及度支部筹办诸折书后》。这些文章集中论述了中国货币问题，且大量使用"货币"一词。《中国古代币材考》提到："货币二字，今成为交易媒介物之专名。"[①]

综上所述，1910年，现代意义的"货币"一词初步形成。

五 20世纪上半叶，"货币"遇到了钱、钱币、泉币等词的长期竞争

"货币"一词在扩张和取得专用名词地位过程中，遇到了"钱""钱币""泉币"三个词语的竞争。

"钱"对译Money，其优势是老百姓将"钱"作为熟语和俗语，使用时间长达两千余年，有极为广泛的群众基础。其劣势是"钱"的含义有铜钱、钱财、钱币、钱两、姓钱等多种含义，不适合去定义一个专有名词；同时，"钱"作为"单字词"（单音词）也不如"多字词"（多音词）对所指含义多做一字或几字限定，使专用名词定义更准确。有此两大缺点，"钱"不是"货币"一词的主要竞争对手。近代用"钱"对译Money者，主要是傅兰雅等西方传教士。1907年出版的《商务书馆英华新字典》中，Money译为"钱，银，银两，钱财，现银，富，财产"。[②] Money汉译的第一义即为"钱"。该字典为中国人自编，较多吸收了来华传教士的译法。在中国人的学术著作中，很少见将"钱"对译为Money者。

1911年，康有为《金主币救国议》一书中，不用"货币"，用"钱""币"，他说"用生金不如铸钱，而钱必用金银铜"，等等。[③]

"泉币"一词在唐代就已经出现，柳宗元《柳先生集》（别集上《非国语·大钱》）提到："古今之言泉币者多矣。"但在古代，"泉币"一词

---

① 梁启超：《中国古代币材考》，《饮冰室合集·文集》（第7册），中华书局，1989年，总第1879页。

② 商务印书馆编《商务书馆英华新字典》，商务印书馆，1907年，第331页。

③ 《康有为全集（增订本）》（第九卷），中国人民大学出版社，2020年，第24页。

不如"钱币"流行，1901—1902 年，严复译《原富》使用"泉币"对译 Money，"泉币"一词重新焕发生机。1906 年，奚若译述，美国罗林著《计学》，全书使用"泉币"和"钱币"二词。[①] 1907 年 4—5 月，商务印书馆编译所编译"实业学校教科书"《商业理财学》，全书使用"泉币"。1912 年 3 月，王鸿猷译，法国德孚斐尔著《泉币通论》出版。1912 年，中华民国北京政府在财政部内设立"泉币司"，管理全国货币与金融事务。"泉币"一词成为官方重要机构的名称，其语言地位和影响陡然上升。1915 年《辞源》列有"泉币"词条，释义为："货币也，以其流通如泉故云。"[②] 1915 年 11 月，章宗元著《中国泉币沿革》出版。1917 年，贾士毅在《民国财政史》中指出："考泉币二字，有广义狭义之分。狭义专指货币而言。……广义往往包银行货币而言。财政部官制，内设泉币一司，掌理银行货币两事，故近人有以泉币之义，并包银行在内，以银行调剂金融，而其主旨亦在流通如泉也。"[③] 贾士毅所称"泉币"一词，狭义专指货币，广义包括货币与银行，已经近于"金融"一词的含义了，也就是说，"泉币"一词包括货币，比"货币"一词含义更广。在书中，贾士毅同时使用"泉币"与"货币"。1928 年，中华民国北京政府垮台，财政部泉币司解散，"泉币"一词的官方背景随之消失。不过，仍有学者使用"泉币"，1931 年 2 月，陈清华译《中央银行概论》，全书主要使用"泉币"代表"货币"，仅个别地方使用"货币"。1934 年 3 月，陈清华译，奥地利斯班著《经济学说史》由上海商务印书馆出版，全书使用"泉币"。

20 世纪 30 年代后，"泉币"一词逐渐演变为专指过去的货币。1936 年，中国古泉学会成立，标志着古钱学从金石学和考古学独立出来，成为一门新学科。张絅伯在《古泉学》第 3 期发表《何为货泉学》，认为"古泉学"一词意义太狭窄，不如"货泉学"一词恰当。1940 年 7 月，中国泉币学社创办《泉币》，"货泉学"一词又被"泉币学"一词代替。张絅伯《本志发刊辞》指出："方今泉币一门，成为独立专门科学。……因知泉币莫非历代日用通货……要在详稽实物，参证史志，按诸货币原

---

①　〔美〕罗林：《计学》，奚若译述，商务印书馆，1906 年，第 5、132 页。

②　陆尔奎主编《辞源》，商务印书馆，1915 年，巳第 53 页。

③　贾士毅：《民国财政史》（下），商务印书馆，1917 年，第 1323 页。

理，以究其制作沿革，变迁源流，利病得失之所在，治乱兴替之所系。"文中所说"泉币莫非历代日用通货"，即将"泉币"一词专指过去的货币。而泉币学是以运用货币原理，研究过去货币的实物为特点。"泉币"一词由与"货币"竞争的"价值尺度"的专名，意义缩小为专指"历代日用通货"。中国泉币学社之所以选择"泉币"代替"泉货""古泉"二词，是因为此时的"泉币"已经无法与"货币"一词竞争，成为败下阵来的闲词，为"泉币"赋予新义，实际上给予了"泉币"一词以新的出路。前已指出，当时人们一般认为"泉币"与"钱币"为同义词，随着泉币学或钱币学的兴起，"泉币"与"钱币"找到了自己所特指"过去货币"的含义，也就彻底退出了与"货币"一词的竞争。

东汉班固《汉书·食货志下》提到"钱币"一词："天子与公卿议，更造钱币以澹用。"唐代杜佑著《通典》，其"食货门"下有"钱币"目，元代马端临《文献通考》有"钱币考"，钱币是中国古代使用时间长、流行广的交易媒介总称。进入近代后，在"货币"一词兴起前，"钱币"仍是代表货币的主要词语。

在"货币"一词初步形成后，"钱币"一词的使用者有几种势力。

第一，孙中山及其钱币革命追随者。1912 年 12 月 3 日，孙中山《倡议钱币革命对抗沙俄侵略电》："钱币为何？不过交换之中准，而货财之代表耳。"钱币革命的方法为："以国家法令所制定纸票为钱币，而悉贬金银为货物。"① 孙中山在此使用的"钱币"就是"货币"的意思。全文"钱币"出现 18 处，而无一处出现"货币"一词。1928 年刘冕执编《钱币革命实行方案汇览》，1931 年左右刘冕执著《钱币革命逐渐实行方案》等书。

第二，国民政府等机关。1928—1949 年，国民政府在财政部内设立钱币司管理全国货币与金融，"钱币"一词取得了官方地位。1933—1942 年，《海关中外贸易统计年刊》每年均有《海关金单位及国币折合各国通行钱币数目表》，"通行钱币"英文为 Currence。表内又使用"各国货币"词语。到 1943 年，该刊将前述"通行钱币数目表"改为"通行货币数目表"。

---

① 《孙中山全集》（第二卷），中华书局，2011 年，第 545 页。

第三，收藏界与古钱研究者。《新光邮票钱币杂志》于 1936 年 1 月在杭州继承《新光月刊》，于 1937 年 7 月停刊，由新光邮票会编辑并发行，月刊，是收藏界办的刊物。该刊大量使用"钱币"一词，其主要指古代钱币，也指现代货币。

第四，学术界。1908 年 10—11 月，青浦朱宝绥译、美国麦喀梵著《经济原论》全书使用"钱币"。1914 年《傅克斯经济学》全书使用"钱币"一词代表"货币"。1935 年 12 月，吴世瑞著《经济学原理》以"钱币"对译 Money，且指出："钱币原分货币、纸币二种：货币本身为财富，纸币则非财富也。货币除用以交换货物外，其本身仍不失为有用之金属；至纸币完全为一种计算之筹码而已！其本身实不得谓为财富也。"[1] 吴世瑞以钱币为交易媒介的总称，以"货币"为硬币的代称，这与今天以货币包括钱币与纸币，钱币为硬币的代称恰恰相反。1936 年春，北京大学教授周炳琳对凯恩斯《通论》发表评论，文章内使用"钱币"对译 Money，并将《通论》书名译为：《雇佣利息与钱币之一般理论》（*The General Theory of Employment*，*Interest and Money*）。[2]

除在自己论著中使用"钱币"外，王怡柯、崔晓芩等民国经济学家还提出了以"钱币"替代"货币"的理由。1919 年 4 月 15 日，王怡柯在《货币名称辩》中指出："英文默内（Money），日人译称货币，我国学者从之，教育部所定学校科目，亦称货币，于是货币几为市易名价之物定称矣。"他认为以中国的"钱币"译英文 Money 在字义上最相吻合，建议以"钱币"取代日语词"货币"。[3]

坚持使用"钱币"反对使用"货币"一词的代表为民国著名金融学家崔晓芩，他在译《国际金融争霸论》（1933），著《中央银行论》（1935）、《币制与银行》（1936）等书中，以"钱币"一词贯穿到底。1936 年 10 月，崔晓芩认为"钱币"一词优于"货币"，其理由如下：

---

[1]　吴世瑞：《经济学原理》，商务印书馆，1935 年，第 45 页。

[2]　周炳琳：《书评：*The General Theory of Employment*，*Interest and Money*》，《国立北京大学（社会科学季刊）》第 6 卷第 1 号，1936 年，第 182—183 页。

[3]　王怡柯《货币名称辩》首先发表在《法政学报》1918 年第 6、7 期合刊上，《东方杂志》的文章为全文转载。

　　钱币，英文为 money。我国因袭日文，亦叫作货币，而且在译著中已经普通。教育部所定学校科目也称为货币。但是无论如何，按字源和习惯都不合适。所以我认为应当用"钱币"不用货币。理由：

　　（1）钱币与泉币二字极相近，按我国关于钱币二字，尝用泉币，二者极相近。而钱币更为通俗。从无货币之名。《马氏文通》有钱币考。是证明钱币二字已成熟语。

　　（2）英文 money 字源，由于拉丁文的 moneta。是当年罗马帝国时代铸钱的寺院名字，money 指铸造的硬币而言。和我国邓通铸钱一样。所以 money 应当和我国的钱币二字相当。当年的译者只顾袭用日文的名词，而舍本国现成的不用。

　　（3）钱币二字容易了解，货币易于含混。不用这许多考据，单求通俗能为一班人明了起见。"货币论"或"货币学"虽然为学者所明了。但是一班人听到莫名其妙。如果你遇到一班人（即便是钱庄里朋友）问起所学何事，所讲何课，你如果回答为"货币论"或"货币学"，他们或者误会为"何必论""何必学"。然而说出"钱币论"，就不然，至少一班人晓得一个钱字。

　　（4）政府官方的根据。财政部里设有钱币司。并不叫货币司。可见政府于钱币二字业经承认。如此可以对抗教育部所审定的学科。

　　（5）按钱币的进化过程，不论中外，最初虽不免拿某种常用的货物作为交易的媒介。但是自从有造币以来，钱是钱，货是货。断然不能再把货来加在币的头上，叫作货币，已然不合乎事实。

　　以上追溯字源，证诸事实，再按诸今日的造币事实。和官方的命名，自应译 money 为钱币，不应袭用日文仍叫货币，使一班常人发生误会。所以本书采用钱币而不用货币。①

以上 5 条，如果条条有理，那么，应该反问的是：为何"货币"一词仍然广泛流行呢？恐怕绝非当年的译者不懂国文袭用日文所致。

崔晓芩三次提到袭用日文，可见，"货币"是一个日语术语借词。

---

① 崔晓芩：《币制与银行》，廖英芬刊，商务印书馆，1936 年，第 1—2 页。

以上事实说明，在学术界、舆论界、官方，大部分人使用"货币"一词的时候，仍有不少重要人物使用"钱币"一词。但是，大势所趋，钱币的影响仍在逐渐缩小。1937 年 4 月，张一凡、潘文安主编《财政金融大辞典》指出："钱币，或曰泉币。指一切硬质货币而言。"此处将"钱币"与"泉币"定义为货币的具体一个种类，即硬质货币。书中还使用"货币"去解释它。说明这两个词已经退出与"货币"的竞争。关于"钱币学"，其释义为："Numismatics，钱币学，即货币学，用科学之法，研究货币之起源职能及各种币制之演进与得失或改进之学问。"①

1940 年，张绚伯《货币释名》认为："以龟贝为中介而有货之名，以粟帛为中介而有帛之名。至周刀布盛行，而有泉之名。圜金产生方有钱之名，逮乎方孔制钱形制蜕化而成，而名称定，自秦汉迄今行之二千百有余年，历时既久，流通又广，后人口传耳熟，习于钱名，而莫之其起之至晚也。由此以推，货字最早，币次之，泉又次之，钱字最后。"此段论述说明，货、币、泉、钱均有交易媒介的意义，"货"是中国最早的交易媒介名称，并不是专指货物。张绚伯又指出："后世有以二字相合而成名词者，则有（一）货币，（二）泉币，（三）钱币。近时法律及学校科目上，由司法教育两部，以明文规定，遵用货币二字为名词，日本亦同。"② 这段话的意思是，货币、泉币、钱币均为中国所自有的指代交易媒介的名词，之所以以"货币"为专有名词，是因为司法部和教育部在法律和学校科目上有明文规定，这与日本相同。由此可见，"货币"一词进入法律条文和学校科目对其推广使用有关键作用。

1947 年，马寅初在《经济学概论》中指出："英文'默内'（money)，日本译称货币，我国学者从之。教育部所定学校科目亦称货币，于是货币几为市易名价之物之定称矣。"③ 可见，马寅初在教科书中承认现代"货币"一词来自日语，它在中国近代形成的关键是教育部将"货币"规定为学科名称。

---

① 张一凡、潘文安主编《财政金融大辞典》，世界书局，1937 年，第 1394 页。
② 张绚伯：《货币释名》，《泉币》第 1 期，1940 年，第 11 页。
③ 《马寅初全集》（第 11 卷），浙江人民出版社，1999 年，第 445 页。

六　结论

综上所述，从先秦到 19 世纪末，中国以币、钱、钱币、货币等名词为交易媒介总称，而以钱、钱币为常用词，"货币"为罕用词。"货币"同时还有"货物价格"等含义。在 19 世纪，来华西人和中国知识分子以钱、钱币等词翻译 Money，这实际上是沿用了中国数千年的用法。19 世纪末，日本与 Money 对译的专用名词"货币"输入中国。日语术语"货币"与中国传统"货币"有两大不同，一是对译英文 Money，二是只有一个含义。20 世纪初，日语术语"货币"在中国得到了快速的传播和广泛的使用。特别是官方以"货币"确定学科名称和法律罪行名称，使"货币"成为权威术语。但中国沿用数千年的用法，不可能突然变革，20 世纪上半期，"货币"遇到了钱、钱币、泉币等词的长期竞争，最终结局是，日语术语"货币"战胜了中国术语"钱币"等词，传统"钱"成为中国人日常指称货币的俗语，传统"钱币"以及"钱币学"成为古钱和研究古钱的一门学问。

由"钱""钱币"转化为现代"货币"，意味着中国使用了数千年的词语被一外来新词激活古代罕用词替代。这是一个巨大的历史变迁。与"经济"一词变迁不同，它不是同一个词语词义的巨大变迁，而是用罕用词替代了常用词，这是中、西、日三者词语互动史的又一个典型案例。

从现代"货币"生成的线索中，可以考察西方近代货币制度由日本向中国传播的路径、中国近代货币思想的转折点（日本货币本位制思想传入），以及钱币学如何兴起等难解谜题。

第四节　"保险"一词的形成

中国传统"保险"一词的意思是"保据险要之地"，[①] 现代意义的"保险"是英文 Insurance 的汉译，Insurance 音译中文为"燕梳"，意译有保险、担保、保安、保家等词，后统一为"保险"。

1805 年，英国、印度商人在中国广州成立"谏当保安行"（Canton

---

① 《辞源》，商务印书馆，1915 年，子第 202 页。

Insurance Society），也曾译为广州保险社、广州保险协会等，这是在中国开设的第一家保险机构。1836 年，怡和洋行在广州建立了谏当保险公司（Canton Insurance Office）。1862 年，美商旗昌洋行在上海设立扬子保险公司。① 1861 年 11 月，上海第一份中文报纸《上海新报》创刊，1862年 7 月 3 日，上海琼记洋行在《上海新报》登载《洋船保险》广告，推广其代理三家美国保险公司的轮船保险业务，该广告中出现了保险、保险公司、保险费词语。② 1862 年 11 月 18 日，公平洋行在《上海新报》发布《房屋保险》广告。③ 1865 年 6 月 6 日，义和公司保险行在《上海新报》刊登《新开保险行》启事，这是中国第一家华商保险企业的开业广告。④ 在《上海新报》里刊有大量的关于"轮船保险""各货保险""保险公司""货船保险"等保险公司和保险代理公司的广告，说明"保险"在 20 世纪 60 年代初已经成为上海商业社会的常用词。

马礼逊《华英字典》（1815—1823）无"保险"一词和英文 Insurance。⑤ 1866—1869 年罗存德编《英华字典》有保险、保险公司等词，该字典对日本影响甚大，"保险"等词可能由此传到了日本。⑥ 1875 年，邝其照编《字典集成》列有保险、保险之事、保险公司、火烛保险公司、水面保险公司等词。⑦

1880 年，《富国策》使用"保险"一词。该书在论利息（利润）时指出："业户之利息，内分三项，一酬俭，二酬虑，三酬劳也。""业户固有出费以资保险者矣，则此保险之费，即第二项之属也。今英国保火灾之险，几几遍行国中，此外商船保风涛之险，农户保冰雹之险（近日有保牲畜瘟疫之险者）。凡此所出之费，皆在利息项下开除。"⑧ "保险"一词成为学术语言。其后，《富国养民策》（1886）、《国政贸易相关书》

---

① 中国保险学会编《中国保险史》，中国金融出版社，1998 年，第 18、21—22 页。

② 《洋船保险》，《上海新报》第 49 号，1862 年 7 月 3 日。

③ 《房屋保险》，《上海新报》第 108 号，1862 年 11 月 18 日。

④ 《新开保险行》，《上海新报》第 497 号，1865 年 6 月 6 日。

⑤ 〔英〕马礼逊：《华英字典》（影印版），大象出版社，2008 年。

⑥ 沈国威：《近代中日词汇交流研究：汉字新词的创制、容受与共享》，中华书局，2010年，第 131 页。

⑦ 邝其照编《字典集成》（影印版），商务印书馆，2016 年，第 181 页。

⑧ 〔英〕法思德：《富国策》卷二，汪凤藻译，京师同文馆，1880 年，第五章第 22 页。

（1897）均使用"保险"。

1898 年，《农学报》第 42—50 期连载《农业保险论》，该著由日本吉井东一著，日本山本宪译。1898 年出版单行本。该书实际上是一部保险学著作，它输入了大量保险术语，如农业保险、生命保险、财产保险、海上保险、火灾保险、被保人、保险料金、通常生命保险、特别生命保险、养老保险、寻常终身保险、保险费、有限纳金终身保险、定期保险、养老保险、子女教育资（子女教育保险）、保险契约（保险合同）、代理社、保险金、保险证书、领保险金之人、教育保险、领保险金者、精算、保险证券、保险金额、保险费通帐、保险物、农业保险、全损保险、分损保险、危险（风险）等。[①] 1898 年《农业保险论》是传入中国的第一部保险学著作，保险学知识体系由此从日本输入。

1902 年，严复在所译《原富》中也使用了"保险"一词。[②] 以来华西方人口译、严复古译、日本制汉字术语为代表的近代经济学三大译名体系均共同使用"保险"。1907 年，商务印书馆编《商务书馆英华新字典》将 Insurance 译为"保险，保险以免损失，保险凭单，保险费"。[③] 1908 年，编译自日文的《新译英汉辞典》将 Insurance 译为"保险，保险费"。[④] 这两个背景不同的字典均将 Insurance 译为"保险"。

1904 年 1 月，清政府颁布经张之洞等人修订的《奏定学堂章程》（即癸卯学制）。其中《奏定大学堂章程》规定，商科大学分三门：（1）银行及保险学门，（2）贸易及贩运学门，（3）关税学门。[⑤] "保险"成为一个专业学科的名称。1913 年 1 月，国民政府教育部公布大学规程，规定"商科分为银行学、保险学、外国贸易学、领事学、关税仓库学、交通学六门"。[⑥] "保险学"专业得到了延续。

"保险"在经济学著作和一般字典中很少有替代词。但在实际经济生活中，"保险公司"却长期与"燕梳行""保家行""保安公司"等名

---

① 〔日〕吉井东一：《农业保险论》，〔日〕山本宪译，《农学报》第 42—50 期，1898 年。

② 〔英〕亚当·斯密：《原富》（上册），严复译，商务印书馆，1981 年，第 84 页。

③ 商务印书馆编《商务书馆英华新字典》，商务印书馆，1907 年，第 275 页。

④ 《新译英汉辞典》，群益书社，1908 年，第 501 页。

⑤ 参见舒新城编《中国近代教育史料》（中），人民教育出版社，1961 年，第 620 页。

⑥ 参见舒新城编《中国近代教育史料》（中），人民教育出版社，1961 年，第 652 页。

称共同使用。① "燕梳"一直到 1939 年还在《申报》中使用。

第五节　"信用"等金融术语的形成

本节叙述信用、高利贷、债权、债务、利率、单利、复利、外汇、汇率、证券、股票、信托、风险、投资、投机共 15 个金融术语的形成。

一　信用（Credit）

（一）"信用"一词的中国传统用法

"信用"为中国传统词，其含义为"信任使用（某人）或信任采用（某事某物）"。苏轼《留侯论》："庄王曰：'其君能下人，必能信用其民矣。'"现代"信用"所指的"守信、借贷"之意，中国传统上用信、信义、借、债、贷、貣、赊贷等词，没有一个专有的词语对应。"信用"一词的现代意义不是传统"信用"一词自然演变而来，而是借自日语汉字词"信用"，它对应的英文词为 Credit。

进入近代后，传统意义的"信用"仍为中国的常用词。1874 年 6 月 15 日，《申报》刊文指出："正兴塱记发票不可信用，倘有信用情形，与小行无涉，特此告明。"② "信用"为相信采用之意。

1880 年 12 月 18 日，《申报》登载李鸿章为道员贪鄙失职事上奏之折，文中说该道员"公事未能整饬，信用门丁劣幕，招摇生事"。③ "信用"意思为相信使用。1897 年 12 月 16 日，《申报》第 2 版《钱局述闻》："汉口官钱局所出钱票，民间信用，遐迩风行。"④ "民间信用"为人民相信采用之意，与当今金融学科的"信用"近似。

1819 年，马礼逊《华英字典 4》将"信"英译为 Truth、to Believe、to Trust Belief、Faith 等词；将"赊账"译为 Credit；将"赊买"译为 to Buy on Credit；将"赊卖"译为 to Sell on Credit。⑤ 1822 年，马礼逊《华

---

① 《上海新报》新第 78、90 号，1868 年 7 月 30 日、8 月 27 日等。

② 《金正兴塱记启》，《申报》1874 年 6 月 15 日，第 6 版。

③ 《大学士直隶总督一等伯臣李鸿章奏》，《申报》1880 年 12 月 18 日，第 3 版。

④ 《钱局述闻》，《申报》1897 年 12 月 16 日，第 2 版。

⑤ 〔英〕马礼逊：《华英字典 4》（影印版），大象出版社，2008 年，第 769、727 页。

英字典6》将 Credit 译为"赊去赊来；信；权势"。① 可见，马礼逊只将"赊账"和 Credit 互译，"信"和 Credit 并不能互译。19 世纪 80 年代后，西方的经济学著作陆续传到中国。1896 年，传入中国的第一部货币银行学著作英国布来德著《保富述要》（Money）刊行，该书由傅兰雅口译、徐家宝笔述。Credit 为原书常用词，被翻译为中文"放心，赊买"。② 1897 年，傅兰雅口译、徐家宝笔述，英国法拉著《国政贸易相关书》提到："摩尔生所设之法，不但英国信用，今时别国均信用之。"③ 此处"信用"一词，仍为中国传统用法——相信使用。

（二）现代"信用"一词源自日语

1887 年完稿，1895 年出版的黄遵宪《日本国志》介绍了日本刑法，其第二编第四章为"害信用罪"，包括伪造货币罪、伪造官印罪、伪造私印私书罪等。黄遵宪在注释文中又提到："第二百条，是关人民信用者，虽未遂，不得付之不问，故别揭此条。"④ 此处的"信用"已经不是中国传统所指"信任使用"之意，而是"守信"的意思。

1897 年底，康有为刊行《日本书目志》，其政治门下的经济学类列有《信用组合论》和《伊国信用组合》二书。⑤ 此处"信用"为日语词，康有为还没有导入汉语中。1898 年 6 月，康有为《日本变政考》提到："当时民智未开，信用不广"，纸币"信用反出正货上"。⑥ 康有为已经将现代意义的"信用"使用在自己组织的语言中。

1899 年 6 月 8 日，《湖北商务报》第 5 期发表《设立日清银行之要》，译自日本《时事新报》，文中指出："英国银行中，能全其信用与资产，为圆满操作者，亦不过香港上海银行（即汇丰银行）耳，——同时周密监督准备之金，大加银行之信用，使英国商人，以为中心所依赖。

① 〔英〕马礼逊：《华英字典6》（影印版），大象出版社，2008 年，第 97 页。
② 〔英〕布来德：《保富述要》，〔英〕傅兰雅口译、徐家宝笔述，江南制造局，1896 年，第二章和总论。J. Platt, *Money*, New York and London：G. P. Putnam's Sons, 1889, pp. 26，258.
③ 〔英〕法拉：《国政贸易相关书》卷下，〔英〕傅兰雅口译、徐家宝笔述，江南制造局，1897 年，第 6 页。
④ 陈铮编《黄遵宪全集》（下），中华书局，2005 年，第 1380—1381 页。
⑤ 《康有为全集》（三），上海古籍出版社，1992 年，第 769 页。
⑥ 康有为：《日本变政考》，中国人民大学出版社，2011 年，第 20、48 页。

犹我国商人之于日本银行，故其银行发行银券，其信用颇厚，常位银货之上。……我商人信用，亦不为其所理解。"上列四个"信用"词语意思是相信、信任、声誉等，还没有借贷的意思。

1899 年，《湖北商务报》登载日本河濑仪太郎译《日本商律》，第七十一条说："如以劳务与信用，为代其出资者，此等社员，届引退之时，该社员得求返还其资（如有劳务，则劳务应算若干资本；可信用，则信用应得若干酬银）。"① 此处的"信用"应是指声誉等无形资产。

1901 年 5 月至 6 月，《农学报》第 140—143 期连载《农业经济篇》，该译著为日本今关常次郎著，日本吉田森太郎译。同年，《农学报》刊行了《农业经济篇》的单行本。文中指出："生产无贷借之道，则受亏不少，此患不足，彼患有余。及文化渐进，而贷借行焉，曰信用者，理财学中重要之问题也。"② 这里明确将"信用"解释为贷借行为。

1901 年 5 月至 1902 年 2 月，《湖北商务报》连载日本清水泰吉《商业经济学》，"信用"为该书的常用词，其中第二编第二章第三节"商务"部分专门有一目论述"信用"，包括：（1）商业信用种类有对人信用、对物信用，有期信用、无期信用；（2）商业信用效益有增加资本生产力，奖励国民贮蓄，敏活买卖授受等作用；但滥用信用会带来投机浪费等副作用；（3）信用形式有证书、口约、账簿。③

1902 年 12 月，和田垣谦三著，上海广智书局译《经济教科书》第三编"财之交换"第四章为"信用"，书中说："信用者，谓贷物于人，人能任用之而不疑也。"信用包括对物信用、对人信用；消费的信用、生产的信用；直接信用、媒介信用。银行为媒介信用机关，它是资本供求的中心点。④

1903 年 2 月，作新社编译自日文的《最新经济学》第二编第三章为"信用（或贷借）"，书中论述了关于"信用"的三种定义。一是主观的定义，"所谓信用者，能信任他人于未来时，可了其债务之能力是也"。

---

① 〔日〕河濑仪太郎译《日本商律》，《湖北商务报》第 5 期，1899 年 6 月，第 9 页。

② 〔日〕今关常次郎：《农业经济篇》，〔日〕吉田森太郎译，《农学报》第 141 期，1901 年 5 月，第 12 页。

③ 〔日〕清水泰吉：《商业经济学》，《湖北商务报》第 96 期，1902 年 1 月，第 72—74 页。

④ 〔日〕和田垣谦三：《经济教科书》，广智书局翻译出版，1902 年，第三编第 5—7 页。

二是客观的定义，"所谓信用者，以他日报偿同价物之约束，而得自由处分他人货物之力是也"。三是信用交易与即期交易对照的定义，"所谓信用者，在甲为今日所为之经济行为，在乙则为未来之报酬行为，此甲乙相互之关系也"。① 信用分为：公共信用、私人信用，短期信用、长期信用、无期信用，对物信用、对人信用，消费信用、生产信用。信用本身不是资本，但可转移资本，增加资本的生产力。信用滥用，可造成投机和浪费。信用有口头信用和书式信用两种形式，书式信用又分账簿（记账法）和证书，证书又分为汇票、约束票、银票、纸币。

1908 年，编译自日文的《新译英汉辞典》将 Credit 译为："n.（1）信，信用。（2）名誉、名望、令名。（3）债权。（4）以信用借者。（5）簿记之贷方。—，v. t.（1）信，足信，信用。（2）记入簿记贷方。"②

1907 年 10 月，日本法学博士清水澄著，张春涛、郭开文译《法律经济辞典》，由日本东京奎文馆出版。1909 年，该书又由群益书社在上海出版。书中有"信用证券"条目。③ 1909 年 11—12 月，日本田边庆弥著，王我臧译《汉译日本法律经济辞典》，由上海商务印书馆出版。该辞典撰写了信用、信用取引、信用证券三个词条。"信用"释义为："对一面之经济行为，逆料他人将来当履行其义务之信认，曰信用。"④

（三）中国人使用现代"信用"

1903 年 2 月，王宰善编《普通经济学教科书》第三编第四章为"信用"，书中指出：信用为一种延期交易，"信用者何？深知债务者未来之能力之信认也"。信任之所以成立，原因在于，被信用者须有尽其义务之能力和意愿，如不尽义务，可以用法律强制执行。⑤ "信用"一词来自日本，此处将中国古代对人信用引申为商业借贷的信任。这就将中国"信用"的古义和经济学"信用"进行了有效的连接。

1903 年 8 月 23 日—9 月 20 日发行，汪荣宝、叶澜编《新尔雅》中

---

① 作新社编译《最新经济学》，作新社，1903 年，第 157 页。
② 《新译英汉辞典》，群益书社，1908 年，第 226 页。
③ 〔日〕清水澄：《法律经济辞典》，张春涛、郭开文译，王沛点校，上海人民出版社，2014 年，第 178 页。
④ 〔日〕田边庆弥：《汉译日本法律经济辞典》，王我臧译，商务印书馆，1909 年，第 61 页。
⑤ 王宰善编《普通经济学教科书》，开明书店，1903 年，第 78 页。

将"信用"释义为:"异时交易,以契约定彼此之权利义务者,谓之信用。"信用包括对物信用、对人信用,信用书包括贷借账、汇票、期票、支条,信用机关包括普通银行、特别银行、不动产银行、动产银行、兑换银行、换票所。①

1904年12月1日,《申报》发表湖广总督张之洞上奏驳美国人精琪(又译精琦)改用金本位的币制建议,张之洞引用了精琪"外国信用汇票"等语。②

1907年10月4日,《申报》登载法部戴尚书绍侍郎行用金币说帖:"国外汇兑不必输用实金实银出口,求信用借贷与其国家银行(在英则求英国银行借贷,在美则求美国银行借贷),稍予利息,而以内地所出货物为抵押。"③ 此处"信用借贷"意指借贷,而不是特指无抵押的"信用借贷"(信用借款)。

1910年11月27日,《申报》登载章宗元拟统一国库章程议案:"中国银行以信用借贷为多,不动产抵押之借贷亦不少,银根紧急之时,一则款项无着,一则抵押之物不易变卖。"④ 此处"信用"一词含义为无抵押的信贷。

(四)"信用"遇到了信义、信、信实、信托等词语的竞争

日语借词"信用"兴起后,一些中国经济学著作翻译者尝试使用其他词语对译日语词"信用"和英文 Credit。1901年,严复译《原富》,他将亚当·斯密原文 Good Credit 译成"信义足倚者",Best Credit 译成"信砡"。⑤ 严复以"信义""信"译 Credit。

1903年5月21日,吴启孙译,日本天野为之著《理财学讲义》出版,该书有一节为"信义与金银价之关系",并指出:"所谓信义者,何也?生产间借贷之事也。"此处的"信义"一词为对日文原著汉字词"信用"的汉译。书中除大量使用"信义"一词外,偶尔也使用"信用"

---

① 汪荣宝、叶澜编《新尔雅》,民权社,1903年,第46—47页。

② 《湖广总督张奏驳美员精琦改用金币无益有损折》,《申报》1904年12月1日,第1版。

③ 《法部戴尚书绍侍郎行用金币说帖》,《申报》1907年10月4日,第10版。

④ 《谨拟统一国库章程议案》,《申报》1910年11月27日,第26版。

⑤ 〔英〕亚当·斯密:《原富》,严复译,商务印书馆,1981年,第86、88页;〔英〕亚当·斯密:《国富论》(英文),上海世界图书出版公司,2010年,第64—65页。

一词。如"信义此一种之买力，以信用买物品，与以金银买物品，其所及之影响者一也"。①

1906 年，奚若译述，美国罗林著《计学》的第十六章为"信实"，书中解释说："所谓信实者，即倚赖之义也。"书中所论内容与日译《经济学》"信用"部分大同小异。② 显然，奚若是以"信实"译 Credit。

1907 年，商务印书馆编《商务书馆英华新字典》将 Credit 译为："n. 信，声名，权势，赊；——v. t. 信托，赊货，赊欠。"③

1907 年 4—5 月，商务印书馆编译所编译《商业理财学》使用"信托""信用"二词作为现代意义的"信用"。如"信用之币，与泉币同功。……人之受泉币也，在其真价，而不论付款者信托之坚弱。而信用之价，则全恃负者信托之何如"。④

上述以信义、信、信实、信托译 Credit，它们是一个译者一个译法，甚至一个译者几种译法并用，这就无法与大量长期专门使用的日语汉字词"信用"竞争，其结果是很少有他人跟用，成为废词。民国成立后，已经很难有新词与现代"信用"一词竞争。

（五）现代"信用"一词的本土化

现代"信用"一词为日语汉字词，那么，日语词"信用"又来自什么西文呢？中文"信用"是如何完成与西文 Credit 对接的呢？

1904 年夏，美国专使精琪向中国政府提出了《中国新圜法条议》和《中国新圜法诠解》，文中出现了"外国信用汇票（Drafts on Foreign Credits）"、"信用借贷款"（Credit Accounts）。⑤"信用"对译的就是 Credit，但这是词组对译，还不是"信用"和 Credit 的一对一的对译关系。

1908 年，颜惠庆主编《英华大辞典》将 Credit 译为"信，信用，名誉，声价，赊贷"。⑥ 中国人编写的词典里将 Credit 与"信用"完成了对译，但这同样不是一对一的对译关系。

---

① 〔日〕天野为之：《理财学讲义》，吴启孙译，文明书局，1903 年，第 173、189 页。
② 〔美〕罗林：《计学》，奚若译述，商务印书馆，第 132 页。
③ 商务印书馆编《商务书馆英华新字典》，商务印书馆，1907 年，第 122 页。
④ 商务印书馆编译所编译《商业理财学》，商务印书馆，1907 年，第 52 页。
⑤ 中国人民银行总行参事室金融史料组编《中国近代货币史资料（第一辑）：清政府统治时期（1840—1911）》，中华书局，1964 年，第 1128—1129 页。
⑥ 颜惠庆主编《英华大辞典》，商务印书馆，1908 年，第 511 页。

1910 年 12 月，熊崇煦、章勤士译，美国伊利著《经济学概论》，书中将"信用"对译为 Credit，并给出了由"信用"组成的复合词的中英文对译，如信用机关（Mechanism of Credit）、信用组织（Instrument of Credit）、账簿上之信用（Book Credit）、协同信用会社（Cooperative Credit Unions）、银行事务及信用（Banking and Credit）。① "信用"和 Credit 的一一对译关系清楚地呈现出来。

以上叙述了中国人逐渐确立了"信用"和 Credit 的对译关系，这意味着中国可以不通过日语而直接将 Credit 译为"信用"，这是"信用"一词完成本土化的重要步骤。

1911 年清廷公布《大清新刑律》，其第三十一章为"妨害安全、信用、名誉及秘密罪"，第三百五十三条："凡散布流言，或用伪计，损他人或其业务之信用者，处五等有期徒刑、拘役或一百圆以下罚金。"② 现代"信用"一词进入法律。

1915 年《辞源》列有"信用"条，其释义为：（1）道德上的诚实守信，（2）信而用之，（3）经济学上信用。③ 第二条为中国传统用法，其实，第一条诚实守信，也是"信用"的现代新义，可以归入经济学类。1938 年《辞海》对"信用"解释为如下。（1）"以诚信任用人也"，这是中国传统用法。（2）"（Credit）经济学名词。对于他人信任其能守约束之谓"，④ 这里只是将 Credit 对译"信用"的经济学意义。《辞源》与《辞海》均收录的是社会大众使用的普通名词，说明"信用"一词已经本土化。

1941 年，国立编译馆组织专家审定的《经济学名词（教育部公布）》将 Credit 译为"信用；贷"，并列出了信用合作社、信用存款、信用膨胀、信用票据、信用货币、信用制度、信用交易、信用组合等由信用组成的 12 个复合词。⑤ 说明信用成为经济学的常用词。

---

① 〔美〕黎查德迪·伊利：《经济学概论》，熊崇煦、章勤士译，商务印书馆，1910 年，第二编第 91—92、95、97、23 页。

② 《大清新刑律（附平议）》，1911 年，第 70 页。

③ 《辞源》，商务印书馆，1915 年，子第 204 页。

④ 舒新城等主编《辞海》戊种，中华书局，1938 年，子集第 236 页。

⑤ 国立编译馆编订《经济学名词（教育部公布）》，正中书局，1945 年，第 11 页。

二　高利贷（Usury）

中国传统对利息的多少往往称重利、微利，厚利、薄利，难见高利、低利的说法。

1822 年，马礼逊《华英字典 6》将 Usury 译为 "as forbidden by the Mahomedans is called 放利帐"。① 此处并没有指高额利息的贷款，而是指有利息的放账。② 1868 年，邝其照编《字典集成》将 Usury 译为 "放利帐，借货取利钱"，将 Usurer 译为 "放账的财主"。1875 年，邝其照新编《字典集成》将 Usury 译为 "放利帐，放银取利"，将 Usurer 译为 "要太贵利放账的财主"。③ 也就是说，1868 年，邝其照仍然将 Usury 解释为 "有利息的借贷"。到 1875 年的新编《字典集成》时，综合 Usury 与 Usurer 二词汉译，它们已经有高利的含义了。

1896 年，传入中国的第一部货币银行学著作傅兰雅译，布来德著《保富述要》刊行，英文原文在 "利息" 一章里多次出现 Usury，其中一处指出：在中世纪，放债取利被认为是有罪的，因此特以 Usury 这一贬义词指代之。另一处指出：在 16 世纪以后，国家规定借贷利率不能超过一法定利率数。至此，Usury 由指一般的利率，转为特指超过法定利率的利率。布来德在这两段文字中清楚说明了 Usury 词义的变迁。遗憾的是，傅兰雅译《保富述要》却未将包括 Usury 在内的这两段文字翻译过来。在其他地方，《保富述要》将 Usury 译为 "利息"。④

1900 年，《江南商务报》发表日本田冈佐代治译《商务教程》，文中用 "贵利贷款者" 翻译日文 "高利贷者"。⑤ 1901 年，《译林》翻译日本六条隆吉、近藤千吉合著的《世界商业史》提到："希腊制高利贷借之

① 〔英〕马礼逊：《华英字典 6》（影印版），大象出版社，2008 年，第 452 页。

② 彭信威曾指出，中国 "高利贷" 一词，是在 Usury 含义由一般利息已经变成高于官定利率贷款时翻译而成，本书的论述与此不同。参见彭信威《中国货币史》，上海人民出版社，2007 年，第 77—78 页。

③ 邝其照编《字典集成》（影印版），商务印书馆，2016 年，第 100 页。

④ 〔英〕布来德：《保富述要》，傅兰雅口译、徐家宝笔述，江南制造局，1896 年，第十二章；J. Platt, Money, New York and London：G. P. Putnam's Sons, 1889, pp. 153 – 156。

⑤ 〔日〕田冈佐代治译《商务教程》，《江南商务报》第 25 期，1900 年，第 48 页；〔日〕天城安政：《商业教科书》，东京博文馆，1892 年，第 199 页。

专横，设有法律。"① 此处出现了"高利贷"三字，但意思更像是"高利"和"贷借"两个词语的组合，其含义已经是指"高利贷"，但"高利贷"一词还没有完整形成。

1902 年 12 月 14 日，上海广智书局翻译出版日本和田垣谦三著《经济教科书》。书中反对国家制定法定利率，认为此对正当资本家无益，反而有利于不怕危险的高利贷者，并提到"高利贷（以仅少之母金，而收莫大之利子，贪欲无饱者，日本俗谓之高利贷）"。② 此处对高利贷来自日本俗语和其含义进行了说明，"高利贷"由此正式传入中国。

1903 年春，杜士珍译撰《近世社会主义评论》第三章标题为"摩西圣人之高利贷救世主之福音"，文中提到：摩西"洞知高利贷之弊害，屡嘱贫民不入借主之窖，屡责富豪勿贪不当之利"。③

1907 年 8 月 13 日，《申报》在《沈家本调查日本监狱情形清单》中指出："日本之高利贷重利盘剥，一旦事发到官，必科以初犯。"④ 1913 年 4 月 22 日，《申报》提到英国领事关闭汉口租界盘剥贫民的"高利贷质铺"。⑤ 1921 年 10 月 14 日，《申报》第 10 版发表《财政部之高利贷：年息在二十一分以上》。⑥ 从《申报》数据库搜索可知，《申报》提到"高利贷"一词之处在各个时代相差甚大，1920 年以前仅 4 处，1920—1929 年有 33 处，1930—1939 年有 275 处，1940—1949 年有 592 处。大致可知在 20 世纪 30 年代后，"高利贷"一词才开始流行起来。

"高利贷"一词传入中国后，在 20 世纪初，使用并不广泛，1921 年成立的中国共产党对推广使用"高利贷"一词起了重要作用。中国共产党在农民运动中发现贫苦农民地租太重，债务利息太高，苛捐杂税太多。于是提出了反对和废除农村高利贷的革命方针。中国共产党早期文件使用了重利借贷、高利债、高利借贷等名词指代高利贷。⑦ 1925 年 1 月，

① 〔日〕六条隆吉、近藤千吉：《世界商业史》，《译林》第 8 期，1901 年，第 27 页。
② 〔日〕和田垣谦三：《经济教科书》，广智书局翻译出版，1902 年，第四编第 3 页。
③ 杜士珍译撰《近世社会主义评论》，《新世界学报》第 12 期，1903 年，第 5 页。
④ 《沈家本调查日本监狱情形清单》，《申报》1907 年 8 月 13 日，第 10 版。
⑤ 《英领禁闭高利贷质铺》，《申报》1913 年 4 月 22 日，第 6 版。
⑥ 《财政部之高利贷：年息在二十一分以上》，《申报》1921 年 10 月 14 日，第 10 版。
⑦ 中国人民解放军政治学院党史教研室编《中共党史参考资料》（第三册），内部刊行，1979 年，第 55、63、79 页。

中共"四大"对于农民运动的决议案里指出："中国农民群众早已由（资本）帝国主义、军阀政治、重租、苛税、高利贷……等等驱之于反抗动乱之途。"① "高利贷"一词进入中国共产党全国代表大会决议案。1929 年 7 月，毛泽东主持中共闽西第一次代表大会通过的土地问题决议案规定："目前社会还需要金融之周转，利息不能取消，但需禁止高利贷。""利息过低，富人不借，农民不利，各地得斟酌情形规定利息为一分至一分五厘或其他相当利率。"② 此处将禁止高利贷写进了革命法案，规定了法定利率，"高利贷"就是指高过法定利率者。20 世纪 30 年代后，马克思主义经济思想家毛泽东、张闻天、王学文、陈翰笙、薛暮桥等人大量使用"高利贷"一词。1933 年 10 月，毛泽东在《怎样分析农村阶级》里指出："依靠高利贷剥削为主要生活来源，其生活状况超过普通中农的人，称为高利贷者，应和地主一例看待。"③ 1939 年 12 月，毛泽东指出："帝国主义列强从中国的通商都市直至穷乡僻壤，造成了一个买办的和商业高利贷的剥削网，造成了为帝国主义服务的买办阶级和商业高利贷阶级，以便利其剥削广大的中国农民和其他人民大众。"又指出，中国社会的主要特点是："封建时代的自给自足的自然经济基础是被破坏了；但是，封建剥削制度的根基——地主阶级对农民的剥削，不但依旧保持着，而且同买办资本和高利贷资本的剥削结合在一起，在中国的社会经济生活中，占着显然的优势。"④ 毛泽东在此使用了"商业高利贷阶级""高利贷资本"等词，并以此为关键词概括了中国社会的特点。1937 年 4 月，中国农村经济研究会编辑出版了《中国土地问题和商业高利贷》，书中收录了两篇专门论述高利贷的论文。⑤

　　"高利贷"一词兴起后，遇到了"重利"一词的竞争。1907 年，商

① 中国人民解放军政治学院党史教研室编《中共党史参考资料》（第三册），内部刊行，1979 年，第 193 页。

② 江西省档案馆选编《中央革命根据地史料选编》（中册），江西人民出版社，1982 年，第 370—371 页。

③ 《怎样分析农村阶级》，《毛泽东选集》（第 1 卷），人民出版社，1991 年，第 127—128 页。

④ 《中国革命和中国共产党》，《毛泽东选集》（第 2 卷），人民出版社，1991 年，第 629—630 页。

⑤ 中国农村经济研究会编《中国土地问题和商业高利贷》，黎明书店，1937 年。

务印书馆编《商务书馆英华新字典》将 Usury 译为"放重利之事"。[①]
1908 年，颜惠庆主编《英华大辞典》将 Usury 译为："1. 利钱，利息；
2. 法外之重利。"[②] 1922 年 11 月，马寅初三次演讲"重利问题"，他认
为重利问题源于资本缺乏，信用不广，借钱风险太大等政治、经济、文
化原因，而不是债主的贪婪，反对法律限制利息。[③] 1925 年 1 月，臧启
芳译《经济思想史》以"重利"对译 Usury。[④] 中国的英美派经济学家很
少使用"高利贷"一词。1934 年，何士芳编《英汉经济辞典》将 Usury
译为"重利"，将 Usury Law 译为"重利法；重利制限法"，将 Usurer 译为
"放重利者"。[⑤]《中华民国刑法》（1935）第三十二章为"欺诈背信及重
利罪"，第三百四十四条为："乘他人急迫、轻率或无经验，贷以金钱或
其他物品，而取得与原本显不相当之重利者，处一年以下有期徒刑、拘
役、或科或并科一千元以下之罚金。"[⑥] 从条文分析，此处的"重利罪"
就是"高利贷罪"。1937 年 2 月，巫宝三、杜俊东编译《经济学概论》将
Usury 译为"重利盘剥"。[⑦] 另外，1915 年的《辞源》与 1938 年的《辞
海》均无"高利贷"一词。

　　"高利贷"一词来自日语汉字词，在中国，Usury 从 1822 年起就有
"放利帐""重利"等多个汉语词对译，那么，什么时候，"高利贷"完
成了同 Usury 的对译呢？1908 年，《新译英汉辞典》将 Usury 译为"高
利"。[⑧] 1933 年 11 月，柯柏年、吴念慈、王慎名合编《经济学辞典》将
"高利贷"对译为 Usury，其释义为："'高利贷'就是普通所谓'重利盘
剥'；即将金钱贷给他人，所取的利息，超过了法定的利率的。上海的放
'印子钱'就是高利贷之最显著者。"[⑨] 1941 年，何廉等 32 位经济学家审

---

① 商务印书馆编《商务书馆英华新字典》，商务印书馆，1907 年，第 535 页。

② 颜惠庆主编《英华大辞典》，商务印书馆，1908 年，第 2543 页。

③ 马寅初：《中国重利问题》，《马寅初演讲集》（第一集），商务印书馆，1923 年，第
249 页。

④ 〔美〕韩讷：《经济思想史》，臧启芳译，商务印书馆，1925 年，第 34 页。

⑤ 何士芳编《英汉经济辞典》，商务印书馆，1934 年，第 211 页。

⑥ 法政学社辑录《中华民国刑法》（1935），法政学社，1936 年，第 82 页。

⑦ 巫宝三、杜俊东编译《经济学概论》，商务印书馆，1937 年，附录《英汉名词对照表》
第 22 页。

⑧ 《新译英汉辞典》，群益书社，1908 年，第 1014 页。

⑨ 柯柏年、吴念慈、王慎名合编《经济学辞典》，南强书局，1933 年，第 654 页。

定以 Usury 译"高利贷"。①

三　债权（Claims）、债务（Debt）

关于债权、债务，中国传统有债主、债家的说法。②

1819 年，马礼逊《华英字典 4》将"债"译为 to be in Debt；将"债人"译为 a Debtor；将"债主"译为 a Creditor。③ 1822 年，马礼逊《华英字典 6》将 Debt 译为"债"。Debtor 译为"负债的"，Creditor 译为"债主"。④ 马礼逊《华英字典》没有 Claims 一词。

1873 年 3 月 27 日，《申报》在《汇隆银行前日亏空现在示谕事》中指出，中国汇隆银行的债主须将银行凭据寄到英国斩色理衙门登记审理，以便清理，落款是"英国总理债务斩色理衙门意皮气压士谕"。⑤ 1879 年 5 月 4 日，《申报》第 7 版《告白》："前任会审官玛高温，今办中外状，翻译文案，契券、钱财、债务，笔资格外公道，秉公办理。"⑥ 以上两处"债务"可以理解为还债事务等意。1880 年 3 月 25 日，《申报》在《英国债务》一文中提到："阅英国邮音得悉：英国于西历一千八百七十九年三月三十一日结算债务……国债之大如此，闻之令人生骇。"⑦ 此处"债务"一词与现代意义的"债务"相同。可见，在日语汉字词对中国产生影响之前，"债务"一词已经出现在中国。但中国没有出现"债权、债务"对义词。

1898 年 6 月，康有为《日本变政考》在介绍日本的《民法》时提到《民法·债权担保编》第一部"对人担保"第一章"保证"、第二章"债务"，又提到"债权强制执行""借船债权"等语。⑧"债权""债务"从此出现在中文文献中，但是，康有为并没有解释"债权""债务"。康有为本人以及读者均可能难知道其意思。

---

① 国立编译馆编订《经济学名词（教育部公布）》，正中书局，1945 年，第 51 页。
② 何九盈等主编《辞源》（第三版），商务印书馆，2015 年，第 334 页。
③ 〔英〕马礼逊：《华英字典 4》（影印版），大象出版社，2008 年，第 9 页。
④ 〔英〕马礼逊：《华英字典 6》（影印版），大象出版社，2008 年，第 108 页。
⑤ 《汇隆银行前日亏空现在示谕事》，《申报》1873 年 3 月 27 日，第 6 版。
⑥ 《告白》，《申报》1879 年 5 月 4 日，第 7 版。
⑦ 《英国债务》，《申报》1880 年 3 月 25 日，第 1 版。
⑧ 康有为：《日本变政考》，中国人民大学出版社，2011 年，第 284—285 页。

1899 年，《湖北商务报》登载《日本商律》第二十六条指出："人借我者，日本名曰债权"；"我欠人者，日本名曰债务"。第四十一条："……债权（借予人者曰债权，若中国管事垫款之事）。"① 此处既说明了"债权""债务"二词的日语来源，又解释了其具体含义。这一解释是该词语被中国读者读懂和接受的关键。

1901 年 5 月至 1902 年 2 月，《湖北商务报》分 12 期连载清水泰吉《商业经济学》，该书大量使用"债权""债务"二词。1903 年，《新尔雅》以"债权""债务"解释信用。②

"债权""债务"在中国出现后，在经济学著作中还少见批评者和替代词，只是在 1915 年，彭文祖在《盲人瞎马之新名词》中批评了"债权人""债务人"译名。③

1908 年，《新译英汉辞典》中 Debt 译为"债务、负债"，Debtor 译为"债务人、负债主"，Claim 译为"请求、要求"，没有出现"债权"一词，Creditor 译为"债权者，债主"。④ 以上四词，除"债权"没有对应的英文词，其他均有对应的英文词。1934 年 2 月，何士芳编《英汉经济辞典》中 Claims 译为"索债权，债权"，Creditor 译为"债权人，债主"，Debt 译为"债务、负债"，Debtor 译为"债务人，借主"。⑤ 至此，债权、债务，债权人、债务人与英语完成了对接。

1915 年 10 月，《辞源》对"债权"的释义为："法律名词，对于一定之人要求其以金钱或劳力偿还之权利者，谓之债权。其人谓之债权人。"对"债务"的释义为："法律名词，为债权之对。负以金钱或劳力偿还之义务也。其人谓之债务人。"⑥ 1938 年《辞海》也有"债权""债务"词条。⑦ 说明该词语已经成为中国普通词语。可能被认为是法律词语，一般经济学辞典反而没有"债权""债务"词条。

---

① 〔日〕河濑仪太郎译《日本商律》，《湖北商务报》第 3 期，1899 年。
② 汪荣宝、叶澜编《新尔雅》，民权社，1903 年，第 46 页。
③ 参见〔日〕实藤惠秀《中国人留学日本史》，谭汝谦、林启彦译，生活·读书·新知三联书店，1983 年，第 302 页。
④ 《新译英汉辞典》，群益书社，1908 年，第 175、226、248 页。
⑤ 何士芳编《英汉经济辞典》，商务印书馆，1934 年，第 34、51、55 页。
⑥ 《辞源》，商务印书馆，1915 年，子 229 页。
⑦ 舒新城等主编《辞海》戊种，中华书局，1938 年，子集第 267 页。

四 利率（Rate of Interest）

中国传统"利率"一词指利益或利润。明代文献记载："随其田之宽狭，取其税之多寡，非若前代以一年之利率最多者以为额也。其额数则具于黄册，总于户部。"[①] 进入近代以后，这一传统用法仍在持续。1905 年 10 月 9 日，《申报》登载《直隶、山东、江苏三省留学生为津镇铁路事致父老书》："此路既开，贸易繁盛，股东之获利必厚，获利既厚，则股票价格自然腾涨，倘有急需而辗转出售，可收莫大之利率，此便于转移之利益也。"[②] 1908 年 9 月 4 日，《申报》说，李参议请筹禁种土药，建议对鸦片增税一倍，"土药成本日重，则利率日微；售价日高，则销场日隘"。[③]

马礼逊《华英字典》、邝其照《字典集成》等早期的汉外字典中均没有"利率"一词。1896 年，中国第一部货币银行学著作《保富述要》在"论利息"一章内没有将原文 Rate of Interest 译出。[④]

现代意义的"利率"一词借自日语汉字词"利率"。

1897 年 3 月 13 日，日本汉学家古城贞吉在《时务报》发表其所译《美国新总统政策》，文中指出："第六，采纽约政府银行制度，使诸银行创业于各地方，意欲各地方低其利息之率，而防货币独集于大都市也。"[⑤] 这里出现了"利息之率"一词。1897 年 4 月 12 日，古城贞吉在其译的《币制论续》中指出，日本币制改革时应注意整理公债，"将来欲募集公债，则宜大减利率，以保国家之利。是为且要也。今试观诸国公债利息，如中国现募集公债于中俄银行，其利息四分"。[⑥] 这里的"利率"与"利息"没有区别开来。1897 年 8 月 18 日，《时务报》登载古城

---

① （明）孙臣鲸修，（明）王崇庆纂《嘉靖开州志》卷九，明代嘉靖刻本，第 159 页（鼎秀数据库）。
② 《直隶、山东、江苏三省留学生为津镇铁路事致父老书》，《申报》1905 年 10 月 9 日，第 2 版
③ 《李参议请筹禁种土药》，《申报》1908 年 9 月 4 日，第 3 版。
④ 〔英〕布来德：《保富述要》，〔英〕傅兰雅口译、徐家宝笔述，江南制造局，1896 年，第十二章；J. Platt, *Money*, New York and London：G. P. Putnam's Sons, 1889, p.156。
⑤ 〔日〕古城贞吉译《美国新总统政策》，《时务报》第 20 册，1897 年 3 月。
⑥ 〔日〕古城贞吉译《币制论续》，《时务报》第 23 册，1897 年 4 月。

贞吉译《论扩充海陆军备以卫商战》，文中指出："资本既饶，于是乎利息率贱，利息率贱，于是乎各种事业，亦从此而兴。""制币有涨多，而利率反渐贵，岂非变极乎？"这里出现了"利息率""利率"。① 1898 年 4 月 21 日，古城贞吉所译的《中国公债》指出："银币公债百六十三万五千圆，利息七铢（即百分之七也）为率；金币公债四百万镑，利息六铢为率。"② 这里出现了"利息六铢为率"的"利率"多少的表述。

1899 年，《湖北商务报》发表译自日文的《华俄银行牛庄支店贷款情势》，文中有一小标题"利率及借款琐事"，有"银根紧迫，利率最高"的说法。

1899 年，《湖北商务报》发表《日本商律》，其第 173 条规定，社债原簿需记载"社债利率"。③ 第 196 条规定，公司未开业前，可分配给股东若干利息，"但其利率不可超法定利率（以法率定利息，若中国当商定分行息之类）"。④ 1901 年《日本商律》第 276 条规定，"因商行为所生债务，其法定利息率为一年六分"。⑤

1900 年，日本田冈佐代治译《商务教程》有专章论述"利率"，其中指出："利子之贵贱，即利率之多少是也。""利率有年利、月利、日分之别。"⑥

1901 年 5 月至 1902 年 2 月，《湖北商务报》分 12 期连载其翻译的日本法学士清水泰吉《商业经济学》。该书大量使用"利率"一词。1902 年，和田垣谦三著《经济教科书》指出："利子者，就资本之百位，以一月若一年计算之。例如：借百圆之金于人，而计其利子，曰每月几金，或每年几金也。此额之高低，名曰利率。"⑦

《申报》在 1898 年首次出现现代"利率"一词。1898 年 12 月 21 日，《申报》第 2 版《松江融斋书院十一月课题》："今有银十万两，发商生息，每年每两利率一钱二分，匀作五十六年收回，五十六次本利俱

① 〔日〕古城贞吉译《论扩充海陆军备以卫商战》，《时务报》第 36 册，1897 年 8 月。
② 〔日〕古城贞吉译《中国公债》，《时务报》第 58 册，1898 年 4 月。
③ 〔日〕河濑仪太郎译《日本商律》，《湖北商务报》第 12 期，1899 年。
④ 〔日〕河濑仪太郎译《日本商律》，《湖北商务报》第 17 期，1899 年。
⑤ 〔日〕河濑仪太郎译《日本商律》，《湖北商务报》第 71 期，1901 年。
⑥ 〔日〕田冈佐代治译《商务教程》，《江南商务报》第 26 期，1900 年，第 47 页。
⑦ 〔日〕和田垣谦三：《经济教科书》，广智书局翻译出版，1902 年，第四编第 3 页。

清，问每次收回若干？"其后连续近 10 年无此词出现。1908 年 4 月 2 日，《申报》第 5 版登载《津浦路债在英德招募情形》，提到 "此次债券所定利率系百分之四分之一"。1909 年后，"利率" 一词开始连续广泛使用，当年《申报》出现 "利率" 一词 4 处，1910 年出现 15 处，1911—1915 年出现 303 处。

"利率" 一词遇到 "息率" 等词的竞争。1888 年 8 月 17 日，《申报》第 9 版登载《电报总局告白》："启者：本局今年第六届结帐，每股派息率七元，照章于七月初十起，请各股商持折向驻沪电报总收支所验付。" 此处的 "息率" 是指派息的标准，还不是利息率的意思。1901 年 4 月 23 日，《申报》第 7 版登载日本《阪鹤铁路公司招债告白》："债款之息率按周年一分息。" 从 4 月到 5 月此广告连续登载 20 次。1901 年春，严复译《原富》将 Rate of Interest 译为 "息率"。[①] 1902 年，和田垣谦三著《经济教科书》又以 "利子步合" 指代利率，书中指出 "利子步合（步合犹曰程度也，日本俗语）"。[②]

一般规模的双语辞典难以收录英语复合词 Rate of Interest。1908 年，颜惠庆主编《英华大辞典》将 Rate of Interest 译为 "利息之率"。[③] 1910 年 12 月，熊崇煦、章勤士译，美国伊利著《经济学概论》将 "利率" 译为 Rate of Interest。[④] 至此，"利率" 与 Rate of Interest 完成了对接。

日文利率传入后，中国人逐渐将其本土化。1904 年，梁启超在《外资输入问题》中提到 "中央银行之利率"。[⑤] 1913 年 8 月，民国教育部审定的中学教科书《经济大要》（贺绍章编）提到 "现欧美市场利率不过二三厘"。[⑥] 1915 年，《辞源》解释 "利率" 为："计利息者，每定期内，利银对于本银之成数也。按年计者曰年利率；按月计者曰月利率；按日计者曰日利率。我国通俗所称年利率几分，即谓十分之几；月利率几分，

---

① 〔英〕亚当·斯密：《原富》，严复译，商务印书馆，1981 年，第 83—85 页；〔英〕亚当·斯密：《国富论》（英文），上海世界图书出版公司，2010 年，第 62、63 页。
② 〔日〕和田垣谦三：《经济教科书》，广智书局翻译出版，1902 年，第四编第 3 页。
③ 颜惠庆主编《英华大辞典》，商务印书馆，1908 年，第 1835 页。
④ 〔美〕黎查德迪·伊利：《经济学概论》，熊崇煦、章勤士译，商务印书馆，1910 年，第 164 页。
⑤ 梁启超：《饮冰室合集·文集》（第 6 册），中华书局，1989 年，总第 1428 页。
⑥ 贺绍章编《经济大要》，商务印书馆，1913 年，第 62 页。

即谓百分之几；至日利率几分，则谓每百圆每日之利息，当银元几分，实即万分之几也。"① "利率"被《辞源》列为词条，并结合中国实际进行了明确阐述，说明它已经成为中国的普通词语。另外，1929 年 11 月，吴念慈、柯柏年、王慎名编《新术语辞典》仍将"利率"列为新术语，释义为："利率（Rate of Interest）：资本主在一定期间所得的利息对于资本之比例，以十分率或百分率表示时，就称为'利率'。在中国，利息对于资本之比例是以十分率表示的，故中国人说及利率时，都是说一分（即十分之一），一厘（即百分之一）……欧美各国则是以百分率表示，故西人说及利率时，都是说 6%，7%……"②

五　单利（Simple Interest）、复利（Compound Interest）

"利息"一词形成后，"单利""复利"二词开始出现。1902 年，严复译《原富》将 Simple Interest 译为"简息"，将 Compound Interest 译为"繁息"，③ 其含义就是后来的"单利"与"复利"。

1905 年 4 月 4 日，日本葛冈信虎讲授，湖北师范生编《法制经济学》一书指出："以息加原本为复利，不以息加原本为单利。"④ 单利、复利二词由此出现于中文。1909 年 11—12 月，日本田边庆弥著，王我臧译《汉译日本法律经济辞典》列有"单利"词条，书中说："计息之法有二，但计母金之利息者，曰单利；将利息加于母金，递次计息者，曰复利，或称重利。"⑤

1934 年，何士芳编《英汉经济辞典》将 Simple Interest 译为"单利，单利息"，将 Compound Interest 译为"复利"。⑥ 1941 年，32 位专家审定：Compound Interest 译为"复利"，无"单利"。⑦ 说明术语"复利"得到了民国权威专家的认可。

---

① 《辞源》，商务印书馆，1915 年，子第 323 页。

② 吴念慈、柯柏年、王慎名编《新术语辞典》，南强书局，1929 年，第 65 页。

③ 〔英〕亚当·斯密：《原富》，严复译，商务印书馆，1981 年，第 93 页；〔英〕亚当·斯密：《国富论》（英文），上海世界图书出版公司，2010 年，第 69 页。

④ 〔日〕葛冈信虎讲授，湖北师范生编《法制经济学》，湖北学务处发行，1905 年，第 39 页。

⑤ 〔日〕田边庆弥：《汉译日本法律经济辞典》，王我臧译，商务印书馆，1909 年，第 99 页。

⑥ 何士芳编《英汉经济辞典》，商务印书馆，1934 年，第 183、41 页。

⑦ 国立编译馆编订《经济学名词（教育部公布）》，正中书局，1945 年，第 9 页。

"单利""复利"二词为中国、日本至今仍在使用的同形词，[1] 从其形成历史分析，中国使用的"单利""复利"是从日语输入的汉字词。

六　外汇（Foreign Exchange）、汇率（Exchange Rate）

"外汇"一词为"外国汇兑"一词的简称，汇率为外汇的价格，外国汇兑与汇率一词出现在 19 世纪末 20 世纪初，它们是在中外经济贸易交往过程中逐步形成的。

（一）汇银价、汇票行情、外国汇票等词的出现

1815 年，马礼逊《华英字典 1》将"兑"译为 to Exchange One Thing for Another，将"兑换"译为 to Exchange。[2] 1819 年，马礼逊《华英字典 4》将"换"译为 Exchange。[3] 1822 年，马礼逊《华英字典 6》将 Foreign 译为"番，夷，外国的"，将 Foreign County 译为"外国"，将 Exchange 译为"换，交换"，将 Bill of Exchange 译为"会单"，[4] 没有 Foreign Exchang 一词。马礼逊《华英字典》的上述翻译说明，中国传统词汇已经有"外国""会""兑"三词，在实践中，它们组合在一起就是"外国汇（会）兑"。

在中国近代早期中外货币交换的实践中，"汇银价"等词出现在关于外汇行情的表述中。1857 年 1 月，传教士伟烈亚力主编的《六合丛谈》在上海出版。刊物中列有各种货物与货币的行情表，其中提到："司令票，六块九分（每块司令作十二分）当洋壹元。"司令票即英国先令票，意思是中国银元一元值英国六先令九便士。其后，该刊第 6 号登载："司令票，司令七个匾士二个半至七三作规银一两。"[5] 这是以中国上海规银为单位与英国货币的比价。《六合丛谈》记载了中国与英国两种货币的具体比价，但此时还没有给予这种比价一个名称或名词。1872 年 6 月 26 日，《申报》在《各货大行情》里登载："银汇西国：银行票，

① 刘正运等编《日英汉经济辞典》，工人出版社，1987 年，第 647、830 页。
② 〔英〕马礼逊：《华英字典 1》（影印版），大象出版社，2008 年，第 181 页。
③ 〔英〕马礼逊：《华英字典 4》（影印版），大象出版社，2008 年，第 302 页。
④ 〔英〕马礼逊：《华英字典 6》（影印版），大象出版社，2008 年，第 177、153 页。
⑤ 参见沈国威编著《六合丛谈：附解题·索引》，上海辞书出版社，2006 年，第 536、615 页。

司令六个二五；商人票，司令六二。"① 1872 年 7 月 9 日，《申报》登载：
"汇银价：商人票，司令六个二边士零五；银行票，司令六个二边士零
五。"② 1872—1874 年，《申报》几乎从不间断登载此行情，1875 年后，
《申报》断续登载此行情。1876 年 2 月 24 日起，《申报》登载《汇银票
行情》，"银行票，五先令三辨半；商人票，六个月，五先零四辨七
五"。③ 1876 年 9 月 21 日，《申报》报道："近据洋行中传言，现在一二
月内，外国约有八百万现银到沪，是以外国汇票价已陆续跌落，中国银
拆亦渐便宜，日后得满载而来，本埠市面自必共形舒展，不至局促
矣。"④ 这里的"外国汇票价"就是"汇率"。1901 年 5 月 28 日，《申
报》登载《汇票行情》："四月初十日汇票行情列左：银行电汇银票二先
令八辨士八之二；银行现银票二先令八辨士八之三；银行三十天期票二
先令八辨士八之四；银行四个月期票二先令八辨士八之五。"⑤ 上述中国
货币与英国货币的交换行情，是表示中国货币规银 1 两可折算的英国货
币价格，这是汇率的间接标价法，它反映了 19 世纪下半期中国银价（汇
率）曾出现剧烈贬值。银汇西国、汇银价、汇银票行情、外国汇票价、
汇票行情五词均有一个"汇"字，它是"汇率"一词的早期表示，其
中，外国汇票、汇票就是指"外汇"。

《申报》使用的"汇票行情"等词得到了传播。1885 年《佐治刍
言》以"汇票"指代"外汇"，以"汇票行情"指代"汇率"。⑥ 1896
年《保富述要》第十一章"汇银之事"，英文原文为 Exchange，该书将
Foreign Exchange 译为"各国汇票"，将 Rate of Exchange 译为"汇票之行
情"。⑦ 此处的汇票是指国外汇兑，汇票行情就是指"汇率"。说明傅兰
雅等来华传教士沿用了前述《申报》的用法。

① 《各货大行情》，《申报》1872 年 6 月 26 日，第 8 版。
② 《汇银价》，《申报》1872 年 7 月 9 日，第 8 版。
③ 《汇银票行情》，《申报》1876 年 2 月 24 日，第 2 版。
④ 《洋银来沪消息》，《申报》1876 年 9 月 21 日，第 1 版。
⑤ 《汇票行情》，《申报》1901 年 5 月 28 日，第 8 版。
⑥ 〔英〕傅兰雅译《佐治刍言》，上海书店出版社，2002 年，第 135—136 页。
⑦ 〔英〕布来德：《保富述要》，〔英〕傅兰雅口译、徐家宝笔述，江南制造局，1896 年，第十一章和总第三章；J. Platt, Money, New York and London：G. P. Putnam's Sons, 1889, pp. 32, 111, 148, 153。

1895 年中日甲午战争后，日译经济学术语大量涌进中国。1896 年 9 月 27 日，日本汉学家古城贞吉在《时务报》的一篇译文中提到 "英美间之汇票行情""英美间现划货币之法"。① 1901 年，《湖北商务报》登载日本清水泰吉《商业经济学》指出："外国汇票者，供于外国授受金钱之用者，甲乙两国间，不输送现金，而为金钱授受，以省输送现金劳费与危险为宗旨。" 这段论述是中国最早对 "外国汇兑" 的解释，此处的外国汇票一词为日语词 "外国为替" 的汉译，就是指 "外国汇兑"，文中另有 "外国票券" 指代今天使用的 "外国汇票" 一词。《商业经济学》又出现 "外国汇" 一词，它是对 "外国汇票（兑）" 的简称。②

1902 年 10 月 4 日，嵇镜译，天野为之著《理财学纲要》，使用了 "外国汇划" 指代 "外国汇兑"，又使用了 "外国金汇""外国商汇" 等词语。③

（二）外国汇兑、外汇

"外国汇兑" 一词由 "外国" 和 "汇兑" 二词组合而成，在中国近代，它是由 "汇兑" 一词发展而来。1873 年 6 月，《中西闻见录》第 11 号："余屋半为汇兑银项公所，如银行然。"④ 此处的 "汇兑" 指银行的汇兑。1874 年 4 月 9 日，《申报》登载湖广道监察御史刘瑞祺奏："窃自军兴以来，驿道梗阻，疆臣于应解京饷，改由票局汇兑，原一时权宜之计，而由是京师银两来源日减，虚耗日形，每遇兑库之期，票局设法取办，钱价为之骤更，物价为之腾踊，关系殊非浅鲜，部臣目睹流弊，是以曾经奏请酌复旧章。"⑤ 此处的 "汇兑" 指票号的汇兑。1876 年 3 月 22 日，《申报》第 6 版《声明》："窃惟汇兑庄票流行，本系信义为主，故认票不认人，向所定例。盈泰庄收太仓同源庄汇申椿源庄兑票，屡以为常，向无错悮…… 即此汇兑之庄票若不收用，则生意场中将何作凭？"⑥ 此处的 "汇兑" 为钱庄的汇兑。以上三例叙述了中国国内货币往

---

① 〔日〕古城贞吉译《论金银涨落之由》，《时务报》第 6 册，1896 年 9 月。
② 〔日〕清水泰吉：《商业经济学》，《湖北商务报》第 90 期，1901 年 11 月，第 33—34 页。
③ 〔日〕天野为之：《理财学纲要》，嵇镜译，文明书局，1902 年，第 49 页。
④ 参见黄河清编著《近现代辞源》，上海辞书出版社，2010 年，第 347 页。
⑤ 《京报全录》，《申报》1874 年 4 月 9 日，第 3 版。
⑥ 《声明》，《申报》1876 年 3 月 22 日，第 6 版。

来通过银行、票号、钱庄的"汇兑"，还没有提到"外国汇兑"。1880年，郑观应在一封信中提到"汇兑"与"外国之汇兑"。① "汇兑"一词由此和外国联系了起来。

1898 年 10 月，《工商学报》登载了日本高等商业学校的《学科章程细目》，其中，商务算学第一年第二年、商务文类第一年第二年均设有"外国汇兑"科目。② 此处的"外国汇兑"为日文"外国为替"的汉译，它可能是在中国首次出现。

"外国汇兑"出现后，首先在日译经济学著作中大量使用。1903 年 5 月 21 日，吴启孙译，日本天野为之著《理财学讲义》出版，在"论外国贸易"一章里提到："盖外国汇兑，不过一种汇票而已。"③ 1903 年夏，商务印书馆译述，日本持地六三郎著《经济通论》的卷三第八章为"论外国汇兑"，④ 它是日文"外国为替论"的汉译。1905 年 9 月，作新社编译《政法类典·经济之部——外国贸易论》的第六章"国际的贷借之关系"专门论述了"外国汇兑"的方法。⑤ 1908 年，陈家瓒译述《社会经济学》对 64 个名词给出了日本、中国、欧洲三种文字的对译，陈家瓒将日文"为替"，对应中文"汇兑"，对应西文 Exchanges。⑥ 1910 年，王我臧译《经济学各论》的第四编为"外国汇兑论"。⑦

1904 年，梁启超开始使用"国际汇兑"。梁启超在《新民丛报》发表《中国货币问题》，文中针对精琪设计的金汇兑本位制与国外汇兑关系密切，大量使用"国际汇兑"一词，并将"国际汇兑"与英文 Foreign Exchanges 对译。⑧ 梁启超使用的"国际汇兑"也可以说是日语词"国际为替"的汉译。

1907 年后，《申报》和清政府开始使用"外国汇兑"。当年 12 月 11

---

① 夏东元编《郑观应集·盛世危言后编二》，中华书局，第 689—690 页。
② 《工商学报》第 5、6 期，1898 年 10 月。
③ 〔日〕天野为之：《理财学讲义》，吴启孙译，文明译书局，1903 年，第 217 页。
④ 〔日〕持地六三郎：《经济通论》，商务印书馆，1903 年。
⑤ 作新社编译《政法类典·经济之部——外国贸易论》，作新社，1905 年，第 69—72 页。
⑥ 〔日〕金井延：《社会经济学》，陈家瓒译述，群益书社，1908 年，附录《译例》第 1 页。
⑦ 〔日〕盐谷廉、坂口直马：《经济学各论》，王我臧译，商务印书馆，1910 年，第 141 页。
⑧ 梁启超：《中国货币问题》，《饮冰室合集·文集》（第 6 册），中华书局，1989 年，总第 1479 页。

日，《申报》提到：日本银本位货币制度"影响外国汇兑行情乍升乍降，致令外国贸易者无所适从"。[①] 1908 年 10 月 8 日，《申报》登载《度支部奏拟虚金本位办法清单》，文中提到"国外汇兑仍须用金"，提议设立"外国汇兑处"。[②] 这是清政府使用"国外汇兑""外国汇兑"的例证。1915 年 8 月 18 日，《申报》第 7 版首次登载名为"国外汇兑"的行情。文中说："国外汇兑。八月十七日，上海汇至伦敦（以上海规银一两计算）。银行电汇：二先令三辨士零六二五。银行即期：二先令三辨士一二五。银行四月期：二先令三辨士三一二五。银行买进四个月期汇票：二先令三辨士八七五。带根电汇四月定价：二先令四辨士。又六个月汇票：二先令四辨士一八七五。"[③] 还提到上海汇至法国、美国、日本等的汇兑行情。

20 世纪初，"外国汇兑"一词遇到了日语词"外国为替"的竞争，1904 年左右，《京师大学堂经济各论讲义：货币学》就有"外国为替平准法"。[④] 1907 年出版的《法律经济辞典》、1909 年出版的《汉译日本法律经济辞典》均列有"外国为替"词条。[⑤]

1910 年，清政府学部公布了《经济门课程表》，其中开设有"外国汇兑"课程。[⑥] 1915 年 10 月，《辞源》解释"外国汇兑"为："以现款付国内银行或外国设在我国之银行，易取汇票。或由本人，或交他人，至外国向该银行支店或本行，支取现款者，谓之外国汇兑。"[⑦] "外国汇兑"成为官方规定的课程名称，并列入《辞源》词条，标志着它的使用已经制度化和大众化。

1920 年 5 月，吴应图编《外国汇兑详解》；1921 年 12 月，刘濬川译，英国高申（G. J. Goschen）著《外国汇兑原理》（*The Theory of For-*

---

① 《述日本货币制度调查会事实》，《申报》1907 年 12 月 11 日，第 2 版。

② 《度支部奏拟虚金本位办法清单》，《申报》1908 年 10 月 8 日，第 18 版。

③ 《国外汇兑》，《申报》1915 年 8 月 18 日，第 7 版。

④ 〔日〕杉荣三郎编《京师大学堂经济各论讲义：货币学》，商务印书馆，1904 年，第 30 页。

⑤ 〔日〕清水澄：《法律经济辞典》，张春涛、郭开文译，王沛点校，上海人民出版社，2014 年，第 69 页；〔日〕田边庆弥：《汉译日本法律经济辞典》，王我臧译，商务印书馆，1909 年，第 19 页。

⑥ 朱有瓛：《中国近代学制史料》（第二辑下册），华东师范大学出版社，1989 年，第 496 页。

⑦ 《辞源》，商务印书馆，1915 年，丑第 189—190 页。

eign Exchanges）；1923 年 12 月，梁云池译 《外国汇兑论》；1925 年 12 月，马寅初著《中国国外汇兑》；等等出版。① "外国汇兑""国外汇兑"成为书名关键词，说明其已经被学术界普遍接受。

"外国汇兑""国外汇兑""国际汇兑"三词可以相互替用。1937年，《财政金融大辞典》里指出"外国汇兑平价，即国外汇兑之平价"，且将"国外汇兑"译为 Foreign Exchange。② 同年，周宪文主编《经济学辞典》指出："外国汇兑，亦称国际汇兑，即不以输送货币或商品而代以汇票结算国际间债权债务之谓也。"③ 1941 年，民国教育部组织专家审定：Foreign Exchange Bank 译为"国际汇兑银行"。④ 1938 年的《辞海》无"外国汇兑"词条，代之为"国际汇兑"。其释义为："以票据决算国际间债权、债务之方法也。目的在借此抵消国际贷借，以免国际输送现金之费用及危险。"⑤

"外国汇兑"形成后，逐渐发展演变而成了"外汇"。

1922 年 2 月，《银行周报》第 6 卷第 6 期的《上海金融》栏目综述 2 月 13—18 日行情时提到："先令大条：近来外汇市面，颇为清淡。"而该刊第 5 期对同一问题的表述是："先令大条：本星期汇市，先令两次共缩去一便士。"⑥ 可见，由"汇市"扩展而成了"外汇市面"，而此处出现的"外汇"一词，可能是中国首次出现。1922 年，《银行周报》第 27 期的《上海金融》栏目内，就设有一周"外汇"综述内容。

1922 年 7 月 5 日，《申报》登载《昨日之银行外汇交易》，文中说："各银行外汇交易：计华比出八月份先令五千镑，价三先令七辨士二五，安达出八月份先令五千镑，价三先令七辨士一二五；道胜出九十月份先令一万镑，价三先令七辨士一八七五。"⑦ 此为《申报》中首次出现"外

---

① 吴应图编《外国汇兑详解》，上海泰东图书局，1920 年；〔英〕高申：《外国汇兑原理》，刘潜川译，商务印书馆，1921 年；〔英〕威特尔斯：《外国汇兑论》，梁云池译，商务印书馆，1923 年；马寅初：《中国国外汇兑》，商务印书馆，1925 年。
② 张一凡、潘文安主编《财政金融大辞典》，世界书局，1937 年，第 315、918 页。
③ 周宪文主编《经济学辞典》，中华书局，1937 年，第 136 页。
④ 国立编译馆编订《经济学名词（教育部公布）》，正中书局，1945 年，第 19 页。
⑤ 舒新城等主编《辞海》戊种，中华书局，1938 年，丑集第 146—147 页。
⑥ 《上海金融》，《银行周报》第 6 卷第 5、6 期，1922 年 2 月。
⑦ 《昨日之银行外汇交易》，《申报》1922 年 7 月 5 日，第 13 版。

汇"一词。

1922 年 10 月，《上海总商会月报》第 2 卷第 10 期设立"上海商情——外汇情形"专栏，它取代了第 9 期设立的"上海商情——附上海金融——国外汇兑"专栏。1923 年《上海总商会月报》第 3 卷第 11 期的金融统计《外汇挂牌行市表》取代了前期的《上海国外汇兑行市表》。这两个杂志栏目的演变可以清楚体现"外汇"是由"国外汇兑"演变而成。

1927 年 1 月，冯柳堂编"上海国外汇兑指数"在《上海商报》元旦增刊发表。1927 年 12 月，何廉在《清华学报》第 4 卷第 2 期发表《三十年天津外汇指数及外汇循环》。1930 年 9 月，广东省政府在《统计汇刊》第 1 卷第 9 号发表"广州外汇指数"。1931 年 1 月，广州市政府在《统计周刊》发表"广州国外汇兑指数"。国外汇兑指数、外汇指数的意思一样，只是各家编制的方法不同。①

1934 年 10 月，国民政府财政部建立"外汇平市委员会"，"外汇"进入机构名称，标志着该词语的形成。在 20 世纪 30 年代，对外汇价忽高忽低，严重影响中国的对外经济，外汇成为当时经济的热点，由此促成了外汇构成的复合词不断增长。1937 年，《财政金融大辞典》有外商银行之垄断外汇、外汇干涉策、外汇交换、外汇行市、外汇平市委员会、外汇供需调剂政策、外汇套标金之买卖、外汇清算、外汇限制、外汇票据等含外汇的复合词语词条。② 同年，周宪文主编《经济学辞典》有外汇行情表、外汇经纪人、外汇平市基金、外汇平市委员会等词条。③ 1941 年，民国教育部组织专家审定：Foreign Exchange 译为"外汇"。④ 1949 年《新名词辞典》有"外汇"词条，它指出"外汇，即国际汇兑"。⑤

（三）汇价、汇率

1898 年 9 月 17 日，《工商学报》第 1 期在《金银定价》中说："江

---

① 冯华年：《中国之指数》，《经济统计季刊》第 1 卷第 4 号，1932 年 12 月。

② 张一凡、潘文安主编《财政金融大辞典》，世界书局，1937 年，第 325—328 页。

③ 周宪文主编《经济学辞典》，中华书局，1937 年，第 136—139 页。

④ 国立编译馆编订《经济学名词（教育部公布）》，正中书局，1945 年，第 19 页。

⑤ 胡济涛、陶萍天合编《新名词辞典·经济之部》，春明书店，1949 年，丙第 32 页。

海关所定西历九月份洋元与中国关平银汇价如下：英金一镑合关平银六两七钱九。"1898 年 10 月，第 5 期刊登《银钱汇价》。① 这两处的"汇价"均指"汇率"，今天它仍被认为是"汇率"一词的别称。1899 年，《湖北商务报》第 5 期登载《英印通商关于汇价涨落情形》，"汇价"出现在文章标题中。1901 年，《湖北商务报》登载日本清水泰吉《商业经济学》指出："为占利益于汇价变动之间，而发兑与买收票券以营投机之业，是亦变动汇价之一因。"② 这里的"汇价"也是指汇率，

1902 年，《湖北商务报》译日本田尻稻次郎著《银行论》，其中第八章为"汇"，"汇"的日文原文是"为换"，中文现在译为"汇兑"。文中大量使用"汇价"一词。关于汇市用语："于英国收受之时，动部增加，则称曰汇率腾贵，动部减少，则称曰汇率低落。是由其自国货币为基础，对外国货币增减其价额故也。"③ 文中出现的"汇率"一词为对日文"為換ノ步合"的汉译，这是中国首次出现"汇率"一词。

1908 年，颜惠庆主编《英华大辞典》将 Rate of Exchange 译为"汇价之率"。④ 尽管没有译出"汇率"，但已经非常接近了。

1915 年 12 月 15 日，《申报》指出，英国财政大臣称："征集外国债券股票而尤注意于美国所发者，此举可使吾人恢复商务之均势，疏通吾人在美国之债务，并整顿汇率。"⑤ 此为《申报》首次出现关于外汇的"汇率"一词。1916 年 12 月 3 日，《申报》提到"汇率奇涨而银价不落"，⑥ 这是以中国人的语气使用"汇率"一词。1922 年 12 月 13 日，《申报》在《一周间之金融调查》提到："各国汇率，本周以来外汇市价平稳，无甚大升降，统扯先令与星期一不相上下，大条近期长一八七五，远期长二五，东汇勿动，美汇大二角半，印汇大二五，法汇大二十个法郎，荷汇勿动，新汇小二五，港汇长一二，俄汇无升降，德

① 《金银定价》，《工商学报》第 1 期，1898 年 9 月；《银钱汇价》，《工商学报》第 5 期，1898 年 10 月。
② 〔日〕清水泰吉：《商业经济学》，《湖北商务报》第 90 期，1901 年 11 月，第 33—34 页。
③ 〔日〕田尻稻次郎：《银行论》，《湖北商务报》第 123 期，1902 年 11 月，第 20 页。日文原著为田尻稻次郎『銀行論』東京有斐閣書房、1898、278 頁。
④ 颜惠庆主编《英华大辞典》，商务印书馆，1908 年，第 1835 页。
⑤ 《申报》1915 年 12 月 15 日，第 2 版。
⑥ 《一星期内之商情报告》，《申报》1916 年 12 月 3 日，第 10 版。

汇长三百马克，进出口交易尚动，故各银行交易较前周略有增多。"①
《申报》在此对各国汇率均进行了报道，"汇率"一词的意思更加具体
明确。

1921 年《上海总商会月报》第 1 卷第 1 期，登载"国外汇率表"。
1923 年 12 月，梁云池译《外国汇兑论》的第二章为"汇兑率"，书中大
量使用"汇率"一词。② 1937 年，周宪文主编《经济学辞典》列有"汇
兑率""汇兑行情"二词，其解释"汇兑行情"时指出："〔英〕Ex-
change rates，一作汇兑率，俗称汇价，即某一单位之甲地汇票表现于乙
地货币之价格也。"③ 1941 年，民国教育部组织专家审定：Rate of Ex-
change 译为"汇兑率"。④ 1949 年《新名词辞典》有"外汇率"词条，
并解释为："外汇率，即指本国的货币在购买外汇时和他国货币的比值而
言。"⑤ 可见，"汇率"一词的义同形近的词语有"汇兑率""外汇率"
等词。

"汇率"一词形成后，它的同义可替代词众多，主要有"汇价""外
汇行情""国外汇票行市""国外汇兑行市"等。《新译英汉辞典》将
Rate of Exchange 译为"汇兑时价"。⑥

七　证券（Securities）

（一）"证券"一词来自日语

1879 年，黄遵宪在《日本杂事诗》里提到："由纸币局别造精纸，
曰证券印纸。凡民间买卖、租赁、借贷之事，皆购此纸书之。不用者讼
于官，官不理。"⑦ 1888 年，顾厚琨《日本新政考》在"岁入岁出考"内，
列有"证券印纸（税）"。⑧ 1889 年，傅云龙《游历日本图经》也提到
"证券印税"，并解释说"证券印纸，其类有五"：（1）切手类，（2）文

---

① 《一周间之金融调查》，《申报》1922 年 12 月 13 日，第 15 版。
② 〔英〕威特尔斯：《外国汇兑论》，梁云池译，商务印书馆，1923 年，第 10 页。
③ 周宪文主编《经济学辞典》，中华书局，1937 年，第 733 页。
④ 国立编译馆编订《经济学名词（教育部公布）》，正中书局，1945 年，第 19 页。
⑤ 胡济涛、陶萍天合编《新名词辞典·经济之部》，春明书店，1949 年，丙第 33 页。
⑥ 《新译英汉辞典》，群益书社，1908 年，第 339 页。
⑦ 黄遵宪：《日本杂事诗广注》，钟淑河辑校，湖南人民出版社，1981 年，第 75 页。
⑧ 顾厚琨：《日本新政考》卷一，慎记书庄，1888 年，第 14 页。

状类，（3）账册类，（4）手形类，（5）诉讼印纸。又说："手形（票据）亦证券之一种。"①

1898 年，传入中国的第一部日译经济学著作《农业保险论》提到证券、保险证券、有价证券等词。关于动产保险，"货币、珠玉、证券、书画、骨董之类"，因转移、隐藏方便，不敢保险，"但货币、珍宝、证书、有价证券、书画、古书、稿本、骨董物及无一定价格者，皆在包括之外"。② 1899 年，《清议报》第 18 册在《日本外债公报》中提到"惟公债证券形式等未定"。③ 1899—1901 年，《湖北商务报》连载《日本商律》，将"有价证券"注释为"谓公债票、股票"，将"商业证券"注释为"如中国商家期票之类"。又说："保有押质证券者（即债权者），至偿期，不得欠债者之支给，则使欠债者作拒绝证券为要（拒绝证券，谓使欠债者作一证据，记明不能支偿之旨）。"提到了"保管证券""抵当证券"。④

1901 年 5 月至 1902 年 2 月，《湖北商务报》连载日本清水泰吉《商业经济学》。该书将商业经营种类分为"货物商业与证券商业"，将证券与货物并列为商品，使用了大量篇幅论述证券的种类及买卖。《商业经济学》指出："证券者，表示一定权利关系之证书，而其可流通者，亦得为一个商品。"这是中国第一个关于"证券"的定义。书中根据不同标准将证券分为五种：（1）流通证券与非流通证券，流通证券又分为指图债权证券和无记名债权证券；（2）金钱证券与货物证券；（3）商业证券与资金证券；（4）短期证券与长期证券；（5）内国证券与外国证券。又指出：证券商业为"买卖授受诸种有价证券之业务，今由其信用（如钱庄出票，市上可行用者是）证券发生之宗旨分之，则为商业证券（各商业期票之类）、资金证券（国家及公司所出债券）二种"。商业证券分为汇金票子（银行汇票）、约支票子（如商家期票）、小票子（商家存款所发）、其他类似的支偿信用证券（一切期票）；交换货物证、船货证、栈

---

① 傅云龙：《游历日本图经》，上海古籍出版社，2003 年，第 265、268 页。
② 〔日〕吉井东一：《农业保险论》，〔日〕山本宪译，《农学报》第 43、46 期，1898 年 9、10 月。
③ 《日本外债公报》，《清议报》第 18 册，1899 年，第 18 页。
④ 〔日〕河濑仪太郎译《日本商律》，《湖北商务报》第 71、76 期，1901 年。

货证、其他类似交货信用证券（一切凭单）。资金证券包括公债票、股票、公司债、其他类似表示放资信用证券（如银行对存款所发票）。① 该书还提到了信用证券、存货证券、抵押证券、运送证券、保管证券等词，"证券"一词成为《商业经济学》最常用的名词之一。

1907 年 10 月，日本法学博士清水澄著，张春涛、郭开文译《法律经济辞典》列有"有价证券"等词条，其释义为："证书中有认为财产权者与否者。确认财产权而因之直接有所得者，曰有价证券。有价证券能因时价而辗转买卖，例如公债证书及株券等是。""信用证券"的含义是："证券分二种，一、支拂证券，二、信用证券。支拂证券用以代偿金钱者，如小切手是。信用证券为证明日后履行债务所受者，如公债证书、为替手形、约束手形等是也。"② 该辞典还有"流通证券""保险证券""海上保险证券"词条。1909 年，日本田边庆弥著，王我臧译《汉译日本法律经济辞典》也列有"证券"等词条，"证券"释义为："证明某事实之文书也，如借用证券、信用证券是。""有价证券"释义为："证书有载财产权者，有不载者。确认债产权，依此而有直接所得者，曰有价证券。"③ 这与前述《法律经济辞典》的解释含义一样，只是表述不同而已。该辞典还列有"信用证券""商业证券"词条。

"有价证券"（Securities）为中、日两国至今仍在使用的同形词，④从其近代的形成史分析，中国的"证券（有价证券）"一词源自日语。

（二）中国人使用"证券"

1898 年 6 月，康有为《日本变政考》提到日本"发行证券印纸"，实施"证券印税"，废除"证券印纸规则"，颁布"证券条例"。⑤ 同年，康有为在《上清帝第六书》里指出："西人新法，纸币，银行，印税，证券，讼纸，信纸，烟酒税，矿产，山林，公债，皆致万万，多我所无，

---

① 〔日〕清水泰吉：《商业经济学》，《湖北商务报》第 89 期，1901 年 11 月，第 21—22 页；第 73 期，1901 年 6 月，第 9 页。

② 〔日〕清水澄：《法律经济辞典》，张春涛、郭开文译，王沛点校，上海人民出版社，2014 年，第 90、178 页。

③ 〔日〕田边庆弥：《汉译日本法律经济辞典》，王我臧译，商务印书馆，1909 年，第 144、32 页。

④ 刘正运等编《日英汉经济辞典》，工人出版社，1987 年，第 927 页。

⑤ 康有为：《日本变政考》，中国人民大学出版社，2010 年，第 97、138、139、213 页。

宜开新局专任之。"① 这里的证券应是指证券印纸、有价证券之类，康有为可能是中国人中最早在非日译著作里使用"证券"者。

1902 年，梁启超在《生计学（即平准学）学说沿革小史》中提到"信用证券"，并注明"指钞币及银行小票等"。② 1903 年 11 月，梁启超在《二十世纪之巨灵托辣斯》中又提到"证券""托辣斯证券"等词。③ 梁启超是中国较早使用"证券"一词者。

1906 年 2 月 25 日，《申报》登文主张学习日本统一制作学生制服。"责成一二商店，专制学校制服徽章，学生入校之际，由校中发给，如有自向定制者，非持有本校证券，该商店不得私售。"④ 这里的"证券"类似"证书"之意，这是《申报》第一次出现"证券"一词。1907 年 7 月 6 日，《申报》指出："四年之间，美国资本之放至海外者，一时达绝大之额。而当时欧洲各国，但以有价证券供至美国市场，即能得资金之融转。故欧美人士一时啧啧称道，以为美国纽约已足为世界金融之中心点。"⑤ 这里《申报》首次出现了"有价证券"一词。从《申报》数据库搜索可知，1913 年，"证券"一词在《申报》中出现 163 次，从此成为该报常用词。《申报》在各个时期出现"证券"一词次数如后：1906—1912 年出现 84 次，1913—1919 年出现 3008 次，1920—1929 年出现 5297 次，1930—1939 年出现 10179 次，1940—1949 年出现 4187 次。由"证券"一词在《申报》的出现次数可知，在 20 世纪初使用次数逐渐增多，在 20 世纪 30 年代达到顶峰，20 世纪 40 年代急剧减少，这可能与证券市场的繁荣和衰退有关。

1914 年 12 月 29 日，中华民国北京政府颁布《证券交易所法》，并规定："凡为便利买卖平准市价而设之国债票、股份票、公司债票及其他有价证券交易之市场称为证券交易所。"⑥ 这是官方对"证券交易所"的定义，"证券"一词由此进入法律。1918 年北京成立了"北京证券交易

① 参见赵靖、易梦虹主编《中国近代经济思想资料选辑》（中册），中华书局，1982 年，第 137 页。
② 梁启超：《饮冰室合集·文集》（第 5 册），中华书局，1989 年，总第 1051 页。
③ 梁启超：《饮冰室合集·文集》（第 5 册），中华书局，1989 年，总第 1245 页。
④ 《续敬告办学官绅》，《申报》1906 年 2 月 25 日，第 2 版。
⑤ 《世界金融市场之中心点》，《申报》1907 年 7 月 6 日，第 2 版。
⑥ 《法律第二十四号：证券交易所法》，《政府公报》第 954 期，1914 年，第 29 页。

所"，1920 年 7 月 1 日"上海证券物品交易所"开业，1921 年 5 月"上海华商证券交易所"开业，中国近代证券市场正式产生。[①]

随着《证券交易所法》公布和证券交易所的建立，讨论证券交易的文章著述开始增多。1915 年，王官彦译，英国惠勒（J. F. Wheeler）著《证券交易所通论》在《法政杂志》发表。[②] 著作如 1921 年 4 月，王挽澜著《证券交易要诀》；1922 年，周沈刚编译《证券买卖秘术》；1946 年 9 月，陈善政主编《证券内容专刊》；1947 年 2 月，投资周刊社编《证券交易所》。[③]

1915 年《辞源》无"证券"一词。1938 年，《辞海》解释"证券"为："以证明或设定某种权利关系为目的而作成之文书也。有有价证券、无价证券，证权证券、设权证券等区别。"还列有"证券银行""证券存托法""证券资本时代"三个词条。[④]

（三）"证券"译名统一

"证券"一词源自日语，但在中文与西文对译时产生了分歧。

1908 年，《新译英汉辞典》将 Security 译为安心、安全、保证、抵当物等 8 个义项，其中第 8 个义项是"有价证券"。[⑤] 1915 年，王官彦译，英国惠勒著《证券交易所通论》将"证券交易所"译为 Stock Exchange，将"有价证券"译为 Securities，将"国库证券"译为 Exchequer Bills。[⑥] 1929 年 11 月，吴念慈等编《新术语辞典》列有"证券交易所"（Stock Exchange）、"证券存托法"（Bond Deposit Method）词条。[⑦] 1933 年 11 月，柯柏年等合编《经济学辞典》将"证券"译为 Stock，并称："证券是有价证券底简称，见有价证券条。"又将"有价证券"译为德文 Wert-

---

[①] 朱荫贵：《近代中国：金融与证券研究》，上海人民出版社，2012 年，第 234 页。

[②] 〔英〕惠勒：《证券交易所通论》，王官彦译，《法政杂志》第 5 卷第 2 号，1915 年，第 15 页。

[③] 王挽澜：《证券交易要诀》，谢默庵出版，1921 年；周沈刚编译《证券买卖秘术》，文明书局，1922 年；陈善政主编《证券内容专刊》，上海证券交易所，1946 年；投资周刊社编《证券交易所》，上海中国文化服务社，1947 年。

[④] 舒新城等主编《辞海》戊种，中华书局，1938 年，西集第 57 页。

[⑤] 《新译英汉辞典》，群益书社，1908 年，第 830 页。

[⑥] 〔英〕惠勒：《证券交易所通论》，王官彦译，《法政杂志》第 5 卷第 1 号，1915 年，第 1、8 页。

[⑦] 吴念慈、柯柏年、王慎名编《新术语辞典》，南强书局，1929 年，第 21、441 页。

papier，释义为："表示对于一定物权的请求权，而其权利底让渡或行使，法律上以占有该证券为必要条件之证券，称为'有价证券'。"① 1934 年 2 月，何士芳编《英汉经济辞典》将 Security 译为"有价证书"，将 Securities 译为"信用券"。② 1935 年，陈稼轩编《实用商业辞典》将"证券"解释为"股票（Stock or Shares）债票（Bonds）之统称"，将"有价证券"译为 Securities，并释义为："券面表示之权利，与其券有不能分离之关系，其让与或行使之时，在法律上必须占有始能生效之证券也。如公债票、公司债票、股票、汇票、期票、支票、栈单、提货单之类均属之。"③ 1937 年 4 月，张一凡、潘文安主编《财政金融大辞典》认为"证券乃有价证券之简称"，将"有价证券"译为德文 Wertpapier、英文 Negotiable Note（今译流通票据）。④ 1937 年 6 月，周宪文主编《经济学辞典》将"证券"译为英文 Bill、Certificate，德文 Wertpapier，法文 Certificat，认为证券是证书的一种。⑤

　　上述"证券"的英文译名有：Security、Securities、Stock、Negotiable Note、Bill、Certificate 等多种。1941 年，民国教育部组织 32 位专家审定经济学名词时，将 Securities 对译为"证券"。将其他译为"证券"的名词分别对译如下：Security 对译为"担保；抵押品"，Stock 对译为"股本、股份"，Negotiable Bill 对译为"可转移票据"，Bill 对译为"票据"。又将 Stock Exchange 对译为"证券交易所"，将 Stock Market 对译为"证券市场"，将 Stockbroker 对译为"证券经纪人"。⑥"证券"译名基本得到了统一。

八　股票（Stock，Share Certificate）

（一）从股份、股份票演变而成股票

中国传统社会没有"股票"一词，1822 年，马礼逊《华英字典6》中

---

① 柯柏年、吴念慈、王慎名合编《经济学辞典》，南强书局，1933 年，第 525、381 页。
② 何士芳编《英汉经济辞典》，商务印书馆，1934 年，第 177 页。
③ 陈稼轩编《实用商业辞典》，商务印书馆，1935 年，第 282—283、1141—1142 页。
④ 张一凡、潘文安主编《财政金融大辞典》，世界书局，1937 年，第 448、1452—1454 页。
⑤ 周宪文主编《经济学辞典》，中华书局，1937 年，第 952 页。
⑥ 国立编译馆编订《经济学名词（教育部公布）》，正中书局，1945 年，第 4、33、44、47 页。

Share 译为"分"，A Share in Any Trading Concern 译为"一股生意"。①
马礼逊《华英字典》没有其他与股票相关的中英文词语。

中国近代"股票"一词是近代股份公司实践过程中逐渐形成的。在中国最早成立股份有限公司的是外商，因没有正式的股票交易所，他们出卖公司股份，买卖股票常通过在报上刊登广告等途径完成。1862 年 8 月 9 日，《上海新报》一广告指出："今有新做火轮船生意股份，目下将自己一股欲照股顶出。"② 此处的"股份"就是股票的意思。1869 年 1 月 26 日，《上海新报》刊登义泰洋行《出卖股份》的广告："今公正公司有十股份出售，贵客欲买者，请至义泰本行问其底细可也。"③ 这里的"股份"也是股票的意思。1871 年 2 月 23 日起，《上海新报》每期刊出《上海股份行情纸》。④"股份行情纸"就是股票行情单，这里的"股份"同样是股票的意思。

1872 年 2 月 1 日，《上海新报》刊登自来火公司《找寻股份票》广告："本公司今失落股份票一张，系十个股份，第六百三拾号至六百三拾九号，乃华人名顾凤新之票。"⑤ 此"股份票"就是登记有股数、号码、股东名字的真实股票。1872 年，轮船招商局成立，它是中国近代第一家华商股份制企业，所发行的股票被称为中国第一股，其真实的股票上印有"股分票"字样，⑥ 说明中国近代第一只股票就自称为"股分票"。

上述实践中从股份演变为股份（分）票，在字典里也有体现。1868 年，邝其照编《字典集成》将 Share 译为"份、股份、股"。1875 年，邝其照编《字典集成》将"股份票""股份凭据单"英译为 Certificate of Share，又将 A Certificate of Share 汉译为"股份纸"。⑦

1875 年 11 月 5 日，《申报》登载招商局欲集股开办保险公司的广告，文中说："至各局帐目，总归上海保险招商局周年汇算结总，倘有盈绌，集众公议，照股均派，各无异言。除收到股本之日，填给股票收执，

---

① 〔英〕马礼逊：《华英字典6》（影印版），大象出版社，2008 年，第 387 页。
② 《告白》，《上海新报》第 65 号，1862 年 8 月 9 日。
③ 《出卖股份》，《上海新报》第 153 号，1869 年 1 月 26 日。
④ 《上海股份行情纸》，《上海新报》第 471 号，1871 年 2 月 23 日。
⑤ 《找寻股份票》，《上海新报》第 616 号，1872 年 2 月 1 日。
⑥ 朱荫贵：《近代中国：金融与证券研究》，上海人民出版社，2012 年，第 366 页。
⑦ 邝其照编《字典集成》（影印版），商务印书馆，2016 年，第 88、243、150 页。

以昭信守外，今将议办情形，缕陈大概，并将各口员董开列于后。"[1] 1875 年 12 月 20 日，招商局又在《申报》登载广告说："诸友应将银两赶于本月底截数之前交局，以便填发股票收执为凭，特此布闻。"[2] 招商局在《申报》发布的这两组广告均出现了"股票"一词，这是该报最早出现"股票"。从《申报》数据库搜索所得该报最初 10 余年出现"股票"的次数如下：1878—3，1879—72，1880—3，1881—61，1882—465，1883—503，1884—233，1885—233，1886—330，1887—667，1888—463，1889—282。进入 20 世纪后，每 10 年股票出现的次数如下：1900—1909 年出现 6908 次；1910—1919 年出现 26107 次；1920—1929 年出现 23176 次；1930—1939 年出现 16460 次；1940—1949 年出现 12162 次。从上述结果可知，19 世纪 80 年代以前，《申报》中很少出现"股票"，1882 年中国股票买卖的第一次高潮时，"股票"一词大量出现，从此成为该报的常用词。1910 年中国出现第二次股票买卖高潮时，"股票"一词成为《申报》最常用的词语之一。

1902 年，严复译《原富》在按语中提到"股票"。[3]

（二）股票含义的演变

前已指出，"股票"一词是由股份、股份票发展而来。股票的最初意义是股份的票据，所以叫"股份票"，也就是份额多少的票据，它有"国债股票""公债股票""公司股票"等词组。

关于"股份票"，除前述所指是关于公司股份多少的票据外，彩票也称为股份票。1881 年 10 月 13 日，《申报》刊登："跑马赛会兹已届期，本商特设股份五千号，每号收英洋一元，头彩得洋一千元，二彩得洋五百元，三彩得洋二百元，其余得彩甚多，于票上注明。……跑马毕即有对号单以便查明领彩，即付现洋。"这种跑马彩票，称为"跑马股份票"。[4]

关于"国债股票"，1885 年 4 月 30 日，《申报》报道英国国债跌价："英俄之战事成否，英人皆视国债股票价之涨跌为准，兹闻英国债股票价

---

① 《招商局告白》，《申报》1875 年 11 月 5 日，第 5 版。
② 《保险招商局告白》，《申报》1875 年 12 月 20 日，第 5 版。
③ 〔英〕亚当·斯密：《原富》，严复译，商务印书馆，1981 年，第 454 页。
④ 《外国上洋跑马票出售》，《申报》1881 年 10 月 13 日，第 6 版。

已跌至九十五五，并阅外洋电报，似英俄之兵端恐将不免也。"① 同年 7
月 21 日，《申报》又登载英国国债涨价："闻某洋行接有伦敦电报云，
英国国债股票价目已由九十七八涨至九十九五，由是观之，英俄之衅或
尚不至遽开衅。"② 1894 年 11 月 16 日，在中日甲午战争期间，《申报》
登载《答客问国债》："以是知国债股分票价大可以觇其国之虚实，近日
闻倭人国债股票之价，日就低贱，以故倭人造作谣言，虚传胜仗，盖非
仅以惑华人之听闻，实则借以自欺其商民，使股票之价或可因此而稍
回。"③ 1905 年 7 月 13 日，《申报》报道："日本新国债股票现已出售。"④
这是《申报》中最后一次出现"国债股票"，它总共在该报出现 16 次。

最有名的国债股票当数清政府推行的"昭信股票"。1898 年 2 月 6
日，《申报》登载《上谕二道》："奉上谕，户部奏遵议右中允黄思永奏
《筹备用款请行股票一折》：据称，按照该中允原折所陈详细添酌，拟饬
部印造股票一百万张，名曰昭信股票，颁发中外，周年以五厘行息，期
以二十年本利完讫。平时股票保其转相售卖，每届还期，准抵地丁盐课。
在京自王公以下，在外自将军督抚以下，无论大小文武，现任候补候选
官员等，领票缴银，以为商民之倡。其地方商民，愿借者，即责成顺天
府府尹及各直省将军督抚将部定章程，先行出示，并派员剀切劝谕，不
准稍有勒索，承办之员能借巨款者分别优予奖叙各等语。着依议行。当
此需款孔亟，该王公以及内外臣工等均受朝廷厚恩，即各省绅商士民亦
当深明大义，共济时艰，况该部所议章程，既不责以报效，亦不强令捐
输，一律按本计息，分期归还，谅不至迟回观望也。将此通谕知之。"⑤
昭信股票实际为国债或公债。

关于"公债股票"，1905 年 8 月 14 日，《申报》刊登《拟开股票兴
办铁路公呈》："参酌外国等札付公债办法，议定绅商筹办铁路章程十八
条，查此种公债股票，法意等国多用之，日本劝业银行尤行之有效，为
文明诸国所认许，盖公债票与彩票相类而实相反，以付资者均不失母财

---

① 《国债跌价》，《申报》1885 年 4 月 30 日，第 1 版。
② 《国债近闻》，《申报》1885 年 7 月 21 日，第 1 版。
③ 《答客问国债》，《申报》1894 年 11 月 16 日，第 1 版。
④ 《日本发售国债票》，《申报》1905 年 7 月 13 日，第 5 版。
⑤ 《本馆接奉电音：上谕二道》，《申报》1898 年 2 月 6 日，第 1 版。

也。"① 此种公债股票就是企业债券。1911 年 5 月 29 日，《申报》刊文指出，清政府铁路收回国有办法三条："一、更换国家铁路股票，六厘保息，定期归还，准派余利，准由大清交通银行抵押。二、领国家公债股票，按年保息。三、如愿领回资本，则必动用洋债，由督办大臣所用工程师估价归还，听造枝路及开矿。"② 文中的铁路股票就是铁路债券，国家公债股票就是国债。清政府的铁路国有的实质就是要把公司股票变为国家债券，既要收路，又不愿意退本，空给一纸债券糊弄出资修筑铁路的股东，结果激起民变，演化成保路风潮，成为直接导致清政府垮台的重要原因。到 1911 年《申报》中"公债股票"共出现 6 次。

今日"股票"一词实际为"公司股票"演变而来。1884 年 12 月 12 日，《申报》登载《股分转机说》指出："上海自仿泰西之法，创立公司，纠集股分，各处开矿招股者，一二年间顿然大盛。然而实心办事者则殊少概见，以故初创之时，股分价日益加涨，甚至有一公司初集数日之间，招股已经满额，后至者无由得附股，则愿加价以购股票，一加再加，登时飞涨，而考其实，则不特所创之业绝无眉目，而且所集之股本，半归于总办经手之腰囊。夫是以如爝火之焰一盛即衰，如骤雨之水涸可立待，至今商贾束手，银根紧迫，争以此事为诟病，言及公司股票竟有谈虎色变之势，是岂真公司股分之害人哉。"③

上述"股票"一词的多种含义持续很长时间。1904 年 1 月 21 日，清政府在《公司律》第 27 条规定，"公司股票必须董事签押，加盖公司图记为凭，依次编号"，并记录公司名称、注册时间、股本多少等内容。第 38 条规定："如无违背公司章程，股票可任便转卖。"第 56 条规定："凡购买股票者，一经公司注册，即得为股东，所有权利与创办时附股者无异。"④ 这些对股票的规定，赋予了"股票"一词特定含义，成为法定的专有名词。但《公司律》中的"股票"实际上是指公司股票，它还没有将公司股票与国债股票（债票）进行区别。1914 年 12 月 29 日，中华民国北京政府颁布《证券交易所法》，规定："凡为便利买卖平准市价而

①　《拟开股票兴办铁路公呈》，《申报》1905 年 8 月 14 日，第 9 版。
②　《端督办对于四省铁路之策画》，《申报》1911 年 5 月 29 日，第 10 版。
③　《股分转机说》，《申报》1884 年 12 月 12 日，第 1 版。
④　《大清光绪新法令》（第 16 册），商务印书馆，第 4—6 页。

设之国债票、股份票、公司债票及其他有价证券交易之市场称为证券交易所。"① 这里以法律的方式将国债票、股份票、公司债票及其他有价证券进行区分，股份票就是特指公司股份票，也就是今日所称的股票。

（三）股票术语与译名的统一

"股票"一词出现后，它与"股分票""股份票""股券"，以及从日本输入的"株券"等词在经济学著作里长期并用。1886 年，《富国养民策》使用"股分票"指代股票。② 1899 年，《湖北商务报》连载《日本商律》以股票、股券翻译日文"株券"。③ 1901，《财政四纲》引进使用日语词"株券"，并指出："株券（犹言股票）"。④ 1904 年，梁启超在《新民丛报》发表的《外资输入问题》里同时使用"股份票"和"股票"。⑤

"股票"一词为中国经济实践中产生，它对译哪一个英文词语在中国长期存在分歧。

1907 年，《商务书馆英华新字典》将 Share 译为"分，部，股"，将 Shareholder 译为"有股者，有分者，股东"，将 Stock 译为"本、本钱、公债证书"，将 Stock-broker 译为"股份经纪、公股经纪"，将 Stock-exchange 译为"股份总公所、股份买卖所"。⑥ 1908 年，《新译英汉辞典》将 Share 译为"分，分配，股分"，将 Shareholder 译为"股东"，将 Sharebroker 译为"股分经纪"，将 Stock 译为"资本、株金、股本、公债"，将 Stock-broker 译为"股份经纪、公股经纪"，将 Stock-exchange 译为"股份总公司、股份买卖所"。⑦ 上述两个各有中国和日本背景的字典、辞典均没有出现"股票"一词，而是以"股份"代替股票。

1908 年，陈家瓒译述《社会经济学》将"股票"对译英文 Share Certificate 和日文"株券"。⑧ 这就完成了中日英三种语言的对译。

---

① 《法律第二十四号：证券交易所法》，《政府公报》第 954 期，1914 年，第 29 页。
② 〔英〕哲分斯：《富国养民策》，〔英〕艾约瑟译，总税务司署，1886 年，第十三章第八十四节。
③ 〔日〕河濑仪太郎译《日本商律》，《湖北商务报》第 5 期，1899 年，第二编。
④ 钱恂编译《财政四纲》，在日本自刊，1901 年，"银行"第 10 页。
⑤ 梁启超：《饮冰室合集·文集》（第 6 册），中华书局，1989 年，总第 1428 页。
⑥ 商务印书馆编《商务书馆英华新字典》，商务印书馆，1907 年，第 457、484 页。
⑦ 《新译英汉辞典》，群益书社，1908 年，第 845、908 页。
⑧ 〔日〕金井延：《社会经济学》，陈家瓒译述，群益书社，1908 年，附录《译例》第 1 页。

1930 年 10 月，《中华英汉商业辞典》将 Share Certificate 译为 "股券、股票"，又将 Stock 译为 "存积之货、股票"。[①] 1934 年 2 月，何士芳编《英汉经济辞典》将 Shares 译为 "股份；股票"，又将 Stock 译为 "证券，股票，存货"。[②] 1935 年，陈稼轩编《实用商业辞典》将 "股票" 译为 Stock、Share、Share Certificate 三个英文词语。[③] 1937 年 4 月，张一凡、潘文安主编《财政金融大辞典》将 "股票" 译为 Stock、Share-Certificate、Certificate of stock 三个英文词语．[④]1937 年 6 月，周宪文主编《经济学辞典》将 "股票" 译为英文 Share-Certificate。[⑤]

1941 年，民国教育部组织 32 位专家审定：Share Certificate 译为 "股票"，Share 译为 "股份"，Stock 译为 "股本、股份"。[⑥] 此次专家审定的结果没有流传下来，2013 年，高鸿业主编《经济学基础》将 "股票" 译为 Stock。[⑦] 2017 年，黄达、张杰编著《金融学》将 "股票" 译为 Stock Certificate、Stocks、Shares 三词。[⑧] 这与 1941 年 32 位专家审定的相差甚大，似乎 "股票" 的英文译名到现在仍未统一。

九　信托（Trust）

中国传统上没有 "信托" 一词，"信托" 是中国、日本在近代翻译英文 Trust 时的产物。

1822 年，马礼逊《华英字典 6》将 Trust 译为 "信，靠着，依赖，任重"。[⑨] 1868 年，邝其照编《字典集成》将 Trust 译为 "任，依靠，赊账，信"；1875 年，邝其照新编《字典集成》将 Trust 译为 "相信、赊、托，依靠，信"。[⑩] 邝其照的翻译，已经将 Trust 译为 "托" 与 "信"，但他还没有将其译为 "信托" 一词。1907 年，商务印书馆编《商务书馆英

---

① 李天注编《中华英汉商业辞典》，陈旭东校订，中华书局，1930 年，第 141、152 页。

② 何士芳编《英汉经济辞典》，商务印书馆，1934 年，第 180 页。

③ 陈稼轩编《实用商业辞典》，商务印书馆，1935 年，第 410 页。

④ 张一凡、潘文安主编《财政金融大辞典》，世界书局，1937 年，第 573 页。

⑤ 周宪文主编《经济学辞典》，中华书局，1937 年，第 952 页。

⑥ 国立编译馆编订《经济学名词（教育部公布）》，正中书局，1945 年，第 44、47 页。

⑦ 高鸿业主编《经济学基础》，中国人民大学出版社，2013 年，第 315 页。

⑧ 黄达、张杰编著《金融学》，中国人民大学出版社，2017 年，第 733 页。

⑨ 〔英〕马礼逊：《华英字典 6》（影印版），大象出版社，2008 年，第 443 页。

⑩ 邝其照编《字典集成》（影印版），商务印书馆，2016 年，第 98、215 页。

华新字典》将 Trust 译为信、信任、依赖、赊卖等名词，信、依赖等动词，信托的、依赖的等形容词；将 Credit 的动词译为信托、赊货、赊欠。① 1907 年 4—5 月，商务印书馆编译所编译《商业理财学》使用"信托""信用"二词作为现代意义的"信用"。如"信用之币，与泉币同功。……人之受泉币也，在其真价，而不论付款者信托之坚弱。而信用之价，则全恃负者信托之何如"。② 这说明，中国近代自发演变出现了"信托"一词，但它所对译者既是 Credit，又是 Trust，它还没有和 Trust 形成——对译关系。

1906 年 5 月，朱执信在《民报》第 4 号发表《从社会主义论铁道国有及中国铁道之官办私办》，文中开篇特别提出"篇中术语多仍日译"，朱执信主张铁道国有，认为铁道为自然独占事业，他说："盖独占之事，本不限于一人，而多人为独占之事，必为有统一之活动。此如美洲社会信托之制（即托辣斯），会社可至数十，而其活动皆受同一之统制，不得有歧异也。"又说："独占事业分为人为的独占事业及自然的独占事业。人为的独占事业，以人力使为独占，即如以信托使成独占之类是也。自然的独占事业者，则因于其事业之性质，使不得不为独占。"③ 上述两处"信托"均指垄断组织的一种方式，它是对英语 Trust 的意译，来自日本的译法，梁启超将其音译为"托辣斯"。朱执信是日译"信托"的首次使用者，但此处的信托是指垄断组织托拉斯，而不是指信托公司。

1908 年，编译自日文的《新译英汉辞典》将 Trust 译为"信托、信托公司、企业家合同"。④ 这可能是中国首次将 Trust 作为名词译为"信托""信托公司"。

1910 年 4—5 月，王我臧译，日本盐谷廉、坂口直马著《经济学各论》指出，"当今文明国的资本家希望对各种有价证券进行确实投资"，但法律规定复杂，于是代人理财的"所谓信托公司者出，信托业在日本尚幼稚，不过为兴业银行的营业项目之一。美国此业则极其隆盛，其业务如左：一、依遗嘱或裁判所命令，管理他人之财务。二、他公司股票

---

① 商务印书馆编《商务书馆英华新字典》，商务印书馆，1907 年，第 122、519 页。
② 商务印书馆编译所编译《商业理财学》，商务印书馆，1907 年，第 52 页。
③ 《朱执信集》，中华书局，1979 年，第 47—48 页。
④ 《新译英汉辞典》，群益书社，1908 年，第 984 页。

债票之保证，或公司合并，或变更组织之时，为之处理。三、股票债票之换名过户及注册事务。四、代理保护存款并代收利息事务。五、一般银行事务"。信托公司最明显的作用有二：（1）"信用公司对股票债票之发行，为之保证，则资本家可得安全投资之目的，事业者有自由使用低利资本之便"；（2）"信托公司通晓法律，兼为管理财产，既可图生利，又有非常之便"。上述两处"信托公司"和一处"信用公司"是指受人之托代人理财的公司，日文原文均为日语汉字词"信托会社"。① 日语词"信托会社"有"信托公司"和"信用公司"两种译法，说明译者对译此词的犹豫。王我臧将日译"信托公司"一词从经济学著作渠道传到了中国。

1915 年 7 月 12 日，《申报》提到：中国银行总裁建议"创立信托公司，此等机关乃银行与实业家中间之媒介机关，各国此等事业极为发达"。②

中国的信托公司首次兴起于 1921 年，该年 5 月至 7 月，上海同时兴起"大中华"等 12 家信托公司，与此同时，各种交易所在上海兴起 100 多家，由于投机盛行，出现了大部分信托公司与交易所倒闭的"信交风潮"，风潮过后，仅剩下中央信托公司、通易信托公司、通商信托公司三家。③ 1921 年 10 月 25 日，杨端六在《东方杂志》发表《信托公司概论》，他说："信托公司原文为 Trust Company，托拉斯原文为 Trust，前者译意，后者译音。托拉斯名称入吾国已久。犹忆梁任公《新大陆游记》内有之，信托公司则恐至最近始行输入，其所以不称为托拉斯公司而称为信托公司者，大概因沿用日本人之名称故耳。"因日本叫"信托会社"，中国则改译为"信托公司"。"今中国沿用日本名称，亦未始不可。然既音译托拉斯，而意译信托公司，则以后最好即用此两种名称以对付此两种不同之事业，例如关于信托公司之 Trust，无论在何地方，一概译为信托，而不译为托拉斯，以免与真正之托拉斯相混，而使读者一见即能了然于作者之意焉。"④ 杨端六在此正确地指出了"信托公司"一词的

---

① 〔日〕盐谷廉、坂口直马：《经济学各论》，王我臧译，商务印书馆，1910 年，第 116—117 页。

② 《今日之银行政策》，《申报》1915 年 7 月 12 日，第 6 版。

③ 杨荫溥：《杨著中国金融论》，黎明书局，1931 年，第 51 页。

④ 杨端六：《信托公司概论》，《东方杂志》第 18 卷第 20 号，1921 年 10 月。

"信托"来自日语，但他不了解前述朱执信和王我臧对"信托"的翻译，误以为托拉斯原文 Trust 只有音译，没有意译，且以为"信托公司"一词最近才输入，实际上它已经传到中国 10 多年了。杨端六将 Trust Company 固定译为"信托公司"，将垄断组织 Trust 固定译为"托拉斯"，这一区别译法得到了推广，至今仍是通行术语，以至于很少人明了"信托公司"的"信托"与"托拉斯"这两个词语源自同一个 Trust。

十　风险（Risk）

（一）以"冒险"译 Risk

1819 年，马礼逊《华英字典4》将"冒险"译为 to Brave Danger、to Run Risks，将"危险"译为 Danger、Dangerous。[①] 1822 年，马礼逊《华英字典6》将 Risk 译为"险中做；冒险；冒危险"。[②] 1868 年，邝其照编《字典集成》将"Risk, to"译为"伤残，危险；冒险，至险阻之地"。1875 年，邝其照新编《字典集成》中除前述"Risk, to"词条外，增加 Risk，并将其译为"意外事，不测之事，沉船或水湿货"，将 to Run a Risk 译为"遇险，有意外事"。[③]

1896 年，传入中国的第一部货币银行学著作《保富述要》刊行，该书由傅兰雅口译、徐家宝笔述。傅兰雅将英文"is entitled to interest, in proportion to the risk incurred in lending it"译为"借钱之人与银行愈妥当，则所出之利愈少"。没有将 Risk 直译出来。傅兰雅又将 Risky 译为"意外之险"。[④] 1902 年，严复译《原富》以"冒险"译 Risk。[⑤]

1903 年 2 月 25 日，王宰善编《普通经济学教科书》出版，书中指出："创业家期未来之报酬，恒冒险以尝试之。其冒险之程度，因创业家之性质而异。……其所冒之危险多，而余利亦多。"[⑥] 王宰善指出了企业

① 〔英〕马礼逊：《华英字典4》（影印版），大象出版社，2008 年，第 570、972 页。
② 〔英〕马礼逊：《华英字典6》（影印版），大象出版社，2008 年，第 368 页。
③ 邝其照编《字典集成》（影印版），商务印书馆，2016 年，第 85、203 页。
④ 〔英〕布来德：《保富述要》，〔英〕傅兰雅口译、徐家宝笔述，江南制造局，1896 年，第九、十一章；J. Platt, *Money*, New York and London：G. P. Putnam's Sons, 1889, pp. 106, 155。
⑤ 〔英〕亚当·斯密：《原富》，严复译，商务印书馆，1981 年，第 351 页；〔英〕亚当·斯密：《国富论》（英文），上海世界图书出版公司，2010 年，第 310 页。
⑥ 王宰善编《普通经济学教科书》，开明书店，1903 年，第 103 页。

家的利润来自冒险。"冒险"一词为"所冒之危险"的简称。1908 年，杨廷栋编《经济学》指出，资本家的利润来自：（1）舍乐之报酬，（2）冒险之报酬，（3）监督管理之报酬。[①] 1925 年 1 月，臧启芳译，美国韩讷著《经济思想史》认为利润的来源有两种学说：一是"冒险说"，利润为不确定的结果；二是"报酬说"，利润来自企业家劳动的报酬。臧启芳将"冒险说"注释英文为 Risk Theory，"冒险"对译为 Risk。[②] 1934 年 1 月，赵兰坪著《经济学大纲》指出，企业家为经营上"冒一切危险"者，利润为企业家"冒此危险"的报酬。他将"经济上之危险"注译为 Economic Risks。[③] 赵兰坪的经济学著作是民国使用最广的经济学教科书之一。1941 年，何廉、赵兰坪等 32 位专家审定：Risk 译为"冒险"，Risk Theory 对译为"冒险说"。[④] 这完全采纳了前述臧启芳的翻译，实际上回到了马礼逊的最初译法。

（二）以"危险"译 Risk

日本以"危险"译 Risk。[⑤] 19 世纪末，日本"危险"传到中国。1898 年，传入中国的第一部日译著作《农业保险论》以"危险"指代"风险"一词，如"火灾危险之区别"等。[⑥] 1901 年，在《湖北商务报》刊载的《日本商律》第三编第十章"保险"部分，"危险"一词大量出现，而无"风险"一词，[⑦] 这是以"危险"指代风险。1902 年 6 月 23 日，日本田尻稻次郎著《经济学大意》指出："营业所得，所酬营业者之放债与其劳力及危险之报酬也。"[⑧] 在经济学著作里出现了"危险"一词指代风险。1903 年，作新社编译《最新经济学》指出，企业是指"各人冒危险向生产之目的结合各种生产力也"，"负担生产危险之人，皆为

---

① 杨廷栋编《经济学》，中国图书公司，1908 年，第 43 页。
② 〔美〕韩讷：《经济思想史》，臧启芳译，商务印书馆，1925 年，第 774 页，"经济思想史名词索引"第 5 页。
③ 赵兰坪：《经济学大纲》，商务印书馆，1934 年，第 135、324 页。
④ 国立编译馆编订《经济学名词（教育部公布）》，正中书局，1945 年，第 43 页。
⑤ 刘正运等编《日英汉经济辞典》，工人出版社，1987 年，第 180 页。
⑥ 〔日〕吉井东一：《农业保险论》，〔日〕山本宪译，《农学报》第 46 期，1898 年 10 月，第 13 页。
⑦ 〔日〕河瀬仪太郎译《日本商律》，《湖北商务报》第 76 期，1901 年 7 月。
⑧ 〔日〕田尻稻次郎：《经济学大意》，〔日〕吉见谨三郎译，东京专修学校，1902 年，第 41 页。

企业者"。① 这里以"危险"解释企业家的作用和特点。1909 年，日本田边庆弥著，王我臧译《汉译日本法律经济辞典》列有"危险"一词，其释义为："有不可测之危害将至之虞之状态，曰危险。"② 1910 年，熊崇煦、章勤士译，黎查德迪·伊利著《经济学概论》将"危险之报酬"对译为 A Return for Risk。③

1907 年，《商务书馆英华新字典》将 Risk 译为"危险，险处，意外之虞（名词）；冒危险（动词）"。④ 1908 年，《新译英汉辞典》将 Risk 译为"危险（名词）；冒危险（动词）"。⑤

1920 年 5 月，马寅初在北京大学演讲《经济界之危险预防法》，提出以担保预防法、设备预防法、技术上的预防法、投机预防法、保险预防法五种方法预防"危险"，并指明，这里的危险主要是指经济方面。马寅初还区别了"近是说与不定说"（Probability and Uncertainty），⑥ 涉及了风险的主要特征"概率与不确定性"。马寅初从经济学方面研究了"危险"（风险）。

1925 年 2 月，王效文、孔涤庵编《保险学》，以"危险"一词指代"风险"。1935 年 12 月，吴世瑞著《经济学原理》专章论"生产中之危险"，且将"危险"对译为 Risk。⑦《中国保险年鉴（1936）》，将 Risk 对译为"危险"。⑧

1934 年 2 月，何士芳编《英汉经济辞典》将 Risk 译为"危险，亏折之险"。⑨ 1935 年，陈稼轩编《实用商业辞典》有"危险"词条，其释义为："（Risk）一、民法上所称危险，即于双务契约当事者之一方，其可供义务履行之目的物，因天灾而致灭失或毁损之谓。二、保险法上所称危险，则以遭遇一定之事故而言，如心的危险物的危险，及其他关

① 作新社编译《最新经济学》，作新社，1903 年，第 108—109 页。

② 〔日〕田边庆弥：《汉译日本法律经济辞典》，王我臧译，商务印书馆，1909 年，第 29 页。

③ 〔美〕黎查德迪·伊利：《经济学概论》，熊崇煦、章勤士译，商务印书馆，1910 年，第二编第 32 页。

④ 商务印书馆编《商务书馆英华新字典》，商务印书馆，1907 年，第 437 页。

⑤ 《新译英汉辞典》，群益书社，1908 年，第 794 页。

⑥ 《马寅初演讲集》（第一集），商务印书馆，1923 年，第 302、313 页。

⑦ 吴世瑞：《经济学原理》，商务印书馆，1935 年，第 191、195 页。

⑧ 《中国保险年鉴（1936）》，中国保险年鉴社，1936 年，第 340 页。

⑨ 何士芳编《英汉经济辞典》，商务印书馆，1934 年，第 171 页。

于损害及生命各种危险是。三、经济上所称危险，则以有应得一定利益之机会，而同时亦有不知其可失而失之者，称其不知其可失而失之者，谓之危险。凡得大利益者，必随之以大危险，此事势之必然者也。"①《实用商业辞典》同时还列有"危险计算差异法""危险准备金""危险担保运输"三个由"危险"构成的与保险有关的复合词词条。1937 年 6 月，周宪文主编《经济学辞典》仍然将"危险"对译为 Risk，其释义为："吾人之经济生活，常因人事上或财产上之偶然事故发生，而收支均衡为之破坏，若对此不未雨绸缪，事先准备，则生活将受胁迫，因而有保险之成立，此未来之偶然事故，大体言之，即所谓危险是。"②

（三）"风险"一词的来源与推广

"风险"一词为中国传统词语，专指风涛、风浪等与风有关的危险。宋朝宗泽奏："计较泛舟，冒大风险，欲南幸湖外，此奸邪之谋耳。"③明朝左给事中陈侃等奏称："奉命琉球，往来海中，时遭风险，几致颠覆，多籍神功救援。"又说："使海外，屡遭风涛之险，卒获保全，实乃皇上圣德默佑所致。"④ 进入近代后，传统"风险"仍在使用。1883 年，王韬指出："西商贸易之利，首在航海。顾风波之险，有时不可测料，于是特设保险公司以为之调剂。"⑤"风波之险"就是"风险"，主要特点在于"不可测料"。1896 年，陈炽提到："水则有覆溺风涛之险也，陆则有车翻马逸、盗贼劫掠之险也。"⑥

风险是如何从传统的"风涛之险"演变为泛指一般的危险的呢？从《申报》里大致可以理出一些轨迹。

1873 年 1 月 2 日，《申报》提到："本部堂意欲于糖局之东隅直筑垣墙，及新设差馆之处复掘余澳，使小舟避之，保无风险之忧。"⑦ 1873 年 1 月 9 日，《申报》在一广告中说："本行可士脱利架轮船由东洋至申，

①　陈稼轩编《实用商业辞典》，商务印书馆，1935 年，第 255 页。
②　周宪文主编《经济学辞典》，中华书局，1937 年，第 198 页。
③　《宗泽集》，浙江古籍出版社，1984 年，第 23 页。
④　源自雕龙中国古籍数据库。
⑤　赵靖、易梦虹主编《中国近代经济思想资料选辑》（中册），中华书局，1982 年，第 22 页。
⑥　赵树贵等编《陈炽集》，中华书局，1997 年，第 255 页。
⑦　《香港英宪会议时务各条款》，《申报》1873 年 1 月 2 日，第 3 版。

适遇风险，所装货物大半水湿，望各宝行号速至本行验明应折价多少，先行关照，以便定夺。"① 1875 年 11 月 5 日，《申报》登载《招商局告白》，广告保险招商局招股一事，文中说："复思洋商保险行，即上海而论，数十年来从未决裂。所保口岸自中国至泰西，路途辽远，口岸亦广，兼之时日较多，风险更重。夹板船行驶不能克期，亦且照例承保。似此每行核计，每年生意有六七十万至百余万者。……而我局夹板等船概不承保，所保轮船货本，拟有限制，口岸少而途路近，时日浅而风险轻，资本随时生息，用度竭力撙节，如此平稳试办，较之洋商利益之多，可操左券。"② 文中"风险"一词仍指"风涛之险"。总之，以上多处"风险"均指具体的"风涛之险"，"风险"与"火险""水险"等词的构词法则一致，就是某一种具体灾害带来的危险。

1883 年 2 月 22 日，《申报》在一广告中指出："启者：所有汉口京都东升楼酒馆，本系余与各友创义拼立，共纠十股，每股计资本英洋五十元，今因去年折耗甚巨，外面欠项风险，故于今正面同各拼股揭算，余将股份拆出，嗣后该店盈亏，皆不问闻也。"③ 这里所述"外面欠项风险"与具体的风涛无关，"风险"一词已经泛指一般的危险。1889 年 4 月 12 日，《申报》一文中指出："典中遭火遭盗，无须赔偿，而存款生息，安坐而收其重利，绝不虞有风险。"④ 此处"风险"也是指一般的危险。1900 年 2 月 22 日，《申报》发表上海南北钱业的《重整条规》："凡有各路同行及行号托办金银，无论信托、电托，一经办就装出，付帐为准，不论如何达寄，一切风险，概归来办之家承认，不涉经办者之事。"⑤ 这里"风险"仍是指一般的危险。

综上所述，从 1873 年开始，《申报》中"风险"一词最初为与船运有关的"风涛之险"，1883 年后，逐渐增加代表其他意外的危险。20 世纪后，主要是现代"风险"意义了。

在 20 世纪 20 年代后，经济学家开始将"风险"对译为 Risk。1925

---

① 《招提货物》，《申报》1873 年 1 月 9 日，第 5 版。
② 《招商局告白》，《申报》1875 年 11 月 8 日，第 5 版。
③ 《撇开是非》，《申报》1883 年 2 月 22 日，第 5 版。
④ 《论典业利弊拟请移款济急》，《申报》1889 年 4 月 12 日，第 1 版。
⑤ 《重整条规》，《申报》1900 年 2 月 22 日，第 4 版。

年 12 月，马寅初《中国国外汇兑》论及"汇兑风险"，并将其对译为
Risk of Exchange。[①] 1932 年，杨荫溥著《中国交易所论》提及交易所有
"代负企业之风险"的作用。[②] 1933 年，李权时的《企业家与风险问题》
将"风险"对译为 Risk。[③] 1937 年 3 月，巫宝三、杜俊东编译《经济学
概论》第二十九章为"风险、保险与投机"，将 Risk 对译为"风险"。[④]
1946 年，朱伯康著《经济学纲要》认为："企业利润系对企业家之一种
风险的奖励金。"[⑤] 1947 年 9 月，马寅初《经济学概论》提出："企业家
之所以有利润，因其肯冒风险。""但工业中之风险，亦非尽由企业家一
人负担。劳力所负担之风险，更为严重。"[⑥]

　　中国近代，"风险"在与"冒险""危险"的经济学术语生存竞争
中，并不处于优势。前已指出，1941 年，民国教育部组织何廉等 32 位专
家审定：Risk 译为"冒险"。从《申报》数据库搜索可知，各个时期
"风险"与"危险"词语出现的次数悬殊：1872—1899 年，风险 57 次，
危险 2257 次；1900—1909 年，风险 304 次，危险 6902 次；1910—1919
年，风险 402 次，危险 28201 次；1920—1929 年，风险 496 次，危险
32305 次；1930—1939 年，风险 508 次，危险 28220 次；1940—1949 年，
风险 358 次，危险 8634 次。1872—1949 年，《申报》中风险出现了 2125
次，危险出现了 106519 次，后者是前者的 50 倍。

十一　投资（Investment）

　　中国传统上没有"投资"一词。1819 年，马礼逊《华英字典 4》将
"船主货"译为 the Captain's Investment。该字典有"投"字与"资"字，
无"投资"一词。[⑦]

　　1899 年，梁启超在日本主编的《清议报》第 25 册《闻戒录》栏目

①　《马寅初全集》（第三卷），浙江人民出版社，1999 年，第 190 页。
②　杨荫溥：《中国交易所论》，商务印书馆，1932 年，第 23 页。
③　李权时：《企业家与风险问题》，《银行周报》第 17 卷第 19 期，1933 年。
④　巫宝三、杜俊东编译《经济学概论》，商务印书馆，1937 年，附录《英汉名词对照表》
　　第 17 页。
⑤　朱伯康：《经济学纲要》，中国文化服务社，1946 年，第 229 页。
⑥　《马寅初全集》（第十一卷），浙江人民出版社，1999 年，第 508—509 页。
⑦　〔英〕马礼逊：《华英字典 4》（影印版），大象出版社，2008 年，第 101、857、937 页。

发表"无罪居士"译自美国《温故报》的《英爵白雷斯福论中国》，白雷斯福主张英、日、德、美四国联合管理中国，提出九条办法，包括代理中国整顿财政，改革币制，其中第七条为："整顿公司之法，使内外人投资此间者，得便利以扩充铁路、矿务等事业，增广富源。"① 这可能是中文中首次出现"投资"一词，"无罪居士"的语气似乎为中国人，从此段言论还看不出"投资"一词来自何处。

1900 年，《江南商务报》发表日本田冈佐代治译《商工地理学》，文章指出，社会进步后，"各国无不竞投巨资图交通之便"。② 这里的"投巨资"就是投资的意思。

1902 年，《湖北商务报》刊登清水泰吉著《商业经济学》提到："取引所调查各公司信用，定其股券价额，世人由其价额昂低，知其公司信用程度，悟得投资之安危。"又说，恐慌造成资本家困难，"是亦随伴于停止产业之现象，投资于恐慌易发之不确实事业者，失其资本活动"。③ 这里出现的两次"投资"可能是在中国经济学著作里首次出现。

1903 年初，无逸编译自日文的《生产论》在论及土地边际生产力递减法则时说："如有田百亩，役农夫十人，投资千元，种艺一年，获米三百石。其次年役农夫二十人，投资二千元，获米七百石。三年役农夫三十人，投资三千元，获米只八百五十石者。"④ 这里出现了三次"投资"。

1905 年 3 月 9 日，刊登在《申报》的一篇译自日文的文章说："其三为川汉铁道问题，法公使今尚支撑前说，欲令该铁道归清国资本家自办，不许外人投资，一切事件不许干预，如欲雇聘工程师，则必须用法人。"⑤ 这是《申报》首次出现现代"投资"一词。其后，《申报》各年出现"投资"的次数如下：1905—15，1906—6，1907—19，1908—21，1909—67，1910—83，1911—164，1912—119，1913—151。大致从 1911 年起，"投资"成为《申报》里的常用词。

1908 年，编译自日文的《新译英汉辞典》将 Invest（动词）译为

① 《英爵白雷斯福论中国》，《清议报》第 25 册，光绪二十五年七月二十一日，第 7 页。
② 〔日〕田冈佐代治译《商工地理学》，《江南商务报》第 12 期，1900 年，第 19 页。
③ 〔日〕清水泰吉：《商业经济学》，《湖北商务报》第 97 期，1902 年 2 月，第 77、85 页。
④ 无逸：《生产论》，《译书汇编》第 11 期，1903 年，第 40 页。
⑤ 《法人又要求矣》，《申报》1905 年 3 月 9 日，第 3 版。

"投资本，投资"，将 Investment（名词）译为"投资，投入之资本"，将 Investor 译为"投资者"①

1910 年王我臧译，日本盐谷廉、坂口直马著《经济学各论》提到："因欲投资于将来有利之事业，预存其余款，以图其殖利者。"② 1910 年 9 月 18 日，何福麟编译，日本东亚同文会编《中国经济全书》出版，第四编第三章为"投资之方法"，其第一节为"清国固有之投资方法"，叙述中国传统的企业组织方式，第二节为"商事会社"，叙述西式的公司制。③ 1910 年 12 月，熊崇煦等译，伊利著《经济学概论》论述了财政"投资"与"支出"之区别，前者为国家投资后，可以回收利益，后者为国家支出款项后，无法回收本利。④ 这里论述的"投资"为政府的财政投资。该书是首次将"投资"与 Investment 完成对译的经济学著作。

综上所述，中国"投资"一词出现在 19 世纪末至 20 世纪初，它是源自日语汉字词的借词。

"投资"从日本传入中国后，中国人尝试用其他词替代"投资"。梁启超就使用了投资本、放资、放资家等词。1907 年，《商务书馆英华新字典》将 Invest（动词）译为"放银，置业"，将 Investment（名词）译为"置业"。⑤ 1909 年，王我臧译《汉译日本法律经济辞典》将日语词"投资"译为"放资"，并释义为"放下资本曰放资"。⑥

"投资"大致在 20 世纪 20 年代完成了本土化。1922 年韦伯胜编《投资常识》，1936 年 1 月褚凤仪著《投资数学》，同年 2 月刘觉民编《实用投资数学》，1944 年 12 月任福履编著《投资学》中"投资"成为书籍的名称。⑦

---

① 《新译英汉辞典》，群益书社，1908 年，第 507 页。
② 〔日〕盐谷廉、坂口直马：《经济学各论》，王我臧译，商务印书馆，第 65—66 页。
③ 日本东亚同文会编《中国经济全书》，何福麟编译，日本经济学会，1910 年，第 161—176 页。
④ 〔美〕黎查德迪·伊利：《经济学概论》，熊崇煦、章勤士译，商务印书馆，1910 年，第三编第 76—77 页。
⑤ 商务印书馆编《商务书馆英华新字典》，商务印书馆，1907 年，第 281 页。
⑥ 〔日〕田边庆弥：《汉译日本法律经济辞典》，王我臧译，商务印书馆，1909 年，第 53 页。
⑦ 韦伯胜编《投资常识》，商务印书馆，1922 年；褚凤仪：《投资数学》，商务印书馆，1936 年；刘觉民编《实用投资数学》，中华书局，1936 年；任福履编著《投资学》，立信会计图书用品社，1944 年。

1937 年，复旦大学商学院银行学系规定"投资学"为该系必修课程。① 1940 年，国民政府教育部规定"投资学"为商学院银行学系必修科目。②"投资"成为大学课程的名称。

关于"投资"的含义，1933 年 11 月，柯柏年等合编《经济学辞典》对"投资"的释义是："Investment，以保全母本及获得周期的所得为目的而移转其货币纸币于他人，叫做'投资'。"狭义的"投资"就是指投资于证券。《经济学辞典》将"投资银行"（Investment Banker）解释为："以从事适当的投资物之证券之发行及分配、调剂长期资金之供给和需求为职务的银行，叫做'投资银行'。"③ 1934 年 8 月，高希圣、郭真编《经济科学大词典》将"投资"对译为 Investment、Anlage、Placement，其释义为："投资又称放资，普通是指预想将来的利益，或一定的利息而放下资本于某种事业的事。"④ 1935 年，陈稼轩编《实用商业辞典》将"投资"释义为："Investment，亦称投银。以预想将来之利益，或以一定之岁入为目的，支出其资本于某种事业之谓也。"该辞典列有投资信用、投资信用工具、投资托拉斯、投资银行等词条。《实用商业辞典》将"放资"（Investment）解释为："一称生放，即投资之规模较小者。"⑤ 1937 年 4 月，张一凡、潘文安主编《财政金融大辞典》认为："投资二字，在吾国为一新颖之名词。溯自海通以还，资本主义侵入国内，于是投资事业渐引人注意，迄今日银行组织发达，人民对于投资兴趣日增，然亦不过十数年事耳。"又指出："投资者，乃一种有意志的定夺安置资本之行为也。"《财政金融大辞典》列有投资政策、投资方程式、投资收益、投资估值、投资相同时利得分配法、投资信用、投资信托、投资信托业、投资指数、投资掌管股份公司、投资帐、投资银行、投资价值等由"投资"构成的复合词词条。⑥

1941 年，32 位专家审定了与"投资"相关的经济学名词：Investment—投资，Investment Bank—投资银行，Investment Banker—投资银行

① 复旦大学编《复旦大学一览》（1937 年），1937 年，上海图书馆藏。
② 教育部编《大学科目表》，正中书局，1940 年，第 189 页。
③ 柯柏年、吴念慈、王慎名合编《经济学辞典》，南强书局，1933 年，第 337—338 页。
④ 高希圣、郭真编《经济科学大词典》，科学研究社，1934 年，第 221 页。
⑤ 陈稼轩编《实用商业辞典》，商务印书馆，1935 年，第 319—320、383 页。
⑥ 张一凡、潘文安主编《财政金融大辞典》，世界书局，1937 年，第 480—483 页。

家，Investment Banking—投资银行业务、投资银行学，Investment Broker—投资经纪人，Investment Company—投资公司，Investment Credit —投资信用，Investment Fund—投资基金，Investment Market—投资市场，Investment Middlemen—投资中间人，Investment Trust—投资信托、投资托辣斯。[①] 以上由"投资"组成的 11 个复合词，直到今天仍然在使用。

十二　投机（Speculation）

中国在北宋时出现了"投机"一词，为"迎合时机"之意。[②]

1822 年，马礼逊《华英字典6》将 Speculate 译为"想谋"。[③] 1868 年，邝其照编《字典集成》将 Speculate 译为"计算，想谋"；1875 年，邝其照新编《字典集成》将 Speculate 译为"计算，想谋，做期头"，将 Speculation 译为"算度做期头生意之事"。[④] 邝其照没有找到一个合适的中文词翻译 Speculation，实际上将其译成了短语。1902 年，严复译《原富》将 Speculation 译为"屯待"。[⑤] 一直到 1907 年，《商务书馆英华新字典》仍然将 Speculation 译为"暗想、思想、熟思、谋、计"。[⑥]

1898 年，日本吉井东一著，日本山本宪译的《农业保险论》指出："惟投机之心，最易诱人，此诚为导人贮蓄之良法也。……夫使众庶投机之心，进入邪径，其有害乎世，自不待言。……故乘人有投机之心，以起保险事业。俾勇于节俭贮蓄，其利岂少哉。"[⑦] 1901 年，钱恂编译自日文的《财政四纲》指出"恐人民或因之而投机心也（投机者，商人乘机图利也）"。[⑧] 钱恂在这里对"投机"进行了首次解释。1902 年和田垣谦三著《经济教科书》指出"投机（谓冒至险至难，而妙投时机者）"。[⑨] 该书对"投机"再次进行了解释。

---

① 国立编译馆编订《经济学名词（教育部公布）》，正中书局，1945 年，第 25 页。
② 何九盈等主编《辞源》（第三版），商务印书馆，2015 年，第 1620 页。
③ 〔英〕马礼逊：《华英字典6》（影印版），大象出版社，2008 年，第 402 页。
④ 邝其照编《字典集成》（影印版），商务印书馆，2016 年，第 98、215 页。
⑤ 〔英〕亚当·斯密：《原富》，严复译，商务印书馆，1981 年，第 108 页。
⑥ 商务印书馆编《商务书馆英华新字典》，商务印书馆，1907 年，第 474 页。
⑦ 〔日〕吉井东一：《农业保险论》，〔日〕山本宪译，《农学报》第 42 期，1898 年，第 2 页。
⑧ 钱恂编译《财政四纲》，在日本自刊，1901 年，"银行"第 6 页。
⑨ 〔日〕和田垣谦三：《经济教科书》，广智书局翻译出版，1902 年，第三编第 9 页。

20 世纪初，有些日译著作用"射幸""射利"指代"投机"。1902年，《湖北商务报》刊登的《商业经济学》指出，经济危机的第一个症候是"企业心过度，射幸（投机）热心激亢"。① 同年，日译著作《银行论》也以"射幸"一词为常用词。

1902 年，在日本的梁启超却开始在《论生利分利》一文中使用"投机"一词。② 梁启超也是中国较早使用"投机"一词者。

1908 年，编译自日文的《新译英汉辞典》将 Speculation 译为"投机，投机之事"。③ 同年，陈家瓒译述《社会经济学》将日文"投机"，中文"投机"，英文 Speculation 进行了对译。④ 这样，中文"投机"就与英文 Speculation 完成了对接。1907—1909 年，清水澄著，张春涛、郭开文译《法律经济辞典》将"投机"释义为："冒危险以攫一时之重利者，曰投机。"⑤ 1915 年《辞源》解释"投机"为："商人相机投资，以博取利益也。"⑥ "投机"一词被编入《辞源》，说明它已经成为中国人使用的普通词语。

1938 年，《辞海》解释"投机"为"谓作事射利，乘机进行也"。并指出，《唐书》里"投机之会，间不容穟"的"投机"就是现代"投机"之意。⑦

从中国现代"投机"一词的历史分析，它应是源自日语汉字词的借词，当它本土化后，《辞海》编者发现，现代"投机"与古代的"投机"意思一样。但不能因此说现代"投机"源自中国古代"投机"，因为它们之间没有传承关系。而中国现代"投机"同日语之间却有清晰的传播和接受关系。

---

① 〔日〕清水泰吉：《商业经济学》，《湖北商务报》第 97 期，1902 年，第 85 页。
② 梁启超：《饮冰室合集·专集》（第 3 册），中华书局，1989 年，总第 5073 页。
③ 《新译英汉辞典》，群益书社，1908 年，第 885 页。
④ 〔日〕金井延：《社会经济学》，陈家瓒译述，群益书社，1908 年，附录《译例》第4 页。
⑤ 〔日〕清水澄：《法律经济辞典》，张春涛、郭开文译，王沛点校，上海人民出版社，2014 年，第 129 页。
⑥ 陆尔奎主编《辞源》，商务印书馆，1915 年，卯第 91 页。
⑦ 舒新城等主编《辞海》戊种，中华书局，1938 年，卯集第 93—94 页。

第六节　金融学主要术语的来源与形成统计

本节将本章前 5 节所述 22 个金融学主要术语进行统计，形成表 5 - 2。

表 5 - 2　金融学主要术语来源与形成

术语名称	古义	今义竞争词	今义来源	今义出现年份	中西对译年份	术语形成年份
金融	无	银根，融金，泉市，金银通融	日语术语借词	1893	1920	1915
金融学	无	金融论，金融学说	近代本土产生	1924	1929	1937
国际金融	无	无	近代本土产生	1912	1925	1937
银行	银器制造行业，银号行业	银店、银馆、银铺、银肆、银局、银钱局、钱局、钱店、钞店、钞商、票号、版克、板克、班克、盘喀；银号、洋行、银房、号、银公司。版克（严复译）	近代本土产生	1856	1856	1880
中央银行	无	国家银行	日语术语借词	1888	1914	1914
货币	(1) 货与币，即货物与货币的交易；(2) 交易媒介的总称	钱、钱币、银钱、钱财、银子、银两、铜钱、钱枚；泉币（严复译）	日语术语借词	1873	1908	1910
信用	信任使用，信任采用	信义、信（严复译）；信实，信托	日语术语借词	1895	1908	1915
高利贷	无	重利，重利盘驳	日语术语借词	1902	1933	1933
债权	无	债主	日语术语借词	1898	1908	1915
债务	无	债家	日语术语借词	1898	1908	1915
利率	利益或利润	息率（严复译）；利息率，利子步合（日语）	日语术语借词	1897	1910	1915
单利	无	简息	日语术语借词	1905	1934	1934
复利	无	繁息	日语术语借词	1905	1934	1934
保险	保据险要之地	燕梳，担保，保安，保家	近代本土产生（严复译同）	1836	1907	1913

术语名称	古义	今义竞争词	今义来源	今义出现年份	中西对译年份	术语形成年份
风险	风涛之险	冒险（严复译）；危险（日语）	近代本土产生	1883	1925	1949 年后
外汇	无	银汇西国，汇银票，外国汇票，汇票，外国汇兑，国外汇兑，国际汇兑；外国为替（日语）	近代本土产生	1922	1941	1941
汇率	无	汇价，汇兑率，外汇率；汇银价，汇银票行情，外国汇票价，汇票行情，汇兑时价；外汇行情，国外汇票行情，国外汇兑行市。外为相场（日语）	近代本土产生	1915	1937	1937
证券	无	有价证书	日语术语借词	1879	1915	1941
股票	无	股份票、股分票、股券，株券（日语）	近代本土产生（严复用同）	1875	1908	1914
信托（公司）	无	信用公司，信托会社（日语）	日语术语借词	1908	1908	1921
投资	无	投资本，放资，投银	日语术语借词	1899	1908	1922
投机	迎合时机	屯待（严复译）；做期头，射利，射幸	日语术语借词	1898	1908	1915

表 5 - 2 共 22 词。

关于第二列"古义"，有古义者 7 词：银行、货币、信用、利率、保险、风险、投机。其中，古今含义变化不大者，仅"投机"一词。无古义者 15 词。可见，金融学主要术语绝大部分为近代产生的新词。

关于第三列"今义竞争词"。只有"国际金融"没有竞争词，其余 21 词均有众多的竞争词，尤其以银行、货币、外汇、汇率的竞争词为多。严复译词 5 个，均被淘汰。

关于第四列"今义来源"，日语术语借词有 14 个：金融、中央银行、货币、信用、高利贷、债权、债务、利率、单利、复利、证券、信托、投资、投机。近代本土产生的有 8 词：金融学、国际金融、银行、保险、风险、外汇、汇率、股票。

关于第五列"今义出现年份"，1895 年及之前 9 个，1896—1911 年 9 个，1912 年及以后 4 个。

日语术语借词均首次出现在 19 世纪末至 20 世纪初，其中 1895 年前出现的仅金融、中央银行、证券三词。中国近代本土产生的新词首次出现在 1836—1924 年，19 世纪出现了银行、保险、风险、股票，这些词语均产生于经济实践。20 世纪产生的金融学、国际金融、外汇、汇率产生于中外各种词语的组合演变。

关于第六列"中西对译年份"，1895 年及之前 1 个，1896—1911 年 10 个，1912 年及以后 11 个。日语术语借词大都完成于 20 世纪初，近代本土产生的词语中西对译在 1856 年至 1941 年间。

关于第七列"术语形成年份"，1895 年及之前 1 个，1896—1911 年 1 个，1912—1915 年 9 个，1916 年及以后 11 个。19 世纪末 20 世纪初出现的日语术语借词大部分形成于 20 世纪 20 年代前后，但高利贷、证券等词形成于 20 世纪三四十年代。

第六章　财政学主要术语的形成

本章考察了财政学 13 个主要术语的来源与形成，"财政"单列一节，其余 12 个重要术语列为一节。

第一节　"财政"一词的起源与形成

中国传统指代财政的词语有国用、财用、国计、度支、理财等，没有"财政"。

1822 年，马礼逊《华英字典 6》将 Tax 译为"税，饷"，将 Land-tax 译为"钱粮之事"。① 没有 Finance 一词。1867 年，罗存德编《英华字典》第 2 册将 Finance 译为"钱粮之事，库部，户部尚书，国饷"，将 Financial 译为"钱粮的，银库的"。② 1868 年和 1875 年，邝其照两次编的《字典集成》均将 Finance 译为"钱粮之事，税务"。③

日本最初在字典中也将 Finance 译为"钱粮"等词，1873 年，柴田昌吉等编《英和字汇》将 Finance 译为"钱粮，岁入"。1871 年，日本琼江何礼之译《英国赋税要览》第一卷第一回是"英国的财政的原理"，④ 这里出现了"财政"一词。1884 年，井上哲次郎等编《哲学字汇》（改订版）将 Finance 译为"财政"。⑤ 日本"财政"一词大致在 19 世纪 70 年代形成。1889 年，日本町田忠治重译《财政学》出版。⑥ 1902 年 6 月，神田乃武等编《新译英和辞典》将 Finance 译为"财政；岁入；

---

① 〔英〕马礼逊：《华英字典 6》（影印版），大象出版社，2008 年，第 425—426 页。
② R. W. Lobscheid, *English and Chinese Dictionary*：*With the Punti and Mandarin Pronunciation*：*Part Ⅱ*，Hong Kong，1867，p. 828.
③ 邝其照编《字典集成》（影印版），商务印书馆，2016 年，第 53、170 页。
④ 瓊江何礼之訳『英国租税要覧』盈科斋蔵版、1871。
⑤ 井上哲次郎ら編「哲学字彙」（改訂版）、東洋館、1884、46 頁。
⑥ 町田忠治重訳『財政学』東京、集成社発換、1889。

收入；财政学"。① 这里"财政学"也与 Finance 完成了对译。

日本"财政"一词在 19 世纪末传入中国。1877 年，《万国公报》（周刊）第 9 卷第 431 期刊登《论工业制造之利》："横滨新闻：《论工业制造之利》曰：造船、制器、制系（日文，丝）、开矿等业，皆现今政府经着手者也，苟有人民结社担当，欲请政府保护，以营其业者，则政府固当无不许矣。其他细小工业极多，至若输入他国未制之物为加制造以输出之，则是真所谓无尽藏者也。有志于财政者，不可不察也。"② 这段话的主要词语为日语汉字词。这可能是日语词"财政"首次传入中国。

1888 年 1 月 26 日，《申报》登载《译东报汇登西电》："去年十二月六号美京华盛顿来电云：本日合众国大开国会，总统论关税、财政等事，谓一年中，如各公举外有所赢余，应将税则轻减，现美国制造家课税已减，若请全行废止，则未便主张云。"③ 这是《申报》转载的日本报纸刊登的西方新闻。1889 年 1 月 1 日，《申报》刊载："日本访事人来信云……日报言：千岛地方为北门锁钥，比之北海道北部，尤多渔猎之利，若舍置不开，似于军政、财政皆有所失，第政府实为内地事繁，不暇兼顾，待他日得有机会，然后徐徐图之，目下传闻，俄国见日本不用此岛，甚为垂涎，照会政府，愿备重价买取云云。"④ 这大概是日本记者对《申报》的投稿。1889 年 7 月 11 日，《申报》刊登《海东观日》："日皇作百僚会议，汰滥费以垂永久，说者谓，财政关系重大，各大臣殊难措词也。"⑤ 1892 年 2 月 29 日，《申报》报道：日本大藏大臣松方伯功成告退，现任大藏大臣渡边等赠送银花瓶，瓶上铭曰："轻重有制，出纳有纪，中兴财政，至君整理，一朝挂冠，僚属眷恋，赠以花瓶，流芳不断。"⑥

1889 年，傅云龙在《游历日本图经》中抄录了《日本帝国宪法》，其中第 70 条规定："为保护公众安全，有紧急需用，依内外形势政府未能将帝国议会召集时，则依敕命为财政上必要之处置。如前项等事，须

---

① 神田乃武ら編『新譯英和辭典』三省堂、1902、385 頁。
② 《论工业制造之利》，《万国公报》（周刊）第 9 卷第 431 期，1877 年。
③ 《译东报汇登西电》，《申报》1888 年 1 月 26 日，第 2 版。
④ 《青岛传言》，《申报》1889 年 1 月 1 日，第 2 版。
⑤ 《海东观日》，《申报》1889 年 7 月 11 日，第 2 版。
⑥ 《晃山选胜》，《申报》1892 年 2 月 29 日，第 2 版。

于下次会期交帝国议会许诺。"① 《日本帝国宪法》于 1889 年 2 月颁布，傅云龙在当年就将其传入中国，"财政"进入宪法，说明日本已经将其作为官方术语。1887 年写成，1895 年出版的黄遵宪《日本国志》在介绍日本统计院时指出："凡国中之土地、户口、农业、工作、商务、船舶、财政、兵力、刑法、文教、督令司职者，详查其事，确稽其数，编次为表，上之本院。"②

1896—1897 年，日本汉学家古城贞吉在《时务报》发表了译作《论台湾财政》《俄将论中国财政》《论土国财政弊端》《日本公使论彼国财政》《美国财政之困》《美国财政日窘》《论扩充海陆军备关系财政》《俄国战时之财政》等文，③ 大量使用"财政"一词。前述傅云龙、黄遵宪的著作只是提到了"财政"，古城贞吉在《时务报》大量使用"财政"，对"财政"在中国传播和生根起到了重要的作用。1897 年，古城贞吉在《农学报》发表《日本农科大学章程》，④ 此章程提到农科开设的课程有理财学、农家理财法、财政学，其中，"财政学"为林学科第二年所开课程，它可能是在中国最早使用的学科名称。1899 年，姚锡光在《东瀛学校举概》中提到，日本高等商业学校要开设"财政学"课程。⑤

日本"财政"传入中国后，因其含有"理财之政"之意，顾名就可思义，很快得到了中国官员和改革家的认可。1897 年 8 月，梁启超在《时务报》发表《〈史记·货殖列传〉今义》指出："财政者，天下之事也"，"财政之患，故患乎财藏于一人"。⑥ 1897 年，康有为《日本书目志》列有日本财政学书籍 34 种，其中，书名中含"财政"者 12 种，康有为还点评道："《财政学》，泰西之佳书哉！日本财政要览备矣。直税、

①　傅云龙：《游历日本图经》，上海古籍出版社，2003 年，第 344 页。
②　陈铮编《黄遵宪全集》（下），中华书局，2005 年，第 1106 页。
③　〔日〕古城贞吉译《论台湾财政》《俄将论中国财政》，《时务报》第 9、14 册，1896 年；《论土国财政弊端》《日本公使论彼国财政》《美国财政之困》《美国财政日窘》《论扩充海陆军备关系财政》，《时务报》第 20、36、37 册，1897 年；《俄国战时之财政》，《时务报》第 66 册，1898 年。
④　〔日〕古城贞吉：《日本农科大学章程》，《农学报》第 13 期，1897 年。
⑤　参见王宝平主编《晚清中国人日本考察记集成：教育考察记》，杭州大学出版社，1999 年，第 13 页。
⑥　梁启超：《饮冰室合集·文集》（第 2 册），中华书局，1989 年，总第 173 页。

间税之法，析之甚精。若夫铁路之问题，财政之本末，不可不考。"①
1898 年 6 月，康有为《日本变政考》提到"政府财政""财政之国债"
"财政之计"等语。② 1898 年 5 月 25 日，《申报》刊登《上海求志书院
戊戌春季题目》，在"史学题"部分有"北宋财政考，南宋财政考"。③
1899 年 10 月 14 日，上海求志书院在《申报》刊登秋季课题，考题有
"明财政考"，④ 同年 12 月 27 日，上海求志书院在《申报》刊登冬季课
题，考题有"高齐财政考""宇文周财政考"。⑤ "财政"这个外来词连
续进入中国书院的考试题目，说明"财政"已经开始本土化。

　　1901 年 2 月，清廷颁发新政诏令，其上谕要求各位大臣："举凡朝
章、国故、吏治、民生、学校、科举、军制、财政，当因当革、当省当
并……各举所知，各抒所见。"⑥ "财政"由此成为官方话语。同年 7 月
12 日，张之洞在向清廷的奏折中指出：各省城应建高等学校，开设七个
专门（科系），第四门为政治学，"中外政治学、外国律法学、财政学、
交涉学皆属焉"。⑦ 1902 年，严复译《原富》使用了"财政"一词意译
亚当·斯密的一段话，而不是对译一个词。⑧ 这是严复少见地使用日
语词。

　　1901 年钱恂编译《财政四纲》，1903 年作新社编译《最新财政学》，
1905 年胡子清编译《财政学》，1907 年叶开琼、何福麟编《财政学》，
等等，这些《财政学》书籍的相继出版，对推动"财政"一词的普及起
了重要作用。

　　"财政"在中国传播过程中，也有部分学者试图替代它。1901 年 3

① 《康有为全集》（三），上海古籍出版社，1992 年，第 756—759 页。
② 康有为：《日本变政考》，中国人民大学出版社，2010 年，第 288、296、322 页。
③ 《上海求志书院戊戌春季题目》，《申报》1898 年 5 月 25 日，第 2 版。
④ 《上海求志书院己亥秋季课题》，《申报》1899 年 10 月 14 日，第 3 版。
⑤ 《上海求志书院己亥秋季课题》，《申报》1899 年 12 月 27 日，第 3 版。
⑥ 《本馆接奉电音》，《申报》1901 年 2 月 6 日，第 1 版；吴剑杰编《中国近代思想家文
　　库·张之洞卷》，中国人民大学出版社，2014 年，第 346 页。陈共主编《财政学》中
　　说 1898 年"明定国是诏"出现"财政"一词不确。
⑦ 参见吴剑杰编《中国近代思想家文库·张之洞卷》，中国人民大学出版社，2014 年，
　　第 349 页。
⑧ 〔英〕亚当·斯密：《原富》，严复译，商务印书馆，1981 年，第 523 页；〔英〕亚当·
　　斯密：《国富论》（英文），上海世界图书出版公司，2010 年，第 470 页。

月至 1902 年 1 月，《译林》连载日本笹川洁《理财学》11 期，这里的
"理财学"名词就是对日本笹川洁原著《财政学》的汉译。① 说明此时
"财政学"名词还没有在中国完全确立。1935 年，尹文敬指出："Finances
一字，有译为国计者，其意义不甚符合，因财政二字，系从收入及管理
上着眼，至国计二字，则仅在比较收支而求两者适合，故财政二字，属
于动的方面，表公共财政之整理及预防行为，国计二字属于静的方面，
表一时代之财政状况而已，审度轻重，仍以用财政二字为宜。"② 尹文敬
在此指出了有国人企图用"国计"替代"财政"，但不知他说的是哪一
位学者，他比较了中国传统"国计"和日语词"财政"何者更适合翻译
Finances，觉得"财政"二字更好。

　　"财政"一词在中国迅速传播还得力于两个制度性措施。一个是政府
机构命名中有"财政"，一个是教育部门规定"财政学"作为必修课程。

　　1903 年，清政府在户部之外设立"财政处"，以期整顿混乱的财政，
规定财政处与户部会奏财政事务，衔列户部之上。1906 年，清政府将户
部改称度支部，且将财政处并入。1908 年，清政府又在度支部设立清理
财政处，各省设清理财政局，并颁布了《清理财政章程》。③ 1912 年，中
华民国政府设立财政部，从此，"财政部"成为中央一个重要部门机构
的名称。从 1903 年起，"财政"成为政府重要机构名称用词，且在各省
成立了分支机构，还颁布了以"财政"为关键词的章程，标志着"财
政"一词已经制度化、本土化。

　　1904 年 1 月，清政府颁布经张之洞等人修订的《奏定大学堂章程》，
规定需要开设"国家财政学"课程的学门（系）有：商科大学银行及保
险学门、贸易及贩运学门，政法科大学政治学门、法律学门，农科大学
农学门。关于各科目的讲习法，又规定"国家财政学（日本名为财政
学，可暂行采用，仍应自行编纂）"。④ 这里把"财政学"作为三科大学
的五个学系的必修课。此时张之洞等官员试图设立"国家财政学"，以

---

① 笹川潔『財政学』博文館、1899。
② 尹文敬：《财政学》，商务印书馆，1935 年，第 2 页。
③ 参见汪敬虞主编《中国近代经济史》（中册），人民出版社，2000 年，第 1358—1363 页。
④ 舒新城编《中国近代教育史料》（中），人民教育出版社，1961 年，第 586、588、606、
　　620—621 页。

区别于日本的"财政学"。1910 年 12 月，学部奏请《改定法政学堂章程》，在学堂分科方面，于原有的法律、政治两门之外，专立经济一门。在经济门课程表中确立了与日本名称相同的"财政学"课程。① 1913 年 1 月，中华民国教育部规定大学法科政治学、经济学、法律学门均需要开设"财政学"课程，商科银行学、保险学、外国贸易学、领事学、关税仓库学、交通学门均需要开设"财政原论"课程。②

到 20 世纪初，有些中国人已经认为"财政"是本土语言。1904 年 3 月，《东方杂志》在介绍日译《经济通论》时特加说明："我云财政，日本云经济，实同一义。"③ 这里将中国说的"财政"和日本说的"经济"进行比较，认为它们意思一样，只是来源不同，实际情况却是，它们意思不同，都出自日本。说明《东方杂志》已经将"财政"看成国产了，而对"经济"还有些隔膜。1915 年，《辞源》列有"财政"词条，并释义为："理财之政，国家或公共团体，为其生存发达，而收取使用财物之情状也。"④《辞源》主要是收录大众词语，说明此时"财政"已经成为中国社会的常用词。

"财政"从日语引进，那么，它对应哪一个英文词语呢？1903 年 2 月 27 日，《翻译世界》译载田岛锦治著《最新经济学》指出："财政（即国家经济）英语曰 Political Economics 者，自有国家经济以来，所必有也。"⑤

1908 年，《新译英汉辞典》将 Finance 译为"财政；岁入；收入；财政学"。⑥ 同年，颜惠庆主编《英华大辞典》将 Finance 译为"财政；入息，私财"。⑦ 1935 年，李登辉等主编《实用英汉字典》仍将 Finance 译为"财政学；国家或个人之收入"。⑧

在经济学专业词典里，柯柏年等合编《经济学辞典》（1933）、周宪文

---

① 朱有瓛：《中国近代学制史料》（第二辑下册），华东师范大学出版社，1989 年，第 492—493 页。
② 舒新城编《中国近代教育史料》（中），人民教育出版社，1961 年，第 657—659 页。
③ 《新书介绍》，《东方杂志》第 1 卷第 1 期，1904 年 3 月。
④ 陆尔奎主编《辞源》，商务印书馆，1915 年，酉第 87 页。
⑤ 〔日〕田岛锦治：《最新经济学》，《翻译世界》第 2 期，1902 年 12 月，第 47 页。
⑥ 《新译英汉辞典》，群益社社，1908 年，第 366 页。
⑦ 颜惠庆主编《英华大辞典》，商务印书馆，1908 年，第 890 页。
⑧ 李登辉等主编《实用英汉字典》，商务印书馆，1935 年，第 525 页。

主编《经济学辞典》（1937）、《财政金融大辞典》（1937）将"财政""财政学"对译为 Public Finance。[①] 陈稼轩编《实用商业辞典》将"财政"对译为 Finance，将"财政学"对译为 Science of Finance。[②] 1941 年，教育部组织 32 位专家审定：Public Finance 译为"财政"，Finance 译为"财政，金融"。[③] 也就是说，专家认定"财政"既可以译为 Public Finance，又可以译为 Finance。财政学家尹文敬指出："近代英美学者，皆用 Public Finance 指公家财政，而以 Business Finance、Corporation Finance 指商务理财或公司理财。"[④] 可见，尹文敬赞同使用 Public Finance 译"财政"。

"财政"一词形成后，中国学者又从其构词、字形方面发现其精义。前述《辞源》就指出"财政"是"理财之政"。财政学家曹国卿指出："中文'财'从贝，贝为古人用为交易之媒介，如今日之货币然。其右旁从'才'，含才具才干之义，盖必须有才干之人管理财务。政字从'支'，支小击也，凡有所击必有所持，如持挺击物，故支之引申义为'持'，其左旁为正，孔子谓政者正也，既有理财之才，而又持之以正方可。"[⑤] 曹国卿从字形上将"财"解释为理财之才，将"政"解释为持之以正，这就为"财政"一词赋予了文化含义。

第二节　"赤字财政"等财政学主要术语的形成

本节叙述赤字财政、预算、决算、直接税、间接税、所得税、营业税、规费、税收、国债、公债、地方债等 12 个财政学主要术语的形成。

一　赤字财政（Deficit Finance）

1931 年 9 月 1 日，微知在《各国的"赤字"问题》中指出："'赤字'二字，是我抄的一个日本新应用的名词，用来叙述世界各国财政困

[①] 柯柏年、吴念慈、王慎名合编《经济学辞典》，南强书局，1933 年，第 527—528 页；周宪文主编《经济学辞典》，中华书局，1937 年，第 493、495 页；张一凡、潘文安主编《财政金融大辞典》，世界书局，1937 年，第 827、831 页。
[②] 陈稼轩编《实用商业辞典》，商务印书馆，1935 年，第 587—588 页。
[③] 国立编译馆编订《经济学名词（教育部公布）》，正中书局，1945 年，第 18、40 页。
[④] 尹文敬：《财政学》，商务印书馆，1935 年，第 2 页。
[⑤] 曹国卿：《财政学》，独立出版社，1947 年，第 1 页。

难的情形的。""岁出超过岁入，日人称之为'赤字'，所以'赤字'就是入不敷出的意思。"① 微知在此明确指出"赤字"为他抄自日本的新名词，他可能是中国第一个使用经济学上的"赤字"者。

　　微知提到的"赤字"就是财政亏空。"九一八事变"后，中国人极为关注的是日本"赤字"问题。1931 年 11 月 16 日，《申报》的《东京通信》栏目报道：日本侵占中国东北后，财政上露出破绽，针对一亿三千万元的岁收不足，"大藏当局为要打开这难局起见，极力设法财政整理，打算在既定经费项下，节约一亿圆来弥缝这赤字，藏相奔走艰辛，要求各方给予以若干的谅解"。② 这是《申报》中首次出现"赤字"。1931 年 11 月 30 日，《申报》又报道，日本"发行赤字公债六千万圆"。③从此，"赤字公债"一词进入中国。1931 年 11 月，《爆日之究竟》一书中介绍了日本"赤字难填"。④ 因"九一八事变"后中国人关注日本"赤字"问题，"赤字"一词由此得到广泛传播。

　　1932 年，《申报月刊》在《新辞源》栏目解释新词"赤字"，该文指出：赤字，"这是一个日本常用的名词，是簿记上的用语。……原来一般商业上的习惯，在损益计算表上，如果有收益的，多印黑字，而亏损的多印赤字，所以赤字便成为入不敷出的代名字。近年来各国大都发现赤字"。⑤《申报月刊》对"赤字"的这一解释，以后成为各种对"赤字"解释的蓝本。

　　1933 年，《经济学讲话》指出，资本主义国家的纸币膨胀政策是"借此去暂时解消恐慌时必然发生的财政上的赤字问题"。⑥"赤字"由此进入经济学理论著作。1942 年，杨桂和译《就业引论》还使用了"财政赤字""赤字预算""赤字财政"等概念，论述了"赤字财政"对国家经济的正面作用。⑦

---

① 微知：《各国的"赤字"问题》，《新社会半月刊》第 5 期，1931 年 9 月，第 108 页。

② 《日本财政上发露极大破绽》，《申报》1931 年 11 月 16 日，第 8 版。

③ 《日拟增税举债，填补岁入不足》，《申报》1931 年 11 月 30 日，第 7 版。

④ 《爆日之究竟》，中国国民党青岛市特别委员会发行，1931 年 11 月，第 79 页。

⑤ 《新辞源：赤字》，《申报月刊》第 1 卷第 6 期，1932 年，第 119 页。

⑥ 陈豹隐：《经济学讲话》，好望书店，1933 年，第 646 页。

⑦ 〔英〕罗蘋苏：《就业引论》，杨桂和译，樊弘校，中国农民银行经济研究处，1942 年，第 33 页。

　　1933 年，柯柏年等合编《经济学辞典》将"赤字"列入词条，其释义为："赤字，这是一个日本用语，普通的商业簿记，在损益计算表上，如有收益，即印黑字，如有亏损，即印赤字，故'赤字'成为'入不敷出'之代用语。"[1]这一解释，明显抄录自前述《申报月刊》。1935 年，陈稼轩编《实用商业辞典》列有"红字公债""赤字公债"词条，"红字公债"释义为："簿记上登记之惯例，凡不敷之数，均用红字标明，引申之，凡各国预算案之结算，其支出多于收入时，均不免发现红字，欲填补红字使收支足以相抵而起募之债，即谓之红字公债，亦称赤字公债。"[2]　1937 年 4 月，张一凡、潘文安主编《财政金融大辞典》指出："赤字，此系日语中指财政上收支不足之数字。财政上之岁入不足于岁出者，即曰赤字财政，反是，则曰黑字财政。所谓黑字者，即指收支有余也。"又解释"赤字公债"为："系日语中指为填补预算上收入不足之额，而所发行之公债，曰赤字公债。"[3]　1937 年 6 月，周宪文主编《经济学辞典》也列有"赤字"词条。[4]　1949 年 12 月，《新名词辞典》列有"赤字""赤字财政"二词，可见"赤字"在这时期仍是新名词。[5]　从 1933 年到 1949 年，上述五种辞典均列出了"赤字"词条，说明该词在中国学术界已经产生了持续的广泛的影响。

　　上列论著和辞典均没有将"赤字"与西文对接。1940 年 3 月，徐宗士在《英国经济学家凯恩斯》一文中介绍了凯恩斯理论对美国罗斯福的"亏空财政"（Deficit Financing）的影响。[6]　这里与西文对译的"亏空财政"就是指"赤字财政"，不过，徐宗士还没有使用"赤字财政"之名。1949 年 3 月，甘士杰指出，近代新兴财政政策具有两个特征：第一，适度的赤字财政（Deficit Finance），已被认为是今日理财的标准；第二，合理的财政政策，为公认防止失业的良方。[7]　甘士杰将"赤字财政"与

---

① 柯柏年、吴念慈、王慎名合编《经济学辞典》，南强书局，1933 年，第 597 页。

② 陈稼轩编《实用商业辞典》，商务印书馆，1935 年，第 489 页。

③ 张一凡、潘文安主编《财政金融大辞典》，世界书局，1937 年，第 484 页。

④ 周宪文主编《经济学辞典》，中华书局，1937 年，第 279 页。

⑤ 胡济涛、陶萍天合编《新名词辞典·经济之部》，春明书店，1949 年，丙第 24 页。

⑥ 徐宗士：《英国经济学家凯恩斯》，《财政评论》第 3 卷第 3 期，1940 年，第 157—160 页。

⑦ 甘士杰：《现代财政政策与充分就业》，《实业金融》第 2 卷第 1、2 期合刊，1949 年 3 月，第 31 页。

英文完成了对接。

二　预算（Budget）、决算（Final Account）

中国在宋代出现了"豫算""预算"，其意为"预计"。① 中国古代没有"决算"。

1873 年，《教会新报》刊载了《大北德意志国事：预算年中用项》，并说："泰西诸国，凡每年用款，必先期预算多寡，亦归户部开送清单于议政院。"② 1875 年，《万国公报》（周刊）刊载了《大美国事：预算本年入出项单》。③ 1878 年 11 月 8 日，《申报》选录香港《循环日报》报道：日本"现当道预算来年国中钱根税项共约有五千三百二十七万五十九百二十六圆，预备国中开销亦如此数"。④ 可见，在受日本词语影响前，中国本土已经产生"预算"一词。但中国本土没有自发产生"决算"概念。

19 世纪末，日本"豫算""决算"二词传入中国。"豫算"与"预算"二词含义相同。1889 年，傅云龙在《游历日本图经》中指出，日本官制、大藏省下设的主计局内设"总豫算决算课"。⑤ 1887 年写成，1895 年出版的黄遵宪《日本国志》指出："余考泰西理财之法，预计一岁之入，某物课税若干，某事课税若干，一一普告于众，名曰预算。及其支用已毕，又计一岁之出，某项费若干，某款费若干，亦一一普告于众，名曰决算。其征敛有制，其出纳有程，其支销各有实数，于预计之数无所增，于实用之数不能溢。取之于民，布之于民，既公且明，上下孚信。自欧罗巴逮于米利坚，国无大小，所以制国用之法，莫不如此。"⑥ 黄遵宪在此将日本的"预算""决算"概念与思想均介绍到了中国。

1897 年 7 月 20 日，梁启超在《续译〈列国岁计政要〉叙》中就提

---

①　罗竹风主编《汉语大词典》，上海辞书出版社，2011 年，第十卷第 41 页，第十二卷第277 页。

②　《大北德意志国事：预算年中用项》，《教会新报》第 272 期，1873 年，第 152 页。

③　《大美国事：预算本年入出项单》，《万国公报》（周刊）第 324 期，1875 年，第 331 页。

④　《日本琐志接录》，《申报》1878 年 11 月 8 日，第 3 版。

⑤　傅云龙：《游历日本图经》，上海古籍出版社，2003 年，第 102 页。

⑥　陈铮编《黄遵宪全集》（下），中华书局，2005 年，第 1187 页。

到了西方人的"豫算决算之表"。① 1898 年 7 月 22 日，《申报》载文指出："西国凡一切动用款项，皆用豫算表、决算表之法，豫算者，先估计此事应需若干，甲项用若干，乙项用若干，拟出大概数目，然后拨款措办也。决算者，每年终将其开销实数分别某项某项开出清单也。中国向来无列表豫算之法，故款项每患舞弊，费帑愈多，成效愈少，今宜力除积弊，采用西法，先列为常年豫算表，开办豫算表，然后按表拨款办理。"②

以上为日本"豫算""决算"零星传入中国，20 世纪初，日译经济学原理著作和财政学著作大量输入中国，这些著作中大多论及"豫算""决算"。1901 年 3 月，《译林》译载日本笹川洁《理财学》指出："国家岁出，必经有豫算议定权之国家机关（如议院、国会等）之赞成，且经其画诺，方可施行。……经费报销，既经会计检查院核准，朝廷必普告通国，且令有决算权之机关处提议之，其预算款目，果可支付与否，亦必经其核定。"③ 这里的"豫算""决算"成为财政学术语，首次传入中国。1905 年 8 月，作新社编译《政法类典·经济之部——财政学》专节论述了"岁计豫算""岁计豫算之监督""岁计决算之监督"。④ 1911 年，易应缃译，日本工藤重义著《最近豫算决算论》由上海群益书社出版，该书对预算、决算的理论与实践进行了全面的论述，它是传入中国近代的第一部系统的关于预算与决算问题的专著。同年，吴琼编《比较豫算制度论》论述了各国预算准备、预算提出、预算议定三大问题。⑤ 两本以"豫（预）算""决算"为名称的日译专著的出版，说明了这两个术语的重要性，也体现了其得到了进一步的广泛传播。有意思的是，吴琼编《比较豫算制度论》还追溯了英文 Budget 的起源，该书指出："豫算之名称，始于古代法兰西语之 Bougette，译意即革囊，及由诺尔曼人传入英国，变为 Budgete，又为英国国会之用语。盖由于下院之承诺租

① 梁启超：《饮冰室合集·文集》（第 2 册），中华书局，1989 年，总第 192 页。
② 《续录京师大学堂章程》，《申报》1898 年 7 月 22 日，第 2 版。
③ 〔日〕笹川洁：《理财学》，《译林》第 1 期，1901 年 3 月，第 3 页。
④ 作新社编译《政法类典·经济之部——财政学》，作新社，1905 年，第 334—335、339 页。
⑤ 吴琼编《比较豫算制度论》（商务印书馆，1911 年）与工藤重义《各国豫算制度论》（李犹龙译，群益书社，1912 年）目录完全一样，全书内容大同小异。所谓吴琼"编"，实际上是吴琼"编译"自工藤重义著作。

税也，大藏大臣，必先于会期之终，开其包有议案之革囊，故此革囊，又含有王国财库之意。大藏大臣行此开囊式，一般名之曰财库之开示。后至十八世纪之末叶，此语再传入法国，始生有新法语 Budgete。然在当时，豫算之意义，已非作财库解，若以相当之语述之，豫算犹言计算，即笼括夫将来之财政期限，及一切支出收入是也。当此时期，以形式的表示之书面，亦统称豫算，故近代豫算之名称 Budget，谓出自十八世纪之末叶，正无可也。"[①]

1915 年，《辞源》列有 "豫算""决算" 词条。"豫算" 释义为："法律名词，事前估计财用出入之额，谓之豫算。""决算" 释义为："计算收入支出之确定也。"[②] 说明 "豫算""决算" 已经成为社会一般词语。

关于 "豫（预）算""决算" 与英文的对接，1907 年，《商务书馆英华新字典》将 Budget 译为 "袋，橐，藏所；公款，经费"，[③] 没有 "预算" 一词。1908 年，《新译英汉辞典》将 Budget 译为 "豫算案；小橐，小橐中之物"。[④] 这里出现了 "豫算"，但没有 "决算"。1934 年，何士芳编《英汉经济辞典》将 Budget 译为 "预算；预算表（公司等）"，将 Final account 译为 "决算"。[⑤] 何士芳在此已经将 "预算""决算" 与英文完成了对接。他还将 20 世纪初流行的 "豫算" 变成了 "预算"，说明 "预算" 一词已经去掉了日译词痕迹，完全本土化了。1941 年，民国教育部组织 32 位专家审定：Budget 译为 "预算"，Budget Estimate 译为 "概算"，Budget Making 译为 "编制预算"，Budget Statement 译为 "预算书"，Budget System 译为 "预算制度"，Final Account 译为 "决算"。[⑥]

三　直接税（Direct Tax）、间接税（Indirect Tax）

1886 年，艾约瑟译《富国养民策》的第十六章为 "征税"，其九十六节为 "征税分直取曲取"。"直取税之谓，即言何人为应完税银者，由何人征取也。……即直向其本人索取。" 如英国 "量入进项税（所得

①　吴琼编《比较预算制度论》，商务印书馆，1911 年，第 1 页。
②　陆尔奎主编《辞源》，商务印书馆，1915 年，酉第 76 页、巳第 27 页。
③　商务印书馆编《商务书馆英华新字典》，商务印书馆，1907 年，第 61 页。
④　《新译英汉辞典》，群益书社，1908 年，第 193 页。
⑤　何士芳编《英汉经济辞典》，商务印书馆，1934 年，第 23、78 页。
⑥　国立编译馆编订《经济学名词（教育部公布）》，正中书局，1945 年，第 5、18 页。

税)""养犬税"等。"曲取之税，即向铺户客商讨取也，设条例者，视为铺户客商可由买客货价中取来。"如英国的烟、酒税。① "直取税""曲取之税"分别是 Direct Taxes、Indirect Taxes 在中国的第一个译名。

20 世纪初，日本"直接税""间接税"二词传入中国。1901 年，《财政四纲》租税部分有一目标题为"直接税及间接税"，但书中更多的是使用"直税""间税"二词。② 1902 年 1 月，《译林》译载笹川洁《理财学》专门论述了"直接税""间接税"，书中指出："在直税，则立法之人，必希望纳税者即为负税之民也，在间税，则立法之人，必希望纳税者非为负税之民也。"③ 这是笹川洁采纳瓦格纳观点从主观上对"直接税""间接税"的定义。同《财政四纲》一样，该书除标题使用"直接税""间接税"外，内容多使用"直税""间税"二词。1902 年，《译书汇编》译载日本小林丑三郎著《欧洲财政史》指出："租税分为直接税与间接税（直接税为确实不移之税，间接税为随时通变之税）。"④ 该书以"直接税""间接税"为常用词。

1903 年 2 月 25 日，王宰善编《普通经济学教科书》第六编为"财政"。王宰善指出："直接税，纳税者兼担税者也。""间接税，纳税者及担税者，非出于一人也。"⑤ 同年，《新尔雅》有"直接税""间接税"词条，其释义与王宰善的解释大同小异。⑥

在清末，"直接税""间接税"二词基本形成。

1910 年，熊崇煦、章勤士译，黎查德迪·伊利著《经济学概论》将"直接税"注译为 Direct Taxes，将"间接税"注译为 Indirect Taxes。⑦ 1941 年，民国教育部组织 32 位专家审定：Direct Tax 译为"直接税"，Indirect Tax 译为"间接税"。⑧

---

① 〔英〕哲分斯：《富国养民策》，〔英〕艾约瑟译，总税务司署，1886 年，第十六章第九十六节。
② 钱恂编译《财政四纲》，在日本自刊，1901 年，"租税"第 5 页。
③ 〔日〕笹川洁：《理财学》，《译林》第 11 期，1902 年，第 36 页。
④ 〔日〕小林丑三郎：《欧洲财政史》，《译书汇编》第 1 期，1902 年，第 19 页。
⑤ 王宰善编《普通经济学教科书》，开明书店，1903 年，第 124 页。
⑥ 汪荣宝、叶澜编《新尔雅》，民权社，1903 年，第 48—49 页。
⑦ 〔美〕黎查德迪·伊利：《经济学概论》，熊崇煦、章勤士译，商务印书馆，第三编第 120 页。
⑧ 国立编译馆编订《经济学名词（教育部公布）》，正中书局，1945 年，第 22 页。

四　所得税（Income Tax）

1880 年，汪凤藻译《富国策》以"进款税"指代"所得税"。①

1889 年，傅云龙《游历日本图经》提到："另有表曰所得税，谓民产岁获金三百圆以上者，税百分之一；逾千，税百分之一有半；逾万，税百分之二。"② 这可能是日语术语"所得税"首次进入中国。

1910 年 12 月，熊崇煦等译日文《经济学概论》将"所得税"对译为 Taxes on Incomes。③

1914 年 1 月，民国政府颁布《所得税条例》，首次在中国开征所得税。④ 标志着术语"所得税"（Income Tax）已经形成并本土化。

1914 年 10 月，民国教育部审定胡祖同编《经济概要》提到"所得税"。⑤

1941 年，民国教育部组织 32 位专家审定：Income Tax 译为"所得税"。⑥

五　营业税（Business Tax）

1879 年，黄遵宪在《日本杂事诗》里提到："凡以酒营业者，必先领准牌，乃许发卖，名营业税。"⑦ 1889 年，傅云龙《游历日本图经》也提到日本的"营业税"。⑧

1901 年，钱恂编译《财政四纲》介绍了日本的"营业税"。⑨

1910 年 12 月，熊崇煦等译《经济学概论》将"营业税"对译为 Business License Taxes。⑩

---

① 〔英〕法思德：《富国策》卷三，汪凤藻译，京师同文馆，1880 年，第十章第 37—38 页。
② 傅云龙：《游历日本图经》，上海古籍出版社，2003 年，第 268 页。
③ 〔美〕黎查德迪·伊利：《经济学概论》，熊崇煦、章勤士译，商务印书馆，1910 年，第三编第 123 页。
④ 参见贾士毅《民国财政史》，商务印书馆，1917 年，第 470 页。
⑤ 胡祖同编《经济概要》，商务印书馆，1914 年，第 142 页。
⑥ 国立编译馆编订《经济学名词（教育部公布）》，正中书局，1945 年，第 18、40 页。
⑦ 陈铮编《黄遵宪全集》，中华书局，2005 年，第 18 页。
⑧ 傅云龙：《游历日本图经》，上海古籍出版社，2003 年，第 268 页。
⑨ 钱恂编译《财政四纲》，在日本自刊，1901 年，"租税"第 4 页。
⑩ 〔美〕黎查德迪·伊利：《经济学概论》，熊崇煦、章勤士译，商务印书馆，1910 年，第三编第 121 页。

1917 年，贾士毅著《民国财政史》专节叙述了民国政府开征的"营业税"，[①] 标志着术语"营业税"（Business Tax）形成。

1941 年，教育部组织 32 位专家审定：Business Tax 译为"营业税"。[②]

六　规费（手数料）（Fee）

"规费"为中国本土词语，其意为"按陈规所纳的费用贿赂"，[③] 它在清末为中国社会的常用词。《申报》数据库从 1872 年开始就有大量的"规费"，1872—1882 年共出现"规费"193 次。"手数料"为日本输入中国近代的词语。

1822 年，马礼逊《华英字典 6》将 Fee 译为"规银；规例"。[④] 其意思是给官吏常规的银两贿赂。1868 年和 1875 年，邝其照两次编的《字典集成》均将 Fee 译为"银；规银"。[⑤]

19 世纪末，日本"手数料"一词传入中国。1891 年 9 月 27 日，《申报》刊载日本外务大臣训令：如到日本温泉旅游，"今后清国人须经其本国领事照会，征收定规手数料金，直付该免状可也"。[⑥] 1901 年，钱恂编译自日文的《财政四纲》指出："铸货手数料者（手数料，犹言费用），以铸造之价值与物质之价值，割和而课一种之手数料，以加于铸造费用者也。"[⑦] 钱恂对"手数料"做出了中国第一个解释，所谓"铸货手数料"就是指"铸币税"。1902 年，上海广智书局译，和田垣谦三著《经济教科书》指出"手数料（为人执事，而索其报，日本俗谓手数料）"。[⑧] 这是中国第二个对"手数料"的解释。"手数料"也成为经济学原理教科书的术语。1907 年，黄敦怿编《财政学》与黄可权编《财政学》均使用"手数料"。[⑨] 同年，清水澄著，张春涛等译《法律经济辞

---

① 贾士毅：《民国财政史》，商务印书馆，1917 年，第 321 页。

② 国立编译馆编订《经济学名词（教育部公布）》，正中书局，1945 年，第 18、40 页。

③ 罗竹风主编《汉语大词典》（第十卷），上海辞书出版社，2011 年，第 328 页。

④ 〔英〕马礼逊：《华英字典 6》（影印版），大象出版社，2008 年，第 164 页。

⑤ 邝其照编《字典集成》（影印版），商务印书馆，2016 年，第 53、170 页。

⑥ 《海客谈瀛》，《申报》1891 年 9 月 27 日，第 2 版。

⑦ 钱恂编译《财政四纲》，在日本自刊，1901 年，"货币"第 34 页。

⑧ 〔日〕和田垣谦三：《经济教科书》，广智书局翻译出版，1902 年，第六编第 3 页。

⑨ 黄敦怿编《财政学》，政法学社，1907 年，第 130 页；黄可权编《财政学》，丙午社，1907 年，第 245 页。

典》解释"手数料"为："国家或地方自治团体为私人所行之行为，及使用营造物之报偿而征收之者，曰手数料。"① 这是日本法律对"手数料"的定义和解释，"手数料"由此也进入中文法律经济辞典。1910年，熊崇煦、章勤士译，黎查德迪·伊利著《经济学概论》将"手数料"对译为 Fees。② 这就将"手数料"与西文完成了对接。

在 20 世纪初，"手数料"广泛出现在日译经济学、财政学等著作中，它在中国得到了广泛传播。另外，中国人尝试用新词替代它。1905 年 8 月，作新社编译《政法类典·经济之部——财政学》"公理财之收入"第一节为"酬劳资"，③ 此处的"酬劳资"就是对日文"手数料"的翻译和替代。1906 年 2 月，叶开琼等编《财政学》以"酬劳费"翻译和替代"手数料"。④ 1914 年，陈启修译《财政学提要》以"办理料"替代"手数料"。⑤

中国本土出现的"规费"如何替代"手数料"呢？19 世纪末 20 世纪初，中国民众向经办某事的官吏缴纳"规费"成为一项重要负担。1907 年，《商务书馆英华新字典》将 Fee 译为"费，规费，酬金"，⑥ 这就将英文 Fee 与"规费"进行了对接。1915 年，《辞源》列有"手数料"词条，其释义为："官吏为私人特别之行为及私人使用公共营造物时所征收之报酬费用，日本名曰手数料。"同时，《辞源》又列有"规费"词条，其释义为："章程或习惯上所应纳之费也。"⑦《辞源》同时列出"手数料""规费"两个词条，并进行了意义不同的解释，显然，此时二者是独立的两个词语，还没有替代关系。另外，《辞源》释义的"规费"已经不是原来的"成规费用、陋规费用"之意，而是变为"章程或习惯上所应纳之费"，即官方认可或官方征收的费用，这就使"规费"和

① 〔日〕清水澄：《法律经济辞典》，张春涛、郭开文译，王沛点校，上海人民出版社，2014 年，第 42 页。

② 〔美〕黎查德迪·伊利：《经济学概论》，熊崇煦、章勤士译，商务印书馆，1910 年，第三编第 113 页。

③ 作新社编译《政法类典·经济之部——财政学》，作新社，1905 年，第 137 页。

④ 叶开琼、何福麟、谢炳朴编《财政学》，湖北法政学堂法政丛书，日本东京，1906 年，第 253 页。

⑤ 〔日〕小林丑三郎：《财政学提要》，陈启修译，上海科学会编译部，1914 年，第 479 页。

⑥ 商务印书馆编《商务书馆英华新字典》，商务印书馆，1907 年，第 197 页。

⑦ 陆尔奎主编《辞源》，商务印书馆，1915 年，卯第 79—80 页，酉第 2 页。

"手数料"二词的含义十分接近，为其相互替代创造了条件。

1917 年，宋教仁等译《比较财政学》的第三编第十六章为"规费论"，并解释说："规费者，即对于特别政费之报偿，而使特别关系者所负担之公经济的收入也。"① 从这个解释可知，此处的"规费"就是对日文"手数料"的替代。1924 年，陈启修著《财政学总论》指出："规费（Gebühren，Fees，Taxes）者，对于公共团体之行为之特别补偿，而由请求其行为之人征收而得者也。亦称为手数料。"② 陈启修将中文"规费"，日语词"手数料"，西文 Gebühren、Fees、Taxes 等进行了对接，财政学术语"规费"由此基本形成。不过，1934 年，何士芳编《英汉经济辞典》列出 Fee 的流行译名有"手数料；规费；酬劳费；费（入会；入学）"。③ 可见，何士芳仍将"规费"作为 Fee 的四个译名之一。

1941 年，民国教育部组织 32 位专家审定：Fee 译为"规费"。④ "规费"至此成为 Fee 的唯一译名。

七　税收（税、赋税、租税）（Tax）

"税""赋税""租税"均为中国先秦时期已经产生的传统词语。"税"意指税收，《老子》："民之饥，以其上食税之多，是以饥。""赋税"为田赋和捐税的合称，《管子·山至数》："古者轻赋税而肥籍敛。""租税"为田赋和各种税款的总称，《韩非子·诡使》："悉租税，专民力，所以备难充仓府也。"⑤

1822 年，马礼逊《华英字典 6》将 Tax 译为"税；饷"。⑥ 1868 年和 1875 年，邝其照两次编的《字典集成》均将 Tax 译为"税，钱粮，税饷"。⑦ 可见，在 19 世纪上半叶，中国已经完成了"税"同 Tax 的对接。

① 〔日〕小林丑三郎：《比较财政学》（上卷），宋教仁等译，林文昭藏版，1917 年，第719 页。
② 陈启修：《财政学总论》，商务印书馆，1924 年，第 34 页。
③ 何士芳编《英汉经济辞典》，商务印书馆，1934 年，第 77 页。
④ 国立编译馆编订《经济学名词（教育部公布）》，正中书局，1945 年，第 18 页。
⑤ 参见罗竹风主编《汉语大词典》，上海辞书出版社，2011 年，第八卷第 92、69 页，第十卷第 221 页。
⑥ 〔英〕马礼逊：《华英字典 6》（影印版），大象出版社，2008 年，第 425 页。
⑦ 邝其照编《字典集成》（影印版），商务印书馆，2016 年，第 95、212 页。

1872—1880 年，税、赋税、租税、税收四词全部出现在《申报》里。《申报》数据库检索结果是，"税"出现 2719 次，"赋税"出现 89次，"租税"出现 16 次，"税收"出现 24 次，说明"税"是中国社会最普通用法，而"赋税"比"租税""税收"二词更常用。这大体反映了《富国策》出现前中国社会对税、赋税、租税、税收四词的使用频率。

1880 年，汪凤藻译《富国策》卷三第十章为"论税敛之法"，该书将 Taxation 译为"税敛、征税"，将 Tax 译为"税"。[①] 1886 年，艾约瑟译《富国养民策》的第十六章为"征税"，书中使用了"人丁税""直取税""进项税"等词。[②] 1901 年，严复译《原富》也以"税"译 Tax。[③]"税"成为中国近代早期经济学译著的术语。

20 世纪初，使用"租税"为术语的汉译日文经济学、财政学著作大量传入中国。1901 年，编译自日文的《财政四纲》有一纲即为"租税"，并指出："租税者，全国人民所输纳以供国家行政之费用者也。"[④] 同年，《译林》译载笹川洁《理财学》以"租税"为关键词和常用词。1902 年，嵇镜译，天野为之著《理财学纲要》第六编第一章为"租税"。[⑤] 同年，和田垣谦三著《经济教科书》也以"租税"为常用词。[⑥] 1905 年 8 月，作新社编译《政法类典·经济之部——租税论》中"租税"成为书名。1909 年，姚震编《日本租税制度及实务》全面介绍了日本的税收制度。[⑦]1922 年，晏才杰著《中国财政问题》第二编《租税论》论述了中国租税制度，该书指出，"租税"二字，有财政学者认为"租"为田赋，"税"为关税、盐税等工商税，实际上中国古代"工商税"有时也称为"租"，田租有时也称为"税"，如鲁国"初税亩"，"是则租税二字之名称，毋

① 〔英〕法思德：《富国策》卷三，汪凤藻译，京师同文馆，1880 年，第十章第 35—36 页；Henry Fawcett, *Manual of Political Economy*, London：Macmillan and Co., 1876, pp. 517–518。

② 〔英〕哲分斯：《富国养民策》，〔英〕艾约瑟译，总税务司署，1886 年，第十六章第九十五、九十六节。

③ 〔英〕亚当·斯密：《原富》，严复译，商务印书馆，1981 年，第 686 页；〔英〕亚当·斯密：《国富论》（英文），上海世界图书出版公司，2010 年，第 607、609 页。

④ 钱恂编译《财政四纲》，在日本自刊，1901 年，"租税"第 1 页。

⑤ 〔日〕天野为之：《理财学纲要》，嵇镜译，文明书局，1902 年，第 79 页。

⑥ 〔日〕和田垣谦三：《经济教科书》，广智书局翻译出版，1902 年，第六编第 3 页。

⑦ 姚震编《日本租税制度及实务》，日本东京出版，商务印书馆发行，1909 年。

庸强为区别，第综称之为租税而已"。① 这说明了"租税"这一日文译词又是符合中国历史习惯的用法。

1910 年，熊崇煦、章勤士译，黎查德迪·伊利著《经济学概论》将"租税"对译为 Taxation。② 这就将"租税"与英文完成了对接。1934 年，何士芳编《英汉经济辞典》列出 Tax 的流行译名有"租税；税"。③ 可见，何士芳将"租税"作为 Tax 的第一译名。到 1949 年新中国成立前，汉译日文经济学、财政学著作绝大部分使用"租税"，以使用"赋税"等术语为例外。

关于"赋税"的使用，1892 年，艾约瑟著《赋税原理新谈》，④ 艾约瑟在此将"赋税"作为术语使用。1914 年，湖北省国税厅创办《湖北赋税杂志》。1933 年，李百强译《财政学大纲》的第二编第三章为"赋税制度"，第四章为"工业革命以前赋税的发展"，⑤ 该书以"赋税"为关键词与常用词。1934 年，胡善恒著《赋税论》是中国近代研究赋税问题的重要著作。⑥ 1936 年，郭大力、王亚南译，里嘉图（李嘉图）著《经济学及赋税之原理》以"赋税"为书名。

关于"税收"的使用。在中国近代学术论著中，往往使用"租税收入""赋税收入""所得税（某税）收入"等语，以"税收"为著作章节名和书名者极少。1930 年，国民政府财政部曾刊印甘末尔设计委员会拟《税收政策意见书》，这是一本 16 页的小册子，它是民国少见的以"税收"为关键词的论著。"税收"一词早已在中国近代社会语言中出现，但它直到近代结束时，都没有完全成为一个经济学术语。

作为对译 Tax 的经济学术语，中国近代同时使用者就有税、租税、赋税三个词语，这不利于术语的专有和统一。1941 年，民国教育部组织 32 位专家审定：Tax 译为"赋税，税"，Taxation 译为"赋税"。⑦ 可见，

① 晏才杰：《中国财政问题》第二编《租税论》，新华学社，1922 年，第 1 页。
② 〔美〕黎查德迪·伊利：《经济学概论》，熊崇煦、章勤士译，商务印书馆，1910 年，第三编第 115 页。
③ 何士芳编《英汉经济辞典》，商务印书馆，1934 年，第 199 页。
④ 〔英〕艾约瑟：《赋税原理新谈》，《万国公报》（月刊）第 41 期，1892 年，第 7 页。
⑤ 〔美〕卡尔·裴伦：《财政学大纲》，李百强译，世界书局，1933 年，第 90、106 页。
⑥ 胡善恒：《赋税论》，商务印书馆，1934 年。
⑦ 国立编译馆编订《经济学名词（教育部公布）》，正中书局，1945 年，第 48 页。

民国经济学界主流专家倾向于以"赋税"为专有名词，这可能与国民政府税收的最高主管机关为财政部赋税司有关。

八　国债（National Debt）、公债（Public Debt）、地方债（Local Loan）

中国古代无"国债""公债"的实际现象，也就没有这方面的词语。"国债""公债"均是中国近代产生的新词。

1855 年 11 月，传教士主办的《遐迩贯珍》刊载一文指出，英国实施减税的新贸易政策后，国裕民饶，"国债，于道光二十二年（1842），负欠银三十七万九千八百万零二千一百一十二员，及咸丰三年（1853），减至三十七万零二百四十一万一千八百四十四员"。① 这里出现的"国债"，意指国家的欠债，它可能是"国债"一词在中国最早出现者。

1873 年 5 月 17 日，《申报》刊载《国债说》，文章指出："国债一节，盛行于泰西，而独不通行于中国，盖中国以堂堂君上与民借贷，似有伤于国体也。不知圣王治世，每以理财为急务，夫君之于民，且犹指臂之相连者也。故圣人曰：百姓足，君孰与不足，百姓不足，君孰与足。是君与民本气谊之相连，亦何不可以有无而相济耶。况诚能应时，付纳不爽，毫厘上下，均以诚意相孚，则亦何伤于国体乎。今观泰西诸国，如帑款绌则借贷于民，帑款盈则偿还于民，上无支绌之虞，而下有得息之利。较之抽厘纳捐，较及锱铢，半归廉费侵蚀，其相去利益奚啻天壤哉！倘中国果能效行，则如治河道，造轮船，济军饷，以及通商利用等诸大政，顷刻所需数千百万不难应手而得。其中有益于富强者诚非浅鲜矣。顷阅香港《中外新闻》载国债数目一则，因附论及之。"② 这篇文章对中西对待"国债"的不同态度、西方"国债"的作用、中国发行"国债"的利益进行了论述，它使"国债"概念和思想在中国得到了进一步的传播。

1880 年，汪凤藻译《富国策》指出："或问国家有额外之费，如征伐剿抚等事，其将贷于民乎？抑将增税敛乎？英国之政，则主贷民，故

---

① 《英国贸易新例使国裕民饶论》，《遐迩贯珍》第 11 号，1855 年。

② 《国债说》，《申报》1873 年 5 月 17 日，第 3 版。

所负国债甲于欧洲。"汪凤藻在此以"国债"译英文 National Debt。①
1886年，艾约瑟在《西学略述》卷八"经济"下专门论及西方"国债"的历史，他指出，南宋宝祐五年（1257），意大利威尼斯某统领为筹措与希腊进行战争的经费，特设立银行，发行国债，这是西方发行国债的开始；中国康熙三十三年（1694），英国开始发行国债，并延续至今。②

中国很早就出现了"公债"一词，其含义是"欠公众的债、欠大家的债"。1872年5月18日，《申报》刊载的《华利银行告白》指出："向者英国设立公司之例，如某行因亏空停止，该债主即能向公司有股份之各人取其家私银产以偿公债。并全数得向其内富商讨还。近者改此规条，私项无取偿公债之累。今止以其公司内各人所有之股份银为定数，不准债主另索取私财。"③1875年3月22日，《申报》刊载《国债总说》指出："今我国方向泰西告贷银两，本馆姑将现在泰西各国公债备列，以质众览。所谓金钱每枚即约合银三两有余，阅者可自打伸算也。计法国金钱九百兆，英国金钱七百八十兆……是泰西各国家共欠金钱四千零四十兆。"④文中出现的"公债"一词含义等于"国债"。但"公债"此种含义十分罕见。总之，中国大都使用"国债"一词指称"国家的欠债"，以"公债"一词指称"公众的欠债"，偶尔也使用"公债"一词指称"国家的欠债"。

日本明治维新后，主要使用"公债"一词指称"国家的欠债"，同时也使用"国债"一词指称"国家的欠债"。19世纪80年代，日本"公债"一词传入中国，1883年11月26日，《申报》刊载："所有明治三年间借募英国股分公债英金一百万镑，去年八月初一日系偿还之期，因债主有故，改于本年六月算给此项公债，系九厘利息。"⑤此后，在19世纪末至20世纪初，日本"公债"与"国债"二词大量输入中国。1901年3月5日至11月10日，《译林》第1—9期连载日本法学士织田一

---

① 〔英〕法思德：《富国策》卷一，汪凤藻译，京师同文馆，1880年，第四章第11页；Henry Fawcett, *Manual of Political Economy*, London：Macmillan and Co., 1876, p.34。
② 〔英〕艾约瑟：《西学略述》卷八《经济·国债》，1886年。
③ 《华利银行告白》，《申报》1872年5月18日，第6版。
④ 《国债总说》，《申报》1875年3月22日，第5版。
⑤ 《东报摘译》，《申报》1883年11月26日，第2版。

《国债论》。当年，《译林》出版了该书单行本。该书是传入中国的第一部关于"国债"（公债）的专著。书中同时使用"国债"与"公债"二词。织田一指出："国债者，皆以政府向人民社会，借取金员，或寄存金员，而立契据，任偿还及供支取之责，为一国所负担者也，此为国债之定义。"① 1901 年，钱恂编译《财政四纲》其第四纲为"国债"。1905 年8 月，作新社编译《政法类典·经济之部——财政学》的第四编第二章为"公债"。

1902 年，严复译《原富》既使用"国债"又使用"公债"译 Public Debt。② 这意味着中国和日本在使用"国债""公债"二词时相差不大。1904 年，梁启超著《中国国债史》指出："中国自古无国债，非不欲之，而事势有所不能也。考各国公债，皆起于十八世纪以后，盖公债与立宪政体有密切之关系。"③ 梁启超在此指出了西方"国债"（公债）与立宪政体的关系以及中国自古无"国债"的事实。该书也是中国人所著的第一部以"国债"命名的著作。

关于"地方债"，1901 年，钱恂编译《财政四纲》指出："地方债者，地方公社（地方公共自治团体）各就其地方募集，以供地方所用。此负债者即为地方公社，故与政府国债性质大异，国债者，政府依主权者之权能而发行者也。地方债者，地方依法律（国债法律）所许而起债权者也。"中央政府对地方债有监督的责任和担保偿还的义务。地方债"大率皆起于兴业之事"，如地方道路修建、河川港湾修筑等。④ 这里解释了"地方债"，并将其与"国债"进行了区别。

1907 年，清水澄著，张春涛等译《法律经济辞典》指出："公债者，国家或地方自治团体临时以增加其收入之目的，按私法上贷借契约而起之债务也。其国家之公债谓之国债；自治团体之公债则谓之府县债，或曰郡债。"又指出："地方债者，公债之一种，而地方自治团体之公法人为执行其政务所发起公债之总称也。即对于起自国家者，则名曰国债；

---

① 〔日〕织田一：《国债论》，《译林》第 3 期，1901 年，第 11 页。

② 〔英〕亚当·斯密：《原富》，严复译，商务印书馆，1981 年，第 754、767 页；〔英〕亚当·斯密：《国富论》（英文），上海世界图书出版公司，2010 年，第 674、683 页。

③ 饮冰室主人（梁启超）：《中国国债史》，广智书局，1904 年，第 1 页。

④ 钱恂编译《财政四纲》，在日本自刊，1901 年，"国债"第 31 页。

反是而起自地方自治团体者，凡市债、府债、县债等，皆曰地方债。"①
也就是说，公债包括中央政府发行的国债，和地方政府发行的地方债。
这就对公债、国债、地方债三者关系进行了明确的说明。

1910 年，熊崇煦、章勤士译，黎查德迪·伊利著《经济学概论》将
"公债"对译为 Public Debt。② 1934 年，何士芳编《英汉经济辞典》将
Public Debt、Public Loan 均译为"公债；国债"，将 National Debt 译为
"国债"，将 Local Bonds 译为"地方债券"。③ 何士芳还没有将"公债"
与"国债"进行明确的区分。

1941 年，民国教育部组织 32 位专家审定：Public Debt、Public Loan 均译
为"公债"；National Debt 译为"国债"；Local Loan 译为"地方公债"。④

综上所述，"国债"为中国近代产生的经济学术语。中国近代也有
"公债"一词，其含义是欠公家的债，它没有成为经济学术语。现代
"公债"（Public Debt）是一个日语术语借词。

第三节　财政学主要术语的来源与形成统计

关于财政学 13 个主要术语的来源与形成统计见表 6 - 1。

表 6 - 1　财政学主要术语的来源与形成

术语名称	古义	今义竞争词	今义来源	今义出现年份	中西对译年份	术语形成年份
财政	无	理财，度支，国计	日语术语借词	1877	1908	1915
预算	预计	无	传统演变	1873	1908	1915
决算	无	无	日语术语借词	1895	1908	1915
赤字	无	亏空	日语术语借词	1931	1949	1949

① 〔日〕清水澄：《法律经济辞典》，张春涛、郭开文译，王沛点校，上海人民出版社，2014 年，第 28、87 页。
② 〔美〕黎查德迪·伊利：《经济学概论》，熊崇煦、章勤士译，商务印书馆，1910 年，第三编第 130 页。
③ 何士芳编《英汉经济辞典》，商务印书馆，1934 年，第 159、131、116 页。
④ 国立编译馆编订《经济学名词（教育部公布）》，正中书局，1945 年，第 32、40 页。

术语名称	古义	今义竞争词	今义来源	今义出现年份	中西对译年份	术语形成年份
税收（税）	税收	税敛，赋税；租税（日语）	传统演变	1822	1822	1880
直接税	无	直取税，直税	日语术语借词	1901	1910	1910
间接税	无	曲取之税，曲税，间税	日语术语借词	1901	1910	1910
所得税	无	进款税	日语术语借词	1889	1910	1914
营业税	无	牙税，当税	日语术语借词	1879	1910	1917
规费	按常规所纳的费用贿赂	手数料（日语），酬劳资，酬劳费	传统演变	1915	1924	1924
公债	无	国债	日语术语借词	1883	1910	1941
国债	无	公债	近代本土产生（严复译同）	1855	1934	1941
地方债	无	无	日语术语借词	1901	1941	1941

关于第二列"古义"，有古义者3词：预算、税收、规费。这三词古今含义变化不大。无古义者10词。可见，财政学重要术语大部分仍为近代产生的新词。

关于第三列"今义竞争词"，预算、决算、地方债三词没有竞争词，其余10词有竞争词，总体来看，财政学术语的竞争词不多。

关于第四列"今义来源"，日语术语借词有9个：财政、决算、赤字、直接税、间接税、所得税、营业税、公债、地方债。近代本土产生有"国债"一词。传统演变而来者有预算、税收、规费。

关于第五列"今义出现年份"，1895年及之前8个，1896—1911年3个，1912年及以后2个。日语术语借词除"赤字"外，其余均出现于19世纪末20世纪初，其中，财政、所得税出现于1895年以前。传统演变而成的三词中，"规费"出现于1915年，相对较晚。近代产生的"国债"1855年就出现了。

关于第六列"中西对译年份"，1895年及之前1个，1896—1911年8个，1912年及以后4个。日语术语借词除赤字、地方债外，其余7词中西对译均完成于20世纪初，传统演变的三词中西对译在1822—1924年，近代本土产生的"国债"中西对译在1934年，说明传统演变和本土产生的新词完成中西对译所需时间漫长。

　　关于第七列"术语形成年份"，1895 年及之前 1 个，1896—1911 年 2 个，1912—1915 年 4 个，1916 年及以后 6 个。日语术语借词除赤字、地方债、公债外，其余 6 词形成于 1912 年中华民国成立前后。传统演变的词语形成于 1880—1924 年。

第七章 "国际贸易""会计学"等术语的形成

本章考察了国际贸易学的主要术语国际贸易、自由贸易、保护贸易、倾销共 4 个术语的形成。又考察了民国时期商学院（应用经济学）几个学系和专业名称的形成，如会计学、簿记学、审计学、统计学、工商管理学。又考察了与工商管理学、审计学密切相关的管理、审计二词的形成。会计学、统计学等今日被列入管理学类学科，不属于经济学科下的子学科，但经济学类学生必须学习会计学、统计学课程，因此，从民国经济学科的划分和今天经济学教育知识体系出发，笔者选取了会计学、统计学等 7 个术语。国际贸易学类术语与会计学等学科名称术语本身属于不同类别，因篇幅都较小，合并为一章，本章共计 11 个术语。

第一节 "国际贸易"等术语的形成

本节叙述国际贸易、自由贸易、保护贸易、倾销共 4 个国际贸易类术语的形成。

一 国际贸易、外国贸易（Foreign Trade、International Trade）

"贸易"为中国传统词语，其含义是"交易，买卖"，《墨子·号令》："募民欲财物粟米，以贸易凡器者，卒以贾予。"① "外国"也是中国传统词语，古代指中央政府以外的政权，近代以来指本国以外的国家。② 中国古代没有"外国贸易"这一复合词，也没有"国际"一词。

1822 年，马礼逊《华英字典6》将 Foreign 译为"番，夷，外国的"，将 Trade 译为"贸易之事，生理，生意"。③ 1868 年和 1875 年，邝其照两

---

① 参见罗竹风主编《汉语大词典》（第十卷），上海辞书出版社，2011 年，第 171 页。
② 罗竹风主编《汉语大词典》（第三卷），上海辞书出版社，2011 年，第 1160 页。
③ 〔英〕马礼逊：《华英字典6》（影印版），大象出版社，2008 年，第 177、439 页。

次编的《字典集成》均将 Foreign 译为"外国的"，将 Trade 译为"贩，贸易，做生意"。① 说明中国近代很早就将 Foreign 译为"外国的"，将 Trade 译为"贸易"，但在很长时期没有将 Foreign Trade 译为"外国贸易"。

1873 年 8 月 4 日，《申报》刊载《运煤说》指出："惟因东洋运来之煤列于洋煤税章完银，故上海多赴长崎以办煤，而在台湾采买者反日鲜矣。现闻新设招商轮船局，拟将伊敦轮船往来长崎购煤来沪，使供诸船之用。西人之深达于治国理财之学者，闻此一事未免旁观而冷笑也。今虽闻金陵有开煤矿之事，然东洋煤税既廉至九钱有零，而东洋煤仍可赛来矣。是中国于此一事似深恐外国贸易之有损中国商民之获益，不亦慎乎。"② 此处出现了"外国贸易"一词，但 1872—1900 年《申报》仅出现 3 处"外国贸易"，可见此词还没有被广泛使用。

1880 年，汪凤藻译《富国策》卷三第七章为"论邦国通商"，其英文原著名为 Foreign Commerce or International Trade。除标题外，书中多处以"邦国通商"译 International Trade。③ 1885 年，傅兰雅译《佐治刍言》第二十七章为"论各国通商"，论述了国际贸易的原理，该书以"各国通商"指称"外国贸易"和"国际贸易"。④

19 世纪末，日本"外国贸易"一词传入中国。1893 年 9 月，中国著名报人铸铁庵主（蔡尔康）在《万国公报》（月刊）发表了《书〈清国通商综览〉后》，介绍了日本人所著《清国通商综览》有一章为"外国贸易"。⑤ 1896 年 8 月 29 日，日本古城贞吉在《时务报》发表的《美国共和党宣论新政》中指出："互利政策，以开发外国贸易，得将我国有余之物，溢出外国市场，而自广其利源也。"⑥ 20 世纪初，各种日译经济学著作大量出现了"外国贸易"一词，1902 年，稽镜译《理财学纲要》第

①　邝其照编《字典集成》（影印版），商务印书馆，2016 年，第 54、97、144、214 页。

②　《运煤说》，《申报》1873 年 8 月 4 日，第 1 版。

③　〔英〕法思德：《富国策》卷三，汪凤藻译，京师同文馆，1880 年，第七章第 22、24 页；Henry Fawcett, *Manual of Political Economy*, London: Macmillan and Co., 1876, pp. 377, 384。

④　〔英〕傅兰雅译《佐治刍言》，上海书店出版社，2002 年，第 114 页。

⑤　铸铁庵主（蔡尔康）：《书〈清国通商综览〉后》，《万国公报》（月刊）第 56 期，1893 年 9 月。

⑥　〔日〕古城贞吉译《美国共和党宣论新政》，《时务报》第 3 册，1896 年 8 月。

三编第四章为"外国贸易之机关",① "外国贸易"成为章节名。1905 年 8 月，作新社编译自日本井上辰九郎的《政法类典·经济之部——外国贸易论》出版,② 同年，该书出版单行本，"外国贸易"由此成为书名关键词。③ 1913 年 1 月，中华民国教育部公布大学规程，规定大学商科分为"银行学、保险学、外国贸易学、领事学、关税仓库学、交通学六门"。④ "外国贸易"由此成为专业学科名称。

"国际"为日语词，中国近代本土使用"万国""各国"等词指代"国际"。1897 年 4 月《时务报》曾出现"国际"一词。⑤ 由"国际"构成的复合词大多也为日语词，"国际贸易"就是如此。1901 年，钱恂编译自日文的《财政四纲》指出，各国货币不能通行于他国者，"则其国际贸易上（甲国与乙国相贸易，曰国际贸易），仍不得依计数货制，而不得不依称量货制"。⑥ 这里可能是中国对"国际贸易"一词的第一个解释。同年，《译林》所译载的日本六条隆吉、近藤千吉合著的《世界商业史》也出现了"国际贸易"一词。⑦ 1903 年 2 月，作新社编译《最新经济学》指出："国际分业者，乃地球上各国人民，互以货物与他国有无相易之谓也。此即国际贸易政策之所起。"⑧ 这里出现了"国际贸易政策"一词。

1904 年，梁启超在《中国货币问题》一文中有 11 处提到"国际贸易"。⑨ 他可能是中国近代最早使用该词研究中国问题者。1905 年 9 月 21 日，《申报》刊文指出："国际贸易之论曰，甲国之货币，乙国不视为货币，仍权衡其货币之重轻计较真（价），盖金属货币限于国界，虽不失其自具之价格。"⑩ 这是《申报》中第一次出现"国际贸易"。1906—

---

① 〔日〕天野为之：《理财学纲要》，嵇镜译，文明书局，1902 年，第 48 页。
② 作新社编译《政法类典·经济之部——外国贸易论》，作新社，1905 年。
③ 参见中国第二历史档案馆编《中华民国史档案资料汇编》（第三辑教育），江苏古籍出版社，1991 年，第 111 页。
④ 参见舒新城编《中国近代教育史料》（中），人民教育出版社，1961 年，第 652 页。
⑤ 参见黄河清编《近现代辞源》，上海辞书出版社，2010 年，第 297 页。
⑥ 钱恂编译《财政四纲》，在日本自刊，1901 年，"货币"第 35 页。
⑦ 〔日〕六条隆吉、近藤千吉：《世界商业史》，《译林》第 1 期，1901 年，第 13 页。
⑧ 作新社编译《最新经济学》，作新社，1903 年，第 87 页。
⑨ 梁启超：《饮冰室合集·文集》（第 6 册），中华书局，1989 年，总第 1471—1480 页。
⑩ 《论整顿圜法当先划一权量》，《申报》1905 年 9 月 21 日，第 2 版。

1907 年，夏偕复译《国际贸易论》在《商务官报》连载；① 同时，张一鹏译《国际贸易论》在《北洋法政学报》连载，② 该文译自日本檀野礼助著《国际贸易论》（1902）的部分内容。③ "国际贸易"由此成为论文名和著作名关键词。

20 世纪初，学术界除使用"外国贸易""国际贸易"二词外，又使用"国外贸易"指称"外国贸易"。④ 1915 年，《辞源》列有"国外贸易"词条，并解释说：国外贸易，"亦名国际贸易，俗称通商"。⑤ 这实际上将"国际贸易"作为"国外贸易"的候补词语。直到 20 世纪 20 年代后，"国际贸易"一词逐渐取代"外国贸易"和"国外贸易"，这可能与各高校设立"国际贸易系"有关，1924 年，上海商科大学就设立有"国际贸易系"。⑥ 1926 年，复旦大学商科设立"国际贸易系"。⑦ 1940 年，民国教育部组织各科专家讨论通过了《大学科目表》，规定商学院包括银行学系、会计学系、统计学系、国际贸易学系、工商管理学系、商学系。⑧ "国际贸易"成为官方规定的一个学科名称。

1924 年，吴应图编《国际贸易》是中国第一部完整的以"国际贸易"命名的专著，该书指出："商业之分类甚多，而由地域上言，可分为内国商业与外国贸易二种，即：行于一国之内部者，为内国商业；行于一国与他国之间者，为外国贸易。于以知外国贸易，乃此国与彼国间之交换业，即国际间之商业关系。故外国贸易，近人亦称之为国际贸易云。"⑨ 这里明确指出了由"外国贸易"一词演化而成"国际贸易"，这二词含义相同。

因"外国贸易"与"国际贸易"为复合词，一般英汉辞典难以将它们列为词条。1906 年，重远著《外国贸易论》一文将"外国贸易"注译

---

① 夏偕复译《国际贸易论》（佛的慈《计学要义》的一部分），《商务官报》第 14、16 期，1906 年；第 17 期，1907 年。

② 张一鹏译《国际贸易论》，《北洋法政学报》第 5、7 期，1906 年；第 24、25 期，1907 年。

③ 檀野礼助『国際貿易論』東京博文館、1902。

④ 杨志洵：《英国千九百六年国外贸易》，《商务官报》第 17 期，1907 年。

⑤ 陆尔奎主编《辞源》，商务印书馆，1915 年，丑第 129 页。

⑥ 《国立上海商学院史料选辑》，上海财经大学出版社，2012 年，第 109 页。

⑦ 《复旦大学志》（第一卷 1905—1949），复旦大学出版社，1985 年，第 353 页。

⑧ 教育部编《大学科目表》，正中书局，1940 年，第 198 页。

⑨ 吴应图编《国际贸易》，中华书局，1924 年，第 1 页。

为 International Trade。① 1925 年，臧启芳所译《经济思想史》将"外国贸易"译为 Foreign Trade，将"国际贸易"译为 International Trade。② 至此"外国贸易"与"国际贸易"与英文完成了对接。1934 年，何士芳编《英汉经济辞典》将 Foreign Trade 译为"外国贸易；国外贸易"，将 International Trade 译为"外国贸易；国际贸易"。③ 可见，何士芳以"外国贸易"作为 International Trade 的第一译名，以"国际贸易"作为其第二译名。1941 年，民国教育部组织 32 位专家审定：Foreign Trade 与 International Trade 均译为"国际贸易"。④ 这就在实际上以"国际贸易"完全取代了"外国贸易"一词。

二 自由贸易（Free Trade）、保护贸易（Protection Policy）

"自由"为中国传统词语，其含义是"由自己作主，不受限制和拘束"。⑤ "保护"也是中国传统词语，其含义是"护卫使不受伤害"。⑥ 前已指出，"贸易"亦是中国传统词语。但"自由贸易""保护贸易"却是中国近代出现的新词。

1822 年，马礼逊《华英字典 6》将 Free 译为"自主的"，将 Protect 译为"护，守"。⑦ 1868 年和 1875 年，邝其照两次编的《字典集成》均将 Free 译为"自主，自由，自为主"，将 Protect 译为"保护，保，照顾"，将 Protection 译为"庇佑，庇护"。⑧ 可见，19 世纪六七十年代邝其照已经将 Free 译为"自由"，将 Protect 译为"保护"，却将 Protection 译为"庇护"。

1880 年，汪凤藻译《富国策》以"偏护土产"译 Protection，以"偏护税则"译 Protective Duties，以"弛禁通商""税法得其平"等短语

---

① 重远：《外国贸易论》，《新民丛报》第 4 卷第 21 号，1906 年，第 7 页。
② 〔美〕韩讷：《经济思想史》，臧启芳译，商务印书馆，1925 年，"经济思想史名词索引"第 2—3 页。
③ 何士芳编《英汉经济辞典》，商务印书馆，1934 年，第 82、104 页。
④ 国立编译馆编订《经济学名词（教育部公布）》，正中书局，1945 年，第 19、25 页。
⑤ 罗竹风主编《汉语大词典》（第八卷），上海辞书出版社，2011 年，第 1308 页。
⑥ 罗竹风主编《汉语大词典》（第一卷），上海辞书出版社，2011 年，第 1397 页。
⑦ 〔英〕马礼逊：《华英字典 6》（影印版），大象出版社，2008 年，第 180、341 页。
⑧ 邝其照编《字典集成》（影印版），商务印书馆，2016 年，第 55、172、80、198 页。

译 Free Trade。①

　　19 世纪末 20 世纪初，日语词"自由贸易""保护贸易"传入中国。1896 年 8 月 29 日，古城贞吉在《时务报》发表的《美国共和党宣论新政》指出："盖保护政策，以兴盛国内产业，并制我国市场而自握其利权。"② 该文三次提到"保护政策"。同年，古城贞吉在所译《日本名士论经济学》中认为"保护关税等政策"为谬见。③ 这里的"保护政策"与"保护关税"就是指"保护贸易"。1897 年，古城贞吉在《时务报》发表的译文指出，俄国与奥匈帝国计划瓜分土耳其，"以君士坦丁为自由贸易港"。④

　　1900 年，日本田冈佐代治译日文《商工地理学》指出："去今七八十年前，英国舆论翕然向于保护贸易之议，主张征收关税之宜严。时所谓曼察斯太学派者慨然而起，借自由贸易之说抗之。"⑤ 在这段文字中，"保护贸易"与"自由贸易"同时出现。1901 年，《译书汇编》刊载其所转译自日文的李士德《理财学》指出："夫建国之初，自由贸易之为利，自不容疑；盖不如是，则荒僻之区欲易为繁盛之地断不能也。及稍进于富强，则保护贸易方为有利，因有保护方免外来之侵害，而其势始成，其力始足也。然势成力足之后，若仍用保护，则反为害；因保护之下，不得与他邦角逐，而骄慢之心因以生矣。"⑥ 译者接着在按语中指出：西方讲商学者，分为两派，一派主张自由贸易，一派主张保护贸易，"我中国出口税重，而进口税轻，损己利人，已不可为训，况进口之货，又漫无稽查，鸦片之入，即由于此。原书著者力倡保护贸易之说者，以德国当时之情形，与我国相仿佛也"。⑦ 这是中国的译者首次运用"自由贸易与保护贸易"来研究中国经济问题。同年，钱恂编译自日文的《财

---

① 〔英〕法思德：《富国策》卷三，汪凤藻译，京师同文馆，1880 年，第七章第 28 页；Henry Fawcett, *Manual of Political Economy*, London: Macmillan and Co., 1876, pp. 393 – 394。

② 〔日〕古城贞吉译《美国共和党宣论新政》，《时务报》第 3 册，1896 年 8 月。

③ 〔日〕古城贞吉译《日本名士论经济学》，《时务报》第 14 册，1896 年。

④ 〔日〕古城贞吉译《分割土耳其议》，《时务报》第 18 册，1897 年。

⑤ 〔日〕田冈佐代治译《商工地理学》，《商务报》第 11 册，1900 年，第 17 页。

⑥ 〔德〕李士德：《理财学》，《译书汇编》第 1 卷第 2 期，1901 年 1 月，第 7 页。

⑦ 〔德〕李士德：《理财学》，《译书汇编》第 1 卷第 2 期，1901 年 1 月，第 7 页。

政四纲》也专门讨论了"自由贸易"与"保护贸易"两种学说与政策。①
1903 年,《新尔雅》指出:"外国贸易有两主义,以自然之生产力,听贸
易者自为之,而政府不干涉者,谓之自由贸易主义;政府参酌各种事情,
而干涉其贸易者,谓之保护贸易主义。"②

1905 年 8 月,中国近代第一部系统的国际贸易专著《外国贸易论》
出版,该书围绕亚当·斯密、李嘉图的自由贸易论与李斯特、罗雪尔的
保护贸易论而展开论述。书中指出,外国贸易学说有"自由贸易说"
"保护贸易说";外国贸易的两大主义是"自由贸易主义""保护贸易主
义";外国贸易两大政策是"自由贸易政策""保护贸易政策"。③"自由
贸易""保护贸易"成为全书的关键词。

日语词"自由贸易""保护贸易"传入中国后,严复却另创译名以
企图替代之。1902 年,严复译《原富》以"无遮通商,自由商法,大通
商法,自由商政"译 Free Trade,以"保商之政"译 Protection,严复又以
"贸易"译 Commerce,④ 他在按语中使用的"自由贸易"主要指"国内
的自由商业",其对义词是政府"禁制"。⑤ 严复的译名在中国并没有流
行起来。

20 世纪初,中国人开始使用"自由贸易""保护贸易"研究中国发
展问题。1905 年 3 月 7 日,《申报》刊载《讲求工业说》指出:"处此商
战之世界,万国竞争之时代,眈眈列强,智巧相等,遂鼓吹其自由贸易
主义以互博交通之利益,而惟吾国工艺不精,乃首承其害而漏卮之巨,
骎骎焉有江河日下之势,且立国之通例,工业未发达则必用保护贸易主
义以为自固藩篱之计,工业既振兴乃可用自由贸易主义以辟推广出口之
途。而吾国则因一著之错,进口半税既载于约章,内地厘金专重于土货,

---

① 钱恂编译《财政四纲》,在日本自刊,1901 年,"租税"第 15—16 页。
② 汪荣宝、叶澜编《新尔雅》,民权社,1903 年,第 44 页。
③ 作新社编译《政法类典·经济之部——外国贸易论》,作新社,1905 年,第 94、99、
133、142 页。
④ 黄立波、朱志瑜:《严复译〈原富〉中经济术语译名的平行语料库考察》,《外语教学》
2016 年第 4 期,第 88 页。
⑤ 〔英〕亚当·斯密:《原富》,严复译,商务印书馆,1981 年,第 119、377、519 页,
《译事例言》第 10 页。

保护之法势所难行则惟有急自讲求工业之一策以冀稍图抵制而已。"① 其后，1905 年 4 月 25 日，《申报》又刊载《论重工主义》，文章使用自由贸易与保护贸易理论，主张中国应发展自己的土货生产，实施重工主义。②

关于"自由贸易""保护贸易"与西文的对接。1902 年 2 月 8 日，梁启超在《论学术之势力左右世界》中指出，英国采纳亚当·斯密理论，"决行自由贸易政策（Free Trade），尽免关税"。③ 梁启超在此将"自由贸易政策"与英文 Free Trade 进行了对接。1905 年，作新社编译《政法类典·经济之部——外国贸易论》将 Protection 译为"保护政策"。④ 1906 年，重远《外国贸易论》一文将"自由贸易"注译为 Free Trade，将"保护贸易"注译为 Protection。⑤ 这就将"自由贸易"与"保护贸易"均完成了与西文的对接。1910 年，熊崇煦、章勤士译，黎查德迪·伊利著《经济学概论》将"保护贸易主义"注译为 Protectionism，将"自由贸易主义"注译为 Free Trade，将"幼稚工业保护主义"注译为 Protection-to-infant-industries Argument。⑥

1941 年，民国教育部组织 32 位专家审定：Free Trade 译为"自由贸易"，Protection 译为"保护"，Protection Policy 译为"保护政策"，Protectionism 译为"保护主义"，Protective Duty 译为"保护关税"，Protective Tariff 译为"保护税则"。⑦ 专家将"保护贸易"的"贸易"二字去掉，使词语更简捷，却失去了"保护贸易"的清楚明白。

三　倾销（探拼）（Dumping）

中国古代没有"倾销"一词，有"倾销银两"的表述，意思是"倾倒银两熔化"。

1915 年，马凌甫译日文《国民经济学原论》在叙述垄断企业卡特尔

---

① 《讲求工业说》，《申报》1905 年 3 月 7 日，第 2 版。
② 《论重工主义》，《申报》1905 年 4 月 25 日，第 2 版。
③ 梁启超：《饮冰室合集·文集》（第 3 册），中华书局，1989 年，总第 573 页。
④ 作新社编译《政法类典·经济之部——外国贸易论》，作新社，1905 年，第 118 页。
⑤ 重远：《外国贸易论》，《新民丛报》第 4 卷第 22 号，1906 年。
⑥ 〔美〕黎查德迪·伊利：《经济学概论》，熊崇煦、章勤士译，商务印书馆，1910 年，第三编第 38 页。
⑦ 国立编译馆编订《经济学名词（教育部公布）》，正中书局，1945 年，第 19、39 页。

的对外贸易政策时，引入了"探拼"（Dumping，或译"探并"）概念，并解释说，这是一种国际贸易商略，垄断企业对其同一产品，国内实施高价政策，国外实行低于成本的低价政策，以消灭国外竞争对手，到国外竞争对手消灭后，又逐渐提高其独占价格。"此牺牲内国消费者之利益，企外国市场独占之反间政策，曰探拼。"① 该书可能是中国近代第一次引入"探拼"（Dumping）概念。

1928 年，《综合英汉大辞典》解释 Dumping 的第三义项为"投卖政策（将商品廉价售与国外以扩充销路之谓）"。②

1929 年，《新术语辞典》列有"探拼"（Dumping）词条，解释说："探拼"或译为"投卖政策"，是保护贸易国卡特尔争夺国外市场的政策。③

1930 年 12 月 25 日，《东方杂志》发表朱偰《资本主义经济之危机与俄国之"探并"政策》，该文为留德学者朱偰在柏林于同年 10 月 20 日所写，全面解释了何谓"探并"政策，以及苏联为了实施五年计划向国际减价销售农产品、原料品政策。④ 1930 年 12 月 28 日，《申报》《新闻报》《时事新报》《大公报》等报同时刊登"财政部拟定取缔倾销税法，在立法院审查中"，用特种税抵制资本主义商战策略。1931 年 1 月 31 日，《取缔倾销税条例》被立法院通过，《申报》全文刊登。⑤ 从此，"倾销"成为报刊的常用词，经济术语"倾销"初步形成。

1934 年 9 月，马寅初《中国抵抗洋货倾销方策之我见》在《银行周报》第 18 卷第 17 期发表。1935 年，刘秉麟等著《世界倾销问题》由上海商务印书馆出版。1937 年 3 月，巫宝三、杜俊东编译《经济学概论》由商务印书馆出版，该书是南开大学经济学中国化的著名教本。书成后，首先在南开大学经济学院试用，书后附录《英汉名词对照表》"企图为厘订经济学译名之初步商榷焉"。⑥《英汉名词对照表》共列出了 633 个经济学常用术语，包括"倾销"（Dumping）。以上事例说明，"倾销"已

---

① 〔日〕津村秀松：《国民经济学原论》，马凌甫译，群益书社，1915 年，第 310—311 页。

② 黄士复、江铁主编《综合英汉大辞典》，商务印书馆，1928 年，第 711 页。

③ 吴念慈、柯柏年、王慎名编《新术语辞典》，南强书局，1929 年，第 232 页。

④ 朱偰：《资本主义经济之危机与俄国之"探并"政策》，《东方杂志》第 27 卷第 24 期，1930 年 12 月。

⑤ 《〈取缔倾销税条例〉全文》，《申报》1931 年 2 月 1 日。

⑥ 巫宝三、杜俊东编译《经济学概论》，商务印书馆，1937 年，"序"第 1—2 页。

经成为民国经济学家使用的重要术语。

1933 年，柯柏年等合编《经济学辞典》同时列有"探拼"和"倾销"二词条，并解释说："探拼，或意译为倾销（倾卖）。"[1] 1934 年，何士芳编《英汉经济辞典》将 Dumping 译为"倾销；抛出政策；投卖政策；外国廉卖策"。[2] 这里有 4 个汉语词对译西文，指出了两个日语术语，且将"倾销"排第一，可见"倾销"仍未成为完全统一名词。1938 年，《辞海》列有"倾销"（Dumping）一词，并解释说"音译作探并"。[3]《辞海》将"倾销"列为词条，说明该词已经大众化，成为普通词语。

1941 年，民国教育部组织 32 位专家审定：Dumping 译为"倾销"。[4]

第二节　"会计学"等术语的形成

一　簿记学（Bookkeeping）、会计学（Accounting）

"簿记"为中国古代词语，在唐代就已经出现，其含义是"用簿册记录"；"会计"也是中国古代词语，在先秦时期就已经出现，其含义是"核计；计算，以及管理财物及其出纳等事"。[5] 中国古代没有"簿记学""会计学"概念。

1822 年，马礼逊《华英字典 6》将 Accountant 译为"算手"（今译会计师），将 Account Book 译为"数簿，账簿，账目"。[6] 没有 Bookkeeping 一词。1868 年和 1875 年，邝其照两次编的《字典集成》将 Bookkeeper 分别译为"主簿"（今译簿记员）、"司簿人，管数人"，将 Account 译为"账目，数"，将 Accountant 分别译为"主簿，算手"与"管账人，掌柜"。[7]

---

①　柯柏年、吴念慈、王慎名合编《经济学辞典》，南强书局，1933 年，第 344 页。
②　何士芳编《英汉经济辞典》，商务印书馆，1934 年，第 46 页。
③　舒新城等主编《辞海》戊种，中华书局，1938 年，子集第 268 页。
④　国立编译馆编订《经济学名词（教育部公布）》，正中书局，1945 年，第 14 页。
⑤　罗竹风主编《汉语大词典》，上海辞书出版社，2011 年，第八卷第 1267 页，第五卷第 787 页。
⑥　〔英〕马礼逊：《华英字典 6》（影印版），大象出版社，2008 年，第 12 页。
⑦　邝其照编《字典集成》（影印版），商务印书馆，2016 年，第 31、145、24、137 页。

19 世纪 70 年代，日本形成了现代"簿记学"。1878 年，森下岩楠、森岛修太郎著《簿记学阶梯》出版。[1] 19 世纪末，日本作为专业与课程名称的"簿记（学）"传入中国。1890 年 6 月 23 日，《申报》所载《振兴学校论》指出，中国应学习日本学校制度，日本"女子高等师范学校分科目为十七：曰伦理学……曰簿记，曰地理……曰体操"。[2] 1897 年，康有为《日本书目志》列有日本簿记学书籍 47 种，其中，书名中含"簿记"者 42 种，含有"簿记学"者 16 种，康有为感叹道："簿记之书乃如是夥哉！有小学校之教，有高等学校之教，有阶梯之入，有独习之便，有拒活之法，有官农之用。盖合古者上计之法，后世笔记之用，而加精捷之，以适用便作事，凡人皆宜有焉。而商学但考今，不考古，犹资簿记哉！吾中土尚无此。"[3]

1902 年 8 月 15 日，清政府参照日本制度制定的《钦定京师大学堂章程》规定，商务科分为六目：簿计学，产业制造学，商业语言学，商法学，商业史学，商业地理学。[4] 这里的"簿计学"就是"簿记学"，它是专业科目名称，而不是课程名称。同年 12 月 30 日，《震旦学院章程》规定该校须开设"簿记学"（Book Keeping）课程，[5] 这一课程规定完成了中文"簿记学"与西文的对接。1904 年 1 月，清政府颁布《奏定学堂章程》，规定初等、中等、高等商业学堂均需要开设"簿记"课程。[6] 1905 年，《复旦公学章程》规定该校须开设"簿记"课程。[7] 1906 年，杨汝梅翻译了日本学者所著《簿记精理》。[8] 1907 年，孟森、谢霖编《银行簿记学》在日本东京印刷刊行。20 世纪最初十年，中国完成了学习日本开设簿记学课程，引进簿记学著作的过程，由此，"簿记学"一词形成。

1872 年 8 月 21 日，《申报》报道英国赋税收入时指出："会计之术，

---

① 〔日〕森下岩楠、森岛修太郎：《簿记学阶梯》，森下岩楠刊行，1878 年。

② 《振兴学校论》，《申报》1890 年 6 月 23 日，第 1 版。

③ 《康有为全集》（三），上海古籍出版社，1992 年，第 898—902 页。

④ 舒新城编《中国近代教育史料》（中），人民教育出版社，1961 年，第 551 页。

⑤ 《复旦大学志》（第一卷 1905—1949），复旦大学出版社，1985 年，第 38 页。

⑥ 舒新城编《中国近代教育史料》（中），人民教育出版社，1961 年，第 755、763、772 页。

⑦ 《复旦大学志》（第一卷 1905—1949），复旦大学出版社，1985 年，第 66 页。

⑧ 〔日〕下野直太郎：《簿记精理》，杨汝梅译，《新译界》第 2、3 期，1906 年。

莫精于西人，凡利有可兴，无不设法兴之，以期必获其益，故其国之富强，莫有能与京（竞）者。"① 这里的"会计"就是传统"会计"含义在近代的继续使用。1872—1882 年，《申报》数据库共检索到"会计"一词 193 次，说明在日语词"会计"影响中国之前，中国传统"会计"一词仍然是活跃词语。

19 世纪至 20 世纪初，日文"银行会计""会计法""会计年度"等词传入中国。1897 年，《实学报》刊载译自日文的《银行会计》一文。② 1902 年 11 月，《译书汇编》刊载小林丑三郎著《日本财政之过去及现在》，在论述日本财政管理制度时提到了"会计法""会计表""会计年度""会计检查院"等词。③ 1909 年，《汉译日本法律经济辞典》将"会计"解释为"关于财产之管理，及金钱之出纳等事务"。并解释了"会计年度""会计检查院"。④ 这里的"会计"与中国古代所指的"财物管理"含义相同。1914 年，中华民国政府通过的《会计法》就是学习日本的结果。

19 世纪末 20 世纪初，日本逐渐形成现代"会计学"，1887 年，阪井正芳著《官民会计学要言》出版。⑤ 1907 年，平塚述《会计学》出版。⑥ 1910 年，吉田良三著《会计学》出版，⑦ 该书被称为日本最早以"会计学"命名和展开研究的文献。⑧ 此时与众多"簿记学"著作相比，日本的"会计学"著作极为稀少。

20 世纪初，中国计划开设"会计学"课程。1907 年，上海高等实业学堂教习美国人薛来西撰《商业教育》（*Commercial Education*）提出，商业教育应开设商业地理学、商业历史、商律、会计学、统计学等课程。⑨

---

① 《英国一年赋税所入数目》，《申报》1872 年 8 月 21 日，第 2 版。
② 《银行会计》，《实学报》第 4 期，1897 年。
③ 〔日〕小林丑三郎：《日本财政之过去及现在》，王宰善译，《译书汇编》第 2 期，1902 年，第 15、22 页。
④ 〔日〕田边庆弥：《汉译日本法律经济辞典》，王我臧译，商务印书馆，1909 年，第 114 页。
⑤ 阪井正芳『官民会計学要言』法木書屋、1887。
⑥ 平塚述『会計学』陸軍経理学校、1907。
⑦ 吉田良三『会計学』同文館、1910。
⑧ 郭道扬：《会计史研究：历史·现时·未来》（第三卷），中国财政经济出版社，2008 年，第 415 页。
⑨ 〔美〕薛来西：《商业教育》，《东方杂志》第 4 卷第 7 期，1907 年。

1913 年，中华民国教育部规定大学商科银行学门须开设"商业簿记学""银行簿记学""会计学"，商科保险学门、关税仓库学门须开设"商业簿记学""会计学"，① "会计学"与"簿记学"一起成为银行学门、保险学门的必修课程。1914 年，马寅初著《论中国今日当汲汲研究会计学》指出："欲制厥贪，必审厥行。欲审厥行，非研求会计学（Accountancy）不可。"② 马寅初在此已经将"会计学"与西文进行了对接。以上是汉语"会计学"在中国近代出现的几个早期重要用例，它们与日语没有直接关系，因此，"会计学"这个名词是中国近代本土产生。

1917 年 7 月，张永宜译，吉田良三著《会计学》出版，③ 这可能是中国第一部命名为"会计学"的专著。这说明，中国近代早期的会计学著作仍然学习了日本。

1921 年 8 月 5 日，《申报》刊载《上海商科大学章程摘要》指出，该校将开设"会计学系"，讲授公司会计、官厅会计、会计原理、商业统计学、稽核学、解析几何、投资会计、会计问题、初等微分、银行会计、成本会计、商法、铁道会计、高等会计、公司理财、国际汇兑会计等课程。1924 年，《上海商科大学学程详表》指出，该校设立普通商业系、会计系、工商管理系、银行理财系、国际贸易系、交通运输系、保险系等 7 个学系，会计系开设会计学、公司会计、成本会计、会计问题、商业簿记、银行簿记、稽核学等课程。④ 20 世纪 20 年代，"会计"已经成为一个学系和专业的名称。不过此时会计学系还需同时开设"簿记学"课程。

1926 年，吴应图译，吉田良三著《会计学》指出："会计学（The Science of Accounting）者，专以理论的组织的研究关于整理会计之各种根本问题者也。此外关于会计者，有簿记焉。顾簿记所以论交易之记账与计算方法，以精确明了表现财产之增减变化者也。两者同以整理会计为目的，但簿记之本领，为技术的，即以正确有规则之记录计算而止，

---

① 舒新城编《中国近代教育史料》（中），人民教育出版社，1961 年，第 657—659 页。
② 孙大权、马大成编《马寅初全集补编》，上海三联书店，2007 年，第 3 页。
③ 〔日〕吉田良三：《会计学》，张永宜译，商务印书馆，1917 年。
④ 参见《国立上海商学院史料选辑》，上海财经大学出版社，2012 年，第 108 页。

若研究关于整理会计之理论观念，则非簿记之范围矣。"① 这里论述了
"会计学"与"簿记学"的区别与联系，且将"会计学"与英文 Ac-
counting 进行了对接。

1940 年民国教育部对全国高校课程进行统一，规定"会计学"为商
学院共同必修科目，"会计学系"必修科目有成本会计、政府会计、所
得税会计、会计报告分析、高等会计学、审计学、会计实习等，选修科
目有会计制度、会计问题、铁道会计等，② 其必修与选修科目均无"簿
记学"课程，可见，此时的"会计学"已经包含"簿记学"内容，且取
代了独立的"簿记学"。

关于"会计""会计学"与英文的对译。1907 年，《商务书馆英华
新字典》将 Accountant 译为"会计，主簿，掌柜，算手"。③ 译文中出现
"会计"一词。1908 年，《新译英汉辞典》将 Accountant 译为"核算者，
会计官，主计"。④ 1934 年，何士芳编《英汉经济辞典》将 Accountant 译
为"会计师，会计员"，将 Accountancy 译为"会计学术"，将 Accounting
译为"会计学"。⑤ 1941 年，民国教育部组织 32 位专家审定：Accounting
译为"会计，会计学"。⑥

综上所述，在 19 世纪和 20 世纪，英国、美国等西方国家经历了从
簿记学到传统会计学和现代会计学的转变。⑦ 与此类似，中国在 20 世纪
上半叶，在学习日本引进现代会计学的过程中，也经历了从引进簿记学
到引进现代会计学的转变。从词语形成史观察，"簿记学"为日语术语
借词，"会计学"为中国近代本土产生。

二　审计（Audit）、审计学（Auditing）

中国古代的"审计"有两个含义：一是周密谋算；二是审查政府部

① 〔日〕吉田良三：《会计学》，吴应图译，商务印书馆，1926 年，第 1 页。
② 教育部编《大学科目表》，正中书局，1940 年，第 191—193 页。
③ 商务印书馆编《商务书馆英华新字典》，商务印书馆，1907 年，第 5 页。
④ 《新译英汉辞典》，群益社社，1908 年，第 9 页。
⑤ 何士芳编《英汉经济辞典》，商务印书馆，1934 年，第 3 页。
⑥ 国立编译馆编订《经济学名词（教育部公布）》，正中书局，1945 年，第 1 页。
⑦ 郭道扬：《会计史研究：历史·现时·未来》（第三卷），中国财政经济出版社，2008
　年，第 482 页。

门钱粮收支。1127 年，南宋政府建立"诸军诸司审计司"，后来又将诸军审计司、诸司审计司合称"审计院"。"审计院"专门负责审查监督南宋各级政府的钱粮收支，① 这里的"审计"与现代"审计"含义基本一致。

1822 年，马礼逊《华英字典6》没有 Audit 一词。② 1868 年和 1875 年，邝其照两次编的《字典集成》分别将 Auditor of Account、Auditor 译为"检验数目者"和"考核数目之人"。③ 1907 年，《商务书馆英华新字典》将 Audit 译为"核验数目，稽查数目"，将 Auditor 译为"听者，稽查官"。④ 1908 年，《新译英汉辞典》将 Audit 译为"会计检查"，将 Auditor 译为"会计检查官，检查员"。⑤ 1916 年，郝美玲编《官话》将 Audit 译为"审计，会计检查"，将 Auditor 译为"审计员，查账人"。⑥

日本以"会计检（监）查"译 Audit、Auditing。⑦ 19 世纪末，日语词"会计检查"传入中国，1895 年，黄遵宪《日本国志》叙述了日本职官中的"会计检查院"，该院于明治 14 年（1881）设立，"凡岁出岁入之科目、预算决算之报告、国库出纳之法、官物管理之方，皆分别科条，创定规制。诸省官吏司会计之任者，咸遵其法上其数，经本院检查而后颁告焉"。⑧ 日本"会计检查"的名词和制度传到了中国。1901 年 3 月，日本笹川洁《理财学》在介绍现代预决算制度时指出："其二，岁出既经议定，支付之后，必经会计检查院核准其数。其三，经费报销，既经会计检查院核准，朝廷必普告通国。"⑨ 1905 年，作新社编译自日文的《政法类典·经济之部——财政学》介绍了"岁计施行之监督"与"岁计决算之监督"，它们均需要通过"会计检查院"。⑩

1906 年前，"审计"一词在中国并不常用，从《申报》数据库检索

① 蒋大鸣主编《中国审计史话新编》，中国财政经济出版社，2019 年，第 4—6 页。
② 〔英〕马礼逊：《华英字典6》（影印版），大象出版社，2008 年，第 33 页。
③ 邝其照编《字典集成》（影印版），商务印书馆，2016 年，第 28、142 页。
④ 商务印书馆编《商务书馆英华新字典》，商务印书馆，1907 年，第 32 页。
⑤ 《新译英汉辞典》，群益书社，1908 年，第 66 页。
⑥ 〔德〕郝美玲编《官话》，The Presbyterian Mission Press，1916 年，第 85 页。
⑦ 刘正运等编《日英汉经济辞典》，工人出版社，1987 年，第 93 页。
⑧ 陈铮编《黄遵宪全集》（下），中华书局，2005 年，第 1105 页。
⑨ 〔日〕笹川洁：《理财学》，《译林》第 1 期，1901 年 3 月，第 3 页。
⑩ 作新社编译《政法类典·经济之部——财政学》，作新社，1905 年，第 307—309 页。

可知，1872—1905年，共出现"审计"8次，其含义均是中国传统"审计"第一义"周密谋算"。1902年，严复所译《原富》中，以"审计"一词译英文 Judge（判定）。[①] 其含义也是"周密谋算"。

1906年8月25日，出使各国考察政治大臣戴鸿慈、端方建议："宜于内阁之外，增设……会计检查院。"同年11月2日，庆亲王奕劻等建议设立审计院，"以查滥费……直隶朝廷，不为内阁所节制，而转足以监内阁"，11月6日，清廷批准设立审计院："其应行增设者，资政院为博采群言，审计院为检查经费，均着以次设立。"[②] 11月8日，《申报》刊载了清廷设立"审计院"的这一上谕，[③] 现代"审计"一词由此进入大众媒体。清朝政府计划1912年成立审计院，并制定和颁布了《审计院官制草案》。[④] 在筹建"审计院"的过程中，"审计"一词在20世纪初得到了广泛传播。以上史实说明，如果清廷采纳了戴鸿慈、端方的建议——设立"会计检查院"，也许今日流行的就是日语词"会计检查"和"会计检查学"，结果，清廷采纳了奕劻等建议设立"审计院"，中国传统词语"审计"就成为今日流行的经济学关键词。

1914年10月，北洋政府颁布了《审计法》，"审计"由此成为法律名词。1915年，《辞源》列有"审计法"和"审计院"两个词条。[⑤] 说明"审计"一词已经成为广泛使用的普通词语。

关于"审计学"一词的形成。1921年8月27日，《申报》刊载《上海商科大学设立夜校》，报道中说该校开设了"审计学"等课程。[⑥] 1924年12月28日，《申报》报道，商务印书馆新出西文书有：《审计学原理》一册九角，Friedrich Otte's *Scientific Element of Auditing*。[⑦] 这里将"审计学"与英文 Auditing 进行了对译，也说明当时是直接使用英文原版

---

① 〔英〕亚当·斯密：《原富》，严复译，商务印书馆，1981年，第216页；〔英〕亚当·斯密：《国富论》（英文），上海世界图书出版公司，2010年，第178页。

② 故宫博物院明清档案部编《清末筹备立宪档案史料》，中华书局，1979年，第373、469、471页。

③ 《电传上谕》，《申报》1906年11月8日，第2版。

④ 蒋大鸣主编《中国审计史话新编》，中国财政经济出版社，2019年，第204—205页。

⑤ 陆尔奎主编《辞源》，商务印书馆，1915年，寅第82页。

⑥ 《上海商科大学设立夜校》，《申报》1921年8月27日，第15版。

⑦ 《商务印书馆新出西文书》，《申报》1924年12月28日，第3版。

作为"审计学"教材。1925 年 1 月，吴应图编译《审计学》（一名《会计监督》）由上海商务印书馆出版，它是中国第一部命名为"审计学"的中文出版物。

1937 年，周宪文主编《经济学辞典》将"审计"解释为：〔英〕Audit，〔德〕Bücherrevision，〔法〕Audition，会计监查。"审计二字，吾国自宋代设置审计院以来，始见通用。……近自西洋学术传入中国以来，审计一词，成为英语 Audit 之译名。……吾国习用文字中与审计字义相仿者，尚有查账、检查、调查、审查、稽核等词。"①

1941 年，民国教育部组织 32 位专家审定：Audit 译为"审计"，Auditing 译为"审计；审计学"，Auditor 译为"审计员"。②

三　统计学（Statistics）

"统计"为中国古代词语，其含义为"总括地计算"。③ 中国古代没有"统计学"一词。

"统计"在日语词影响中国近代之前，仍是中国的活跃词语。1868 年 8 月 29 日，《上海新报》报道："上海城河下，停泊小破船……统计男女老幼数百人，平时无所事事。"④ 1872—1880 年，《申报》出现"统计"709 次。1902 年，严复译《原富》提到："苏格兰钱钞并行，统计不下二兆之值。"⑤

19 世纪末，日语词"统计学"传入中国。1887 年写成，1895 年出版的黄遵宪《日本国志》在介绍日本统计院时指出："今泰西统计之学，悉详考数目，分编为表，而由表之法变而为圆图，为方图，为纵横上下之线，使览者不烦寻索，而是非得失了然于胸中，则其学愈简愈明、愈精愈细亦。当泰西千七百年间始有此名。……泰西之业是学者，谓上古有夏禹王尝以统计之法创为一书，并刊于鼎，实为统计学者之祖，盖谓《禹贡》与九鼎也。"⑥ 1897 年，康有为《日本书目志》列有日本《统计

---

① 周宪文主编《经济学辞典》，中华书局，1937 年，第 880—881 页。

② 国立编译馆编订《经济学名词（教育部公布）》，正中书局，1945 年，第 3 页。

③ 罗竹风主编《汉语大词典》（第九卷），上海辞书出版社，2011 年，第 848 页。

④ 《上海城河下》，《上海新报》1868 年 8 月 29 日，第 2 版。

⑤ 〔英〕亚当·斯密：《原富》，严复译，商务印书馆，1981 年，第 247 页。

⑥ 陈铮编《黄遵宪全集》（下），中华书局，2005 年，第 1106 页。

学》《理论统计学》《应用统计学》《统计学论》等"统计学"书籍 20
种，康有为评论道："观《日本政治年鉴》《全国耕地人口比较图表》
《农务统计表》《府县物产表》《府县资力统计》，揽全国之事若掌上之螺
纹……呜呼！日本所由骤强哉！"① 康有为把"统计学"看成日本强大的
原因。1899 年，姚锡光在《东瀛学校举概》中提到，日本高等商业学校
开设了"统计学""财政学""商业学"等课程。②

20 世纪初，中国政府教育改革计划开设"统计学"课程。1902 年 8
月，清政府颁布的《钦定京师大学堂章程》规定，大学堂的仕学馆第一
学年到第三学年都要学习"理财学"，而每年的"理财学"内容不同，
即第一年通论，第二年国税、公产、理财学史，第三年银行、保险、统
计学。③ 1904 年 1 月，清政府又颁布经张之洞等人修订的《奏定大学堂
章程》，规定商科大学的银行及保险学门、贸易及贩运学门，以及政法科
大学政治学门必须开设"全国土地民物统计学"（日本名为统计学）。④
1903 年，钮永建等译，日本横山雅男原著的《统计学讲义》，由时中书
局出版，⑤ 该书是中国近代第一部统计学著作。1907 年，彭祖植编《统
计学》指出："统计学者，德语曰 Statistik，法语曰 Statstique，英语曰
Statistics。"⑥ 这里将中文"统计学"与主要西文进行了对接。

光绪三十三年（1907）九月十六日，清政府宪政编查馆奉谕旨通饬：
"各省设立调查局，分统计、法制两科。并饬各省督抚将军都统暨各司道、
府厅、州县、协镇、海关盐粮茶道衙门及各处局所，均设立统计处。此为
中国公然实行统计之权舆。于是各省皆遵旨设立调查局、统计处。"⑦

随着清政府统计机构的设立和"统计学"课程的开设，从日本传入
的"统计（学）"开始形成专用名词。1908 年，孟森在所译横山雅男著

① 《康有为全集》（三），上海古籍出版社，1992 年，第 772—773 页。
② 参见王宝平主编《晚清中国人日本考察记集成：教育考察记》，杭州大学出版社，1999
   年，第 13 页。
③ 舒新城编《中国近代教育史料》（中），人民教育出版社，1961 年，第 556 页。
④ 舒新城编《中国近代教育史料》（中），人民教育出版社，1961 年，第 585、620—
   621 页。
⑤ 参见〔日〕横山雅男《统计通论》，孟森译，商务印书馆，1908 年，第 42 页。
⑥ 彭祖植编《统计学》，"政法述义"丛书第 25 种，政法学社，1907 年，第 2 页。
⑦ 参见涂景瑜编《统计学讲义》，《北洋法政学报》第 142 期，1910 年，第 19 页。

《统计通论》中加按语指出，日本引进统计的最初十余年，有政表、表纪、总计、制表、统计、形势、国势、政治算数等各种"统计"的译名，1881 年才大致选定"统计"作为一个学科名称。针对日本"统计"译名选定的曲折，孟森进一步指出，日本学者"求汉字于我之《佩文韵府》及《英华字典》，俱无古义可据，故文字中偶用'统计'字者，尚不以为独用之专门名词，吾国斯学尚未大有发明，而统计之为一学科之名，已传自东籍，先入为主，将来免一命名之胶葛，后起者易为功，此亦其一端也。日本用汉字译西籍中之名词，斟酌颇费苦心，其为功于我，自不可掩"。①

关于"统计学"与英文的对译。1907 年，《商务书馆英华新字典》将 Statistic 译为"属统计学，统计"，将 Statistics 译为"国纪，国志，统计学，统计表"。② 1908 年，《新译英汉辞典》将 Statistic 译为"统计的，统计学的"，将 Statistics 译为"统计学，统计，统计表"。③ 1941 年，民国教育部组织 32 位专家审定：Statistics 译为"统计"，Statistical Method 译为"统计法"，Statistical Tables 译为"统计表"。④

四 管理（Management）

中国古代有"管理"一词，其含义是"料理、治理"，明代的小说就有"在家管理事务"、把家产"不得不与女婿管理"等说法。⑤ 这里的"管理"与现代"管理"含义基本相同。

1822 年，马礼逊《华英字典 6》将 Manage 译为"管，管理"，将 Administration 译为"管"。⑥ 这里就将"管理"与英文 Manage 进行了对译。1868 年，邝其照编《字典集成》将 Administer 译为"赐，给，掌事，管理"，将 Manage 译为"掌理，料理"，将 Management 译为"制度"，将 Manager 译为"司事人，当头"。⑦ 邝其照将"管理"与 Admin-

---

① 〔日〕横山雅男：《统计通论》，孟森译，商务印书馆，1908 年，第 3 页。
② 商务印书馆编《商务书馆英华新字典》，商务印书馆，1907 年，第 481 页。
③ 《新译英汉辞典》，群益书社，1908 年，第 902 页。
④ 国立编译馆编订《经济学名词（教育部公布）》，正中书局，1945 年，第 11、9 页。
⑤ 罗竹风主编《汉语大词典》（第八卷），上海辞书出版社，2011 年，第 1202 页。
⑥ 〔英〕马礼逊：《华英字典 6》（影印版），大象出版社，2008 年，第 266、15 页。
⑦ 邝其照编《字典集成》（影印版），商务印书馆，2016 年，第 25、68 页。

ister 完成了对译。1907 年，《商务书馆英华新字典》将 Administer 译为"治理，管理，指挥"，将 Manage 译为"办理，管理，主持"，将 Management 译为"办理，管理，诡谋"，将 Manager 译为"办理者，经理人，理事之人，司事之人"。[①] 1908 年，《新译英汉辞典》将 Administer 译为"管理之，施与"，将 Administration 译为"管理，掌管"，将 Manage 译为"管理，处办，管治，掌理"，将 Management 译为"管理，处办，管治，协定，买卖，术策"，将 Manager 译为"处办者，办理者，支配人，管理人，干事"。[②] 在 20 世纪初，《商务书馆英华新字典》与《新译英汉辞典》将 Administration 和 Management 与"管理"完成了对译。

进入近代后，"管理"为中国本土的常用词，从《申报》数据库检索，1872—1882 年，《申报》共检索出 1462 次"管理"。在经济学译著中，1897 年，傅兰雅口译、徐家宝笔述，英国法拉著《国政贸易相关书》的第六章为"国家管理立合同而定其总界限"。[③] 1900 年，卫理、王汝骈合译《工业与国政相关论》也提到"管理"。[④] 1906 年 10 月，仲遥《社会主义论》提到"管理"（Administration），[⑤] 这是社会主义文献提到"管理"。1915 年，《辞源》列有"管理"一词，其释义为："凡事物归其处置者，皆谓之管理。"[⑥] 说明"管理"一词已经成为广泛使用的普通词语。

日本也使用"管理"一词译 Management。[⑦] 日本"管理"随着日译著作传到了中国。1901 年，《农学报》刊载的今关常次郎《农业经济篇》提到"农场管理"。[⑧] "农场管理"对于中国就是新词。另外，日本又将

---

① 商务印书馆编《商务书馆英华新字典》，商务印书馆，1907 年，第 8、314 页。

② 《新译英汉辞典》，群益书社，1908 年，第 15、569 页。

③ 〔英〕法拉：《国政贸易相关书》，〔英〕傅兰雅口译、徐家宝笔述，江南制造局，1897 年，第 5 页。

④ 〔英〕司坦离·遮风司：《工业与国政相关论》，〔美〕卫理、王汝骈合译，江南制造局，1900 年，第 10 页。

⑤ 参见姜义华编《社会主义学说在中国的初期传播》，复旦大学出版社，1984 年，第 417 页。

⑥ 陆尔奎主编《辞源》，商务印书馆，1915 年，未第 17 页。

⑦ 刘正运等编《日英汉经济辞典》，工人出版社，1987 年，第 173 页。

⑧ 〔日〕今关常次郎：《农业经济篇》，〔日〕吉田森太郎译，《农学报》第 141 期，1901 年，第 1 页。

"经营"译为 Management。① 日本的这一译法也传到了中国。1910 年 12 月,熊崇煦等译伊利《经济学概论》将"管事"译为 Manager,将"经营"译为 Management。② 1934 年,何士芳编《英汉经济辞典》将 Management 译为"经营;管理"。③ 以"经营"为 Management 译语的第一义,显然,这是受到了日语的影响。

1941 年,民国教育部组织 32 位专家审定:Administration 译为"管理",Management 也译为"管理",Managed Money 译为"管理货币",Managed Paper Currency 译为"管理纸币",Business Management 译为"商业管理"。④

五 工商管理(商业管理)(Business Administration)

"工商管理"是由"工商"与"管理"组成的复合词,为中国古代所无,在近代也必须在"工商"与"管理"二词形成后才会产生。

1921 年 2 月 12 日,《申报》报道,东南大学(南京大学前身)计划设立"工商管理系"。⑤ 1923 年,厚培(侯厚培)在《复旦年刊》第 5 期发表《本校一年来大事记》,指出:"本校商科,分银行金融,及商业管理两系"。1924 年,复旦大学沈国勋在《甲子级商科工商管理系级史》一文中指出,他们是复旦大学商科工商管理系首届的四年级学生,说明复旦大学工商管理系建立于 1920 年。他还将"工商管理系"译为 Business Administration Division。⑥《一九三〇年复旦大学毕业纪念刊》提到,1920 年商科学生日多,"于是有本系(工商管理学系)及银行金融学系之分"。⑦ 1924 年,《上海商科大学学程详表》指出,该校设立普通商业系、会计系、工商管理系、银行理财系、国际贸易系、交通运输系、保

---

① 刘正运等编《日英汉经济辞典》,工人出版社,1987 年,第 50、234 页。
② 〔美〕黎查德迪·伊利:《经济学概论》,熊崇煦、章勤士译,商务印书馆,1910 年,第二编第 31 页,第一编第 80 页,第三编第 56 页。
③ 何士芳编《英汉经济辞典》,商务印书馆,1934 年,第 119 页。
④ 国立编译馆编订《经济学名词(教育部公布)》,正中书局,1945 年,第 1、28、5 页。
⑤《东南大学组织大纲之议定》,《申报》1921 年 2 月 12 日,第 10 版。
⑥ 沈国勋:《甲子级商科工商管理系级史》,《复旦年刊》第 6 期,1924 年。
⑦《复旦大学志》(第一卷 1905—1949),复旦大学出版社,1985 年,第 360 页。

险系等 7 个学系。① 从以上资料可知，"工商管理"一词可能源自复旦大学等高校开设"工商管理学系"。

1929 年 1 月，复旦商学士张家泰著《工商管理 ABC》由世界书局出版，这是中国第一部工商管理专著。1930 年，中国工商管理协会在上海成立，这是一个产生了广泛影响的全国性的学术组织。以上两个事件标志着经济管理术语"工商管理"的形成。

1941 年，民国教育部组织 32 位专家审定：Business Management 译为"商业管理"。② 说明"商业管理"与"工商管理"还没有统一。这反映了民国时期术语在短时期内难以统一的现状。

第三节　"国际贸易"等术语的来源与形成统计

本章 11 个术语的来源与形成统计见表 7 – 1。

表 7 – 1　国际贸易等术语来源与形成

术语名称	古义	今义竞争词	今义来源	今义出现年份	中西对译年份	今义形成年份
国际贸易（外国贸易）	无	国外贸易，邦国通商，各国通商	日语术语借词	1901（1893）	1925（1906）	1924
自由贸易	无	无遮通商，自由商法，大通商法，自由商政（严复译）；弛禁通商	日语术语借词	1897	1902	1910
保护贸易	无	保商之政（严复译）；偏护土产	日语术语借词	1900	1906	1910
倾销（探拼）	无	抛出政策，投卖政策，外国廉卖策	近代本土产生	1930（1915）	1933（1915）	1931
簿记学	无	簿计学	日语术语借词	1890	1902	1907
会计学	无	簿记学	近代本土产生	1907	1914	1913

---

① 《国立上海商学院史料选辑》，上海财经大学出版社，2012 年，第 108 页。
② 国立编译馆编订《经济学名词（教育部公布）》，正中书局，1945 年，第 1、28、5 页。

术语名称	古义	今义竞争词	今义来源	今义出现年份	中西对译年份	今义形成年份
审计	一是周密谋算；二是审查政府部门钱粮收支	会计检查，会计监查（日语）	传统演变	1906	1916	1914
审计学	无	会计监督（日语）	近代本土产生	1921	1924	1925
统计学	无	全国土地民物统计学	日语术语借词	1895	1907	1904
管理	料理，治理	治理，办理，掌理	传统演变	1822	1822	1915
工商管理	无	商业管理	近代本土产生	1921	1924	1930

关于第二列"古义"有古义者 2 词，即审计、管理，且古今意义变化不大。无古义者 9 词。

关于第三列"今义竞争词"，11 词均有竞争词。

关于第四列"今义来源"，日语术语借词有 5 个：国际贸易、自由贸易、保护贸易、簿记学、统计学。传统演变而成者有 2 词：审计、管理。近代本土产生者有 4 词：倾销、会计学、审计学、工商管理。

关于第五列"今义出现年份"，1895 年及之前 3 个，1896—1911 年 5 个，1912 年及以后 3 个。5 个日语术语借词均出现于 19 世纪末 20 世纪初。传统演变而成的 2 词出现在 1822—1906 年。近代本土产生的 4 词出现在 1907—1930 年。

关于第六列"中西对译年份"，1895 年及之前 1 个，1896—1911 年 4 个，1912 年及以后 6 个。5 个日语术语借词出现在 1902—1925 年。传统演变而成的 2 词出现在 1822—1916 年。近代本土产生的 4 词出现在 1914—1933 年。

关于第七列"今义形成年份"，1895 年及之前 0 个，1896—1911 年 4 个，1912—1915 年 3 个，1916 年及以后 4 个。5 个日语术语借词形成于 1904—1924 年。传统演变而成的 2 词形成于 1914—1915 年。近代本土产生的 4 词形成于 1913—1931 年。

第八章　中国近代经济思想标志性概念的形成

本章是经济学"术语革命"与经济"思想革命"的连接点。中国近代先后出现了"振兴商务""振兴实业""币制改革""社会主义""合作主义""工业化""统制经济"等经济思潮，这些思潮均有一个标志性概念，本章就是对这些标志性概念的形成进行研究。研究这些标志性概念的形成，可以更准确地认识中国近代经济思潮产生与发展的来龙去脉。

第一节　晚清经济思想标志性概念的形成

晚清出现了"振兴商务""振兴实业""币制改革"三大经济思潮，本节即叙述三大经济思潮中的标志性概念——"商务""实业""货币本位"的形成。晚清经济哲学发生了由"和、合"到"竞争"的转变，经济思想由重农抑商到重视工商的转变。

一　商务（Commerce，International Trade）

"商务"为振兴商务思潮中的关键词。19 世纪 80 年代后，中国出现了"振兴商务"和"商战"思潮，它的核心思想是"保商权，塞漏卮"，希望振兴中国与国际贸易相关产业，以减少输入，增加输出，通过贸易平衡使国家财富不外流，以防止国家越来越贫困。振兴商务和进行商战就需要培养商务人才，培养商务人才就需要建立商务学校，建立商务学校就需要引进外国的商务学。

中国古代无"商务"一词。

1853 年 9 月，香港英华书院出版的《遐迩贯珍》指出："月前上海英商数家，金禀公使，以近因商务停歇，本地各行，将资本银两，俱行提收，皆无现银缴纳税项。……求准暂缓输纳。"①

1861 年，清政府成立了"总理各国通商事务衙门"，主办与各国的外交和通商等事务。1874 年 9 月 26 日，《申报》刊载来信，希望中国到日本设立领事："近来往东洋之华人日增月盛，日望朝廷命官赴彼驻理。……第到底为皇朝之赤子，执总理外国商务之政柄者，谅不忍置之度外，任外人凌辱。"② 这里的"总理外国商务"与"总理各国通商事务"意义相同，则"商务"就是"通商事务"的简称。1878 年 9 月 18 日，《申报》刊载："李鸿章片：再轮船招商局关系紧要，沪局尤商务总汇之区。"③ 说明"商务"已经成为官方用语。

从 1874 年到 1879 年，《申报》共出现"商务"11 次，说明 19 世纪70 年代"商务"一词还只是零星使用。《申报》在 19 世纪 80 年代的使用情况是：1880 年 7 次，1881 年 14 次，1882 年 158 次，1883 年 413 次，1884 年 459 次，1885 年 265 次，1886 年 273 次，1887 年 256 次，1888年 260 次，1889 年 294 次。说明 19 世纪 80 年代"商务"一词已经成为《申报》的主要词语。

1875 年，郑观应在《易言》一书中写有专篇《论商务》，他说："去款日多，来源日绌，窃虑他日民穷财竭，补救殊难。然既不能禁止通商，维有自理商务，核其出入，与之抗衡，以其互相抵兑而已。"④ 郑观应这里的"商务"就是指"通商事务"，即国际贸易。提出了整理商务的核心就是与外国进行贸易竞争，以防止漏卮。因郑观应是"振兴商务"思潮的代表，1875 年，郑观应在《易言》的专篇《论商务》标志着"商务"一词的形成。

1880 年，《万国公报》（周刊）登载《大美国：推广商务》，⑤ 这里的"商务"就是指国际贸易。

日本在 19 世纪 60 年代的明治维新时期已经出现了"商务"一词，政府设有"农商务省"和"商务局"，19 世纪末至 20 世纪初，日本"商

① 《近日杂报》，《遐迩贯珍》第 2 期，1853 年 9 月，第 14 页。

② 《记华商在东洋案件须议设领事保护来书》，《申报》1874 年 9 月 26 日，第 3 版。

③ 《光绪四年八月十一日京报全录》，《申报》1878 年 9 月 18 日，第 5 版。

④ 夏东元编《郑观应集·救时揭要：外八种》，中华书局，2013 年，第 74 页。

⑤ 《大美国：推广商务》，《万国公报》（周刊）第 12 卷第 580 期，1880 年。

务"一词传入中国，1899—1901 年，《湖北商务报》连载日本人汉译的《日本商律》，该书目录的第三编名称为"各商务"，正文第三编名称却为"商行为"，其他内容一致。① 说明"商务"一词就是指"商行为"。这与中国在 19 世纪下半叶自然形成的"商务"指称"商业、国际贸易"等不同，却与我们今天使用"商务"一词指称"商业上的事务"一致。

总之，"商务"一词的含义并非确定的、一义的，根据语言环境的不同，其近似指代词语有：通商，商业，农工商业，贸易，国际贸易，商业事务，等等。另外，在 19 世纪末 20 世纪初，随着日本词语"商业""实业""国际贸易"等词传入中国，并逐渐取代清末"商务"指称的"商业""实业""国际贸易"，"商务"一词就逐渐演变成主要指"商业事务"。

关于"商务"与英文的对接，从上面的论述可知，晚清多义的"商务"很难用一个英文词翻译。1908 年，颜惠庆主编《英华大辞典》将Commerce 译为"邦国或人民交易货色、通商、商务、商业、贸易、通商条约、商务总会"。② 1934 年，《英汉经济辞典》将 Commerce 译为"商业，商，贸易，商务，通商"。③ 前者排序中"商务"在"商业"之前，后者排序中"商业"第一，"商务"第四。这体现了不同时代这两个词语的重要变化。1941 年，民国教育部组织 32 位专家审定：Commerce 译为"商业"。④ "商务"彻底被"商业"替代。

《辞源》与《辞海》均无"商务"一词。《辞海》列有"商业""商事""商行为"，⑤ 近代专门的商业辞典《实用商业辞典》无"商务"一词。《财政金融大辞典》在"国际贸易组织"条目下有"商务参赞""商务专使"条。⑥ "商务参赞""商务专使"可能是晚清"商务"（指代国际贸易）一词的重要遗产。普通辞典和专业辞典均无"商务"，说明它已经被"商业""国际贸易"替代。

---

① 〔日〕河濑仪太郎译《日本商律》，《湖北商务报》第 1 期，1899 年；第 71 期，1901 年。
② 颜惠庆主编《英华大辞典》，商务印书馆，1908 年，第 423 页。
③ 何士芳编《英汉经济辞典》，商务印书馆，1934 年，第 38 页。
④ 国立编译馆编订《经济学名词（教育部公布）》，正中书局，1945 年，第 8 页。
⑤ 舒新城等主编《辞海》戊种，中华书局，1938 年，丑集第 86 页。
⑥ 张一凡、潘文安主编《财政金融大辞典》，世界书局，1937 年，第 949 页。

二　实业（Industry）

在 19 世纪末至 20 世纪初，中国出现了"振兴实业"思潮，"实业"为这次思潮的关键词。

中国古代"实"字有充足、财富、物品、实际、确实等二十多个含义，① "业"字有资产、家业等意，"实"与"业"连用是指"确实的资产"。中国古代无现代"实业"一词。

1822 年，马礼逊《华英字典 6》将 Industry 译为"勤俭"。② 1868 年和 1875 年，邝其照两次编的《字典集成》均将 Industrious 译为"敏捷、勤力、尽心"，又均将 Landed-property 译为"产业、实业"。③ 这里的"实业"是指确实的资产。

1876 年 4 月 6 日，《申报》刊文指出，上海道台照会英国领事："人民在他国购置实业，如地皮及房屋等，其人之地皮与房屋本应遵照该国之律法，除非条约内曾经载明方能照办。"④ 这里明确指出，中国传统的"实业"一词就是指"地皮及房屋等"。1878 年，刘锡鸿指出："西洋兵力之强，由富足基之。中国军兴以来，人皆急于生业，闾阎滋困。忧时者以民穷饷乏归咎于银之出洋，不知人之货足耗我财，我之货亦足致人之财。倘能督课工商，发展实业，内地家给民足，则外洋之财未有不流注内地者。"⑤ 这里的"实业"是指蚕桑织绣等事，刘锡鸿"重本抑末"中的"本"，主要指农业。这已经接近现代"实业"一词的含义，说明中国本土也可能产生现代"实业"一词，但他的使用并没有广泛流传。1895 年，何启、胡礼垣著《新政论议》中还出现"实业"一词，书中说："若夫实业之入息，官禄之常俸，舟车之利益，矿峒之得财，为公用急需而抽其成数，自无不可。"⑥ 这里的"实业"仍是"财产"的意思。

① 罗竹风主编《汉语大词典》（第三卷），上海辞书出版社，2011 年，第 1612 页。

② 〔英〕马礼逊：《华英字典 6》（影印版），大象出版社，2008 年，第 228 页。

③ 邝其照编《字典集成》（影印版），商务印书馆，2016 年，第 62、180、65、183 页。

④ 《道宪照会英领事》，《申报》1876 年 4 月 6 日，第 3 版。

⑤ 参见王亮编《清季外交史料》卷 13，书目文献出版社 1987 年，第 254—256 页；转引自高超群《从"商"到"实业"：中国近代企业制度变迁的观念史考察》，《中国社会经济史研究》2017 年第 3 期，第 27 页。

⑥ 何启、胡礼垣：《新政论议》，《新政真诠》，广西师范大学出版社，2015 年，第 282 页。

1898 年 6 月 26 日，康有为上奏《请励工艺奖创新折》，奏请光绪帝将中国"定为工国而讲求物质"，并指出当今"已入工业之世界矣"，应下明诏"奖励工艺"，对于"寻新地而定边界、启新俗而教苗蛮、成大工厂以兴实业、开专门学以育人才者，皆优与奖给"①。康有为在此使用的"实业"只是疑似现代"实业"一词，其含义可以解释为传统的"财产、财富"，也可以解释为"工艺、技术"，绝无现代"实业"所指"农、工、商等产业"之意。结合康有为《物质救国论》（1906）里的"实业"一词是指"职业技术"，他在这里的"兴实业"指"兴工艺、兴技术"的可能性较大，这是既非传统，又非现代，为康有为个人使用的"实业"。因此，康有为将工艺、工业、物质、实业等词混同使用，并没有提出现代"振兴实业"概念。他不是赵靖等人认为的"振兴实业"论的首提者。②

另外，郑观应在《盛世危言后编》一封书信中提到"振兴实业"，原信标注写于 1881 年，而信中提到"尝阅光绪十九年（1893）《列国岁计》"。③ 于是许多学者认定 1893 年郑观应在中国首先提出了"振兴实业"概念，④ 这种说法有三点疑问。第一，在中国近代出版的《列国岁计政要》有 1876 年、1897 年、1898 年、1902 年、1903 年、1911 年等六种版本。⑤ 郑观应所用版本应在 1897 年后。第二，信中提到从日语引进的"制造品"概念，中国人自己使用的传统概念是"熟货"，在 20 世纪初中国才流行使用"制造品"。第三，《盛世危言后编》正式出版于 1921 年。据此三点，可以肯定郑观应不是中国最早使用现代"实业"概念者。

19 世纪 70 年代中期，日本出现意指农工商业的"实业"一词。⑥ 19世纪 90 年代，日语词"实业"传到中国。1891 年 7 月 23 日，《申报》

---

① 《请励工艺奖创新折》，赵靖、易梦虹主编《中国近代经济思想资料选辑》（中册），中华书局，1982 年，第 130—133 页。
② 赵靖：《经济学志》，上海人民出版社，1998 年，第 271 页。
③ 夏东元编《郑观应集·盛世危言后编》（二），中华书局，2013 年，第 635 页。
④ 参见汪继虞主编《中国近代经济史 1895—1927》（中册），人民出版社，2000 年，第 1516 页。
⑤ 参见牟复义等《〈列国岁计政要〉与近代西方年鉴译介》，《中国年鉴研究》2019 年第 3 期。
⑥ 此为日本学者长沼秀明的观点，参见高超群《从"商"到"实业"：中国近代企业制度变迁的观念史考察》，《中国社会经济史研究》2017 年第 3 期，第 27 页。

刊载日本消息称，日本皇帝对某村民授予勋章，以表彰其栽培果木，起农会、制丝会社等，"皆励精实业，历数年如一日"。① 这可能是中国最早出现的现代"实业"一词。1892 年 5 月 12 日，《申报》报道，日本东京开水产大会，"水产实业家及朝野贵绅、本会之员，多至一千五百余人。以致广室之中几无立锥地"。② 1896 年 8 月 29 日，日人古城贞吉在《时务报》发表译文指出，美国合众党政策失误，"实业因此折阅，或导入外国货物于吾美市场，而令本国生产货品日见减色"。③ 因《时务报》在维新运动中的重要影响，此处的"实业"可能是对中国较早产生影响者。

1898 年，《知新报》发表《日本经营实业教育》二则，一为译自《东京日日新闻》，一则译自日本《长崎新报》，在简短的二则新闻里，共出现"实业"一词 11 次。其中提到："清查所谓实业学校种类，内农业学校三十三，工业学校六，商业学校十六，补习学校五十，徒弟学校十九。"④ 这就大致说出来"实业"包括农业、工业、商业等事业。同年，《东亚报》登载了日人所著《中国财政前途》（译自《海外实业汇报》）。⑤ 这里的文章标题中出现"实业"。

1899 年，《湖北商务报》刊载了多篇从日文翻译的以"实业"为标题的文章，如《日本实业学校令》（第 12 期）、《日本实业学校补助金额》（第 16 期）、《组织中日实业团体之计划》（第 20 期）、《今后日本实业家之方针》（第 37 期）。《日本实业学校令》规定："第一条，实业学校宗旨，为从事工业、农业、商业等实业者授其切要教育。第二条，实业学校种类，为工业学校、农业学校、商业学校、商船学校、及实业补习学校。"⑥ 这个规定明确了"实业"一词包含工业、农业、商业等经济事业。

在 19 世纪末，上述几处中国最早出现的现代"实业"一词，除康有为使用的之外，其余均源自日语，说明现代"实业"一词系日语输入。

---

① 《日东胜语》，《申报》1891 年 7 月 23 日，第 3 版。
② 《水产》，《申报》1892 年 5 月 12 日，第 2 版。
③ 〔日〕古城贞吉译《美国共和党宣论新政》，《时务报》第 3 册，1896 年 8 月。
④ 《日本经营实业教育》，《知新报》第 61 期，1898 年，第 26 页。
⑤ 《中国财政前途》，《东亚报》第 10 期，1898 年。
⑥ 《日本实业学校令》，《湖北商务报》第 12 期，1899 年，第 23 页。

1900 年，《江南商务报》登载了译自《日本实业报》的一篇文章，提到了"实业"。①

1901 年，《教育世界》第 11 期集中发表了译自日文的日本实业教育制度法令，如《实业学校令》《实业学校设置废止规则》《实业补习学校规程》《实业教育费国库补助法》《实业教育费国库补助法施行规则》。同年，钱恂从日文编译的《财政四纲》指出：银行"于农工商实业社会上之盛衰大有关系，实业社会之盛衰，更关系国家强弱"。②

1902 年 8 月 15 日，清政府公布《钦定学堂章程》（壬寅学制），规定在普通小学、中学、大学体制外，设立包含"简易实业学堂、中等实业学堂、高等实业学堂"的实业学堂体系。钦定京师大学堂的纲领第一条规定："京师大学堂之设，所以激发忠爱，开通智慧，振兴实业，谨遵此次谕旨，端正趋向，造就通才，为全学之纲领。"又规定小学、中学、高等学校均需要遵守此条。③ 从此"实业学堂""振兴实业"成为官方制度语言，这是"实业"一词广泛传播的制度保障。1904 年 1 月 13 日，清政府公布并实施《奏定学堂章程》（癸卯学制），该章程规定了实业学堂通则，以及初等、中等、高等等各种实业学堂的章程细则。《奏定实业学堂通则》规定："实业学堂所以振兴农工商各项实业，为富国裕民之本计。""实业学堂之种类，为实业教员讲习所、农业学堂、工业学堂、商业学堂、商船学堂。"④ 这些规定与前述《日本实业学堂令》的规定几乎一样。这就从中国的法令上规定了"实业"一词包含农工商等各项产业。1902—1904 年，清政府对实业学堂的相关规定，标志着"实业"一词的形成。

1906 年，严复指出："实业，西名谓之 Industries，而实业教育，则谓之 Technica Education。顾西人所谓实业，举凡民生勤动之事，靡所不赅，而独于树艺牧畜渔猎数者，则罕用其字。至所谓实业教育，所苞尤

---

① 《世界各国棉花情况》，《江南商务报》第 3 期，1900 年。
② 钱恂编译《财政四纲》，在日本自刊，1901 年，"银行"第 1 页。
③ 参见朱有瓛主编《中国近代学制史料》（第二辑上册），华东师范大学出版社，1987 年，第 63、99、753 页。
④ 参见朱有瓛主编《中国近代学制史料》（第二辑下册），华东师范大学出版社，1989 年，第 1 页。

隘，大抵同于工业。……故实业主于工冶制造之业而已。"① 严复在此将中文"实业"与西文 Industries 进行了对接，不过他发现，这二者意义不完全相同，西文的"实业"不包括"农业"，西文的"实业教育"只是指工业教育，不包括农业、商业教育。中文从日文借用"实业"，然后与英文 Industries 对译，它比从英文直接对译产生某词又多一层转译，其含义与西文更难一致。1984 年，胡寄窗跟严复一样，认为西方根本没有包括农业、工业、商业在内的"实业"一词。②

1909 年，《汉译日本法律经济辞典》有"实业学校"一词，将其解释为："以养成能从事农工商各种实业者，或能为徒弟教员者为目的之学校也，各处皆有之，如农业学校、工业学校、商业学校是。"③ 1915 年，《辞源》列有"实业"一词，其释义为"农工商等经济事业之总称"。④ 1938 年，《辞海》解释"实业"为："农、矿、工、商等经济事业，通称实业。"⑤ 同年，周宪文主编《经济学辞典》将"实业"释义为"农、工、商业之总称"。⑥ 以上不同时期、不同种类的辞典均将"实业"解释为农工商等经济事业的总称，说明"实业"一词在中国近代有稳定的、统一的含义，并非如有些学者所认为的"实业"主要是指工商业特别是指工业。⑦

1934 年，何士芳编《英汉经济辞典》将 Industry 译为"实业、工业"，⑧ 并列有实业组织、实业革命、实业预备军等词。1941 年，民国教育部组织 32 位专家审定：Industry 译为"工业；产业"。⑨

三　货币本位（金本位、银本位）［Monetary Standard（Gold Standard，Silver Standard）］

"货币本位"（金本位、银本位）是晚清至民国时期中国货币改革

---

① 严复：《实业教育》，《东方杂志》第 3 卷第 7 期，1906 年 8 月。
② 胡寄窗：《中国近代经济思想史大纲》，中国社会科学出版社，1984 年，第 314 页。
③ 〔日〕田边庆弥：《汉译日本法律经济辞典》，王我臧译，商务印书馆，1909 年，第 121 页。
④ 陆尔奎主编《辞源》，商务印书馆，1915 年，寅第 79 页。
⑤ 舒新城等主编《辞海》戊种，中华书局，1938 年，寅集第 72 页。
⑥ 周宪文主编《经济学辞典》，中华书局，1937 年，第 843 页。
⑦ 胡寄窗：《中国近代经济思想史大纲》，中国社会科学出版社，1984 年，第 314 页。
⑧ 何士芳编《英汉经济辞典》，商务印书馆，1934 年，第 100 页。
⑨ 国立编译馆编订《经济学名词（教育部公布）》，正中书局，1945 年，第 22 页。

思潮的关键词。中国古代没有此词。

　　19 世纪末 20 世纪初，中国出现了货币改革的两大现实需要：（1）中国政府赔款用金，而财政收入为银，当时银价下跌带来了巨大镑亏；（2）英、日等国为了便于同中国通商，要求中国统一货币。在这种情况下，张之洞、郑观应、陈炽、唐才常等提出了各种各样的货币改革方案。① 他们的方案都没有弄清楚现代货币的本位制度理论，这些讨论基本在传统货币制度的框架内绕圈子，不可能自发地近代化。只有在含有货币本位制度的近代理论输入中国后，中国货币思想和制度才走向近代化。1910 年5 月，梁启超在《币制条议》一文中说："语币制而不先致意于本位，蔑有当矣。"② 1912 年，梁启超在《吾党对于不换纸币之意见》一文中指出："吾国为有货币国乎？为无货币国乎？吾党敢直对曰：无货币也！"他对"货币"下了一个定义说："货币者何？立一单位以为价格标准，全国画一通行之，而此单位之上有倍数焉，此单位之下有分数焉，成一系统，秩然不紊，斯可谓之货币矣。我国中大部分用生金生银，然生金生银乃货物之一种，不能指为货币也。"其他交易媒介如龙洋、小银元、铜元，以及在中国流通的外国银元、外国纸币等，它们均是互相比价，也都是货物之一种，不能指为货币。③ 梁启超在此指出了中国传统货币制度是一个没有本位的落后制度，中国甚至可以称为一个没有货币制度之国。他认识到了建立货币本位制度是中国货币制度近代化的关键。

　　在日本"货币本位"（金本位、银本位）术语与概念传入中国之前，中国也有主张金本位者，但其使用的概念却不同。1894 年，郑观应在《盛世危言·圜法》里指出："今海禁大开，中西共此利权，因时制宜，亟当仿照各国行用金镑，并不准用外国银圆，以重国体而塞漏卮。"④ 这里所说的"金镑"，就是指"金本位制"。1896 年，陈炽《续富国策》卷四为《通用金镑说》⑤，这里所说的"通用金镑"也是指"金本位制"。

　　19 世纪末，传教士从西方输入的《富国策》《保富述要》等经济学

---

① 叶世昌等：《中国货币理论史》，厦门大学出版社，2003 年，第十五、十六章。

② 梁启超：《饮冰室合集·文集》（第 8 册），中华书局，1989 年，总第 2028 页。

③ 梁启超：《饮冰室合集·文集》（第 10 册），中华书局，1989 年，总第 2818 页。

④ 《盛世危言·圜法》（八卷本所加），《郑观应集》（上册），上海人民出版社，1982 年，第 699 页。

⑤ 《续富国策》卷四《通用金镑说》，《陈炽集》，中华书局，1997 年，第 265 页。

和货币学著作均没有传入系统的货币本位制度理论。货币本位制度理论是从日本输入的。

1873 年，英国传教士卜世礼在《中西闻见录》第 6、7 号发表《日本新货币考》，他说，日本新货币"有金银铜三等者，其金铸者，曰本位金货币，即原货也。自二十圆至一圆，共五种。……其银铸者，曰定位银货币。……自五十钱至五钱共四种……铜铸者，曰铜货，有一钱、半钱、一厘三种……其铜钱所以补助银钱，其银钱所以补助金钱。如应用一钱之铜钱百枚，则给以一圆之金货币当之"。① 卜世礼在这里输入了"本位货币"与"补助货币"等现代币制的概念，但其叙述既不完整也不准确。1888 年，顾厚琨《日本新政考》提到："货币有本位钱、定位钱之别，日本铜货币即定位钱。政府为人民便，一圆以下铜货之授受为补助货币，故其所含地金价不及货币表面价格。"② 这里已经指出了补助货币是不足值货币。

1896—1898 年，日本汉学家古城贞吉受聘于梁启超等人主办的《时务报》。1897 年 10 月，日本将银本位制改为金本位制。古城贞吉在受聘《时务报》期间，恰恰是日本货币改革时期，讨论货币制度问题是日本当时的热点，日本关于货币制度的术语也很快传到了中国。1896 年，古城贞吉译日文《麦见尼氏币制论》为美国共和党候补总统麦见尼对美国币制改革的议论，文中指出，美国主银论者"终使美国为银本位国而已"。实行复本位，"非得列国共行，则美国不如仍守金本位之故辙也"，"维持现时之货币本位，斯为上策"。③ 该文出现了货币本位、金本位、银本位、复本位等货币制度概念。这可能是术语"货币本位"（金本位、银本位）在中国的首见书证。除《麦见尼氏币制论》外，古城贞吉还在《时务报》（1897 年第 21 册）译有《币制论》等文介绍货币本位制度，通过古城贞吉的翻译，日本的货币思想同步传到了中国。特别是"货币本位"思想为中国所无，受其影响，康有为、梁启超都有关于货币改革的文章。

1900 年，日本田冈佐代治译日本小学教科书《商务教程》在上海《江南商务报》发表，书中"通货"部分指出："本位者，宜为货币标准

---

① 〔英〕卜世礼：《日本新货币考》，《中西闻见录》第 6、7 号，1873 年。
② 顾厚琨：《日本新政考》，慎记书庄，1888 年，《货币考》第 16 页。
③ 〔日〕古城贞吉译《麦见尼氏币制论》，《时务报》第 10 册，1896 年。

之根本而有实价者，故通用之际不设制限，补助货币为补助本位者，而据政府之命令通用于实价以上者也，故通用之际设制限。"[①] 此处可能是本位与补助货币思想传入中国的最早清晰论述。

1901 年，湖北留日学生监督钱恂在日本编辑《财政四纲》自刻出版。其"货币"部分包括世界古代货币、货币的作用、货币的材料、货币的铸造、货币的制度、货币本位、货币流通的法则、纸币等八方面内容，它是中国第一部全面论述近代货币理论与货币本位制度的著作。

1904 年，商务印书馆出版日本杉荣三郎编《京师大学堂经济各论讲义：货币学》，讲义分为"货币学上篇——硬币篇"与"货币学下篇——纸币篇"，其中，"货币学上篇——硬币篇"叙述了货币的起源、定义、职能、材料、铸造、流通法则，它特别重视货币制度的讨论，全书 17章，其中有 11 章论述货币制度，叙述了货币制度种类、本位争论、铸造货币方法、各国货币制度等。[②] 这些关于货币制度的内容对正在计划改革货币制度的中国有重要的参考价值。

1905 年，作新社编译《政法类典·经济之部——货币论》在上海出版，该书编译自日本文学士高田早苗讲述《货币论》（1900），[③] 内容包括概论、硬货论、纸币论、信用论四编，全书共 25 章 209 页，[④] 它是中国第一部完整的近代货币学专著。

上述历程说明，从 19 世纪末到 20 世纪初，货币本位制度理论一步一步从日本输入，1901 年《财政四纲》是这一理论系统输入的标志。因此，从这一年之后，中国人开始使用这一新的理论分析中国货币问题。

1904 年，清政府户部（财政部）成立"计学馆"，招收户部官员为学员，旨在为户部培养理财人才。户部计学馆考试货币学题目为："问币制必先定本位，其要安在？"[⑤] 货币本位制度成为考察户部官员的题目，说明这一制度已经得到广泛传播。

光绪三十一年（1905）十月二十三日，财政处大臣奕劻等奏《制定

---

① 〔日〕田冈佐代治译《商务教程》，《江南商务报》第 11 期，1900 年，第 19 页。
② 〔日〕杉荣三郎编《京师大学堂经济各论讲义：货币学》，商务印书馆，1904 年，第 9、11 页。
③ 高田早苗『貨幣論』東京専門学校、1900。
④ 作新社编译《政法类典·经济之部——货币论》，作新社，1905 年。
⑤ 《畿辅近事：计学试题》，《北洋官报》第 539 期，1904 年。

一两重银元为中国本位币》，折中说："币制有本位货，有补助货。本位货币其中所含之数，必须与其币之价值相符。而铸造授受不厌其多，不必加以限制。至补助货币所以补本位之不足，即依本位之价值为其价值，故内含之数不妨略减，而铸造授受必以限制之法行之，此其大较也。"并拟"铸造重库平一两之银币，定为本位。而更铸五钱、二钱、一钱三种银币，与现铸之铜币、旧有之制钱以为补助"。奕劻等的建议得到了慈禧的批准。① 上述事实说明，货币本位制度思想成为清政府改革货币制度的依据，并得到了清政府最高当局的认可。

光绪三十三年（1907）三月二十八日，度支部尚书载泽等奏《先行试铸通用七钱二分银元以利推行》，主张新国币以银元为单位，这与前述奕劻以"两"为货币单位不同。载泽的方案也得到了慈禧的批准，但受到了袁世凯、张之洞的强烈反对。清末货币改革是以"两"还是以"圆"为单位的"两元之争"进入高潮。中央的财政处、度支部等部门，地方的所有督抚均参与了争论。在争论过程中，双方均使用了"货币本位""主币""辅币"等新词。② 货币本位制度理论得到了进一步传播和应用。

在日语术语"货币本位"传播过程中，康有为却不认可这一术语。1910 年，康有为著《金主币救国议》指出："母币即日本所谓本位，子币即日本所谓补助货。'本位'二字不文，吾易之以主币、助币。"③ 但康有为这一主张没有得到社会认可和推广。

宣统二年（1910）四月十五日，度支部尚书载泽奏《厘定国币则例》24 条，四月十六日，清廷公布实施《币制则例》。《币制则例》规定："大清国币单位定名为圆"；"一圆为主币，五角以下为辅币，计算均以十进"；"主币用数无限制，银辅币用数每次不得过五圆之值"。④

① 中国人民银行总行参事室金融史料组编《中国近代货币史资料（第一辑）：清政府统治时期（1840—1911）》，中华书局，1964 年，第 730—734 页。
② 中国人民银行总行参事室金融史料组编《中国近代货币史资料（第一辑）：清政府统治时期（1840—1911）》，中华书局，1964 年，第 736—783 页。
③ 《金主币救国议》（卷上），《康有为全集》（第 9 集），中国人民大学出版社，2007 年，第 30 页。
④ 参见中国人民银行总行参事室金融史料组编《中国近代货币史资料（第一辑）：清政府统治时期（1840—1911）》，中华书局，1964 年，第 783—789 页。《币制则例》以各种官报的方式向社会公布，如 1910 年《吉林官报》第 12 期的《章程法令：度支部厘定币制则例》。

《币制则例》公布后，清政府开始铸造新的"国币"，名为大清银币，但接着辛亥革命爆发，新货币制度中断。民国成立后，1914 年 2 月 8 日，民国政府公布了《国币条例》，其条文基本上是《币制则例》的翻版。①《币制则例》是中国历史上第一个关于货币本位制度的法令，具有划时代意义。从日本输入的货币本位制度理论为这一划时代制度变迁起到了重要作用。

关于"货币本位"与英文的对译，1908 年，编译自日文的《新译英汉辞典》将 Monetary unit 译为"通货本位"。② 1910 年，熊崇煦、章勤士汉译日文《经济学概论》将"本位货币"注译为 Full legal tender。③ 1941 年，民国教育部组织 32 位专家审定：Monetary standard 译为"货币本位"。④

第二节　民国经济思想标志性概念的形成

民国时期，中国出现了社会主义思潮、合作主义思潮、统制经济思潮、工业化思潮。对于社会主义思潮中的标志性概念"社会主义"（Socialism）、"资本主义"（Capitalism），本书第三章已经叙述，此处从略。

一　合作（Cooperation）、合作社（Cooperative Society）

"合作""合作社"为民国时期"合作主义"思潮的关键词。

"合作"为中国古代就有的词语，为"共同创作，共同从事"含义。⑤ 中国传统社会没有合作社，也就没有"合作社"一词，现代"合作社"一词为近代中西接触过程中出现的新词。"合作"虽为中国传统名词，但要使"合作"对译英文 Cooperation 却要经历近百年的各种尝试。

---

① 中国人民银行总行参事室金融史料组编《中华民国货币史资料（第一辑）：清政府统治时期（1840—1911）》，中华书局，1964 年，第 88 页。
② 《新译英汉辞典》，群益书社，1908 年，第 600 页。
③ 〔美〕黎查德迪·伊利：《经济学概论》，熊崇煦、章勤士译，商务印书馆，第二编第 81 页。
④ 国立编译馆编订《经济学名词（教育部公布）》，正中书局，1945 年，第 31 页。
⑤ 罗竹风主编《汉语大词典》（第三卷），上海辞书出版社，2011 年，第 148 页。

1822 年，马礼逊《华英字典 6》将 Co-operate 译为"同行，同做"。①
1868 年与 1875 年，邝其照两次编的《字典集成》均将"Co-operate, to"
译为"协力同作"，将 Cooperation 译为"同做"。②

1880 年，汪凤藻译《富国策》将 Cooperative 译为"合本同功"。③
1886 年，艾约瑟译《富国养民策》以"工人集股成本通力合作"和
"工人集股之行局"指称"合作社"。④ 这是用短语意译 Cooperative。1900
年，卫理等译《工业与国政相关论》以"合力法"指称"合作社"。

1906 年 12 月，梁启超在《杂答某报（五）：社会革命果为中国今日
所必要乎?》中指出："美国经济学大家伊里（R. T. ELy）曰：'使当工
业革命将至之前，工人有识见高迈者，能合多数工人为一团，置机器，
应时势而一新其制造法，是即地方之组合也，即一种之协立制造会社 Co-
operative Factory 也。果尔，则工业组织之过渡，可以圆滑而推移，而后
此之骚扰革命可以免。'"⑤ 梁启超在论战中引用日译美国经济学家著作
介绍了"协立社"（合作社），他可能是中国人首次运用"合作社"概念
者，他使用"协立制造会社"与 Cooperative Factory 对译，可能是中国首
次将"协立社"与英文 Cooperative 对译者。

1907 年，《商务书馆英华新字典》将 Co-operation 译为"协力做，助
力，同做"。⑥ 1908 年，《新译英汉辞典》将 Cooperation 译为"协力、合
力、同心勠力"。⑦

1910 年，熊崇煦、章勤士译，黎查德迪·伊利著《经济学概论》以
"协力制造会社"对译 Cooperative Factory，"协同信用会社"对译 Cooper-
ative Credit Unions，"生产组合"对译 Production Cooperation，"分配组
合"对译 Distribution Cooperation。⑧ 以协力、协同、组合三词对译 Coop-

---

① 〔英〕马礼逊：《华英字典 6》（影印版），大象出版社，2008 年，第 90 页。

② 邝其照编《字典集成》（影印版），商务印书馆，2016 年，第 115 页。

③ 〔英〕法思德：《富国策》卷二，汪凤藻译，京师同文馆，1880 年，第九章第 42—43 页。

④ 〔英〕哲分斯：《富国养民策》，〔英〕艾约瑟译，总税务司署，1886 年，第九章第 60 节。

⑤ 梁启超：《杂答某报（五）：社会革命果为中国今日所必要乎?》，《新民丛报》第 86
期，1906 年 12 月，第 10 页。

⑥ 商务印书馆编《商务书馆英华新字典》，商务印书馆，1907 年，第 111 页。

⑦ 《新译英汉辞典》，群益书社，1908 年，第 212 页。

⑧ 〔美〕黎查德迪·伊利：《经济学概论》，熊崇煦、章勤士译，商务印书馆，第一编第
20 页，第二编第 97、146 页。

erative、Cooperation。

1917 年 12 月 15 日，《北京大学日刊》刊载《试办消费公社简章》，指出：“消费公社之名本于日本之消费组合，以组合二字，吾国普通社会不甚习用，故易今名公社，二字译英文之 Union，德文之 Genossenschaft，日文之会社亦合。”①

1919 年 7 月，刘秉麟编《经济学原理》以“合作”译英文 Co-opera-tion，以“协力会”和“协助会”两词译 Cooperative Society。② 刘秉麟可能是中国首次以“合作”译英文 Co-operation 者，这是“合作社”一词形成的重要阶段，但他没有将“合作社”译出，他的译名在同一本书中都没有统一。

1919 年，刘文嘉向工商部建议速订产业组合制度法时指出：“一、须酌定产业组合之名称。组合之名，系日本所译，我国间有译为公会或结合者，似均未当，且此种组合之中，如信用组合及消费组合，又有非为产业而设者，故此种名称首宜酌定。”③ 刘文嘉为了推动中国的合作社事业，认识到日本的“产业组合”和中国的“公会”“结合”等译名均不妥当，要求政府首先必须统一确定译名。

1919 年 10 月 10 日，薛仙舟与复旦大学商科学生一起创办“国民合作储蓄银行”。10 月 24 日，《申报》刊登的《国民合作储蓄银行旨趣书》指出：“论到经济解放的问题，也不知道经过世界学者多少次的研究与试验，然而最和平最切实的解决方法总莫如合作社 Co-operative Society。合作社的门类大约有五种，就是生产合作社 Co-operative Society for Produc-tion、消费合作社 Co-operative Society for Consumption、田野合作社 Rural Co-operative Society、屋宇合作社 Bulding Co-operative Society、借贷合作社 Co-operative Society for Credit。都是在西洋各国行有成效的。”④ 这是中国第一次在公开文献中出现“合作社”之名，且第一次将合作社与英文 Co-operative Society 进行了对译。至此，“合作社”一词开始了其广泛传

---

① 《试办消费公社简章》，《北京大学日刊》1917 年 12 月 15 日。

② 刘秉麟编《经济学原理》，商务印书馆，1919 年，第 20、178—179、196 页。

③ 刘文嘉：《拟请速订产业组合制度设法提倡以应战后经济竞争而促国内产业发达案》，《经济汇报》第 1 期，1919 年，第 1 页。

④ 《国民合作储蓄银行旨趣书》，《申报》1919 年 10 月 24 日，第 11 版。

播的历程。

1919 年 12 月，延陵（刘延陵）在《近代的合作运动》一文中大段引用《国民合作储蓄银行旨趣书》，并在文章标题和内容里均使用"合作"，他指出："合作这个名词，是英文的 Co-operation，就是一同做工，在中国文里，合作二字，更是自己明了。"① 可见，他对以"合作"译 Co-operation 高度认可。延陵（刘延陵）在《解放与改造》发表的《近代的合作运动》一文，可能是中国最早使用现代"合作"一词的论文。《解放与改造》由张东荪主编，是五四运动后在知识分子中间有重要影响的杂志，该刊使用现代"合作"一词，促进了现代"合作"一词的流传。

1920 年 3 月 1 日，《建设》第 2 卷第 2 期刊载孙中山《地方自治实行法》，孙中山指出，地方自治团体在办理清户口、立机关、定地价等六事后，应办"农业合作、工业合作、交易合作、银行合作、保险合作等事"。② 鉴于孙中山的巨大影响，他使用现代"合作"一词对促进该词的流传有重要作用。

1920 年 5 月 1 日，薛仙舟领导的复旦大学商科 20 余位学生成立《平民》周刊社，第 11 期变为专门宣传研究合作主义的刊物，又成为孙中山领导的革命党的机关报《民国日报》的副刊。"合作社"一词跟随《平民》周刊和《民国日报》刊发的大量合作文章持续、广泛流传，薛仙舟等人主持的《平民》周刊社持续刊发大量使用"合作""合作社"的文章对"合作社"一词的传播起到了最重要作用。

1920 年 6 月，于树德在《信用合作社经营论》的《例言》中指出："本著在民国八年十二月创稿时，原名为《平民银行经营论》，至半稿时又改为《金融协会经营论》，脱稿又改为《金融协业会经营论》，近见上海各报多用合作社这个名词，似已普知于一般人，著者也不愿独自立异，故又改为《信用合作社经营论》。"③ 1919 年，关于信用合作社的名称，朱进使用"平民银行"一词遭到徐沧水反对，徐沧水主张使用"金融公会"一词（详后），其后，薛仙舟等人使用"国民合作储蓄银行"。于树

---

① 延陵：《近代的合作运动》，《解放与改造》第 1 卷第 8 期，1919 年 12 月，第 7 页。

② 《孙中山全集》（第五卷），中华书局，1981 年，第 224 页。

③ 于树德：《信用合作社经营论》，中华书局，1921 年，"例言"。

德几易书名，反映了中国对"信用合作社"定名的曲折历程。该书于1921 年 9 月在上海出版，它是中国第一部使用"合作社"作为书名关键词的专著。1919 年 10 月，薛仙舟等使用"借贷合作社"译 Co-operative Society for Credit。于树德也可能是中国第一个使用"信用合作社"名词者。于树德以"合作社"为书名和全书的关键词，促进了"合作社"一词的传播。

1921 年，戴季陶在《新青年》第 9 卷第 1 期发表《产业协作社法草案理由书》指出："关于译名，亦至不一。惟薛仙舟先生，于此之提倡宣传，颇具热心。……薛君译名为'合作社'，称 Co-operationism 曰'合作主义'。曾仿此组织法，在上海复旦大学中，办一合作银行。……予意以为'合作'二字，不若'协作'二字之雅驯，故采'协作'为名。"① 戴季陶在此指出薛仙舟是"合作社"译名的首创者，不过他不满意薛仙舟的译名，另创"协作社"一词。"协作社"由此成为"合作社"的有力竞争者。

1922 年 7 月，中国共产党第二次全国代表大会通过的决议案指出："工人消费合作社是工人利益自卫的组织。共产党须注意和活动此组织。"② 这是中国共产党关于合作社的第一个决议，说明中国共产党也开始使用"合作社"一词。

1922 年 3 月，刘秉麟译，马沙著《分配论》使用"合作制"译 Co-operation。③ 1923 年 9 月，王建祖译述，法国基特（C. Gide）、里斯脱（C. Rist）著《经济学史》使用"信用会"指称信用合作社，使用"互助会"指称合作社，使用"消费互助会"指称消费合作社。④ 可见在1922 年后，经济学界开始使用现代"合作"译名，但同时仍然流行"互助会"等其他译名。1925 年 1 月，楼桐孙译，法国查理·季特著《协作》由上海商务印书馆出版。1927 年 6 月，楼桐孙、于能模译《消费协社》由上海商务印书馆出版。这两本书均不使用"合作社"，而是使用

---

① 戴季陶：《产业协作社法草案理由书》，《新青年》第 9 卷第 1 期，1921 年，第 1 页。
② 中国人民解放军政治学院党史教研室编《中共党史参考资料》（第二册），内部刊行，1979 年，第 503 页。
③ 〔英〕马沙：《分配论》，刘秉麟译，商务印书馆，1922 年，第 155、173 页。
④ 〔法〕基特、里斯脱：《经济学史》，王建祖译述，商务印书馆，1923 年，第 157、171—172 页。

"协作社""协社"作为 Co-operation 的译名。1928 年，楼桐孙在上海的一次演讲中，仍然主张"协作社"作为译名优于"合作社"。①

1929 年，伍玉璋编《中国合作运动小史》专章讨论了"合作"的译名，针对"协作社"与"合作社"这两个译名的竞争，他说："实雅与俗亦无用其争辩，横竖'协'仍训'合'，在字书上，而选择标准则只问是否已普遍于一般人，那么，合作这个词儿，确有同一译名的资格，也不妨用它专名。"② 他主张"合作社"有成为专名的资格，说明此时"合作社"一词还没有成为专名。

1935 年 9 月，由主张使用"协作社"译名的楼桐孙起草的《合作社法》正式公布实施。"合作社"一词由此完成统一。

"合作社"译名的统一过程在经济学辞典里也有体现。1929 年，《新术语辞典》以"协作社"译 Cooperatives，③ 说明这时"合作社"还没有完全取代"协作社"，它们均是新术语。1933 年，柯柏年等合编《经济学辞典》仍以"协作社"译 Cooperatives，只是说明"协作社也译为合作社"。④ 1934 年，何士芳将 Co-operation 译为"组合；合作；联合；共同；协力"，⑤ 这里有 5 个汉语词对译西文，且"组合"排第一，可见"合作"仍未成为统一名词。1938 年，《辞海》列有"合作社"一词。⑥ 1941 年，民国教育部组织 32 位专家审定：Cooperation 译为"合作"，Co-operative Association、Cooperative Society 译为"合作社"，Cooperatism 译为"合作主义"。专家还审定了消费合作、信用合作、合作生产等由"合作"构成的复合词语 22 个。⑦

二　统制经济（Controlled Economy）、计划经济（Planned Economy）

1932 年，中国兴起了统制经济与计划经济思潮，这是中国经济思想史中的重大事件。"统制经济""计划经济"术语的起源，对于认识该思

---

① 伍玉璋编《中国合作运动小史》，中国合作学社，1929 年，第 16 页。
② 伍玉璋编《中国合作运动小史》，中国合作学社，1929 年，第 16 页。
③ 吴念慈、柯柏年、王慎名编《新术语辞典》，南强书局，1929 年，第 97 页。
④ 柯柏年、吴念慈、王慎名合编《经济学辞典》，南强书局，1933 年，第 215 页。
⑤ 何士芳编《英汉经济辞典》，商务印书馆，1934 年，第 46 页。
⑥ 舒新城等主编《辞海》戊种，中华书局，1938 年，丑集第 25 页。
⑦ 国立编译馆编订《经济学名词（教育部公布）》，正中书局，1945 年，第 10 页。

潮的起源有重要作用。

从日本国立国会图书馆公开资料网站检索可知，1928 年，日本贸易协会编《产业合理化问题》一书中的目录出现了"统制经济"一词。1930 年，内田繁隆著《日本政治社会思想史》的第五节为"统制经济的基础理论"。1931 年，小泉信三著《经济原论》的第一章为"交换经济与统制经济"，该年共有 5 种著作的目录出现"统制经济"。1932 年，日本有 24 种著作在目录和书名中出现"统制经济"，包括：林癸未夫著《国家社会主义与统制经济》，井关孝雄著《统制经济的基础知识》，小日山直登著《日满统制经济论》。日本在 1927 年就出现了"经济统制"一词，它与"统制经济"并行不悖。1930 年，东亚经济调查局编《产业合理化的理论与实际》一书的目录出现"计划经济"一词。1931 年，日本《时事讲座》第一辑第二章为"计画经济制度"。1932 年，日本有 16 种著作在目录和书名中出现"计画（划）经济"，如上野阳一著《计画经济与管理法》等。

1931 年，日本制定《重要产业统制法》，政府正式对国民经济进行干预，开始实施统制经济。

中国在 1932 年的报刊文章中出现了"统制经济""计划经济"二词，1933 年在著作书名中出现"统制经济""计划经济"。这与日本出现二词晚了 2—4 年，从下面所述中国最初使用此词的内容也可以看出该词可能来自日本。

随着日本侵占中国东北，其统制经济政策开始在中国东北实施。1931 年 12 月 8 日，日本在中国东北的关东军第三课推出《满蒙开发方案》，其中的第五项方针中提到"在计划经济下实行统制。"1932 年 1 月，满铁经调会完成《满洲经济统制政策》，6 月，以《满洲经济统制政策要旨》上报关东军，关东军修改后又命满铁经调会以此为基础拟定《"满洲国"经济建设纲要》，1933 年 3 月 1 日，伪满洲国政府发布了《"满洲国"经济建设纲要》，开始在中国东北实施统制经济。①

1932 年 5 月 20 日，张东荪起草的《我们所要说的话》在《再生》

---

① 本段内容参见解学诗《隔世遗思——评满铁调查部》，人民出版社，2003 年，第 203—204 页。

创刊号发表，这篇长文实际上代表了国家社会党的系统主张。该文指出："我们正在苦闷之中，而俄国的有计划的经济颇给予以刺激。……俄国给予我们的教训不是思想上的新趋向，而乃是在实行上指示许多的实施方法与经验。我们以为这个有计划的经济之实施，在经验上与方法上是人类最可宝贵的一件事。""我们必须把原有自然的混合经济，而一变为全盘计画的混合经济"，就是"把国家资本的经济与私营的经济以及合作的经济制定一个相当的比例，在统一计画之下进行"。也就是说，他们在经济体制方面希望模仿苏联的计划经济。在所有制方面，他们又希望实施保留私有制的混合经济制度。① 该文是中国首次出现主张实施计划经济的政纲，这里出现了"有计划的经济"，"计画的混合经济"术语，但没有出现术语"计划经济""统制经济"。

1932 年 6 月 30 日，《申报》报道日本陆相荒木对经济问题的意见："满洲之开发，应确立日本、朝鲜、满洲混一之统制经济，其方法先事产业，如参谋本部之设立满洲产业之指导机关。"② 7 月 27 日，《申报》报道，满铁新任总裁接见记者时说："满铁经营成否如何，对于日本为死活的重大问题，须考虑与内地之关系，而实施日满统制经济，此为刻不容缓者。"③

1932 年 7 月，敬杲在《申报月刊》的《新辞源》栏目发表《统制经济》，其文如下：

> 统制经济，又名计画（划）经济，是照着预定的目的，对于各项实业为有计划的指导管理的经济制度，和无计划的无政府的个人主义的经济——资本主义的经济——对待。个人主义的经济，虽然也有计划和联络，但其计划联络是个别的；而统制经济，却对于一切经济组织，没有一个不统制在一个全体的计划下面。
>
> 在经济学上，所谓计划经济，有两种意义：一种，是在世界大战之后，德意志企图实业社会化（此在实际上并未成功）底时候所

---

① 记者：《我们所要说的话》，《再生》创刊号，1932 年 5 月 20 日；又见左玉河编《中国近代思想家文库：张东荪卷》，中国人民大学出版社，2015 年，第 272—274 页。

② 《荒木发挥政见》，《申报》1932 年 6 月 30 日，第 8 版。

③ 《新满铁总裁野心表露》，《申报》1932 年 7 月 27 日，第 9 版。

具体化的。就是在一九一九年，德国根据经济部长官所拟方案，对于生产手段的所有权本身原则上虽然承认属于当时的所有者；但是对于经济计划的实行，却委之于包含企业家、劳工、商人、消费者和国家当局代表的一大机关。这样把国民经济全体，为有意识的有计划的组织，一面又承认现在的私有财产制度，日本国家社会主义者所主张，也就是这一种。还有一种，是俄国马克思主义的计划经济。凡是重工业、运输、交通、银行、土地、对外贸易等主要实业，一概为国家所有，为设计的统制。如轰动世界的五年计划、新五年计划，就是这种制度的产物。①

以上是中国对"统制经济""计划经济"的第一个解释，它强调了"统制经济"与"计划经济"是同一名词；"统制经济"是一种经济制度；统制经济与计划经济有两种模式，一是德国在 1919 年实行的实业社会化模式，一是苏联的计划经济模式。这与后面即将提到的向井鹿松著《资本主义与计划经济》一文观点相同，文中又提到日本国家社会主义者主张统制经济，这与前述 1932 年日著《国家社会主义与统制经济》一书同。可见，中国这个最早对"统制经济"的解释可能来自日本。

1932 年 9 月 11 日，《申报》刊载《〈国际译报〉创刊号要目》，其中有《统制经济之进展》一目。②

1932 年 10 月 10 日，经济学家武堉干在《申报》发表《实施统制经济》一文，该文可能是中国最早明确主张实施统制经济者。文中提到："我觉得今后中国要自救的话，至少需要定下一个基本原则：便是'彻底改造政治，然后实施统制经济'。"现代经济的趋势，大抵不出三条路向，即自由经济、国营企业的提倡、国家计划经济。"自由经济的流弊，既然很大，无裨于经济建设的前途；而国营企业的财力上又有许多困难；国家计划经济，非在强有力之政制下面，更难实行得通；那么最后便只好讲求更有效力而比较容易实施的'统制经济'了。有人说到'统制经

---

① 敬杲：《统制经济》，《申报月刊》第 1 卷第 1 期，1932 年 7 月，第 100—101 页。

② 《〈国际译报〉创刊号要目》，《申报》1932 年 9 月 11 日，第 4 版。

济'实为现在经济组织发展的必然趋势。自去年下年世界的金融恐慌追随产业恐慌而扩张后，'统制经济'差不多成为现代各国的最重要的经济政策。便可看出这个时代潮流正在一天一天的高涨。这种统制经济的内容，是由国家设立种种法令，统制一切经济或某一方面的经济活动，现在世界各国比较通行的统制经济范围，为'汇兑统制'和'贸易统制'。""总之在现在国际竞争日益激烈的时代，别国以有组织有计划的经济侵略方法来进攻，而我国却散漫无备，那是终于不免受天然的淘汰的。何况现在国难方殷，日本帝国主义占据东省以后，又已大规模地讲求'日满经济统制的方策'以谋'满蒙之国内市场化'呢。我国武力抵抗的话姑且不用说吧。难道有计划的经济抵抗的方法，也不能急起直追来讲求吗？"①

1932 年 10 月，陈泽华在《晨报·国庆画报》第 1 期发表《一年来之政治》，该文在讨论"九一八"国难一年来的政治后，提出："兴国救亡，则自赖廉洁政治与统制经济之推行。"②

1932 年 11 月 1 日，《东方杂志》发表短文《计划经济与统制经济》，文章认为："近来国内的学者们，又由宪法与约法的请求转到计划经济与统制经济的献议了，如果我的记忆是个错的话，北方有几位所谓哲学家在说他们的话时，把上自尧、舜、禹、汤、文武、周公那一些正统思想，次至卢骚、孟得斯鸠之自由、平等的政治主张，近至马克思主义、基尔特社会主义，都打成一起，凡中外今古学者之美无不尽量收罗，真是尽截彼之长补我之短的能事，当然他们也没有忽略了苏俄的经济计划。不久以前，《申报》评论似亦曾一次讨论过计划经济，最近申报双十节专号里发表一篇关于实施统制经济的深刻文章，《晨报·国庆画报》的某篇著作于讨论一年来政治后，暗示中国治术的趋向为廉洁政府与统制经济的推行。由此看来，计划经济与统制经济又变为时髦标语了。"③《东方杂志》的此篇短论，是对中国统制经济思潮兴起的最早综述，由此可认为：统制经济思想在中国兴起的时间就是在 1932

---

① 武堉干：《实施统制经济》，《申报》1932 年 10 月 10 日，第 7 版。

② 陈泽华：《一年来之政治》，《晨报·国庆画报》第 1 期，1932 年 10 月。

③ 有心：《计划经济与统制经济》，《东方杂志》第 29 卷第 5 号，1932 年 11 月，第 2—3 页。

年 10 月左右。

1932 年 11 月，中华学艺社的周宪文在《学艺杂志》发表《统制经济之研究》，① 该文从学理上研究了资本主义经济制度的自动作用有缺陷，应由统制经济来弥补。1933 年 1 月 10 日，周宪文又在《新中华杂志》发表《晚近欧美各国之统制经济运动》。② 1933 年 3 月 10 日，《新中华杂志》（第 1 卷第 5 期）又发表黄卓《经济计划与计划经济》。可见中华学艺社的周宪文等人是中国较早热心提倡统制经济者。1933 年上半年，关于统制经济的文章越来越多。

1932 年 12 月 12 日，《申报》刊载广告——《生路》月刊第 2 期要目预告：统制经济与国防专号。第一部，统制经济学理上的研究：1. 统制经济的一般认识，2. 统制经济史的发展，3. 统制经济本部论，4. 资本主义的统制经济与社会主义的统制经济，5. 科学管理与统制经济问题。第二部，中国实施统制经济诸问题：1. 统制经济与中国民族生存问题，2. 统制经济与财政改造，3. 借外资利弊之研究，4. 统制经济下的国际贸易国营计划，5. 国防工业建设问题，6. 不兑换纸币可行乎？7. 资源统计与军需动员的准备问题，8. 战时食粮统制政策，9. 国防与交通，10. 屯垦与边防，11. 统制经济下理想的行政组织。第三部，统制经济事实的考察：各国战时的经济统制。第四部，国际介绍：日本农业恐慌特辑。第五部，文艺。1933 年 2 月，《生路》月刊第 1 卷第 2 期刊出了中国第一个"统制经济"专号。

1932 年 12 月，樊仲云译，向井鹿松著《资本主义与计划经济》在《申报月刊》第 1 卷第 6 期发表。该文指出：人类计划经济的发展倾向经历了两个阶段，一是由统制拘束到自由经济，即由统制的家内经济到自由的市场经济；二是由自由推移到拘束统制最后到废除市场，即由近世的自由市场经济发展到初期的计划经济，再发展到完全废除市场的计划经济。俄国完全废除市场的计划经济已经失败，现在实行的是有市场的初期计划经济。计划经济有两种模式：一种是 1919 年德国的实业社会

---

① 周宪文：《统制经济之研究》，《学艺杂志》第 11 卷第 9 号，1932 年 11 月。周宪文在《编辑后记》的落款时间为 1932 年 10 月 19 日，可见周宪文写作此文的时间与武堉干文章几乎同时。

② 周宪文：《晚近欧美各国之统制经济运动》，《新中华杂志》第 1 卷第 1 期，1933 年 1 月。

化，另一种是俄国的计划经济。资本主义也可以实行计划经济，"合理化运动"就是计划经济的准备阶段。1933 年 2 月，孙冶方（孙宝山）在《计划经济和市场经济：两种相互排斥的经济原则》一文中，批评了向井鹿松的计划经济与市场经济可以相容，资本主义私有制也可以进行计划经济等论断。①

赵守愚指出，"近来美国许多资本家、社会主义家的种种统制计划，和欧西人民的理论研讨，都是几年来经济衰落的反响。在我们中国，这个时髦名词，忽然的几月之间，这样风起云涌的，我疑是欧美海风带过来的余波，碰着顽石，激成大浪"，而不是对苏联计划经济进行认真深入的研究后得出的结果。②

1933 年 10 月，日本井关孝雄著，宋斐如、盛导吾译《统制经济的基础知识》由上海民智书局出版，这是中国第一部以"统制经济"命名的译著。1934 年，罗敦伟著《中国统制经济论》由上海新生命书局刊行，这是中国学者所著的第一部书名中含有"统制经济"的专著。

1933 年 10 月 10 日，马寅初认为："统制经济，亦称计划经济（Planned Economy），源于苏俄之五年计划。……欧美各国称之为计划经济（Economic Planning）……日人译称统制经济，我国亦沿用之。"③ 同年 12 月 20 日，何廉认为："计划经济，英文原文是 Planned Economy，日本叫作统制经济，但是据兄弟看来，计划经济这个名词，好像比统制经济看来要妥当些，因为计划两字，就含有统制的意思在里面，而统制二字，并没有含有计划的意思，况且，统制经济，还很容易使人联想到专制经济。"④

三　工业化（Industrialization）

"工业化"是中国近代"工业化思潮"的关键词。

---

① 孙冶方：《计划经济和市场经济：两种相互排斥的经济原则》，《中华月报》第 1 卷第 2 期，1933 年；《孙冶方全集》（补遗），孙冶方经济科学基金会，无出版年，第 33 页。
② 赵守愚：《统制经济与全国经济委员会》，《独立评论》第 70 号，1933 年 10 月。
③ 马寅初：《统制经济问题》，《马寅初全集》（第六卷），浙江人民出版社，1999 年，第 459—460 页。
④ 何廉：《计划经济》，《中央日报》1933 年 12 月 20 日，第 3 版。

20 世纪初，中国使用"工业革命""振兴实业"等词指称工业化。本书第二章已经指出，在 1914 年左右，中国形成了现代"工业"一词，"工业"一词形成后，逐步产生了其派生词"工业化"，"工业化"一词产生于 20 世纪 20 年代。

1902 年 1 月，《译林》译载日本笹川洁《理财学》指出："发达租税制度，以前世纪英国工业革命为基点，由前推后，以迄于今，工业革命前之税制，不离摇篮时代者近是。"① 此处以日文"工业革命"指称工业化。

1906 年 12 月，梁启超发表《杂答某报（五）：社会革命果为中国今日所必要乎?》，该文以"工业革命"为常用词，梁启超指出："欧人前此之工业革命，可谓之生产的革命；今后之社会革命，可谓之分配的革命。"他又指出："夫欧洲所以演出工业革命之恶果，而迫今后之社会革命使不能不发生者，固由瓦特机器之发明，骤变其生产之方；亦由斯密放任之学说，助长其竞争之焰。"②

1921 年 8 月 19 日，《时事新报》发表译文《苏维埃俄国底新农制度》中提到："俄国中都会虽多发展近代的工业，地方上亦渐渐工业化，可是俄国本来是农业国，大多数人民仍属于农民。"③ 同年 11 月 4 日，《盛京时报》发表英国人濮兰德《中国之政治的无能》一文中提到："中国对于日本之地位，或曰原料供给者也，或提倡中国之工业化，然使世界无比之勤勉，而且能以廉价供给劳力之中国人，一旦醒觉于工业，是诚世界产业界之一威胁，犹不如使为一原理国。"④ 这两篇译文均提到"工业化"，它们可能是中国最早使用"工业化"一词者。

1922 年 11 月 22、23、24、25、27、30 日，《美记者论中国之工业化》在《民国日报》发表。同年 11 月 27 日至 12 月 1 日，《工业化之中国乐观谈》在《大公报》发表。这两篇叙述中国工业化的文章内容一致，均是美国记者对中国工业化的情况叙述。它们可能是中国最早使用"工业

---

① 〔日〕笹川洁：《理财学》，《译林》第 11 期，1902 年，第 38 页。
② 梁启超：《杂答某报（五）：社会革命果为中国今日所必要乎?》，赵靖、易梦虹主编《中国近代经济思想资料选辑》（中册），中华书局，1982 年，第 277、300 页。
③ 陈国榘译《苏维埃俄国底新农制度》，《时事新报》1921 年 8 月 19 日；译自《社会主义研究》第 2 卷第 9 号。
④ 〔英〕濮兰德：《中国之政治的无能》，《盛京时报》1921 年 11 月 4 日。

化"一词作为文章标题关键词者。

1923 年 10 月 25 日，董时进在《论中国不宜工业化》中提到"工业化"一词。三天后，杨铨（杨杏佛）的《中国能长为农国乎》将"工业化"与"农业化"进行对应。[①] 同年 10 月 30 日，戴英（恽代英）在《申报》发表《中国可以不工业化乎》，批驳了董时进"中国不宜工业化论"。[②] 这是中国经济学者在"以农立国与以工立国论战"中首次集中讨论"工业化"，"工业化"一词在中国基本形成。

1929 年，何廉、方显廷指出："工业化一词，与工业革命一词有同一之含意。"广义的"工业化"是指包括制造业、农业、商业、运输业的革命。狭义的"工业化"仅仅指制造业的革命。"所谓工业化者，专指因机器之助，用雄厚之资本，以实行大规模生产之制造业而言者也。"[③] 何廉、方显廷等经济学家就常采用"工业化"的狭义，专指工业本身的发展。

关于"工业化"与英文的对译，1928 年，商务印书馆发行的《综合英汉大辞典》将 Industrialize 这个动词译为"（他动）使成工业化"，"使——之实业兴盛"。[④] 至此，"工业化"与 Industrialize 在英汉字典中完成了对译。但《综合英汉大辞典》1933 年版、1937 年版、1948 年增订版均没有 Industrialization。1941 年，民国教育部组织 32 位专家审定：Industrialization 译为"工业化"。[⑤]

从上面分析可知，中国出现"工业化"一词与日本文献甚至留日学生关系不大。另外，从日本国立国会图书馆公开的电子文献资料检索图书的目录可知，1921 年的一本书的目录中有"工业化"一词，直到 1924 年才有多本以"工业化"为书名关键词的著作。可见，日本也是在 20 世纪 20 年代初出现"工业化"。因此，语言学者认为"工业化"一词为日语术语借词不成立。

---

① 罗荣渠主编《从"西化"到现代化》，北京大学出版社，1990 年，第 705—709 页。
② 罗荣渠主编《从"西化"到现代化》，北京大学出版社，1990 年，第 705—709 页。
③ 何廉、方显廷：《中国工业化之程度及其影响》（1929），《方显廷文集》（第四卷），商务印书馆，2015 年，第 5 页。
④ 黄士复、江铁主编《综合英汉大辞典》，商务印书馆，1928 年，第 1341 页。
⑤ 国立编译馆编订《经济学名词（教育部公布）》，正中书局，1945 年，第 22 页。

第三节　中国近代经济发展与现代化思想
标志性概念的形成

一　发展（Development）

"发展"为中国古代所无，[①] 它是中国近代产生的新词。

1868 年、1875 年，邝其照两次编的《字典集成》将 Develop 译为 "露显，发现，发开"。[②] 在 19 世纪的其他文献中也没有发现"发展"一词。

从日本国立国会图书馆公开的电子文献资料检索可知，日本大致在 19 世纪末出现"发展"一词。

1902 年 1 月，《译林》译载日本笹川洁《理财学》提到："普国直税进步，远在万国之上，而法国之间税发展，亦为各国所不及。"[③] 这里提到的"发展"为日文原文"发达"的翻译。[④] 这里的"发展"，可能是中文的"发展"，也可能是日文的"发展"，结合后面叙述，后一种可能性大。

1903 年，《浙江潮》（东京）译载日文《东报时论：满洲问题》一文中提到："日本当发展国力于海外"，"非发展国力于海外，断不能增值财力，发扬国威"。[⑤] 1904 年 1 月 12 日，《申报》登载的一书广告中提到"近世文明诸国，政教之分化，人文之发展，社会之播迁，交涉之奇变"。[⑥] 1905 年 9 月 28 日，《申报》报道："五大臣出洋考察各国政治之举，斯固我国民所祷祀以求，馨香以祝，冀我中国之前途大有所发展者也。"[⑦]《申报》里使用的"发展"，反映了中国人开始使用"发展"。1906 年，汪有龄在《商务官报》发表译自日本《国家学会杂志》的

---

① 罗竹风主编《汉语大词典》（第八卷），上海辞书出版社，2011 年，第 558 页。
② 邝其照编《字典集成》（影印版），商务印书馆，2016 年，第 44、161 页。
③ 〔日〕笹川洁：《理财学》，《译林》第 11 期，1901 年，第 41 页。
④ 笹川潔『財政学』博文館、1899、140 頁。
⑤ 《东报时论：满洲问题》，《浙江潮》（东京）第 6 期，1903 年，第 10 页。
⑥ 《史界第一伟著：近世泰西通鉴》，《申报》1904 年 1 月 12 日，第 4 版。
⑦ 《论五大臣遇险之关系》，《申报》1905 年 9 月 28 日，第 2 版。

《论近世英国商业政策之发展》。① 同年，《新民丛报》刊载了重远译自日人津村秀松的《近世英国商业政策之发展》。② 汪有龄与重远的这两篇译文的内容一致，说明他们均是译自日本的津村秀松。1907 年后，《申报》使用"发展"开始大量增加，1907 年 22 次，1908 年 25 次，1909 年 24 次，1910 年 38 次，1911 年 36 次，可见，在中华民国成立以前，"发展"已经成为《申报》使用较广的词语。

在经济学著作中，往往使用"发达"代替"发展"。1908 年 4 月 1 日，陈家瓒在其译述的《社会经济学》一书的"弁言"中提到：日本人口过剩，"因商工业之发展，即可利用海外之殖民"。③ 1910 年 12 月，熊崇煦等译伊利《经济学概论》大量使用"发达"，并将"发达"对译 Development，同时，该书也提到"发展"。④

1913 年 8 月，民国教育部审定贺绍章编《经济大要》的第五章为"国民经济之发展"。⑤ 1914 年 10 月，民国教育部审定胡祖同编《经济概要》的第六章为"国民经济之发展"，并将"发展"对译英文 Development。⑥ 这两本官方认定的教科书均以"发展"为一章的标题用词，胡祖同还将"发展"与英文完成对接，标志着现代"发展"一词已经形成。

从"发展"一词的早期形成史分析，它应是日语术语借词。近代的《辞源》《辞海》以及各种经济学辞典均没有"发展"词条，说明"发展"在近代使用并不广泛。

孙中山是中国近代较早使用"发展"一词者，他用英文写的《实业计划》译成中文在《建设月刊》上连载，题目就是《发展实业计划》。

孙中山解释实业计划的指导思想时说："予之计划，首先注重于铁路、道路之建筑，运河、水道之修治，商港、市街之建设。盖此皆为实

---

① 汪有龄译《论近世英国商业政策之发展》，《商务官报》第 2—6、8、10 期，1906 年。
② 〔日〕津村秀松：《近世英国商业政策之发展》，重远译，《新民丛报》第 4 卷第 23、24 号，1906 年。
③ 〔日〕金井延：《社会经济学》，陈家瓒译述，群益书社，1908 年，"弁言"第 18 页。
④ 〔美〕黎查德迪·伊利：《经济学概论》，熊崇煦、章勤士译，商务印书馆，1910 年，第一编第 28 页，第二编第 33、48 页。
⑤ 贺绍章编《经济大要》，商务印书馆，1913 年，第 7 页。
⑥ 胡祖同编《经济概要》，商务印书馆，1914 年，第 17 页。

业之利器，非先有此种交通、运输、屯集之利器，则虽全具发展实业之要素，而亦无由发展也。其次则注重于移民垦荒、冶铁炼钢。盖农矿工业，实为其他种种事业之母也。农、矿一兴，则凡百事业由之而兴矣。"① 孙中山指出："中国富源之发展，已成为今日世界人类之至大问题，不独为中国之利害而已也。惟发展之权，操之在我则存，操之在人则亡，此后中国存亡之关键，则在此实业发展之一事也。"②

二　现代化（Modernization）

中国古代没有"现代"一词，"现代""现代化"均是在中国近代语言实践中产生。

在 19 世纪的中西语言接触中，没有产生"现代"一词。1822 年，马礼逊《华英字典6》将 Modern 译为"时样"。③ 1868 年，邝其照编《字典集成》将 Modern 译为"新的，今时的"；1875 年，邝其照新编《字典集成》将 Modern 译为"新的，今时的，今时"。④

日本在 19 世纪末已经形成"现代"一词。⑤ 1902 年 2 月，梁启超在日本写作和发表的《新民说》中提到："凡此皆现代各国之主动力也。"⑥ 这是"现代"一词在汉语中的首见书证。1904 年，《教育世界》刊载了"现代德国哲学大家温图氏"的照片，⑦ 而此时该刊的主编为曾留学日本的学者王国维。1910 年，《东方杂志》第 7 卷第 5 号发表了译自日文的《现代生活之研究》。"现代"一词在汉语中的几个早期用例均与日语相关，说明汉语词"现代"是受日语词"现代"影响而形成，它是一个日语术语借词。1918 年 7 月，过耀根编《现代商业经营法》作为商业学校的教科书由商务印书馆出版，"现代"一词成为教科书书名的关键词，说明该词已经得到了广泛应用并在中国落地生根，它已经基本形成。

---

① 《中国实业如何能发展》，《孙中山全集》（第五卷），中华书局，1985 年，第 134 页。
② 《建国方略之二》，《孙中山全集》（第六卷），中华书局，1985 年，第 248—249 页。
③ 〔英〕马礼逊：《华英字典6》（影印版），大象出版社，2008 年，第 280 页。
④ 邝其照编《字典集成》（影印版），商务印书馆，2016 年，第 70、188 页。
⑤ 史有为主编《新华外来词词典》，商务印书馆，2019 年，第 1239 页。另据日本国立国会图书馆数据库检索结果。
⑥ 汤志钧等编《梁启超全集》（第二集），中国人民大学出版社，2018 年，第 536 页。
⑦ 《教育世界》第 82 期，1904 年。

"现代"一词在中国形成后，它的派生词"现代化"才逐步在中国形成。

1921 年 6 月 10 日，张太雷在《致共产国际第三次代表大会的书面报告》中对中国农村妇女打短工现象的原因进行了分析，认为是"受到现代化大工厂廉价生产的排挤"。① 该文可能是中国最早使用"现代化"一词者，但该文为内部报告，传播范围不广，在史料是否确实和语词的社会影响方面均有一定的局限。1922 年 1 月 10 日，《东方杂志》发表的《爱尔兰诗人 A. E. 访问记》提到：夏芝的诗与乔治·鲁素尔（A. E.）的诗两相比较，"两人同样是爱尔兰乡土诗人，而 A. E. 的诗却比较的更多现代化了"。这可能是中国公开发表的使用"现代化"一词的首见书证。②

1926 年 9 月 2 日，《大公报》在《蚩尤之现代化》一文中说道："吴子玉来京时，曾于演说席间，谓蚩尤为现代化之祖，共工为共产党之魁，闻者哑然。此次南下督师，过保定，向军官训话，复引此典。曰：昔黄帝战蚩尤，八年而后定，今西北之役，才数月耳，南赤更不足平。惟乱日方长，尚需数战。"③ 吴子玉即直系军阀首领吴佩孚，他这时正率军队与北方冯玉祥国民军以及南方广州国民政府的北伐军作战，他称与其作战的军队为蚩尤，"蚩尤为现代化之祖"，可能是暗讽与其作战者为受到苏联支持的"外国化"军队，此处的"现代化"大意是指"外国化，西洋化"，具有一定程度的贬义。

1927 年，柳克述编《新土耳其》指出："自从这次革命，土耳其国民党执政以后，他们的眼光是比较新颖的，所以就能够一反向日所为，相与励精图治，从各方面去实现现代化、西方化，以期与世界各文明国立于同一标准线上。"④ 此处"现代化"与"西方化"同义。

1927 年 4 月 30 日，《申报》一文指出："戈止用他的非常的艺术手

---

① 《张太雷文集》，人民出版社，2013 年；转引自黄晓娟《中国共产党"现代化"概念及其话语演变的系统考察》，《系统科学学报》2022 年第 4 期。

② 化鲁：《爱尔兰诗人 A. E. 访问记》，《东方杂志》第 19 卷第 1 号，1922 年 1 月；参见黄兴涛、陈鹏《民国时期"现代化"概念的流播、认知与运用》，《历史研究》2018 年第 6 期。

③ 《蚩尤之现代化》，《大公报》1926 年 9 月 2 日。

④ 柳克述编《新土耳其》，商务印书馆，1927 年，第 337 页。

腕，把这位中古美女'莫娜李薩'（今译蒙娜丽莎）生生的现代化了，活活的时装化了！这教我们看见真要为之警诧不已！"① 此处"现代化"与"时装化"同义。1927 年 11 月 25 日，《申报》刊文指出："在外国，有在打字机上打出文章的作家，在本国，也有一点钟下笔千言的天才，文字之为物也，于是乎就成为非常的现代化！机器化了！我们的文学家就由精神文明一变而为物质文明，变做和印书机器相仿佛的一种东西。"② 这里"现代化"与"机器化"同义。1928 年 3 月 13 日，《申报》里指出："第四，求全部教育之现代化，扫除过去一切虚伪不情的古典主义文饰教育，教人以现代潮流与中国现状之彻底了解和改造，扩充儿童本位的教育。"③ 此处将"现代化"与"古典主义"对举，"现代化"与"现代潮流"同义。

以上为中国"现代化"一词的几个早期用例，它是在中国的语言环境中产生。日本也有"现代化"一词且早于中国产生，但日语"现代化"一词有其独特的演进路径，日本还将 Modernization 译为"近代化"，④ 汉语"现代化"与日语"现代化"一词没有直接借用关系，中国的"现代化"一词是日语术语借词且已经本土化的"现代"一词在中国语言环境中产生的派生词。

"现代化"一词产生后，它的广泛使用和最终形成大致在 20 世纪 30 年代初。

1933 年 7 月 15 日，《申报月刊》第 2 卷第 7 号上刊发"中国现代化问题特辑"。该刊编者征文时注重邀请经济方面专家，要求集中讨论"生产现代化"，提出两个问题请求专家回答："一、中国现代化的困难和障碍是什么？要促进中国现代化，需要什么几个先决条件？二、中国现代化当采取哪一个方式，个人主义的或社会主义的？外国资本所促的现代化，或国民资本所自发的现代化？又实现这方式的步骤怎样？"应征的 26 位学者发表文章 26 篇，其中文章标题中有"现代化"一词者达 23 篇，包括：陶孟和《中国现代化问题》、张良辅《中国现代化的障碍

---

① 《关于莫娜李薩》，《申报》1927 年 4 月 30 日。
② 《巴尔扎克的刻苦》，《申报》1927 年 11 月 25 日。
③ 《广西教育概况》，《申报》1928 年 3 月 13 日。
④ 刘正运等编《日英汉经济辞典》，工人出版社，1987 年，第 219 页。

和方式》、樊仲云《中国现代化的唯一前提》、杨幸之《论中国现代化》、戴霭庐《关于中国现代化的几个问题》、李圣五《中国现代化的条件与方式》、吴泽霖《中国需要现代化么?》、陈彬龢《现代化的方式与先决条件》、亦英（祝伯英）《现代化的正路与歧路》、罗吟圃《对于中国现代化问题的我见》、吴觉农《中国农业的现代化》、闰年《国民经济原理之改造与中国现代化》、郑学稼《现代化与中国》、董之学《中国现代化的基本问题》、张素民《中国现代化之前提与方式》、诸青来《中国实业现代化问题》、唐庆增《中国生产之现代化应采个人主义》、杨端六《中国现代化之先决问题》、郑林庄《生产现代化与中国出路》、顾毓琇《原动力之发展与中国的现代化》、陈高佣《怎样使中国文化现代化》、金仲华《现代化的关键在普及教育》、程振基《对于中国现代化的感想》。以上 23 篇论文涉及了中国现代化问题的各个方面，它们最集中的主张是选择"社会主义现代化"方式。1933 年《申报月刊》刊发"中国现代化问题特辑"，标志着"现代化"一词在中国的最终形成。

汉语"现代化"一词形成后，它才逐渐与英文 Modernization 形成对译与对应。

1907 年，《商务书馆英华新字典》将 Modern 译为"近时的，近今的"。[①] 1908 年，编译自日文的《新译英汉辞典》将 Modern 译为"近世的，现今的"。[②] 1914 年，编译自日文的《英汉双解辞典》将 Modern 译为"现代的，近世的，近代的，崭新的"，将 Modernize 这个动词译为"使合时样""使为新式"，将名词 Modernization 译为与前面的动词相同。[③] 至此，Modern 与"现代"完成了对译。

1928 年，商务印书馆发行的《综合英汉大辞典》将 Modernization 这个名词译为"现代化""维新"；将 Modernize 这个动词译为"（他动）现代化""使维新"。[④] 至此，"现代化"与 Modernization 在英汉字典中完成了对译。

1935 年 6 月 23 日，胡适在《大公报》发表的《充分的世界化与全

① 商务印书馆编《商务书馆英华新字典》，商务印书馆，1907 年，第 330 页。
② 《新译英汉辞典》，群益书社，1908 年，第 598 页。
③ 陈家瑞编译《英汉双解辞典》，群益书社，1914 年，第 526 页。
④ 黄士复、江铁主编《综合英汉大辞典》，商务印书馆，1928 年，第 1663 页。

盘西化》一文中指出："Whole-hearted Modernization，可译为'一心一意的现代化'，或'全力的现代化'，或'充分的现代化'。"这是在公开发表的文章中将"现代化"与 Modernization 对译。

"现代化"一词在中国近代形成后，它的影响不如"社会主义""工业化""统制经济""合作社"等反映近代经济思潮的热词。近代经济学辞典和《辞海》均没有"现代化"词条，以"现代化"命名的专书也少见，近代的经济现代化思想主要体现在"振兴实业""工业化"等词语中，而不是明确表述为"实现现代化"。

中国共产党从成立起其经济建设的目标就是要实现中国的现代化，但"现代化"在不同历史时期却有不同的具体表达。1945 年 4 月 24 日，毛泽东在《论联合政府》中指出："中国工人阶级的任务，不但是为着建立新民主主义的国家而斗争，而且是为着中国的工业化和农业近代化而斗争。"① 1949 年 3 月 5 日，毛泽东在《在中国共产党第七届中央委员会第二次全体会议上的报告》中指出："在革命胜利以后，迅速地恢复和发展生产，对付国外的帝国主义，使中国稳步地由农业国转变为工业国，把中国建设成一个伟大的社会主义国家。"又指出："占国民经济总产值百分之九十的分散的个体的农业经济和手工业经济，是可能和必须谨慎地、逐步地而又积极地引导它们向着现代化和集体化的方向发展的，任其自流的观点是错误的。"② 毛泽东在此将中国共产党的经济建设目标表达为"由农业国转变为工业国，实现工业化"，而将"农业的现代化"作为实现这个大目标的具体目标之一。

新中国成立后，实现经济现代化逐步成为中国共产党的明确目标。1954 年 9 月 23 日，周恩来在第一届全国人民代表大会第一次会议所做的《政府工作报告》中指出："我国的经济原来是很落后的。如果我们不建设起强大的现代化的工业、现代化的农业、现代化的交通运输业和现代化的国防，我们就不能摆脱落后和贫困，我们的革命就不能达到目的。"③ 这里，周恩来代表中央首次提出了实现四个现代化的目标，"现代化"由此逐步成为中国当代最重要的关键词之一。

---

① 《论联合政府》，《毛泽东选集》（第三卷），人民出版社，1991 年，第 1081 页。
② 《毛泽东选集》（第四卷），人民出版社，1991 年，第 1437、1432 页。
③ 《周恩来选集》（下卷），人民出版社，1984 年，第 132 页。

第四节 中国近代经济思想标志性概念的
来源与形成统计

中国近代经济思想标志性的 10 个概念的来源与形成统计见表8－1。

表 8－1 中国近代经济思想标志性概念的来源与形成

术语名称	古义	今义竞争词	今义来源	今义出现年份	中西对译年份	今义形成年份
商务	无	通商，商业事务，商业等	近代本土产生	1853	1908	1875
实业	财产（地产）	农工商业，工业	日语术语借词	1891	1906	1902
货币本位	无	主币，通货本位	日语术语借词	1896	1941（1908）	1910
合作	共同，联合	协力，协同，组合，联合，共同	近代本土产生	1919	1919	1935
合作社	无	协作社，协立社，组合	近代本土产生	1919	1919	1935
工业化	无	工业革命，产业革命	近代本土产生（日语同）	1922	1923	1923
统制经济	无	计划经济	日语术语借词	1932	1933	1933
计划经济	无	统制经济	日语术语借词	1932	1933	1933
发展	无	发达	日语术语借词	1903	1914	1914
现代化	无	维新	近代本土产生	1921	1928	1933

本章共计 10 个术语。

从第二列分析，有古义者包括合作、实业二词，其余 8 词均无古义。

从第三列分析，10 词均有竞争词。

从第四列分析，近代本土产生者有 5 词：商务、合作、合作社、工业化、现代化。日语术语借词 5 个：实业、货币本位、统制经济、计划经济、发展。无从传统演变来词语。

从第五列分析，今义出现年份，1895 年及之前 2 个，1896—1911 年 2 个，1912 年及以后 6 个。近代本土产生词语出现年份为 1853 年到 1922

年，日语术语借词出现年份为 1891 年到 1932 年。

从第六列分析，中西对译年份，1895 年及之前 0 个，1896—1911 年 2 个，1912 年及以后 8 个。近代本土产生词语中西对译年份为 1908—1928 年，日语术语借词中西对译年份为 1906—1941 年。

从第七列分析，今义形成年份，1895 年及之前 1 个，1896—1911 年 2 个，1912—1915 年 1 个，1916 年及以后 6 个。近代本土产生词语今义形成年份为 1875—1935 年，日语术语借词今义形成年份为 1902—1933 年。

第五节　中国近代经济学 132 个主要术语的来源与形成统计

本节对第二至八章各章主要术语形成与来源的统计进行汇总统计，主要叙述总体的统计结果，其详细的分析解读参见本书最后二章。

本书第二至八章共研究了 132 个经济学术语的个案，其各章分别研究数量如下：经济学总论 47 个，马克思主义经济学 12 个，西方经济学 17 个，金融学 22 个，财政学 13 个，国际贸易与会计学等 11 个，中国近代经济思想史标志性概念 10 个。

一　132 个术语 6 项分类统计结果

本书各章对每个术语的来源与形成进行了六项统计，这六项统计的总体结果如下。

（一）关于 132 个术语中是否有古词与古义。有古词古义者 48 个，无古词古义的近代新词 84 个。有古词古义者 48 个如下。

1. 近代本土传承的古词 17 个：交易、资本、地主、农民、成本、地租、利息、贸易、城市、垄断、公平、市场、预算、税收（税）、规费、审计、管理。

2. 日语术语借词 25 个：经济、经济学、生产、分配、消费、劳动、效用、利润、工业、农业、实业、信用、利率、均衡、稀少、土地、技术、价值、产业、竞争、政府、制度、货币、投机、指数。

3. 近代产生的新名词 6 个：供给、需求、银行、保险、风险、合作。

（二）关于术语中是否有竞争词。无竞争词者 6 个，有竞争词者 126 个。

（三）关于术语来源，日语术语借词 85 个，占总量的 64.39%。中国近代本土产生的术语 47 个，占总量的 35.61%。其中，近代本土产生的新词 30 个，占总量的 22.73%；近代本土传承的古词 17 个，占总量的 12.88%。

（四）关于术语今义首次出现的时间。1895 年及之前 49 个，1896—1911 年 49 个，1912 年及以后 34 个。

（五）关于术语中西对译的时间，1895 年及之前 9 个，1896—1911 年 65 个，1912 年及以后 58 个。

（六）关于术语形成的时间，1895 年及之前 5 个，1896—1911 年 11 个，1912—1919 年 58 个，1920 年及以后 58 个。

二　132 个术语来源分类分项统计

术语来源是本书研究的主题，其三种来源分类和各分支学科具体来源分布如下。

（一）日语术语借词 85 个

A. 经济学总论 29 个

经济、经济学、生产、分配、消费、劳动、企业、劳动者、资本家、固定资本、流动资本、企业家、价格、效用、利润、工业、商业、农业、政策、自由竞争、资源、效率、土地、技术、价值、产业、竞争、政府、制度。

B. 马克思主义经济学 11 个

生产力、生产关系、经济基础、上层建筑、唯物史观、商品、劳动价值论、剩余价值论、资本主义、社会主义、科学社会主义。

C. 西方经济学 12 个

均衡、稀少、生产者、消费者、生产者剩余、消费者剩余、功利主义、通货膨胀、通货紧缩、指数、物价指数、国民所得。

D. 金融学 14 个

金融、中央银行、货币、信用、高利贷、债权、债务、利率、单利、复利、证券、信托、投资、投机。

E. 财政学 9 个

财政、决算、赤字、直接税、间接税、所得税、营业税、公债、地方债。

F. 国际贸易等 5 个

国际贸易、自由贸易、保护贸易、簿记学、统计学。

G. 中国近代经济思想标志性概念 5 个

实业、货币本位、统制经济、计划经济、发展。

（二）近代本土产生的新词 30 个

A. 经济学总论 6 个

公司、供给、需求、工资、重工业、轻工业。

B. 马克思主义经济学 1 个

虚拟资本。

C. 西方经济学 5 个

经济人、边际效用、无差曲线、机会成本、弹性。

D. 金融学 8 个

金融学、国际金融、银行、保险、风险、外汇、汇率、股票。

E. 财政学 1 个

国债。

F. 会计学等 4 个

倾销、会计学、审计学、工商管理。

G. 中国近代经济思想标志性概念 5 个

商务、合作、合作社、工业化、现代化。

（三）近代本土传承的古词 17 个

A. 经济学总论 12 个

交易、资本、地主、农民、成本、地租、利息、贸易、城市、垄断、公平、市场。

B. 财政学 3 个

预算、税收（税）、规费。

C. 审计等 2 个

审计、管理。

第九章 近代经济学术语革命
发生的过程

　　中国近代经济学"术语革命"与中国近代社会变革以及经济学发展高度相关，它大致经历了三个阶段。第一，1840—1895 年，此时期为中国洋务运动前后，来华传教士主动向中国输入近代经济学，中国输入了《富国策》等 4 种经济学著作，其中 3 种为英译著作，近代第一个经济学译名体系形成，这就是汪凤藻—傅兰雅—艾约瑟译名体系，简称汪—傅—艾译词。这期间，在 132 个主要术语中，首次出现了 49 个，形成了 5 个。估计这期间的经济学术语总量不到 1000 个。第二，1896—1911 年，此时期为中日甲午战争后的戊戌变法和清末新政，中国开始主动引进近代经济学，这期间，近代经济学著作有 191 种，其中译著 168 种，在译著中，译自日本者 132 种，日译占全部译著的 78.6%，[①] 日译著作的剧增，使日语术语借词成为经济学术语中最重要的体系。1901—1902 年，严复译《原富》创制了含有上百个新名词的译名体系。在这一阶段，汪—傅—艾译词、日语术语借词、严复译词三种体系相互竞争，并行不悖，造成了译名的混乱。但中国科举制废除后，上万名日本留学生和上千名来华日本教习、顾问，助推了日语借词的流行，各种日本经济学著作的几乎所有的汉字术语全部输入中国，日语术语借词逐步取得了绝对优势地位。这期间，在 132 个主要术语中，首次出现了 49 个，形成了 11 个。估计这期间新增的经济学术语总量不到 4000 个。第三，1912—1949 年，中国经济学出现了快速发展，出版经济学著作总量达 19497 种，译著总量 1781 种，其中日译 448 种，英（美）译 532 种，德译 100 种，法译 64 种，苏联译著 246 种，其他 391 种。1912 年中华民国成立，民国政府破旧立新，建立了完整的经济学教育制度，并对流行的日语术语借词加以承认和推广。1915 年，以马寅初、刘大钧为代表在欧

---

　　① 本段使用的著作与译著统计数据，参见本章第五节的统计表。

美留学的经济学家归国，中国对日语术语借词进行选择、再造、补充。以中国流行的地租、票据、贴现等词替代日语地代、手形、割引等词；又再造边际效用、合作社、背书等词替代日语限界效用、产业组合、里书等词。这样，传入中国的28%左右的日语词被替代。民国时期，随着中国经济学教学和科研的快速发展，又产生了数以万计的经济学新名词，造成了新的译名混乱，民国经济学家在教学实践、教科书与辞典编撰等方面努力统一译名。1941年，国民政府教育部聘请32位经济学家审定并公布了3631个经济名词，经济学术语完成了统一和中国化。这期间，在132个主要术语中，首次出现了34个，形成了116个。估计这期间新增的经济学术语总量超过10000个。在三大阶段共109年中，主要术语首次出现的时间集中在1880—1911年，形成的时间集中在1912—1919年。

本章第一节论述"术语革命"的第一阶段，第二、三、四节论述其第二阶段，第五节论述其第三阶段。

第一节　第一个经济学术语（译名）体系：汪凤藻—傅兰雅—艾约瑟译词

1840—1895年，是中国近代经济学术语形成的第一阶段，来华传教士与中国士人合作出版了《贸易通志》《富国策》《佐治刍言》《富国养民策》四种经济学著作，汪—傅—艾译名体系形成。1896年，日语术语借词体系传入中国，对中国经济学术语的形成产生了重要影响，术语形成进入了第二阶段。但第二阶段中，汪—傅—艾译名体系还有著作出版，并产生了一定影响，如1896年的《保富述要》、1897年的《国政贸易相关书》、1900年的《工业与国政相关论》，下文将两个阶段共7种著作作为汪—傅—艾译名体系一并论述。

一　1840年郭实腊编《贸易通志》

1840年，为英国服务的德国传教士郭实腊编的《贸易通志》（*Treatise on Commerce*）出版，这是中国近代出现的第一部国际贸易著作，也是第一部经济学著作。

《贸易通志》共分5卷，各卷目录如下：

卷一，发语，交易大略、商贾、公司、自主商；卷二，各国通商，中国、中国领邦、南海各地、五印度国、西国、欧罗巴各国、北亚默利加列国、南亚默利加列国；卷三，运货，海图、道路、港口；卷四，通国行宝，银票、银馆、挽银票、担保会；卷五，新地，通商制度、章程、保护、商约。

上述目录显示的词语，就是与国际贸易相关的术语。

该书出现的流传至今的经济术语有 17 个：贸易、交易、公司、制度、公平、农民、赋税、进口、出口、经营、制造、利息、经费、商人、关税、经营自由、铁路。

该书出现的已经被替代的经济术语有 12 个：火轮舟（轮船）、火轮车（火车）、银票（纸币）、银馆（银行）、挽银票（汇票）、担保会（保险）、价值（价格）、任意买卖（自由贸易）、包揽生意（垄断）、工钱（工资）、消售（销售）、海担保会（海事保险）。

该书是中西两种经济制度和不同经济水平在经济思想上的首次碰撞，《贸易通志》的许多具有近代特色的经济术语均是首次在中文使用，这就使该书在研究中国近代经济学术语形成史中具有特殊的意义。另外，该书总共约 3 万字，为一本小册子，术语较少，书中内容主要论及国际贸易实务，其名词或术语大多只能称为"经济术语"，称得上"经济学术语"的较少。1880 年汪凤藻译《富国策》几乎完全包含了该书的术语。

二 1880 年汪凤藻译《富国策》

1880 年，汪凤藻译，丁韪良校《富国策》由京师同文馆出版，原本为英国经济学家法思德（Henry Fawcett）的《政治经济学指南》（*Manual of Political Economy*），《富国策》由其 1874 年英文版译出。[①]《富国策》是传入中国的第一部西方古典经济学原理著作，它的出版标志着西方经济学原理系统地输入中国，也标志着经济学这一新的学科正式出现在中国。由于《富国策》是输入中国的第一部经济原理著作，其所翻译

---

① 张登德：《求富与近代经济学中国解读的最初视角——〈富国策〉的译刊与传播》，黄山书社，2009 年，第 95 页。

的经济学术语就代表了中西经济学术语最初对接的情形，具有特别重要的意义。该书所译的主要术语如下：

（1）书名的译名

富国策（Political Economy，政治经济学）。

（2）全书目录关键词译名

A. 流传至今者 5 个

资本（Capital）、地租（Rent）、罢工（Strikes）、交易（Exchange）、物价（the Price of Commodities）。

B. 后来被替代者 18 个

生财（Production，生产）、人功（Labor，劳动）、滋生之力（Production Power，生产力）、用财（Distribution，分配）、均富之说（Socialism，社会主义）、角逐（Competition，竞争）、工价（Wage，工资）、利息（Profit，利润）、乡学（National Education，国民教育）、齐行（Trades's Union，工会）、合本同功（Cooperative Institutions，合作社制度）、价（Price，价格）、值（Value，价值）、制造之货物（Manufactured Commodities，制造业产品）、钱币（Money，货币）、邦国通商（Foreign Commerce or International Trade，国际商务或国际贸易）、邦国货币互易之法（Foreign Exchanges，国外汇兑）、税敛（Taxation，税收）。

（3）书中内容关键词的译名

A. 流传至今者 56 个

垄断、地主、进口、出口、制造、经营、工人、国债、赋税、官办、民办、经费、工作、机器、城市、合伙、销售、合作、贸易、粮食、规模、闲置、公司、股份公司、零售、事业、小农、大农、销路、储蓄、工程、积蓄、自由、农民、封建、法律、财产、抵押、失业、责任、保险、股份、行情、自有资本、歇业、地产、经纪、矿产、纸币、田产、银行、居民、关税、办公津贴、铁路、期票。

B. 后来被替代者 41 个

生财之功（生产劳动）、不生财之功（非生产劳动）、恒本（固定资本）、运本（流动资本）、分职（分工）、庸工、佣工（工人）、业户、业主（资本家）、产业（私人财产）、生财之消耗（生产性消费）、不生财之消耗（非生产性消费）、工效（劳动效率）、功费（劳动费用）、求

不副应（求不应供），应不副求（供不应求），应求（供求），私产之制
（私有制度），偏护（保护），入款税（所得税），输运（运输），转运
（交通），股主（股东），司事（经理），小户之农（小农），大户之农
（大农），出产（总产量），银号（银行），成本（本钱、自有资本），进
项捐（所得税），实求（有效需求），工本（成本），开消（开销），楮
币（纸币），行票（银行券），给浮于需（供过于求），偏护土产（保护
土产），偏护税则（保护关税），官债股份（国家股份），汇号（票号），
均输（公平纳税）。

　　以上总计，流传至今者 61 个，占总量 120 个的 50.83%；被替代者
59 个，占总术语的 49.17%，也就是说，流传的术语和淘汰的术语大致
各占一半。

　　汪凤藻译名中成为本书研究的近代 132 个主要术语的有：资本，地
租，交易，垄断，地主，国债，赋税，城市，贸易，公司，农民，保险，
银行。共计 13 个，占总量 132 个的 9.85%。汪凤藻译名的流传，说明了
它的生命力。将《富国策》与英文原文对比可知，汪凤藻译名能够基本
表达英文原意，没有翻译障碍，书中一般名词（非人名、地名）没有音
译词可以证明。这说明，汉语文化系统能够翻译西方经济学术语，如果
没有后来的日译词，按照汪凤藻而不是严复的翻译思路，中国仍然能够
顺利移植西方经济学。

　　汪凤藻译《富国策》120 个译名涉及经济学的各个方面，它实际上
构成了中国近代第一个经济学译名体系，它之前《贸易通志》（1840）
的译名几乎被它全部覆盖，它之后傅兰雅、艾约瑟等的译名，主要是在
它基础上的补充和完善。因此，我们把中国近代第一个经济学译名（术
语）体系称为"汪凤藻—傅兰雅—艾约瑟译名"。

　　汪凤藻译《富国策》的译名体系为中国近代经济学术语体系的完成
做出了重要贡献。该书 1882 年还东传日本，对日本经济学术语的形成也
产生了一定影响。另一方面，《富国策》术语在同一书里没有统一，如，
银号与银行，纸币与楮币，庸工、佣工与工人，等等。这就使其在后来
与日语术语借词的竞争中处于不利地位。

三　1885 年傅兰雅译《佐治刍言》

　　《佐治刍言》于 1885 年首次出版，由傅兰雅（John Fryer, 1839—

1928）口译，[①] 应祖锡笔述，该书英文名为 *Political Economy for Use in Schools and for Private Instruction*，1852 年英国爱丁堡出版。[②]《佐治刍言》共 31 章，前 13 章论述有关社会、政治和法律方面的问题。第 14—31 章论述政治经济学方面的问题。[③] 该书是传入中国的第二种经济原理著作。

除《富国策》已经使用过的术语外，《佐治刍言》的译名中与现代汉语意思一致的术语有：工资、合同、董事、国家银行、汇票等。译名后来被替代的有：伊哥挪密（经济学）、理财（经济）、产业（财产、财富）、有资本人（资本家）、跑银行（挤兑）、成物之工（生产劳动）、不成物之工（非生产劳动）。

四 1886 年艾约瑟译《富国养民策》

1886 年，艾约瑟译《富国养民策》由总税务司署出版，其英文原本为哲分斯（W. S. Jevons，今译为杰文斯）著《政治经济学入门》（*Primer of Political Economy*，1878）。《富国养民策》为输入中国的第三种经济学书籍，却是第二种比较系统的政治经济学原理书籍。

A. 流传至今的名词 22 个

资本、交易、贸易、分工、利息、征税、供给、积蓄、存储、财产、工作、工人、地主、国家、赋税、公平、地租、保险费、合同、股分公司、进口税、买空卖空。

B. 后来被替代者 38 个

富国养民策（政治经济学）、富国养民学（政治经济学）、富国探源

---

① 傅兰雅（John Fryer，1839—1928），1839 年出生于英格兰，1860 年伦敦伯雷师范学院毕业，1861 被英国圣公会派到中国传教，1868—1896 年任江南制造局翻译官译员。一生共译书 129 种，涉及自然科学、工程制造、军事科学、社会科学等各方面，1876 年创办科普杂志《格致汇编》，1879 年担任教会组织"教科书委员会"（又称"益智会"）总编辑，1896 年到美国定居，担任伯克利大学东方语言文学系教授，1928 年在美国去世。他是在中国传播西学的大师。参见熊月之《西学东渐与晚清社会》，上海人民出版社，1994 年，第 567—586 页。

② 关于该书的英文作者，特雷斯考特认为是：约翰·伯顿（John Hill Burton，1809—1881，英国历史和经济学家）。参见 Paul B. Trescott，*Jingji Xue*，*The History of the Introduction of Western Economic Ideas into China*，*1850 – 1950*，Hong Kong：The Chinese University Press，2007，p. 24。

③ 〔英〕傅兰雅译《佐治刍言》，上海书店出版社，2002 年。

论（国富论）、用财（消费）、销化（消费）、销费（消费）、银号（银行）、银庄（银行）、工作行会（工会）、行会（工会）、工人集股成本通力合作（合作社）、工人集股合作（合作社）、定而不移之资本（固定资本）、流行不息之资本（流动资本）、有定资本（固定资本）、流行资本（流动资本）、身财（生产财富）、分财（分配）、资本主（资本家）、工价、租价、利银（利润）、生意盛衰（经济周期）、订盟罢工（同盟罢工）、田法（土地制度）、田畴法（土地制度）、货值（价值）、货价（价格）、纸票（纸币）、通融借贷（融资租赁）、股分票（股票）、直取税（直接税）、曲取税（间接税）、人丁税（人头税）、住居房税（住房税）、官票税（契税）、花户（纳税人）、气泡崩裂（泡沫破裂）。

《富国养民策》新增重要流传术语包括分工、供给等词，但同一书里存在多个名词不统一，如消费、银行、工会、合作社、固定资本、流通资本等词均有多个译名。又出现以短语去译名词的现象。

五　1896 年傅兰雅译《保富述要》

1896 年，傅兰雅口译、徐家宝笔述的《保富述要》由江南制造局出版，该书译自英国布来德著的《货币》（*Money*），这是中国近代第一部关于货币银行学的译本。

该书中译名流传至今者：银行、汇票、贸易、交易、管理、价值、国债、提货单、保险单、有限股份银行、无限股份银行、公司、利息、制造、汽车、铁路、工作。

译名被替代者：钱（货币）、抄挤（挤兑）、股分票（股票）、国家银行（中央银行）、钱法（货币制度）、放心（信用）、纸票（纸币）、钱票（纸币）、汇票之行情（汇率）、债主（债权人）、债户（债务人）、通用之钱（通货）、不能换钱之票（不换纸币）、便票（支票）、各国汇票（外汇）、倒账（破产）、价钱（价格）、价（价格）、工艺（产业）。

六　1897 年傅兰雅译《国政贸易相关书》

1897 年，由傅兰雅口译、徐家宝笔述，英国法拉（T. H. Farrer）原著《国政贸易相关书》（*The State in Its Relation to Trade*，1883），由江南

制造局出版。① 用现代汉语可将此英文书汉译为《国家在市场交易中的作用》。

《国政贸易相关书》引进术语流传至今者：银行、保险、合同、管理、公司、汇票、有限公司、发票、专利、价值、市场、存款、利息、中数、地主、制造家、工人、交换、价值、民间银行。

现今被替代的经济术语：相信（信用）、债户（债主）、代办人（代理人）、赀本（资本）、赀本家（资本家）、倒行（破产）、倒账（破产）、钱枚（货币）、纸票（纸币）、国家银行（中央银行）、民人银行（普通银行）、工钱（工资）、拍腾得（Patent，专利）、保险行（保险公司）、股主（股东）、钞票（纸币）、生理（生意）、信用（相信）、工艺（工业）、赀财（资财）、榷税（征税）、生货（原料）。

1897 年，日语借词已经开始大量输入中国，傅兰雅所译赀本家与交换二词，可能受到了日语影响。

七　1900 年卫理等译《工业与国政相关论》

1900 年，由美国人卫理、华人王汝骈合译，英国人司坦离·遮风司著《工业与国政相关论》，由江南制造局出版。该书原著为英国杰文斯《国家与劳工的关系》（*The State in Relation to Labour*，1882），《工业与国政相关论》的"工业"不是现代汉语的"工业"，而是"工人职业"，即"劳工"之意，从汉译题目看，该书似乎是一部讨论国家工业政策的著作，实际上却是讨论劳工问题的专书，与国家工业政策无关。《工业与国政相关论》是传入中国的第一部劳工问题专著，给中国带来一系列新的观念，如八小时工作制，限制童工、女工时间等工厂法、工会法知识。"养老保险"一词为首次传入。

王汝骈在译者序中指出："日人尝有《哲学字典》之译，其好学深思，力求上乘，良足法也。"但日人译西文力求文字精确，但不如华译的清顺，而华译则力求语句清顺，则不如日人译文精确，顾此必失彼。从这段评论可知，王汝骈对日译术语非常了解，并持赞赏和接受态度，他

---

① 出版年份据霍有光《交大馆藏江南制造局译印图书概貌及其价值》，《西安交通大学学报》（社会科学版）1997 年第 1 期。

在《工业与国政相关论》中采纳了不少日本译法，如理财学、政治、政府等，也继承了以前传教士的译法，如工钱等词，还创造了新词语，如管事人（企业家）、群伦（原注：日本人译为社学、社会）、发达家（原注：日本人译为进化）等。因此，卫理等译《工业与国政相关论》与前述5本"华译"著作有重要不同，它是采纳了日译词语的"华译"著作，具有过渡性质，但通观全书，该书译名从体系来看仍然属于"华译"，即汪—傅—艾译词体系。

《工业与国政相关论》出现的经济学术语流传至今者：自由贸易、外国贸易、工人、手工、制度、政府、管理、干预、工资、保险、利息、地租、租金、地主、资本家、罢工、买办、交易、代理人、代理者、养老保险、雇工、董事、公司、城市、进步、供给、合同。

《工业与国政相关论》出现而被替代的经济学术语：工艺（工业）、工艺会（工会）、工钱（工资）、主人（雇主、资本家）、安康保险（人寿保险）、理财法（经济法则）、群伦（原注：日本人译为社学、社会）、理财家（经济学家）、发达家（原注：日本人译为进化）、实业律例（经济法）、大证券（大宪章）、龙断（垄断）、价值（价格）、制造厂律（工厂法）、绕道干预（间接干预）、工业同盟（劳工同盟）、余利（利润）、利租钱（地租）、管事人（企业家、资本家）、讨求（需求）、争赛（竞争）、工钱资本之理论（工资基金论）、造货者（生产者）、用货者（消费者）、存本（成本）、取存钱（取款）、存进钱（存款）、合力法（合作社）、钱行（银行）、产业（财产）、理财学（经济学）等。

《工业与国政相关论》出现的非经济学术语流传至今者：律师、内外科医生、卫生、卫生学、政治学、理论家、心理学、权利等。非经济学术语被替代者：道义学（伦理学）等。

上述流传至今的术语中可能的日语术语借词有：自由贸易、外国贸易、手工、政府、资本家、代理人、代理者、养老保险。这些词语的出现，反过来证明该书确实受日语术语借词影响。而大部分自创的词语却被替代了。

八　总论：汪凤藻—傅兰雅—艾约瑟译名体系流传至今者

1840年郭实腊编《贸易通志》，1880年汪凤藻译《富国策》，1885年傅兰雅译《佐治刍言》，1886 年艾约瑟译《富国养民策》，1896 年傅兰雅译《保富述要》，1897 年傅兰雅译《国政贸易相关书》，1900 年卫理等译《工业与国政相关论》，这 7 种文献由来华传教士与中国士人合作编译而成，其中 6 种在日译经济文献大量出现之前，创制了数百个经济术语，构成了汪—傅—艾译名体系，流传至今的术语有：

1.《贸易通志》首次出现 17 个：贸易、交易、公司、制度、公平、农民、赋税、进口、出口、经营、制造、利息、经费、商人、关税、经营自由、铁路。

2.《富国策》新增 49 个：资本、地租、罢工、物价、垄断、地主、工人、国债、官办、民办、工作、机器、城市、合伙、销售、合作、粮食、规模、闲置、股份公司、零售、事业、小农、大农、销路、储蓄、工程、积蓄、自由、封建、法律、财产、抵押、失业、责任、保险、股份、行情、自有资本、歇业、地产、经纪、矿产、纸币、田产、银行、居民、办公津贴、期票。

3.《佐治刍言》新增 4 个：工资、合同、董事、汇票。

4.《富国养民策》新增 10 个：分工、征税、供给、积蓄、存储、国家、保险费、股分公司、进口税、买空卖空。

5.《保富述要》新增 7 个：汇票、价值、提货单、保险单、有限股份银行、无限股份银行、汽车。

6.《国政贸易相关书》新增 8 个：有限公司、发票、专利、市场、存款、中数、制造家、民间银行。

7.《工业与国政相关论》除去日语术语借词，新增 4 个：管理、干预、租金、买办。

以上 7 种文献共计有 99 个术语流传至今，说明汪—傅—艾译名体系是一个有生命力的体系。另外，本书 132 个主要术语中，"汪—傅—艾译词"共有 23 词，占总量的 17.42%，包括：贸易、交易、公司、制度、公平、农民、赋税、资本、利息、垄断、地主、地租、工人、国债、城市、合作、保险、银行、工资、供给、价值、市场、管理。

汪—傅—艾译名体系的优势是采纳了中国传统固有名词和民间流行词语，并使用了近代新创的银行、保险、公司等新词。该体系被替代的译名应更多，它们主要是被后来的日语借词所替代。与日语经济术语体系比较，该体系缺点明显。首先，经济文献太少，术语最多几百个，与日语各种经济文献中出现的成千上万个术语不在一个数量级。其次，在译法方面，译名有时采用单字词，意义不确定；有时以短语译术语，没有找到合适的词语译西文；同一本书译名不统一；没有标注英文原文；等等。

第二节　严复创制新的经济学术语（译名）体系

1901 年 5 月，严复译亚当·斯密著《原富》部甲、部乙、部丙出版（相当于全书上册）。1902 年 11 月，严复为《原富》撰写《斯密亚丹传》《译事例言》后，全书甲、乙、丙、丁、戊共 5 部，由南洋公学译书院出版，此为该书的第二版。严复是中国主动引进西方经济学的第一人，他自己创立了一套经济学译名体系。

A. 严复使用汪凤藻—傅兰雅—艾约瑟译名体系词语者

交易、市场、物价、保险、垄断、买空卖空（Drawing and Redrawing）、倒账（Bankrupt，破产）、地主、有限公司、邮政、国债、自由、贸易。

B. 严复使用日语借词者

本位、金本位、殖民地、财政、自由贸易。

C. 严复独创译名流传至今者

供求（Supply and Demand）、供过于求、境外贸易（Foreign Trade）、无限法偿（Unlimited Legal Tender）、几何级数（《天演论》译名）、乌托邦（Utopia，《天演论》译名）。

D. 严复译名被淘汰者[1]

分功—分工，生货—原料，熟货—制成品，圜法—货币制度，泉币—货币，易中—交易媒介，制币—铸币，真值—真实价格，市价—名义价格，庸—工资，租—地租，平价—平均价格，本位法钱—本位币，钞店—银行，经价—自然价格，母财—资本，赢利—利润，息利—利息，租赋—地租，时价—市场价格，辜榷—垄断，任物之竞—自由竞争，自由生业—

———————

[1] “—”前为严复译名，后为现在术语。

贸易自由，自由相竞—自由竞争，自由为竞—自由竞争，递乘级数—几何级数，递加级数—算术级数，护商之法—保护政策，生财能事—生产力，庸率—工资率，赢—利润，赢率—利润率，版克—银行，长流囤—存款，赊贷法—放款，简息—单利，繁息—复利，户口蕃息例—人口学说，田租升降例—地租学说，殖量—生产力，业场—土地，政约—政策，屯待—投机，物竞—自由竞争，自由商法—自由贸易，业联—行会，供不过求—供不应求，小还例—报酬渐减法，大还限—最大报酬点，野业—农业，邑业—工商业，积贮（Accumulation of Stock）—资财，常住母财（Fixed Capital）—固定资本，循环母财（Circulating Capital）—流动资本，支费—目前消费，岁殖—年产物，楮契（Bill）—票据，毗勒（Bill）—票据，积累版克（Saving Bank）—储蓄银行，赖耶版克—王家银行，能生之功（Productive Labour）—生产劳动，不生之功（Improductive Labour）—不生产劳动，国中贸易（Home Trade）—国内贸易，拂特之俗（Feudalism）—封建制度，商宗（Mercantile System）—重商制度，农宗（Agricultural System）—重农制度，商宗计学—重商主义经济学，进出之差（Balance of Trade）—贸易差额，大通商法（Free Trade）—自由贸易，贾业—商业，工联（Corporation）—工会，执券主人（Proprietors）—股东，税极（Incidence of Taxation）—税收归宿。

严复译《原富》产生了广泛与重要的影响，他翻译使用的一套经济学术语体系虽然最后被淘汰，但当时许多学者长期采用，《新尔雅》字典就大量采用严复译名词。梁启超专门为《原富》写导读，最后写成《生计学学说沿革小史》，宋育仁《经世财政学》（1906）几乎照搬严复术语。1929 年，萧纯锦编《经济学》仍然使用分功、经价、工联、赢利、庸等严复译名。严复译名是当时流行的日本译名长期的有力竞争者。

严复译名最终之所以完败，主要是因为使用日语术语借词的势力太大，但严复译词本身也有其严重缺陷。第一，没有使用近代产生的新词，如"银行"等。第二，使用上古语言的单字造词法，如租、庸、赢、计（学）等词，汉语在魏晋南北朝时期以后，就淘汰了单音词造词法。第三，拒绝用俗字俗语，如土地、垄断、期票、存款、放款等词。第四，使用音译，如以"毗勒"译 Bill。以上四条便严复译词不如汪—傅—艾译名明白易懂。第五，同一书里，术语不统一。而日语术语借词具有准确性和单义性。

Economic 一词，严复可以根据情况译为 5 个以上的词语，一词多义，既不简明，又造成使用和理解的混乱。严复提倡翻译要"信、达、雅"，这个原则可能适合文学作品，科学文献还需要加上一条译名"单义性"原则，严复译《原富》随处可见一词多义、多词同义等现象，译名混乱是严复译名被淘汰的主要原因。

第三节　日语经济学术语借词体系的传入

中、日两国同属于汉字文化圈，在甲午战争前，日本主要是向中国学习包括汉字等在内的各种文化与制度，甲午战争后，中、日两国相互学习的位置改变，中国开始向日本学习包括汉字词在内的文化与制度。学习日语的经济学术语是中国近代学习日本的一个重要方面，随着日语经济学汉字词术语体系的近乎全部输入，中国近代经济学术语革命的步伐大大加快。

一　日语经济学术语借词输入中国的阶段和途径

我们已经知道的结果是：日语术语借词体系是影响中国近代经济学术语形成的最大体系。为什么会出现这样的局面呢？这就需要深入探究日语经济学术语借词输入中国的两大阶段和各种途径。

（一）甲午战争前日语术语输入中国的途径

首先，来华传教士译介日文。

1873 年，英国传教士卜世礼在《中西闻见录》第 6、7 号发表《日本新货币考》，他说：日本新货币"有金银铜三等者，其金铸者，曰本位金货币"。① 卜世礼在这里输入了日语术语"货币""本位货币"等词。

1877 年，来华传教士所办《万国公报》（周刊）第 9 卷第 431 期刊登《论工业制造之利》，文中说："横滨新闻：《论工业制造之利》曰：造船、制器、制糸（日文，丝）、开矿等业，皆现今政府经着手者也，苟有人民结社担当，欲请政府保护，以营其业者，则政府固当无不许矣。

① 〔英〕卜世礼：《日本新货币考》，《中西闻见录》第 6、7 号，1873 年。

其他细小工业极多，至若输入他国未制之物为加制造以输出之，则是真所谓无尽藏者也。有志于财政者，不可不察也。"① 这段话的主要词语为日语汉字词。这段话输入了工业、政府、财政、输入、输出等重要日语术语。

其次，《申报》刊发日本新闻。

本书考察"财政"一词形成时，曾提到1888年1月26日《申报》登载《译东报汇登西电》，这是《申报》翻译转载的日本报纸刊登的西方新闻。1889年1月1日，《申报》刊载："日本访事人来信云……"这可能是在日本的记者或《申报》驻日记者对《申报》的投稿。1889年7月11日，《申报》刊登《海东观日》，这是从中国观察日本的栏目。以上《申报》的三种栏目体现了甲午战争前《申报》对日本的关注，日语词"财政"等由此进入中国。

再次，日本人在中国出版日语著作。

1886年，荒尾精奉日本参谋本部之命来华，在汉口开办"乐善堂汉口支店"，这是一个以经商为名的进行社会经济调查的情报机关。1892年，日清贸易研究所的代理所长根津一根据汉口乐善堂的调查报告编辑《清国通商综览》，全书共3册2300多页，此书为日文，在上海出版。《清国通商综览》这一日语巨著在中国出版，这是中日语言接触史中的一件大事。1893年9月，蔡尔康在《万国公报》（月刊）发表的《书〈清国通商综览〉后》一文引入了工业、农业、商业、林业、外国贸易、金融等日语词。②

最后，中国驻日本使馆的官员和访问日本的文人记录日本情况。

1854年，文人罗森著《日本日记》；1879年，文人王韬著《扶桑日记》；驻日使馆官员黄遵宪著《日本杂事诗》（1879）、《日本国志》（1887）；等等。

以上四种途径说明，在甲午战争之前，日语就已经输入中国，并对中国产生了一定影响。比如日语词"财政"，到1897年时，中国人已经比较广泛地使用它，说明"财政"不是在传入后马上就中国化，而是已

---

① 《论工业制造之利》，《万国公报》（周刊）第9卷第431期，1877年。
② 铸铁庵主（蔡尔康）：《书〈清国通商综览〉后》，《万国公报》（月刊）第56期，1893年9月。

经输入中国多年了。本书从货币、财政、金融、工业等个案出发，追溯这些词语的起源，发现了学术界较少关注到的前三种途径，这只是研究的开始，还有待深入考察。

（二）1896—1911 年日语术语输入中国的途径

1894—1895 年的中日甲午战争，是中国近代史的转折点，也是中日文化交流史的转折点，还是中国近代经济学发展的转折点。此后，日语术语输入中国的渠道有重大变化。但此前的四个渠道仍然存在，只是作用不太显著罢了。

1. 输入和传播日语术语的 5 个主体

第一，吸收、传播日语术语的数万名留日学生。

1896 年，中国向日本派出了首批 13 名留学生，1905 年，中国废除科举，留学日本成为热潮，当年留日学生达 8000 人。1896—1937 年，留日学生总数超过 5 万人，[①] 1896—1916 年，这前二十年至少应超过 2.5 万人，这期间恰恰是术语革命的关键时期。本书研究的术语革命的许多重要经济文献由这部分人翻译完成。

第二，中国聘请的上千名日本教习和汉译日著的翻译人员。

从 1901 年起，清政府开始聘请日本教习，1903 年达 148 人，1909 年达 549 人，1903—1918 年，总计聘请日本教习、教育顾问及其他顾问教师 1697 人。[②] 日本人杉荣三郎就是这批教习中讲授经济学者。另外，中国政府与民间机构还聘请了一批来自日本的汉日翻译。如 1896 年，黄遵宪等人创办《时务报》，聘请日本人古城贞吉担任东文翻译；1899 年，张之洞创办《湖北商务报》，聘请日本人河濑仪太郎译《日本商律》；等等。

第三，主动汉译日文著作的日本专家。

1898 年，《农学报》第 42—50 期连载《农业保险论》，该著由日本吉井东一著，日本山本宪译。1901 年 5 月至 6 月，《农学报》第 140—143 期连载《农业经济篇》，该译著为日本今关常次郎著，日本吉田森太郎译。1902 年 6 月 23 日，日本法学博士、男爵田尻稻次郎著，日本吉见

---

① 〔日〕实藤惠秀：《中国人留学日本史》，谭汝谦等译，生活·读书·新知三联书店，1983 年，第 119 页。

② 汪向荣：《日本教习》，商务印书馆，2014 年，第 107—108 页。

谨三郎译《经济学大意》出版。以上三种近代早期传入中国的日本经济学著作，均是由日本人汉译。田尻稻次郎在《经济学大意》绪言中指出：该书日文本为他根据其在东京专修学校的讲义而编成，他考虑到经济学为富国强兵的基本，"今复欲使邻邦同胞周知斯道之利，与吉见氏谋，翻译以彼国文，以供其讲求之便。苟究其道，而施之于财政上，则其利诚浡，而关乎家国天下者亦深，此盖当今之急务也。虽然运用之妙，存于其人，所谓人能弘道，非道弘人者非耶"。可见该书是日本学者主动向中国传播经济学的一部著作，也是日本政府"保全中国"外交政策的一个结果。

第四，输入日译著作的东文馆、上海东文学社的师生。

1897 年，京师同文馆、广东同文馆、上海广方言馆开设东文馆，培养日语人才。① 1901 年 11 月 17 日至 1902 年 4 月 27 日，上海广方言馆顾学成译日本法学士持地六三郎著《经济通论》在《南洋七日报》连载 19 期。尽管顾学成在报纸上发表的译本残缺不全，但该书是从日本引进的第一部经济学原理著作。

1898 年，罗振玉在上海创办"东文学社"，这是一所培养翻译人才的新式学校，聘请日本文学士藤田丰八、田冈佐代治为教师。1900 年，该校教师田冈佐代治译《商工地理学》《商务教程》在《江南商务报》发表，同时刊行单行本。

第五，在自己论著中主动使用日文词语的中国人。

这方面的代表就是梁启超，梁启超在旅居日本后，从 1899 年 6 月《论中国人种之将来》一文开始"仿效日本文体"，大量使用日语名词。

2. 输入和传播日语术语的 3 个载体

首先，翻译日文经济学教科书、一般经济论著、经济学辞典，是输入日语经济学术语最重要的途径。本节的第二部分内容将集中讨论此渠道。

其次，在引进日文的非经济论著中使用日语经济学术语。

日语的经济学术语是整个日语体系的一部分，它掺入日语政治、法律、社会、哲学、历史、文学、自然科学等各种著作中。这些著作传入

---

① 参见许海华《近代中国日语教育之发端：同文馆东文馆》，《日语学习与研究》2008 年第 1 期。

中国，自然连带将其内容中的经济学术语带入中国。1896—1898 年，古城贞吉在《时务报》上发表的政治、外交、社会等方面文章中的经济学术语，就是采用这类途径。

最后，参照日本英和辞典译名编辑英汉辞典。

中国近代学科术语是在中、日、西语言交流中形成的，而中、日、西语言对接的重要渠道为外语辞典。著名语言史家王力指出："现代汉语中的意译的词语，大多数不是汉人自己创译的，而是采用日本人的原译。"日译名输入中国有两个途径，首先是"中国早期留学生以留学日本的为多，他们很自然地把日本的译名搬到中国来。其次，中国当时为西洋语言（特别是英语）编词典的人们由于贪图便利，就照抄了日本人所编的西洋语言词典的译名"。① 王力在此将中国人编西洋语言辞典照抄日本人编西洋语言辞典的译名作为采用日本译名的渠道之一，可见其重要地位。然而，王力并没有具体指出哪本英汉辞典照抄了哪本日本辞典，是如何抄的，具体影响如何。语言学者沈国威总结了来华传教士罗存德编《英华字典》对日语的重要影响。② 那么，日本编的英和辞典对汉语的影响如何呢？陈力卫顺着王力的思路，发现颜惠庆编《英华大辞典》（1908）、李玉汶编《汉英新词典》（1918）、黄士复等编《综合英汉大辞典》（1928）等，均参考、采用了日本英和辞典的汉字词。③ 但从这种参考了日文辞典的译本去分析日语对汉语译名的影响，甄别难，路径不清晰。因为当时编英汉辞典者，很少有人直接说所编辞典来自日文，学术界至今没有发现王力提到的中国人编西洋语言辞典照抄日本人编西洋语言辞典的译名的典型译本。笔者在无意中发现了这种译本，④ 下面具体论述之。

---

① 王力：《汉语史稿》，中华书局，2013 年，第 504 页。
② 沈国威：《新语往还：中日近代语言交涉史》，社会科学文献出版社，2020 年，第 132 页。
③ 陈力卫：《东往东来：近代中日之间的语词概念》，社会科学文献出版社，2019 年，第 283—285 页。
④ 笔者 2015 年左右在上海市文庙旧书市场无意中买到陈家瑞编译《新译英汉辞典》，2017 年左右发现此书译自日本辞典，当时并不觉得这有多大的学术价值，在本书最后定稿的 2023 年，重新认识到该书对研究中日词汇交流史有特别价值。故称为无意中发现。

1908 年，陈家瑞编译《新译英汉辞典》由群益书社发行，1913 年 1 月 30 日，辞典发行第三版，该辞典是清末民初影响最大的英汉辞典之一。陈家瑞编译《新译英汉辞典》没有一字说明编辑该辞典的底本为何。笔者在查阅该辞典时发现，其汉语词语大多为日语借词，于是怀疑该辞典的翻译底本可能来自日语，通过比对，发现陈家瑞编译《新译英汉辞典》的底本为日本神田乃武等编《新译英和辞典》（1902）。两种版本有多方面一致。首先，两种版本的开本、厚度基本一致，汉语本共 1184 页，日语本共 1248 页，日语本比汉语本多 64 页，多出约 5% 的篇幅，这是因为日语本的日语假名排列稍长。其次，两种版本开篇的《本书所用发音解》《本书所用略字解》一致。再次，全书内容中，笔者按照辞典以英文 A—Z 字母排列的顺序，每个英文字母开头下的任意内容抽查比对一页，共计 24 页，逐项比对，其编排体例、英文词语、汉字词语、所配插图高度一致。最后，书尾附录《不规则动词变化要览》《动词形容词名词语尾变化要览》《接头接尾连合形容字略解》《略语解》《英国常用他国语句》完全一致。两个版本明显的不同之处是：第一，中文序言与日文序言不同；第二，日文本附录还有《各国货币表》《度量衡表》，中文本以《英汉对照中国重要地名表》《文语记号》取代之。总之，陈译本不仅是日文本普通的编译本，而且是日文本的全译本（或称直译本、抄译本）。

1914 年 10 月 26 日，《申报》刊登《新译英汉辞典》的广告说："本书以 An English-Japanese Dictionary 为主，其有阙略则采自 The Century Dictionary Cyclopedia and Atlas 及 Webster's Condensed Dictionary 与 The Students Standard Dictionary 三书以补之，比较原书，约增一半，原书有错误者，亦必旁搜博采，务为考正，实词典中最善之本也。"[1] 发行方在此广告上承认了该辞典的底本为英和辞典，但仍未指出是哪一部英和辞典，其以三部英文字典补缺原本，"比较原书，约增一半"，这些广告语均与前述笔者考证的四个一致的实际不符。

陈家瑞编译的《新译英汉辞典》（1908）没有说明翻译了多少英文单词，只是说全书 10 万余字，"合计单字熟语，共约十万有奇，凡通用

---

[1] 《群益书社：〈新译英汉辞典〉》，《申报》1914 年 10 月 26 日。

字，搜集完毕"。① 笔者抽查估计，每页英文单词多者五六十，少者二三十，假如平均每页 40 个单词，1184 页共得英文单词 47360 个，每个英文词后均有多个汉字词语或短语，由此可知，全书英文单词不可能达 10 万个，但汉字词语和短语约 10 万个非虚言。《本书所用略字解》里列举了医学、数学、政事、经济、哲学、文学等方面的 55 个略字，这实际上是全书的 55 个分类。因此，该书内容丰富，凡英文通用的字词以及百科知识均收集完备。

1914 年 10 月 26 日，《申报》刊登《新译英汉辞典》的广告，列举了它的 10 大特色：

（1）于每词之下注（名）n、（动）v、（代）pro、（助）au，（动）（植）（植矿）（植医）等字，记号清晰，一见了然。（2）一字有数解者，以（一）（植二）（植三）等号别之，使之厘然不生混误。（3）初学每苦于发音，本书于每字上除载区分字音符号外，其尤难发音者，更以别音释之，附加图形括弧，尤为明白易晓。（4）凡名词以加 er、ncss，形容词加 ive、ful，副词加 ly 等而成者，即附于其原字之下，既不空占篇幅，复易知其字源。（5）凡实物名词为我国未曾经见之物，或西洋古代之物，仅以言词尚不能表明者，既示以图，图皆制用极精雕版，与实物原形全无差异，且多至四百余幅。（6）凡语尾有变化之动词、形容词及不规则动词，既依次列入原字下，复于书后编列详表，以便检查。（7）熟语专用语，搜罗极详，且用粗体斜体两种字体印出，以醒眉目。（8）凡名词不能以单简语句表明者，于译名之后更详为注释，且以方形弧括之，俾与正文有别。（9）译名虽力求正确，但我国方言不一，吻合甚难，凡遇欧美人名地名，均附英文以期明显。（10）词典以携带轻便为最要，故字形宜小，行列宜多，页数宜少，册本宜薄，本书则兼而有之。②

该辞典又在其书后广告中将上述特色简化为："分类精审、解释明

① 陈家瑞编译《英汉双解辞典》，群益书社，1914 年，书后广告《英汉辞典》。
② 《群益书社：〈新译英汉辞典〉》，《申报》1914 年 10 月 26 日。

晰、收罗宏富、定价轻廉"，"英文界之明星"，"目为完书"。

群益书社出版的《新译英汉辞典》（或简称《英汉辞典》），在清末民初，是中国最为畅销的辞典之一。据谢菊曾回忆，群益书社"从日文移译而来的一本《英汉辞典》，生意特别好，前后行销了数万部，引起商务印书馆的眼红，于是也照样从原日文书翻译了一本，定名《袖珍英汉辞林》，价钱每本同样一元五角，但以对折价发售预约，因此抢去了群益许多生意"。①又据汪原放所记，1917 年左右，针对亚东与群益两个书局的合并，亚东方面议论："群益过去好，近来听说也不很好了。他们的《英汉辞典》《英汉双解辞典》，不如以前了。从前，连商务印书馆也要向他们配不少辞典，据说月月结账，要用笆斗解不少洋钱给他们。后来商务出了《英华辞典》等等，价钱比群益便宜，内容也很好，群益也着急哩。"②这两则史料说明了群益书社出版的《新译英汉辞典》源自日文，畅销多年，产生了广泛影响。

考证发现群益书社发行、陈家瑞编译的《新译英汉辞典》（1908）为日本神田乃武等编《新译英和辞典》（1902）的全译本，有重要的学术意义，该辞典可能是中国近代第一部从日本英和辞典全译而来的有影响的英汉辞典，它也是日语汉字词译名体系完整输入中国的标志。它的诞生和产生影响在晚清民初，这正是日语对汉语产生影响的关键时期。认识到汉语本全译自日语本，顺着这个途径，我们就可以研究神田乃武等编英和辞典与英文对译有何特点，该书匿名到了中国后，产生了何种影响，这就提供了认识从英语至日语，从日语至汉语最明晰的传播途径。结合学术界已经对英汉辞典对日本语言的影响有了较多认识，本书显示了英和辞典对汉语的影响，这样，由西方到中国，由中国到日本，又由日本到中国，亚洲词语、概念的循环有了清晰路径。虽然学术界已知英汉辞典的参考译本多，但参考译本和全抄译本对中日词汇交流的研究意义大不相同，从参考译本去发现中日同形词和日语借词需要对一个一个的词语进行甄别，不但工作量大，而且难以甄别。从全译本约 10 万个词语与短语里，我们就可以发现中日同形词可能成千上万，这些汉语词语

---

① 谢菊曾：《十里洋场的侧影》，花城出版社，1983 年，第 85 页。
② 汪原放：《回忆亚东图书馆》，学林出版社，1983 年，第 36 页。

有同一日语来源，同形词可能最多，从同形词中去判定为日语借词的概
率大增。总之，在晚清民初汉语新词语产生的关键时期，全译本为研究
者提供了研究中日同形词、日语借词最集中的语料库。

1914 年，陈家瑞编译《英汉双解辞典》由群益书社发行，该辞典的
英文序言由编者于 1910 年 5 月 10 日在日本东京所写，内容是向日本读
者解释该书的编纂目的。显然，陈家瑞编译《英汉双解辞典》的底本为
日语本。至于是哪种日语本辞典，汉语本没有说明，从序言的时间、地
点分析，可能是和田垣谦三、柳原弥共编《新译英和双解辞典》，该书
于明治 43 年（1910）由东京钟美堂出版。因没有进行全书内容比对，故
不能完全肯定该辞典就是陈家瑞编译《英汉双解辞典》的日文底本。

前已指出，除群益书社发行的陈家瑞编译的两种英汉辞典翻译自日
文外，颜惠庆编《英华大辞典》（1908）、李玉汶编《汉英新词典》
（1918）、《综合英汉大辞典》（1928）等，均参考、采用了日本英和辞典
的汉字词。

本书在研究经济学术语的形成时，关于中外术语如何对译，术语的
来源渠道如何，均大量征引不同时期的英汉辞典。

二　1896—1910 年 16 种汉译日文文献输入的日语经济学术语借词

中国近代输入日语经济学术语的主要渠道是日译经济学著作，以下对
1896—1910 年 16 种汉译日文经济学文献的日语术语借词进行甄别和分析。

1. 1896—1898 年，古城贞吉在《时务报》的《东文报译》栏目里
引入的日语借词

古城贞吉（1866—1949），日本熊本人，著名汉学家。1896 年黄遵
宪、汪康年、梁启超等人在上海创办《时务报》，聘请日本人古城贞吉
到上海担任《东文报译》栏目翻译，古城贞吉于《时务报》上发表日文
报刊翻译文章 604 篇，文字总数 342018 字。[①] 其中，译自《东京经济杂
志》的有 16 篇。古城贞吉从日语中引入了大批经济类新名词，[②] 这是日
语经济名词第一次集中进入中国，也是继《富国策》后，中国第二次大

---

① 陈一容：《古城贞吉与〈时务报〉"东文报译"论略》，《历史研究》2010 年第 1 期。

② 这里称为"经济类新名词"，不称"经济学术语"，是因为古城贞吉文章包含政治、经
济、外交、社会、文化等各种门类，不是单纯的经济学论文。

规模引进经济类新名词。

以下分类列出新名词，括号内注释为《时务报》发表时间和期数，以便读者考索。个别词语为古城贞吉发表在其他刊物者，括号内予以注明。

A. 经济学与经济学家 11 个名词

经济学（1896—14）、经济杂志（1896—3）、历代史学派（1896—14）、理财学家（1897—18）、富国学者（1897—18）、富国学家（1897—18）、理财学会（1897—30）、理财家（1897—38）、理财学（1897—45）、农家理财法（《农学报》1897—13）、财政学（《农学报》1897—13）。

B. 产业与产业家 64 个名词

生产（1896—3）、产业（1896—3、9，1897—22）、实业（1896—3）、生业（1897—27）、殖产（1896—12）、殖产兴业（1897—37）、殖产之业（1897—26）、工业（1896—3、12）、商业（1896—8）、农业（1896—9，1897—22）、工商业（1896—5）、商工业（1897—37）、村落产业（1896—9）、教育工业（1896—9）、新产物业（1896—9）、机织业（1897—22）、蚕业（1897—23）、内地工业（1896—5）。

产业家（1896—3、9）、制造业家（1897—20）、资本家（1897—22）、农工商业家（1897—23）、银行家（1897—23）、政治家（1897—23）、财务家（1897—23）、商家（1897—23）、资产家（1896—11，1897—23）、贸易商（1896—9）、外商（1896—5）、学人（1897—23）、劳工（1897—23）、技工（1896—12）、劳工职业（1896—9）、成业生（毕业生）（1898—53）。

商工业公司（1897—19）、农场（1897—39）、博览会（1897—22）、外国资本（1897—37）、外资（1897—37）、工业学徒法（1897—27）、工业试验局（1897—27）、工人护生法（1897—27）、矿山机械（1897—22）、农业机械（1896—9，1897—22）、肥料（1896—9）。

产出（1896—9）、产品（1896—3）、产物（1897—31）、物产（1896—3、14）、制品（1897—3、20）、既制品（1896—12）、未制品（1896—12）、已制造品（1897—20）、未制造品（1897—20）、工业物品（1897—27）、财务（1897—23）、矿产（1897—39）。

产业社会（1896—10）、财利社会（1896—10）、商业社会（1896—

10)、工商业霸权（1897—19）、产业发达（1897—22）、农业国（1897—27）、工业为国本（1897—27）。

C. 市场与贸易 19 个名词

市场（1896—3、5、9、10、12，1897—44）、工银（1897—46）、出口货价（1896—5）、进口货价（1896—5）、出口货物（1896—5）、进口货物（1896—5）、输出制品（1897—20）、价值（1896—9、10）、外国贸易（1896—3，1897—44）、汇票行情（1897—44）、外国市场（1896—3）、大市场（1897—22）、贸易总额（1897—26）、贸易市场（1897—45）、任意贸易（1897—30）、保护关税（1896—14）、保护政策（1896—3，1897—30）、保护税主义（1896—13）、自由贸易港（1897—18）。

D. 财政与税收 24 个名词

财政（1896—9、10、14，1897—20）、财政收支均平（1896—9）、收支均平（1896—9）、中央政府（1896—14）、地方财务（1896—15）、预算（1896—14）、核算（1896—9、14）、政策（1896—9）、公债（1896—10，1897—20）、财力（1896—14）、财源（1896—3、14）、财政家（1897—20）、国库（1896—3）、直税（1896—14，1897—18）、间税（1896—14，1897—18）、免税（1896—14）、纳税（1896—14）、商业税（1896—15）、矿业税（1896—15）、丁口税（1897—18）、资财税（1897—18）、所得税（1897—18）、税法（1897—18、22）、地税（1897—18）。

E. 币制与银行 20 个名词

法币（1896—10），货币本位、金本位（1896—10，1897—21、45），银本位（1896—10），铜币本位（1897—46），银币本位制（1897—21），金币本位制（1897—23、45），金银同一本位制（1896—10），复行本位制（1896—10），金银两本位制（1896—12），自由铸造银币制（1897—45），补助币（1897—44），铸币税（1897—30），货币政策（1896—3），中枢银行（1897—30），纽约政府银行制度（1897—20），银行券（1897—21），兑换券（1897—21），融金机关（1896—5），资金（1896—3）。

F. 其他 10 个名词

供给（1896—9）、需用（1896—9）、统计（1896—9）、均衡（1897—39）、交通（1897—21）、预测（1897—18）、社会主义（1896—12）、国际（1897 年 4 月 12 日）、模型（1896—5）、殖民地（1896—11）。

综上所述，共计经济类新名词148个。因为没有直接比对日文原文，笔者从三个方面判断上述名词为中国的新名词。（1）中国既有经济学文献没有的名词。（2）从构词法判断为日语的名词，如某某学、某某家、某某制品、某某社会、某某产业，以及三字词、四字词，等等。（3）从笔者长期研究所得判断为新名词者。上述新名词大部分为日语术语借词，但有一部分名词为古城贞吉汉译日文新造者，如融金机关（金融机关）、中枢银行（中央银行）、直税（直接税）、间税（间接税）等。

上述新名词流传至今者有：经济学、财政学、生产、产业、实业、农业、工业、商业、工商业、资本家、银行家、劳工、技工、博览会、农场、矿山机械、农业机械、肥料、产出、产品、产物、物产、资产、制品、工业物品、财务、矿产、市场、外国贸易、价值、保护政策、自由贸易、财政、预算、公债、所得税、货币本位、金本位、银本位、政策、供给、统计、均衡、交通、殖民地、模型、社会主义、国际等。

上述新名词今天已经被淘汰者有：既制品、未制品、已制造品、未制造品、成业生、补助币、需用等。

综上所述，古城贞吉主持的《东文报译》栏目翻译和引进的不是个别新词，而是一个有关新经济的新名词群。这些新名词代表了新的概念和思想，在中国广泛使用后，促成了中国经济思想和理念的重大变迁。古城贞吉对中国经济术语和思想的变迁做出了贡献。

2. 1898年汉译日著《农业保险论》照搬的日语借词

1898年，《农学报》第42—50期连载《农业保险论》，该著由日本吉井东一著，日本山本宪译。1898年《农学报》社又出版单行本。日文原版为吉井东一著《农业保险论》，1895年日本有邻堂出版。《农业保险论》仅三章：（1）保险总论，（2）保险类别及方法，（3）农业保险。该书是传入中国的第一部日本经济学著作，也是中国近代第一部保险学著作。

通过比对《农业保险论》的汉译本与日文原本，发现由日本山本宪译的《农业保险论》几乎全部照搬了日文原本的汉字词。

A.《农业保险论》输入且流传至今的日语名词32个

保险术语：农业保险、生命保险、财产保险、海上保险、火灾保险、被保人、养老保险、担保、终身保险、定期保险、保险契约、保险金、教育保险、精算、保险证券、保险金额、保险物、全损保险、分损保险。

其他：证券、有价证券、工业、统计年鉴、价格、农业银行、公证、银行券、动产、不动产、资本金、会计年度、米商会所。

B.《农业保险论》输入但现在已经被替代的日语名词 14 个

领保险金者（受益人）、保险证书（保险单）、保险报告证书（保险申请证书）、保险会社（保险公司）、保险料（保险费）、子女教育资（子女教育保险）、代理社（保险代理人）、挂金、割戾、取引所（交易所）、贮积金、纳金、起业（企业）、危险（风险）。

综上所述，1898 年的《农业保险论》输入了日语名词 46 个，其中流传至今的有 32 个，输入后被替代者有 14 个。

3. 1900 年《商工地理学》输入的日语借词

1900 年，《江南商务报》的《商原》栏目发表日本田冈佐代治译《商工地理学》，其日文原本是永井惟直著《商工地理学》，1899 年 10 月东京博文馆出版。通过比对汉译本与日文原本，可知汉译本照搬了日文原本的汉字词。

《商工地理学》输入的日语名词有 26 个。

A. 流传至今者 22 个

税率、所得税、税目、烟草税、政策、产业、交通、经济上、工业国、农业国、商业国、统计表、平均数、增加率、财政、保护贸易、自由贸易、生产、消费、商品、货币制度、价格。

B. 已经被替代者 4 个

商业会议所、本位货、补助货、金货本位制。

4. 1900 年《商务教程》输入的日语借词

1900 年，《江南商务报》的《商原》栏目发表日本田冈佐代治译《商务教程》，其日文原本是天城安政著《商业教科书》，1892 年 9 月东京博文馆出版。通过比对汉译本与日文原本，可知汉译本照搬了日文原本的汉字词。汉译者田冈佐代治在绪言中指出："译稿存其旧，而不敢改，盖若改之，则不可不悉改也。"[1]

《商务教程》输入的日语名词有 8 个：

———————

① 〔日〕田冈佐代治译《商务教程》，《江南商务报》第 3 期，1900 年，第 1 页。

通货、货币、本位货币、补助货币、金银两本位制、金单本位制、利子、利率。

5. 1901 年《财政四纲》输入的日语借词

1901 年，湖北留日学生监督钱恂在日本编辑的《财政四纲》两册自刻出版。[①] 钱恂在自序中说："恂不通东邦文字，不能识其精且深者，仅就学生所述，录其四纲。"1902 年 4 月 22 日，梁启超编辑的《新民丛报》对此书推介说："著者为留学生监督，旅居于日本东京三年，能读其书，深考其立国之所由。是编盖与留学生参考辑述，非全出于一人之手。……其所取材，大率在诸学校行政科讲义，而常以他书参补之。"[②] 可以确定的是，《财政四纲》货币论部分编译自日本文学士高田早苗讲述《货币论》（1900），[③] 可见，《财政四纲》的原作者为日本学者，翻译者为留日学生，钱恂为该书的编辑与刊行者，因此，该书虽仅钱恂一人署名，实际上为钱恂与留日学生共同编译日本学者的原著而成，它为汉译日文经济学著作之一。

《财政四纲》分为四部分：（1）租税；（2）货币；（3）银行；（4）国债。

A. 租税部分输入的日语名词 39 个

财产税、国税、地方税、配赋税、定率税、直接税、间接税、比例税、财政家、税法、预算、（税收）转嫁、营业税、所得税、税率、消费税、纳税者、税源、通过税、干涉政策、奢侈品、必需品、精制品、原料品、从价税、从量税、累进税、年金、保税仓库、免税品、保险业、银行业、制造业、仓库业、中央集权、地方分权、地方财政、征税权、附加税。

B. 货币部分输入的日语名词 33 个

交换之媒介、价值之尺度、贷借之标位、价值之储藏、证券、独占、

---

①　钱恂（1853—1927），浙江归安（今属于湖州市）人，光绪十六年（1890）随从薛福成出使英、法、意、比四国，1898 年任湖北留日学生监督，1905 年任赴东西洋考察宪政大臣参赞官，1907—1908 年，先后任出使荷兰、意大利大臣。中华民国成立后，任参政院参政，北京大学名誉撰辑员。著作有《财政四纲》《光绪通商综核表》等。叶世昌等《中国货币理论史》，厦门大学出版社，2003 年，第 325 页。

②　《绍介新著：〈财政四纲〉》，《新民丛报》第 6 号，1902 年 4 月 22 日，第 5 页。

③　高田早苗『貨幣論』東京專門学校、1900。

价格、物价表、货币学、投机者、货币铸造、自由造币说、货币之需要、货币之制度、称量货制、计数货制、单本位制、复本位制、合本位制、国际贸易、经济学家、信用机关、货币价值、货币流通之法则、自由铸造、交换纸币、不换纸币、名目价值、国际兑换、信用纸币、中央银行、兑换券、证券税。

C. 银行部分输入的日语名词40个

世界金融、普通银行、金融界、恐慌、广告、世界金融之中心、资本金、公债证券、银行纸币、政府纸币、农业银行、兴业银行、土地债券、农工银行、公共事业、日用消费、金融市场、通货主义、银行主义、银行家、流动资本、固定资本、投机者、交换纸币、不换纸币、准备金、不动产抵当、庶民银行、预金、贷付、割引、贷越、当座预金、定期预金、抵当贷、信用贷、割付、割算、金融逼迫、弹力。

D. 国债部分输入的日语名词30个

会计年度、国家之信用、财政政策、公民义务、封建时代、封建制度、关税战争、保护贸易、消费、自由放任、金融市场、银行家、紧缩、起业、小资产者、大资产者、国库、所有权、行为税、财产税、信用机关、有价证券、压制国债、劝诱国债、任意国债、契约国债、确定国债、流动国债、年金国债、永远国债。

综上所计，《财政四纲》共输入日语名词142个。其中今天已经被替代的日语名词有17个：

贷借之标位（借贷的标准）、称量货制（称量货币制度）、计数货制（计数货币制度）、不动产抵当（不动产抵押）、庶民银行（信用合作社）、预金（存款）、贷付（贷款）、割引（贴现）、贷越（透支）、当座预金（活期存款）、定期预金（定期存款）、抵当贷（抵押贷款）、信用贷（信用贷款）、割付、割算、金融逼迫（金融危机）、弹力（弹性）。

6. 1901年《农业经济篇》输入的日语借词

1901年5月至6月，《农学报》第140—143期连载《农业经济篇》，该译著为日本今关常次郎原著，日本吉田森太郎译。同年，《农学报》刊行了《农业经济篇》的单行本。日文原版是今关常次郎著《农业经济篇》，1892年博文馆出版。《农业经济篇》是中国第一部以现代"经济"命名的著作。通过比对汉译本与日文原本，可知汉译本几乎完全照搬了日文原本的汉字词。

《农业经济篇》输入且流传至今的日语名词有 57 个：

农业经济学、农场、农场管理、理财学、生产之要素、经济学家、购买力、农业组织、粗放、集约、劳力集约、资本集约、粗放农业、集约农业、农业要素、流通资本、固定资本、价格、生产者、制造品、购买力、专卖、货币之购买力、产业家、经济学者、土地之递减偿还律、土地之生产力、所有权、总产额、所得、资本总额、管理者、生产物、原料、工业品、商业资本、外国资本、消费、生产的消费、不生产的消费、动产、不动产、建筑物、营业资本、未耕地、不可耕地、肥料、饲料、土地资本、搬运费、输入国、输出国、工商业、工业品、农产物、人造肥料、委托管理。

《农业经济篇》输入而今已经被替代的日语名词有 15 个：

地租（土地税）、赁钱（工资）、给料（工资）、利益（利润）、起业者（企业家）、分业（分工）、合业（合作）、分取（分配）、借地费（地租）、补助货（辅币）、两本位（复本位）、自作（自耕农）、小作（佃户）、小作料（地租）、会社组织（公司组织）。

综上所计，《农业经济篇》共输入 72 个日语名词。

7. 1901 年《理财学》输入的日语借词

1901 年 3 月至 1902 年 1 月，《译林》连载其所译日本笹川洁著《理财学》11 期。日文原文为笹川洁著《财政学》（《帝国百科全书》第 31 卷），1899 年博文馆出版。日文原著分五部分：总说；第一编，经费论；第二编，收入论；第三编，国债；外篇，财政学史略要。《译林》仅仅译载其前三部分。尽管该译著仍不是笹川洁原著的全本，但近代财政学的知识架构和主要内容基本完备，该书是传入中国的第一部较完整的财政学著作。

通过比对汉译本与日文原本，可知汉译本并没有完全照搬日文原本的汉字词，而是对日语名词进行了多处改译，书名就是用"理财学"翻译"财政学"。

A. 《理财学》输入且流传至今的日语名词 78 个

经济、财政、经济学者、财政学、财政史、经济史、国民经济、放任主义、干涉政策、生产、分配、消费、政策、发展、国民所得、工业革命、封建制度、封建时代、中央集权制度、自由贸易、保护政策、保

护主义、专卖、电信、预算、决算、国家机关、经费报销、行政经费
（行政费）、教育费、临时费、预备金、固定经费、公经济收入、私经济
收入、公共经济、社会政策、公证、诉讼费（诉讼人费）、所有权、单
税制、复税制、公平课税、纳税义务、计划、课税标准、私有财产、税
源、纳税者、法人、负税者、烟草税、税率、良税、奢侈税、普通税、
特别税、国税、地方税、配赋税、定率税、单率税、复率税、比例税、
累进税、累退税、财产税、行为税、人头税、所得税、消费税、营业税、
直接税、间接税、关税、遗产税、课税基础、利息税。

B.《理财学》输入但现今已经被替代者 5 个

会计检查院（审计院）、小作人（佃农）、小作法（租佃制）、租税
（税收）、课税物件（课税对象）。

C. 以中文改译日语名词者 9 个

理财学（财政学）、防务费（国防费）、常年费（经常费）、生财
（生产）、办公费（手数料）、自由争逐（自由竞争）、迁转（转嫁）、租
税担任（租税负担）、租税潜移（租税转嫁）。

以上小计，《理财学》输入日语名词共 83 个，以中文改译日语名词
者共 9 个。

8. 1901—1902 年《商业经济学》输入的日语借词

1901 年 5 月至 1902 年 2 月，《湖北商务报》分 12 期连载其翻译的日
本法学士清水泰吉《商业经济学》。日文原著是清水泰吉著《商业经济
学》（《帝国百科全书》第 38 卷），1899 年博文馆出版。通过比对汉译本
与日文原本，可知汉译本几乎完全照搬日文原本的汉字词。

A.《商业经济学》输入的日语名词 216 个

商业经济学、生产者、原料、制造者、消费者、效益、劳动力、流
动资本、效用、交换价值、版权、商业机关、业务、农业、工业、交易
经济、生产经济、动产、不动产、有价证券、劳务、出版、交通机关、
代理商、商业机关、经济学者、封建时代、封建制度、信用、国民经济
之进步、商业证券、信用证券、陆路贸易、河流贸易、沿岸贸易、海上
贸易、陆海联络贸易、世界市场、市场大动脉、货物循环、货物集散、
经济思想、殖民地、商工业立国政策、制造业、经济制度、币制、货币
制度、中央集权之制、银行制度、殖产兴业、簿记法、商业教育、商权、

保护政策、制品、自由贸易、生活标准、经济发达、经济组织、劳动、商业政策、商业中心、粗制品、精制品、半制品、工业原料、矿产物、林产物、水产物、农产物、工业品、西洋品、原料品、食料品、制造品、饮料、食料、主食品、副食品、交易品、贸易品、非贸易品、输出品、输入品、流通证券、非流通证券、金钱证券、货物证券、物权、商业证券、资金证券、短期证券、长期证券、内国证券、外国证券、公债证券、物权、商品生产、商品集散、原料国、食料国、消费国、生产地、需要地、工业国、农业国、农工业国、大制造国、大消费国、工场工业、原动力、手工业、劳动力、世界工业霸权、织物、毛织物、棉织物、绢织物、麻织物、竹木制品、外国贸易、外国市场、金融市场、贸易霸权、金融机关、经济上现象、融通、债权者、债务者、金额、里书、金融政策、权利者、义务者、国际上证券、外债、担保品、募集、募集资金、募集金额、游离资本、出资额、出资者、商品集散、贸易商品、国内商品、集散中心、工业中心、货物集散中心、综合集散中心、生产地、消费地、消费品、使用品、奖励金、预期（豫期）、包装、代理店、支店、流行品、装饰品、代用品、商标、广告、货币本位、货币复本位制、兑换券、中央银行、货币制度、固定资本、利润、流动资本、担保、商品消费、商业经济、消费现象、货物消费、资本增值、经济机关、对人信用、对物信用、有期信用、无期信用、信用效益、资本生产力、经济机关、商业经济政策、商业使用人、商业代理人、交通机关、金融机关、公共机关、供给者、需要者、货币需要、货币供给、市场制度、币制、生产力、劳动者、经济原理、国民经济、实物经济时代、货币经济时代、信用经济时代、交易媒介、经济组织、游资、生产力、劳动者、劳动组合、投资、经济界、信用组合、基金组合。

B. 《商业经济学》改译的日语名词 7 个

然料（燃料）、机器工业（机械工业）、如泡如沫（泡沫）、募集新股（募集新株）、优先股（优先株）、无限责任公司（无限责任会社）、无记名式股券（无记名式株券）。

9. 1902 年《经济学大意》输入的日语借词

1902 年 6 月 23 日，日本法学博士、男爵田尻稻次郎著，日本吉见谨三郎译《经济学大意》（版权页又称《汉译经济学大意》）由东京专修学

校在日本东京出版。日文原著为田尻稻次郎讲述的《经济大意》，1900
年东京专修学校发行。比对汉译本与日文原本，可知汉译本几乎完全照
搬日文原本的汉字词。

A. 《经济学大意》输入且流传至今的日语名词 20 个

生产、需要与供给、信用、对人信用、对物信用、国际之贸易、劳
动、固定资本、流动资本、土地之生产力、收获递减法则、市价、地方
贸易、外国贸易、自由贸易、消费、社会主义、社会党、利率（利子步
合）、储蓄。

B. 《经济学大意》输入但现今已经被替代的日语名词 12 个

生产三要件（生产三要素）、分业（分工）、营业所得（利润）、营业
（企业）、营业者（企业家）、职工同盟（工会）、共同法（合作法）、共同
铺（合作社商店）、比较生产费说（比较成本说）、预金（存款）、内国贸
易（国内贸易）、保护方策（保护政策）。

C. 以中文改译的日语名词 8 个

养老银（养老金）、利息（利子）、价值（价格）、力钱（劳银，今
工资）、力钱基金（工资基金）、承佃金（小作料，今地租）、股票（株
券）、资本主（资本家）。

10. 1902 年《经济教科书》输入的日语借词

1902 年 12 月 14 日，梁启超主办的上海广智书局翻译出版日本和田
垣谦三著《经济教科书》。日文原著是和田垣谦三著《经济教科书》，
1901 年 8 月东京文学社出版。比对汉译本与日文原本，可知汉译本几乎
完全照搬日文原本的汉字词。梁启超曾提出不加选择地输入日本各种著
作为 "梁启超式输入"，他说："所谓 '梁启超式' 的输入，无组织，无
选择，本末不具，派别不明，惟以多为贵，而社会亦欢迎之。"[1] 这种全
面照抄日语汉字词的输入也可以看作 "梁启超式输入"。

A. 《经济教科书》输入且流传至今的日语名词 126 个

经济学、国民经济、经济自由、经济政策、统计学、实物产业、无
形产业、生产、生产要素、生产力、劳动者、土地生产力、生产递减、

---

[1] 《清代学术概论》，汤志钧等编《梁启超全集》（第十集），中国人民大学出版社，2018
年，第 287 页。

必需之品、交换之媒介、价格之标准、无形资本、固定资本、流动资本、生产的资本、所有权、生产之组织、经济社会、生产进步、自由竞争、消费者、原料、有限责任、无限责任、交换、价值、商品、贵金属、交换之媒介、价值之准绳、装饰品、购买力、货币之购买力、货币之本位、货币之单位、货币制度、单本位、金本位、银本位、复本位、本位货币、补助货币、信用、信用证券、对物信用、对人信用、消费的信用、生产的信用、直接信用、媒介信用、资本家、出纳、预算、银行纸币、兑换券、证券、工业银行、农工银行、兴业银行、商业银行、副业（与主业对义）、地方贸易、外国贸易、自由贸易派、保护贸易、通信（通信产业）、电信、消费者、生产者、分配、利率、高利贷、劳动、利润、消费、不生产的消费、生产的消费、恐慌、准备金、互相保险、营利保险、陆上保险、火灾保险、运输保险、海上保险、生命保险、被保险者、养老资金、财政、团体经济、私人经济、收入支出、岁出、岁入、经常费、临时费、非常费、补充费、通常收入、临时收入、国税、地方税、直接税、租税制度、所得税、营业税、消费税、烟草税、收支之适合、岁计、预算、年度、会计年度、税率、国库之准备金、公债、公债证书、外国债、有期公债、无期公债、债权。

B.《经济教科书》输入但后来被替代的日语名词 48 个

劳力者（劳动者）、生产的劳力（生产劳动）、不生产的劳力（不生产劳动）、劳力者之生产力（劳动者的生产力）、起业（企业）、起业家（企业家）、分业（分工）、合力（合作）、会社（公司）、株式会社（股份公司）、株主（股东）、信用手形（信用票据）、约束手形（期票）、为替手形（汇票）、小切手（支票）、里书（背书）、割引（贴现）、预金事务（存款）、交互计算事务、割引事务、贷付事务（贷款）、预金银行（存款银行）、为换银行、割引银行、手形银行、抵当土地银行、劝业银行、动产银行、商品银行、制限贸易派、地代（地租）、赁金（工资）、利子（利息）、小作料（佃农）、竞争地代、年期地代、习惯地代、耕作限界地、利子步合（利率）、起业心（企业心）、从量赁金（计件工资）、从时赁金（计时工资）、手数料（规费、手续费）、内国贸易（国内贸易）、间税（间接税）、直税（直接税）、生产费（生产成本）、内国债（国内债）。

《经济教科书》对不好理解的日语名词特加注释，这些名词如下。(1) 信用手形（契疏，日本谓之手形，盖惜时人朴，公私文书，涂墨掌中，押其下方，以为左证，此其名目所由起云）（第三编，第5页）。(2) 小切手（凭照，日本谓小切手）（第三编，第5页）。(3) 里书（书于其证券里面者）（第三编，第5页）。(4) 割引事务（割引者，谓预算借者所当得之金额，先收其利息，而授与余金也）（第三编，第7页）。(5) 小作料（佃人之田，日本谓之小作）（第四编，第2页）。(6) 利子步合（步合犹曰程度也，日本俗语）。(7) 高利贷（以仅少之母金，而收莫大之利子，贪欲无饱者，日本俗谓之高利贷）（第四编，第3页）。(8) 投机（谓冒至险至难，而妙投时机者）（第五编，第3页）。(9) 手数料（为人执事，而索其报，日本俗谓手数料）（第六编，第3页）。以上9个日语名词中，除高利贷、投机二词流传下来外，其余七词均被替代。

11. 1902—1903 年《最新经济学》输入的日语借词

1902 年 12 月 1 日至 1903 年 2 月 27 日，《翻译世界》第 1—4 期连载日本田岛锦治《最新经济学》，该著翻译的底本为田岛锦治于 1897 年出版的《最近经济论》，[①]《最近经济论》是日本最先引入"讲坛社会主义"思想的名作。[②] 汉译本仅仅翻译了日文原本的部分内容。比对汉译本与日文原本，可知汉译本几乎完全照搬日文原本的汉字词。

A. 《最新经济学》输入且流传至今的日语名词 100 个

效用、价格、生产、消费、分配、所得、经济、利己心、经济的货物、自由货物、动产、不动产、内部货物、外部货物、有形货物、无形货物、版权、专卖权、公共制度、全部效用、各部效用、最终之效用、限界的效用、最少效用者、客观的价格、主观的价格、市场价格、竞争、有形生产、无形生产、国民经济、积极的生产、消极的生产、公共的消费、私人的消费、生产的消费、不生产的消费、企业、会计年度、会计法、生产力、所得、所有权、财产权、公有财产、私有财产、纯所得、纯收入、总所得、总收入、名义上所得、实际上所得、个人的所得、社会的所得、私人经济、公共的经济、国民经济、社会经济、世界经济、

①　田島錦治『最近経済論』有斐閣、1897。

②　長幸男、住谷一彦編『近代日本経済思想史』2、有斐閣、1971、27 頁。

国家经济、公共财政、国民经济学、政治经济学、社会经济学、纯正经济学、理论经济学、应用经济学、经济政策学、财政学、经济史、经济学史、共产制、私产制、经济思想、经济学说、共产主义、土地报酬递减法、封建制度、私有财产制度、重商主义、自由贸易主义、重农主义、重农学派、直接税、间接税、自由放任、社会主义之学说、土地所有者、历史派之经济学、讲坛社会主义、经济制度、国家社会主义、社会问题、劳动保险、劳动者强行保险法、社会政策、累进税、德国历史派、社会政策协会、极端社会主义。

B. 《最新经济学》输入但今天已经被替代的日语名词 4 个

使用价格（使用价值）、交易价格（交易价值）、递乘级数（几何级数）、递加级数（算数级数）。

12. 1903 年《近世社会主义》输入的日语借词

1903 年 2 月 22 日，赵必振译，福井准造著《近世社会主义》由上海广智书局出版。日文原书 1899 年由有斐阁出版。该书全面论述了社会主义的历史与现状，它是传入中国的第一部较系统论述社会主义的著作，它系统介绍了马克思主义政治经济学和德国新历史学派经济学的主要观点。

A. 《近世社会主义》输入且流传至今的经济学术语 19 个

价值、价格、社会主义、共产主义、无政府主义、讲坛社会主义、国家社会主义、国际主义者、资本主义、资本论、生产者、投机心、土地生产力、私有财产、私有财产制、自然价格、市场价格、最低生活费、劳动者之保险。

B. 《近世社会主义》输入但现今已经被替代的经济学术语 11 个

计划社会、余剩价格（剩余价值）、余剩价格论（剩余价值论）、使用价格、交换价格、阶级之争斗（阶级斗争）、地代、相续制（遗产继承制）、赁银上之铁则（工资铁律）、信用组合（信用合作社）、恐慌（危机）。

13. 1907 年《银行实务》输入的日语借词

1907 年，彭兆璜编《银行实务》为"政法述义"第 28 种，政法学社出版，1913 年再版。该书日文底本为水岛铁也著《银行及外国为替》，1898 年同文馆出版。彭兆璜为保存真意，直译日语名词，也就是完全照搬日语名词，但在书前专门列有"名词解释"。1908年，萧仲祁编译《银行簿记》为"政法述义"第29种，政法学社出版，1913年再版，该书全面照搬日本会计术语，许多词语与彭兆璜编《银行实务》相同。

A.《银行实务》输入且流传至今的名词31个

公债、金融、主任、广告、价格、效用、准备金、担保品、代理、交换、顾客、有价证券、决算、依赖、借方、贷方、纸币、传票（会计用）、台帐、让渡、损益、现金、金额、总额、消费者、加盟、不动产、商品、委员、兑换券、银行券。

B.《银行实务》输入但现今已经被替代的名词98个

小切手、不渡、元帐、支配人、支付人、仕拂、打步、先方、地代、利札、身元、社债券、两替、取立、取引、取组、依赖人、受取证、受取人、取缔疫、品位、量目、保护预、所持人、指图渡、指图先、通帐、差引、家赁、原符、株式、株主、株券、株金、振替、振出、振出人、勘定、组合、御中、配当金、荷为替、船荷证券、为替、过料、给料、割引、贷付、贷越、会社、预金、预主、额面、觉书、让受、手形、里书、当座预金、定期预金、特约预金、信用状、预金手形、割引手形、相场、为替相场、支付勘定相场、受取勘定相场、送金为替、普通送金为替、电信为替、逆为替、输入荷为替、输出荷为替、仲买人、直接为替、裁定为替、为替手形、约束手形、拒绝证书、预金票、当座小切手、残额、越金、当座贷、割引料、小卖商人、冗买商人、定期贷、当座贷、滞贷付、借用证书、普通为替、片为替、组合银行、收纳、支店、输出为替、为替预约。

14. 1908年《社会经济学》输入的日语借词

1908年4月1日，陈家瓒译述，日本金井延著《社会经济学》由上海群益书社出版。日文原著为金井延博士著《社会经济学》，1902年9月东京金港堂出版。陈家瓒只翻译了原著的三分之二，他的翻译不是直译，而是"译述"。译者书后附"译例"，附有32个该书照搬自日语的经济学术语。笔者将这32个词作为该书输入的且与前述著作不同的主要日语术语。

A.《社会经济学》输入且流传至今者7个

借方、贷方、公证人、让渡、年金、投机、通货。

B.《社会经济学》输入但现今已经被替代者 25 个

保护预、小作料、组合、仲立人、仲买商、手数料、里书、船荷证书、荷积证书、寄托证书、创库预证书、质入证书、书入、所持人、持参人、引受、执达吏、拒绝证书、参加竞卖之人札、地代、劳银、赁银、小作人、割赋金、让受。

15. 1909 年《汉译日本法律经济辞典》输入的日语借词

1909 年，日本田边庆弥原著，王我臧译《汉译日本法律经济辞典》由上海商务印书馆出版发行。至 1913 年 10 月发行达 14 版。日文原本为法学士田边庆弥编《法律经济辞典》，1902 年东京、大阪宝文馆出版发行。比对汉译本与日文原本，可知汉译本几乎完全照搬日文原本的汉字词。

A.《汉译日本法律经济辞典》输入且流传至今的日语名词 191 个

干涉、工业、工业所有权、不可分债务、不生产、不动产、不换纸币、公益、公产、公债、公卖、公证人、分配、主产物、副产物、代理、代理商、代替物、出版、出纳、出资、加工、占有、占有权、市场、本位货币、生存竞争、生命保险契约、生产、生产的财产、交通、交换、企业、兑换券、共同海损、共同担保、再保险、合本位制、地力递减、地力递减法、地方税、地价、年金、年度、收益、收入支出、有限责任、有价证券、有价物、自由贸易、自由竞争、利己心、利率、利润、投机、技师、改良、决算、私有、私产、并行本位制、供给、使用的财产、制限外发行兑换券、制度、效用、固定资本、委托、所有者、所有权、所得、所得税、担保、政策、放任、服务、法人、法定代理人、法定利率、法定利息、版权、物权、直接税、社会主义、金库、金单本位制、金融、金融机关、附加税、保证金、保税仓库、保管、保障、保护贸易、信用、信用证券、流通、流动资本、相互保险、约定利率、要素、负担、负债、借方、恐慌、效果、消费、消耗品、消费的财产、消费贷借、海商、海产、海关税、破产、租税、纸币、财物、财政、财产、财源、财团、配置、动产、商法、商业、商业账簿、商业证券、商业银行、商标、商机、国家社会主义、国库、国税、国债、基金、专卖、产出、产出物、粗制品、粗制品之生产、累进法、被保险者、货币、通货、通商、劳务、博览会、单本位制、单利、复利、报酬渐减、无限责任、税法、税率、统计、贷方、贮蓄、间接税、阶级、雇员、雇佣、预算、债券、债务、债权、募集、会计年度、经济学、经济的行为、资金、资产、运送保险、违约金、实业学校、对人信用、对物信用、对价、滞纳、制造工业、价格、币制、欲望、复本位制、膨胀（财政之膨胀）、输出入、输出入税、营业、营业所得、营业税、证券、顾客。

B.《汉译日本法律经济辞典》输入但现今已被替代的日语名词73 个

大农制、小切手、小农制、工钱、元本、分业、分头税（人头税）、引受价格（溢价发行）、手形（票据）、手形交换、手形割引（票据贴现）、手数料（规费）、外国为替（外国汇兑）、正货、永小作权（永佃权）、生产费（生产成本）、危极（危机）、危险（风险）、合资会社、地租（土地税）、利子、技术的分业、使用上之价格、使用的财产、制限外发行兑换券、取引（交易）、取引所（交易所）、定期预（定期存款）、尚商派（重商派）、尚农派（重农派）、放资（投资）、社债（公司债）、空取引（买空卖空）、金融逼迫、保险料、保险价额、信用取引（信用交换）、相场（买卖行情）、约束手形（期票）、重金派、借地料（地租）、射幸（投机）、振出（出票）、株主（股东）、株主总会、株式会社（股份公司）、株券（股票）、消费贷借、记名社债（记名公司债）、配财、动产银行、商业手形、组合（合作）、割引（折扣）、场所的分业、无制限计数货制、为替（汇兑）、为替手形、给料（工资）、勤劳（服务）、意匠（创意）、会计检察院（审计院）、补助货币（辅币）、里书（背书）、赁银（工资）、预金（存款）、银货单本位制、弹力（弹性）、输出入超过（出超、入超）、优先株（优先股）、营业组合（同业协会）、职业的分业、铸货（铸币）。

《汉译日本法律经济辞典》总计输入日语名词 264 个，约 60 个常用经济学术语。它与另一部汉译日著辞典——《汉译法律经济辞典》的术语大部分重复。

16. 1910 年《经济学概论》输入的日语借词

1910 年 12 月，熊崇煦、章勤士译，美国黎查德迪·伊利著《经济学概论》由上海商务印书馆出版。日译本为山内正瞭解说『イソー氏経済学概論』東京同文館、1905。英文原本为：R. T. Ely, *Outline of Eco-*

nomics, 1893。《经济学概论》在经济学术语方面有显著贡献，即在正文里对重要经济学术语进行英语标注，由此，中国读者能将汉语的术语和英文术语进行一一对照，有利于经济学术语的统一和规范化。该书在经济思想、经济概念方面是一部源头性著作，在中国经济学发展史上有重要的地位。该书多次再版，在清末民初影响广泛，初版刊于 1910 年 12 月，1913 年 4 月刊印第三版，1916 年 10 月刊印第四版，1924 年 9 月刊印第五版。

汉译者章勤士在"凡例"中指出："是书之译，既有山内正瞭氏日译在前，故一切名词，多从山内氏所定，且斯学之在吾国，方启萌芽，即无定称可据，而近年研究斯学者，复多采取日语名词，遂不敢别加拟造。"[①] 比对汉译本与日译本，可知汉译本大部分照搬了日文原本的汉字词。

A. 《经济学概论》输入且流传至今的日语名词 142 个

生活资料（Living）、物质文明（Material Civilization）、营业（Trade）、商业（Commerce）、封建制度（Feudal System）、工业时代（Industrial Stage）、竞争（Competition）、银行事务及信用（Banking and Credit）、国立银行（National Bank）、私立银行（Private Bank）、贮蓄银行（Saving Bank）、工业革命（Industrial Revolution）、国富论（Wealth of Nations）、经济法制（Economic Legislation）、地方市场（Local-market）、世界市场（World-market）、制度（System）、经济（Economy）、经济学（Economics）、私经济学（Private Economics）、公经济学（Public Economics）、经济政策学（Economics Politics）、生产（Production）、分配（Distribution）、交换（Transfer of Goods）、消费（Consumption）、生产论、私企业（Private Enterprise）、劳动（Labour）、统计（Census）、大生产（Production on a Large Scale）、小生产（Production on a Small Scale）、生产超过与消费不足（Overproduction and Under Consumption）、购买力（Power of Purchasing）、生产之要素（the Factors of Production）、土地（Land）、社会的资本（Social Capital）、个人的资本（Individual Capital）、

---

① 〔美〕黎查德迪·伊利：《经济学概论》，熊崇煦、章勤士译，商务印书馆，1910 年，"凡例"。

固定资本与流通资本（Fixed and Circulation Capital）、利润（Profit）、企业家（Entrepreneur）、投机商贾（Undertaker）、交换论、价值（Value）、价格（Price）、人类欲望（Human Wants）、稀少（Scarcity）、无差别法（Law of Indifference）、市场价格（Market Price）、价值之曲线（Curve of Value）、货币（Money）、法定货币（Legal Tender）、国立银行纸币（National Bank Notes）、纸币（Paper Money）、通货膨胀（Inflation）、本位货币（Full Legal Tender）、信用（Credit）、信用机关（Mechanism of Credit）、信用证书、信用组织（Instrument of Credit）、分配论、自由生产力（Free Productivity）、集约农法（Intensive Cultivation）、地力渐减法（Law of Diminishing Returns）、生活标准（Standard of Life）、生产剩余（Residual Product）、生产力（Productivity）、生产手段（Means of Production）、利率（Rate of Interest）、企业家、消费论、贮蓄（Saving）、私有财产制度（Private Property）、共产之制、投资、投机、效用、生命保险、火灾保险、恐慌（Crises）、写氏市场论（Say Theory of Market）、生产过多、生产不足、通货紧缩、私有财产制度（Private Property）、租税（Taxation）、商标权、著作权、特许权、私有财产权、契约自由、企业自由、身体自由、无政府主义、放任主义、奖励金（Bounties）、补助金（Subsidies）、特权（Franchises）、国产税（Tax on Domestic Product）、保护贸易主义（Protectionism）、自由贸易主义（Free Trade）、幼稚工业保护主义（Protection-to-infant-industries Argument）、从量税（Specific Duties）、从价税（Ad Valorem Duties）、劳动法制（Labour Legislation）、社会主义（Socialism）、社会改良策（Social Reform）、虚无主义（Anarchism）、虚无党、共产主义（Communism）、共产党、财政学（Public Finance）、投资与支出（Investment and Expenditure）、投资、保安费（Expenditure for Security）、国防费（National Defence）、救恤费、教育费、通商外交及政务费、罚金（Fines）、课税权（Right of Taxation）、间接税（Indirect Taxes）、国产税（Internal Revenue or Excise Taxes）、财产税（Taxes on Property）、所得税（Taxes on Incomes）、直接税（Direct Taxes）、比例税（Proportional Taxes）、累进税（Progressive Taxes）、营业税（Business License Taxes）、等级税（Degressive Taxes）、级数税（Progressional Taxes）、动产与不动产（Personal Property，Real Property）、单一税说（Single Tax

Theory）、公债（Public Debt）、经常费（Ordinary Expenditure）、临时费（Extra-ordinary Expenditure）、经济史（Economic History）、经济学史（History of Economics）、重商主义（Mercantilists）、贸易均衡主义（the Balance of Trade Theory）、重农主义（Physiocrates）、德国之历史派（Historical School）。

B.《经济学概论》输入但现今已被替代的日语名词56个

组合制度（Guild System）、协力制造会社（Cooperative Factory）、赁银制度（Wage System）、小切手（Check）、振出手形（Draft）、为替手形（Bill of Exchange）、手形交换所（Clearing House）、贷金信用会社（Loan and Trust Companies）、发达（Development）、劳动连合（Labour Combination）、独占事业（Monopoly）、人为独占（Artificial Molopolies）、自然独占（Natural Molopolies）、实地经济学（Practical Economics）、利用（Utilities）、纯粹的地代（Pure Rent）、经济的地代（Economic Rent）、积极的障害（Positive Checks）、防止的障害（Preventive Checks）、赁银（Wages）、利子（Interest）、地代（Rent）、管事（Manager）、危险之报酬（A Return for Risk）、工业之船长（Captain of Industry）、分业（Division of Labour）、协力（Cooperation of Labour）、全利用（Total Utility）、供给之制限（Limit of Supply）、生产费（Cost of Production）、生产之限界（Margin of Production）、强制的货币（Fiat Money）、补助货（Subsidiary Coins）、本位货币（Full Legal Tender）、里书（Indorsement）、账簿上之信用（Book Credit）、协同信用会社（Cooperative Credit Unions）、耕作之限界（Margin of Cultivation）、资本万能主义、生产组合（Production Cooperation）、分配组合（Distribution Cooperation）、独占利润（Monopoly Profit）、货财（Goods）、株式会社（Stock Companies）、共产组合（Cooperation）、家计表（Family Budget）、内国消费税（Excise Duties）、禁遏税（Repressive Tax）、富阄（Lotteries）、手数料（Fees）、寄附金（Gifts）、累减税（Regressive Taxes）、制限主义（Restrictive System）、最终利用说（the Theory of Final Utility）、限界利用说（the Theory of Marginal Utility）、补足货财法（Law of Complementary）。

总计《经济学概论》输入日语名词198个。

以上16种文献输入日语经济学术语借词剔除重复者，实际共计输入日语名词1057个（参见本书附录），其中流传至今者755个，占总输入的71.43%；后来被替代者302个，占总输入的28.57%。这说明，晚清输入日语经济学术语是几乎全盘照搬日语汉字词，通过中国人的实践和选择，其中有71.43%流传下来，同时也有28.57%被淘汰。16种译自日文的文献输入了1057个日语经济学术语，这远远不是输入的日语经济学术语的全部，本统计有两个明显局限：一是文献局限，在同时期输入的日文经济类文献有上百种。二是时间局限，近代输入日语名词从19世纪70年代就已经开始，到1949年，从未间断。本书只是选择了日语经济学术语的集中输入时间和代表著作进行辨别与统计，因此，1057个日语经济学术语借词仅仅是一个最低数字。但就是这一统计数据也远远超过语言学者史有为《新华外来词词典》所统计的日语经济学术语借词251个。

第四节　清末各种术语的竞争与日语术语
借词体系的胜出

在清末，中国出现了三种经济学术语（译名）体系和其他各家的译名，它们经历了长期的译名竞争，日语术语借词、严复译词、汪—傅—艾译词及其他译词在竞争中并存，造成了译名的混乱。日语术语借词体系靠数量众多和更符合术语规范，逐渐战胜了其他译名体系。下文从当时经济学论著使用的各家译名中去观察当时的译名竞争情况。

一　梁启超对各种译词的使用与自创新词

1899年，梁启超旅居日本后，开始学习日文，使用日本词语。4月1日，他在《论学日本文之益》中说，他自己数月以来学习日文后，收获特大，"学日本文者，数日而小成，数月而大成，日本之学，已尽为我用矣"。因此，他呼吁国人有志新学者，首先学习日文。[①] 6月28日，梁启超在《论中国人种之将来》一文中，首先说明"篇中因仿效日本文体，

---

① 梁启超：《饮冰室合集·文集》（第2册），中华书局，1989年，总第362—363页。

故多委蛇沓复之病"。① 他在此文中大量使用资本家、经济竞争、消费、生产、分配等日语名词，以此文为标志，梁启超的文体开始转变，他大量使用日语名词介绍新思想，成为宣传和推广日语名词的代表人物。

1902 年初，梁启超在看了严复译《原富》后，对经济学非常感兴趣，为了配合阅读《原富》，特撰写《生计学学说沿革小史》，该书共分九章，1902 年 5—12 月在《新民丛报》连载，1903 年，又单独发行合订本。该书在经济学术语方面有明显的特点，一方面同时使用严复译词和日语借词，另一方面梁启超自己又开始创造新词。

A. 使用严复译词

田租升降例、真值、市价、供求、通功易事、邑业、野业、泉币、质剂（契约）、租、息、庸、供求相剂、母财、总殖、实殖、支费、生货、熟货。

B. 使用日语借词

重商主义、重农主义、竞争、生产机关、生产、商业、个人主义、无政府党、共产主义、私有权、生产力、保护主义、金融之紧缩、地代、利润、赁银、利用价格、交易价格、间接税、工商业者。

C. 自己创造新词

生计学（Political Economy）、生计学家、生计家、国群主义（社会主义）、玛杰（市场）、流产（流动资本）、恒产（固定资本）、兴业家（企业家）、华严界（乌托邦）、差正（出超）、差负（入超）。

梁启超在《生计学学说沿革小史》一书中自创了 11 个名词，其中"生计学"产生了重要影响，但一个也没有流传至今。1902 年 6—7 月，梁启超在《新民说·论进步》一文中提到："'托辣士特（Trust）'兴而寻常小公司之利益不得不破坏。"② 首次音译"Trust"。1903 年 11 月，《新民丛报》第 40—43 号发表《二十世纪之巨灵托辣斯》一文，"托辣斯"一词得以广泛流传。该词后来演变为"托拉斯"，流传至今。梁启超同时使用严复译词和日语术语借词，并自己创制新词，反映了一种新的术语使用方式。

---

① 梁启超：《饮冰室合集·文集》（第 2 册），中华书局，1989 年，总第 252 页。
② 汤志钧等编《梁启超全集》（第二集），中国人民大学出版社，2018 年，第 582 页。

二　嵇镜对三种译词体系的使用与自创新词

1902 年 10 月 4 日，嵇镜译，天野为之著《理财学纲要》出版，该书在日本东京印刷，由上海文明编译印书局发行，全书约 4 万字。日文原著为天野为之著《经济学纲要》，东洋经济新报社 1902 年 4 月 10 日出版。

A. 使用《富国策》译词

生财、恒本、运本、用财（消费）、交易、滋生力（生产力）、工价、汇票、期票、均富之说（社会主义）、地主、地租、供给、土地、资本、存款。

B. 使用严复译词

租（地租）、庸（工资）、庸率（工资率）、赢（利润）、赢率（利润率）、生货（农产品）、熟货（制造品）、供求、供求相济（供求均衡）、经价（自然价格）、物值（价值）、懋迁易中（交易媒介）、物值通量（价值尺度）、业联（行会）、供过于求、求过于供。

C. 使用日语借词

理财学、价值、自然之独占、法律之独占、人为之独占、土地之生产力、保险制度、分业（分工）、报酬递减之法则、信用之机关、劳动者、冒险费、价值、利率、通货、货币供给、单本位、复本位、自由铸造、制限铸造、货币制度、交换纸币、不换纸币、信用、贷方、借方、证券、里书、当座预金（活期存款）、借越（基本收支逆差）、贷越（基本收支顺差）、贷借平均（国际收支平衡）、输入超过、准备金、独占事业、取引所（交易所）、财政、公债、直税、间税、纳税者、物品税、所得税、税率、生产者、消费者、从量税、从价税、有税品、无税品、落地税、预算、出纳。

D. 自己创造新词

需求、生财三要（生产三要素）、析分（分配）、生财力（生产劳动）、不生财力（非生产劳动）、资本滋生力（资本生产力）、实制（对人口的积极限制）、预防制（对人口的预防限制）、格雷欣法则、银根（金融）、策富（经济政策）、改良析分（改良分配）、生财公债（生产公债）、不生财公债、限赁（限价）、庸钱（工资）。

　　《理财学纲要》的译文为流畅的文言文，嵇镜在"例言"中说："书中文字以明白浅显为主，但求达意而止，不以润色为工，惟理财学中名目定译最难，书中所用，或出臆见，或参用《原富》《富国策》，或仍日人旧译。间有未惬之处，阅者谅诸。"所谓他自己的"臆见"，如将"分配"译为"析分"，将"经济政策"译为"策富"，将"生产力"译为"滋生力"，将"需用"译为"需求"。所谓参用《原富》，如租（地租）、庸（工资）、赢（利润）、经价（自然价格）、业联（行会）、懋迁易中（交易媒介）、物值通量（价值尺度）等。除词语一样外，还有整段文字相同者，比如在论分工的利益时，嵇镜译文为："事简而人习，一也；业专而玩愒不生，二也；用意精而机巧出，三也。"与严复译文完全一样。[①] 所谓参用《富国策》，如生财（生产）、用财、交易、均富之说（社会主义）等。所谓仍日人旧译，如贷借二方、贷方、借方、当座预金（活期存款）等。所谓"间有未惬之处"参以"臆见"，如将"限价"译为"限赁"，从古汉语角度来看也不恰当，到今天更难理解了。嵇镜的译文既有自己的创见，又参照严复、汪凤藻等中国人的已有翻译，还大量吸收日本人的词语，因此，他的译文术语特点明显，在当时产生了不小的影响。其后，《新尔雅·释计》《理财学讲义》均主要参考了他的著作。其所创见的"需求""格雷欣法则"二词流传至今。但使用文言文意译近代经济学术语难免产生含义不清、省略原意等弊端，比如使用"均富之说"翻译"社会主义"，使用"策富"翻译"经济政策"，让今人感觉莫名其妙。

　　嵇镜创制新词的一种方式是：将汪—傅—艾、严复、日语借词三种译名体系进行组合，形成新词。如改良析分（改良分配）、生财公债，它们是由汪—傅—艾与日语借词两种体系构成。

三　《新尔雅·释计》对三种译词体系的使用

　　1903 年发行，汪荣宝、叶澜编《新尔雅》，是留日学生编撰的中国第一部新式辞典。《新尔雅·释计》专门解释经济方面的词汇，该书

---

① 〔日〕天野为之：《理财学纲要》，嵇镜译，文明书局，1902 年，第 12 页。〔英〕亚当·斯密：《原富》，严复译，商务印书馆，1981 年，第 7 页。

大致解释和提到 180 余个经济学词语。这些词语是对当时各种文献译词的综合，其主要参考书为 1902 年 10 月 4 日嵇镜译，天野为之著《理财学纲要》。

A. 汪—傅—艾译名

生财、用财、交易、土地、资本、股份公司、汇票、期票、物价、保险、银行。

B. 严复译名

计学、租、庸、赢、分功（分工）、易中、户口蕃息例、报酬递减例、懋迁易中、物值通量、易挟、不腐、可折、值不骤变。

C. 嵇镜译名

析分、庸钱、强制庸钱、契约庸钱、名义庸钱、实际庸钱。

D. 日语借词

经济学、理财学、经济政策、固定资本、流动资本、无形之资本、有形之资本、固定资本、流动资本、单本位、复本位、自由铸造、制限铸造、良货、恶货、交换纸币、不换纸币、自由贸易主义、保护贸易主义、输出超过、输入超过、粗制品、精制品、商业、生产劳力、不生产劳力、信用、对物信用、对人信用、普通银行、特别银行、不动产银行、动产银行、互相保险、营利保险、人类保险、生命保险、养老保险、物品保险、火灾保险、运送保险、海上保险、陆上保险、财政、经常费、临时费、经常岁入、临时收入、公收入、私收入、国税、地方税、直接税、间接税、岁计预算、公债、有期公债、无期公债、内国债、外国债、地方债。

E. 其他文献译名

创业（企业）、大创业（大企业）、小创业、个人之创业、公司之创业（王宰善编《普通经济学教科书》创译"创业"）。

F. 自己创造

纯正计学、应用计学、富国策（经济政策）、本位法金（严复：本位法钱）、单纯分功、复杂分功、分功制限。

综上所述，《新尔雅·释计》大致有 180 个词语，[①] 其名词来自汪—

---

① 参见沈国威编著《新尔雅：附解题·索引》，上海辞书出版社，2011 年，第 15 页。

傅—艾译名、严复译名、嵇镜译名、日语借词等，其自己创造的新名词，如纯正计学等，就是综合《富国策》《原富》《理财学纲要》等书的译名而成。

四　奚若译述《计学》使用各家译词与自创新词

1906 年，奚若译述，美国罗林著《计学》（*The Elements of Political Economy*），由上海商务印书馆出版，书上标明"最新中学教科书"，其"译例"指出："书中名词，有见之严氏《原富》者，悉从之，余则多所臆定。"①该书术语大量使用严复的译名，如书名《计学》，以及母财、泉币、庸、赢利等，又使用日语词劳动、劳动者、资本家、生产劳动、不生产劳动等，还使用嵇镜译名，如析分等。许多译名由奚若自己创造，以"信实"意指"信用"，以"物德"意指"效用"，以"末德"意指"边际效用"，该书直接译自美国的经济学著作，为近代早期重要的经济学教科书，但其创造的术语没有流传下来。

五　孟森、谢霖编《银行簿记学》开始改译部分日语术语借词

1907 年，孟森、谢霖编《银行簿记学》在日本东京印刷刊行。译者在"凡例"中指出："是书理论，用森川镒太郎所著之《银行簿记学》，不遗一字。"书中账簿格式采用原圭南指在早稻田商科所定的新式账簿，又参考米田喜作《簿记学》的账簿样式。因此，该书仍是一部编译之作。孟森在序言中指出他和谢霖的分工，由谢霖负责编制账簿，他负责译述理论，下面讨论的经济学术语应是孟森独立译出。从孟森所写长篇序言分析，似乎他为该书的主要负责者，很难说是他配合谢霖完成该书。从其分工来看，他们应是共同负责编成了该书。

《银行簿记学》对近代经济学术语形成的主要贡献是开始改译大量日本会计学名词。书中对是否改译加以说明，其重要说明如下：

金融二字，吾国谓之银根，然意义不及金融之圆到。
主顾二字，日文谓之取引，先安之。

---

① 〔美〕罗林：《计学》，奚若译述，商务印书馆，1906 年，"译例"。

贴现，日文谓之割引，易以贴现二字，虽意不十分圆满，而大旨尚合。

费手金，日文谓之手数料，吾国代客买卖之牙行，有经手名目，意义正合。

取引，犹言交易买卖。——姑仍之。

款目，日文为"勘定科目"。

借贷，即付与收，但不能改。

小票，日本谓之小切手。

存款，日语称预金。

存款票，日本称之为手形，强改此名。

汇兑，日本名为替。

活本，日本谓之资金补充。

公积，日文谓之积立金。

滚结，或滚存，日文谓之缲越。

银根之松紧，日文称金融之繁闲，前已仍用金融之名，此处宜从一律。用银根松紧，语极现成，改之以取便利。

栈单押款，日文谓之质入证券。

收据二字，日文谓之预证券。

股票，日文称株券。

社债券，吾国无本名，则仍之。

兑差，日文称交换打步。——虽非旧有，必可用也。

日记账或日记细目账，细目，日文谓之士译、内译。

顺号，番号应译作顺号。

自书小票，日文为切手。①

以上改译的贴现、存款、汇兑、公积、滚存、收据等词流传至今，孟森用中国已经有的表示同类经济情况的类似词语改译部分日语术语，这是对日语术语全面照搬方针的重要改变。这是输入日译著作中部分改译的"孟森式输入"。它与前述全面照搬日语汉字词的"梁启超式输入"

① 孟森、谢霖编《银行簿记学》，日本东京印刷，1907 年，第 1—10、14—22、87—91 页。

不同，也与嵇镜自创"析分"翻译日语词"分配"不同。

六　陈家瓒译日文《社会经济学》改译部分日语术语

1908 年 4 月 1 日，陈家瓒译述，日本金井延著《社会经济学》由上海群益书社出版。日文原著为金井延博士著《社会经济学》，1902 年 9 月东京金港堂出版。陈家瓒只翻译了原著的三分之二，他的翻译不是直译，而是"译述"。译者书后附"译例"，将 63 个日文汉字词术语与汉语译文、欧文、释义——对照，方便中国读者理解难懂的术语。

将 32 个日语汉字词照搬进入汉语译本：保护预、小作料、组合、仲立人、仲买商、借方、贷方、手数料、里书、船荷证书、荷积证书、寄托证书、创库预证书、质入证书、书入、投机、所持人、持参人、引受、公证人、执达吏、拒绝证书、参加竞卖之人札、年金、地代、劳银、赁银、通货、小作人、割赋金、让渡、让受。

将 31 个日语汉字词进行汉语改译：株主（股东）、株券（股票）、株式相场（股票市价）、相场（市价）、差引计算（抵销计算）、地金银（生金银）、预主（存主）、预金（存款）、割引（折现）、为替（汇兑）、手形（票据）、为替手形（上票）、约束手形（期票）、小切手（支票）、贷付金（放款）、贷付组合（放款组合）、两替商（兑换商）、取引（交易）、取引所（交易所）、大仕挂（大规模）、小仕挂（小规模）、振出人（发出人）、指图人（指定人）、商店之得意（商店之名誉）、支拂人（支付人）、会社（公司）、间屋（行栈）、一览拂手形（一览后付票）、一览后定期拂（一览后定期付）、定期拂手形（定期付票）、积立金（公积金）。

陈家瓒照搬的 32 个日语汉字词后来大部分在中国被淘汰，说明他的这一部分主张失败了。他改译的 31 个日语汉字词大部分被中国经济学界采用，说明他这一主张成功了。尤其是当时日译著作到处充满了"相场（市价）、预金（存款）、割引（折现）、为替（汇兑）、手形（票据）、约束手形（期票）、小切手（支票）"等日语常用词，这些词语后来被中国学术界弃用，陈家瓒就有先行改译者之功。留日学生陈家瓒翻译日文著作改译部分日语汉字词与当时大部分汉译日文著作完全照搬照抄日语词不同。

七 王我臧译日文《经济学各论》大量改译日语术语

1910 年，王我臧译，日本盐谷廉、坂口直马著《经济学各论》由上海商务印书馆出版，日文原版为日本盐谷廉、坂口直马《经济学各论：货币论、银行论、贸易论、为替论》，1906 年由日本东京金港堂出版。王我臧译《经济学各论》最有特色者在于其对日语经济学术语进行了大量汉语改造，与前述陈家瓒改译书中部分日语术语不同，王我臧改译了全书的篇章名称，将第二编第二章"预金"改为"存款"，将第二编第三章"手形割引"改译为"期票贴现"，将第二编第四章"贷付"改译为"贷款"，将第二编第六章"为替"改译为"汇兑"，将第四编"外国为替论"改译为"外国汇兑论"，将第四编第二章"为替相场"改译为"汇兑行情"，将第四编第四章"裁定为替"改译为"裁定汇兑"。

在书中还改译了多个日语词语，如流通票券（手形）、汇票（为替手形）、存款票（预手形）、支款票（振出手形）、支票（小切手）、贴现贷款（割引贷付）、贴现利率（割引利子之步合）等。其使用的存款、贷款、贴现、汇兑、期票支票、汇票等词成为当今金融学的常用词语。王我臧将日语词"金融"译为"银根"，"银根"一词在全书使用达数十处，王我臧这一译法，并未流传开来。

八 熊元楷等编《京师法律学堂笔记：经济学》混合采用各家译名

1911 年春，熊元楷、熊元襄编《京师法律学堂笔记：经济学》由安徽法学社刊印出版。该书为讲课笔记，其术语特点是，混合采用严复、汪凤藻、稽镜、王我臧译名以及日语借词等各种经济学译名，一本书内同时使用多个译名体系，造成译名极为混乱。如分劳、分业、分功混用；滋生力、生产力混用；用财、消费混用；租、庸、赢与地租、工庸、赢利混用；营业家、营业者、起业者混用。这说明，在实际教学中，从讲授者到笔记者，均没有注意术语统一，而是博采各家。这充分反映了当时各种经济学术语竞争并存的状态。

该书为中国学生所作笔记，其讲课老师的姓名、国籍不详，从该书的内容和术语特点可以判定为中国籍老师所讲，而非该校聘请的日籍教师所讲，因日籍教师不可能使用如此众多的中国化经济学术语，其讨论中国问题时也不会使用"吾国"。通过该书可以考察当时实际的经济学教学情况。

综上所述，1902—1911 年，汪—傅—艾译词、严复译词、日语术语借词以及其他译词间出现了激烈的竞争，即所谓新名词战争。日语术语借词从传播主体到传播载体都远胜其他名词；严复是一个人战斗，《原富》之外，又无其他新的经济学译著跟进；汪—傅—艾译词体系基本上退出了竞争。而日语术语借词的传播者是源源不断、数以万计的留日学生和数以千计的来华日本教师与翻译。1901—1911 年共计出版经济学著作 184 种，明确译自日文者 129 种，明确译自英文者只有 7 种。日译本比英译本多出 17 倍多，这是不对等的竞争。此外，日语术语借词更符合术语单义性等现代规范，这也是日语术语借词取胜的重要原因。在竞争中，传播日语借词的群体出现了两种翻译日著译名倾向，一种是日本学者和留日学生彭兆璜等人全盘输入日本译名，即"梁启超式输入"，另一种是留日学生孟森、陈家瓒等人在输入日本译名时，对其与中国普通词语抵触大者进行改译，即"孟森式输入"，在这种思路指导下，逐步淘汰了传入中国的约 30% 的日语名词。经过部分改译的日语术语借词体系就更加符合中国人的语言习惯，这也是日语术语借词体系胜出的重要原因。

第五节　民国时期经济学术语的激增
与术语统一的完成

民国时期（1912—1949），中国经济学出现了快速发展，出版经济学著作总量达 19497 种，译著总量为 1781 种。中华民国政府建立了完整的经济学教育制度，并对流行的日语术语借词加以承认和推广。1915 年，以马寅初、刘大钧为代表的在欧美留学的经济学家归国，中国对日语术语借词进行选择、再造、补充。随着中国经济学教学和科研的快速发展，又产生了数以万计的经济学新名词，造成了新的译名混乱，民国经济学家在教学实践、教科书与辞典编撰等方面努力统一译名。1941 年，国民政府教育部聘请 32 位经济学家审定并公布了 3631 个经济学名词，经济学术语完成了统一和中国化。这期间，在 132 个主要术语中，首次出现的有 34 个，形成的有 116 个。因此，民国时期是中国经济学主要术语形成和大量新术语产生的时期。

一　民国初期（1919 年前）以日语术语借词体系为主完成术语的初步统一

民国初年，国民政府教育部承认了清末流行的日语术语借词体系的主导地位，中国近代经济学术语的主干部分以日语术语借词为主完成了初步统一。这有三个标志：一是民国政府设置学科、专业以及规定课程的名称采用了日语术语借词；二是官方规定的教科书采用日语术语借词；三是教育部令马寅初负责统一译名，马寅初编《经济名词英和索引》企图参考日语术语借词统一译名。

首先，学科、专业以及课程设置的名称采用了日语术语借词。

民国成立后，1912 年 11 月教育部公布法政专门学校规程令，规定："法政专门学校分为三科：一、法律科，二、政治科，三、经济科。前项政治、经济二科不分设者，得别设政治经济科。"[1] 1913 年 1 月教育部又公布大学规程，规定大学分为文科、理科、法科、商科、医科、农科、工科。其中，"法科分为法律学、政治学、经济学三门，商科分为银行学、保险学、外国贸易学、领事学、关税仓库学、交通学六门"。[2] 这些规定，使经济学（理论经济学）专业明确地从政治学等学科独立出来，商科（应用经济学）的专业也比清末多 3 门，标志着中国的经济学和商科教育进入一个新阶段。

1913 年 1 月，教育部还规定大学法科经济学门共 26 门课程：（1）经济学，（2）经济学史，（3）经济史，（4）经济地理，（5）财政学，（6）财政史，（7）货币论，（8）银行论，（9）农政学，（10）林政学，（11）工业经济，（12）商业经济，（13）社会政策，（14）交通政策，（15）殖民政策，（16）保险学，（17）统计学，（18）宪法，（19）民法，（20）商法，（21）经济行政法，（22）政治学，（23）行政法，（24）刑法总

---

[1]　中国第二历史档案馆编《中华民国史档案资料汇编》（第三辑　教育），江苏古籍出版社，1991 年，第 111 页。

[2]　舒新城编《中国近代教育史料》（中），人民教育出版社，1961 年，第 652 页。

论，（25）国际公法，（26）国际私法。[①]

1913 年教育部规定大学商科银行学门共 32 门课程：（1）经济原论，（2）经济史，（3）商业数学，（4）商业史，（5）商业地理，（6）商品学，（7）商业簿记学，（8）商业通论，（9）商业各论，（10）商业经济学，（11）财政原论，（12）应用财政学，（13）银行论，（14）银行史，（15）银行政策，（16）金融论，（17）外国汇兑及金融论，（18）货币论，（19）交易所论，（20）银行实务，（21）银行簿记学，（22）商业政策，（23）统计学，（24）民法概论，（25）商法，（26）破产法，（27）国际公法，（28）国际私法，（29）会计学，（30）英语，（31）第二外国语（德、法、俄、日之一），（32）实地研究。[②]

以上学科、专业和课程设置参照了日本大学经济学教育，这里特别要关注的是，以上经济学科设置、商科专业设置、经济学与银行学课程设置的名称绝大部分为日语术语借词。特别是日语术语借词"经济学"最终战胜计学、生计学、理财学等众多译名，成为这一新学科的名称，这标志着日语术语借词得到了民国教育部官方的认可，并最终取得了新名词战争的胜利。

其次，官方规定的教科书采用日语术语借词。

1913 年 8 月，贺绍章编《经济大要》由上海商务印书馆出版。该书为教育部审定的中学校共和国教科书。教育部批语指出："该书于普通经济上之知识大略具备，说理亦颇浅显。"到 1924 年 3 月发行达 22 版，它是民国初年影响最大的中学经济学教科书。

贺绍章为留日学生，担任朝阳大学教员。该书是日本人津村秀松《国民经济学原论》的简写，关于该书经济学术语，贺绍章指出："关于学术上之名词，悉用我国所固有者，或通用者，如公司、票据、期票、支给等是也。其会社、手形、约束手形、支拂等字，颇费解，力避不用。"这段话的完整解释是，大部分新的经济学术语使用日语汉字词，如果在中国日常生活中有经常使用的词语，就使用中国所固有词语。贺绍章列举的四个词语均为实际经济生活中中国人使用的词语，《经济学各

---

① 舒新城编《中国近代教育史料》（中），人民教育出版社，1961 年，第 657 页。

② 舒新城编《中国近代教育史料》（中），人民教育出版社，1961 年，第 657 页。

论》等书早已经使用。但这方面的词语只占少数，大部分经济学术语仍然使用日语汉字词。该书为教育部审定的中学教科书，具有官方认可的权威性，且不断再版，它使新的经济学术语得到了广泛传播，是中国经济学术语形成的一个重要步骤，日语汉字经济学词语逐渐占据了统治地位，慢慢变成中国文字的一部分。另外，经济学术语仍未最终形成和统一，该书中劳役与劳动、劳银与工资混同使用。

1914 年 10 月，胡祖同编《经济概要》由上海商务印书馆出版。该书为教育部审定的中学校和师范学校经济学教材。版权页注明编者胡祖同为英国伯明翰大学商科硕士，该书可能是商务印书馆特意安排英国归国留学生编纂的另一部中学经济学教材，以与 1913 年商务印书馆出版的日本留学生贺绍章编《经济大要》配对。胡祖同于书前说明，"本书为中学校及师范学校第四年授课之用"，"本书对于一切名词，悉用通行者，或易于解释者，并附注西文原字"。所谓"悉用通行者，或易于解释者"，主要是将当时通行的日语术语借词写入书本。胡祖同推荐参考书中，汉文三种——严复译斯密《原富》、严复译耶方斯《计学入门》、熊崇煦译伊利《经济学概论》，西文五种——Marshall's *Principles of Economics*，Nicholson's *Principles of Political Economy*，Taussig's *Principles of Economics*，Gide's *Principles of Political Economy*，Chapman's *Outlines of Political Economy*。以上推荐的参考书的原著全为英、美、法等西方国家的著作，加上胡祖同为英国伯明翰大学商科硕士，该书大概是编译自西文的著作，实际上该书除第一章绪论主要来自熊崇煦等译伊利《经济学概论》第一编第十、十一章外，其余各章均主要编译自日本人津村秀松所著《国民经济学原论》（1908），它仍是一部地地道道的编译自日文的著作。它是贺绍章编《经济大要》的扩展本。

1913—1914 年，《经济大要》与《经济概要》这两本由商务印书馆出版的教育部审定的教科书均译自日本著作，反映了民国初年日本经济学界对中国经济学的强势影响，也标志着日语术语体系在中国赢得了优势。

最后，马寅初编《经济名词英和索引》企图参考日语术语借词统一译名。

1917 年，针对经济学译名的混乱，民国教育部责成马寅初领导的北京大学法科经济门研究所负责审订经济学译名。① 1919 年，马寅初编《经济名词英和索引》一书收录英语经济学名词 3030 个，每一个英语名词后对应的为日语词，其中日语汉字词 2555 个，日语假名词 373 个，日语无对应者 102 个。② 马寅初企图用日语汉字经济学名词为统一中文经济学译名提供参考，这也反映了留美归国的马寅初博士对日语经济学术语借词的认可。

总之，民国初年，教育部在上述两项带有制度性的措施中，采用了日语术语借词，以马寅初为代表的经济学家也欲参考日语术语借词审定译名，标志着日语术语借词在中国获得了优势并以其为主完成了中国近代经济学术语的初步统一。

同时，在 1912—1919 年，中国学术界一方面承认日语术语借词体系的优势地位，另一方面继续对前阶段全盘输入的日语术语进行选择、再造。以中国流行的地租、票据、贴现等词替代日语地代、手形、割引等词；又再造边际效用、合作社、背书等词替代日语限界效用、产业组合、里书等词。这样，28% 左右传入中国的日语词被替代。

1915 年，留日学生彭文祖著《盲人瞎马之新名词》，批评来自日语的新名词泛滥，会祸国殃民。彭文祖具体批判了 65 个日语词，其中经济类的词语有：手形、切手、代价、让渡、债权人、债务人、要素、取立、经济、支拂、相场。③ 这 11 个词中，手形、切手、取立、支拂、相场五词被淘汰，说明彭文祖的批评得到了一定程度的响应。

在本书研究的 132 个主要术语中，被替代的日语借词共 18 个：需要（需求）、地代（地租）、原价（成本）、劳银（工资）、利子（利息）、利子步合（利率）、都会（城市）、独占（垄断）、限界效用（边际效用）、弹力性（弹性）、机会原价（机会成本）、株券（股票）、外国为替（外汇）、信托会社（信托公司）、租税（税收）、手数料（规费）、会计检查（审计）、会社（公司）。

---

① 王学珍、郭建荣主编《北京大学史料》（第二卷 1912—1937），北京大学出版社，2000 年，第 1550、1542 页。
② 马寅初编《经济名词英和索引》，亚东图书馆，1919 年。
③ 转引自〔日〕实藤惠秀《中国人留学日本史》，谭汝谦等译，生活·读书·新知三联书店，1983 年，第 119、302 页。

在 132 个主要术语中，日语借词总共输入 103 个，流传至今的有 85 个，被替代的有 18 个，被替代者占总输入的 17.48%。

本书附录统计了 16 种文献共计输入日语名词 1057 个。其中流传至今者 755 个，占总输入的 71.43%；后来被替代者 302 个，占总输入的 28.57%。

在被替代的 302 个术语中，常用词如下：保险料、补助货、贷付、弹力、地代（地租）、地租（土地税）、定期预金（定期存款）、分业（分工）、割引（贴现）、给料（工资）、会计检查院（审计院）、金融逼迫、里书（背书）、利子、赁银、起业（企业）、起业家（企业家）、取引（交易）、取引所（交易所）、生产费（Cost of Production）、手数料（规费、手续费）、手形（票据）、手形割引（票据贴现）、外国为替（外国汇兑）、危极（危机）、危险（风险）、为替（汇兑）、为替手形（汇票）、小切手（支票）、小作料（佃农）、预金（存款）、约束手形（期票）、株券（股票）、株式会社（Stock Companies）、株主（股东）、组合（合作）。

五四运动后，以上被替代的日语术语借词很少出现在中文文献中了。

综上所述，民国初年，日语术语借词取得了官方认可的优势地位，同时，中国学术界对部分日语术语借词进行选择与再造，淘汰了约 28% 的日语词。在借鉴主体选择部分的情况下，以日语经济学术语借词体系为主完成了术语的初步统一。1919 年，中国爆发了五四运动，马克思主义经济学知识体系全面输入中国，马克思主义经济学的主要术语均已经在中国出现和初步形成，至此，近代进行的经济学术语革命已经初步完成。

二　民国前期（1912—1933）经济学术语量的激增

1934 年 2 月，何士芳编《英汉经济辞典》查询了一千数百册经济学译著，收录了 1.4 万条英汉经济学译名，这是近代收录词条最多的经济学辞典。[①] 1935 年 10 月，陈稼轩编《实用商业辞典》收录商业、经济、

---

① 何士芳编《英汉经济辞典》，商务印书馆，1934 年，"例言"第 7 页。

财政等名词 1 万条。① 1937 年 4 月，张一凡、潘文安主编《财政金融大辞典》收录财政金融术语 1 万余条。1937 年 6 月，周宪文主编《经济学辞典》收词 6000 余条。也就是说，到 1937 年左右，中国经济学术语肯定超过 1 万个，上述普通经济、实用商业、财政金融三种不同类别的辞典收词均超过 1 万个，包括经济学所有分支学科的术语甚至可能超过了 2 万个。这一两万个术语是在什么时间段集中形成的？从来源分析，日语术语借词在这些术语中估计有多少？这是本节需要探索的问题。

　　笔者以何士芳编《英汉经济辞典》的时间为术语超过 1 万个的最早时间，该书出版于 1934 年 2 月，何士芳作序时间为 1933 年 4 月，该书实际完成时间应该在 1933 年。那么，中国经济学术语达到 1.4 万个的时间，就是 1933 年。

　　中国近代经济学术语的生成是从 0 到 1、从无到有的过程，1840—1933 年，术语形成可分为四个阶段。第一个阶段是 1840—1879 年，近代经济学著作只有《贸易通志》，其术语不会超过 200 个。第二个阶段是 1880—1895 年，近代经济学著作有《富国策》《富国养民策》等 5 种，其经济学术语不会超过 1000 个，其中进入何士芳编《英汉经济辞典》的不会超过 500 个。第三个阶段是 1896—1911 年，近代经济学著作有 191 种，其中译著 168 种，在译著中，译自日本者 132 种，日译占全部译著的 78.6%。这期间可能产生了数千个术语，并进入何士芳编《英汉经济辞典》。第四个阶段是 1912—1933 年，近代经济学著作有 5409 种，其中译著共 777 种，译自日本者 240 种，日译占全部译著的 30.9%。这期间可能产生了上万个术语，并进入何士芳编《英汉经济辞典》。以上四个阶段中，可以肯定的是，三、四阶段合并考察，1896—1933 年，经济学术语超过 1.35 万个。需要研究的是，三、四阶段分别大致产生了多少术语。

　　晚清，主要是 1896—1911 年，是中国术语革命的关键时期，因为这时期形成的术语是从 0 到 1 的质变，形成了一批中国经济学至今仍在使用的基本词汇，如经济、财政、金融、银行、货币、保险、生产、交易、消费、分配等，但这批术语的量并不是很大，本书研究了汪凤藻译词 120 个，严复译词大致 100 个，其他来华传教士经济学译词约 200 个。关

① 陈稼轩编《实用商业辞典》，商务印书馆，1935 年，"例言"第 1 页。

于日语术语借词，本书研究的 16 种文献共 1057 个词，这 16 种文献包括
经济学原理、财政学、货币学、银行学、会计学、报刊一般经济类文章
等，具有较大的代表性，估计这 16 种文献漏掉的经济学术语不会太多。
另外，1896—1911 年的 191 种经济学书籍大多为小册子，分量小，术语
不会太多。再加上当时包括商科在内的经济学教育还只是零星开展，经
济学家群体没有出现，经济研究还没有开始，因而没有大量的对教科书、
专业书的实际需求。因此，在 1896—1911 年，估计新增经济学术语不会
超过 3500 个。

　　如果上述论述成立，则在 1912—1933 年 21 年间，中国经济学术语
出现了快速增长，在中国近代经济学发展史上，可能是中国经济学术语
数量急剧膨胀的时期。这可以从中国近代经济学著作数量的急剧增长中
得到体现和证明（见表 9 – 1）。

表 9 – 1　中国近代经济学著作统计

单位：种

出版时间	新增	存量	编述	专著	编著	翻译
1840	1	1				1
1880	1	2				1
1885	1	3				1
1886	2	5				2
1896	1	6				1
1897	1	7				1
1898	1	8				1
1899	1	9				1
1900	3	12				3
1901	8	20				8
1902	22	42				22
1903	38	80	1	2		35
1904	5	85	0	1		4
1905	18	103	0	2		16
1906	15	118	1	0		14
1907	20	138	0	1		19

出版时间	新增	存量	编述	专著	编著	翻译
1908	15	153	0	1		14
1909	11	164	3	1		7
1910	9	173	1	1		7
1911	23	196	5	3		15
1912	29	225	19	5		5
1913	72	297	44	11	3	14
1914	80	377	65	7	0	8
1915	88	465	66	14	0	8
1916	64	529	47	11	1	5
1917	67	596	47	11	1	8
1918	80	676	54	15	3	8
1919	72	748	50	9	1	12
1920	105	853	71	13	1	20
1921	99	952	67	13	2	17
1922	113	1065	76	18	0	19
1923	149	1214	99	33	2	15
1924	135	1349	83	24	1	27
1925	190	1539	141	25	6	18
1926	159	1698	103	35	7	14
1927	228	1926	130	65	2	31
1928	369	2295	233	72	11	53
1929	598	2893	328	138	20	112
1930	723	3616	437	127	16	143
1931	624	4240	402	137	17	68
1932	563	4803	357	114	16	76
1933	802	5605	503	177	26	96
1934	924	6529	582	219	35	88
1935	980	7509	664	186	36	94
1936	988	8497	616	224	39	109
1937	760	9257	445	191	34	90
1938	531	9788	305	153	31	42
1939	577	10365	331	139	42	65

续表

出版时间	新增	存量	编述	专著	编著	翻译
1940	719	11084	438	172	45	64
1941	722	11806	479	171	38	34
1942	576	12382	383	127	39	27
1943	703	13085	459	162	45	37
1944	503	13588	263	157	44	39
1945	368	13956	237	89	18	24
1946	592	14548	435	104	31	22
1947	882	15430	673	128	39	42
1948	837	16267	609	155	40	33
1949	419	16686	242	83	7	87
不明	3007	19693	2507	303	90	107
总计	19693	19693	13101	3849	789	1954

资料来源：北京图书馆编《民国时期总书目——经济（1911—1949）》，书目文献出版社，1993 年；谈敏主编《中国经济学图书目录（1900—1949）》，中国财经出版社，1995 年；1840—1911 年数据为笔者收集，参见本书附录。

注：统计方法为先按年统计《民国时期总书目——经济（1911—1949）》收录书籍 16034 种，然后将《中国经济学图书目录（1900—1949）》收录而《民国时期总书目——经济（1911—1949）》未收录的书籍一一标出，并将标出的补充书籍进行统计，最后将两项统计汇总。

从表 9-1 可知，1840—1911 年，中国共出版经济学著作 196 种；1912—1933 年，中国共出版经济学著作 5409 种，是晚清的 27.6 倍。前已指出，1934 年 2 月，何士芳编《英汉经济辞典》查询了一千数百册经济学译著，收录了 1.4 万条英汉经济译名。何士芳查询的数量还只是当时实际存在的 5605 种中的一小部分。经济学著作的增多必然伴随经济学术语的增多，按照何士芳编《英汉经济辞典》的 1.4 万个计算，它是晚清估计的 0.25 万个的 5.6 倍，而此时期经济学著作数量是晚清的 27.6 倍，说明 5.6 倍是合理的。再退一步，何士芳编《英汉经济辞典》收录 1.4 万个术语，而晚清绝不可能超过 4000 个术语，因此，1912—1933 年，中国经济学术语可以基本肯定新增超过 1 万个。如果这个结论成立，那么，这段时期不但是中国近代经济学新增术语最多的时期，也可能是整个中国经济学史术语增长最快的时期。改革开放后，中国经济学术语也出现了快速增长，2015 年出版的《大辞海·经济卷》收词涉及经济学

21 个分支学科，共约 10600 条，这是当代收词较多的经济学辞典，从该辞典大批词语都是改革开放前的词语可知，该辞典不可能新增 1 万条以上。

关于 1912—1933 年经济学术语数量的快速增长，我们还可以从中国近代经济学译著的增长和分布变化进行分析（见表 9 - 2）。

表 9 - 2　中国近代经济学译著统计

单位：种

出版时间	新增	存量	日本	美国	英国	法国	德国	苏联	其他
1840	1	1					1		
1880	1	2			1				
1885	1	3			1				
1886	2	5			2				
1896	1	6			1				
1897	1	7			1				
1898	1	8	1		0				
1899	1	9	0	1	0				
1900	3	12	2	0	1				
1901	8	20	7	0	1				
1902	22	42	12	0	2				8
1903	35	77	28	0	1	1			5
1904	4	81	4	0	0	0			0
1905	16	97	12	0	1	0			3
1906	14	111	12	1	0	1			0
1907	19	130	17	0	2	0			0
1908	14	144	11	1	0	1			1
1909	7	151	6	0	1	0			0
1910	7	158	7	0	0	0			0
1911	15	173	13	1	0	0	1		0
1912	5	178	1	0	0	1	0		3
1913	14	192	8	1	0	0	0		5
1914	8	200	5	2	0	0	0		1
1915	8	208	4	0	2	0	0		2

续表

出版时间	新增	存量	日本	美国	英国	法国	德国	苏联	其他
1916	5	213	1	2	0	0	0		2
1917	8	221	4	2	1	0	0		1
1918	8	229	2	1	1	0	0		4
1919	12	241	4	1	1	1	0		5
1920	20	261	4	2	2	2	1		9
1921	17	278	2	4	4	0	1		6
1922	19	297	4	4	4	0	1		6
1923	15	312	4	2	2	2	0	1	4
1924	27	339	9	7	3	1	0	2	5
1925	18	357	3	5	2	2	0	2	4
1926	14	371	4	0	1	2	2	4	1
1927	31	402	10	1	9	3	3	3	2
1928	53	455	26	7	3	5	2	2	8
1929	112	567	34	16	15	1	13	14	19
1930	143	710	37	21	19	2	12	28	24
1931	68	778	21	15	12	6	3	4	7
1932	76	854	28	9	12	7	3	8	9
1933	96	950	25	15	10	1	6	12	27
1934	88	1038	23	23	15	2	5	5	15
1935	94	1132	26	24	13	3	5	6	17
1936	109	1241	38	18	16	8	10	5	14
1937	90	1331	30	12	10	3	5	17	13
1938	42	1373	8	8	4	2	4	9	7
1939	65	1438	10	13	10	0	5	12	15
1940	64	1502	7	3	10	3	4	7	30
1941	34	1536	4	7	8	2	0	4	9
1942	27	1563	7	2	3	0	1	2	12
1943	37	1600	10	9	6	2	1	2	7
1944	41	1641	5	8	11	0	2	5	10
1945	22	1663	0	8	6	1	3	3	1
1946	22	1685	1	9	0	1	0	6	5
1947	42	1727	4	9	5	0	2	4	18

续表

出版时间	新增	存量	日本	美国	英国	法国	德国	苏联	其他
1948	33	1760	2	10	3	0	0	13	5
1949	87	1847	4	4	2	0	5	57	15
不明	107	1954	29	13	10	1	1	9	44
总计：	1954	1954	580	301	250	67	102	246	408

资料来源：北京图书馆编《民国时期总书目——经济（1911—1949）》，书目文献出版社，1993 年；谈敏主编《中国经济学图书目录（1900—1949）》，中国财经出版社，1995 年；1840—1911 年数据为笔者收集，参见本书附录。

注：外国人用中文写作的经济学著作，算作中国译自该外国的著作。比如，郭实腊编《贸易通志》、日本东亚同文书院编写的著作等。

从表 9 - 2 可知，1840—1911 年，中国经济学译著共 173 种，译自日本者 132 种，译自英美者共 19 种，译自法国者 3 种，译自德国者 2 种，译自其他国家者 17 种。1912—1933 年，中国经济学译著共 777 种，其中译自日本者 240 种，译自英美者共 220 种，译自法国者 36 种，译自德国者 47 种，译自苏联者 80 种，译自其他国家者 154 种。1912—1933 年，中国经济学译著共 777 种，是晚清 173 种的 4.5 倍。译著的大量增加，必然伴随译名（术语）的急剧增加。特别是民国时期，译著来自的国家有重大变化，在晚清，译自日本者居绝对优势地位，它是译自英美者的约 7 倍。1912—1933 年，译自日本者仍是重要力量，但译自英美者跟它已经接近，特别是译自苏联、德国、法国的经济学著作大量增加，这种新的国别的经济学著作，就可能带来全新的经济学术语。苏联的马克思列宁主义经济学的全面输入，也带来了一批新的术语。

另外，民国时期经济学教育大幅进步，专业增多，课程设置完善，因而需要大量的教科书和参考书，这些教学用书，也是术语增加的重要原因。再加上，从 1915 年马寅初、刘大钧回国起，中国经济研究进入新阶段，经济研究的进展也需要输入一批新的术语。

综上所述，1912—1933 年，经济学著作、译著的巨幅增加，经济学教育和研究的质的提高，中国经济学术语新增过万是完全可能的。

那么，中国近代新产生的上万个经济学术语中，日语术语借词到底有多少呢？笔者认为，近代经济学术语主要来自译著，我们依据日译著作在整个译著中的比例可以大致估计日语术语借词在全部术语中的比例。

1896—1911 年，近代经济学译著 168 种，在译著中，译自日本者 132 种，日译占全部译著的 78.6%，这期间，以总共产生 3500 个术语计算，则日语术语借词可能达 2751 个。1912—1933 年，近代经济学译著共 777 种，译自日本者 240 种，日译占全部译著的 30.9%。这期间以总量产生 1 万个计，则日语术语借词可能达 3090 个，两项合计则达 5841 个。笔者通过研究 16 种日语文献，得到 1057 个日语术语借词，而整个中国近代的日译著作多达 580 种，占中国近代全部译著 1954 种的 29.68%，而且流传至今的中国经济学主要术语一半多来自日语，从多方面因素综合考虑，估计中国近代的日语术语借词不会少于 3000 个，最高可能达到何士芳编《英汉经济辞典》收录 1.4 万个的一半，即 7000 个。

进一步探寻，从上面统计可知，1934 年后，经济学著作和译著数量仍然在增加。是不是经济学术语仍然在快速增长呢？笔者认为，经济学一般术语超过 1.4 万个，各个学科的基本术语均已经构成经济学知识体系，再要大规模地急剧增长不太可能了。如果短时期出现上万个新的经济学术语，那么，就有可能是一场新的术语革命。

三　术语统一与术语革命的最后完成

在晚清，关于经济学译名，思想学术界关注的中心是要不要日语名词，要哪些日语名词。民国时期，经济学界关注的中心是面对译名的混乱，如何统一。

译名混乱和误译给经济学知识的传播、交流带来了极大的困难，在清末，有识之士就不断呼吁审定和统一译名，1909 年，严复就主持了学部（教育部）下设的审定名词馆。随着清朝的灭亡，清政府审定名词作用不大，民国成立后，各种机构和翻译家均努力统一译名。

从 1915 年马寅初、刘大钧回国起，大批留学欧美经济学家陆续回国，这批学者痛感译名混乱的恶果，在教学实践、教科书与辞典编撰等方面均努力统一译名。1941 年，国民政府教育部聘请 32 位经济学家审定并公布了 3631 个经济学名词，经济学术语完成了统一和中国化。

（一）学术机构、学术团体的努力

针对经济学译名的混乱，早在 1917 年，教育部就责成马寅初领导的北京大学法科经济门研究所负责审订译名。① 1918 年 5 月，马寅初在谈到研究所现状时说："夫科学名词至为繁多，即就经济一门而论，已达数万，断非三五研究员所能胜任，实有非将论文废止，令第四年级学生一律入研究所帮同办理不可者。"马寅初感到他无法完成教育部审定译名的任务，因而"辗转筹思，只有一通融办法，拟仿文、理、工三科成例，将法科毕业论文一律废止，所有第四年级学生照原定研究所章程，准其入所研究，帮同研究员审定译名"。②

　　1925 年初，北京大学经济系学生曲殿元在"北大经济学会"会刊发表《经济界译名统一问题》（通信），他说："我感觉到经济学上的译名，有设法统一的必要。我们站在研究学术的地位，极应当承担这个责任。"他回忆了 1923 年曾向马寅初请教一具体译名问题，马寅初说："我素来不甚留意这些译名的问题，译名极难和原意相合，乃极讨厌的问题。"曲殿元由此发出议论："不但马先生厌烦这个问题，有许多留学生，都有同样的感想。留学生不甚注意译名问题，完全因为他们常常看原本书，不感觉名词混杂的困难。……然而我们，要想把一种西洋输入的专门学术，在中国建造永久不拔的基础，则造成统一的、标准的、专门的术语，实是必要的工作。"曲殿元发现："标准名词的造成，端赖一种社会的势力。""因为大家都用这个名词，代表某种意义，经过若干时间之后，便成为一个标准名词，一种交换智识的工具，我所说的社会势力即指此。"③ 于是，他建议北京大学经济系学生组成一个研究译名的团体，定期讨论，公布研究结果，在北京大学经济系学生中首先统一译名，然后，逐步影响学术界。北京大学经济系学生王清彬极为赞同曲殿元提出的重视译名统一问题，他说："我们国内专门以上的学生固然应当注意译名问题，然而他们一般留学生更应注意这个问题，何以故呢？我们先要问一问：他们留学的目的究竟是为什么？他们念西洋原本书的目的是不是要

---

①　王学珍、郭建荣主编《北京大学史料》（第二卷 1912—1937），北京大学出版社，2000年，第 1550、1542 页。

②　《马寅初全集》（第一卷），浙江人民出版社，1999 年，第 236—237 页。从同属法科的法律门研究所规定四年级学生一律入研究所订名译书来看，马寅初的建议得到了实施［见王学珍、郭建荣主编《北京大学史料》（第二卷 1912—1937），北京大学出版社，2000 年，第 1550 页］。

③　曲殿元：《经济界译名统一问题》，《北大经济学会半月刊》第 32 号，1925 年 2 月。

输入这种学术?"① 这就是委婉批评了马寅初等归国学者没有尽到译名统一的责任。王清彬还具体讨论了 22 个经济学译名问题,即:Normal—经常、Income—收入、Gross and Net Income—总收入及纯收入、Money and Real Income—货币收入及实收入、Rent—地租、Marginal Increment—边际的增位、Consumer's Rent (Consumer's Surplus) —消费者的剩益、Marginal Disutility—边际的不利、Dose of Capital and Labour—资本及劳力之分量、Margin of Cultivation —耕作之边际、Waiting—期待、Cost of Production —生产费、Expenses of Production—生产开销、Derived of Demand—派生需要、Joint Demand —共同需要、Composite Demand —合成需要、Joint Supply —共同供给、Composite Supply —合成供给、Levy —赋课、Assesment—征收、Capitalisation—资本还算、Amorlisation (Amortization) —资本折减。针对曲殿元与王清彬讨论的译名统一问题,贾祝年也参与了讨论,他提出了 27 个名词的翻译方案,其中,Assesment—征课、Capitalization—资本换算 (或资本添算)、Amortization—资本折算与王清彬所译不同。同时,他提出 Shifting of Taxation—租税之转嫁、Incidence of Taxation—租税之归宿、Forward-shifting—前转、Backward-shifting—后转、Effective Demand—有效需求、Monopoly—专利或独占等译名。②

　　中国经济学社是以留美归国经济学者为主组成的学术团体,一开始就非常重视经济学名词问题,并成立了以陈长蘅为主任,陈达、朱彬元、林襟宇、刘树杞、刘大钧等人为委员的名词委员会,负责编订经济学名词。"陈君长蘅曾将西文经济名词千余,译成国文。陈君达亦略有贡献。唯因大体按照字典体例,由 ABC 顺序编译。故虽有千余字,尚在前列数字母范围内。且其大半为陈君长蘅一人所译,未经多人审订,故未能公之社会。"1927 年 2 月,《中国经济学社社刊》第 1 期选择发表了 56 个经济名词,主要是几个常用的名词及其组合词,如 Value—值、实值,Cost—费、实费,Utility—用、功用,Price—价、物价,Opportunity Cost—易物费,Marginal Utility—末用,Utility Theory of Value—功用定值说,Labor Theory of Value—劳力定值说,等等。同年 5 月,《中国经济学

① 王清彬:《经济界译名统一问题》,《北大经济学会半月刊》第 33 号,1925 年 3 月。
② 贾祝年:《经济界译名统一运动》,《北大经济学会半月刊》第 34 号,1925 年 3 月。

社社刊》第 2 期发表 62 个名词。① 中国经济学社虽然编订名词不多，但因中国经济学社是中国经济学家组成的学术团体，它公布的名词仍然产生了影响。经济学家唐庆增在 1927 年就注意到："默察国中学术界……独社会科学方面，译名紊乱至不可究诘，亟待有识者之整理焉。我国马寅初、盛灼三、刘大钧等所组织之经济学会，近已着手进行，共谋所以统一经济名词之道，则此层困难，解决或在不远乎。"② 唐庆增对中国经济学社统一名词工作给予了充分肯定。

在 20 世纪 30 年代初，何廉在南开大学经济学院内进行经济学名词的统一工作，"所有的有关教授组成了一个委员会，每两周集中讨论一次术语，并尽可能在我们之中统一起来。一旦意见统一了，这些术语就是全院正式使用的标准术语了"。何廉还将术语统一工作贯穿到南开大学编辑的经济学教科书中。他还建议教育部组成名词审查委员会，以统一全国的经济学术语。③

（二）教科书作者、西方经济学著作翻译者的努力

经济学术语统一的重要力量是译名正确的教科书的广泛使用。1910年 12 月，熊崇煦、章勤士译，美国黎查德迪·伊利著《经济学概论》在上海出版，该书在正文里对重要经济学术语进行英语标注，④ 由此，中国读者能将汉语的术语和英文术语进行一一对照，有利于经济学术语的统一和规范化。该书 1913 年 4 月刊印第三版，1916 年 10 月刊印第四版，1924 年 9 月刊印第五版。《经济学概论》对日制经济学术语在中国的普及起到了重要作用。

前已指出，1913 年 8 月，贺绍章编《经济大要》在上海出版，该书为教育部审定的中学校共和国教科书。到 1924 年 3 月发行达 22 版，它是民国初年影响最大的中学经济学教科书。1914 年 10 月，胡祖同编

---

① 《中国经济学社社刊》第 1、2 期，1927 年。如将学社公布的经济名词与 1941 年 11 月教育部公布的进行比较，两者有相同的，如会计、帐目、物价指数等；有基本相同的，如价值、费用、效用等；有根本不同的，如 Opportunity Cost—易物费（学社）—机会成本（教育部），Marginal Utility—末用（学社）—边际效用（教育部）。

② 唐庆增：《今日国中经济学家之责任》，《唐庆增经济论文集》，商务印书馆，1930 年，第 4—5 页。

③ 《何廉回忆录》，朱佑慈等译，中国文史出版社，1988 年，第 63 页。

④ 〔美〕黎查德迪·伊利：《经济学概论》，熊崇煦、章勤士译，商务印书馆，1910 年。

《经济概要》在上海出版，该书为教育部审定的中学校和师范学校经济学教材。胡祖同在书前说明："本书对于一切名词，悉用通行者，或易于解释者，并附注西文原字。"① 以上针对中等学校的两本教科书发行量大，对民国初年经济学术语的统一起了重要作用。

1935 年 12 月，吴世瑞著《经济学原理》在上海出版，该书是民国时期新古典经济学教科书的代表，书中认为马歇尔的价值论"可作价值之最后论定观"，"研究消费与生产时，所发现之种种原则，实类似物理学上之法则，不受外界势力之牵制焉。例如效用递减律，生产力递减原则，以及比例变动原则等，可谓恒古今，历中外无或稍变其性质者也"。② 书中重要的经济学名词均附有英文原文，书后附录《索引》为英汉经济学名词索引。该书 1937 年 6 月发行第四版，1941 年 2 月发行第九版，它是 20 世纪三四十年代各大学经济学的主要教科书，传播了均衡、弹性、边际效用、消费者剩余等新古典经济学术语。

1937 年 1 月，巫宝三、杜俊东编译《经济学概论》是南开大学经济学中国化的著名教本。此书采用美国 1930 年出版的流行教科书［耶鲁大学教授费尔柴尔德（F. R. Fairchild）、弗内斯（E. S. Furniss）、巴克（N. S. Buck）合著］为蓝本。"关于理论部分，则移译之，关于过详之美国情形部分，则删削之，关于可以加入中国事实部分，则增编之。"书成后，首先在南开大学经济学院试用，书后附录《英汉名词对照表》，"企图为厘订经济学译名之初步商榷焉"。③《英汉名词对照表》共列出了 633 个经济学常用术语，包括年金、算数平均数、复利、通货紧缩、投资银行、倾销、弹性、剥削、比较优势法则、边际效用、风险、生产力等。

以上列举了重要的有特色的四部中学、师范学校和大学教科书，其他如刘秉麟、李权时、赵兰坪等编的教科书也对经济学名词统一做出了贡献。

除编辑经济学教科书统一译名外，经济学著作的翻译者也重视译名统一问题。

1915 年 12 月，马凌甫译，日本津村秀松著《国民经济学原论》在

---

① 胡祖同编《经济概要》，商务印书馆，1914 年，"编辑大意"第 1 页。
② 吴世瑞：《经济学原理》，商务印书馆，1935 年，第 257、573—574 页。
③ 巫宝三、杜俊东编译《经济学概论》，商务印书馆，1937 年，"序"第 1—2 页。

上海出版，该书为日本的德国历史学派的代表作。正文 843 页，为经济学巨著。译者马凌甫的经济学水平与语言水平均属于一流，他将原著中的注释、参考文献全部译出，该书的翻译水平和质量超过此前出版的任何一部日译经济学著作。这是一部中国近代经济学发展史中的名作。许多小册子、教科书、辞典均以此书为重要参考。津村秀松对新的概念与术语使用德文与英文两种文字附注，这有利于经济学译名的统一。

1925 年 1 月，臧启芳译，〔美〕韩讷（Lewis H. Haney）著《经济思想史》（*History of Economic Thought*，1920）由上海商务印书馆出版。1930 年发行第四版。全书序言、正文、附录共 877 页。臧启芳的翻译很有特色。（1）将原著附录《经济思想史人名索引》和《经济思想史名词索引》全部译出，这可能是中国近代经济学译著首次附索引于书后者。（2）原文注释全部译出，译者增注用"译者按"。（3）重要的科学术语、人名、书名均附以英文原文。（4）对在中国流行的日语汉字词经济学术语进行修正，在正文前撰写"名辞商榷"，对 22 组名词的翻译进行探讨，提出了大量新的译法。

臧启芳主张的 22 组名词的译名为：（1）忍欲（Abstinence，节欲）；（2）计臣学、计臣学派（Cameralism or Kameralism，Kameralists，官房学、房官学）；（3）世界主义（Cosmopolitanism，大同主义）；（4）原费（Cost，成本）；（5）优异报酬之观念（Differential Idea，微分的观念）；（6）历史之经济解释（Economic Interpretation of History，经济史观）；（7）唯乐主义（Hedonism，享乐主义）；（8）嗣产（Inheritance，遗产）；（9）价、物价（Price，价格），值、物值（Value，价值）；（10）赢益（Profits，利润）；（11）地租（Rent，地代）；（12）结余要求者（Residual Claimant，剩余要求者）；（13）应得（Share，共享）；（14）实利主义（Utilitarianism，功利主义）；（15）评值（Valuation，估值）；（16）工资（Wages）；（17）使用限界（Ophelimity，满足度）；（18）人文主义（Humanism）；（19）唯欲派（Epicureans，伊壁鸠鲁派）、窒欲派（Stoics，斯多葛派，禁欲主义派）；（20）牟利之学（Chrematistics，理财学）；（21）劳力所得（Earned Income，劳动收入）、非劳力所得（Unearned Income）；（22）贸易差额、贸易均衡（Balance of Trade，贸易

平衡)。① 臧启芳讨论的上述名词，大部分已经有流行的日译名词，他就是针对这些不准确的日制名词而提出新的翻译方案。遗憾的是，除忍欲、工资、人文主义、贸易差额、地租等词外，他的大部分新的译法并没有流行开来。尽管如此，臧启芳仍是中国经济学家力求完善经济学译名的代表。

(三) 经济学辞典编纂者的努力

1933 年 11 月，柯柏年、吴念慈、王慎名合编《经济学辞典》在上海出版，它是中国第一部经济学专业辞典。辞典收录常见的经济学词语 1087 条，对于不同的经济译名，编辑指出："本辞典采用其最通行的及最正确的，并附注原文，以便读者对照。"② 国立编译馆馆长陈可忠在《经济学名词》的序言中指出："战前经济学者对于经济名词之翻译，已有若干之贡献，举其要者，如柯柏年等合编之《经济学辞典》，选择普通习见之名词，一一附以译名，嘉惠士林，厥功甚伟。"③ 由此可见，柯柏年等合编的《经济学辞典》对经济学名词统一的贡献非常大。

1934 年 2 月，何士芳编《英汉经济辞典》在上海出版，该辞典没有对词语的解释，只有英汉名词的对照，编者"耗四年之光阴，涉千数百册经济译籍，撷其译义较妥善者录之"。④ 可见编者并无修改旧译名的打算，他只是择优选录已经出版的经济学译著的译名。该书收录了 1.4 万条英汉经济学译名，这是近代收录词条最多的经济学辞典。

1934 年 8 月，高希圣、郭真编《经济科学大词典》在上海出版，该辞典收录 3000 余词条，对有必要的词语均附以英文原文。⑤

1935 年 10 月，陈稼轩编《实用商业辞典》在上海出版，该辞典收录商业名词 1 万条，⑥ 包括大量的经济、财政名词。重要名词均附以英文。

---

① 〔美〕韩讷：《经济思想史》，臧启芳译，商务印书馆，1925 年，"名词商榷"第 1—14 页。
② 柯柏年、吴念慈、王慎名合编《经济学辞典》，南强书局，1933 年，"编辑凡例"第 1 页。
③ 国立编译馆编订《经济学名词(教育部公布)》，正中书局，1945 年，陈可忠"序"。
④ 何士芳编《英汉经济辞典》，商务印书馆，1934 年，"例言"第 7 页。
⑤ 高希圣、郭真编《经济科学大词典》，科学研究社，1934 年，"编辑凡例"第 1—2 页。
⑥ 陈稼轩编《实用商业辞典》，商务印书馆，1935 年，"例言"第 1 页。

1937 年 4 月，张一凡、潘文安主编《财政金融大辞典》在上海出版，该辞典 1600 余页，收录财政金融术语 1 万余条。辞典对重要名词附以英文。

1937 年 6 月，周宪文主编《经济学辞典》在上海出版，该辞典正文 150 万字，收词 6000 余条，内容包括经济、财政、货币、金融、工业、农业、商业、交通、社会政策等，尤其重视收录中国固有的经济名词。各词目后，依英、德、法次序，附注一国或数国原名，必要时加注拉丁文或希腊文。"对于经济名词之翻译，采用最通行最正确者。"① 经济学家周宪文为该辞典主编，执笔者有 31 位经济学者，包括著名经济学家唐庆增、武堉干、王渔邨（王亚南）、千家驹、戴霭庐、孙怀仁、熊得山等。该辞典是中国近代质量最高的经济学专业辞典。

上述 6 部经济学专业辞典均选择最流行的译名，且附以西文原文，它们对中国近代经济学译名的统一做出了重要的贡献。

（四）政府与学者合作，术语统一的完成

前已指出，在清末，有识之士就不断呼吁审定和统一译名，1909 年，严复就主持了学部下设的审定名词馆。随着清朝的灭亡，清政府审定名词作用不大。民国成立后，1916 年，民国政府支持设立"医学名词审查会"，1918 年，该会改为"科学名词审查会"，审查会审查了一批科技名词。1928 年，国民政府大学院设立"大学院译名统一委员会"，同年，大学院又改组为教育部，该委员会随即取消，其工作成效不大。1932 年 6 月，教育部成立国立编译馆，其主要工作之一就是负责编译审查各科名词。②

1939 年夏，国立编译馆呈请教育部聘请何廉等 32 位经济学名词审查委员，负责审查国立编译馆送审的各家编订的经济学名词译名。经济学名词送请 32 位委员审查后，1941 年 3 月"由教育部召开审查会议，于重庆逐字校勘，详加讨论，又经整理，始成定稿，凡得名三千六百二十五则，于同年十一月由部公布"。③ 教育部聘请的经济学名词审查委员对

---

① 周宪文主编《经济学辞典》，中华书局，1937 年，"编例"第 1—2 页。
② 参见刘青主编《中国术语学概论》，商务印书馆，2015 年，第 267—271 页。
③ 国立编译馆编订《经济学名词（教育部公布）》，正中书局，1945 年。

经济学名词的统一起了审查定稿的关键作用，该委员会的名单如下：

何廉（主任委员）

方显廷、朱偰、吴大钧、吴干、李炳焕、李超英、何维凝、周炳琳、金国宝、孙恭度、章元善、陶孟和、陈岱孙、陈启修、陈长蘅、张肖梅、傅筑夫、乔启明、杨端六、万国鼎、厉德寅、叶元龙、赵人俊、赵迺抟、赵兰坪、刘大钧、刘秉麟、刘振东、潘序伦、卫挺生、萧蘧[①]

以上 32 位委员均为中国著名经济学家，他们中有经济学各种分支学科的代表，如理论经济学家刘秉麟、叶元龙，财政学家陈启修、卫挺生，金融学家杨端六、刘振东，会计学家潘序伦，统计学家刘大钧、吴大钧等，也有各学校、科研机构的代表，如北京大学周炳琳、赵迺抟，清华大学陈岱孙，南开大学何廉、方显廷，武汉大学杨端六、刘秉麟，中央大学朱偰，复旦大学李炳焕等，以及中央研究院社会科学研究所陶孟和，国民经济研究所张肖梅等，可以说集中了当时全国最权威的经济学家。专家审定后，1941 年以教育部名义向全国公布，绝大部分名词得到了统一，它们一直沿用到了今天。国民政府教育部聘请的经济学名词审查委员对经济学名词的统一起了关键作用。

1941 年 11 月，国民政府教育部公布 32 位经济学家审定的《经济学名词》，标志着中国近代经济学术语革命的完成。

[①]　国立编译馆编订《经济学名词（教育部公布）》，正中书局，1945 年。

第十章 中国近代经济学术语革命的
机制与影响

上章叙述了中国近代经济学术语从 0 到 1，从 1 到 1 万的变革过程。为什么近代术语会发生如此巨变？巨变产生了什么影响？这是本章要讨论的问题。

第一节 术语革命的机制

近代经济学"术语革命"发生机制既与社会经济变迁的宏观环境相关，又与各种术语本身特点的微观选择相关，下文分别探讨之。

一 术语革命的宏观机制

术语革命的宏观机制要回答为什么中国近代要引进和输入西方成千上万的经济学术语。回答这个问题的思路是：中国近代社会经济变革—思想与教育变革—经济学变革—经济学术语变革。

李鸿章将中国近代面临的形势总结为"三千年未有之变局"，因为要面对来自西方的"数千年未有之强敌"。面对西方冲击，中国近代出现了政治、经济、思想、教育等方面的一系列巨变。体现最明显、作用最直接的是政治变迁；作用最广泛和持久的是经济变迁；在政治、经济变迁推动下，发生思潮迭起的思想变迁，由此推动了近代废科举、兴学校的教育制度巨变，新的教育制度从培养商务人才出发，设计了新的商科和经济学教育，这直接推动了中国引进近代经济学，引进全新的近代经济学必须输入一套全新的术语体系，由此必须进行一场术语革命。以下以实例解释之。

1840 年，正在协助英军入侵中国的郭实腊编了《贸易通志》一书，其目的是宣传自由贸易，劝说中国自动打开国门。正是在鸦片战争这一背景下，郭实腊编《贸易通志》向近代中国输入了第一部经济学著作，由此也就向中国输入了近代第一批经济学术语。19 世纪 60—90 年代，中国出现了求富求强的洋务运动，于是设立了培养洋务人才的同文馆，又设立了翻译西方科学技术的译书局，聘请来华传教士作教师和翻译。京师同文馆的校长、教师丁韪良指导其学生汪凤藻翻译了中国第一部经济学原理著作《富国策》，江南制造局的翻译傅兰雅翻译了《佐治刍言》《保富述要》等著作，但这时期是以来华传教士为主向中国输入经济学，被动的汪凤藻没有持续地为输入经济学做出努力。

1895 年，中日甲午战争后，康有为、严复等人痛定思痛，提出废科举、兴学校，开办商学与计学，严复甚至说："夫计学者，切而言之，则关于中国之贫富；远而论之，则系乎黄种之盛衰。"[①] 1898 年，康有为在《日本书目志》一书中指出："泰西之强，不在军兵炮械之末，而在其士人之学，新法之书。凡一名一器，莫不有学。"为了学习西方学术，必先译书。"泰西诸学之书其精者，日人已略译之矣，吾因其成功而用之，是吾以泰西为牛，日本为农夫，而吾坐而食之。费不千万金，而要书毕集矣。"[②] 康有为在此指出了中国要变法维新，必须学习西方学术，而学习西方学术的捷径就是译书，捷径中的捷径就是转译日本书，所谓"吾以泰西为牛，日本为农夫，而吾坐而食之"，目的就是要尽快全面引进西方学术。康有为的"坐享其成论"反映了维新派急于主动学习西方学术的开放心态。1898 年 7 月 25 日，光绪皇帝颁布了兴办商务学的上谕，谕旨称："泰西各国首重商学，是以商务勃兴，称雄海外。……着刘坤一、张之洞拣派通达商务，明白公正之员绅试办商务局事宜……应如何设立商学、商报、商会各端暨某首所出之物产，某货所宜之制造，并着饬令切实讲求，务使利源日辟，不令货弃于地，以期逐渐推广，驯至富强。"[③] 中国进入了学习强敌日本，主动引进西方经济学的新时期。在甲午后出现学习日本思潮的背景下，1896 年，《时务报》聘请日本人古城贞吉翻译东文报，引进第一批日语经济学术语；1898 年，第一部由日本人汉译的日本著作《农业保险论》在中国出版；1899 年，张之洞聘请日本人为《湖北商务报》翻译《日本商律》等日文书。1900 年，八国联军侵占北京，

① 〔英〕亚当·斯密：《原富》，严复译，商务印书馆，1981 年，《译事例言》第 13 页。
② 《康有为全集》（增订本）（第三集），中国人民大学出版社，2020 年，第 263—264 页。
③ 苑书义等主编《张之洞全集》（第 2 册），河北人民出版社，1998 年，第 1326 页。

慈禧太后、光绪皇帝西逃，1901 年初，逃到西安的朝廷发布变法上谕，开始了"清末新政"，当年还公布了改革科举内容的政策，规定科举需要考西方财政、商务内容。1902 年清政府又公布《钦定学堂章程》，规定建立大学"商务科"。以上两项政策直接刺激了中国经济学著作的出版，于是，1901 年出版 8 本，1902 年出版 22 本，1903 年出版 38 本经济学著作，由此，一大批日语经济学术语借词进入中国，近代术语革命进入关键时期。

1912 年中华民国成立，延续两千余年的皇权专制结束，民国教育部制定了与清朝不同的经济学与商科教育制度，又宣布停止学校读经，与四书五经结合紧密的传统经济思想术语随之失去权威地位。随着中国经济学教育的快速发展，经济学术语数量激增。1919 年中国爆发了五四爱国反帝运动，这也是一场思想解放运动，马克思主义经济学正式传入中国，马克思主义经济学术语也开始系统输入，至此，术语革命初步完成。

从上述术语革命的各个阶段的论述可知，几乎每个阶段都遵循了这样的机制，即中国近代社会经济变革，尤其是政治变革推动了思想与教育变革，思想与教育变革要求经济学变革，经济学变革导致了经济学术语变革。

二　术语革命的微观机制

术语革命的微观机制回答的是各种类型的术语生成机制是什么，在术语竞争中，为什么有些术语流传至今，有些术语很快就被淘汰；汪—傅—艾译词、严复译词、日语术语借词这三个术语体系的竞争中，为什么日语术语借词胜出，严复译词被淘汰；在日语术语借词体系全盘输入中国后，为什么有些日语术语借词被淘汰。本书研究的每个主要术语的形成都有其独立的故事，从这些独立故事中，也可以看到一些普遍现象。

近代经济学术语的词语来源可从时代和国别来区分。第一，中国古代产生的传统词语、中国近代产生的新词；第二，中国本土产生的词语、日语术语借词。古代产生的词语又分为：是否变义词，是否多义词，是否东传为日语词。近代产生的词语又分为：实践中产生，译书中产生，日语术语借词。中国本土产生的词语又分为：古代产生词语，近代产生词语。日语术语借词又分为：来自中国古代词语，来自中国近代词语，日本新造词语。于是出现了古代与近代、中国与日本错综复杂的语词来源关系。

近代经济学术语译名的方式主要有意译与音译两种，以意译为主。

近代经济学术语的形成有四种路径。（1）汪—傅—艾译词主要是由中国传统词语和近代新词构成，流传至今的有资本、交易、利息、工资、地主、工人、农民、银行、保险、公司、贸易等词。（2）严复译词主要是使用中国上古语言创制新词，结果被全部淘汰。（3）日语术语借词是近代术语形成过程中影响最大者，主要术语中超过一半来自它，日语经济学术语借词超过 3000 个，但输入的日语术语借词有 28% 左右被中国人用新的术语替代。（4）民国经济学家自创译词。20 世纪 20 年代前后，中国经济学者开始直接翻译和创制新术语，比如，周炳琳首译"乘数""资本边际效率"，滕维藻首译"流动偏好"等。下文分别对这四种术语形成路径的生存与淘汰机制进行探讨。

（一）汪—傅—艾译词的生存与淘汰

汪—傅—艾译词主要来源于古代传承词和近代产生的新词，以下举例说明这两类词语的生存与淘汰机制。

"交易"一词是从传统经济思想术语直接演变成为近代经济学术语的典型案例。首先，"交易"成为《富国策》术语；其次，成为严复译《原富》术语；最后，面对日语术语借词竞争时，日语也有"交易"，同时使用"交易""交换"。这样，"交易"在三个术语体系中成为共同术语，由此生存至今。

"生财"也是传统经济思想重要术语。首先，"生财"成为《富国策》术语；其次，成为严复译《原富》术语；最后，面对日语术语借词"生产"竞争时，败下阵来，由此被淘汰。

中国传统经济思想术语资本、公平、利息、会计、预算、垄断、管理等词与"交易"一样，因与日语术语相同而生存下来。

传统词语"成本""审计"不同，在取代日语词"生产费""会计检查"过程中生存下来。

近代本土产生的新词中，一种是日语术语借词大量进入中国以前，已经成为中国普通词语者，如银行、保险、股票、外汇、国债等；一种是 20 世纪 20 年代日语影响的高峰期过后，中国人自己创造与翻译的词语，如工业化、现代化、重工业、轻工业等；一种是为取代日语术语借词而产生，如边际效用—限界效用、合作社—协力等。

综上所述，传统术语演变而产生的术语以及近代本土新产生的术语，它们的生存和被淘汰，均绕不过与日语术语借词的竞争。

（二）严复译词的生存与淘汰

本章第二节已经指出，严复译词主要是使用中国上古语言创制新词，其译词本身有严重缺陷。首先，没有使用近代产生的新词，如"银行"等。其次，使用上古语言的单字造词法，如租、庸、赢、计（学）等，汉语在魏晋南北朝时期以后，就淘汰了单音词造词法。再次，拒绝用俗字俗语，如拒绝使用土地、垄断、期票、存款、放款等词。复次，使用音译，如以"毗勒"译 Bill。以上四条使严复译词不如汪—傅—艾译词明白易懂。最后，同一书里，术语不统一。这一条就不如日语术语借词的准确性和单义性。从以上论述可知，严复译名不但不是日语体系的竞争对手，而且竞争不过汪—傅—艾译词，其主要失误在于文体的错误选择。

（三）日语术语借词的生存与淘汰

日语术语借词能够大量生存下来，主要是因为前述术语形成的宏观机制影响，甲午战争后，中国从政府到民间，出现了学习日本的思潮与风向，从传播主体看，有 2 万多名留日学生和 1000 多名来华日籍教师和翻译，从传播载体看，1896—1911 年，近代经济学著作有 191 种，其中译著 168 种，在译著中，译自日本者 132 种，日译占全部译著的 78.6%。1912—1933 年，近代经济学著作有 5409 种，其中译著共 777 种，译自日本者 240 种，日译占全部译著的 30.9%。从 1898 年第一部日译著作传入中国，到 1949 年，日译著作 580 种，占中国近代全部译著 1954 种的 29.68%。另外，日语汉字词体系是整体一起输入中国，包括抄译《英和辞典》的所有汉字词，哲学、社会科学、自然科学到处都充满日语汉字词。这样，日语经济学术语借词体系就完胜汪—傅—艾译词、严复译词以及民国经济学家自创译词。

为什么全盘输入的日语汉字词体系有 28% 左右的词语被中国人替代呢？一方面是日译著作的输入有两种方式，一种是全面照搬日语汉字词的"梁启超式输入"，一种是结合中国实际部分改译日语汉字词的"孟森式输入"。后一种输入选择替代了部分全面输入的日语汉字词。民国成立后，经济学家又选择替代了一部分前期输入的日语术语借词。这些被替代的日语词主要是经济实务类，如为替（汇兑）、为替手形（汇票）、小切手（支票）、小作料（佃农）、预金（存款）、约束手形（期票）、株券（股票）等。在这些实务词语方面，中国本身就实际存在这些经济现象和表达这些经济现象的词语，它们容易用来替代输入中国的日语。而比较抽象的经济学原理类术语基本沿袭了日语术语，如经济、生产、消费、分配、金融、财政等。这说明，与当时先进的日本相比，中国经济学名词在具体实务概念上并不落后，但在抽象原理概念方面落后了。

（四）民国经济学家自创译词的生存与淘汰

20 世纪 20 年代前后，中国经济学者开始直接翻译和创制新术语，比如，周炳琳首译"乘数""资本边际效率"，滕维藻首译"流动偏好"等。

1917 年，北京大学经济学门第一届本科毕业生刘秉麟毕业，他也是中国本土培养的第一届经济学专业本科毕业生。1919 年，刘秉麟编《经济学原理》出版，他在该书中使用"人工"替代日语借词"劳动"，以"成本"替代日语借词"原费"作为该书主要经济学术语，首创"经济人"（Economic Man）、"边际效用"（Marginal Utility）、"合作"（Co-operation）等译名。[①] 刘秉麟是中国近代成规模地首创经济学译名，并选择性地采用与替代日语借词的第一批经济学家之一。

1936 年春，当最新的凯恩斯《通论》传到中国时，中国经济学家已经完全可以自创译名，不再需要参考日语译名。1936 年 3 月，周炳琳在《北京大学社会科学季刊》第 6 卷第 1 期发表《书评：*The General Theory of Employment, Interest and Money*》，这个书评由少量评语和四大段原文翻译组成。该文形成了第一套凯恩斯《通论》的中文术语。书名译为《雇佣利息与钱币之一般理论》，书中的关键术语有：消费心向（Propensity of Consumption），资本之边际效率（Marginal Efficiency of Capital），息率（Rate of Interest），投资之诱力（Inducement to Invest），总需求物价（Aggregate Demand Price），总供给物价（Aggregate Supply Price），完足雇佣（Full Employment），有效需求（the Effective Demand），投资乘数（In-

---

① 刘秉麟编《经济学原理》，商务印书馆，1919 年，第 29、171、9、38、21 页。

独立译出，艾约瑟为来华传教士中的著名汉学家。这几种著作中，从经济学术语翻译的准确性和影响来看，汪凤藻译、丁韪良校《富国策》应是质量最高者。

第三，严复独立译出了《原富》，严复译此书时，费时 5 年，为创立一个译名，"旬月踟蹰"。但其偏重典雅、一词多义等翻译思路，导致其所译《原富》创立术语失败。

汪凤藻译本、严复译本的出现，均证明了中西经济学语言能够互译，即使没有日语术语借词体系的传入，中国同样能够完成中西经济学术语的互译，只是完成的时间不同。

第四，学习引进日本和英对译成果。中、日两国同属于汉字文化圈，日本学术界使用汉字词意译西文术语，且早于中国系统完成和英对译。留日学生和来华日本教习等翻译日本学术著作者，就照搬日本和英对译完成为汉英对译。这就是语言学家王力所说，术语来自西洋，路过日本。这中间的代表性著作有：1908 年，陈家瑞编译《新译英汉辞典》，输入了成千上万的日语汉字词对译英文术语的成果。1910 年，熊崇煦、章勤士译，美国黎查德迪·伊利著《经济学概论》一书，借助日本译著将数以百计的汉字经济学术语与英文进行注译。1915 年，马凌甫译，日本津村秀松著《国民经济学原论》一书中，数以百计的汉字经济学术语分别注译了英文、德文。学习引进日本和英对译成果，大大节省了中西经济学术语对译的时间。

第五，民国经济学家、翻译家完成中西经济学术语对译。1912 年民国成立前，输入的日译和英译经济学著作，除熊崇煦等译《经济学概论》外，绝大部分著作中术语没有注明英文，这不利于中西术语对译。1914 年，教育部审定胡祖同编《经济概要》为"中学校及师范学校用"教科书，该书对数以百计的基本经济学术语进行了英文标注。胡祖同为留学英国归国学者，该书标志着民国经济学家开始了中西术语对译工作。1921 年，李天注编、陈旭东校《中华英汉商业辞典》由上海中华书局出版，该书对约 5000 个经济与商业词语进行了英汉对译，它对中西经济学术语的对译做出了贡献。其后，一批经济学专业辞典均附注英文原名，如 1933 年 11 月柯柏年、吴念慈、王慎名合编《经济学辞典》，1934 年 2 月何士芳编《英汉经济辞典》，1934 年 8 月高希圣、郭真编《经济科学大词典》，1935 年 10 月陈稼轩编《实用商业辞典》，1937 年 4 月张一凡、潘文安主编《财政金融大辞典》，1937 年 6 月周宪文主编《经济学辞典》，等等。其中，何士芳编《英汉经济辞典》对 1.4 万个术语进行了英汉对译，周宪文主编《经济学辞典》依英、德、法次序，附注一国或数国原名，必要时加注拉丁文或希腊文。在民国经济学家所著的教科书中，许多著作也加注英文原名。如 1935 年吴世瑞著《经济学原理》，1937 年巫宝三、杜俊东编《经济学概论》，书中、书后均附有术语的英文名称。经济学著作翻译家郭大力、王亚南翻译了一批西方经济学著作，他们对经济学术语的中西对译也做出了贡献。到 1937 年左右，民国经济学家已经完成了对数以万计的经济学术语的中西对译。

在中西术语对译过程中，译名混乱、译名不统一是长期困扰中国近代经济学界的难题。译名不统一有两种情况，一是一个英文经济学术语有多个中文译名，一是一个中文经济学术语有多个英文译名。后一种情况虽然不多，但特别值得注意，这些词是中国近代新产生的经济术语，如金融、实业（二词由日语引进），以及商务、股票等，这些词语是先有中文，然后去对译西文，西文找不到合适的词，就出现多个西文译名，到底如何翻译，长期困扰学术界。

综上所述，来华传教士与中国士人合作，通过近 300 年的努力，完成了中西普通词语的对译。19 世纪末，来华传教士与中国士人合作，翻译了第一批经济学著作。19 世纪末至 20 世纪初，中国学习引进一批日本利用汉字词对译英文的成果，大大节省了中西经济学术语对译的时间。民国成立后，民国经济学家通过在专业辞典中和经济学教科书中加注西文等途径，在 1937 年左右，完成了数以万计的中西经济学术语的对译。

上述过程，我们可以总结为：传教士与中国士人的合作，中国经济学界与日本经济学界的合作，加上民国经济学家的努力，完成了中西两种异质术语系统的对接。这就是中西经济学术语完成对译的机制。

第二节　术语革命与经济知识革命

（一）术语革命反映和说明了经济知识革命

中国古代几千年有发达的伦理教育和科举教育制度，却没有经济学教育，中国近代形成了新的经济学教育体系，这是经济知识传授制度的革命性变化；中国古代数千年传承了数以万计的文献典籍，但经济学著作极为稀少，只有《盐铁论》等两三种，近代却产生了近 2 万种经济学书籍，这是经济知识总量的革命性变化；本书导论已经指出，中国古代经济思想主要术语"义利""本末"等，今天已经被"经济""金融"等替代，传统思想术语以几十几百计，近代经济学术语则以千以万计，这是经济知识的构成要素的革命性变化。

那么，古代经济思想术语和近代经济学术语都同样使用汉语词语，它们之间的革命性巨变具体情况如何？在革命中有没有传承呢？本书132 个术语的来源与形成统计结果，可能是深入认识该问题的重要途径。

第一，关于术语来源。日语术语借词 85 个，占总量的 64.39%，近代本土产生的新词 30 个，占总量的 22.73%，外来词和近代新词两者合计共 87.12%，占总量的绝大部分。近代本土传承的古词 17 个，占总量的 12.88%，只占总量的很小部分。这证实了近代经济学术语主要来自日语借词和近代新词，与古代词语关系不大。

近代本土传承的 17 个古词是：交易、资本、地主、农民、成本、地租、利息、贸易、城市、垄断、公平、市场、预算、税收（税）、规费、审计、管理。这些术语的现代词义与古代词义有相同或相似之处，其中规费、审计词义有较大变化。

第二，132 个术语中有古词古义者 48 个，占总数的 36.36%，无古词古义的近代新词 84 个，占总数的 63.64%。从近代经济学中有 48 个古代词语的同形词角度看，传统词语与现代词语联系似乎更多。但这里需要进一步辨析。

这 48 个古今相同的同形词包括三部分。

A. 近代本土传承的古词 17 个

B. 日语术语借词 25 个

经济、经济学、生产、分配、消费、劳动、效用、利润、工业、农业、实业、信用、利率、均衡、稀少、土地、技术、价值、产业、竞争、政府、制度、货币、投机、指数。

C. 近代产生的新名词 6 个

供给、需求、银行、保险、风险、合作。

关于日语术语借词与中国古词的关系，它虽然与中国古代词语同形，但经过中国汉字词传到日本的变化，以及近代日本对译西方后词义的再次变化，这些汉字词既经历时代巨变，又经历跨国旅行后，回到中国时与中国古代的词语在词义上已经有根本的不同。

关于近代新词与古代同形词，既然是近代新词，就有全新的意义，与古义已经有根本不同。

总之，日语术语借词和近代新词虽然与中国古词同形，但同形不同义。实际上是古代词语的词形装载日语术语借词和近代新名词的新含义，为旧瓶装新酒，这种词语，实际上是一种新的词语，可称为转义词、转生词，或转义重生词。因此，这种转义重生词与中国古代词语已经失去了意义联系，恰恰反映了古今词义的巨变。

第三，本书导论提到的古代经济思想常用术语没有成为近代经济学的主要术语，如权、衡、均、平、俭、调、澄、轻重、本末、义利、兼并、均输、平准、贸迁、食货、泉布、通施、称提、司命、大同、小康、节用、薄敛、富国、富民、理财、养民、荒政、抑兼并等。另外，上述近代本土传承的17个古词却并不是古代经济思想的常用术语。这种矛盾现象进一步说明了古今术语的巨大变革。

第四，与古代到近代的术语巨变不同，132个近代主要经济学术语基本上传承到了当代。除"稀少"演变为"稀缺"，"无差曲线"演变为"无差异曲线"等少数术语有轻微变化外，其余100多个近代产生的术语在当代经济学界仍然是最基本、最常用的术语。这凸显了近代术语革命不仅是古代到近代的革命，而且是古代到今天的革命，为古今巨变，具有长期的历史的意义。

第五，近代术语革命发生后，因为术语是经济知识体系的构成部件，这自然反映和说明了近代经济知识体系发生的革命。古代经济知识体系大厦犹如土木结构房屋，近代经济知识体系大厦犹如砖混结构房屋，建筑材料的不同带来房屋性质的不同。

综上所述，中国古代经济思想与近代经济学在术语方面确实发生了巨大变革，它反映和说明了近代经济知识体系发生了革命。另外，古今术语革命中仍然有传承，近代本土传承的17个古词就是明证，说明古代经济知识仍然部分传到了近代。

（二）术语革命促进了经济知识革命

术语革命的进程促进了术语的规范化和统一，术语统一促进了中国近代经济学摆脱幼稚状态。前已指出，中华民国成立初期，政府和专家以日语术语为主统一经济学术语的决策，有利于传播知识、交流知识，也有利于中国经济学的早期成长。

本章论述了各种译名的竞争，汪—傅—艾译词、严复译词、日语术语借词、近代经济学家自创译名等，造成译名极为混乱。1911 年春，熊元楷、熊元襄编《京师法律学堂笔记：经济学》混合采用严复、汪凤藻、稽镜、王我臧以及日语术语借词等各种经济学译名，一本书内同时使用多个译名体系，造成译名极为混乱。如分劳、分业、分功混用；滋生力、生产力混用；用财、消费混用；租、庸、赢与地租、工庸、赢利混用；营业家、营业者、起业者混用。这种状况，反映了术语竞争在实际教学中，带来了教学的混乱，不利于传播知识和交流知识。知识传播的实践需要术语统一，民国政府和专家以日语为主统一经济学术语的选择，符合实践的需求。

本书第八章第五节统计了 132 个主要术语形成的时间，具体是：1895 年及之前 5 个，1896—1911 年 11 个，1912—1919 年 58 个，1920 年及以后 58 个。术语形成最集中的时间是 1912—1915 年，即民国初年，到 1919 年，已经形成了 74 个主要术语，占总量的 56.06%，同时期的中国近代经济学也有长足发展，如，高校纷纷开设商科与经济学专业，经济学著作也大量增加。民国初期，术语的初步统一是当时经济学快速发展的重要因素。很难设想，"经济学"学科名仍然是理财学、计学、生计学、富国学等各种名称并立。如何发展经济学或理财学？

另外，术语统一，形成了一批具有创造新词能力的标准化母词，中国学者就可以使用这些母词创造新的合成词（派生词、复合词），有了创造新词语的能力，就促进了外来经济学知识的本土化和本土化经济学知识的增长。比如，"经济"一词，何士芳编《英汉经济辞典》中收录了其合成词 56 个，如经济学、经济人、经济制度、经济政策、经济史、经济自由等。[①] 这里相当部分词语应是中国学者在实践中自己的创造。

---

① 何士芳编《英汉经济辞典》，商务印书馆，1934 年，第 67—68 页。

第三节　术语革命与经济思想革命

在经济学术语群中，有一些关键性的思想性术语，这些术语产生后，就可能产生术语体系变革的术语革命，与术语革命相伴随的就是思想革命。恩格斯提出的"术语革命"就是指马克思创造了"剩余价值"这一新的关键性思想性术语，带来了政治经济学一般术语商品、货币、资本、劳动价值等含义的变化，由此产生了术语革命，进而推动了推翻资本主义剥削制度的思想革命。同样，中国近代引进或产生了一批关键性思想性的经济术语，由术语革命带动了思想革命。

一　新的术语本身就代表新的思想

本书第八章论述了 12 个中国近代经济思想的标志性概念，它们每一个词语都代表了新的思想。具体包括晚清时期的商务、实业、货币本位，民国时期的社会主义、资本主义、合作、合作社、统制经济、计划经济、工业化、发展、现代化。其中，社会主义、工业化、合作社、统制经济、计划经济这些经济思想的关键词，还变成了直接改造中国社会的行动号召，产生了改变历史的结果。这就由术语革命促进了思想革命，思想革命又促进了社会实践革命。

上述术语是明显的思想性术语，经济学中一些普通术语也具有思想变革性质，以下以"金融""劳力"二词说明之。

"金融"术语的产生带来了金融思想的变革。中国古代很早就产生了货币、借贷、钱庄、银号等金融现象，但没有自发产生"金融"这一名词。1893 年 9 月，中国从日语引入了"金融"一词，其含义是"金钱融通，资金融通"。1903 年，浙江留日学生无逸在《中国金融之前途》一文中论述了浙江金融实际受上海金融控制，上海金融实际上又为外商银行控制，为了中国金融界的安全，中国应发展自己的金融机关。该文4000 字左右，54 处使用"金融"。无逸在《杭州金融机关组织表》中列出了杭州票号、银号、钱庄的店名、经营内容等情况。[①] 无逸这两篇文

---

① 无逸：《中国金融之前途》《杭州金融机关组织表》，《浙江潮》（东京）第 3 期，1903 年。

章大量使用"金融"一词论述中国金融问题，他将浙江票号、银号、钱庄发生的现象以"金融"一词进行了总体归纳和提升，从资金融通现象发现了中国金融为外商银行控制的实质。"金融"一词产生后带来了中国金融思想与金融分析的重要进步。反观中国古代，有发达的货币史、货币思想史，很难说有发达的金融史、金融思想史，没有"金融"概念应是重要原因。

"劳力"（劳动）概念的产生带来劳动观念的变革。关于"劳力"的含义，孟子将"劳力"与"劳心"区别开来，"劳力"专指体力劳动。1901年，今关常次郎《农业经济篇》解释"劳力"为："筋骨及精神之作用为一定之宗旨而发者，曰劳力。"[①] 这是中国第一个对"劳力"的解释。1903年，汪荣宝、叶澜编《新尔雅·释计》指出："生财时所用之心力或体力，谓之劳力。"[②] 1909年，王我臧译《汉译日本法律经济辞典》指出："劳力，为欲满足人之欲望，创设增进必要之效力而用之心力及体力之活动，曰劳力。换言之，劳力乃为生产而用之人之体力并心意之活动之总称。"[③] 以上三个解释均将"劳心"归入"劳力"中，这是古今思想的巨大变化。

二　新术语输入促进了新的思想体系输入

中国近代输入了成千上万个新的经济学术语，这些术语绝大部分是知识性术语，构成了现代经济学知识体系，但同时，由一些思想性术语构成的思想体系也相伴而来，我们以西方经济学原理和马克思主义经济学原理为例说明之。

中国近代输入的经济学原理著作主要是约翰·穆勒《政治经济学原理》和马歇尔《经济学原理》的编译本，这些著作中包括经济人、功利主义、自由竞争等思想性术语，它实际上反映和代表了资本主义经济思想体系。这种适应现代工商业发展的思想体系同中国古代适应农业社会

---

① 〔日〕今关常次郎：《农业经济篇》，〔日〕吉田森太郎译，《农学报》第140期，1901年，第2页。

② 汪荣宝、叶澜编《新尔雅》，民权社，1903年，第39页。

③ 〔日〕田边庆弥：《汉译日本法律经济辞典》，王我臧译，商务印书馆，1909年，第98页。

经济的"富国养民"思想有根本不同，前者注重人民福利的改善，后者注重君王财富的汲取。

中国近代输入的马克思主义经济学原理主要是《资本论》的简写本和苏联的《政治经济学》教科书，它们由劳动价值论、剩余价值论、剥削论、资本主义危机论等思想性术语构成，揭露了资本主义社会的伪善和根本矛盾，预示了其必然灭亡的命运，这种思想体系又是对前述资本主义经济思想体系的革命，是当时世界最先进的思想体系，是对中国传统思想革命的革命。

另外，上万个新词完成中西对接后，使中国思想与世界最先进的资本主义思想和社会主义思想进行了连接，也为新的西方思想在中国传播提供了条件。

三　新术语形成后中国人自己使用新术语提出新的思想

新术语为新思想提供了新的思考工具和部件。中国思想家运用这些术语，提出了新的思想，建立新思想体系，由此促进经济学进步。

在抗日战争时期，毛泽东提出了"新民主主义论"的新思想体系，它既不同于西方资本主义思想，也不同于马上进行社会主义革命的俄国社会主义革命思想。这个体系的提出，需要系列的思想术语形成的准备。其关键词有：主义，民主主义，政治，经济，文化，帝国主义，资本主义，社会主义，等等。反过来说，这些术语的形成为毛泽东提出新民主主义论准备了条件。

20 世纪三四十年代，中国经济学家谷春帆、张培刚等提出了自己的发展理论，他们的理论均是建立在近代从西方输入的新术语基础之上。

第四节　术语革命与经济语言革命

近代经济学发生的术语革命通过学校传播、媒体传播、学者演讲、辞典编撰等多种途径，成为大众语言，进而古代汉语的经济语言变为现代汉语的经济语言。以下分别论述之。

一　学校传播

1902 年，清政府颁布《钦定学堂章程》（壬寅学制），[①] 规定了商务科专门教育和"理财学"课程教育。1904 年初，清政府又颁布《奏定学堂章程》（癸卯学制），[②] 对经济学教育做出更具体、更详细的规定。《奏定高等小学堂章程》规定，第十二门课程为"商业"，"其要义在授以商业中之浅近普通知识，俾知人己交利之理，且养成其好博览乐远游之志气，此可酌量地方情形加课"。第四门课程为"算术"，要讲授"加减乘除，度量衡、货币及时刻之计算，简易之小数"，将货币计算列入算术课程中。[③]《奏定中学堂章程》规定，中学堂第七门课程为"算术"，该课程需"兼讲簿记之学，使知诸账簿之用法，及各种计算表之制式"。第十门课程为"法制及理财"，内容为："当就法制及理财所关之事宜，教以国民生活所必须之知识，据现在之法律制度讲明其大概，及国家财政、民间财用之要略。"[④]《奏定高等学堂章程》规定，预备入大学经学科、政法科、文学科、商科为高等学堂的第一类学科，这些学科需要学习"理财学"课程。[⑤]《奏定大学堂章程》规定，商科大学分三门：（1）银行及保险学门；（2）贸易及贩运学门；（3）关税学门。学习的课程完全是经济学与具体商业的专门课程。政法科大学政治学门须学习全国人民财用学（日本名为理财学及经济学）、国家财政学（日本名为财政学）、各国理财史（日本名为经济史）、各国理财学术史（日本名为经济学史）、全国土地民物统计学（日本名为统计学）5 门经济学课程，占政治学主课 15 门中的三分之一。[⑥]

1903 年 2 月 25 日，王宰善编《普通经济学教科书》出版，该书在日本东京印刷，上海发行。作者王宰善，当时在日本东京高等商业学校（日本一桥大学前身）就学，感оф于"国家之贫富强弱，系于国民经济思想之优劣，国民之经济思想，诚能普及，则国家之基础，自然确立。……

[①]　舒新城编《中国近代教育史料》（中），人民教育出版社，1961 年，第 552、557、542 页。
[②]　舒新城编《中国近代教育史料》（中），人民教育出版社，1961 年，第 568、511 页。
[③]　舒新城编《中国近代教育史料》（中），人民教育出版社，1961 年，第 436—437 页。
[④]　舒新城编《中国近代教育史料》（中），人民教育出版社，1961 年，第 510—511 页。
[⑤]　舒新城编《中国近代教育史料》（中），人民教育出版社，1961 年，第 568 页。
[⑥]　舒新城编《中国近代教育史料》（中），人民教育出版社，1961 年，第 568、511 页。

考列国所以致富强之源，莫不以经济学为本"，他"略以思虑所及，采辑成编，以供我国教科之用"。通过教授经济原理，"指示国家经理财政之大要，以养成国民利用厚生之思想为目的"。① 该书为中国人自编的第一部以经济学命名的著作，也是继杨廷栋著《理财学教科书》后，中国人自编的第二部经济学教科书。作者的目的就是要向普通国民传播现代经济思想，那么经济思想的载体经济学术语就成为知识运载的工具，传播到普通国民中。该书作者为留日学生，传播的经济学术语主要是日语术语借词。

1906 年，奚若译述，美国罗林著《计学》（*The Elements of Political Economy*），由上海商务印书馆出版，书上标明"最新中学教科书"，该书直接译自美国的经济学著作，为近代早期重要的一部经济学教科书，该书传播严复译术语和奚若自己创译的术语。

1911 年春，熊元楷、熊元襄编《京师法律学堂笔记：经济学》《京师法律学堂笔记：财政学》由安徽法学社刊印出版。这两种书为讲课笔记，讲授者吸收的是书面语言，输出的是口头语言；听者吸收的是口头语言，输出的是书面语言。这个过程是如何完成的，能否达到言文一致，是语言学者关注的问题。② 从笔记的结果分析，这两本书记录的术语与当时流行的书面术语一致，说明在语言传播方面，近代学术能够顺利进行知识传播。这两本笔记类经济学著作传播的是日语术语借词以及严复、汪凤藻、稽镜、王我臧等人的各种经济学译名。

晚清译名竞争，造成译名混乱，使经济学术语大众化过程受到了不利影响。

1912 年中华民国成立后，民国政府在晚清经济学教育制度上进行了完善，开设了经济学专门学系，在学科名称、课程设置名称上采纳了日语术语借词。

1913 年 8 月，贺绍章编《经济大要》由上海商务印书馆出版，该书为教育部审定的中学校共和国教科书。教育部批语指出："该书于普通经济上之知识大略具备，说理亦颇浅显。"到 1924 年 3 月发行达 22 版，它

---

① 王宰善编《普通经济学教科书》，开明书店，1903 年，"叙"与"凡例"。

② 沈国威：《新语往还：中日近代语言交涉史》，社会科学文献出版社，2020 年，第 550 页。

是民国初年影响最大的中学经济学教科书。1914 年 10 月。胡祖同编《经济概要》由上海商务印书馆出版。该书为教育部审定的中学校和师范学校经济学教材。这两本经过官方审定的教科书均主要采用日语术语借词。它们对推动现代经济学术语传播到全国各地中小学起了重要作用。

民国初年，经济学术语的初步统一，对快速推动经济学术语大众化过程起了重要作用。整个民国时期，学校传播使经济学术语大众化过程从未间断。

二　媒体传播

本书在 132 个个案分析中，多次引用《申报》《大公报》的言论。这说明媒体传播经济学术语的速度快，作用大。

关于"经济"一词从旧义到新义的演变，本书第二章中逐年研究了1901—1911 年《申报》"经济"一词的新旧义用例。转折点发生在 1904—1905 年，以前极少有用"经济"新义者，以后急剧增加。其中，1904 年是新旧"经济"转换的关键时期，旧义经济出现 37 次，新义经济出现42 次，新义经济超过了旧义经济。1905 年，旧义"经济"共出现 31 次，新义"经济"共出现 34 次。该年新义"经济"的复合词开始大量出现，由"经济"构成的复合词超过 10 个，如经济之（困难、出入、问题、竞争、特权、困苦、困乏）、经济界、经济问题、经济上、经济部（干事员）、经济困难、经济竞争、经济政策、经济主义、经济不敷。1906年，旧义"经济"共出现 52 次，新义"经济"共出现 116 次，新义"经济"出现次数大量超过旧义"经济"，其构成的复合词超过 20 个。

在 1904—1906 年"经济"新旧义转换期间，《申报》中大量出现新义"经济"，且短期内出现了 20 个由新义"经济"构成的复合词，说明大众媒体对新术语反应敏锐，是传播经济学术语的重要渠道。

三　学者演讲

学者演讲是口头传播。经济学术语能否通过口头传播成功到达社会大众耳里，是经济学术语能否变成大众口语的关键。

北京大学经济学教授马寅初在 1923—1928 年出版了四本演讲集，收集了他 1920—1927 年在全国各地的演讲稿。马寅初的演讲涉及经济学原理、财政、金融以及各种热点经济问题，使用了相关学科大量经济学术语，从《马寅初演讲集》（第一集）的演讲题目分析，就有 24 个术语：银行、交易所、货币、经济学、通货派、银行派、国际贸易、汇兑、信托、公司、社会主义、商业、票据、国际贸易、国库券、公债、马克思学说、李斯特学说、金融、财政、经济、金融界、危险（风险）、重利（高利贷）。以上 24 个术语中，银行、交易所、汇兑、公司、票据、公债、马克思学说、李斯特学说、重利共 9 个术语为本土产生，其余 15 个术语为日语术语借词。《马寅初演讲集》（第一集）为 1923 年出版，收集的是 1920—1922 年马寅初的演讲稿。马寅初并无留学日本经历，为美国博士毕业归国者。马寅初能够讲出，听众能够听懂这些日语术语借词，说明此时期大量的日语术语借词已经中国化。另外，日语术语借词这种外来词已经能够被大众接受，也说明中国的经济语言已经起了重要变化。

四 辞典编撰

1915 年 10 月，中国近代第一部大型国语辞典《辞源》出版，其"编纂缘起"指出："癸卯甲辰之际，海上译籍初行，社会口语骤变。报纸鼓吹文明，法学哲理名辞稠迭盈幅。然行之内地，则积极、消极、内籀、外籀皆不知为何语。""游学少年续续返国，欲知国家之掌故、乡土之旧闻，典籍志乘浩如烟海。"可见编辑此辞书的目的是方便内地人学习新学和新学少年了解旧学，以调和新旧，促进文化发展。这里提到的"癸卯甲辰之际，海上译籍初行，社会口语骤变。报纸鼓吹文明，法学哲理名辞稠迭盈幅"指出了外来书籍影响到了社会口语改变。简单类推，从经济学书籍传播而言，就是指 1903—1904 年，在上海等开放口岸出现了大量的日译著作，导致社会大众口语改变，报纸新名词新术语大增。该辞书从 1908 年开始编写，1915 年出版，中间经历民国成立这一社会巨变，正是晚清民初中国新旧学术变革之际。在这种背景下出版的《辞源》，是研究中国近代术语形成的极佳材料。

《辞源》（1915）收录了本书研究的中国近代经济学主要术语 63 个，按本书经济学分支学科分类如下。

A. 经济学总论 35 个

经济、经济学、生产、交易（交换）、消费、分配、市场、政府、政策、劳动、劳动者、供给、价值、价格、成本、效用、垄断、农业、商业、技术、资本、资本家、企业、企业家、地租、利息、利润、公司、贸易、地主、产业、土地、制度、竞争、自由竞争。

B. 马克思主义经济学 2 个

商品、社会主义。

C. 西方经济学 1 个

功利主义（功利派）。

D. 金融学 13 个

金融、信用、债权、债务、货币、银行、中央银行、保险、股票、证券、利率、外国汇兑、投机。

E. 财政学 6 个

财政、规费、豫算、决算、税、公债。

F. 国际贸易、会计学等 5 个

国际贸易、自由贸易、管理、审计、统计学。

G. 中国近代经济思想史 1 个

实业。

以上 63 词，55 词在《辞源》（1915）里有单列词条，其他 8 词是：在"劳动者"词条里解释了"劳动"，在"银行"词条里有"中央银行"，在"社会主义"词条里有"产业""土地""制度"三词，在"经济学"词条里有"分配"一词，在"有价证券"词条里有"股票"一词，在"自由竞争"词条里有"竞争"一词。

《辞源》（1915）收录的 63 词，涉及中国近代经济学各个分支学科，占总量 132 词的 47.73%，将近一半。这些词语是中国近代经济学最基本、最常用的核心词，以这些核心词为骨架，初步形成了中国近代经济学的知识体系。

《辞源》（1915）收录的 63 个术语，按本书术语来源分类如下。

A. 日语术语借词 43 个

经济、经济学、生产、消费、分配、政府、政策、劳动、劳动者、价值、价格、效用、农业、商业、技术、资本家、企业、企业家、利润、产业、土地、制度、竞争、自由竞争、商品、社会主义、功利主义（功利派）、金融、信用、债权、债务、货币、中央银行、证券、利率、投机、财政、决算、公债、国际贸易、自由贸易、统计学、实业。

B. 近代本土产生的新词 6 个

银行、保险、股票、公司、供给、外国汇兑。

C. 近代本土传承的古词 14 个

交易、资本、地主、成本、地租、利息、贸易、垄断、市场、豫算、税、规费、审计、管理。

日语术语借词 43 个，占《辞源》（1915）所收 63 词的 68.25%；近代本土产生的新词 6 个，占《辞源》（1915）所收 63 词的 9.52%；近代本土传承的古词 14 个，占《辞源》（1915）所收 63 词的 22.22%。日语术语借词占比接近 70%，反映了此时期日语术语借词在中国经济学术语中的主导地位。在 132 个术语中，近代本土传承的古词共 17 个，此时期有 14 个被《辞源》收录，反映了《辞源》（1915）对传统术语的偏重。考察中国近代 132 个术语来源：日语术语借词 85 个，占总量的 64.39%；近代本土产生的新词 30 个，占总量的 22.73%；近代本土传承的古词 17 个，占总量的 12.88%。这也进一步证实了《辞源》（1915）对日语术语借词和近代本土传承的古词收录的偏重。

《辞源》（1915）除收录上述 63 个近代主要术语外，还收录了其他数以百计的近代经济学术语，比如下列 77 词：劳力、供求、生产要素、簿记、单式簿记、复式簿记、生命保险、分业、分功、会计年度、消费税、借方、贷方、贷借对照表、贴现、票据、税率、税法、税单、税务、公产、公积、通货主义、银行主义、信用证券、纸币、兑换纸币、兑换券、恐慌、竞卖（拍卖）、自由港、自由税率、生存竞争、商业地理、商业银行、商业学校、商业历史、商业证券、商会、商战、商学、商科、商律、统计、理论统计学、应用统计学、统计年鉴、统计表、汇票、期票、支票、服务、输入、输出、手数料、割引、手形、切手、小切手、览拂、代料、仲买人、意匠、两替、卸卖商、取引、会社、株主、株券、株金、株式会社、株式合资会社、为替、相场、积立金、组合、配当。

上述 77 个经济学术语中，后列的"手数料"至"配当"等 23 词，是日语术语输入中国后被淘汰的术语。《辞源》（1915）的收录，说明这批后来被淘汰的术语仍是当时中国的活跃词语。有语言学者统计过，《辞源》（1915）收录的日语词汇中训读词和外语音译词占 40% 以上，并认为这是中日词汇交流史中的反常现象。① 笔者对此现象从中日经济学术语交流角度的补充解释是：首先，就经济学而言，日语汉字词经济学术语体系是全盘输入，包括日语汉字的音读词、训读词等各种词汇。其次，《辞源》（1915）收录的 43 个日语经济学术语借词绝大部分没有注明是日语词汇，它们也不是日语训读词和音译词。最后，本书附录统计了 16 种文献共计输入的日语名词 1057 个，后来被替代者 302 个，占总输入的 28.57%。而类似"一览拂"这种日语在被替代者中也只占很小一部分，《辞源》（1915）收录的日语经济学术语借词中训读词和外语音译词所占比例与这一比例大致相符。

　　《辞源》（1915）收录和解释了如此多的主要经济学术语和如此多的日语术语借词，谁是编者和作者呢？恐怕只能是经济学专家才能胜任。《辞源》（1915）书后列有编校人员 50 人，在这 50 人中，有学术思想界名人张元济、杜亚泉、钱智修、郭秉文、孟森等，据笔者研究，这批人中，晚清民初能够称为经济学家者，非孟森莫属。孟森（1869—1938），字莼孙，号心史，江苏武进人，1901 年留学日本，就读于东京法政大学，归国后，1908 年出任《东方杂志》主编，1912 年当选为民国临时政府众议院议员，为配合议会活动，曾撰写时政论文。与此同时，相继发表有关清代历史的考证文章，引起很大反响，成为著名的明清史专家。1929 年，受聘南京中央大学历史系，1931 年应聘北京大学历史系教授。在中国近代经济学发展史上，1907 年，孟森、谢霖编《银行簿记学》在日本东京印刷刊行，这是中国第二种近代会计学著作。1908 年春，孟森译，日本横山雅男著《统计通论》由上海商务印书馆出版，到 1931 年 5 月，发行到 10 版，这是中国第三种统计学著作。以上二书均是对中国近代经济学产生了重要影响的著作。在经济学术语发展史上，孟森更是不可绕过的重要人物，本书前面已经指出，他是较早对全盘输入中国的日语术语借词进行改译者。孟森从日语改译的贴现、存款、汇兑、公积、滚存、收据等词流传至今，其中，贴现、存款、汇兑、公积均收入《辞源》（1915），这进一步证实了孟森极有可能就是《辞源》（1915）经济学词语的编写者。由孟森这种既有留日背景，又有成为历史学家的极好的旧

---

　　① 沈国威：《新语往还：中日近代语言交涉史》，社会科学文献出版社，2020 年，第 432 页。

学背景者编写《辞源》（1915）的经济学术语，大量近代经济学的日语词和古代词收进《辞源》（1915）就顺理成章了。

《辞源》（1915）将 63 个经济学主要术语作为普通术语收录，按照编者对缘起的解释，是因为 1903—1904 年，上海已经将大量的译书术语口语化，《辞源》（1915）收录这些译书新词语是希望内地也尽快学习和普及这些词语。也就是说，《辞源》（1915）编写期间，其收录的 63 个经济学主要术语在上海等口岸城市已经大众化和口语化了，其他地方还有待《辞源》（1915）去推广与普及。出版该书的商务印书馆说明："从 1915 到 1949 年，《辞源》共销售了 400 多万册，成为当时全国小学教师以上知识分子的案头必备之书。"①《辞源》（1915）成为经济学术语向全国普及和大众化的重要途径。

1931 年，又出版《辞源续编》，编者中有著名经济学家刘秉麟，收录了工业、土地国有论、土地单税论、自由贸易主义、自由放任主义等大量经济学术语，鉴于此时中国已经出现多本收录经济学术语的新辞典，其对经济学术语大众化的边际作用就不如《辞源》（1915）大了。

1978 年 12 月，中国社会科学院语言研究所编写的《现代汉语词典》由商务印书馆出版，这部辞典是接受国务院指示，为推广普通话，促进汉语规范化服务的。该辞典收录了本书近代经济学 132 个主要术语中的 101 个，其分类分项统计如下。②

1. 日语术语借词 85 个中的 66 个

A. 经济学总论 29 个中的 26 个

经济、经济学、生产、分配、消费、劳动、企业、劳动者、资本家、固定资本（固定资金）、流动资本（流动资金）、企业家、价格、效用、利润、工业、商业、农业、政策、自由竞争、资源、效率、土地、技术、价值、产业、竞争、政府、制度。

B. 马克思主义经济学 11 个中的 10 个

生产力、生产关系、经济基础、上层建筑、唯物史观、商品、劳动价值论、剩余价值论、资本主义、社会主义、科学社会主义。

---

① 何九盈等主编《辞源》（第三版），商务印书馆，2015 年，"重排版出版说明"。
② 有下划线者，为未收录词语，括号内词语为近似词，下同。

C. 西方经济学 12 个中的 6 个

均衡、稀少、<u>生产者</u>、<u>消费者</u>、功利主义、通货膨胀、<u>通货紧缩</u>、<u>国民所得</u>（国民收入）、<u>生产者剩余</u>、<u>消费者剩余</u>、指数、物价指数。

D. 金融学 14 个中的 12 个

金融、<u>中央银行</u>、货币、信用、高利贷、债权、债务、利率、单利、复利、<u>证券</u>、信托、投资、投机。

E. 财政学 9 个中的 8 个

财政、决算、赤字、直接税、间接税、所得税、营业税、公债、<u>地方债</u>。

F. 国际贸易等 5 个中的 1 个

<u>国际贸易</u>、<u>自由贸易</u>、<u>保护贸易</u>（保护关税）、<u>簿记学</u>（簿记）、统计学。

G. 中国近代经济思想标志性概念 5 个中的 3 个

实业、<u>货币本位</u>（银本位）、<u>统制经济</u>、计划经济、发展。

2. 近代本土产生的新词 30 个中的 20 个

A. 经济学总论 6 个中的 6 个

公司、供给、需求、工资、重工业、轻工业。

B. 马克思主义经济学 1 个中的 0 个

<u>虚拟资本</u>。

C. 西方经济学 5 个中的 1 个

<u>经济人</u>、<u>边际效用</u>（边际）、<u>无差曲线</u>、<u>机会成本</u>、弹性。

D. 金融学 8 个中的 6 个

<u>金融学</u>、<u>国际金融</u>、银行、保险、风险、外汇、汇率、股票。

E. 财政学 1 个中的 1 个

国债。

F. 会计学等 4 个中的 1 个

倾销、<u>会计学</u>（会计）、<u>审计学</u>（审计）、<u>工商管理</u>。

G. 中国近代经济思想标志性概念 5 个中的 5 个

商务、合作、合作社、工业化、现代化。

3. 近代本土传承的古词 17 个中的 15 个

A. 经济学总论 12 个中的 12 个

交易、资本、地主、农民、成本、地租、利息、贸易、城市、垄断、公平、市场。

B. 财政学 3 个中的 2 个

预算、税收（税）、<u>规费</u>。

C. 审计等 2 个中的 1 个

<u>审计</u>、管理。

《现代汉语词典》（1978）共收录了 101 个中国近代经济学主要词语，占总量 132 个的 76.5%。其中，收录日语术语借词 66 个，占总量 85 个的 77.65%；收录 20 个近代本土产生的新词，占总量 30 个中的 66.67%；收录近代本土传承的古词 15 个，占总量 17 个中的 88.24%。

2016 年 9 月，《现代汉语词典》出版第 7 版，这是至今年（2023）的最新版。增补的近代主要术语有 5 个，其中，西方经济学类有"经济人""机会成本""通货紧缩"，财政学类有"规费"，会计学类有"审计"。《现代汉语词典》（2016）共收录中国近代经济学主要术语 106 个，占总量 132 个的 80.3%。如果加上括号内 9 个近似词，则 115 个占 132 个的 87.1%。因此，中国近代形成的主要经济学术语有 80% 以上进入了《现代汉语词典》，也就是进入了普通中国人使用的大众语言，它从根本上改变了从古代到近现代中国大众使用的经济语言。

从 1915 年《辞源》收录中国近代经济学主要术语 63 词，占总量 132 词的 47.7%，到 1978 年，《现代汉语词典》收录 101 词，占总量 132 词的 76.5%，再到 2016 年，《现代汉语词典》收录 106 个，占总量 132 个的 80.3%，这不仅是数量的大幅增加，更主要的是由口岸城市的经济术语大众化、口语化逐步推进到全国。我们可以大致认为，《辞源》（1915）开启了中国经济学术语大众化的革命，到 1978 年，中国第一部《现代汉语词典》形成时，"经济语言革命"已经完成。

笔者自身的语言经历也可证实上述推论。20 世纪 70 年代，在笔者的家乡四川省安岳县，生产队如我母亲一辈的合作社社员大部分人是文盲，他们的日常语言离不了"今天要到生产队劳动""今天鸡蛋在自由市场上价格低""不准投机倒把"等。这里的生产、劳动、投机、市场、价格等词语均是近代形成的经济学术语，它最初来自近代口岸城市出版的经济学著作中的译名，相当一部分是外来词，但在 1978 年第一部《现代汉语词典》出版时，中国乡村文盲使用的口语都是这些经济学术语大众化后的词语。同样，在今天，在中国大众的日常经济语言中，每天必然使用到本书论及的 132 个经济学术语中的某些词语。现代经济语言，既不是从古代典籍的文言文发展而来，也不是从民间的白话文发展而来，而是"术语革命"后"术语大众化"的结果。从古今之变的角度看，这是一场深刻的、广泛的经济语言革命。

综上所述，经济学术语本来是经济学科的专业名词，但因其与大众的生产和生活高度相关，它就比其他学科更容易大众化。近代经济学术语在中国产生后，通过大中学课堂、报纸刊物、经济学家演讲、《辞源》编撰等途径，由书面的学术语言传播演变为全国的大众语言、通俗语言、口头语言，普通中国人逐渐使用经济、生产、交换、消费、分配、价格等术语进行日常经济生活语言交流，由此改变了普通中国人的经济语言。又由于这些术语相当一部分来自日语，中国人经济语言变革就具有根本改变的革命性质，这就是由经济学术语革命带来了大众的经济语言革命。

经济语言革命是中国由古代到近代转型中的一场深刻变革。它是中国古代文化的"言文不一致"近代变革的重要方面。五四时期的"白话文运动"使大众通俗语言进入知识分子使用的书面语言，丰富了书面语言，这是"言文一致"变革的一个方面；"言文一致"变革的另一方面，就是知识分子使用的书面语言（百科术语）进入大众的通俗语言（口语），丰富了大众语言。术语革命就是造成后一种"言文一致"的语言变革的直接原因。

将"学术语言"与"大众语言"结合起来，这又涉及对中国古代"学用不一致"的变革。郑观应、张之洞等人都发现，西方人农有农学，工有工学，商有商学，而中国只有"士学"，故要引进西方教育制度，让从事农工商者都有学，当时概念中，商学就是经济学，引进商学的目的是要让从商者提高商业知识水平，以达到"学用一致"，取得对外商战的胜利。因此，晚清当政者注意普及商学，这自然就将学术语言扩展到了民间。

从术语革命到大众语言革命再到现代汉语，其形成机制大致是：学术语言—官方语言—媒体语言—大众语言—《现代汉语词典》语言—现代汉语。那么，古代汉语与现代汉语的鸿沟在哪里呢？一个在文言文变白话文，一个在各学科学术语言成为大众语言，进入《现代汉语词典》。从经济语言而言，学术语言相当部分由日语术语借词构成，经济学术语就成为古代汉语经济语言与现代汉语经济语言之间的鸿沟或桥梁。这是术语革命对现代汉语形成的影响。

第十一章 结语：革命中有传承，
借鉴中有选择

本书按照近代经济学本身的概念体系选择了经济学总论、马克思主义经济学、西方经济学、金融学、财政学、国际贸易学、近代经济思想史等各个学科的共 132 个主要经济学术语，进行个案研究；又研究了汪凤藻—傅兰雅—艾约瑟译名、严复译名、日语术语借词、民国经济学家译名等各种译名体系，进行总体发展进程研究。在术语的个案形成与术语的总体形成过程中，中国近代经济学术语革命体现了"革命中有传承，借鉴中有选择"的特点。下面对这些特点的具体形成过程及应用与启示进行阐述。

一 发现与结论

在长期探索本课题过程中，笔者自己常感到有些结果出人意料。比如，近代经济学主要术语的来源中，日语术语借词超过 60%；传入中国的日语术语借词中，16 种文献居然有 302 个术语被中国淘汰；100 多年前近代译著中产生的主要经济学术语，居然 80% 以上被收入最新版《现代汉语词典》；等等。上述为一个总的印象，下面依据本书的几个统计具体阐述之。

中国近代经济学术语革命大致经历了三个阶段。第一，1840—1895年，来华传教士向中国输入了《富国策》等 4 种经济学著作，其中 3 种为英译著作，近代第一个经济学译名体系——汪—傅—艾译词形成。在 132 个主要术语中，首次出现了 49 个，形成了 5 个。估计这期间的经济学术语总量不到 1000 个。第二，1896—1911 年，中国开始主动引进近代经济学，经济学著作有 190 种，其中译著 168 种，在译著中，译自日本者 132 种，日译占全部译著的 78.6%，日译著作的剧增，使日语术语借词成为经济学术语中最重要的体系。在这一阶段，汪—傅—艾译词、日语术语借词、严复译词三种体系相互竞争，并行不悖，造成了译名的混乱。随着上万名日本留学生归国和上千名日本教习顾问来华，日语术语借词逐步取得了绝对优势地位。这期间，在 132 个主要术语中，首次出现了 49 个，形成了 11 个。估计这期间新增的经济学术语总量不到 4000 个。第三，1912—1949 年，中国经济学出现了快速发展，出版经济学著作总量达 19497 种，译著总量 1781 种，其中日译 448 种，英译（英、美）532 种，德译 100 种，法译 64 种，苏联译著 246 种，其他 391 种。新成立的民国政府建立了完整的经济学教育制度，并对流行的日语术语借词加以承认和推广。1915 年，以马寅初、刘大钧为代表的在欧美留学的经济学家归国，中国继续对日语术语进行选择、再造、补充。以中国流行的地租、票据、贴现等词替代日语地代、手形、割引等词；又再造边际效用、合作社、背书等词替代日语限界效用、产业组合、里书等词。这样，大致 28% 传入中国的日语词被替代。民国时期，随着中国经济学教学和科研的快速发展，又产生了数以万计的经济学新名词，1941 年，国民政府教育部聘请 32 位经济学家审定并公布了 3631 个经济名词，经济学术语完成了统一和中国化。这期间，在 132 个主要术语中，首次出现了 34 个，形成了 116 个。估计这期间新增的经济学术语总量超过 10000 个。在三大阶段 109 年中，主要术语首次出现的时间集中在 1880—1911 年，形成的集中时间在 1912—1919 年。

中国近代经济学术语来源于三个方面。132 个主要经济学术语中，日语术语借词 85 个，占总量的 64.39%；近代本土产生的新词 30 个，占总量的 22.73%；近代本土传承的古语词 17 个，占总量的 12.88%。从古代传承词与近代新词对比看，近代本土传承的古语词 17 个，占总量的 12.88%。近代新词（外来词和近代本土产生新词）共 115 个，占总量的 87.12%，近代新词大大超过古代传承词。这就是说，从古代到近代的经济词语发生了革命性变化，但革命中有传承。从本土词与外来词对比看，本土词（古语词与近代产生词）47 个，占总量的 35.61%，外来词（日语术语借词）85 个，占总量的 64.39%，外来词大大超过本土词。这就是说，中国近代经济学术语大量借鉴了日语经济学术语，但借鉴中有选择。

中国近代经济学术语中有些词语有古代同形词，有些词语却完全是新词。132 个术语中有古语词古义者 48 个，占总数的 36.36%，无古语词古义的近代新词 84 个，占总数的 63.64%。可见，近代经济学术语中近代新词远远超过有古语词者，体现了从古代经济思想到近代经济学术在术语形式方面的较大变化。进一步分析，在有古语词中，又分为三种：（1）近代本土传承的古语词 17 个，如交易、资本等；（2）日语术语借词 24 个，如经济、生产等；（3）近代产生的新名词 7 个，如银行、风险等。后两项为旧瓶装新酒，古语词装新义，为转义重生词，也就是说，近代经济学术语从古语词那里形式上传承了 48 个，形式和内容同时传承者为 17 个。这体现了古今术语的巨变，但巨变中有传承。

中国近代第一个译名体系中，汪凤藻译《富国策》（1880）有一半左右的译名流传至今。汪凤藻采纳近代新词和流传到近代的常用古语词意译英文。总计该书 120 个译名，流传至今者 61 个，占总量 120 个的 50.83%；被替代者 59 个，占总术语的 49.17%，也就是说，流传的术语和淘汰的术语大致各占一半。汪凤藻译名中成为本书研究的近代 132 个主要术语的有：资本、地租、交易、垄断、地主、国债、赋税、城市、贸易、公司、农民、保险、银行，共计 13 个，占 132 个总量的 9.85%。汪凤藻译名的流传说明了它的生命力。从《富国策》与英文原文对比可知，汪凤藻译名能够基本表达英文原意，没有翻译障碍，书中一般名词（非人名、地名）没有音译词可以证明。这说明，汉语文化系统能够翻译西方经济学术语，如果没有后来的日译词，按照汪凤藻而不是严复的翻译思路，中国仍然能够顺利移植西方经济学。

与汪凤藻译名的命运不同，严复译《原富》时自己创译了数以百计的译名，但没有几个重要词语流传下来，在译名竞争中不但不如日语术语借词，而且不如汪凤藻译名。严译之所以完败，主要是因为使用日语术语借词的势力太大，但严复译词本身也有其严重缺陷。第一，没有使用近代产生的新词，如"银行"等词。第二，使用上古语言的单字造词法，如租、庸、赢、计（学）等词，汉语在魏晋南北朝时期以后，就淘汰了单音词造词法。第三，拒绝用俗字俗语，如拒绝使用土地、垄断、期票、存款、放款等词。第四，使用音译，如以"毗勒"译 Bill。以上四条使严复译词不如汪—傅—艾译名明白易懂。第五，同一书里，术语不统一。这一条就使其不如日语术语借词的准确性和单义性。严复译《原富》随处可见"一词多义""多词同义"等现象，译名混乱是严复译名被淘汰的主要原因。

日语术语借词是中国近代经济学主要术语的主要来源。1896—1910年，《汉译日本法律经济辞典》等 16 种日译文献共计输入日语名词 1057 个（参见本书附录），其中流传至今者 755 个，占总输入的 71.43%；后来被替代者 302 个，占总输入的 28.57%。这说明，晚清输入经济类日语名词是几乎全盘照搬日语汉字词，通过中国人的实践和选择，其中有 71.43% 流传下来，同时也有 28.57% 被淘汰。从研究 16 种日语文献得到 1057 个日语术语借词，而整个中国近代的日译著作多达 580 种，占中国近代全部译著 1954 种的 29.68%，以及流传至今的中国经济学 132 个主要术语一半多来自日语等多方面因素考虑，估计中国近代的日语经济学术语借词超过 3000 个。

为了恰当地解释日语借词的来源，本书提出了"日语术语借词"概念。词语可分为普通词语与学科术语，日语借词也可以分为日语普通借词与日语术语借词，"日语术语借词"是指中国人从日语学术著作中借取的汉字词术语，它有单义性、科学性、定义性等术语特点，日语术语是从英文等西文中翻译而来，一般情况下它已经完成与西文的对译。使用"日语术语借词"概念可以帮助解释一批中国古代罕用词突然被激活，成为常用词的语言现象，如"货币"等词。

在研究日语词对中国经济学术语的影响过程中，笔者考证发现了《新译英汉辞典》（1908 年）为日文《新译英和辞典》的全译本。1908 年，陈家瑞编译《新译英汉辞典》由群益书社发行，1913 年 1 月 30 日，辞典发行三版，群益书社是联合陈独秀创办《新青年》的有名出版社，该辞典是清末民初影响最大的英汉辞典之一。陈家瑞编译《新译英汉辞典》没有一字说明编辑该辞典的底本为何。笔者在查阅该辞典时发现，其汉语词语大多为日语借词，于是怀疑该辞典的翻译底本可能来自日语，通过考证，发现陈家瑞编译《新译英汉辞典》的底本为日本神田乃武等编《新译英和辞典》（1902），而且是完全照抄照搬约 10 万个日语汉字词与短语的全译本（或称抄译本）。它诞生和产生影响在晚清民初，这正是日语对汉语产生影响的关键时期。该辞典可能是中国近代第一部从《新译英和辞典》全译而来的有影响的英汉辞典，它是日语汉字词译名体系完整输入中国的标志。它提供了认识从英语至日语，从日语至汉语传播的最明晰的途径，也为研究者提供了研究中日词汇交流史最集中的语料库。

中国近代经济学术语开端于近代上海等口岸城市的经济学译著，但却演变发展为现代汉语的普通词语和今天全国大众的日常用语。近代引进西方经济学的目的之一就是要提高大众的经济学水平，1915年，中国现代史上第一部大型语文性工具书《辞源》出版，《辞源》（1915）收录了中国近代经济学主要术语132词中的63词（单列词55个），涉及中国近代经济学各个分支学科，占总量132词的47.73%，将近一半。这些词语是构成中国近代经济学最基本、最常用的核心词，以这些核心词为骨架，就初步构成了中国近代经济学的知识体系。1978年12月，中国社会科学院语言研究所编写的《现代汉语词典》（第一版）由商务印书馆出版，这部辞典是接受国务院指示，为推广普通话，促进汉语规范化服务的。该辞典收录了本书近代经济学132个主要术语中的101个。2016年9月，《现代汉语词典》出版第七版，这是截至2023年的最新版，增补了5个近代经济学主要术语：经济人、机会成本、通货紧缩、规费、审计。《现代汉语词典》（2016）共收录中国近代经济学主要术语106个，占总量132个的80.3%。如果加上9个与本书近似词（比如保护贸易与保护关税），则115个占132个的87.12%。因此，中国近代形成的主要经济学术语有80%以上进入了《现代汉语词典》，也就是进入了当今普通中国人使用的大众语言，它从根本上改变了从古代到近现代中国大众使用的经济语言，这是一场经济语言的革命。

本书在导论里提出了四个问题，全书围绕回答这四个问题而展开，这里再作简要回答。

第一，中国经济学术语的古今巨变是怎样发生的？从宏观机制看，中国近代社会经济变革，尤其是政治变革，推动了思想与教育变革，思想与教育变革，要求经济学变革，经济学变革导致了经济学术语变革。比如，洋务运动中，中国开办了同文馆和译书局，来华传教士为主体向中国输入了第一批经济学著作《富国策》等，第一批经济学术语由此产生。中日甲午战争后，张之洞、严复等人主动引进西方经济学，学习日本成为思潮，废科举、兴学校，于是主要从日本引进了一批经济学教科书，中国第二批经济学术语由此产生。从微观机制看，中国近代经济学术语主要是在意译西方经济学术语中产生，汪—傅—艾译词使用中国古代和近代产生的通俗词语以及自创译词翻译西文，译文重视"清顺"；严复译词使用中国古代典雅词语和自创新词对译西文，译文重典雅；日本以汉字词意译西文，译文重视准确，更早地完成一词一义的术语规范化，在19世纪末20世纪初，日语汉字词经济学术语体系整体输入中国，在势力强大的传播主体和多种渠道的传播载体影响下，几乎完全战胜了汪—傅—艾译词和严复译词。同时，部分留日学生在总体接纳日语术语借词的情况下，以"孟森式输入"取代"梁启超式输入"，即以中国通用词语改译部分日语汉字词术语，取代全部照搬所有日语汉字词的输入，淘汰了传入中国的约四分之一日语术语借词。1919年前后，中国经济学家群体出现，自主地采用了改译部分日语和新创译名的术语生成新路线。中国近代这种术语产生过程，造成了主要术语中一半左右来自日语术语借词，一半左右为中国本土产生的结果。

第二，异质的中西经济学术语是怎样完成对接的？中西两种术语系统存在两种"异质"，一是中西文化语言的异质，一是古今社会发展阶段的异质，这两种异质术语要完成对接，其难度超乎想象，这是通过数百年努力分阶段完成的结果。首先，来华传教士与中国士人合作，通过近三百年的努力，完成了中西普通词语的对译。其次，19世纪末，来华传教士与中国士人合作，翻译了第一批经济学著作。再次，19世纪末至20世纪初，中国学习引进一批日本利用汉字词对译英文的成果，大大节省了中西经济学术语对译的时间。最后，民国成立后，民国经济学家通过在专业辞典中和经济学教科书中加注西文等途径，在1937年左右，完成了数以万计的中西经济学术语的对译。上述过程，我们可以总结为：传教士与中国士人的合作，中国经济学界与日本经济学界的合作，加上民国经济学家的努力，完成了中西两种异质术语系统的对接。这就是中西经济学术语完成对译的机制。

第三，与经济学术语革命相伴随的中国近代经济知识、思想革命是如何完成的？首先讨论术语革命与经济知识革命。术语是经济知识体系的构成部件，术语革命反映和说明了近代经济知识体系发生的革命。古代经济知识体系大厦犹如土木结构房屋，近代经济知识体系大厦犹如砖混结构房屋，建筑材料的不同带来房屋性质的不同。中国近代出现了数以万计的新术语，与之伴随的是中国古代没有的、近代形成的新的经济学教育体系，这是经济知识传授制度的革命；中国古代数千年传承了数以万计的文献典籍，但经济学方面著作极为稀少，只有《盐铁论》等两三种，近代却产生了近两万种经济学书籍，这是经济知识总量的革命。术语革命的进程，促进了术语的规范化和统一，术语统一促使中国近代经济学摆脱幼稚状态。术语统一，形成了一批具有创造新词能力的标准化母词，中国学者就可以使用这些母词创造新的合成词（派生词、复合词），有了创造新词语的能力，就促进了外来经济知识的本土化和本土化经济知识的增长。然后讨论术语革命与经济思想革命。新的术语本身就代表新的思想，民国时期的社会主义、工业化、合作社、统制经济、计划经济这些经济思想的关键词，还变成了直接改造中国社会的行动号召，产生了改变历史的结果。术语革命促进了思想革命，思想革命又促进了社会实践革命。新术语为新思想提供了新的思考工具和部件。中国思想家运用这些术语，提出了新的思想，建立了新思想体系，由此促进经济学进步。如毛泽东提出了"新民主主义论"的新思想体系，谷春帆、张培刚等提出了自己的发展理论，他们的理论均是建立在近代一大批新术语形成的基础之上。

第四，中国古代经济语言与中国近代产生的现代经济语言是否存在巨变，这种变化是怎样发生的？术语革命与语言革命（现代汉语形成）的关系如何？经济学术语本来是经济学科的专业名词，但因其与大众的物质生产生活高度相关，它就比其他学科更容易大众化。近代经济学术语在中国产生后，通过大学与中学课堂、报纸刊物、经济学家演讲、《辞源》编撰等途径，由书面的学术语言传播演变为全国的大众语言、通俗语言、口头语言，普通中国人逐渐使用经济、生产、交换、消费、分配、价格等术语进行日常经济生活语言交流，由此改变了普通中国人的经济语言，又由于这些术语相当一部分来自日语这种外来词，中国人经济语言变革就具有根本改变的革命性质，由经济学术语革命带来了大众的经济语言革命。经济语言革命是中国由古代到近代转型中的一场深刻变革。它是中国古代文化的"言文不一致"近代变革的重要方面。五四时期的"白话文运动"使大众通俗语言进入知识分子使用的书面语言，丰富了书面语言，这是"言文一致"变革的一个方面；"言文一致"变革的另一方面，就是知识分子使用的书面语言（百科术语）进入大众的通俗语言（口语），丰富了大众语言。术语革命就是造成后一种"言文一致"的语言变革的直接原因。从术语革命到大众语言革命再到现代汉语的形成，其形成机制大致是：学术语言—官方语言—媒体语言—大众语言—《现代汉语词典》语言—现代汉语。那么，古代汉语与现代汉语的鸿沟在哪里呢？一个在文言文变白话文，一个在各学科学术语言成为大众语言，进入《现代汉语词典》。从经济语言方面而言，学术语言相当部分由日语术语借词构成，经济学术语就成为古代汉语经济语言与现代汉语经济语言之间的桥梁。这是术语革命对现代汉语形成的影响。

二 应用与启示

本书是基础研究，它本身的目的是求真，企图有所发现。如果它真有发现，就会在经济学、历史学、语言学等相关领域产生应用价值。依据恩格斯"一门科学提出的每一种新见解，都包含着这门科学的术语的革命"的指示，我们可以从近代经济学的术语革命去认识新产生的中国近代经济学的每一种新见解，就可以从研究术语革命的途径去深入认识近代的经济知识、经济思想的革命。其具有应用价值的机理是，关键术语的形成是古今转变与中西汇接的连接点和密码，它们折射和反映了社会历史的变化。以下举例说明基础研究成果的可能应用价值。

第一，本书梳理了 132 个经济学术语的来源与形成，其首见书证、词语来源、形成时间等内容，可以为编写和修订《现代汉语大词典》《辞海：经济卷》《中国经济思想史辞典》《汉语外来词词典》等辞典提供词源参考。

第二，本书梳理了 132 个经济学主要术语的来源，列出了 1057 个日语术语借词，可以帮助考证近代重要史料的来源和真伪。中国史学界早就有利用文字考证历史材料真伪的传统，胡适曾说："一时代有一时代的文字，不致乱用，作伪书的人，多不懂这个道理，故往往露出作伪的行迹来。"[①] 其实还应加上一句：一地方有一地方的语言（方言），一群体

[①] 胡适：《中国哲学史大纲》，商务印书馆，1919 年，第 20 页。

有一群体的语言（行话），通过语言文字的不同，可以辨别史料。本书考证陈家瑞编译《新译英汉辞典》（1908）为日本神田乃武等编《新译英和辞典》（1902）的抄译本，就是依据该辞典来自日语的汉字词特别多，由此起疑去比对原文，结果发现了其关系。同理，以"实业"一词来自日语，考证康有为、郑观应不是最早提出"实业救国"思想者。以陈昌绪译《计学平议》（1903）大量使用日语借词，考证该书并非如译者所说直接译自英文，实际为美国克拉克·伦特（Edward Clark Lunt）原著，日本持地六三郎译为日文《经济学评论》（1890），陈昌绪从日文转译而成。以合作社、剩余价值概念的产生和流行时间，考证廖仲恺生前未刊稿《消费合作社概论》写作时间为 1920 年。以混合采用严复、汪凤藻、稽镜、王我臧译名以及日语术语借词等各种经济学译名，考证熊元楷、熊元襄编《京师法律学堂笔记：经济学》为中国籍老师所讲，而非该校聘请的大量日籍教师所讲。以"协社"为"合作社"的竞争词（同一英文译名），考证梁启超为"合作主义者"，而不是"基尔特社会主义者"。[①]

第三，关键术语的形成是历史转折点的标志之一，帮助确立历史分期。

比如关于中国近代经济学史分期。中国近代经济学史应以 1912 年民国成立为大的历史分期，因民国初年中国经济学主要术语的一半左右已经形成，意味着近代经济学知识体系转型已经初步完成。又比如，关于中国近代银行史分期。中文近代"银行"一词形成前，外商信用机构被称为"洋行"，其主要业务是面对外商"洋行"的汇兑，"银行"一词形成后，其业务拓展到了中国本土客户，这是银行的新阶段。再如，关于中国货币思想史分期，"货币本位制度"一词的形成，是中国货币思想近代化的标志。

第四，厘清经济思想关键词的产生，可以帮助认清相关经济思想产生的渊源。

[①] 1921 年 2 月 15 日，梁启超在《改造》杂志第 3 卷第 6 号发表《复张东荪书论社会主义运动》一文，"提倡各种协社（组合）以从事于互助的生产也"。此处的"协社"为"合作社"，而不是"行会（基尔特）"，除此文外，梁启超也没有其他文章主张基尔特，但学术界包括权威的党史著作均以此认为梁启超是基尔特社会主义者。

关键词的形成是思想与实践历史转变的连接点，它是更好解释历史的密码。本书第八章论述的商务、实业、货币本位、社会主义、资本主义、合作社、统制经济、计划经济等词的形成，对认清近代经济思想来源有帮助。

第五，从近代术语是"古今中西"经济语言的连接点出发，探寻"古今中西"思想的连接与变化。第一，社会主义思想如何与传统经济思想对接？根据"社会主义""均富之说""大同之世"同译为 Socialism，可以将今日的"社会主义"与古代的"均富""大同"学说连接起来。第二，传统术语大部分被淘汰，但公平、交易、资本、市场、审计、贸易等词进入近现代经济学，这可能是传统经济思想传承到当代的基因。第三，中国传统术语有"公平"，无"效率"，有"交易"，无"商品"等等，这可能体现了传统经济思想的特点和局限。

第六，可以帮助理解古代经济思想术语的含义。本书研究表明，古代经济思想术语与近代经济学术语已经产生革命性变化，以今释古，面临"术语革命"带来的鸿沟，同时，认清"术语革命"的过程，也就架起了古今变化的桥梁。被日语词淘汰的竞争词，许多就是中国古代的固有词。比如，生产（生财）、消费（消耗、用财）、分配（分、分财）、劳动（功、功力）、高利贷（重利）等词，以近代输入的现今使用的日语术语借词对接括号内的古语词，可以帮助我们认识古代思想。同时，本书既关注了古今术语变化，也关注了中外术语如何互译，这样就将古代词语和西方词语进行了连接，就可以为将古汉语代表的中国传统经济思想译成西文服务。

第七，对胡寄窗、叶世昌与赵靖关于"古人思想现代化"分歧的新解。① 近代"术语革命"后，古代经济思想术语和近代经济学术语出现了巨变，今人使用什么样的术语体系去说明古人的思想，成为一个学术问题和难题。叶世昌先生认为，不能用生产、交易、分配、消费这种现

---

① 参见叶世昌《经济思想史研究中的古人现代化问题——与胡寄窗同志商榷》，《学术月刊》1963 年第 11 期；陈绍闻、叶世昌等《关于中国经济思想史研究的若干问题》，《上海社会科学院学术季刊》1985 年第 3 期；胡寄窗《关于目前中国经济思想史研究的几个问题》，《学术月刊》1964 年第 1 期；《中国经济思想研究的方法论歧见》，《学术月刊》1986 年第 3 期；赵靖《中国经济思想史的对象和方法》，《经济学集刊》（第 2 辑），中国社会科学院出版社，1982 年。

代经济学的概念去解释古代经济思想。本书研究表明，除"交易"外，其他三词均是近代出现的日语术语借词，不是古人使用的词语。赵靖先生认为，不能用"资本—商品"模式解释古代经济思想。本书研究表明，"商品"一词为近代日语术语借词。胡寄窗先生认为，为了更好地解释古代经济思想，我们被迫用近代形成的现代术语与古代思想概念"对口径或加工"。本书研究表明，确实难以做到完全不使用近代新词去表述古代经济思想，比如，任何人均不可避免使用经济、财政、金融等近代日语术语借词去表述古代经济思想。从古今术语革命的角度去考察三位大家的分歧，可发现其实各有各的依据和理由。笔者在学习了前辈方法后的体会是，要阐述中国古代经济思想自身的特点，赵靖先生、叶世昌先生的"尽量使用古人自己的术语"方法更实用；要研究中国从古至今经济分析的知识谱系，以便更好地与世界其他经济思想比较，胡寄窗先生的"使用现代通行术语说明古代"方法更实用。胡寄窗、赵靖、叶世昌三位先生均是中国经济思想史学科的奠基人，对中国经济思想史学科的发展做出了卓越的贡献，他们的方法论分歧恰恰体现了他们各自的学术研究特点和独特贡献。

第八，对中国语言史（汉语史）的可能贡献。前已指出，中国近代经济学术语开端于近代上海等口岸城市的经济学译著，却演变发展为现代汉语的普通词语和今天全国大众的日常用语。古代汉语演变成为现代汉语的重要途径就是各种新学科术语革命产生的术语成为普通语言。旧词语的群体性消失，新词语的大规模诞生是汉语史的重要研究内容。殷国光等编著《汉语史纲要》指出：王力《汉语史稿》出版半个多世纪以来，汉语史学科研究中"词汇史的研究最为薄弱"。[①] 词汇史研究之所以薄弱，是因为它涉及跨学科研究，语言史学者不可能像笔者这样花10年时间去研究经济类语言的变化。本书揭示的由经济学术语革命带来的经济语言革命，其思路和具体案例可能对汉语词汇史研究有帮助。

第九，对中日词汇交流史研究的可能贡献。本书能够完成，直接受益于中日词汇交流史学者在资料和方法上的贡献，尤其是受益于沈国威先生系列的开创性研究。为回报学术界，笔者特列出本书可能的贡献，

---

① 殷国光等编著《汉语史纲要》，中国人民大学出版社，2016年，第11页。

以供研究中日词汇交流史参考。

首先，笔者考证发现了陈家瑞编译《新译英汉辞典》（1908）为《新译英和辞典》的抄译本。陈家瑞编译《英汉双解辞典》的底本为日语本，可能是和田垣谦三、柳原弥共编《新译英和双解辞典》。这可能发现了中日词汇交流史的重要新史料。另外，本书对工业化、现代化二词形成的考察，可以作为现代汉语受日语影响，增加词缀的案例。

其次，本书提出了"日语术语借词"概念的可能用处，并对沈国威提出的日语借词分类进行了一点补充。

按照沈国威先生将日语借词分为借形词、借义词、激活词三类，本书132个主要术语中85个日语借词可以分为：

A. 借形词（借形借义，来自日语的词）60个

企业、劳动者、资本家、固定资本、流动资本、企业家、价格、商业、政策、自由竞争、资源、效率、生产力、生产关系、经济基础、上层建筑、唯物史观、商品、劳动价值论、剩余价值论、资本主义、社会主义、科学社会主义、生产者、消费者、功利主义、通货膨胀、通货紧缩、国民所得、金融、中央银行、高利贷、债权、债务、单利、复利、证券、信托、投资、财政、决算、赤字、直接税、间接税、所得税、营业税、公债、地方债、国际贸易、自由贸易、保护贸易、簿记学、统计学、货币本位、统制经济、计划经济、发展、生产者剩余、消费者剩余、物价指数。

B. 借义词（同形借义，转义重生词）15个

经济、经济学、生产、分配、消费、劳动、效用、利润、工业、农业、实业、信用、利率、均衡、指数。

C. 激活词（同形同义术语借词）10个

稀少、土地、技术、价值、产业、竞争、政府、制度、货币、投机。

第一类，借形词，借形借义，为来自日语的借词，对这一类词是日语借词，学术界没有争议。第二、三类，中国古代、近代有这些词语，它们是否为日语借词存在争议。现在学术界对第二类经济、生产等转义重生词已经争议较少，基本认同是旧瓶装新酒，为日语借词。第三类激活词为什么是日语借词呢？激活古代词的途径多种多样，如社会变革、翻译西文、翻译日文等，对这类词争议较大。对后两类日语借词首先要判

定哪些词语是日语借词，然后在日语借词中判定哪些是借义词、激活词。

笔者提出"日语术语借词"概念就是为了准确界定近代术语的起源，它探寻的是普通词如何成为术语。如果不受日语影响，就是本土自发产生的术语；如果受日语影响，从日语中借用的术语，就是日语术语借词。借用日语的术语包括三种借用。第一种，借形词，日语术语的形义均借，如"企业"。第二种，借义词，中国有此种词，如"经济""生产"等，但是它们没有成为术语，就是只借日语术语的义，在中文角度看来，就是转义重生词。第三种，激活词（同形同义术语借词），既不借形，又不借义，但是借了日语词"术语"的用途，如"货币"，中国从古代到近代长期有"货币"这个词，它也是指交易媒介，但没有成为经济学著作的货币术语，而且使用很少，是罕用词。中国经济学术语"货币"是从日语经济学著作中借用的，借用之后，"货币"突然被激活了，成为常用词。使用"日语术语借词"概念就涵盖了第二、三类词语。

"日语术语借词"发生作用的机制大致是，日语中最先将某汉字词（日语词或中日同形词）术语化，具有单义性、科学性、定义性等术语特点，且已经完成对译西文。然后，又通过学术著作等途径将这些术语搬入中国，中国人开始在学术著作中借用日语先使用的汉字词术语，后又推广到全社会，由此汉语中增加了一批日语术语借形词；在中、日同形词中，日语术语借义词改变了中国古语词的含义；日语术语激活词将古代的罕用词变为常用词。本书中分析的"企业"（借形词）、"经济"（借义词）、"货币"（激活词）三词可以代表三种日语术语借词类型。

使用"日语术语借词"概念的主要目的是准确描述中国近代各科术语形成的特殊现象——大量借用日语术语，同时也是为争论不已的什么是日语借词提供一个新的参照系。比如，"经济"一词的形成，中国人为什么要将包含政治、道德的"经济"转变为特指"物质生活"的"经济"？"经济"术语诞生以来，学术界议论纷纷。但把现代"经济"产生看成"日语术语借词"，问题就变成日语术语借词"经济"是怎样产生的，它是怎么战胜理财学、计学、生计学等词语的？后一个问题可能才是现代"经济"一词产生的实质，"经济"一词成为术语后，含义自然变了。又比如，学术界对什么是日语借词没有形成共识，使用"日语术语借词"概念，就不问是否同形同义，谁最先产生，而是关注谁最先术语化，日语已经术语化的词对中国该术语形成是否有影响。

近代流入中国的日语借词的主要途径可能就是社会科学、自然科学各科"日语术语借词"的流入，即当时称为"百科"的新名词、新学语的输入。中西文普通词语的互译通过利玛窦与马礼逊、罗存德、邝其照等人的努力，已经基本完成，中国人学习日语汉字英译，主要是学习术语。也就是说，"日语术语借词"是中国近代日语借词的主体。

总之，日语借词中的借形词之所以借形借义，借义词之所以转义重生，激活词之所以被激活，都是因为引进了"日语术语借词"，汉语借日语汉字词是手段，其目的是借术语。汉语向日语借了什么？就是借了"日语的术语"！因此，日语借词可分为两大类，"日语普通借词"和"日语术语借词"；日语术语借词又可以按照学科分为"日语哲学术语借词""日语经济学术语借词""日语物理学术语借词""日语医学术语借词"等，按照词语语言形式可分为"日语术语借形词""日语术语借义词""日语术语激活词"。

中国近代经济学术语革命的历程，有以下启示。

首先，文明交流互鉴，共同推动人类文明进步。中国以"四大发明"为代表的古代先进技术，推动了欧洲由中世纪跨入近代文明；近代西方的包括经济学知识在内的科学技术知识传入中国，推动了中国现代化进程。中国古代以汉字文化系统东传日本，促进了日本古代文明的形成和发展；近代日本以各科"日语术语借词"输入中国，推动了中国近代知识体系的形成。复兴的现代化中国，正在以平等姿态，同世界各国交流互鉴，共同促进当今世界的进步。近代经济学术语大量借用日语术语词，同时又对其进行选择与再造，体现了中国文化的开放性和自主性。

其次，新鲜语言来自实践和借鉴。1942年2月8日，毛泽东在《反对党八股》一文中指出，要"用很大的气力"去学习语言。"第一，要向人民群众学习语言。""第二，要从外国语言中吸收我们所需要的成分。我们不是硬搬或滥用外国语言，是要吸收外国语言中的好东西，于我们适用的东西。因为中国原有语汇不够用，现在我们的语汇中就有很多是从外国吸收来的。例如今天开的干部大会，这'干部'两个字，就是从外国学来的。我们还要多多吸收外国的新鲜东西，不但要吸收他们的进步道理，而且要吸收他们的新鲜用语。""第三，我们还要学习古人语言中有生命的东西。"① 中国近代经济学术语有三个来源：（1）近代本土产生的新词；（2）日语术语借词；（3）近代传承的古语词，这充分证明了毛泽东对语言来源的论断。今天，我们建设中国特色的经济学话语体系，其新的话语（术语）也应来自这三方面，即中国实践经验的总结、外国的新鲜用语、古人语言中有生命的东西。

最后，建立新的话语体系需要兼顾传承与创新。经济学术语可分为普通术语和主导性、引领性术语。普通术语形成后，有历史的传承惯性，在一段时期内变化小；而主导性、引领性术语随着时代变化而变化。中国近代经济学术语的演变和规范化过程，尤其是近代经济学普通术语逐步大众化，并成为今天大众日常语言的进程，表明了人们使用的经济语言和经济思想在发展进程中具有某种历史的路径依赖性，中国近代形成的 132 个主要术语流传到当代，除"稀少"变为"稀缺"，"无差曲线"变为"无差异曲线"等少数外，其他词语很少变化。另外，中国近代主导性、引领性术语，如商务、实业、社会主义、合作主义、计划经济、工业化等经济思潮的关键词，其兴起、地位、作用都随着时代变化而变化。这启示我们，创建新的中国特色的社会主义政治经济学话语体系不应完全脱离近代以来形成的传统话语（术语），去新建整个术语知识体系，因为这些知识性普通术语已经变成大众的日常语言，而应在传承中创新，以新的标识性概念主导和引领中国经济学话语系统。恩格斯以马克思创立"剩余价值"等新术语引领改造商品、货币、价值等传统术语，带来了术语革命和思想革命。中国近代以社会主义、工业化、合作社、计划经济等标志性概念主导和引领近代经济学术语，由此带来了 20 世纪 50 年代社会主义革命的成功实践。这些术语革命的成功案例，具有历史启迪意义。习近平指出："要善于提炼标识性概念，打造易于为国际社会所理解和接受的新概念、新范畴、新表述，引导国际学术界展开研究和讨论。"② 新时期应用中国式现代化、社会主义市场经济、共同富裕等新的标识性概念主导和引领一般的经济学话语（术语），以构建中国特色的政治经济学话语体系。

---

① 《毛泽东选集》（第三卷），人民出版社，1991 年，第 837 页。

② 《习近平谈治国理政》（第二卷），外文出版社，2017 年，第 346 页。

附录一　中国近代经济学术语
形成大事记[*]

1815—1823 年

马礼逊编《华英字典》出版，这是世界上第一部英汉、汉英双语辞典。中英大部分普通词语完成了英汉互译。

1840 年

6 月，中英鸦片战争爆发，中国进入近代历史。

为英国服务的德国传教士郭实腊编《贸易通志》出版，它是中国近代第一部关于世界经济、国际贸易常识的著作，该书中出现了中国近代第一批经济学术语。

1842 年

10 月，魏源编《海国图志》出版，明确提出了"师夷之长技以制夷"的思想。魏源提到的"长技"是指军事上的战舰、火器和养兵练兵之法，他还没有认识到西方制度和文化的长处。

1842—1843 年

麦都思编《华英字典》出版。

1844 年

卫三畏编《英华韵府历阶》出版。

1847—1848 年

麦都思编《英华字典》出版。

1862 年

7 月 11 日，京师同文馆成立。

1866—1869 年

罗存德编《英华字典》出版。

---

[*] 说明：《大事记》列举了 1840—1911 年出版的所有已经知道的经济学著作，以说明中国近代早期经济学著作在术语形成中的关键作用。1912 年以后，经济学著作增多，每本书对术语形成的作用减小，故只列举了重要著作。

1868 年

江南制造局附设翻译馆，这是中国近代第一个由政府创办的翻译西书的机构。该馆译员傅兰雅（J. Fryer）、卫理（Edward T. Williams）翻译了四种经济学书籍。

邝其照编《字典集成》出版。

1872 年

4 月 30 日，英国人美查在上海创办《申报》。8 月 12 日，第一批留美幼童詹天佑等 30 人自上海启行。

卢公明编《英华萃林韵府》出版。

1875 年

《通商各关华洋贸易总册》（简称《总册》）第一卷出版，1883 年编制的《总册》第九卷开始向社会公开发售。《总册》是海关各种出版物中唯一的中文系列出版物，出现了一批经济学、统计学中文术语。

1876 年

京师同文馆开设"富国策"课程，它是中国近代首次在学校开设的经济学课程。

1877 年

10 月，严复进入英国格林尼茨海军学院学习，1879 年 9 月回国。

1880 年

美侨丁韪良（W. A. P. Martin）校，汪凤藻译，英国法思德（Henry Fawcett）著《富国策》（*Manual of Political Economy*）出版，该书是中国近代翻译出版的第一部古典经济学著作，也是中国第一部近代经济学原理著作。以该书出版为标志，中国出现了第一个经济学术语（译名）体系。

1885 年

英侨傅兰雅（J. Fryer）译，应祖锡述《佐治刍言》（*Political Economy for Use in Schools and for Private Instruction*）由江南制造局出版。

1886 年

英侨艾约瑟（J. Edkins）译，英国哲分斯（W. S. Jevons，今译杰文斯）著《富国养民策》（*Primer of Political Economy*，1878）由总税务司署出版。艾约瑟译《西学略述》刊行，该书卷八"经济"论述了欧洲经济史和经济思想史。以上二书均由赫德作为"西学启蒙"16 种之二从英国引进。

春，荒尾精奉日本参谋本部之命来华，在汉口开办"乐善堂汉口支店"，这是一个以经商为名的进行社会经济调查的情报机关。

1892 年

日清贸易研究所的代理所长根津一根据汉口乐善堂的调查报告编辑《清国通商综览》，全书共 3 册 2300 多页，用日文撰写，在上海出版。该书是甲午战争前日语汉字词大量输入中国的标志。

1894 年

7 月 25 日，中日甲午战争爆发。

1895 年

4 月 17 日，中日《马关条约》签订。中国战败，这对中国思想界产生了巨大冲击。5 月 1 日，康有为发起"公车上书"，维新运动开始。李提摩太译《泰西新史揽要》由广学会刊行，该书对晚清思想界产生了巨大影响。

因受甲午战败的刺激，本年成为中国近代经济思想史的转折点。此前，传统经济思想居于主流，在华西人向中国零星地输入了几部西方经济学著作，此后，传统经济思想逐渐居于边缘，中国进入了主动引进西方经济学的新时期。本年也是中日两国相互学习位置变化的转折点，此前主要是日本向中国学习文化与制度，此后，中国开始向日本学习文化与制度。

1896 年

8 月 9 日，梁启超、汪康年等在上海创办《时务报》。该报聘请日本人古城贞吉翻译日文论著，日本经济思想和日制汉字经济学术语由此大量传入中国。

英侨傅兰雅译，徐家宝述，英国布来德（J. Platt）著《保富述要》（*Money*），由江南制造局刊行。严复译成《天演论》，接着开始翻译《原富》。

1897 年

2 月，商务印书馆在上海创立。

英侨傅兰雅译，徐家宝述，英国法拉（Thomas H. Farre）著《国政贸易相关书》（*The State in Relation to Trade*）由江南制造局出版。

1898 年

6—9 月，光绪皇帝推行"百日维新"，7 月 25 日，光绪皇帝发布了设立商学、商报、商会令。12 月 23 日，梁启超在日本横滨创办《清议报》。严复译述《天演论》刊行，其提倡的进化史观和竞争哲学产生了巨大影响。

日本吉井东一著，日本山本宪译《农业保险论》，由中国农学会刊行，它是传入中国的第一部日本经济学著作，也是中国近代第一部保险学著作。

1899 年

加拿大人马林摘编，李玉书译，美国亨利·乔治（H. George）原著《足民策》由上海广学会出版。同时广学会又出版马林编《富民策》，它是《足民策》的扩充本。

4 月，张之洞创办《湖北商务报》。该报后来成为传播经济学的重要媒体。

1900 年

2 月，江南商务局在上海创办《江南商务报》。日本田冈佐代治译《商工地理学》《商务教程》在《江南商务报》发表，同时刊行单行本。美国人卫理（Edward T. Williams）、华人王汝骀合译，英国司坦离·遮风司（W. S. Jevons）著《工业与国政相关论》（*The State in Relation to Labour*）由江南制造局出版。

1901 年

1 月 20 日，清政府在西安发布"变法"上谕，实施"新政"。8 月 29 日，清政府上谕：三场科举考试中，第二场试各国政治艺策学五道，内容包括西方财政、商务。这大大激励了中国知识分子学习引进西方经济学。这是 1901—1904 年大量经济学著作在中国翻译出版的重要原因。

5 月，同文书院改名东亚同文书院，校址定于上海，根津一为院长，设立政治、商务两科，学制三年，招收日本学生。到 1945 年 8 月，办学 46 年，招收 46 级学生，总计 4000 余人。该校师生对中国经济进行了长期的详细调查与研究。

5 月，严复译，亚当·斯密著《原富》部甲、部乙、部丙三部（相当于全书上册）由南洋公学译书院出版。严复译《原富》是中国人主动引进西方经济学的标志性事件。

日本今关常次郎著，日本吉田森太郎译《农业经济篇》由《农学报》刊行，《农业经济篇》是中国第一部以现代"经济"命名的著作。钱恂编译自日文的《财政四纲》，在日本自刻出版。日本织田一著《国债论》，由《译林》翻译刊行。日侨河濑仪太郎译《日本商律》，由《湖北商务报》印行。英国威廉姆著，席有龄译《远东商品史》，由《江南商务报》刊行。英国琐米尔士著，日本《经济杂志社》译（1895），南洋公学译书院重译《万国通商史》由南洋公学刊行。

1901年5月至1902年2月，《湖北商务报》分12期连载该刊聘请日本人翻译的日本清水泰吉著《商业经济学》全本，这是中国引进的第一部以现代"经济学"命名的书籍。

本年，受"变法"上谕和改革科举考试内容的直接影响，引进了8本经济学著作，除严复译《原富》为英译本外，其余7种均为日译本。

1902年

2月8日，梁启超在日本横滨创办《新民丛报》。

8月15日，清政府颁布《钦定学堂章程》（壬寅学制），规定大学分为七科：政治科、文学科、格致科、农业科、工艺科、商务科、医术科。商务科分为六目：簿计学、产业制造学、商业语言学、商法学、商业史学、商业地理学。此处的商务科类似于今日的应用经济学。又规定政科和仕学馆都必须学习"理财学"课程。1902年学制规定的商务科专门教育和"理财学"课程教育，是中国第一个官方规定的经济学学科教育体系，标志着中国政府在法规上确立了经济学教育的地位。不过，这一章程实际上并没有得到实施。

6月23日，日本法学博士田尻稻次郎著，日本吉见谨三郎译《经济学大意》，由东京专修学校在日本东京出版。10月4日，嵇镜译，天野为之著《理财学纲要》出版，该书在日本东京印刷，由上海文明书局发行。11月25日，杨廷栋著《理财学教科书》出版，此书编译自日文。11月，严复译，亚当·斯密著《原富》全书甲、乙、丙、丁、戊共5部由南洋公学译书院出版。12月14日，日本和田垣谦三著《经济教科书》，由上海广智书局出版。王季点译，田尻稻次郎著《理财学精义》

由商务印书馆出版。作新社编译《商工理财学》由作新社刊行。谢卫楼
（D. Z. Sheffield）编译《理财学》（F. A. Walker, *Political Economy*, 1883）
由上海美华书馆出版。以上经济原理著作共计 8 种。

9 月 25 日，日本小林丑三郎著，金邦平译《欧洲财政史》由译书汇
编社出版。日本小林丑三郎著，胡宗瀛译《欧洲财政史》由上海商务印
书馆出版。日本小林丑三郎著，罗普译《欧洲财政史》由上海广智书局
出版。南洋公学译书院出版《英国财政志》。以上财政著作共 4 种。

南洋公学译书院出版了《欧洲商业史》《商业实务志》《商务博物
志》《欧洲各国水陆商政比例通议》《商业提要》《亚东贸易地理》《社
会统计学》。① 以上商业著作共 6 种，统计学 1 种。

4 月，日本村井知至著，罗大维译《社会主义》由上海广智书局出
版。8 月，赵必振译，日本幸德秋水著《二十世纪之怪物帝国主义》由
上海广智书局出版。11 月，日本幸德秋水著，中国国民丛书社译《广长
舌》由商务印书馆出版。以上社会主义著作共 3 种。

受上年科举改革和本年新学制的影响，商学和理财学著作出版 22
本，其中，明确译自英文者 2 种，明确译自日文者 12 种。

1903 年

2 月 7 日，作新社编译《最新经济学》出版。2 月 25 日，王宰善编
《普通经济学教科书》出版，该书在日本东京印刷，上海发行。5 月 21
日，吴启孙译，日本天野为之著《理财学讲义》出版。6 月，商务印书
馆译述，日本持地六三郎著《经济通论》出版。时中书局译，日本普通
教育研究会编纂《经济纲要一卷》由上海时中书局出版。桥本海关译
《经济教科书》由江楚编译官书局出版。美国华克撰，颜惠庆译《理财
学课本》由上海商务印书馆出版。范迪吉等译清水泰吉著《商业经济
学》、池袋秀太郎著《经济泛论》、横井时敬等著《农业经济论》由会文
学社出版。美国兰德克略（C. Rand）著，陈昌绪译《计学评议》（原名
《近代计学大旨》）由南洋公学出版。英国弥尔（J. S. Mill）撰，日本西
周译并评释《利财学》（*Utilitarianism*）由昌言报馆出版。以上经济学原

① 霍有光：《南洋公学译书院及其译印图书》，《西安交通大学学报》（社会科学版）1999
年第 4 期。

理著作共计 12 种。

作新社编译《最新财政学》由作新社出版。范迪吉等译日本笹川洁《财政学》、日本岩崎昌著《税关及仓库论》由会文学社出版。日本土子金四郎著，王季点译《国债论》由上海商务印书馆出版。日本石塚刚毅著，有古斋主译《地方自治财政论》由上海商务印书馆出版。英国司可后开勒著，华龙译《英国度支考》由上海商务印书馆出版。日本东邦协会著，吴铭译《中国财政纪略》由上海广智书局出版。昌言报馆编《欧洲财政史》《德国税项节略》由昌言报馆出版。以上财政著作共计 9 种。

英国达不留耶西容著，日本信夫淳平述，新民译印局重译《欧洲货币史》由新民译印书局出版洋装本。日本信夫淳平著，新民译印局重译《日本货币史》由新民译印书局出版洋装本。陈子祥编译《万国商业志》由上海广智书局出版。法国伯德罗尔著，日本文部省原译，上海商务印书馆译《德国工商勃兴史》由上海商务印书馆出版。日本桐生政次撰，人演社译《世界商工业史》由昌言报馆编辑出版。法国伯罗德尔著《万国商业历史》由上海商务印书馆编译出版。以上经济史（货币史和商业史）著作共计 6 种。

2 月，日本福井准造著，赵必振译《近世社会主义》由上海广智书局出版。3 月，日本西川光次郎著，周子高译《社会党》由上海广智书局出版。8 月，日本松村介石著，郁任公译《新译社会改良家列传》出版。10 月，日本幸德秋水著，中国达识译社译《社会主义神髓》由浙江潮编辑所出版。日本村井知至著，侯士绾译《社会主义》由上海文明书局出版。以上社会主义著作共计 5 种。

钮永建等译，日本横山雅男原著《统计学讲义》由时中书局出版。日本野口保一郎著《经济地理学大纲》由上海平凡书局出版。范迪吉等译，添田敬一郎著《商法泛论》、日本永井惟直著《商工地理学》由会文学社出版。以上统计学、经济地理学、商法学著作共计 4 种。

梁启超著《生计学学说沿革小史》由《新民丛报》社出版。梁启超著《二十世纪之巨灵托辣斯》由上海中华书局出版。梁启超经济学著作共 2 种。

本年共出版经济学著作 38 种。其中明确译自英文者 2 种，明确译自日文者 28 种。

1904 年

1 月 13 日，清政府颁布经张之洞等人修订的《奏定学堂章程》。该章程规定了从小学、中学到大学以及师范、实业学堂的完整经济学与商学教育体系。3 月 11 日，《东方杂志》在上海创刊。

清政府户部（财政部）成立"计学馆"，招收户部官员为学员，旨在为户部培养理财人才，计学馆是中国近代第一个经济学专门学校。

1 月，日本杉荣三郎编《京师大学堂经济学讲义初编：经济学通论》由上海商务印书馆出版。4 月，日本岛田三郎著，作新社译《社会主义概评》由作新社出版。9 月，日本杉荣三郎编《京师大学堂经济学讲义二编：经济学各论——货币学》由上海商务印书馆出版。英国器宾著，日本永田健助日译，许家惺汉译《世界商业史》由山西大学堂译书院出版。梁启超著《中国国债史》由上海广智书局出版。本年共计出版经济学著作 5 种，其中明确译自日文者 40 种。

1905 年

9 月 2 日，清政府下令废除科举，推广学堂。

4 月 4 日，日本葛冈信虎讲授，湖北师范生编《法制经济学》在日本印刷，由湖北学务处发行。9 月 3 日，易奉乾编译，金井延原著的《经济学》（又名《经济学奥付》）在日本东京并木活版所印刷，作为"法政粹编第十二种"；该书又作为"法政丛编第十三种"，由湖北法政编辑社发行。王璟芳笔译，山崎觉次郎讲述《经济学》出版。直隶速成师范生笔记，日本葛冈信虎讲述《经济学讲义》由直隶学务处发行。以上经济原理著作共 4 种。

胡子清编译《财政学》由日本东京并木活版所出版。作新社编《租税论》由作新社出版。陈德雯等译《义大利国债（法）律章程汇编》由驻义使署出版铅印本。翟青松等译《义大利财政书五种》由驻义使署出版铅印本。陈德云等译《义大利税则章程》出版铅印本。以上财政学著作共 5 种。

作新社编《外国贸易论》由作新社刊行。张相文编译《商学》由阜丰商业学社刊行。杨鸿奎译《商业实践法》由上海南官书局出版石印本。马士译《通商出入款项确实情形考》出版铅印本。以上商业与贸易著作共 4 种。

作新社编《货币论》《银行论》由作新社刊行。蔡锡勇著《连环帐谱》是中国第一部复式会计著作。宋育仁编《经世财政学》由上海同文书社出版，该书是一部企图将西方经济理论与中国传统经济思想融合的经济学探索著作。

9月，《政法类典·经济之部》由作新社出版，该类书共包括六部分内容：经济学、财政学、租税论、货币论、银行论、外国贸易论。《政法类典·经济之部》这部丛书相当于六部书的合集，这六部书均有单行本，《经济学》《财政学》为1903年出版，其余四部书的单行本1905年出版。

本年经济学著作共18种，其中明确译自日文者12种。

1906年

4月24日，江苏师范生编译，日本高桥鹍讲授的《经济学大意》在日本东京印刷，由江苏省宁属与苏属学务处出版。郭开文、张春涛译，日本林松次郎著《法制经济要论》由东京博信堂出版。比利时耶密尔罗貌礼原著，英国亚忽勒孛烈尔英译，日本牧上耕平日译，林祜光汉译《经济学粹》由金陵江楚编译官书局石印。铃木虎雄译，杨度补译，日本松崎藏之助著《经济学要义》由日本东京东亚公司出版。王绍增编译，山崎觉次郎讲述《经济学讲义》在日本印刷，由清国留学生会馆与天津北洋官书局发行。美国芝加哥大学罗林著，奚若译述《计学》由上海商务印书馆出版。法国戈利著《理财新义》由上海商务印书馆出版。以上经济学原理著作共计7种。

2月15日，叶开琼、何福麟、谢炳朴编《财政学》为湖北法政学堂法政丛书之一种，由日本东京出版。日本松本敬之著，施尔常译《满洲财力论》由北京京师官书局。日本田中穗积著，戚运机译《公债论》由政治经济社出版。日本田中穗积著，戚运机译《租税论》由政治经济社出版。以上财政著作共4种。

魏声和编《最新中国实业界进化史》由上海点石图书局刊行，日本林（杉）荣三郎讲授，唐宗愈译《纸币论》由北京京师仕学馆出版。日本高田早苗著，孙云奎译《货币论》由政治经济社出版。日本米田喜作撰《实践钱行簿记法》由震东学社出版。以上货币学著作2种，经济史著作1种，会计学著作1种，共计4种。

本年共出版经济著作 15 种，明确译自日文者 12 种，明确译自英文者 1 种。

1907 年

1907—1908 年，东亚东文书院编《支那经济全书》10 卷由东亚同文会出版。

罗超编《纯正经济学》，为"政法述义"第七种，由政法学社出版。罗超编《应用经济学》，为"政法述义"第八种，由政法学社出版。日本东京东亚公司发行《经济学教科书》。《高等小学经济学教科书》由上海文明书局发行。《经济学教科书释义》由上海均益图书公司编辑出版。赵嵩编《商业银行学汇编：第五册·经济学》由日本东京的商业编辑社出版。英国揭磐著《商业理财学》由上海商务印书馆出版。以上经济学原理著作共 7 种。

陆定编《商业银行学汇编：第一册·银行理论》，陈祖武编《商业银行学汇编：第二册·银行实务》，孟森、谢霖编《商业银行学汇编：第三册·银行簿记学》，周廉儒编《商业银行学汇编：第四册·银行法典》，以上四册均由日本东京的商业编辑社出版。彭兆璜编译《银行实务》由政法学社出版。萧仲祁编译《银行簿记》由政法学社出版。以上银行学著作共计 6 种。

黄敦怿编《财政学》由政法学社出版。日本松崎藏之助、神户正雄著，黄可权编译《财政学》由天津丙午社出版。以上财政学著作共 2 种。

日本河津暹著，陈家瓒译《货币论》由上海群益书社出版。彭祖植编译《统计学》由政法学社出版。丁雄、斐熙林译《英国实业史》由上海广学会出版。张春涛、郭开文译，清水澄著《法律经济辞典》由东京奎文馆出版，1909 年又由上海群益书社出版。钱应清著《自由保护贸易得失论》由科学书局出版。以上货币学、统计学等著作共 5 种。

本年共出版经济学著作 20 种，其中明确译自日文者 17 种。

1908 年

11 月 14 日，光绪帝死，次日，慈禧太后死。

关于经济学原理的著作共计 5 种。4 月 1 日，陈家瓒译述，日本金井延著《社会经济学》由上海群益书社出版。5 月，何燏时、汪兆铭译，日本法学博士口木户水宽人等原著《法制经济通论》由上海商务印书馆出版。10 月 16 日，李佐庭译，日本小林丑三郎著《经济学》（又名《经济学原论》），作为丙午社编辑出版的"法政讲义"之一，由上海群益书社发行。11 月，朱宝绶译，美国麦喀梵（S. M. Mcvane）著《经济原论》（*Working Principles of Political Economy*，1890）由上海中国图书公司编译发行。12 月，王寿昌译述，法国博乐克著《计学浅训》由商务印书馆出版。

关于中国经济的著作共计 4 种。日本伊集院秀吉撰，潘承锷编译《中国之金融》由上海中国图书公司出版。日本长谷川著《中国经济全书》由两湖总督署刊行。日本绪方南溟撰，日本古城贞吉译《中国工商业考》由广业书局出版。日本胜部国臣撰，霍颖西译《中国商业地理》由上海广智书局出版。

财政、会计、统计等方面著作共计 5 种。《英国财政要览》由政治官报局出版铅印本。日本佐野善作著，汪廷襄译《商业簿记教科书》由上海商务印书馆出版。日本横山雅男著，孟森译《统计通论》由上海商务印书馆出版。日本星野太郎著，李橙译《新译商品学》由上海中国图书公司出版。日本水岛铁也著，刘鹤年、梁振岷译《银行及外国为替》由致诚书局出版。

康有为《物质救国论》由上海广智书局初版，1919 年又加"后序"再版。

本年共计出版经济学著作 15 种，其中明确译自日文者 11 种，明确译自英文者 1 种。

1909 年

9 月 16 日，学部与外务部录取梅贻琦等 47 人为第一批留学生。9 月 28 日，清政府在清华园建立游美肄业馆。

财政学著作共 3 种。日本小林丑三郎著，张锡之等译《比较财政学》由东京财政调查社刊行。姚震编《日本租税制度及实务》在日本东京出版，由上海商务印书馆发行。日本田中穗积著，陈与年译《公债论》由上海商务印书馆出版。

商业学著作共 3 种。莫安仁（E. Morgan）著，管鹤立译《生计学》（*Commercial Education*）由广学会出版。日本太田原一定著，史宝安译《商业参考书》由京师五道庙售书处刊行。陆费逵著《高等小学商业教科书》由上海商务印书馆出版。

中国工业史著作共 2 种。陈家琨编《中国工业史》由中国图书公司出版。沈增荫编《最新中国实业史要》由北京机辅实业学堂刊行。

其他著作共 3 种。日本早稻田大学编译《日本早稻田大学政法理财科讲义》十二册由上海商务印书馆出版。寿孝天编，杜亚泉校订《通俗实用家计簿记教科书》由上海商务印书馆出版。11 月，王我臧译，田边庆弥著《汉译日本法律经济辞典》由上海商务印书馆出版。

本年共出版经济学著作 11 种，其中明确译自日文者 6 种。

1910 年

3 月，京师大学堂分科大学举行开学典礼，商科大学开办了银行及保险学门。12 月，学部奏《改定法政学堂章程》，在学堂分科方面，于原有的法律、政治两门之外，专立经济一门。

4 月，王我臧译，盐谷廉、坂口直马著《经济学各论》由上海商务印书馆出版。8 月，覃寿公译著《经济政策要论》由北京顺天时报馆刊行。9 月 18 日，何福麟编译，日本东亚同文会编纂《中国经济全书》由经济学会编译兼发行，日本东京九段印刷所印，商务印书馆经售。12 月，熊崇煦、章勤士译，美国黎查德迪·伊利著《经济学概论》由上海商务印书馆出版。日本小林丑三郎著，中国经世学社译《比较财政学》由中国经世学社刊行。恩庆译《法国财政要览》。李哲浚、景学铃编辑《中国商业地理》出版。日本米田喜作撰《实用银行簿记》由奉天编译处刊行。康有为《金主币救国论》由上海广智书局出版。

本年出版经济学著作共 9 种，其中明确译自日文者 7 种。

1911 年

10 月 10 日，武昌起义爆发，12 月 29 日，各省代表联合会选举孙中山为中华民国首任临时大总统。

经济学原理著作共 1 种。4 月，熊元楷、熊元襄编《京师法律学堂笔记：经济学》由安徽法学社刊印出版。

财政学著作共 5 种。6 月 19 日，熊元楷、熊元襄编《京师法律学堂笔记：财政学》由安徽法学社刊印出版。易应绅译，〔日〕工藤重义著《最近豫算决算论》由上海群益书社出版。吴琼编《比较预算制度论》由商务印书馆出版。日本和田垣谦三著，作新社译《最近财政学》由上海广智书局出版。周棠编《中国财政论纲》由上海群益书社出版。

　　银行学与货币学著作共 7 种。李澂、谢霖编《银行计算法》由中国图书公司出版。谢霖著《银行论》由四川商业讲习所刊行。美国敦巴（C. F. Dunbar）著，王建祖译《银行学原理》由上海商务印书馆出版。日本增井增次郎著，姚生范译《银行实践法》由上海中国图书公司出版。李澂、谢霖编《银行经营论》由上海中国图书公司出版。黄遵楷著《币制原论》由日本东京中国书林总发行。日本清水孙秉著，王黻炜译《中国货币论》由北京翰林院王宅刊行。

　　商业学著作共 3 种。日本石川文吾撰，赵保泰译《商业通论》由南洋印刷官厂印行。德国那特硁（keng）著，蒯寿枢、周达译《工商理财要术》由上海广智书局出版。徐宗稚、周保銮译，和田垣谦三著《世界商业史》由上海商务印书馆出版。

　　经济法著作共 5 种。日本志田钾太郎讲义，熊元楷编译《商法总则》（"法律丛书"第十一册）由安徽法学社出版。日本松波仁一郎著，秦瑞玠译《日本商法论·商行为编》由上海商务印书馆出版。日本松波仁一郎著，秦瑞玠译《日本商法论·总则编、会计编》由上海商务印书馆出版。日本松波仁一郎著，郑剑译《日本商法论·手形编、海商编》由上海商务印书馆出版。孙钺编译，日本农业教育协会原著《农业经济及法规教科书》由新学会社出版。

　　其他著作共 2 种。日本白石童太郎编《日本实业概观》由东京博文馆印刷所出版。梁启超著，何国桢编辑《饮冰室理财论集》（第 1 辑）由上海广智书局出版。

　　本年共计出版经济学著作 23 种，其中明确译自日文者 13 种。

　　1901—1911 年共计出版经济学著作 184 种，明确译自日文者 129 种，明确译自英文者 7 种。

　　1912 年

　　1 月 1 日，中华民国临时政府在南京成立。

　　1 月 19 日，教育部《普通教育暂行课程标准》规定中学校、师范学校的学科目均有"法制经济"，教育部的这项规定使"经济学"教育成为普通国民教育的一部分。11 月，教育部公布的法政专门学校规程规定："法政专门学校分为三科：一、法律科，二、政治科，三、经济科。前项政治、经济二科不分设者，得别设政治经济科。"12 月，教育部公布的农业、工业、商业、药学、外国语等专门学校规程均规定了"经济学"课程。"经济学"从此取代"理财学"等词成为全国通用名词。

1913 年

1月，教育部公布的大学规程规定："法科分为法律学、政治学、经济学三门，商科分为银行学、保险学、外国贸易学、领事学、关税仓库学、交通学六门。"这些规定使经济学（理论经济学）专业明确地从政治学等学科中独立出来，商科（应用经济学）的专业也比清末多 3 门，标志着中国的经济学和商科教育进入一个新阶段。

秋，北京大学法科新招经济一班，刘秉麟等入学，中国由此进入自主培养经济学专业本科生的新时期。

8月，教育部审定贺绍章编《经济大要》为"中学校共和国教科书"。到 1924 年时发行达 22 版，是民国初年影响最大的中学经济学教科书。该书以日语借词为基本术语，对其中手形、割引等个别词语进行了汉译。该书对中国近代经济学术语的初步统一做出了重要贡献。

1914 年

10月，教育部审定胡祖同编《经济概要》为"中学校及师范学校用"教科书，至 1928 年发行 15 版，是民国初年影响最大的教科书之一。该书以日语借词为主要术语，并对术语进行了英文标注。该书与《经济大要》一起，对中国近代经济学术语的初步统一做出了重要贡献。

1915 年

10月，陆尔奎主编《辞源》由上海商务印书馆出版，该辞典收录了大量经济学新词。

12月，马凌甫译，日本津村秀松著《国民经济学原论》由上海群益书社出版，正文达 842 页，内容丰富，马凌甫译笔精审，书中术语均注译英文、德文，该书是民国初年影响最大的经济学原理书籍。

1917 年

1月1日，胡适在《新青年》杂志发表《文学改良刍议》，主张白话文。2月1日，陈独秀在《新青年》杂志发表《文学革命论》。11月7日，俄国爆发十月革命。

复旦大学设立商科，南京高等师范设立商业专修科（上海财经大学前身）。刘秉麟、李芳等从北京大学经济门毕业，他们是中国第一批经济学专业本科毕业生。

1919 年

5 月 4 日，"五四运动"爆发。

4 月 5 日，《每周评论》刊载《共产党宣言》节译本。5 月 5—8 日，渊泉（陈溥贤）译，河上肇著《马克思的唯物史观》在《晨报》发表，该文是中国第一篇关于"唯物史观"的专题论文。5 月 9 日至 6 月 1 日，食力译，马克思著《劳动与资本》在《北京晨报》发表。6 月 2 日—11 月 11 日，渊泉（陈溥贤）译，柯祖基（今译考茨基）著《马氏资本论释义》在《晨报》副刊连载 148 期。是中国第一部比较完整介绍《资本论》第一卷的中文译本，也是第一部通俗阐释《资本论》第一卷理论体系的中文入门书。以上这些论著均译自日文，本年，马克思主义经济学得到了系统传播，因此，日译术语成为马克思主义经济学汉译本的主要来源。

马寅初编《经济名词英和索引》一书，收录英语经济名词 3030 个，英语名词后对应日语词，其中日语汉字词 2555 个，日语假名词 373 个，日语无对应者 102 个。该书企图以提供的日语汉字词为审定经济学译名提供参考。

1920 年

8 月，陈望道译《共产党宣言》由上海社会主义研究社出版，这是中国第一部中文全译本，本译本参照了日译本。9 月，陈溥贤译，德国考茨基著《马克思经济学说》由上海商务印书馆出版。李汉俊译，马尔西著《马格斯资本论入门》由社会主义研究社出版。李培天译，河上肇著《近世经济思想史论》由上海泰东图书局出版。9 月三部马克思主义经济学日译本专门著作同时出版，这是中国第一批马克思主义经济学专著，它是马克思主义经济学知识系统输入的标志性事件，是中国马克思主义经济学发展史中的一件大事。

1921 年

4 月，李天注编、陈旭东校《中华英汉商业辞典》由上海中华书局出版，该书对约 5000 个经济与商业词语进行了英汉对译，它对中西经济学术语的对译做出了贡献。

1923 年

11 月，清华留美归国的经济学者刘大钧、陈长蘅、陈达与燕京大学英籍教授戴乐仁（J. B. Taylor）等共 12 人在北京创立中国经济学社，以刘大钧、戴乐仁为正副社长。该社的成立标志着中国经济学家群体登上历史舞台。中国经济学告别了依靠日语术语借词学习西方经济学的时代。

9 月，《马寅初演讲集》（第一集）由上海商务印书馆出版，该书记录了马寅初将一批近代经济学术语传播成为大众听得懂的通俗经济语言的故事。

1925 年

1 月，臧启芳译，美国韩讷（Lewis H. Haney）著《经济思想史》（*History of Economic Thought*，1920）由上海商务印书馆出版。该书是中国近代关于经济思想史方面的权威著作。该书讨论了译名问题。

1925 年初，北京大学经济系学生曲殿元在"北大经济学会"会刊发表《经济界译名统一问题》（通信），他说："我感觉到经济学上的译名，有设法统一的必要。我们站在研究学术的地位，极应当承担这个责任。"

1933 年

11 月，柯柏年等合编《经济学辞典》由上海南强书局出版，它是中国第一部经济学专业辞典。

1934 年

2 月，何士芳编《英汉经济辞典》由上海商务印书馆出版，该书收词约 14000 条，是中国近代收词最多的辞典。8 月，高希圣、郭真编《经济科学大词典》出版。

1935 年

12 月，吴世瑞著《经济学原理》由上海商务印书馆出版。该书是民国时期新古典经济学教科书的代表。尹文敬著《财政学》由上海商务印书馆出版。何廉、李锐著《财政学》由国立编译馆出版。李权时著《财政学原理》由上海商务印书馆出版。

李达编《经济学大纲》讲义由北平大学法商学院铅印成教材。该讲义稿当时并未正式出版，但仍产生了一定影响。

10 月，陈稼轩编《实用商业辞典》在上海出版，该辞典收录商业名词 1 万条，包括大量的经济、财政名词。重要名词均附以英文。实业部罗敦伟主编《中国经济年鉴》出版。

1936 年

2 月，凯恩斯著《就业、利息和货币通论》（*The General Theory of Employment*, *Interest and Money*）在英国出版。3 月，周炳琳在《北京大学社会科学季刊》第 6 卷第 1 期发表《书评：*The General Theory of Employment*, *Interest and Money*》，这个《书评》由少量评语和四大段原文翻译组成。是中国介绍凯恩斯《通论》的第一个重要文献。凯恩斯理论中的"乘数""资本边际效率"等术语开始见于中国。

1937 年

4 月，张一凡、潘文安主编《财政金融大辞典》由上海世界书局出版。6 月，周宪文主编《经济学辞典》由上海中华书局出版，该辞典是民国时期的权威经济学辞典。

1938 年

8—9 月，郭大力、王亚南译，马克思著《资本论》第一、二、三卷全译本由读书生活出版社出版，该书标志着马克思主义经济学术语体系完整输入中国。吴黎平（吴理屏）译，恩格斯著《反杜林论》由生活书店出版。

1939 年

夏，民国教育部聘请了何廉等 32 位"经济学名词审查委员"，负责审查国立编译馆送审的各家编订的经济学名词译名。

1940 年

民国教育部组织各科专家讨论通过了《大学科目表》，以统一各高校课程。法学院经济系课程方案由杨端六起草，审查方案人员有：陈长蘅、陈岱孙、朱偰、皮宗石、赵兰坪。商学院课程会议出席人员有：马寅初、刘振东、闻亦有、吴大钧、卫挺生、寿景伟、褚一飞、李炳焕、金国宝、叶元龙、马洗繁、郭良俊、吴俊升、陈东原。参与课程设计和审查讨论的人员大都为法学院院长、经济系主任和商学院院长。

1941 年

11 月，民国教育部公布 32 位专家审定的经济学名词，共审定经济学术语 3631 条，中国近代经济学术语基本完成了规范和统一。

附录二 1896—1910 年 16 种文献输入的 经济学日语术语借词（1057 词）

一 输入且流传至今的日语术语借词 755 个（首字拼音为序）

B. 搬运费、版权、半制品、包装、保安费、保管、保护贸易、保护贸易主义、保护政策、保护主义、保税仓库、保险金、保险契约、保险物、保险业、保险证券、保障、保证金、报酬渐减、被保人、被保险者、本位货币、比例税、币制、必需品、并行本位制、补充费、补助货币、补助金、不动产、不换纸币、不可分债务、不可耕地、不生产、不生产的消费、博览会、簿记法。

C. 财产保险、财产权、财产税、财团、财务、财物、财源、财政、财政家、财政史、财政学、财政政策、长期证券、仓库业、产出、产出物、产物、产品、产业、产业家、称量货制、传票、出版、出纳、出资、出资额、出资者、纯收入、纯所得、从价税、从量税、粗放、粗放农业、粗制品、粗制品之生产。

D. 大生产、大消费国、大制造国、大资产者、代理、代理店、代理商、代替物、代用品、贷方、担保、担保品、单本位、单本位制、单利、单率税、单税制、单一税说、德国历史派、等级税、地方财政、地方分权、地方贸易、地方市场、地方税、地价、地力渐减法、电信、定率税、定期保险、动产、短期证券、对价、对人信用、对物信用、兑换券。

F. 发展、罚金、法定代理人、法定货币、法定利率、法定利息、法人、放任、放任主义、非常费、非流通证券、非贸易品、肥料、分配、分配论、分损保险、封建时代、封建制度、服务、负担、负税者、负债、附加税、复本位、复本位制、复利、复率税、复税制、副产物、副食品、副业（与主业对义）。

G. 改良、干涉、干涉政策、高利贷、个人的所得、个人的资本、各部效用、工场工业、工商业、工业、工业革命、工业国、工业品、工业物品、工业时代、工业所有权、工业银行、工业原料、工业中心、公产、公共财政、公共经济、公共的消费、公共机关、公共事业、公共制度、公经济收入、公经济学、公卖、公民义务、公平课税、公益、公有财产、公债、公债证券、公债证书、公证、公证人、共产党、共产制、共产主义、共同担保、共同海损、供给者、购买力、固定经费、固定资本、顾客、雇佣、雇员、关税战争、管理者、广告、贵金属、国产税、国防费、国富论、国际、国际兑换、国际金融、国际贸易、国际上证券、国际主义者、国家机关、国家经济、国家社会主义、国家之信用、国库、国库之准备金、国立银行、私立银行、国立银行纸币、国民经济、国民经济学、国民经济进步、国民所得、国内商品、国税。

H. 海产、海商、海上保险、海上贸易、合本位制、河流贸易、互相保险、火灾保险、货币、货币本位、货币复本位制、货币供给、货币价值、货币经济时代、货币流通法则、货币需要、货币学、货币之单位、货币之购买力、货币制度、货币铸造、货物集散、货物集散中心、货物消费、货物循环、货物证券、会所（米商会所）。

J. 积极的生产、基金、基金组合、级数税、极端社会主义、集散中心、集约、集约农业、计划、计数货制、技工、技师、加工、价格、价格标准、价值、价值尺度、价值储藏、价值曲线、价值准绳、加盟、间接税、建筑物、讲坛社会主义、奖励金、交换、交换价值、交换论、交换媒介、交换纸币、交通、交通机关、交易经济、交易媒介、交易品、教育保险、教育费、阶级、借方、金本位、金单本位制、金额、金库、金融、金融机关、金融界、金融市场、金融政策、金银两本位制、紧缩、经常费、经费报销、经济、经济的行为、经济的货物、经济发达、经济法制、经济机关、经济界、经济上、经济上现象、经济社会、经济史、经济思想、经济学、经济学家、经济学史、经济学说、经济学者、经济原理、经济政策、经济政策学、经济制度、经济自由、经济组织、精算、精制品、竞争、救恤费、绢织物、决算。

K. 会计法、会计年度、客观的价格、课税标准、课税基础、课税权、恐慌、矿产、矿产物、矿山机械。

L. 劳动、劳动保险、劳动法制、劳动力、劳动者、劳动者保险、劳动者强行保险法、劳工、劳务、累进法、累进税、累退税、理论经济学、历史派之经济学、利己心、利率、利润、利息税、良税、林产物、临时费、临时收入、流动国债、流动资本、流行品、流通、流通证券、流通资本、陆海联络贸易、陆路贸易、陆上保险。

M. 麻织物、毛织物、贸易霸权、贸易均衡主义、贸易品、贸易商品、媒介信用、棉织物、免税品、名目价值、名义上所得、模型、募集、募集金额、募集资金。

N. 纳税义务、纳税者、内部货物、内国证券、年度、年金、年金国债、农产物、农场、农场管理、农工业国、农工银行、农业、农业机械、农业保险、农业国、农业经济学、农业要素、农业银行、农业组织。

P. 配赋税、配置、膨胀（财政膨胀）、平均数、破产、普通税、普通银行。

Q. 企业、企业家、企业自由、契约国债、契约自由、权利者、全部效用、全损保险。

R. 让渡、人类欲望、人头税、人造肥料、任意国债、日用消费、融通。

S. 商标、商标权、商法、商工业立国政策、商机、商品、商品集散、商品生产、商品消费、商权、商业、商业代理人、商业国、商业机关、商业教育、商业经济、商业经济学、商业经济政策、商业使用人、商业银行、商业账簿、商业证券、商业政策、商业中心、商业资本、奢侈品、奢侈税、社会党、社会的所得、社会的资本、社会改良策、社会经济、社会经济学、社会问题、社会政策、社会政策协会、社会主义、社会主义学说、身体自由、生产、生产不足、生产超过、生产的财产、生产的消费、生产的信用、生产的资本、生产地、生产递减、生产过多、生产进步、生产经济、生产力、生产论、生产剩余、生产手段、生产物、生产者、生产要素、生产组织、生存竞争、生活标准、生活资料、生命保险、生命保险契约、实际上所得、实物产业、实物经济时代、实业学校、食料、食料品、使用的财产、使用品、世界工业霸权、世界金融、世界金融之中心、世界经济、世界市场、市场、市场大动脉、市场价格、市场论、市场制度、市场价格、市价、收获递减法则、收入支出、收益、收支之适合、手工业、输出国、输出品、输出入、输出入税、输入国、输入品、水产物、税法、税率、税目、税源、私产、私产制、私经济收人、私经济学、私企业、私人的消费、私人经济、私有、私有财产、私有财产权、私有财产制度、饲料、诉讼费（诉讼人费）、岁出、岁计、岁入、损益、所得、所得税、所有权、所有者。

T. 台账、特别税、特权、特许权、通常收入、通过税、通货、通货紧缩、通货膨胀、通货主义、通商、通信（通信产业）、统计、统计表、统计年鉴、统计学、投机、投机心、投机者、投资、土地、土地报酬递减法、土地生产力、土地所有者、土地债券、土地资本、团体经济。

W. 外部货物、外国贸易、外国市场、外国债、外国证券、外国资本、外债、违约金、委托、委托管理、未耕地、委员、无期公债、无期信用、无限责任、无形产业、无形货物、无形生产、无形资本、无政府主义、物产、物价表、物权、物质文明。

X. 现金、西洋品、稀少（稀缺性）、相互保险、消费、消费不足、消费贷借、消费的财产、消费的信用、消费地、消费国、消费论、消费品、消费税、消费现象、消费者、消耗品、消极的生产、小生产、小资产者、效果、效益、效用、信用、信用机关、信用经济时代、信用效益、信用证券、信用证书、信用纸币、信用组合、信用组织、行为税、行政经费（行政费）、兴业银行。

Y. 烟草税、沿岸贸易、养老保险、养老资金、要素、业务、遗产税、义务者、依赖、银本位、银行家、银行券、银行事务、银行业、银行纸币、银行制度、银行主义、饮料、营利保险、营业、营业税、营业所得、营业资本、应用经济学、游离资本、游资、有价物、有价证券、有期公债、有期信用、有限责任、有形货物、有形生产、幼稚工业保护主义、预备金、预期（豫期）、预算、欲望、原动力、原料、原料国、原料品、约定利率、运送保险。

Z. 再保险、增加率、债权、债权者、债券、债务、债务者、占有、占有权、征税权、证券、证券税、政策、政府纸币、政治经济学、织物、直接税、直接信用、殖产兴业、殖民地、纸币、制度、制品、制造工业、制造品、制造业、制造者、滞纳、主任、中央集权、中央集权制度、中央银行、总额、终身保险、重农学派、重农主义、重商主义、竹木制品、主产物、主观的价格、主食品、贮蓄、贮蓄银行、著作权、专卖、专卖权、转嫁（税收）、装饰品、准备金、资本集约、资本家、资本金、资本生产力、资本增值、资本总额、资本主义、资本论、资产、资金、资金证券、自然价格、自由放任、自由货物、自由竞争、自由贸易、自由贸易派、自由贸易主义、自由造币说、自由铸造、综合集散中心、总产额、总收入、总所得、租税制度、最低生活费、最少效用、最终效用。

二　此时期输入但后来被替代的日语术语借词302个

B. 保护预、保险报告证书（保险申请证书）、保险会社（保险公司）、保险价额、保险料（保险费）、保险证书（保险单）、本位货、比较生产费说（比较成本说）、补助货（辅币）、补足货财法、不渡、不动产抵当（不动产抵押）、不生产的劳力。

C. 裁定为替、残额、场所的分业、参加竞卖之人札、称量货制（称量货币制度）、差引、持参人、成业生、纯正经济学、纯粹的地代、从量赁金（计件工资）、从时赁金（计时工资）、创库预证书、船荷证券、船荷证书。

D. 打步、大农制、代理社（保险代理人）、贷付（贷款）、贷付事务（贷款）、贷借之标位（借贷的标准）、贷金信用会社、贷借之标位、贷越（透支）、弹力（弹性）、当座贷、当座小切手、当座预金（活期存款）、抵当贷（抵押贷款）、抵当土地银行、地代（地租）、地租（土地税）、递乘级数（几何级数）、递加级数（算数级数）、电信为替、定期贷、定期预金（定期存款）、动产银行、独占、独占利润、独占事业、寇买商人。

E. 额面。

F. 发达（发展）、防止的障害、放资（投资）、分配组合、分头税（人头税）、分业（分工）、富阄（彩票）。

G. 割付、割赋金、割戾、割算、割引（贴现）、割引料、割引事务、割引手形、割引银行、给料（工资）、耕作限界、工业船长、共产组合、共同法（合作法）、共同铺（合作社商店）、过料、挂金。

H. 合力（合作）、合业（合作）、合资会社、荷积证书、荷为替、会计检查院（审计院）、会社（公司）、会社组织、货财。

J. 积极的障害、计数货制（计数货币制度）、计划社会、记名社债（记名公司债）、技术的分业、寄附金、寄托证书、既制品、家赁、家计表、阶级之争斗（阶级斗争）、间税（间接税）、交互计算事务、交换价格（交换价值）、借地料（地租）、借用证书、金货本位制、金钱证券、金融逼迫、禁遏税、经济的地代、竞争地代、觉书、拒绝证书。

K. 勘定、课税物件（课税对象）、空取引（买空卖空）。

L. 劳动连合、劳动组合、劳力集约、劳力者（劳动者）、劳力者之生产力、累减税、理财学、里书（背书）、利益（利润）、利用、利子（利息）、利子步合（利率）、利札、两替、两本位（复本位）、量目、赁银上之铁则（工资铁律）、赁金（工资）、赁钱（工资）、赁银（工资）、赁银制度、领保险金者（受益人）。

N. 纳金、内国贸易（国内贸易）、内国消费税、内国债（国内债）、逆为替、年期地代。

P. 配当金、配赋税、配财、片为替、品位、普通为替、普通送金为替。

Q. 起业（企业）、起业家（企业家）、起业心（企业心）、起业者（企业家）、强制的货币、勤劳（服务）、取缔疫、取立、取引、取组、取引（交易）、取引所（交易所）、全利用、劝业银行、劝诱国债、确定国债。

R. 人为独占、让受。

S. 商品银行、商业会议所、商业手形、尚农派（重农派）、尚商派（重商派）、社债（公司债）、社债券、射幸（投机）、生产的劳力、生产费（生产成本）、生产三要件（生产三要素）、生产之限界、生产组合、身元、实地经济学、仕拂、食料国、使用的财产、使用价格（使用价值）、使用上之价格、送金为替、手数料（规费、手续费、Fees）、手形（票据）、手形割引（票据贴现）、手形交换、手形交换所、手形银行、受取勘定相场、受取证、受取人、收纳、所持人、书入、输出入超过（出超、入超）、输出为替、输出荷为替、输入荷为替、庶民银行（信用合作社）。

T. 通帐、特约预金。

W. 外国为替（外国汇兑）、危极（危机）、危险（风险）、危险之报酬、未制品、未制造品、为换银行、为替（汇兑）、为替手形（汇票）、为替相场、为替预约、无差别法、无制限计数货制。

X. 习惯地代、限界的效用、限界利用说、相场（买卖行情）、相续制（遗产继承制）、先方、消费贷借、小卖商人、小农制、小切手（支票）、小作、小作法、小作料（佃农）、小作人（佃农）、协力、协力制造会社、协同信用会社、信用贷（信用贷款）、信用取引（信用交换）、信用手形（信用票据）、信用组合（信用合作社）、信用状、需要、需要地、需要者、虚无党、虚无主义。

Y. 压制国债、意匠（设计）、依赖人、银货单本位制、引受、引受价格（溢价发行）、营业（企业）、营业所得（利润）、营业者（企业家）、营业组合（同业协会）、已制造品、永远国债、永小作权（永佃权）、优先株（优先股）、余剩价格（剩余价值）、余剩价格论（剩余价值论）、预金、预主（存款）、预金事务、预金手形、预金银行（存款银行）、元帐、元本、御中、越金、约束手形（期票）、原符。

Z. 账簿上之信用、振替、振出入、振出（出票）、振出手形、正货、直接为替、直税（直接税）、职工同盟（工会）、职业的分业、制限贸易派、制限外发行兑换券、制限主义、重金派、株式、株金、株券（股票）、株式会社（股份公司）、株主（股东）、株主总会（股东大会）、贮积金、铸货（铸币）、执达吏、质入证书、资本万能主义、子女教育资（子女教育保险）、指图渡、指图先、支店、支配人、支付勘定相场、支付人、自然独占、自作、自由生产力、滞贷付、组合（合作）、组合银行、组合制度、仲立人、仲买商、仲买人、最终利用说。

三　日语术语借词所依据比对的 16 种中、日文献

（一）1896—1898 年，古城贞吉在《时务报》的《东文报译》栏目里发表汉译日文报刊文章 604 篇，字数约 34 万。

（二）1898 年，《农学报》第 42—50 期连载《农业保险论》，该著由日本吉井东一著，日本山本宪译。1898 年《农学报》社又出版单行本。日文原版为吉井东一著《农业保险论》，1895 年日本有邻堂出版。

（三）1900 年，《江南商务报》的《商原》栏目发表日本田冈佐代治译《商工地理学》，其日文原本是：1899 年 10 月，永井惟直著《商工地理学》，东京博文馆出版。

（四）1900 年，《江南商务报》的《商原》栏目发表日本田冈佐代治译《商务教程》，其日文原本是：1892 年 9 月，天城安政著《商业教

科书》，东京博文馆出版。

（五）1901 年，湖北留日学生监督钱恂在日本编辑《财政四纲》两册，自刻出版。"货币论"部分译自：高田早苗讲述《货币论》，东京专门学校行政科第 11 回 1 部讲义录，1900 年东京专门学校出版。

（六）1901 年 5 月至 6 月，《农学报》第 140—143 期连载《农业经济篇》，该译著为日本今关常次郎原著，日本吉田森太郎译。同年，《农学报》刊行了《农业经济篇》的单行本。日文原版是：今关常次郎著《农业经济篇》，1892 年博文馆出版。

（七）1901 年 3 月至 1902 年 1 月，《译林》连载其所译日本笹川洁著《理财学》11 期。日文原版为：笹川洁著《财政学》，帝国百科全书第 31 卷，1899 年博文馆出版。

（八）1901 年 5 月至 1902 年 2 月，《湖北商务报》分 12 期连载其翻译的日本法学士清水泰吉《商业经济学》。日文原著是：清水泰吉著《商业经济学》（帝国百科全书第 38 编），1899 年博文馆出版。

（九）1902 年 6 月 23 日，日本法学博士，男爵田尻稻次郎著，日本吉见谨三郎译《经济学大意》（版权页又称《汉译经济学大意》）由东京专修学校在日本东京出版。日文原著为田尻稻次郎讲述的《经济大意》，1900 年专修学校发行。

（十）1902 年 12 月 14 日，广智书局翻译出版日本和田垣谦三著《经济教科书》。日文原著是：和田垣谦三著《经济教科书》，1901 年 8 月东京文学社出版。

（十一）1902 年 12 月 1 日至 1903 年 2 月 27 日，《翻译世界》第 1—4 期连载日本田岛锦治《最新经济学》，该著翻译的底本为田岛锦治于 1897 年出版的《最近经济论》。

（十二）1903 年 2 月 22 日，赵必振译，福井准造著《近世社会主义》，广智书局出版。日文原书 1899 年由有斐阁出版。

（十三）1907 年，彭兆璜编《银行实务》，由政法学社出版，1913 年再版。该书日文底本为水岛铁也著《银行及外国为替》，1898 年同文馆出版。彭兆璜为保存真意，"直译"日语名词，也就是完全照搬日语名词。

（十四）1908 年 4 月 1 日，陈家瓒译述，日本金井延著《社会经济

学》，由群益书社出版。日文原著为金井延博士著《社会经济学》，1902
年 9 月东京金港堂出版。

（十五）1909 年 11 月，日本田边庆弥原著，王我臧译《汉译日本法
律经济辞典》，商务印书馆出版发行。日文原本：法学士田边庆弥编
《法律经济辞典》，1902 年东京、大阪宝文馆出版发行。

（十六）1910 年 12 月，熊崇煦、章勤士译，美国黎查德迪·伊利著
《经济学概论》由商务印书馆出版。日译本为：法学士山内正瞭解说
《イソー氏经济学概论》，1905 年东京同文馆出版。英文原本：R. T. Ely,
Outline of Economics，1893。

参考文献

一 词典类

（一）汉外词典

陈家瑞编译《新译英汉辞典》，群益书社，1908年。

陈家瑞编译《英汉双解辞典》，群益书社，1914年。

黄士复、江铁主编《综合英汉大辞典》，商务印书馆，1928年。

邝其照编《华英字典集成》，《循环日报》承印，1899年。

邝其照编《字典集成》（1868、1875）（影印版），商务印书馆，2016年。

李登辉等主编《实用英汉字典》，商务印书馆，1935年。

〔美〕卢公明编《英华萃林韵府》（第1卷），中国福州，1872年。

〔英〕马礼逊：《华英字典1—6》（1815—1823）（影印版），大象出版社，2008年。

〔英〕麦都思：《英华字典》（第一卷），墨海书馆，1847年。

商务印书馆编《商务书馆英华新字典》，商务印书馆，1907年。

〔美〕卫三畏：《英华韵府历阶》，澳门香山书院，1844年。

颜惠庆主编《英华大辞典》，商务印书馆，1908年。

R. W. Lobscheid, *English and Chinese Dictionary*: *With the Punti and Mandarin Pronunciation*, Hong Kong, 1866—1869.

（二）民国普通语言词典

陆尔奎主编《辞源》，商务印书馆，1915年。

舒新城等主编《辞海》，中华书局，1938年。

（三）新名词词典

胡济涛、陶萍天合编《新名词辞典》，春明书店，1949年。

唐敬杲编《新文化辞书》，商务印书馆，1923年。

吴念慈、柯柏年、王慎名编《新术语辞典》《新术语辞典续编》，南强书局，1929、1933 年。

（四）经济学专业词典

陈稼轩编《实用商业辞典》，商务印书馆，1935 年。

高希圣、郭真编《经济科学大词典》，科学研究社，1934 年。

高希圣、郭真等编《社会科学大辞典》，世界书局，1929 年。

国立编译馆编订《经济学名词（教育部公布）》，正中书局，1945 年。

何士芳编《英汉经济辞典》，商务印书馆，1934 年。

黄清野编《实用经济辞典》，学生书局，1946 年。

柯柏年、吴念慈、王慎名合编《经济学辞典》，南强书局，1933 年。

李天注编《中华英汉商业辞典》，陈旭东校订，中华书局，1930 年。

〔日〕清水澄：《法律经济辞典》，张春涛、郭开文译，东京奎文馆，1907 年。

〔日〕田边庆弥：《汉译法律经济辞典》，王我臧译，商务印书馆，1909 年。

余正东主编《法律政治经济大辞典》，长城书局，1932 年。

张一凡、潘文安主编《财政金融大辞典》，世界书局，1937 年。

周宪文主编《经济学辞典》，中华书局，1937 年。

（五）现代辞典

黄河清编著《近现代辞源》，上海辞书出版社，2010 年。

黄河清编著《近现代汉语辞源》，上海辞书出版社，2020 年。

刘正埮等编《汉语外来语词典》，上海辞书出版社，1984 年。

罗竹风主编《汉语大词典》（共 10 卷），上海辞书出版社，2011 年。

史有为主编《新华外来词词典》，商务印书馆，2019 年。

宋子然主编《100 年汉语新词新语大辞典（1912 年—2011 年）》（上、中、下卷），上海辞书出版社，2014 年。

中国社会科学院语言研究所编《现代汉语词典》（第 1、7 版），商务印书馆，1978、2016 年。

二　史料类

（一）中文史料

〔英〕布来德：《保富述要》，〔英〕傅兰雅口译，徐家宝笔述，江南制造局，1896 年。

〔英〕法拉：《国政贸易相关书》，傅兰雅口译，徐家宝笔述，江南制造局，1897年。

〔英〕法思德：《富国策》，汪凤藻译，京师同文馆，1880年。

〔英〕傅兰雅译《佐治刍言》，江南制造局，1885年。

〔德〕郭实腊编《贸易通志》，1840年。

〔美〕韩讷：《经济思想史》，臧启芳译，商务印书馆，1925年。

何廉、李锐：《财政学》，南京国立编译馆，1935年。

〔日〕和田垣谦三：《经济教科书》，广智书局翻译出版，1902年。

〔日〕河上肇：《近世经济思想史论》，李培天译，泰东图书局，1920年。

贺绍章编《经济大要》，商务印书馆，1913年。

胡祖同编《经济概要》，商务印书馆，1914年。

〔法〕基特：《基特经济学》，王建祖译，商务印书馆，1928年。

〔日〕吉井东一：《农业保险论》，〔日〕山本宪译，《农学报》社，1898年。

〔日〕今关常次郎：《农业经济篇》，〔日〕吉田森太郎译，《农学报》社，1901年。

〔日〕津村秀松：《国民经济学原论》，马凌甫译，群益书社，1915年。

〔德〕考茨基：《马克思经济学说》，陈溥贤译，商务印书馆，1920年。

〔美〕黎查德迪·伊利：《经济学概论》，熊崇煦、章勤士译，商务印书馆，1910年。

李权时：《经济学原理》，东南书店，1928年。

梁启超：《饮冰室合集》，中华书局，1989年。

刘秉麟编《经济学原理》，商务印书馆，1919年。

〔德〕马尔西：《马格斯资本论入门》，李汉俊译，社会主义研究社，1920年。

《马寅初演讲集》（第1—4集），商务印书馆，1923—1928年。

钱恂编译《财政四纲》，在日本自刊，1901年。

〔日〕清水泰吉：《商业经济学》，《湖北商务报》分12期译载，1901年5月至1902年2月。

〔日〕笹川洁：《理财学》，《译林》连载其所译11期，1901年3月至1902年1月。

〔日〕田冈佐代治译《商工地理学》，《江南商务报》社，1900年。

〔日〕田冈佐代治译《商务教程》，《江南商务报》社，1900 年。

〔日〕田尻稲次郎：《经济学大意》（版权页又称《汉译经济学大意》），
　　〔日〕吉见谨三郎译，东京专修学校，1902 年。

巫宝三、杜俊东编译《经济学概论》，商务印书馆，1937 年。

吴世瑞：《经济学原理》，商务印书馆，1935 年。

〔英〕亚当·斯密：《原富》，严复译，南洋译书院，1901—1902 年。

赵兰坪：《经济学大纲》，商务印书馆，1934 年。

〔英〕哲分斯：《富国养民策》，〔英〕艾约瑟译，总税务司署，1886 年。

朱有瓛等主编《中国近代学制史料》（第 1—4 辑），华东师范大学出版
　　社，1989—1993 年。

《何廉回忆录》，朱佑慈等译，中国文史出版社，1988 年。

（二）日文史料

福井準造『近世社会主義』有斐閣、1899。

高田早苗講述『貨幣論』東京專門学校、1900。

和田垣謙三『経済教科書』東京文学社、1901。

吉井東一『農業保険論』有隣堂、1895 年。

今関常次郎『農業経済編』博文館、1892。

金井延博士『社会経済学』東京金港堂、1902。

清水泰吉『商業経済学』博文館、1899。

山内正暸解説『イソー氏経済学概論』東京同文館、1905。

神田乃武ら編『新譯英和辭典』三省堂、1902。

笹川潔『財政学』博文館、1899。

水島鉄也『銀行及外國為替』同文館、1898。

天城安政『商業教科書』東京博文館、1892。

田辺慶弥編『法律経済辞典』東京、大阪宝文館、1902。

永井惟直『商工地理学』東京博文館、1899。

（三）英文史料

A. M. Edward Clark Lunt, *The Present Condition of Economic Science and the Demand for a Radical Change in its Method and Aim*, 1888.

Henry Fawcett，*Manual of Political Economy*，London：Macmillan and Co.，1876.

J. Platt，*Money*，New York and London：G. P. Putnam's Sons，1889.

Adam Smith，*An Inquiry into the Nature and Causes of the Wealth of Nations*，Oxford：Clarendon Press，1880.

三　现代论著

（一）著作

1. 中文

陈力卫：《东往东来：近代中日之间的语词概念》，社会科学文献出版社，2019 年。

冯天瑜等：《近代汉字术语的生成演变与中西日文化的互动研究》，经济科学出版社，2016 年。

冯天瑜：《新语探源：中西日文化互动与近代汉字术语生成》，中华书局，2004 年。

胡寄窗：《中国近代经济思想史大纲》，中国社会科学出版社，1984 年。

黄达：《金融—词义、学科、形势、方法及其他》，中国金融出版社，2001 年。

金观涛、刘青峰：《观念史研究：中国现代重要政治术语的形成》，法律出版社，2009 年。

靳书君等：《马克思主义经典著作重要术语中国化渊流考释》，人民出版社，2021 年。

经济学名词审定委员会编《经济学名词》，科学出版社，2020 年。

〔德〕李博：《汉语中的马克思主义术语的起源与作用》，赵倩等译，中国社会科学出版社，2003 年。

刘禾：《跨语际实践》，宋伟杰等译，生活·读书·新知三联书店，2014 年。

刘瑾玉：《翻译、概念与经济：严复译〈国富论〉研究》，社会科学文献出版社，2021 年。

刘青主编《中国术语学概论》，商务印书馆，2015 年。

罗志田：《国家与学术：清季民初关于"国学"的思想论争》，生活·读书·新知三联书店，2003 年。

〔意〕马西尼：《现代汉语词汇的形成——十九世纪汉语外来词研究》，黄河清译，汉语大辞典出版社，1997 年。

〔美〕任达：《新政革命与日本：中国，1898—1912》，李仲贤译，江苏人民出版社，1998 年。

桑兵等：《近代中国的知识与制度转型》，经济科学出版社，2013 年。

沈国威：《汉语近代二字词研究：语言接触与汉语的近代演化》，华东师范大学出版社，2019 年。

沈国威：《近代中日词汇交流研究：汉字新词的创制、容受与共享》，中华书局，2010 年。

沈国威：《新语往还：中日近代语言交涉史》，社会科学文献出版社，2020 年。

沈国威：《一名之立 旬月踟蹰：严复译词研究》，社会科学文献出版社，2019 年。

石佳：《〈资本论〉的术语革命》，中国社会科学出版社，2018 年。

〔日〕实藤惠秀：《中国人留学日本史》，谭汝谦等译，读书·生活·新知三联书店，1983 年。

孙大权：《中国经济学的成长：中国经济学社研究（1923—1953)》，上海三联书店，2006 年。

谈敏：《1917—1919：马克思主义经济学在中国的传播启蒙》，上海财经大学出版社，2016 年。

谈敏：《1920—1929：从民国著作看马克思主义经济学的传播》，经济科学出版社，2021 年。

谈敏：《回溯历史：马克思主义经济学在中国的传播前史》，上海财经大学出版社，2008 年。

王汎森：《中国近代思想与学术的系谱》，河北教育出版社，2001 年。

王中江、张宝明编《语境和语义：近代中国思想世界的关键词》，上海人民出版社，2022 年。

温昌斌：《民国科技译名统一工作实践与理论》，商务印书馆，2011 年。

熊月之：《西学东渐与晚清社会》，上海人民出版社，1994 年。

杨慧玲：《19 世纪汉英词典传统——马礼逊、卫三畏、翟理斯汉英词典的谱系研究》，商务印书馆，2012 年。

叶世昌、孙大权、丁孝智：《近代中国经济思想史》（上、下册），上海财经大学出版社，2017年。

张登德：《求富与近代经济学中国解读的最初视角——〈富国策〉的译刊与传播》，黄山书社，2009年。

赵靖：《经济学志》，上海人民出版社，1998年。

赵晓雷主编《中国经济思想史》（修订版），东北财经大学出版社，2010年。

钟祥财：《中国经济思想史》，上海社会科学院出版社，2016年。

周振鹤：《逸言殊语》，上海人民出版社，2008年。

朱京伟：《近代中日词汇交流的轨迹：清末报纸中的日语借词》，商务印书馆，2020年。

邹进文：《近代中国经济学的发展：以留学生博士论文为中心的考察》，中国人民大学出版社，2016年。

邹进文主编《新编经济思想史 第6卷 中国近代经济思想的发展》，经济科学出版社，2016年。

2. 英文

Paul B. Trescott, *Jingji Xue, The History of the Introduction of Western Economic Ideas into China, 1850–1950*, Hong Kong: The Chinese University Press, 2007.

Yung-Chen Chiang, *Social Engineering and the Social Sciences in China, 1919—1949*, Cambridge University Press, 2001.

（二）论文

程霖等：《选择与创新：西方经济学说中国化的近代考察》，《经济研究》2018年第7期。

程霖、夏艳秋：《中国经济思想史研究的历史初心与未来使命》，《中国经济史研究》2022年第4期。

方维规：《"经济"译名溯源考——是"政治"还是"经济"》，《中国社会科学》2003年第3期。

方维规：《"经济"译名钩沉及相关概念之厘正》，《学术月刊》2008年第6期。

冯天瑜：《"经济"辨析》（上、下），《湖北经济学院学报》2005年第6期，2006年第1期。

胡寄窗：《中国经济思想史研究的方法论歧见》，《学术月刊》1986 年第 3 期。

黄克武：《新名词之战：清末严复译语与和制汉语的竞赛》，《"中研院"近代史研究所集刊》第 62 期，2008 年。

黄立波、朱志瑜：《严复译〈原富〉中经济术语译名的平行语料库考察》，《外语教学》2016 年第 4 期。

李竞能：《论清末西方资产阶级经济学的传入中国》，《经济研究》1979 年第 2 期。

刘杰：《现代"公债"概念的生成及其在晚清民初的流播》，《中国经济史研究》2022 年第 1 期。

刘瑾玉：《一项概念史角度的考察：economy 汉译名与中国古代经济词汇的对接》，《东方翻译》2019 年第 1 期。

刘群艺：《"中央银行"考略》，《中国经济史研究》2021 年第 4 期。

孙大权：《"金融"一词在中国近代的起源、演变及当代启示》，《复旦学报》（社会科学版）2019 年第 4 期。

孙大权：《现代"银行"一词的起源及其在中、日两国间的流传》，《中国经济史研究》2019 年第 3 期。

汪丁丁：《"经济"原考》，《读书》1997 年第 2 期。

叶世昌：《经济学译名源流考》，《复旦学报》（社会科学版）1990 年第 5 期。

叶坦：《"经济"补考》，《读书》1997 年第 11 期。

叶坦：《"中国经济学"寻根》，《中国社会科学》1998 年第 4 期。

赵靖：《经济学译名的由来》，《教学与研究》1980 年第 2 期。

四　数据库

日本"国立国会图书馆数据库"。

上海图书馆"晚清、民国时期期刊全文数据库，中国近代中文报纸全文数据库"。

《申报》数据库。

台湾"中研院"近代史研究所"近代史数位资料库"。

后　记

　　2013 年春，笔者计划以五至十年的时间著述《中国近代经济学史》，"中国近代经济学主要术语的形成"是该书的一个重要专题。在写作过程中，笔者对该专题有特别的兴趣，在 2018 年，该专题的书稿接近 40 万字，遂萌生了单独出书的想法。2021 年，"中国近代经济学主要术语的形成研究"获得了国家社科基金后期资助项目立项，独立出书愿望得以实现。2023 年 2 月，《术语革命：中国近代经济学主要术语的形成》一书完稿，同年 6 月，《中国近代经济学史》（商务印书馆将于 2024 年出版）完稿。十年来，两本书同时写作、相互促进的写作历程，影响甚至决定了本书的研究方法和特色：学科史和概念史相结合。

　　早在 20 年前，写作博士论文时就涉及民国经济学家如何统一经济学译名问题，这使我对中国近代经济学术语的形成产生了强烈的好奇心，魂牵梦萦，难以释怀，不断促使我去完成本书，感谢导师陈廷湘先生对我博士论文的前瞻性指导！2005 年 9 月，我被复旦大学理论经济学博士后流动站录取，从此跟随中国经济思想史学科奠基人之一叶世昌先生治学，叶先生对经济学术语的形成有精深的研究和浓厚的兴趣，我常常就本书问题向先生请教，深受启发。先生十分关心本书的进展，不幸叶先生于 2022 年 4 月 10 日去世，未能见到本书出版，令人遗憾！谨以本书献给恩师叶世昌先生！

　　我对中国近代经济学术语的形成问题有特别兴趣，但是，该问题有学术价值吗？怎样研究？很长时间我一头雾水。对此，我先后请教了复旦大学经济学院同事方钦博士、高帆教授、陈硕教授、余显财副教授、李楠教授，又先后请教了上海社会科学院钟祥财教授、中国社会科学院高超群研究员、北京大学刘群艺副教授、上海财经大学伍山林教授，以及学友许燕、张循、钱益民、陈美衍等人。他们一致认为，经济学术语形成是有难度的重要学术问题，并给出了具体研究建议。2018 年，笔者将本书前期成果——《"金融"一词的来源与形成》一文提交学术会议讨论，得到了与会中国经济思想史界同行邹进文教授、程霖教授、魏众研究员、周建波教授、王昉教授、张亚光副教授、梁捷副教授等人的肯定和指正。中南财经政法大学朱华雄教授、马寅初纪念馆马大成馆长提供了研究资料。上述师友对笔者的鼓励和帮助是本书得以完成的重要条件。

2021 年，五位国家社科基金后期资助项目立项评审专家是本书稿的第一批读者，他们给出了较为详尽的修改意见，我按照他们的意见一一进行了修改，提高了本书的质量。2023 年，三位国家社科基金后期资助项目结项评审专家对本书稿给予了较高评价。评审专家一指出：本书"极大拓展了经济思想史研究的空间，具有重要的理论价值与学术贡献，对于构建中国经济学起到了重要的基础作用"。评审专家二指出：本书"研究者的工作量惊人，这种学风尤为难得。该项目是近年来较为难得的、具有重要贡献的经济思想史成果"。他们的评价是对笔者的莫大鼓励！

社会科学文献出版社陈凤玲女士、许文文女士，为本书提出了宝贵的修改意见，付出了大量辛勤劳动，在此致以最诚挚的谢意！

十年来，我的妻子任晓芳、儿子孙旷协助我收集和整理资料，他们既是我的家人，也是我的学术助手。

本书内容涉及经济学、历史学、语言学，许多问题还是初步探索，必然存在各种各样的问题，期待读者批评指正！

孙大权
2023 年 10 月于上海家中